STAATSFORMEN

STAATSFORMEN

Modelle politischer Ordnung von der
Antike bis zur Gegenwart.
Ein Handbuch

Herausgegeben von
Alexander Gallus und Eckhard Jesse

2004

BÖHLAU VERLAG KÖLN WEIMAR WIEN

Bibliografische Information der Deutschen Bibliothek:
Die Deutsche Bibliothek verzeichnet diese Publikation in der
Deutschen Nationalbibliografie; detaillierte bibliografische Daten
sind im Internet über http://dnb.ddb.de abrufbar.

Umschlagabbildung:

Jacques-Louis David, Ballhausschwur in Versailles am 20. Juni 1789, Lavierte
Federzeichnung, 1791 (Ausschnitt). Archiv für Kunst und Geschichte, Berlin.

Ursulaplatz 1, D-50668 Köln
Tel. (0221) 913 90-0, Fax (0221) 913 90-11
info@boehlau.de

Gesamtherstellung: J. Gotteswinter GmbH, München
Gedruckt auf chlor- und säurefreiem Papier
Printed in Germany

ISBN 3-412-07604-X

»Democracy is the worst form of government except all those other forms that have been tried from time to time.«

Winston Churchill

Inhalt:

Inhalt

Alexander Gallus und Eckhard Jesse

Einleitung

In den letzten Jahren sind jene Stimmen lauter geworden, die vor einer fundamentalen Legitimationskrise des Staates warnen. Häufig erscheint insbesondere der Nationalstaat als ein schwaches Instrument gegenüber den Kräften der Globalisierung. Angesichts solcher Entwicklungen und Herausforderungen ist es angebracht, über die Perspektiven des Staates im 21. Jahrhundert nachzudenken. „Staat“ darf dabei jedoch nicht als abstraktes, gleichsam aus der Geschichte gelöstes Phänomen betrachtet werden.

Die Geschichte von Staaten ist höchst unterschiedlich, ebenso ihre Rechtfertigung. Manche Theorie eignet sich für den demokratischen wie für den diktatorischen Staat. Dies gilt etwa für die Vorstellungen des Genfer Staatsphilosophen Jean-Jacques Rousseau. In der Regel jedoch „passen“ bestimmte Staatsideen zu bestimmten Staatsformen. Im Laufe der Jahrhunderte haben sich zwar nicht die Bestandteile des Staates (Staatsgewalt, Staatsgebiet, Staatsvolk), wohl aber Staatszwecke, -rechtfertigungen und -interessen vielfältig gewandelt. Staaten haben in der Geschichte höchst unterschiedliche Rollen gespielt – befriedende wie verhängnisvolle. Die Staatsräson wandelte sich im Laufe der Jahrhunderte mannigfach.

Im Zentrum moderner Staatlichkeit steht die Idee der Volkssouveränität. Gleichwohl bedienen sich Diktaturen dieser Legitimationsidee. Der demokratische Verfassungsstaat zeichnet sich indes nicht allein durch das Prinzip der Volkssouveränität aus, sondern auch durch das konstitutionelle Element (Rechtsstaat, Minderheitenschutz). Beide Elemente sind eine spannungsreiche Synthese eingegangen, die bis in die Gegenwart zahlreichen Herausforderungen standgehalten hat.

Der Untergang der kommunistischen Staatenwelt in Europa mit dem „Vaterland aller Vaterländer“ an der Spitze, der Sowjetunion, erfolgte urplötzlich und überraschend. Kein Analytiker hat den abrupten Zerfall des kommunistischen Weltsystems vorhergesagt. Tektonische Verschiebungen waren die Folge. Die Sowjetunion löste sich Ende 1991 auf: Von den Zinnen des Kreml wurde die rote Fahne eingeholt. Der sowjetische Präsident Michail Gorbatschow erklärte in seiner Abschiedsrede, ein „totalitäres System“ sei beseitigt worden. Nicht anders äußerte sich sein Konkurrent Boris Jelzin, der russische Präsident. Zu den Folgen des Zusammenbruchs gehörten neue staatliche Ordnungen. Die baltischen Länder Estland, Lettland und Litauen erhielten ihre Unabhängigkeit, der Vielvölkerstaat Jugoslawien zerfiel in eine Reihe verschiedener Länder, aus der Tschechoslowakei entstanden zwei Staaten, die beiden deutschen Staaten hingegen vereinigten sich.

Wie schnelllebig die Reflexion über die Staatsform ist, zeigte exemplarisch die Entwicklung nach dem Kollaps der kommunistischen Staatenwelt. Der amerikanische Politikwissenschaftler Francis Fukuyama erklärte 1989 in einem Zeitschriftenbeitrag (und kurz danach in einem Buch), das „Ende der Geschichte" sei erreicht. Der demokratische Staat des Westens habe sich durchgesetzt. Man mag den liberaldemokratischen Staat für das Nonplusultra auch in Zukunft halten, aber man kann schwerlich der Auffassung folgen, diese Art des Staates sei weltweit unangefochten auf dem Vormarsch – nicht nur gegenwärtig, sondern auch künftig. Kurz nach Fukuyama warnte Samuel Huntington, ein anderer amerikanischer Politikwissenschaftler, vor einem weltweiten „Kampf der Kulturen". Dadurch – nicht mehr durch Konflikte zwischen Nationen (wie im 19. Jahrhundert) oder durch Konflikte zwischen Ideologien (wie im 20. Jahrhundert) – werde die Auseinandersetzung zwischen den Staaten im 21. Jahrhundert bestimmt. Der Pessimismus Huntingtons setzte einen Kontrapunkt zum Optimismus Fukuyamas. Wie das Beispiel erhellt, ist die Geschichte der Staatsformen ebenso offen wie die Geschichte der damit verbundenen Staatsideen. Lineare oder zyklische Staatsvorstellungen sind spekulativ.

In diesem Handbuch werden Modelle politischer Ordnung vom Altertum bis zur Gegenwart beleuchtet, und zwar aus einem doppelten Blickwinkel. Erstens findet die Reflexion der Realgeschichte (Staatsform) Berücksichtigung, zweitens die Reflexion der Ideengeschichte (Staatsidee). Das Buch füllt damit eine Lücke, existiert doch bislang kein Werk über die vergleichende Geschichte der Staatsformen und politischen Systeme. Es verbindet historische Analyse mit vergleichend-politikwissenschaftlicher Methode. Worin bestanden Gemeinsamkeiten und Unterschiede zwischen den verschiedenen Staatsformen? Welche Ausprägung wurde jeweils für die beste gehalten? Wie verhielten sich Staatsverfassung und Verfassungswirklichkeit zueinander, wie Wandel und Kontinuität? Der Band spannt einen Bogen von der antiken Staatsformenlehre bis zur modernen Vergleichenden Regierungslehre.

Die verschiedenen Konzepte einer Typologisierung von Staatsformen und politischen Systemen in Geschichte und Gegenwart stellt der Chemnitzer Politikwissenschaftler Alexander Gallus vor. Obgleich Staatsformen- und Typenlehre zu den Kernbereichen der Vergleichenden Politikwissenschaft gehören, mangelt es bislang an gründlichen historischen Bilanzen zu ihrer Entwicklung. Im Zentrum des Beitrags stehen daher zuerst historische Typologien – von der Antike bis ins frühe 20. Jahrhundert hinein –, bevor Klassifizierungsversuche der modernen Politikwissenschaft ins Blickfeld rücken.

Während die historischen Typologien weitgehend der aristotelischen Dreiteilung in Monarchie, Aristokratie und Demokratie verpflichtet blieben, nehmen die modernen Typologien, dichotomischem Denken verhaftet, eine Zweiteilung zwischen Demokratie und Diktatur als Grundunterscheidung vor. Die davon abgeleiteten Subtypen folgen erneut dem Zweierschema, gleich, ob parlamentarische den präsidentiellen Demokratien einander gegenüberstehen oder autoritäre den totalitären Diktaturen. Eine Typologie mit universalem Geltungsanspruch, die vergangene und gegenwärtige politische Systeme angemessen berücksichtigt, existiert indes trotz zahlreicher Anstrengungen bis heute nicht. Die individuelle Ausprägung von Staatlichkeit zu den verschiedenen Zeiten und Epochen, ja, die Macht der geschichtlichen Formung erlaubt wahrscheinlich keine gänzlich enthistorisierte Betrachtungsweise.

Die klassische Staatsformenlehre nahm, wie der Autor zeigt, viele Aspekte der modernen Vergleichenden Regierungslehre vorweg. Doch die Unterschiede zwischen beiden sind ebenfalls markant: Konzentrierte sich jene stärker auf die Verfassungstheorie und die äußere Struktur der Herrschaftsordnung, so berücksichtigte diese stärker die Verfassungswirklichkeit und die tatsächliche Funktionsweise von Herrschaftssystemen. Stand im ersten Fall die institutionelle Dimension von Politik (Polity) im Zentrum, so erweiterte sich im zweiten Fall das Spektrum um die prozessuale und inhaltliche Politikebene (Politics, Policy). In mindestens einer Hinsicht aber ist die moderne Politikwissenschaft hinter die ältere Staatsformenlehre zurückgetreten, scheut sie doch getreu den Leitsätzen einer wertneutralen Empirie häufig den normativen Blickwinkel und meidet die Frage nach der besten Staatsform. Gallus plädiert für ein stärker ausgeglichenes Verhältnis zwischen empirisch-analytischer und normativ-wertender Komparatistik, tritt insofern für eine Wiederbelebung der aristotelischen Tradition ein.

Antike Staatsformen sind das Thema des Berliner Althistorikers Alexander Demandt. Obgleich es weder im Griechischen noch im Lateinischen einen dem deutschen Wort „Staat“ gleichwertigen Begriff gebe, seien bei den verschiedenen Gemeinwesen des Altertums die drei Hauptmerkmale des modernen Staatsbegriffes anzutreffen: Staatsgebiet, Staatsvolk und Staatsgewalt. Die Annahme wäre daher verfehlt, nur weil der Terminus „Staat“ fehle, habe kein Begriff von Staat in der Antike existiert. Von der „politeia“ bis zur „res publica“ habe es stets alternative Bezeichnungen gegeben, die in je eigener Akzentuierung auf die territoriale, ökonomische, kulturelle, personale oder genuin politische Komponente des Staates abgehoben hätten. Dies gelte nicht erst für die Griechen und Römer.

Demandt lässt seine Betrachtung über die Staatsformen des Altertums mit den Völkern des Alten Orients beginnen. Er greift dabei weit aus und erörtert zunächst die wirtschaftlichen, gesellschaftlichen und militärischen Bedingungen der verschiedenen antiken Gemeinwesen. Eine egalitäre Gesellschaft habe es ebenso wenig gegeben wie einen gewaltfreien Staat. Außerdem fällt sein Blick auf das Verhältnis von Religion und Politik, das während des gesamten Altertums ein überaus enges war, ohne dass ein gesetzmäßiger Zusammenhang zwischen Götterwelt und Staatsform bestanden hätte: Monarchie und Republik konnten sich mit jeder Religion arrangieren. Nach der Klärung der sozioökonomischen und -kulturellen Voraussetzungen des Staates richtet Demandt sein Augenmerk auf Siedlung und Herrschaft sowie die verschiedenen antiken Staatswesen im engeren Sinne.

Die Verfassungsgeschichte der meisten Völker des Altertums gliederte sich in drei Phasen: erstens das monarchisch-feudale Stammeskönigtum, zweitens ein oligarchisch-republikanisches oder demokratisch-republikanisches Städtewesen, schließlich drittens ein monarchisch-bürokratischer Flächenstaat. Stadtstaaten – wie Rom und Karthago – bildeten die Keimzellen ausgedehnter Territorialherrschaften. Die diversen Staatsgebilde der Alten Geschichte zeichnet Demandt von der kretisch-mykenischen Palastkultur bis zu den spätantiken und frühmittelalterlichen Stammeskönigtümern in knappen Zügen nach. Keine zweite Epoche der Weltgeschichte war so reich an Staatsmodellen wie die Antike – ein „Experimentierfeld politischer Gesellschafts- und Gemeinschaftsordnungen". Antike Staatsideen wie Staatsformen entfalteten eine mächtige Wirkungsgeschichte und erlebten mehrere Renaissancen.

Für staatliche Ordnung und politisches Handeln sind im Mittelalter keine allgemein gültigen Oberbegriffe entwickelt worden. Auch eine eigenständige, die Staatsformenlehre umfassende politische Theorie hat es bis ins späte Mittelalter hinein nicht gegeben. Stattdessen bestimmten, wie der Chemnitzer Mediävist Gerhard Dohrn-van Rossum, vor allem im Blick auf Deutschland, Italien und Frankreich detailliert zeigt, unterschiedliche Herrschaftsvorstellungen die zeitgenössische staatstheoretische Literatur und politische Diskussion: Gottesgnadentum und Widerstandsrecht, Zweigewaltenlehre und lehensrechtliche Ordnungsprinzipien. Im frühen Mittelalter wurde die Civitas-Dei-Lehre des Augustinus zur dominierenden herrschaftstheoretischen Grundlage. Sie setzte alle politische Ordnung unter einen metaphysischen Gerechtigkeitsvorbehalt und unter eine endzeitliche Perspektive.

Im Zeitalter des Investiturstreits (spätes 11. Jahrhundert, frühes 12. Jahrhundert) standen die universalen Ansprüche von Kaisertum und Papsttum miteinander in Konflikt. In beiden Lagern kam es zur Ausbildung einer reichen politischen Publizistik. Vom 13. Jahrhundert an wurde dann, vor allem durch Thomas von Aquin, die Lehre von den Herrschaftsformen, ihrem historischen Wandel und ihren stabilitätsfördernden Mischformen entfaltet. Ein Staatsbegriff als Oberbegriff für umfassende politische Verbände fand sich noch nicht, ein Souveränitätsbegriff nur in Ansätzen, auch wenn die zeitgenössische Traktatenliteratur verschiedene Aspekte moderner Staatlichkeit unter Begriffen wie res publica, civitas, communitas, universitas, natio, terra, imperium und regnum behandelte. Erst bei Machiavelli tauchte die Bezeichnung „stato" als abstrakter Begriff für politische Einheiten auf.

Gegen die weithin dominierenden monarchischen Ordnungsvorstellungen richteten sich schon früh ständestaatliche Konzeptionen mit Anspruch auf verbriefte ständische Freiheitsrechte („Magna carta libertatum" in England, 1215). In der Nachfolge solcher Bestrebungen entwickelten die Theoretiker des Konziliarismus (Nikolaus von Kues) im späteren Mittelalter Vorstellungen von Repräsentation und Konsens, die die Gesamtheit der Herrschaftsunterworfenen berücksichtigten. Aus dieser Zeit stammten bereits Modelle einer aus der Repräsentation der Bürger hervorgehenden autonomen politischen Ordnung. Modernen, absolutistischen Souveränitätstheorien hingegen näherten sich im 15. Jahrhundert jene, die zu Verteidigern einer höchsten weltlichen Gewalt (potestas absoluta) des Kaisers und seiner an positives Recht nicht gebundenen legislatorischen Stellung wurden.

Die Staatsformen in der Frühen Neuzeit zwischen 1500 und 1800 nimmt die Frankfurter Historikerin Luise Schorn-Schütte unter die Lupe. Die älteren historischen und juristischen Forschungen ab der Mitte des 19. Jahrhunderts suggerierten eine Einheitlichkeit „des Staates“, die so nie existiert habe. Wegen der Vielfalt der Herrschaftsformen in der Frühen Neuzeit habe es keinen Normalweg europäischer Entwicklung in dieser Epoche hin zur Moderne gegeben. Es sei nicht zuletzt überaus fragwürdig, vom monarchischen, wenn nicht absolutistischen Normalfall zu sprechen. Den Beitrag von intermediären Kräften und insbesondere der Stände bei der Ausbildung „staatlicher“ Ordnungsformen (der bis zur Schaffung eines eigenen Stände- oder Korporativstaates reichen konnte) gelte es angemessen zu berücksichtigen. Der Prozess frühneuzeitlicher Herrschaftsinstitutionalisierung – ein Begriff, den Schorn-Schütte demjenigen der Staatsbildung vorzieht – ist nur im Spannungsfeld zwischen Absolutismus und ständischer Pluralität richtig zu erfassen.

Nach der eingehenden Diskussion des Forschungsstandes und der Begriffe zeichnet die Autorin Grundlinien der historischen Entwicklung nach. Die meisten frühneuzeitlichen Herrschaftsordnungen waren Monarchien, so Frankreich, Schweden, Spanien und viele Territorien des Alten Reiches. Daneben existierten Republiken, etwa in Polen, den Niederlanden oder der Schweiz. Die übrigen Gemeinwesen, zu denen England und das Heilige Römische Reich Deutscher Nation zählten, lassen sich am besten als Mischverfassungen kennzeichnen. Einen „klassischen“ Absolutismus, das unterstreicht Schorn-Schütte, hat es weder in Frankreich noch in Schweden, Spanien oder Brandenburg-Preußen gegeben, wobei die Autonomie der Adelsherrschaft in den einzelnen Ländern unterschiedlich ausgeprägt war. Die überaus bemerkenswerte Offenheit und Vielfalt der frühneuzeitlichen Organisationsprinzipien zeigte sich an den zeitgenössischen politischen Diskursen, in denen insbesondere der „Aristotelismus“ eine große Wirkung entfaltete. Insgesamt habe diese „Epoche sui generis“ ein Ringen um die Institutionalisierung der Herrschaftsverteilung (zwischen Partikular- und Zentralgewalt) charakterisiert, ohne dass die Frage nach der „Staatsform“ immer klar zu beantworten gewesen wäre.

Der Freiburger Verfassungshistoriker Hans Fenske erörtert Staatsformen im Zeitalter der Revolutionen. Dessen Beginn setzt er etwa um 1770 an, das Ende 1815 mit dem Sturz Napoleons. Am Anfang dieser Epoche waren die Mehrzahl der Staaten Monarchien mit je unterschiedlichen Strukturen, wie ein Blick auf die Verfassungswirklichkeit zeigt. Gleich Schorn-Schütte nimmt Fenske Abstand von einem einheitlichen Absolutismus-Begriff als Epochesignum und stellt die Unterschiede von Land zu Land heraus. Nach einer Schilderung der Ausgangslage gilt sein Augenmerk den Verfechtern der uneingeschränkten Monarchie, bevor die Vorkämpfer der konstitutionellen Monarchie in den Blick geraten. Zu einem nicht geringen Teil orientierten sich Letztere am englischen Beispiel, andere an Schweden. Nicht zuletzt mit Johann Heinrich Gottlob von Justi besaß Deutschland schon vor 1789 einen gewichtigen Vertreter des konstitutionell-monarchischen Denkens. Die ideengeschichtliche Perspektive beschließt Fenske mit Konzepten der Mischverfassung und der Republik im Revolutionszeitalter.

Im Zentrum steht darauf die tatsächliche Staatenentwicklung, zuerst die Verfassungspolitik in Nordamerika von 1774 bis 1791, dann in Frankreich von 1789 und 1815, bevor eine Skizze der Entwicklungen im übrigen Europa den Überblick beschließt. In Nordamerika etablierte sich nach heftigen Auseinandersetzungen, in erster Linie mit dem englischen Mutterland, die erste Republik modernen Zuschnitts mit Eigenschaften eines liberalen, verfassungsstaatlichen Gemeinwesens – dem Willen der Nation entspringend, gewaltenteilig organisiert und mit einer Garantie der Grundrechte ausgestattet. Die „Virginia Bill of Rights" von 1776 könne als Geburtsstunde des modernen Konstitutionalismus gelten. Die europäische Entwicklung habe niemals über den in Nordamerika erreichten Stand hinaus gereicht, betont Fenske, sondern sei vielfach hinter diesem zurückgeblieben. Er erörtert die wichtigsten verfassungspolitischen Etappen während der Französischen Revolution ebenso wie Napoleons von einer pseudokonstitutionellen Fassade verkleidetes autoritäres Regiment, dem allerdings rechtsstaatliche Züge nicht abzusprechen seien. Anders als im amerikanischen Fall beurteilt der Autor die Auswirkungen der Französischen Revolution auf die Herausbildung des modernen Verfassungsstaates als ambivalent.

Angestoßen durch die „demokratischen Revolutionen" des 18. Jahrhunderts gerieten die absolutistischen Herrschaftsformen im 19. Jahrhundert ins Wanken. Wie der Dresdner Politikwissenschaftler Uwe Backes in seinem Beitrag belegt, war dieses Säkulum eine Zeit großer innerer Umwälzungen, die von Europa aus auf alle Erdteile übergriffen. Am Ende des Jahrhunderts sah sich der Absolutismus auf die östlichen Randbereiche des europäischen Kontinents zurückgedrängt. Bei der politischen Transformation lassen sich Prozesse der Konstitutionalisierung und der Demokratisierung unterscheiden. Durch die Etablierung institutioneller Kontrollen der Staatsgewalt verwandelten sich die absoluten in konstitutionelle Monarchien, dem in Europa bald dominierenden Verfassungstyp. Durch die Demokratisierung des zunächst fast überall stark eingeschränkten Wahlrechts wurden die konstitutionellen und parlamentarischen Monarchien auf eine breitere soziale Grundlage gestellt.

Wie nicht zuletzt das System Napoleons III. in Frankreich zeigte, waren diese Entwicklungen indes keine Einbahnstraße. Die neuartige Verbindung von autoritärer Führung und plebiszitärer Legitimation kündigte bisher unbekannte Formen der Autokratie an. In den Staatsformendiskussionen der verschiedenen politisch-weltanschaulichen Strömungen wurde dieses Konzept nur von Außenseitern vorgebracht. Das von verschiedenen Schulen des Liberalismus propagierte Modell einer Verknüpfung monarchischer, demokratischer, mitunter aristokratischer Elemente in der als „gemischte Verfassung" geltenden „konstitutionellen Monarchie" dominierte. In Deutschland wurde daraus in der zweiten Jahrhunderthälfte ein von gemäßigten Konservativen und Nationalliberalen getragener Staatsbegriff. Sie lehnten neoabsolutistische Vorstellungen ebenso ab wie das Modell des englischen Parlamentarismus mit der Abhängigkeit der Regierung von der Kammermehrheit. Diese von Liberalen zunehmend propagierte Lösung ging radikalen Demokraten vom Schlage Arnold Ruges nicht weit genug. Er träumte von der „Selbstregierung" in „Urversammlungen" des Volkes. Die Kommunisten Karl Marx und Friedrich Engels wiederum hielten eine „Diktatur des Proletariats" auf dem Weg zu einer „klassenlosen Gesellschaft" für unvermeidlich und erteilten damit dem liberalen Konzept des gewaltenkontrollierenden „Rechtsstaates" ebenso eine Absage wie die Bewunderer autoritär-plebiszitärer Führung.

Auf die Besonderheiten und Entwicklung diktatorischer Systeme im 20. Jahrhundert geht der Kölner Politikwissenschaftler Armin Pfahl-Traughber ein. Als formales Kriterium zur Einteilung nutzt er vorrangig die ideologische Legitimation, werden doch faschistische, kommunistische, monarchische, nationalistische und theokratische Systeme gesondert dargestellt. Eine solche Herangehensweise muss nicht, wie der Autor in seiner Einleitung aufzeigt, mit der Ignoranz gegenüber dem Aspekt der Intensität diktatorischer Herrschaft (bezogen auf autoritäre und totalitäre Systeme) einhergehen. Die jeweiligen Perspektiven liegen auf unterschiedlichen Erkenntnisebenen und lassen sich ohne große Probleme widerspruchsfrei miteinander vereinen. Die Diktaturen des 20. Jahrhunderts leuchtet Pfahl-Traughber hinsichtlich Entstehung, Entwicklung, Herrschaftsstruktur, Repressionspraxis und Ende aus. Aufgrund ihrer politischen Bedeutung widmet er sich den kommunistischen Diktaturen in China, der DDR und der Sowjetunion sowie dem faschistischen Regime in Italien und dem nationalsozialistischen System in Deutschland relativ ausführlich. Darüber hinaus finden sich Skizzen zu den monarchistischen, nationalistischen und theokratischen Diktaturen.

Es schließen sich analytische und vergleichende Betrachtungen an: zu der Entstehung von Diktaturen, deren entscheidenden Machtzentren, ihrer Einordnung in eine Herrschaftstypologie, der Bedeutung der Ideologie, der Intensität politischer Herrschaft und den Ursachen für den Niedergang. Schließlich fragt der Autor vor diesem Hintergrund nach der Angemessenheit der Unterscheidung von autoritären und totalitären Diktaturen. Pfahl-Traughber plädiert angesichts der Besonderheiten der jeweiligen Typen für eine Beibehaltung dieser Kriterien, allerdings bei notwendiger Differenzierung der jeweiligen Merkmale, und die Verkopplung dieser Perspektive mit anderen Gesichtspunkten. Hierdurch sei sowohl die Dynamik der Entwicklung politischer Systeme als auch die Besonderheiten der ideologischen Legitimation besser zu erfassen.

Der Beitrag des Chemnitzer Politikwissenschaftlers Steffen Kailitz gibt von verschiedenen Seiten einen Überblick über die demokratischen Systeme des

20. Jahrhunderts. Zunächst werden das Identitätsmodell und das Konkurrenzmodell der Demokratie gegenübergestellt. Die theoretische Grundlage der modernen demokratischen Systeme bildet für den Autor das Konkurrenzmodell der Demokratie. Das Identitätsmodell der Demokratie habe dagegen – trotz des Beitrags zur Entwicklung der modernen Demokratie – letztlich in die Irre geführt und zur Legitimation von „totalitären Demokratien" (wie der Sowjetunion) gedient. Alle modernen Demokratien sind repräsentative Demokratien. Diese Grundentscheidung ist für den Verfasser keineswegs eine Notlösung. Innerhalb des so gesteckten Rahmens hält er die Ausweitung plebiszitärer Elemente gleichwohl für durchaus sinnvoll. Als zentrale Unterscheidung gilt Kailitz jene zwischen funktionierenden und defekten Demokratien. In einer defekten Demokratie sei nicht nur die Demokratiequalität deutlich schlechter als in einer funktionierenden, sondern auch die politische Leistungsbilanz. Die wichtigste und älteste institutionelle Unterscheidung der Demokratien ist jene in parlamentarische und präsidentielle. Eine dritte eigenständige Regierungsform ist für den Verfasser der Semipräsidentialismus.

In der seit Mitte der achtziger Jahre geführten Diskussion um die Vor- und Nachteile der Regierungsformen neigt er der Position zu, dass der Parlamentarismus dem Präsidentialismus überlegen sei. Bei der Unterscheidung der Welt der Demokratien in Konkurrenz- und Konkordanzdemokratien gelangt er zu der Ansicht, diese werde es in Reinform in Zukunft wohl kaum noch geben. Die Zukunft gehöre Mischformen. Dem Urteil Arend Lijpharts, dass Konsensusdemokratien von der Art der Schweiz Mehrheitsdemokratien wie Großbritannien generell überlegen seien, mag er nicht folgen. Beide Demokratievarianten haben demnach Vor- und Nachteile. Der Ausblick des Beitrags auf die Zukunft fällt verhalten optimistisch aus. Zwar seien auch im 21. Jahrhundert Rückschläge in der Demokratisierung der Welt zu erwarten, aber der Anteil der Demokratien an den politischen Systemen der Welt werde weiter wachsen. Die Verbreitung rechtsstaatlicher Strukturen halte jedoch nicht Schritt mit der Demokratisierung.

Der Chemnitzer Politikwissenschaftler Eckhard Jesse stellt einen Vergleich zwischen den Staatsformen bzw. den politischen Systemen an, insbesondere mit Blick auf ihre Dauer und ihre demokratische Qualität. Der Schwerpunkt liegt dabei auf dem 20. Jahrhundert. Noch im frühen 19. Jahrhundert zählten Nationalstaaten keineswegs zu den Selbstverständlichkeiten. Es ist eine These des Autors, dass im letzten Säkulum sowohl die „besten" Demokratien als auch die „schlimmsten" Diktaturen entstanden seien. Totalitäre Diktaturen waren auch, wenngleich nicht nur, eine Reaktion auf den demokratischen Verfassungsstaat, den Volkssouveränität (demokratische Komponente) wie Rechtsstaatlichkeit (konstitutionelle Komponente) kennzeichnen.

Autoritäre und totalitäre Diktaturen stehen funktionierenden und „defekten" Demokratien gegenüber. Die Stabilität politischer Systeme hängt von vielen Faktoren ab. Was Demokratien nützt (Reformfähigkeit), kann Diktaturen schaden. Systemwechsel verliefen teilweise abrupt, teilweise graduell. Großbritannien und Deutschland sind Prototypen für einen gänzlich unterschiedlichen Verlauf der Staatsbildung. Zeichnete sich jener Staat durch ein hohes Maß an Kontinuität und Friedlichkeit aus, so erschütterte Deutschland eine Reihe massiver Brüche und schwerer Rückschläge. Auch die demokratische Entwicklung verlief unterschiedlich. In England folgte die Ausweitung der Wahlberechtigten der Parlamentarisierung, in Deutschland war es umgekehrt.

Der Autor lehnt sich – mit Modifizierungen – an Samuel Huntingtons Konzept von den drei Demokratisierungswellen an (1828–1926; 1943–1962; seit 1974). Diesen folgten Gegenwellen (1922–1942; 1958–1975). Die Frage wird untersucht, ob wir Zeugen einer „Gegenwelle" sind. Wie das Kategoriengerüst von Freedom House zeigt, einer amerikanischen Organisation, die Jahr für Jahr die Staaten einordnet (nach einem Index „politischer Rechte" und einem Index „bürgerlicher Freiheiten"), hat sich in den letzten drei Jahrzehnten die Entwicklung zum Positiven gewandelt. Galten 1973 43 Staaten als frei, 39 als halbfrei und 69 als unfrei, so fiel die Einordnung im Jahr 2003 wesentlich anders aus: 89 zählten zu den freien Staaten, 55 zu den halbfreien, 48 zu den unfreien. Gleichwohl ist die Mehrheit der Staatenwelt nach wie vor nicht demokratisch. Wer den Blick zu sehr auf Europa und Nordamerika richtet, übersieht leicht diesen Sachverhalt.

Die verschiedenen Perspektiven des Staates im 21. Jahrhundert skizziert und erörtert der Erlanger Politikwissenschaftler Roland Sturm. Er wendet sich gegen jene „alarmistischen" Stimmen, die angesichts von Vorgängen der „Globalisierung" und „Europäisierung" bereits das Ende des Staates verkünden. Vor eiligen Urteilen in dieser Hinsicht sei schon deswegen zu warnen, weil die Formbestimmung des Staates stets Prozessen des Wandels wie der Anpassung unterworfen war. Der Nationalstaat, den wir aus dem 19. und 20. Jahrhundert kennen, dürfte im 21. Jahrhundert nicht weiter ganz selbstverständlich als allgemeinverbindliche Staatsidee wie Staatsform gelten. Ungeachtet der Herausforderungen für den Nationalstaat wäre es falsch, die Diskussion künftiger Staatlichkeit von älteren Staatsideen abzukoppeln. Folgt man Sturm, dürften rechtsstaatliche Strukturen trotz des vielfältigen Formen- und Funktionswandels weiterhin eine bedeutende Rolle spielen.

Nach der Vermessung des Forschungsstandes zeichnet der Autor den Formen- und Leitbildwandel des Staates im 21. Jahrhundert detailliert nach. Er konzentriert sich auf den so genannten postmodernen Staat, den Staat in der Informationsgesellschaft und den europäisierten Staat. Über die Auswirkungen der unterschiedlichen neuen Formen von Staatlichkeit herrscht keine Einigkeit. Kritiker der Informationsgesellschaft beschwören beispielsweise das Schreckbild eines allmächtigen Überwachungsstaates herauf, Befürworter loben hingegen die gewachsenen Möglichkeiten der Bürgerbeteiligung in der e-democracy. Um Restriktionen staatlichen Handelns zu erfassen, stellt Sturm dem regulatorischen den Wettbewerbsstaat gegenüber und erörtert Möglichkeiten des kooperativen wie des aktivierenden Staates. Obgleich Herrschaft und Territorialität als konstitutive Elemente von Staatlichkeit im 21. Jahrhundert relativiert erscheinen und eine „konturenscharfe Vision der zukünftigen Staatsform" nicht zu erkennen ist, zeigt sich Sturm vom Überleben des Staates, zu dem es keine Alternative gebe, weithin überzeugt.

Wie diese Auflistung verdeutlicht hat, will der Sammelband einen handbuchartigen Überblick zur Rolle von Staatsformen und Staatsideen geben. Eine unterschiedliche Akzentsetzung liegt auf der Hand. So spielen im Beitrag über das Mittelalter Staatsformen eine vergleichsweise geringe Rolle, während in anderen Abhandlungen das Staatdenken unberücksichtigt bleibt. Angesichts der Vielfalt der Erscheinungen sind Vereinfachungen unabdingbar. Gleichwohl war es die Absicht der Autoren, spezifische Varianten einzufangen. Ob dies gelungen ist, möge der Leser beurteilen.

ALEXANDER GALLUS

Typologisierung von Staatsformen und politischen Systemen in Geschichte und Gegenwart

1. Einleitung

Der Vielgestaltigkeit von Staaten scheinen kaum Grenzen gesetzt zu sein. Man denke nur an so unterschiedliche Bezeichnungen wie Bundes-, National-, Rechts-, Verfassungs-, Macht-, Verbände-, Gewerkschafts-, Parteien-, Sozial-, Wohlfahrts-, Steuer- oder Minimalstaat, um nur eine kleine Auswahl zu nennen. Wer über den konkreten Einzelfall hinaus Aussagen treffen will, muss die diversen Staats- und Regierungsformen ordnen und überschaubare, möglichst eindeutige Typen oder Gruppen bilden. Die Analyse, der Vergleich und die Typologisierung politischer Systeme gehören zu den Kernbereichen der Vergleichenden Politikwissenschaft. Sie erörtert die Gemeinsamkeiten und Unterschiede von Staatsverfassungen – in normativer Hinsicht wie vor allem realer Ausprägung – und fragt nach der besten Staatsform sowie den dazu nötigen Voraussetzungen. Sie verfolgt mithin einen empirischen wie einen normativen Ansatz. Die Politikwissenschaft kann freilich keinen Alleinvertretungsanspruch auf die Erforschung der Staatsformen und Verfassungsarten erheben. Schließlich war der Staat schon im Altertum Gegenstand philosophischer Auseinandersetzung, und seit längerem beschäftigen sich Fächer wie Rechts-, Wirtschafts- und Geschichtswissenschaft, aber auch die Soziologie mit diversen Formen des Staates – in je eigener Ausrichtung.

Das vielfältige Interesse aus unterschiedlichen Blickwinkeln am Staat und seiner Ausformung liegt schon darin begründet, dass dieser sich kaum auf einen einzigen Begriff bringen oder in einer ebenso umfassenden wie allseits akzeptierten Definition einfangen lässt. Es ist sogar von einer „unvermeidliche[n] Relativität aller Staatsbegriffe“ und der „Notwendigkeit vielfältiger Staatsbegriffe“ die Rede. „Ein annäherndes Bild des Ganzen kann sich nur aus der Vielzahl der Aspekte ergeben, die sich im Gang rund um das Objekt im Wechsel der Perspektiven zeigen. So fordert der Staat als Thema der wissenschaftlichen Forschung normative wie empirische Methoden. Er beschäftigt juristische wie philosophische, historische wie ökonomische, politik- und sonst ‚sozialwissenschaftliche‘ Disziplinen: alle jene, die herkömmlich die Staatswissenschaften im weiten Sinne ausmachen.“[1]

1 Josef Isensee u.a.: Artikel „Staat“, in: Görres-Gesellschaft (Hrsg.): Staatslexikon. Recht – Wirtschaft – Gesellschaft, 7. Aufl., Freiburg i.Br. u.a. 1995 (Sonderausgabe), Bd. 5, Sp. 134.

Es herrscht wohl seit Georg Jellineks berühmter Definition insoweit Einigkeit, dass den modernen Staat drei Elemente kennzeichnen: erstens ein Staatsgebiet, zweitens ein Staatsvolk und drittens eine souveräne Staatsgewalt nach innen und außen. Über diesen Minimalkonsens hinaus gilt es, zwischen verschiedenen Staatsbegriffen zu unterscheiden. Jellinek selbst stellte in seiner in fast alle Weltsprachen übersetzten „Allgemeinen Staatslehre" von 1900 dem juristischen einen sozialen Staatsbegriff gegenüber. Die soziale Staatslehre habe „das gegenständliche, historische, [...] das natürliche Sein des Staates" zum Inhalt, die juristische Staatslehre dagegen „die in jenem realen Sein zum Ausdruck kommen sollenden Rechtsnormen [...]. Diese Normen sind nicht ohne weiteres Wirkliches, sondern ein durch ununterbrochene menschliche Tat zu Verwirklichendes."[2]

Jellinek verwies mit seiner Zwei-Seiten-Theorie, die ausdrücklich gegen eine Vermischung beider Teile argumentierte, auf verschiedene Ebenen des Staates, die staatsrechtliche auf der einen und die staatssoziologische wie politisch-pragmatische auf der anderen Seite. Verfassungsrechtliche und -theoretische Ansätze interpretieren Staat meistens im engeren Sinne als Herrschaftsinstitution. Die (schriftlich niedergelegte) Verfassung, die öffentlich-politischen Institutionen, Regierung und Ämterwesen stehen im Mittelpunkt der Betrachtung. Staat im weiteren Sinne indes nimmt das Gemeinwesen als Ganzes in den Blick – samt dessen in Wechselbeziehung befindlichen politischen und gesellschaftlichen Institutionen. Dieser Begriff des Staates umfasst den Staat im engeren Sinne *und* die gesellschaftliche Dimension.[3] Die Geschichte der Staatsformen und Verfassungstypen, nicht verstanden als Rechtsgeschichte in engen Bahnen oder Darstellung von Verfassungsgesetzen im Wandel der Zeit, muss, insofern sie sich den weiteren Staatsbegriff zu Eigen macht, auch die Verfassungswirklichkeit, das politische Leben eines Gemeinwesens und dessen wirtschaftliche und gesellschaftliche Bedingungen würdigen. Eine so angelegte Verfassungsgeschichte hat viele Gemeinsamkeiten mit der Vergleichenden Regierungslehre.[4]

Der eng gefasste Terminus ist insbesondere im deutschen Kulturbereich tief verwurzelt: der Staat als ein von gesellschaftlichen Kräften unabhängiges Phänomen, mit dem Politischen in eins zu setzen, allerdings vorrangig mit rechtlichen Kategorien zu erfassen. Bis in unsere Zeit hinein lebt diese staatszentrierte Tradition in Deutschland fort: Dies zeigt sich etwa daran, dass einigermaßen regelmäßig der Ruf nach dem gleich mächtigen wie unantastbaren „Vater Staat" zu vernehmen ist. Dagegen neigt das Staatsdenken im anglo-amerikanischen, aber auch im französischen Kulturkreis schon länger dazu, „den Staat als abhängiges Produkt der Gesellschaft und ihrer Gruppen

2 Georg Jellinek: Allgemeine Staatslehre, 3. Aufl., Kronberg, Ts. 1976 (unveränderter Nachdruck des fünften Neudrucks der dritten Auflage, die von Walter Jellinek mit Verwertung des handschriftlichen Nachlasses durchgesehen und ergänzt wurde, Berlin 1929), S. 20.

3 Vgl. Isensee: Staat (Anm. 1), Sp. 144.

4 Vgl. Hans Boldt: Verfassungsgeschichte und Vergleichende Regierungslehre. Zur Geschichte ihrer Beziehungen, in: Der Staat, 24 (1985), S. 432–446.

anzusehen".[5] Vereinfacht gesprochen gilt Staat hier vielmehr als „political" oder „civil society", als zivilgesellschaftlicher Verband. „The state tradition", heißt der zusammenfassende Befund einer Studie über das westeuropäische Staatsdenken, „reflects a series of intellectual preoccupations which have not been as strongly represented in the Anglo-American tradition."[6]

Die Interpretation des Staates als sozio-politisches und sozio-kulturelles Phänomen leitet zu dem Begriff des politischen Systems über, der nach diesem Verständnis als Synonym für „Staat" fungiert. Es kann kaum verwundern, dass sich diese Bezeichnung zuerst vor allem in der amerikanischen Politikwissenschaft etablierte, die staatsrechtlichem Positivismus distanziert begegnete. Der Begriff des politischen Systems umschließt denjenigen des Staates und geht über ihn hinaus, erachtet beispielsweise das sozio-ökonomische und -kulturelle Umfeld der Politik als bedeutsam und erfasst auch solche sozio-politische Phänomene als politisches System, die sich kaum mit dem formell-institutionalistischen Instrumentarium westlichen Staatsverständnisses begreifen lassen (etwa von der Mafia, einer Militärjunta oder Guerilla dominierte Strukturen und Gebiete).

So facettenreich der Staatsbegriff sich gestaltet, so viele Möglichkeiten böten sich zur Bestimmung von Staatsformen[7]. Zu den mannigfaltigen Gesichtspunkten, die zur Einteilung der Staatsformen herangezogen werden könnten, zählen etwa: die Lage, das Klima und Größe eines Landes sowie die Geschlossenheit des Gebietes, daneben soziale, nationale und religiöse Eigentümlichkeiten der Bevölkerung oder die ökonomischen Verhältnisse. Staatsformen oder politische Systeme ließen sich aber auch nach folgenden Aspekten klassifizieren: nach der Zahl der Herrschenden, ob einer, wenige oder viele; nach der Qualität der Herrschaft, ob eigennützig oder dem Gemeinwohl verpflichtet; nach dem Staatsoberhaupt, ob Monarchie oder Republik; nach der Machtfülle des Herrschers, ob absolut oder verfassungsstaatlich limitiert; nach der Reichweite des Politischen, ob etwa autoritär oder totalitär; nach Art der ideologischen Ausrichtung, ob kapitalistisch, faschistisch oder kommunistisch; nach dem Rang des Rechts, ob Rechts- oder Unrechtsstaat; nach der Legitimität des Systems, ob „traditional", „charismatisch" oder „rational" begründet, so Max Webers bekannte Kategorien; nach der Art der staatlichen Organisation, ob Einheits- oder Bundesstaat[8]; schließlich sogar nach ihrer Gestimmtheit oder „Seelenverfassung", ob optimistisch, pessimistisch oder wachsam.[9]

---

5 Wolfgang Reinhard: Geschichte der Staatsgewalt. Eine vergleichende Verfassungsgeschichte Europas von den Anfängen bis zur Gegenwart, München 1999, S. 19.

6 Kenneth H.F. Dyson: The State Tradition in Western Europe. The Study of an Idea and Institution, Oxford 1980, S. 8.

7 Eine scharfe Abgrenzung der Begriffe Herrschafts- und Regierungsform von demjenigen der Staatsform erfolgt nur selten. Meist werden sie als Synonyme gebraucht.

8 Siehe zu diesen Möglichkeiten der Einteilung Manfred G. Schmidt: Artikel „Staatsformen", in: ders.: Wörterbuch zur Politik, Stuttgart 1995, S. 906 f.; Dirk Berg-Schlosser/Theo Stammen: Einführung in die Politikwissenschaft, 5. Aufl., München 1992, S. 226.

9 Vgl. zu dieser eigenwilligen Kategorie Herbert Krüger: Über die Unterscheidung der Staatstypen nach ihrer Gestimmtheit, in: Karl Carstens/Hans Peters (Hrsg.): Festschrift Hermann Jahrreiss zu seinem 70. Geburtstag gewidmet, Köln u.a. 1964, S. 233–246.

Wer eine gleichsam totale Theorie des Staates und der Staatsformen (oder der politischen Systeme) anstrebt, hätte demnach u. a. Folgendes zu berücksichtigen: die ideelle, ideologische Erscheinungsform des Staates – die Staatsidee – ebenso wie die verfassungsrechtliche und normativ-juristische, aber auch dessen „verfassungswirkliche“ und soziologische Erscheinungsform. Einen solchen, ebenso ehrgeizigen wie groß angelegten Versuch hat Erich Küchenhoff mit seinem Werk „Möglichkeiten und Grenzen begrifflicher Klarheit in der Staatsformenlehre“ unternommen.[10] Seine Bestandsaufnahme von über siebzig Entwürfen von Staatsformenlehren in Ideengeschichte und Gegenwart ist verdienstvoll. Das von ihm entwickelte „System eindeutiger Staatsformenbegriffe“ sorgte aber für mehr Verwirrung als Klarheit, berücksichtigte er doch zwölf Dimensionen, aus denen ein gleich umfangreiches wie unübersichtliches System von Staatsformen-Einzelbegriffen – geprägt von einer höchst artifiziellen Terminologie (z. B. Pantoarchie, Archontokratie oder Gubernativoarchie) – resultierte. Sein Nomenklatur-Vorschlag blieb ohne Resonanz.[11] „Die Resonanzlosigkeit Erich Küchenhoffs hat eine Ursache darin, dass ihm sein Erkenntnisobjekt, die gesamte Staatsgestaltung, zu groß geraten ist, dass er die Bedeutung der Kürze und Einfachheit für das wissenschaftliche Arbeiten, erfüllt vom Wunsch nach Präzisionserhöhung, unterschätzt hat.“ Indem er eigenwillige Begriffe einführte und beispielsweise jenen der Demokratie aus seinem System ausschloss, riss der „Kontakt zur Fachwelt“ ab, ging doch die „Gemeinsamkeit der Sprache“[12] verloren.

Jede Typologisierung stellt notwendigerweise eine Vereinfachung dar. Facetten des Einzelfalles sind zu vernachlässigen. Schon Jellinek wusste: „So wenig es möglich ist, die Menschen durch allgemeine Kategorien, die sich auf Geschlecht, Alter, Temperament usw. beziehen, zu begreifen; wie das Individuum dem mit solchen Schablonen Ausgerüsteten doch stets als eine selbständige, der Einordnung in je Fächer spottende, durch sie niemals als eine ohne Rest verständliche Größe gegenübertritt, so ist es auch mit den Individualitäten der Staaten.“[13] Typenbildung kann nur erfolgreich sein, bringt sie den Mut auf, Komplexität zu reduzieren, ja, der Individualität der einzelnen Erscheinungen bis zu einem gewissen Grad Gewalt anzutun. Die Typenlehre bezweckt, unter Auswahl bestimmter Merkmale und sinnvoller Einteilungskriterien, die in der historischen und politischen Wirklichkeit überaus vielfältigen Staatsformen zu ordnen, zu generalisieren und zu vergleichen. Wirklich zufrieden stellend ist diese Aufgabe noch immer nicht bewältigt worden.

An Versuchen mangelte es freilich nicht. Die Geschichte der Typologisierung von Staaten oder politischen Systemen reicht weit zurück, ihre Wurzeln liegen in der antiken Staatsformenlehre. Dieses Erbe wird leider nur selten gewürdigt

10 Erich Küchenhoff: Möglichkeiten und Grenzen begrifflicher Klarheit in der Staatsformenlehre, 2 Bde., Berlin 1967.

11 Zur Kritik an Küchenhoff vgl. vor allem Wolfgang Mantl: Repräsentation und Identität. Demokratie im Konflikt. Ein Beitrag zur modernen Staatsformenlehre, Wien/New York 1975, S. 14–27.

12 Ebd., S. 21.

13 Jellinek: Staatslehre (Anm. 2), S. 663.

– und wenn, dann kursorisch in Arbeiten zur vergleichenden Systemanalyse.[14] Dies entspricht einem gehörigen Maß an Geschichtsvergessenheit, das die Politikwissenschaft dem eigenen Fach insgesamt entgegenbringt.[15] Bislang fehlt eine eingehende und vollständige historische Darstellung zur Vergleichenden Politikwissenschaft (im internationalen Maßstab). In Standardeinführungen bleibt die Geschichte des Faches häufig ausgeblendet.

Dies dürfte auch daran liegen, dass die Geschichte der Vergleichenden Regierungslehre wie der Politikwissenschaft überhaupt nicht geradlinig oder in festen Bahnen verlaufen ist. Das Fach blickt auf „längere Phasen der institutionellen Nichtexistenz" zurück und erscheint deshalb oftmals als ein Produkt der jüngeren Moderne.[16] Das Fehlen scharfer institutioneller Konturen verstärkt wohl die Neigung, Brüche in der Fachgeschichte überzubetonen und Kontinuitäten zu vernachlässigen. Eine solche Sicht bedarf einer grundsätzlichen Korrektur: Auch wenn es zu manchen Zeiten keine Lehrstühle mit dem Wort „Politik" im Titel gab, lebte die Disziplin doch vielfach in Nachbar- und Nachfolgefächern fort. Die Geschichte der Politikwissenschaft ist nicht zuletzt als eine Geschichte der vielfältigen Disziplinbeziehungen und -verlagerungen zu begreifen.

Der Beitrag strebt eine Bilanz der Staatsformenlehre von der Antike bis zur Gegenwart an. Er beginnt mit der Erörterung der älteren Tradition der Staatsformenlehre und stellt zunächst anhand wichtiger, ausgewählter Werke historische Anstrengungen der Typologisierung vor. Der zweite Teil widmet sich Typologien der modernen Politikwissenschaft, wie sie sich vor allem ab Ende des Zweiten Weltkriegs entwickelt haben. Diese jüngeren Analysen politischer Systeme heben nicht zuletzt auf die Unterscheidung zwischen Demokratien und Diktaturen ab, die sich beide wiederum in einzelne Unterformen aufteilen lassen.

2. Historische Typologien

2.1. Antike

Im Anfang war Aristoteles – so lässt sich der Beginn der Staatsformenlehre kurz kennzeichnen, und doch ist dies nicht vollkommen korrekt. Genau genommen

14 Diesen Mangel benennt – und beseitigt zu einem Teil – Manfred G. Schmidt: Vergleichende Analyse politischer Systeme, in: Herfried Münkler (Hrsg.): Politikwissenschaft. Ein Grundkurs, Reinbek 2003, S. 172–207; historische Tiefenschärfe besitzt auch das Werk von Georg Brunner: Vergleichende Regierungslehre. Ein Studienbuch, Bd. 1, Paderborn u.a. 1979, S. 22–67.

15 Dazu Wilhelm Bleek: Geschichte der Politikwissenschaft in Deutschland, München 2001.

16 Ebd., S. 16. Jürgen Hartmann: Geschichte der Politikwissenschaft. Grundzüge der Fachentwicklung in den USA und in Europa, Opladen 2003, bezieht die Gegenposition zu der These einer weit zurückreichenden Fachgeschichte und spricht von einer „Legende von der alten Wissenschaft" (S. 18). Eine Mittelstellung zwischen Bleek und Hartmann nimmt Ulrich von Alemann: Grundlagen der Politikwissenschaft. Ein Wegweiser, 2. Aufl., Opladen 1995, S. 22–43, mit der These vom jungen Fach mit alter Tradition ein.

findet sich die „aristotelische" Dreigliederung in Monarchie, Aristokratie und Demokratie schon zuvor in der Antike, so bei Herodot (484–425), der diese drei Typen erstmals im berühmten Verfassungsgespräch zwischen den Persern präsentierte und damit das Fundament der klassischen Staatsformenlehre legte (Herodot III, 80 ff.). Der griechische Historiker erörterte im fünften vorchristlichen Jahrhundert in ebenso selbstverständlicher Weise wie nüchterner Form die Vor- und Nachteile der drei Regierungsformen. Für die Demokratie sprächen die Gleichberechtigung aller vor dem Gesetz, die Besetzung der Regierungsämter durch das Los, die Rechenschaftspflicht der Amtsträger sowie die Verabschiedung wichtiger Beschlüsse durch die Gesamtheit, die Volksversammlung. Als Vorzug der Aristokratie gelte die Position der Mitte – zwischen der Willkür eines einzelnen Tyrannen und der Selbstüberhebung der zügellosen Masse. Für den Vertreter der Monokratie führt die Herrschaft der Wenigen zu Privatfehden, die wiederum nur durch einen Monarchen zu schlichten seien. In der Demokratie komme es zur Bildung von Parteiungen, welche die Ausbeutung des Gemeinwesens bezweckten. Auch diesem Treiben könne allein durch den Besten an der Spitze des Staates, den Monarchen, ein Ende bereitet werden. Der monarchischen Ordnung sei deshalb der Vorzug zu geben.[17] Mit einigem Recht ist beklagt worden, dass die „Bedeutung dieses älteren Zeugnisses [...] gegenüber den geläufigeren Darstellungen von Aristoteles bis heute wohl noch nicht voll erkannt worden" sei.[18]

Platon (ca. 428–347) widmete sich in seinem Hauptwerk „Politeia", verfasst etwa um 370 v.Chr., ebenfalls den Staatsformen und untersuchte vorrangig das Problem des gerechten Staates. Er bewertete die Staatsformen danach, ob sie die Gesetze beachteten und ein Einverständnis zwischen Regierten und Regierenden herrschte. Die drei Grundtypen ergänzte der griechische Philosoph um Verfallsformen wie die Tyrannis. Der Staat der Philosophenkönige oder auch der königlichen Aristokratie galt Platon als Idealstaat, der allerdings bei Streit der Philosophen untereinander zerfallen könne und dann in eine Timokratie münde. Dies sei eine Verfassungsart, in der sich Gutes und Schlechtes mische (Plat. rep. 548 d). Da in einem solchen Staat eine militärische gegenüber der philosophischen Erziehung dominiere und sich die Krieger mit diesem nicht mehr identifizierten, würde er über kurz oder lang zur Plutokratie entarten, einer vom Reichtum regierten Oligarchie: „Jene Verfassung, die auf der Vermögensschätzung beruht, in der die Reichen herrschen und die Armen keine Macht haben" (Plat. rep. 550 c–d).[19] Aus der Oligarchie gehe schließlich die Demokratie hervor. Im Grunde vollzieht sich ein Wandel der „oligarchisch-gemäßigten zur egalitär-radikalen Demokratie"[20], in der sich deklassierte

17 Vgl. Alexander Demandt: Der Idealstaat. Die politischen Theorien der Antike, 3. Aufl., Köln u.a. 2000, S. 48 f.

18 Max Imboden: Politische Systeme – Staatsformen, zweiter unveränderter Nachdruck, Basel/Stuttgart 1974, S. 144.

19 Genaue bibliographische Angaben zu den im Abschnitt „Historische Typologien" benutzten deutschen Übersetzungen von „Klassiker"-Texten finden sich im Literaturverzeichnis am Ende des Bandes.

20 Demandt: Idealstaat (Anm. 17), S. 87.

Angehörige der Oberschicht als „Volksfreunde" – oder in alt-neumodischer Terminologie: Populisten – gerieren würden. Platon, der einer Demokratie ablehnend gegenüberstand, nannte sie voller Sarkasmus „eine angenehme, herrenlose und bunte Verfassung, die ohne Unterschied Gleichen und Ungleichen dieselbe Gleichheit zuteilt" (Plat. rep. 558 c). Die radikale, ungeordnete Demokratie drohe schließlich in den nach Platon schlechtesten aller Staatstypen umzuschlagen: die Tyrannis. In allen Staatsformen sei ein Keim des Zerfalls angelegt: in der Monarchie die Ehrsucht, in der Oligarchie die Geldgier, in der Demokratie der zügellose Freiheitsdrang.

Indem Platon Staats-Verfallsformen einführte, leitete er bereits zu Aristoteles' (384–322) insgesamt sechs Herrschaftsformen – in zwei Dreierschemata unterteilt – über. Der Kern seiner Staatsformenlehre lautet: „Da nun Staatsverfassung und die Staatsregierung dasselbe meinen und die Staatsregierung das ist, was den Staat beherrscht, so wird dieses Beherrschende Eines oder Einige oder die Mehrheit sein müssen. Wenn nun der Eine oder die Einigen oder die Vielen im Hinblick auf das Gemeinwohl regieren, dann sind dies notwendigerweise richtige Staatsformen, verfehlte aber jene, wo nur der eigene Nutzen des Einen, der Einigen oder der Vielen bezweckt wird. Denn entweder dürfen diejenigen, die nicht am Nutzen teilhaben, nicht Bürger genannt werden oder sie müssen als Bürger am Nutzen teilhaben" (Arist. pol. 1279 a).

Aristoteles unterschied im dritten Buch seiner „Politica" somit nach der Anzahl der Herrschenden zwischen Alleinherrschaft, der Herrschaft weniger und der Herrschaft vieler. Neben dem quantitativen Kriterium führte der griechische Staatsdenker ein qualitatives ein – ob die Herrschaft dem Gemeinwohl oder dem Eigennutz der Herrschenden diene. Die guten Verfassungsformen heißen Monarchie, Aristokratie und Politie, die Entartungen Tyrannis, Oligarchie und Demokratie (oder Ochlokratie).

Wie Platon bewertete Aristoteles die Tyrannis als schlechteste Staatsform; als relativ beste und sympathischste galt ihm die Mischverfassung – wie die richtige Form der Volksherrschaft ebenfalls als Politie bezeichnet (so der ungeschickte und doppeldeutige Sprachgebrauch). Darunter wäre heute wohl der „sozial und politisch gemäßigte demokratische Verfassungsstaat"[21] zu verstehen. Dies ist freilich eine nur im übertragenden Sinne angemessene Interpretation, blieb doch das aristotelische Staatsdenken stets dem Polisrahmen verhaftet. Der Politie – dieser richtig gemischten Verfassung – und den vielfältigen Ausprägungen der Demokratie ist die so genannte Zweite Staatsformenlehre[22] des Aristoteles (als Ergänzung der idealtypisierenden Ersten Staatsformenlehre) gewidmet. Radikalen Arten der Demokratie stand Aristoteles anders als den gemäßigten Formen äußerst reserviert gegenüber.

---

21 Werner Goldschmidt: Artikel „Staat/Staatsformen", in: Hans Jörg Sandkühler (Hrsg.): Enzyklopädie Philosophie, Bd. 2, Hamburg 1999, S. 1515.

22 So beispielsweise Schmidt: Vergleichende Analyse (Anm. 14), S. 176; und ausführlicher ders.: Demokratietheorien. Ein Einführung, 3. Aufl., Opladen 2000, S. 36–41.

Tabelle 1: Staatsformenlehre nach Aristoteles

Zahl der Herrschenden	Qualität der Herrschaft	
	Gemeinwohl	*Eigennutz*
Einer	Monarchie	Tyrannis
Wenige	Aristokratie	Oligarchie
Viele	Politie	Demokratie (Ochlokratie)

Die Staatsformenlehre des Aristoteles verdient auch in methodischer Hinsicht besondere Beachtung, beruhte sie doch nicht zuletzt auf der empirisch-vergleichenden Untersuchung zahlreicher griechischer wie nicht-griechischer Verfassungen, auf einer leider fast vollständig verloren gegangenen Bestandsaufnahme von 158 Polis-Verfassungen. Nur „Athinaion Politeia", der „Staat der Athener", ist erhalten geblieben. Aristoteles kann als Begründer einer Vergleichenden Politikwissenschaft und Systemanalyse gelten: Er stellte weniger abstrakte philosophische Überlegungen an, sammelte stattdessen vielmehr empirische Daten und verglich diese miteinander, auch um Antworten auf die Frage nach der besten Staatsform zu finden. Darüber hinaus galt sein Augenmerk den Voraussetzungen und Umständen der diversen politischen Systeme, ob historischen, ökonomischen, gesellschaftlichen, geographischen oder anthropologischen Gesichtspunkten. So betrachtete er, sozio-politischen Zusammenhängen gegenüber aufgeschlossen, einen breiten gesellschaftlichen Mittelstand als Bedingung für eine funktionierende Politie: „Der Staat soll also möglichst aus Gleichen und Ebenbürtigen bestehen, und dies ist bei den Mittleren am meisten der Fall. […] So ist es auch für den Staat das größte Glück, wenn die Bürger einen mittleren und ausreichenden Besitz haben; wo dagegen die einen sehr viel haben und die andern nichts, da entsteht entweder die äußerste Demokratie oder eine reine Oligarchie oder aus beiden Extremen eine Tyrannis" (Arist. pol. 1295 b). Aristoteles sah sogar sozialpolitische Maßnahmen vor und stellte Gedanken über die Verteilung öffentlicher Einkünfte an mittellose Bürger an (Arist. pol. 1320 a).

Die aristotelische Staatslehre hat eine erhebliche Wirkung entfaltet. So schrieb Hans Kelsen in seiner „Allgemeinen Staatslehre" aus dem Jahr 1925: „Die moderne Lehre von den so genannten Staatsformen steht unter dem entscheidenden Einfluss der antiken, speziell der aristotelischen Staatstheorie. In allen wesentlichen Punkten wird diese noch heute vorgetragen."[23] Wenn dies auch auf die gegenwärtige Vergleichende Regierungslehre so nicht mehr zutrifft, kann Aristoteles gleichwohl weiterhin als Impulsgeber gelten, der wichtige Schlüsselvariablen wie Fragestellungen für eine vergleichende Betrachtung vorgegeben hat und in gleichsam idealer Weise empirisch-analytische mit normativ-wertender Komparatistik verband.

23 Hans Kelsen: Allgemeine Staatslehre, Berlin u.a. 1925, S. 320.

Das Ideal einer gemischten Verfassung nahm Einfluss auf das römische Staatsdenken. In seinen „Historien" stellte Polybios (ca. 200–120) sein Kreislaufmodell vor: Sechs „reine", aber instabile Staatsformen (Königtum, Tyrannis, Aristokratie, Plutokratie, Demokratie, Anarchie) würden einander ablösen. Er entwarf daher ein Modell der aus den drei guten Herrschaftstypen der Monarchie, Aristokratie und Demokratie gebildeten gemischten Verfassung, die im Unterschied zu den „reinen" Typen ein hohes Maß an Stabilität aufweise. Polybios zufolge entsprach das republikanische Rom mit seinem System aus Konsuln, Senat und Volksversammlung dieser Idealvorstellung. Anders als im Falle Spartas, Kretas und Karthagos – das ergab der Verfassungsvergleich – erscheine die römische Mischverfassung so vorbildlich, weil monarchische, aristokratische und demokratische Elemente nicht bloß miteinander vermengt worden seien, sondern ihr Verhältnis eine richtige Balance bilde.[24]

In seinem Werk über den Staat „De re publica" nannte Cicero (106-43) die römische Mischverfassung ebenfalls das beste Herrschaftssystem. Um dies zu beweisen, ging der römische Staatstheoretiker vergleichend vor und stellte die „res publica Romana" sowohl den griechischen Stadtstaaten als auch Platons Idealstaat gegenüber. Wie Platon und Polybios argumentierte Cicero gegen die drei reinen Staatsformen der Monarchie, Aristokratie und Demokratie, würden diese doch stets in das von vornherein in ihnen angelegte Extrem der Gewalt-, Geld- oder Pöbelherrschaft umschlagen. Stabilität gewährleiste hingegen nur ein vor Entartung gefeites Mischsystem, in dem sich die gesellschaftlichen Kräfte und die politischen Funktionen in einer Art Gleichgewicht befinden (Cic. rep. I, 45; II 23). Die Idee der Mischverfassung als einer Verschmelzung der drei reinen Staatsformen hat ein langes Nachleben entfaltet, findet sich etwa bei Montesquieu und in der amerikanischen Verfassungsdiskussion des 18. Jahrhunderts wieder.[25]

2.2. Mittelalter

Im Mittelalter erlebten Staatsformen- und mit ihr die Vergleichende Regierungslehre – überspitzt formuliert – einen Niedergang. Das religiöse Denken stand fortan im Mittelpunkt, und das „Staatsdenken" widmete sich wesentlich den Auseinandersetzungen zwischen geistlicher und weltlicher Macht. So charakterisierte Augustinus (354–430) in seinem Werk „De civitate Dei" in bewusstem Kontrast zu antiken Staatstheoretikern wie Platon oder Cicero die Geschichte als Kampf zwischen „civitas terrena" und „civitas dei", zwischen irdischem und göttlichem Gemeinwesen. Seine heilsgeschichtliche Betrachtung schuf Distanz zu allen diesseitigen Reichen, ohne den Staat freilich als irdischen Zweckverband zu verdammen. Im Zentrum seines Denkens stand nicht der beste Staat, sondern die wahre Religion. Es erscheint insgesamt problematisch, den

24 Vgl. Demandt: Idealstaat (Anm. 17), S. 210 f.
25 Siehe zur Wirkungsgeschichte, in: ebd., S. 393–422.

Staatsbegriff auf das Mittelalter anzuwenden, zumal ein entsprechendes Wort in der Quellensprache fehlt. Das juristische und politische Denken entwickelte Kategorien der Staatlichkeit erst wieder ab Ende des 11. Jahrhunderts in Rückgriff auf das römische Recht und das aristotelische Werk.[26]

An den spätmittelalterlichen Artistenfakultäten etablierte sich eine Politiklehre („scientia politica"), die zu einer Überwindung von Augustinus' Zwei-Reiche-Lehre führte und sich um eine von der Kirche gelöste ethische Begründung des Gemeinwesens bemühte.[27] Nicht zuletzt der Scholastiker Thomas von Aquin (ca. 1224–1274) knüpfte in seinem Hauptwerk zur Fürstenherrschaft „De regimine principum" an Aristoteles und Theorien der Mischverfassung an. Als die drei guten, am Gemeinwohl orientierten Staatsformen galten ihm Monarchie, Aristokratie und Demokratie. Das Königtum hielt er für die relativ beste Verfassung, die allerdings bis zu einem gewissen Grade gemischt sein und aristokratische ebenso wie demokratische Elemente enthalten sollte. Die schlechteste Staatsform sei die Tyrannis, die ungerechte Einzelherrschaft. Dem Umschlagen der Monarchie in die Tyrannis lasse sich ein Riegel vorschieben, zum Beispiel durch die Wahl eines besonders befähigten Kandidaten oder mäßigende Verfassungsvorschriften. Außerdem lehre die Erfahrung, dass der König durch Gerechtigkeit letztlich mehr Reichtum erwerbe als der Tyrann durch Raub. Auch müsse der eigennützige Alleinherrscher Gottes Strafe befürchten, wohingegen den Tugendhaften himmlische Seligkeit erwarte. Thomas von Aquins politische Philosophie leitete, obgleich christlichem Denken weiterhin verhaftet, „eine denkerische Entwicklung ein, die zur Verselbstständigung von politischer Gemeinschaft und Herrschaft gegenüber der kirchlichen Autorität sowie zur Scheidung von theologischer Glaubensinterpretation und politischen Theoriebemühungen führte".[28] Sein Werk ist in den spätmittelalterlichen und frühneuzeitlichen Fürstenspiegeln breit rezipiert worden.

2.3. Frühe Neuzeit

In der Renaissance und Frühen Neuzeit traten Theologie und Politik weiter auseinander. In jener Zeit entstand der Begriff des Staates („status", „stato" usw.) im Zuge der oberitalienischen Stadtstaats-Gründungen. Er rückte zunächst vor allem im romanischen Sprachraum und England – mit Verspätung im deutschen Kulturkreis – zunehmend an die Stelle von Begriffen wie „res publica", „civitas" oder „societas civilis".[29] Die Säkularisierung des – wieder

26 Zusammenfassend siehe Eberhard Isenmann: Artikel „Staat" (A. Westen), in: Lexikon des Mittelalters, Bd. 7, München 1995, Sp. 2151–2156.

27 Vgl. Hans Fenske u.a.: Geschichte der politischen Ideen. Von Homer bis zur Gegenwart, Frankfurt a.M. 1987, S. 168–170; Bleek: Geschichte (Anm. 15), S. 41–46.

28 Ebd., S. 43.

29 Zur Begriffsgeschichte grundlegend Hans Boldt u.a.: Artikel „Staat und Souveränität", in: Otto Brunner u. a. (Hrsg.): Geschichtliche Grundbegriffe. Historisches Lexikon zur politisch-sozialen Sprache in Deutschland, Bd. 6, Stuttgart 1990, S. 1–154; Paul-Ludwig Weinacht: Staat. Studien zur Bedeutungsgeschichte des Wortes von den Anfängen bis ins 19. Jahrhundert, Berlin 1968; Wolfgang Mager: Zur Entstehung des modernen Staatsbegriffs, Mainz 1968.

genuin – politischen Denkens erreichte bei Machiavelli (1469–1527) einen ersten Höhepunkt. Er gilt als Begründer einer von Rationalität geleiteten autonomen Politik, die von ethisch-theologischen Zielvorstellungen befreit erschien. In dem Werk „Il Principe", seinem Fürstenspiegel, vor allem aber in den „Discorsi" entwarf er Grundzüge einer Staatsformenlehre. Berühmt und traditionsbildend ist der erste Satz des „Fürsten", wonach alle Staaten entweder Republiken oder Monarchien seien. Präzise Erläuterungen fehlten. Machiavelli vereinfachte die aristotelische Dreiteilung, doch bei genauerer Betrachtung wich seine Zweiteilung nicht von dieser Traditionslinie ab[30] (auch weil Republik in der Folgezeit als Gruppenbegriff für Aristokratie und Demokratie aufgefasst wurde). Gleichwohl hatte Machiavellis Zweiteilung auf das dichotomische Denken in der Staatsformenlehre großen Einfluss. Es war freilich die Rezeption selbst, die Machiavelli erst zum Nestor der Zweiteilungslehre stilisierte.[31]

Machiavelli knüpfte im ersten Buch der – für die Staatsformenlehre wesentlich aussagekräftigeren – „Discorsi" nicht nur an die aristotelischen Staatsformenbegriffe an, sondern auch an das antike Kreislaufmodell, an Vorstellungen einer zyklischen Unruhe von Aufstieg und Niedergang politischer Ordnung. Er favorisierte, um die Stabilität des Staates zu sichern, eine Mischverfassung nach dem Vorbild der Römischen Republik aus Elementen der drei guten Verfassungsarten – Monarchie, Aristokratie und Demokratie. „Nach meiner Meinung sind daher alle diese Staatsformen verderblich, und zwar die drei guten wegen ihrer Kurzlebigkeit und die drei anderen [Tyrannis, Oligarchie, Anarchie] wegen ihrer Schlechtigkeit. In Erkenntnis dieser Mängel haben weise Gesetzgeber jede der drei guten Regierungsformen für sich allein vermieden und eine aus allen dreien zusammengesetzte gewählt" (Discorsi I, 2). Ansonsten missbilligte Machiavelli aristotelische Mittelwege, weil sie in seinen Augen einem allgemeinen Sittenverfall Vorschub leisteten.

Jean Bodin (1530–1596) widmete sich in seinen „Six livres de la République" aus dem Jahr 1576 ebenfalls der Lehre von Staatsformen. Seine Staatstheorie „vereinigte in sich philosophische, juristische und ‚soziologische' Elemente in einem historischen und komparativen Rahmen, der die gesamte bekannte Geschichte und Welt von den Eskimos bis Äthiopien und von Peru bis China umspannte". Dieses Werk mag daher „als das erste neuzeitliche System einer Vergleichenden Regierungslehre auf methodensynkretischer Basis" gelten.[32] Im Zentrum seiner Staatsdefinition stand der Begriff der Souveränität. Deutlicher als bis dahin löste Bodin den Staat von der Vorstellung eines personal gebundenen Herrschaftsverbandes: „Unter dem Staat versteht man die am Recht orientierte, souveräne Regierungsgewalt [...]" (Six livres I, 1). Souveränität definierte er als die „dem Staat eignende absolute und zeitlich unbegrenzte Gewalt" (Six livres I, 8).

30 Nach Küchenhoff: Staatsformenlehre (Anm. 10), S. 76, gibt es „keine eigene Staatsformenlehre" Machiavellis, handelt es sich bei dem ersten Satz des „Principe" um „eine bloße stilistische Einleitungsfloskel".
31 Vgl. Jellinek: Staatslehre (Anm. 2), S. 666–669.
32 Brunner: Vergleichende Regierungslehre (Anm. 14), S. 25.

Nach den Trägern der Souveränität unterschied Bodin im zweiten Buch der „Six livres“ die drei Staatsformen der Monarchie, Aristokratie und Demokratie voneinander. Er hielt es dagegen für nicht zuträglich, weitere Verfassungsarten nach der Qualität der Herrschaftspraxis festzulegen, würde dies doch nur zur Schaffung von unzähligen Staatstypen führen und Verwirrung stiften (Six livres II, 1). Mischtypen gab es bei ihm aufgrund des Grundgedankens der ungeteilten Souveränität ebenso wenig wie eine Antwort auf die Frage nach der besten Verfassung. Die Reduzierung auf die drei reinen Staatstypen veranlasste den Politikwissenschaftler Ulrich Matz zu einer scharfen Würdigung: „Eine ganz formale, sozusagen farbenblinde Staatsformenlehre also, für die das ‚Dritte Reich‘ unter Hitler letztlich ebenso eine Monarchie (Einherrschaft) bleiben muss wie etwa die Herrschaft des gerechten Marc Aurel, Kaiser des römischen Reiches.“[33]

Diese Kritik besaß nicht nur anachronistische Züge, indem sie den französischen Staatsdenker mit dem späteren Phänomen des modernen Totalitarismus konfrontierte, sondern vereinfachte auch Bodins Aussagen, die ein größeres Differenzierungsvermögen widerspiegelten. So stellte er dem Begriff der Staatsform („estat d'une république“) jenen der Regierungsform („gouvernement“) gegenüber, worunter die konkrete Regierungsweise zu verstehen war. Er bildete daraus insgesamt neun Kombinationen und klassifizierte sie „nach ihrer Leistung für die Funktionsfähigkeit und Stabilität des Staates“.[34] Zur Unterscheidung von Staats- und Regierungsform heißt es u. a.: „Ein Staat kann zwar eine Monokratie, dennoch aber demokratisch regiert sein, wenn der Fürst ohne Ansehen von Adel, Reichtum und Tugend alle gleichermaßen an Ehren, Magistratsposten, Ämtern und Belohnungen teilhaben lässt. Eine Monokratie kann auch aristokratisch regiert sein, wenn beispielsweise der Fürst Würden und Pfründen nur Adeligen oder nur besonders tugendhaften Menschen oder den Reichsten verleiht. Selbst eine Aristokratie kann eine demokratische Regierungsform aufweisen, wenn z. B. Ämter und Ehren allen Untertanen zuteil werden. Sie kann sich aber auch aristokratisch regieren, wenn diese Dinge nur Adeligen oder Reichen zuteil werden“ (Six livres II, 2).

Thomas Hobbes (1588–1679) differenzierte ebenfalls zwischen den drei klassischen Staatsformen (Monarchie, Aristokratie, Demokratie) und ordnete sie nach den Inhabern der höchsten Gewalt. Weitere Arten der Staatsverfassung schloss er aus, weil die oberste Gewalt in den Händen eines einzelnen, mehrerer oder aller liegen müsse. Mischformen missbilligte Hobbes ebenso wie Entartungsformen, die er nicht als solche erkannte, sondern als Kampfbegriffe: Namen wie Tyrannis oder Oligarchie, argumentierte er im „Leviathan“, „drücken nicht den Begriff, sondern den Widerwillen bei denen aus, die sich

33 Ulrich Matz: Jean Bodin, in: Heinz Rausch (Hrsg.): Politische Denker I, 6. Aufl., München 1981, S. 129.

34 Wolfgang Weber: Artikel „Jean Bodin“, in: Theo Stammen u.a. (Hrsg.): Hauptwerke der politischen Theorie, Stuttgart 1997, S. 70 f.

ihrer bedienen. Wer gegen einen Monarchen aufgebracht ist, nennt ihn einen Tyrannen; wer gegen die Vornehmen Hass hegt, gebraucht von ihnen den Ausdruck Oligarchie, und wer den Volksführern nicht gewogen ist, nennt die Volksregierung eine Anarchie [...]" (Leviathan II, 19). Die Bestimmung von Staatsformen, darauf verwies Hobbes, und dies lässt sich auch mit anderen Beispielen belegen, entspringt nicht immer nur akademischem Erkenntnisinteresse, sondern gelegentlich auch politischen Absichten. Nach systematischer Abwägung der Vor- und Nachteile der verschiedenen Verfassungsarten entschied sich Hobbes für die Monarchie als beste Staatsform. Dabei war ihm das Argument besonders wichtig, dass nur der uneingeschränkte Souverän den Frieden sichern könne; Erhaltung wie Schutz des Friedens galten ihm als eigentlicher Staatszweck. Manfred G. Schmidt nennt dies „eine bemerkenswerte absolutistische Folgerung aus individualistischen Prämissen und wohlfahrtstheoretischen Überlegungen".[35]

Die Staatsformenlehre von Montesquieu (1689–1755) beruhte auf der Analyse einer großen Menge empirischen Materials zu verschiedenen Epochen, Kontinenten, Ländern.[36] Wenn auch kein Systematiker im strengen Sinne, so war er doch der „erste, der den großen Versuch mit Erfolg wagte, die empirisch beobachtbare Vielfalt der Regierungssysteme in all ihren Bedingtheiten konsequent zu erfassen und zu erklären".[37] Neben politischen Institutionen und geographischen Bedingungen berücksichtigte er gesellschaftliche, kulturelle, geistig-spirituelle, religiöse und wirtschaftliche Gegebenheiten. Diese weite Perspektive wird bereits durch den Titel seines Hauptwerkes über den Geist der Gesetze belegt: „De l'Esprit des Loix Ou du rapport que les Loix doivent avoir avec la Constitution de chaque Gouvernement, les Mœurs, le Climat, la Religion, le Commerce, etc." (1748).

Montesquieu unterteilte die Regierungsformen zunächst idealtypisch in zwei Gruppen: die despotischen und die gemäßigten („gouvernements modérés"). Letztere konnten entweder dem Typ der Monarchie oder der Republik – wiederum aufgefächert in Aristokratie und Demokratie – zugehören. „Die republikanische Regierung ist diejenige, in der das Volk als Ganzes oder auch nur ein Teil des Volkes die oberste Gewalt innehat; die monarchische ist die, bei der ein einzelner, aber nach fest bestimmten Gesetzen regiert, während bei der despotischen ein einzelner ohne Recht und Gesetz alles nach seinem Willen und seinen Launen lenkt" (De l'Esprit des Loix II, 1). In der Despotie herrscht mithin Willkür, und geprägt werde sie vom Prinzip der Furcht. Sie sei indes als einzige Staatsform geeignet, Großreiche zu regieren; Monarchien hätten sich auf mittlere Territorien und Republiken auf Stadtstaaten zu beschränken. Nicht

35 Schmidt: Vergleichende Analyse (Anm. 14), S. 181.
36 Vgl. Ernst Vollrath: Die Staatsformenlehre Montesquieus, in: Peter Haungs (Hrsg.): Res Publica. Studien zum Verfassungswesen, München 1977, S. 392–414; Küchenhoff: Staatsformenlehre (Anm. 10), S. 270–291; Schmidt: Demokratietheorien (Anm. 22), S. 77–81.
37 Brunner: Vergleichende Regierungslehre (Anm. 14), S. 33.

jede Regierungsform sei für jedes Land geeignet – diese Überzeugung machte sich später auch Rousseau (1712–1778) zu Eigen (Du Contrat Social III, 8).

Montesquieu differenzierte zwischen Natur oder Struktur einer Regierung und ihrem Prinzip, verstanden als die das gesellschaftliche und politische Leben bewegenden Leidenschaften. Die Republik werde vom Prinzip der Tugend – der Liebe zu ihr und ihren Gesetzen – geprägt, wobei es für den aristokratischen Typ als Mäßigung oder Selbstbeschränkung der den Staat leitenden Adligen zu verstehen sei. In beiden Fällen ordnen die Bürger oder die herrschende Schicht ihre Partikularinteressen dem Gemeinwohl unter. Die Monarchie werde vom Prinzip der Ehre bestimmt, dem Streben nach Ansehen und Distinktion. Auf Eigeninteresse gegründet, ist das Königtum besonders gefährdet, zur Despotie zu entarten. Um ein solches Umschlagen, das grundsätzlich auch die anderen Staatsformen betrifft, zu verhindern, sei es notwendig, Zwischengewalten einzuführen. Montesquieu bevorzugte daher eine demokratisch wie aristokratisch gemäßigte und gewaltenteilig organisierte Monarchie.

Im Gedanken der Gewaltenteilung und wechselseitigen Machtkontrolle liegt Montesquieus wirkungsmächtigste Idee begründet. Sie sollte nicht nur das Verfassungsdenken und die konstitutionalistischen Bestrebungen der folgenden Jahrhunderte prägen, sondern auch die auf der Grundidee der „checks and balances“ beruhende amerikanische Verfassung.[38] Für die moderne Politikwissenschaft und Staatsformenlehre ist von großer Bedeutung, dass Montesquieu der später so genannten politischen Kultur – dem Zusammenhang zwischen Prägungen wie Verhaltensweisen eines Volkes und den politischen Institutionen des Gemeinwesens – Aufmerksamkeit schenkte. Seine Staatsformenlehre basiert auf einem individualistisch-kulturalistischen Ansatz, vernachlässigt aber beispielsweise zwischen Staat und Gesellschaft angesiedelte intermediäre Institutionen.[39]

Tabelle 2: Staatsformenlehre nach Montesquieu

Anzahl der Herrschenden	Ethisches Prinzip	Gemäßigte Staatsformen	Entartung
Einer	Ehre	Monarchie	Despotismus
Mehrere	Tugend/ Mäßigung	Aristokratie/ Republik	
Viele	Tugend	Demokratie/ Republik	Furcht

38 Zur Diskussion in den Federalist Papers siehe Schmidt: Demokratietheorien (Anm. 22), S. 110–127; Harald von Bose: Republik und Mischverfassung – zur Staatsformenlehre der Federalist Papers, Frankfurt a. M. u. a. 1989.

39 Vgl. ebd., S. 80 f.

Die Staatsformenlehre Immanuel Kants (1724–1804) stand wie so viele bis dahin im Zeichen der Dreiteilung – und wies doch zugleich über sie hinaus.[40] In seiner Schrift „Zum ewigen Frieden“ aus dem Jahr 1795 unterschied er die Form des Staates („forma civitatis“) nach zwei Aspekten: erstens nach den Trägern der obersten Staatsgewalt, zweitens nach der Regierungsart des Volkes durch das jeweilige Oberhaupt: „die erste heißt eigentlich die Form der Beherrschung (forma imperii), und es sind nur drei derselben möglich, wo nämlich entweder nur einer, oder einige unter sich verbunden, oder alle zusammen, welche die bürgerliche Gesellschaft ausmachen, die Herrschergewalt besitzen (Autokratie, Aristokratie und Demokratie, Fürstengewalt, Adelsgewalt und Volksgewalt). Die zweite ist die Form der Regierung (forma regiminis) und betrifft die auf die Konstitution (den Akt des allgemeinen Willens, wodurch die Menge ein Volk wird) gegründete Art, wie der Staat von seiner Machtvollkommenheit Gebrauch macht: und ist in dieser Beziehung entweder republikanisch oder despotisch“.

Tabelle 3: Staatsformenlehre nach Kant

Regierungsform *(forma regiminis)*	**Herrschaftsform** – Zahl der Herrscher *(forma imperii)*		
	einer	einige	alle
republikanisch	Konstitutionelle Monarchie	Verfasste Aristokratie	Demokratischer Verfassungsstaat
despotisch	Absolute Monarchie	Oligarchie	Despotische „Demokratie“

Quelle: Bernhard Sutor: Politik. Ein Studienbuch zur politischen Bildung, Paderborn u.a. 1994, S. 81 (modifiziert).

Die (Nicht-)Existenz der Gewaltenteilung erscheint zwischen beiden als zentrales Unterscheidungskriterium: „Der Republikanism ist das Staatsprinzip der Absonderung der ausführenden Gewalt (der Regierung) von der gesetzgebenden; der Despotism ist das der eigenmächtigen Vollziehung des Staats von Gesetzen, die er selbst gegeben hat […]“(Zum ewigen Frieden, 2. Abschnitt, 1. Definitivartikel). Die Regierungsart, meinte Kant, ist für das Volk von wesentlich höherem Rang als die Staatsform.

2.4. 19. und frühes 20. Jahrhundert

Auch im 19. Jahrhundert blieb die antike Lehre von den drei Staatsformen – in welcher Modifizierung auch immer und von Ausnahmen abgesehen – weiterhin einflussreich. In seinem weit verbreiteten Werk „Politik“[41] von 1835 hielt

40 Vgl. Günther Bien: Artikel „Herrschaftsform(en)“, in: Joachim Ritter (Hrsg.): Historisches Wörterbuch der Philosophie, Bd. 3, Basel/Stuttgart 1974, Sp. 1096–1099.

41 Friedrich Christoph Dahlmann: Die Politik auf den Grund und das Maß der gegebenen Zustände zurückgeführt, hrsg. von Wilhelm Bleek, Frankfurt a.M. 1997 [1835].

Friedrich Christoph Dahlmann (1785–1860) am aristotelischen Schema fest, ebenso Johann Caspar Bluntschli (1808–1881) in seiner „Deutschen Staatslehre" (1880); allerdings erweiterte er diese Typologie um die Theokratie und deren Entartungsform (Priesterdruck).[42] Dahlmann knüpfte zudem an Vorstellungen einer Mischverfassung an und betrachtete eine gelungene Kombination aus monarchischen, aristokratischen und demokratischen Elementen als Grundlage für den guten Staat. Beeinflusst von Dahlmann repräsentierte der Staatswissenschaftler und Doyen der historischen Schule der deutschen Nationalökonomie Wilhelm Roscher (1817–1894) ebenfalls die ältere aristotelische Tradition der Politik. In seinem Werk „Politik" von 1892, verstanden als „Geschichtliche Naturlehre der Monarchie, Aristokratie und Demokratie", rezipierte er die antike Typenlehre und erweiterte sie um Plutokratie und Cäsarismus.[43] Roscher war davon überzeugt, dass die „politischen Erscheinungen selbst unserer Tage noch immer am einfachsten unter die Begriffe aristokratisch, monarchisch, demokratisch subsumiert, und am wirksamsten von daher erläutert werden können" (Einleitung, § 1).

Georg Jellinek (1851–1911), der bei Bluntschli und Roscher studiert hatte, kritisierte letzteren nicht nur dafür, dass er wichtige moderne Phänomene wie die konstitutionelle Monarchie, den Parlamentarismus und Präsidialsysteme außer Acht gelassen habe, sondern knüpfte in seiner „Allgemeinen Staatslehre" auch an die Zweiteilung zwischen Monarchien und Republiken an (weiter aufgeteilt in zahlreiche Unterformen). Das zentrale Unterscheidungsprinzip lag ihm zufolge nämlich in der Art der staatlichen Willensbildung. Diese könne entweder innerhalb einer physischen Person erfolgen, oder der staatliche Wille bilde sich „erst auf Grund eines juristischen Vorganges aus den Willensaktionen einer Mehrheit physischer Personen". Jellinek hielt dabei „eine wissenschaftlich befriedigende Einteilung der Staatsformen nur als eine *rechtliche* Einteilung möglich. Die Frage nach den Staatsformen ist identisch mit der nach den *rechtlichen* Unterschieden der Verfassungen."[44]

Nicht zuletzt angesichts dieser Prämissen avancierte Jellinek rasch zum Vorbild der Rechtspositivisten. Dabei war er es, der mit seiner Soziallehre des Staates auf die politischen, sozialen und ökonomischen Gesichtspunkte der öffentlichen Ordnung einging und auf die Spannung zwischen Recht und Politik, Verfassungstheorie und Verfassungswirklichkeit aufmerksam machte. Die Jellinek nachfolgende rechtspositivistische Traditionsbildung mag insofern paradox erscheinen, repräsentierte er bei näherem Hinsehen doch nicht eine strikt normativistische juristische Schule, sondern die ältere, umfassendere Staats- und Politiklehre und ihre Wiederbelebung. Es ist zu Recht betont worden, wie wenig nur Jellinek rechtspositivistische Sterilität vermittelte, stattdessen viel-

42 Johann Caspar Bluntschli: Deutsche Staatslehre und die heutige Staatenwelt. Ein Grundriss mit vorzüglicher Rücksicht auf die Verfassung von Deutschland und Österreich-Ungarn, Nördlingen 1880; zum Gesamten siehe auch den Beitrag von Uwe Backes in diesem Band.

43 Wilhelm Roscher: Politik. Geschichtliche Naturlehre der Monarchie, Aristokratie und Demokratie, Stuttgart 1892; vgl. auch Küchenhoff: Staatsformenlehre (Anm. 10), S. 97–111.

44 Jellinek: Staatslehre (Anm. 2), S. 665 f. (Kursive im Original Sperrschrift).

mehr für eine Verknüpfung mit der politischen wie Rechtsphilosophie eintrat und zu empirischen Untersuchungen anregte.[45]

Die Erörterung der Staatsformen entwickelte sich im Verlauf des Jahrhunderts vorrangig zum Metier der Staatswissenschaftler im Allgemeinen und der Staatsrechtslehrer im Besonderen. Vom 18. Jahrhundert an hatten sich die so genannten Staatswissenschaften, zu denen neben der Ökonomik und Kameralistik die Politiklehre (meist „Staatswissenschaft" in der Einzahl genannt) zählte, Fragen der Regierungskunst, der näheren Bestimmung des Staatsbegriffs und der Staatsformen sowie der Ausbildung des modernen Verwaltungsbeamtentums gewidmet. Im ausgehenden 19. Jahrhundert zerfiel die integrierte Staatswissenschaft und organisierte sich in Einzeldisziplinen neu. Dabei beanspruchte die Staats(rechts)lehre das Monopol auf die Interpretation von Staatsformen.[46]

Am Ende des 19. und Anfang des 20. Jahrhunderts erscheint die „Verfassungsgeschichte juridifiziert"[47], zunehmend entfernt von einer Struktur- und Regierungssystemgeschichte, die das Politische nicht auf das Staatliche im engeren Sinne reduziert wissen will. Die deutsche Staatsrechtslehre führte vor allem während der Weimarer Zeit einen Grundsatzstreit über das richtige Staatsverständnis. Positivisten und Antipositivisten standen einander gegenüber. Stellvertretend sollen als Repräsentanten der beiden Positionen Hans Kelsen (1881–1973) und Hermann Heller (1891–1933) näher betrachtet werden. In seiner „Allgemeinen Staatslehre" definierte Kelsen Staatsformen als „die typischen Inhalte der die Rechtserzeugung betreffenden Normen". Für ihn stand unverbrüchlich fest, „dass die Einteilung der Staatsformen eine rechtliche Einteilung ist, nur als rechtliche Einteilung überhaupt möglich ist".[48] Das Politische wie das Staatsleben ausblendend, hatte Kelsen, so urteilte Kurt Sontheimer später kritisch, „den Staat auf die dürren Schemen abstrakter Rechtsbegriffe reduziert".[49]

Gegen einen abstrakten Normativismus wie für eine Wiederentdeckung des Politischen und Erörterung der wirklichen Verfassung plädierte Heller, der an der Deutschen Hochschule für Politik lehrte, in seiner postum 1934 veröffentlichten „Staatslehre". Diese Lehre vom Staat war ein politikwissenschaftliches

45 Vgl. Gangolf Hübinger: Staatstheorie und Politik als Wissenschaft im Kaiserreich: Georg Jellinek, Otto Hintze, Max Weber, in: Hans Maier u.a. (Hrsg.): Politik, Philosophie, Praxis. Festschrift für Wilhelm Hennis zum 65. Geburtstag, Stuttgart 1988, S. 146; und allgemein: Andreas Anter (Hrsg.): Die normative Kraft des Faktischen. Das Staatsverständnis Georg Jellineks, Baden-Baden 2004.

46 Vgl. Theo Stammen: Artikel „Staatslehre", in: Dieter Nohlen (Hrsg.): Lexikon der Politik, Bd. 1: Politische Theorien, München 1995, S. 597–602; zur älteren Tradition noch immer grundlegend Hans Maier: Die ältere deutsche Staats- und Verwaltungslehre (Polizeiwissenschaft). Ein Beitrag zur Geschichte der politischen Wissenschaft in Deutschland, Neuwied/Berlin 1966; zum Spannungsfeld der verschiedenen Dispziplinen Kurt Sontheimer: Politische Wissenschaft und Staatsrechtslehre, in: Heinrich Schneider (Hrsg.): Aufgabe und Selbstverständnis der politischen Wissenschaft, Darmstadt 1967, S. 394–432.

47 Boldt: Verfassungsgeschichte (Anm. 4), S. 437.

48 Kelsen: Staatslehre (Anm. 23), S. 320 f. (Kursive im Original Sperrschrift).

49 Sontheimer: Politische Wissenschaft (Anm. 46), S. 409; vgl. zur gesamten Diskussion auch Christoph Gusy (Hrsg.): Demokratisches Denken in der Weimarer Republik, Baden-Baden 2000.

Werk, das gegen die Gleichsetzung von Staat und Recht aufbegehrte.[50] Für Heller besaß die Staatslehre die Aufgabe, „die eigenartige Wirklichkeit des uns umgebenden staatlichen Lebens zu erforschen. Sie will den Staat begreifen in seiner gegenwärtigen Struktur und Funktion, sein geschichtliches So-geworden-sein und seine Entwicklungstendenzen."[51]

Heller setzte der juristischen Vereinnahmung des Staates ein eigenständiges politikwissenschaftliches Verständnis entgegen – vom Staat als einer umfassenden historischen, politischen und gesellschaftlichen Realität. Auf Unterstützung konnte er dabei aus den Vereinigten Staaten hoffen, wo sich die früher als auf dem Alten Kontinent aufblühende Politikwissenschaft aus den Fängen der Staatsrechtslehre befreite. Vertreter einer Vergleichenden Regierungslehre wie James Bryce (1837–1922)[52] oder Carl Joachim Friedrich (1901–1984) lehnten den rechtsdogmatischen Staatsbegriff ab. In Friedrichs Epoche machendem, in erster Fassung 1937 in Amerika erschienenem Werk über den „Verfassungsstaat der Neuzeit" heißt es einleitend: „Gegenstand und Methode der Wissenschaft von der Politik sind in Kürze schwer zu kennzeichnen. Ihr Gegenstand ist natürlich der ‚Staat', aber man darf sich nicht mehr darunter vorstellen, als das, was das englische ‚government' meint. Es handelt sich um die Formen der Herrschaft. Jede metaphysische Verabsolutierung des Staatsbegriffs ist der Betrachtungsweise entgegengesetzt, mit der der Gegenstand in diesem Buch untersucht wird; ein metaphysisches Absolutum kann nicht Objekt kritischer Tatsachenforschung sein. Um diese aber geht es."[53] Noch viele Jahre später übte der Historiker Theodor Schieder ebenfalls scharfe Kritik an einer „Jurisprudenz, die sich weit vom Mutterboden der Staatswirklichkeit entfernt hat".[54] Die Rückeroberung des Staates und der Staatsformenlehre durch andere Disziplinen schritt im 20. Jahrhundert voran; beides sollten fortan nicht den Juristen allein gehörende Objekte sein.

3. Moderne Typologien

3.1. Monokratie versus Demokratie

Während bei den historischen Staatsformenlehren das Dreierschema dominierte, herrscht bei den modernen Typologien die Zweiteilung vor. Die klassische Klassifizierung erscheint schon insofern überholt, als mit der Einführung des allgemeinen Wahlrechts die Aristokratie kaum noch Bedeutung besaß.

50 Hermann Heller: Staatslehre, 6. Aufl., Tübingen 1983 (zuerst Leiden 1934); vgl. auch ders.: Politikwissenschaft, in: Karl Graf Ballestrem u.a. (Hrsg.): Politisches Denken. Jahrbuch 2003, Stuttgart/Weimar 2002, S. 1–29.
51 Heller: Staatslehre (Anm. 50), S. 12.
52 James Bryce: Modern Democracies, 2 Bde., London 1921.
53 Carl J. Friedrich: Der Verfassungsstaat der Neuzeit, Berlin u.a. 1953, S. VII.
54 Theodor Schieder: Wandlungen des Staats in der Neuzeit, in: Historische Zeitschrift, Bd. 216 (1973), S. 267.

Darüber hinaus erlebten viele Monarchien eine Demokratisierung, so dass diese Kategorie an inhaltlicher Qualität verlor. Bei aller Unterschiedlichkeit ihrer Prämissen können im Übrigen Kelsen wie Heller als frühe Vertreter moderner Typologisierungsversuche gelten. Beide nahmen eine Zweiteilung vor und legten ihren Staatsformenlehren die dichotomischen Hauptkategorien „Demokratie" und „Autokratie" – mit je eigener Akzentuierung – zugrunde.

Die Staatsformenlehre seit Ausgang des Zweiten Weltkrieges ist von der Dichotomie Monokratie/Autokratie auf der einen und Demokratie/Konstitutionalismus auf der anderen Seite geprägt.[55] In seinem Beitrag zum „Handwörterbuch der Sozialwissenschaften" aus dem Jahr 1956 unterteilte Günter Dürig die Staatsformen in monokratische und demokratische Systeme.[56] Die Monokratien spaltete er in Monarchien und Diktaturen auf. Er unterscheidet eine absolute, eine konstitutionelle und eine parlamentarische Königsherrschaft. Die absolute Monarchie, bei der das einzige direkte Staatsorgan der Fürst ist, der alle Funktionen des Staates in sich vereint, prägte vor allem das 17. und 18. Jahrhundert. Das 19. Jahrhundert war das Zeitalter der konstitutionellen Monarchie. Sie erscheint angesichts der beschränkten Kompetenzen des Monarchen als Übergangsform zur Demokratie und parlamentarischen Monarchie. Ihrem Wesen nach war sie bereits Rechts- und Verfassungsstaat, und die einstigen Untertanen nahmen den Status von Staatsbürgern ein. In der parlamentarischen Monarchie besitzt das nominelle „gekrönte" Staatsoberhaupt nur noch repräsentative Funktionen. Es zählt nunmehr zu den „dignified parts" der Verfassungsordnung, nicht länger zu den „efficient parts", so Walter Bagehots berühmtes Diktum zur „English Constitution".

Bei der „Führerherrschaft" differenzierte Dürig zwischen der kommissarischen – verfassungsmäßigen, zur Überwindung eines Ausnahmezustands gedachten – Diktatur und ihrer souveränen Form. Die Definition der souveränen Diktatur bleibt vage. Es kennzeichne sie, „dass der Diktator seine Macht benutzt, um die alte nicht-monokratische Verfassungsordnung durch eine [...] monokratische zu ersetzen".[57] Die Demokratien unterteilte Dürig in „Volksdemokratien" und diejenigen westlichen Musters. Letztere bilde zwei Typen, den der relativistischen und jenen der abwehrbereiten Demokratie. Die so genannte Volksdemokratie oder „sozialistische Demokratie" kennzeichnete Dürig als „Diktatur der Staatspartei" – dem aristotelischen Schema gemäß, das er hier

55 Freilich existieren auch abweichende Klassifizierungsmodelle, etwa ein eigenwilliges Schema von Samuel Finer, der anhand der Herrschenden vier reine Typen – „Palace", „Nobility", „Forum", „Church" – und sechs Mischtypen voneinander unterscheidet – „Palace/Church", „Palace/Nobility", „Palace/Forum", „Forum/Nobility", „Forum/Church", „Church/Nobility". Vgl. Samuel E. Finer: The History of Government. From the Earliest Times, Bd. 1, Oxford 1997, S. 37. Karl Brinkmann: Verfassungslehre, 2. Aufl., München/Wien 1994, hält an einem Dreierschema fest und bestimmt als Hauptstaatsformen Monokratie, Pleokratie und Polykratie, die wiederum verschiedene Nebenstaatsformen umschließen.

56 Günter Dürig: Artikel „Staatsformen", in: Erwin v. Beckerath u.a. (Hrsg.): Handwörterbuch der Sozialwissenschaften, Bd. 9, Stuttgart u.a. 1956, S. 742–752.

57 Ebd., S. 745 f.

nochmals mit Blick auf ein politisches System der Gegenwart aufnahm, eine moderne Erscheinungsform der Oligarchie.[58]

Karl Loewenstein kritisierte in seiner „Verfassungslehre" aus dem Jahr 1957 die bisherigen Einteilungsschemata von Regierungsformen als wirklichkeitsfremd und „heute gänzlich wertlos", weil sie sich einzig auf das „äußere Gerüst des Regierungsaufbaus" konzentriert und die „eigentliche Dynamik des Machtprozesses außer acht" gelassen hätten.[59] Er klassifizierte Staatsformen entlang der Grundfrage nach der Art und Weise, wie die Machtausübung erfolgt und kontrolliert werde. Daraus ergeben sich für ihn zwei Haupttypen: erstens konstitutionelle Systeme (oder Polykratien), die auf kontrollierter und geteilter Machtausübung beruhten; zweitens autokratische Systeme (oder Monokratien), in denen nur ein einziger Machtträger existierte, gleich ob als Einzelperson oder Körperschaft. Loewenstein war – indes ohne den empirischen Beweis zu liefern – davon überzeugt, „dass alle Regierungstypen der Vergangenheit und Gegenwart unter die eine oder die andere dieser beiden Kategorien eingeordnet werden können".[60] Zwischenformen träten vorwiegend im Übergang zwischen beiden politischen Systemen in Erscheinung.

Die Regierungstypen innerhalb der Autokratie gliederte Loewenstein je nach der Reichweite der Macht und Herrschaft in autoritäre und totalitäre Regime. Den autoritären Diktaturtyp, der sich auf die politische Kontrolle des Staates beschränkt, ohne die Lebenswelt der Bürger zu beherrschen, unterteilte er wiederum in drei Modelle: die absolute Monarchie, den plebiszitären Cäsarismus (Napoleons) und den Neopräsidentialismus. An Regierungstypen innerhalb der konstitutionellen Demokratie machte Loewenstein sechs aus: die unmittelbare Demokratie, die Versammlungsregierung, die parlamentarische Regierung, die Kabinettsregierung, den Präsidentialismus und die (schweizerische) Direktorialregierung.

Loewensteins Staatsformen-Typologie stellte – wenn auch insbesondere die Ableitung der Subtypen nicht nach einheitlichen Kriterien erfolgte – einen wichtigen Schritt auf dem Weg zur Etablierung der bis heute dominanten Demokratie-Diktatur-Dichotomie[61] in der Politikwissenschaft dar. Sie findet sich – um vier Beispiele mehr oder weniger willkürlich auszuwählen – in Ernst Fraenkels „Strukturanalyse der modernen Demokratie"[62] ebenso wieder wie in Georg Brunners „Vergleichender Regierungslehre"[63] und Wolfgang Merkels

58 Ebd., S. 751.
59 Karl Loewenstein: Verfassungslehre, Tübingen 1959 (engl. Original 1957), S. 21 f.
60 Ebd., S. 27.
61 Vgl. Eckhard Jesse: Typologie politischer Systeme der Gegenwart, in: Theo Stammen u.a.: Grundwissen Politik, 3. Aufl., Bonn 1997, S. 239–312; Norberto Bobbio: Democracy and Dictatorship. The Nature and Limits of State Power, Oxford 1989; Hans-Joachim Lauth: Regimetypen: Totalitarismus – Autoritarismus – Demokratie, in: ders. (Hrsg.): Vergleichende Regierungslehre. Eine Einführung, Wiesbaden 2002, S. 105–130.
62 Ernst Fraenkel: Strukturanalyse der modernen Demokratie [1970], in: ders.: Reformismus und Pluralismus, Hamburg 1973, S. 404–433.
63 Brunner: Vergleichende Regierungslehre (Anm. 14).

Werk zur „Systemtransformation“[64] oder in Adam Przeworskis empirischer Studie „Democracy and Development“[65].

Fraenkel macht den Unterschied zwischen demokratischen und diktatorischen Systemen an vier Faktoren fest. Erstens: Die Legitimation des Herrschaftssystems ist in der Demokratie autonom – die Staatsgewalt geht vom Volk aus –, in der Diktatur dagegen heteronom, fremdbestimmt. Zweitens: Die Struktur des Gesellschaftssystems ist in der Demokratie heterogen, in der Diktatur dagegen homogen. Drittens: Die Organisation des Regierungssystems ist in der Demokratie pluralistisch, in der Diktatur dagegen monistisch. Viertens: Die Geltung des Rechtssystems ist in der Demokratie unverbrüchlich, in der Diktatur steht es unter dem Vorbehalt des Politischen. Gemäß diesem Schema sei eine eindeutige Zuordnung zu Demokratie und Diktatur möglich, Mischformen bleiben die Ausnahme. Freilich täuscht der idealtypische Charakter der Fraenkelschen Klassifizierung über die Vielgliedrigkeit und die Abstufungen innerhalb der beiden Systemtypen hinweg.[66]

Brunners Typenlehre beruht ebenfalls auf vier Kriterienkomplexen: erstens der Herrschaftsstruktur (Wer trifft die Entscheidungen?), zweitens dem Herrschaftsumfang (Wie weit reichen die Entscheidungen?), drittens den Herrschaftszielen (Welches Ziel verfolgen die Entscheidungen?), viertens der Herrschaftsausübung (Mit welchen Mitteln werden Entscheidungen durchgeführt?).[67] Die Herr-

Tabelle 4: Grundtypen der Regierungssysteme nach Brunner

	Demokratien	**Diktaturen**
I. Primäre Einteilungsgrundlage – Herrschaftsstruktur		
1. Anzahl der Herrschaftszentren	pluralistisch	monistisch
2. Bestellung der Machtträger aus der Sicht des Volkes	autonom	heteronom
3. Einstellung des Volkes zu den Machtträgern	legitim	illegitim
II. Sekundäre Einteilungskriterien		
1. Herrschaftsumfang	limitiert	absolut
2. Herrschaftsausübung	moderiert	exzessiv

Quelle: Georg Brunner: Vergleichende Regierungslehre. Ein Studienbuch, Bd. 1, Paderborn u.a. 1979, S. 66.

64 Wolfgang Merkel: Systemtransformation. Eine Einführung in die Theorie und Empirie der Transformationsforschung, Opladen 1999.
65 Adam Przeworski u.a.: Democracy and Development. Political Institutions and Well-Being in the World, 1950–1990, Cambridge/New York 2000.
66 Vgl. Schmidt: Vergleichende Analyse (Anm. 14), S. 194.
67 Brunner: Vergleichende Regierungslehre (Anm. 14), S. 60.

Tabelle 5: Merkmale demokratischer, autoritärer und totalitärer Systeme nach Merkel

	Demokratie	Autoritäres System	Totalitäres System
Herrschaftslegitimation	Volkssouveränität	Mentalitäten	geschlossene Weltanschauung
Herrschaftszugang	offen (universelles Wahlrecht)	eingeschränkt (eingeschränktes Wahlrecht)	geschlossen (kein Wahlrecht)
Herrschaftsmonopol	bei demokratisch legitimierten Institutionen	bei Führern/ Oligarchien über Mentalitäten „legitimiert“ und Repression abgesichert	bei weltanschaulich legitimierten und durch Repression abgesicherten Führer(n)
Herrschaftsstruktur	pluralistisch (Gewaltenteilung, Gewaltenhemmung, Gewaltenkontrolle)	semipluralistisch (weitgehend eingeschränkte Gewaltenteilung, Gewaltenhemmung, Gewaltenkontrolle)	monistisch (keine Gewaltenteilung, Gewaltenhemmung, Gewaltenkontrolle)
Herrschaftsanspruch	eng begrenzt	umfangreich	unbegrenzt
Herrschaftsweise	rechtsstaatlich	rechtsstaatlich bis nicht-rechtsstaatlich, repressiv	nicht rechtsstaatlich, systematisch repressiv, terroristisch

Quelle: Wolfgang Merkel: Systemtransformation. Eine Einführung in die Theorie und Empirie der Transformationsforschung, Opladen 1999, S. 28.

schaftsstruktur gliedere sich weiter in die Zahl der Herrschenden und die Hervorbringung sowie Anerkennung der Machtträger durch das Volk auf. Sie betrachtet Brunner als primäre Einteilungsgrundlage. Daraus ergebe sich die fundamentale Dichotomie zwischen Regierungssystemen „mit einer pluralistischen, autonomen und legitimen Herrschaftsstruktur“ und solchen „mit einer monistischen, heteronomen und illegitimen Herrschaftsstruktur. Die ersteren sollen *Demokratien,* die letzteren *Diktaturen* heißen.“[68] Diese Gliederung versteht sich als eine idealtypische; in der Realität sollte es zusätzlich Abstufungen und Übergangsformen geben. Zu deren Bestimmung finden Herrschaftsumfang und -ausübung als sekundäre Einteilungskriterien Berücksichtigung.

In seiner Typologie politischer Systeme geht Merkel deduktiv-idealtypisch vor und legt ausschließlich das Kriterium der politischen Herrschaft zugrunde. Diese

68 Ebd., S. 65 (Hervorhebung im Original).

gliedert er – nicht zuletzt in Anlehnung an Brunner – auf, indem er Fragen nach: (1) Herrschaftslegitimation, (2) Herrschaftszugang, (3) Herrschaftsmonopol, (4) Herrschaftsstruktur, (5) Herrschaftsanspruch und (6) Herrschaftsweise stellt. Auf der Grundlage dieser sechs Kriterien lassen sich nach Merkel nahezu alle politischen Systeme drei Grundtypen zuordnen: Demokratien, autoritären und totalitären Systemen. Für die beiden letztgenannten Formen verwendet er auch den Oberbegriff der autokratischen Systeme, womit sich Merkels System qualitativ nicht vom Zweierschema unterscheidet.[69]

Den zwei oder drei Grundtypen ordnet er im Fortgang seiner Studie Untertypen zu. Er macht sich außerdem für die Vorstellung eines Kontinuums politischer Systeme stark[70] und will so die mit der Wirklichkeit oftmals schwer zu vereinbarende Starrheit der dichotomischen Einteilung ein wenig aufbrechen. An den Enden des Kontinuums stehen die beiden „polaren Typen“ der idealen Demokratie und des perfekten totalitären Systems. Dazwischen angesiedelt sind demokratische, autoritäre und totalitäre Systeme, die sich wiederum weiter auffächern lassen.

Adam Przeworski macht sich als ein führender Vertreter der empirischen Demokratieforschung ebenfalls die dichotomische Grundunterscheidung zwischen Demokratie und Diktatur zu eigen. Er definiert Demokratie anhand von drei Regeln. Erstens: „The chief executive must be elected.“ Zweitens: „The legislature must be elected“. Drittens: „There must be more than one party.“[71] Diktatur ist für Przeworski einfach „Nicht-Demokratie“. Sobald eine der drei aufgestellten Regeln nicht zutrifft, handelt es sich bei dem entsprechenden Regime um ein diktatorisches. Demokratien gehören entweder dem parlamentarischen, dem präsidentiellen oder einem gemischten Typ an. Diktaturen lassen sich in geteilte und monolithische sowie bürokratische und autokratische aufteilen. „[...] a ‚divided‘ dictatorship is one that in addition to the chief executive has a legislature or a party. ‚Monolithic‘ dictatorships have no legislatures and no parties. [...] ‚Bureaucracies‘ are dictatorships that have some internal rules for operating the government, at least rules regulating the competence of the chief executive vis-à-vis the legislature, and some external rules, namely, laws.“ Autokratien sind hingegen despotische Regime.[72] Przeworskis Begriffsbestimmung der Demokratie und der Diktatur (als Nicht-Demokratie) verfolgt einen minimalistischen Ansatz, der definitorische Genauigkeit anstrebt und deshalb vielfältige Faktoren, die oftmals Demokratien zugerechnet werden, bewusst ausblendet: soziale und ökonomische Gesichtspunkte, Fragen der Repräsentation, der öffentlichen Meinung und Responsivität, den Grad der Partizipation oder den Status von Freiheits- und Menschenrechten.[73]

69 Merkel: Systemtransformation (Anm. 64), S. 23–28.
70 Vgl. ebd., S. 55.
71 Przeworski: Democracy (Anm. 65), S. 21 f.
72 Ebd., S. 32.
73 Vgl. ebd., S. 33–36.

Eine solche minimalistische Herangehensweise, die bei der Bildung der Untertypen an definitorischer Präzision verliert, erscheint für die anwendungsorientierte Demokratieforschung gerechtfertigt. Sie ist darüber hinaus notwendig angesichts eines mal empirisch, mal normativ überdehnten Demokratiebegriffs: „Indeed, according to many definitions, the set of true democracies is an empty set."[74] Dies liegt daran, dass der Terminus der Demokratie eine zunehmend positive Konnotation entwickelt hat und diesem Systemtyp eine Vielzahl guter Eigenschaften zugeschrieben wird. Die Frage, ob Demokratie wirklich die beste Staatsverfassung ist, versucht Manfred G. Schmidt zu beantworten. Seine Schlussfolgerung: „Nicht die Demokratie ist eindeutig besser als alle anderen Staatsformen. Es ist hauptsächlich die etablierte Demokratie mit Rechtsstaat, wirksamem Schutz der Bürgerrechte und hohem Wohlstand im Unterschied zu allen anderen Staatsformen, die eine gute Staatsverfassung vor den weniger leistungsfähigen Ordnungen des Gemeinwesens auszeichnet."[75]

Gemeint ist der demokratische Verfassungsstaat westlichen Typs, der auf eine mehr als zweihundertjährige Geschichte seiner Institutionalisierung und Etablierung zurückblickt.[76] Der Begriff der Demokratie an sich betont den Aspekt der Volksherrschaft/-souveränität, nicht hingegen den demokratischen Verfassungsstaat konstituierende Elemente wie die Gewaltenteilung und die kontrollierte Machtausübung, Rechtsstaatlichkeit und Pluralismus. Wenn Politikwissenschaftler von Demokratie reden, meinen sie zumeist den demokratischen Verfassungsstaat. Diese Staatsform gliedert sich wiederum in Untertypen auf, die dichotomischem Denken verhaftet bleiben. Zu den wichtigsten Mustern der Klassifikation von Demokratien[77] zählen: Mehrheits- versus Konsensdemokratie, funktionierende versus defekte Demokratie, Konkurrenz- versus Konkordanzdemokratie, direkte versus repräsentative Demokratie, präsidentielle versus parlamentarische Demokratie und in jüngster Zeit auch Parteien- versus Mediendemokratie[78]. Beispielhaft soll das wohl bedeutendste

74 Ebd., S. 14.

75 Schmidt: Demokratietheorien (Anm. 22), S. 539.

76 Siehe Hans Fenske: Der moderne Verfassungsstaat. Eine vergleichende Geschichte von der Entstehung bis zum 20. Jahrhundert, Paderborn u.a. 2001; Friedrich: Verfassungsstaat (Anm. 53).

77 Zu den vielfältigen Typen siehe Schmidt: Demokratietheorien (Anm. 22), Teil III; ders.: Vergleichende Analyse (Anm. 14), S. 190–193; Aurel Croissant: Regierungssysteme und Demokratietypen, in: Lauth (Hrsg.): Regierungslehre (Anm. 61), S. 131–155; sowie den Beitrag von Steffen Kailitz in diesem Band.

78 Während den Parteien schon länger eine staatsstrukturbestimmende Qualität zugesprochen wird, man denke nur an Gerhard Leibholz' These vom Parteienstaat, der als rationalisierte Erscheinungsform der plebiszitären Demokratie im modernen Flächenstaat dem Parlament den Rang einer Institution der autonomen Willensbildung und Entscheidungsfindung streitig mache, geraten die Medien erst in jüngster Zeit ins Blickfeld. Für Thomas Meyer: Mediokratie. Die Kolonisierung der Politik durch das Mediensystem, Frankfurt a.M. 2001, sind wir Zeugen einer kopernikanischen Wende: Die Parteien- wandele sich in eine Mediendemokratie, und die Politik lasse sich durch die Medien kolonisieren. Es dürfte zu den Herausforderungen einer nicht nur institutionell, sondern auch prozessual ausgerichteten Staatsformenlehre gehören, die Medien in den Blick zu nehmen. Zum Ganzen siehe Alexander Gallus: Medien, öffentliche Meinung und Demoskopie, in: Eckhard Jesse/Roland Sturm (Hrsg.): Demokratien des 21. Jahrhunderts im Vergleich. Historische Zugänge, Gegenwartsprobleme, Reformperspektiven, Opladen 2003, S. 313–340.

Zweiteilungsmuster für Demokratien zwischen parlamentarischen und präsidentiellen Systemen genauer erörtert werden – ebenso wie autoritäre und totalitäre Systeme als Subtypen der Diktatur.

3.2. Parlamentarische versus präsidentielle Demokratie

Zu den fundamentalen Unterscheidungen in einer an institutionellen Gesichtspunkten orientierten vergleichenden Politikwissenschaft zählt jene zwischen parlamentarischer und präsidentieller Demokratie.[79] Przeworski bestimmt die Untertypen demokratischer Systeme folgendermaßen: „Systems in which the government must enjoy the confidence of the legislature are ‚parliamentary'; systems in which the government serves at the pleasure of the elected president are ‚presidential'; systems in which the government must respond both to a legislative assembly and to an elected president are ‚mixed'."[80] Diese Minimaldefintion zur Unterscheidung parlamentarischer und präsidentieller Demokratie gehört zu jenen weitgefassten Ansätzen, welche die beiden Formen des Parlamentarismus anhand einer Kombination verschiedener „weicher" Kriterien voneinander scheiden.

In diese Gruppe fällt Klaus von Beymes Kennzeichnung parlamentarischer Regierungssysteme mit Hilfe einer Reihe von institutionellen – und weiteren – Kriterien: (1) die enge Kopplung von Exekutive und Legislative, meist verbunden mit der Kompatibilität von Abgeordnetenmandat und Ministeramt; (2) Regierungschef und Minister entstammen in der Regel dem Parlament; (3) Demissionspflicht der Regierung bei Vertrauensentzug durch die Parlamentsmehrheit; (4) Recht des Parlaments zur Kontrolle der Regierung mittels parlamentarischer Anfragen. Die Punkte 1 bis 4 stellen für von Beyme die Minimalerfordernisse der parlamentarischen Regierung dar. Darüber hinaus treffe auf den parlamentarischen Demokratietyp häufig zu: (5) die Investitur der Regierung durch förmliche Vertrauensabstimmung des Parlaments; (6) das Recht der Regierung, unter bestimmten Bedingungen eine Parlamentsauflösung durch das Staatsoberhaupt zu erwirken. Neben diesen institutionellen Faktoren seien sozialstrukturelle Kriterien zu berücksichtigen: (7) die Existenz eines organisierten und funktionstüchtigen Parteiensystems; (8) eine ausgeprägte Homogenität und solidarisches Verhalten innerhalb des Kabinetts; (9) die exponierte Stellung des Regierungschefs, der die Richtlinienkompetenz besitzt; (10) die Existenz einer loyalen Opposition; (11) das Bestehen einer für den Parlamentarismus günstigen politischen Kultur.[81]

Ernst Fraenkel stellt ebenfalls einen nicht weiter hierarchisierten Merkmalskatalog auf, der verfassungsrechtliche und -politische Aspekte berücksichtigt. Die

79 Siehe zur Entwicklung dieser Klassifizierung Arend Lijphart (Hrsg.): Parliamentary versus Presidential Government, Oxford 1992.
80 Przeworski: Democracy (Anm. 65), S. 30.
81 Vgl. Klaus von Beyme: Die parlamentarische Demokratie. Entstehung und Funktionsweise 1789–1999, 3. Aufl., Opladen/Wiesbaden 1999, S. 38–46.

„kennzeichnenden Unterschiede" zwischen parlamentarischem und präsidentiellem Regierungssystem seien: (A) beim parlamentarischen Typ: (1) die rechtlich zulässige und politisch notwendige Zugehörigkeit der Regierung zum Parlament (ausgenommen Frankreich), (2) die Rücktrittsverpflichtung der Regierung im Falle eines Misstrauensvotums, (3) das Recht der Regierung (respektive des Staatspräsidenten) zur Parlamentsauflösung – ohne rechtliche Beschränkung (so im Falle Großbritanniens und der Weimarer Republik) oder in Folge der Ablehnung eines Vertrauensvotums (Bundesrepublik Deutschland), (4) eine durch den Regierungschef strikt kontrollierte Regierungspartei (Fraktionsdisziplin); (B) beim präsidentiellen Typ: (1) ein verfassungsrechtliches Verbot einer Zugehörigkeit der Regierung zum Parlament (Inkompatibilitätsgebot), (2) keine Gebundenheit der Regierung an parlamentarische Mehrheiten, (3) keine Möglichkeit der Auflösung des Parlamentes durch den Regierungschef, (4) relative Unabhängigkeit der Partei des Regierungschefs von diesem.[82]

Während Klaus von Beyme und Ernst Fraenkel eine Vielzahl von „weichen" Faktoren benennen, die erst in der Summe eine Zuordnung zum parlamentarischen oder präsidentiellen System ermöglicht, setzt Winfried Steffani in seiner politologischen Gewaltenteilungslehre (die sich von der klassischen Aufteilung der Staatsfunktionen in Exekutive und Legislative verabschiedet und das Wechselspiel von Regierung und Opposition ins Zentrum rückt) dieser Sicht ein „hartes" Unterscheidungskriterium entgegen – die (Nicht-)Abberufbarkeit der Regierung. „Ist die Regierung vom Parlament absetzbar, so haben wir es mit der Grundform ‚parlamentarisches Regierungssystem' zu tun, ist eine derartige Abberufbarkeit verfassungsrechtlich nicht möglich, mit der Grundform ‚präsidentielles Regierungssystem'."[83] Dieses primäre Kriterium steht im Mittelpunkt von Steffanis systematischem Zugang. Diesem stellt er die weniger scharfe Möglichkeit einer historischen Differenzierung gegenüber, bei der Großbritannien für den parlamentarischen Typ als geschichtliches Vorbild oder Muster zur Orientierung dient und Amerika für den präsidentiellen Typ. Neben dem primären legt Steffani eine Reihe von supplementären Kriterien fest, um präsidentielle und parlamentarische Regierungssysteme voneinander zu unterscheiden. So zählt beispielsweise das Inkompatibilitätsgebot, die Unvereinbarkeit von Regierungsamt und Parlamentsmandat, im ersten Fall zu den bedeutenden sekundären, nicht „definitionsnotwendigen" Kriterien; das Recht zur Parlamentsauflösung zu den wichtigsten supplementären Merkmalen im zweiten Fall.

In präsidentiellen Regierungssystemen herrscht nach Steffani eine geschlossene Exekutive vor, bei der Staatsoberhaupt und Regierung vereint sind, in parla-

82 Vgl. Ernst Fraenkel: Artikel „Parlamentarisches Regierungssystem", in: ders./Karl Dietrich Bracher (Hrsg.): Staat und Politik, Neuausgabe, Frankfurt a.M. 1972, S. 240.

83 Winfried Steffani: Parlamentarische und präsidentielle Demokratie. Strukturelle Aspekte westlicher Demokratien, Opladen 1979, S. 39; vgl. auch ders.: Parlamentarisches und präsidentielles Regierungssystem, in: Nohlen (Hrsg.): Lexikon (Anm. 46), Bd. 3, München 1992, S. 288–295.

Tabelle 6: Parlamentarisches und präsidentielles Regierungssystem

Merkmal		**Parlamentarisches Regierungssystem**	**Präsidentielles Regierungssystem**
Legitimationskette		Wahlvolk → Parlament → Regierung	Wahlvolk → Präsident Wahlvolk → Parlament
Gegenseitige Abhängigkeit von Parlament und Regierung		stark	schwach
zeigt sich in:	Kreation und Bestellung der Regierung durch das Parlament	gegeben	nicht gegeben
	Abberufbarkeit der Regierung aus politischen Gründen	gegeben	nicht gegeben
	Parlamentsauflösung durch die Regierung	möglich	untersagt
Kompatibilität von Regierungsamt und Parlamentsmandat		unterschiedlich geregelt (in Großbritannien: vorgeschrieben)	untersagt
Gesetzesinitiativrecht		gegeben	nicht gegeben
Vetorecht der Regierung		nur bei Ausgabengesetzen	gegeben
Fraktionsdisziplin		ausgeprägt	gering

Quelle: Bernhard Schreyer/Manfred Schwarzmeier: Grundkurs Politikwissenschaft: Studium der Politischen Systeme. Eine studienorientierte Einführung, Wiesbaden 2000, S. 161.

mentarischen hingegen eine Doppelspitze. Je nach Ausgestaltung der Exekutivkonstruktion lassen sich Untertypen der beiden Grundformen ausmachen. Im ersten Fall kann der Präsident (1) wie in den Vereinigten Staaten alle exekutive Kompetenz auf sich vereinigen, (2) wie in Lateinamerika durch einen Staats- oder Ministerrat beschränkt werden, oder (3) wie im Schweizer Kollegialsystem dem Rotationsprinzip folgend jeweils ein Jahr lang als „primus inter pares" wirken. Im zweiten Fall differenziert Steffani zwischen vier Strukturtypen: (1) die Exekutivkooperation, bei der eine weitgehende Machtbalance zwischen Präsident und Regierungschef herrscht, (2) die Dominanz oder Hegemonie des Regierungschefs, (3) die Präsidialhegemonie oder -dominanz, bei der eine einseitige Macht- und Kompetenzverlagerung auf Seiten des Staatspräsidenten erfolgt, (4) schließlich die Versammlungshegemonie oder -dominanz, bei der die gesamte doppelte Exekutive zu Gunsten des Parlaments geschwächt wird.[84]

Zwischenformen lässt Steffani nicht gelten. Seiner trennscharfen Zuordnung gemäß teilt er auch „Problemfälle" eindeutig der dichotomischen Typologie zu. Ohne Umschweife rechnet er die Schweiz zu den präsidentiellen und das Frankreich der V. Republik zu den parlamentarischen Regierungssystemen. Er hält die Kategorie des Semipräsidentialismus für nicht weiterführend und argumentiert gegen die Einführung von Mischsystemen, die nur der Verwässerung von eindeutigen analytischen Kategorien Vorschub leisteten.[85] Eine andere – ebenso wie die nach Zwischentypen: kontroverse – Frage, welche die Vergleichende Politikwissenschaft bewegt, gilt der Leistungsbilanz in der parlamentarischen wie der präsidentiellen Demokratie.[86] Ungeachtet mancher Ungewissheit unterstützen die bisherigen Ergebnisse der empirischen Demokratieforschung die „Hypothese, dass die präsidentiellen Systeme nach Struktur und Fähigkeit zur Problemlösung schwächer als die parlamentarischen Regierungsweisen sind".[87]

Eine solche Verbindung von empirischer und theoretischer Demokratieforschung verweist auf eine zentrale Problematik der modernen Staatsformenlehre: den Zusammenhang von verfassungsrechtlicher wie verfassungswirklicher Struktur einerseits und andererseits deren tatsächlichen Auswirkungen, die zu ermessen eine empirische Funktionsanalyse des politischen Prozesses und der Staatstätigkeit der unterschiedlichen politischen Systeme erfordert. Alle drei Dimensionen des Politischen geraten in den Blick – polity, politics und policy: die institutionelle, die prozessuale und inhaltliche Dimension.

3.3. Totalitäre versus autoritäre Diktatur

Das Phänomen des Totalitarismus ist mit dem Untergang des Sowjetsystems zumindest in Europa an ein Ende gelangt. Begriff und Konzept des Totalitarismus hingegen erfahren eine Renaissance, sie werden nach der Epochenzäsur von 1989/90 häufiger und vor allem unbefangener erörtert als zuvor. Bis dahin nahmen die Totalitarismusdebatte und insbesondere der Vergleich von „brauner" und „roter" Diktatur eine „eigentümliche Stellung zwischen Politik und Wissenschaft, zwischen Ideologie und Wahrheit" ein: „Wer die Totalitarismustheorie als Denkgrundlage akzeptierte, wurde (in der Regel von links)

84 Vgl. Steffani: Demokratie (Anm. 83), S. 41–43.
85 Winfried Steffani spricht mit Blick auf die Konstruierung von parlamentarisch-präsidentiellen Mischtypen sogar von einer „gedankliche[n] Fehlleistung". Ders.: Parlamentarisch-präsidentielle „Mischsysteme"? Bemerkungen zum Stand der Forschung in der Politikwissenschaft, in: Otto Luchterhandt (Hrsg.): Neue Regierungssysteme in Osteuropa und der GUS. Probleme der Ausbildung stabiler Machtinstitutionen, 2. Aufl., Berlin 2002, S. 58.
86 Zusammenfassend dazu siehe Schmidt: Demokratietheorien (Anm. 22), S. 316–324.
87 Ebd., S. 323 f.

eines antikommunistischen Vorurteils verdächtigt; umgekehrt wurde (in der Regel von rechts) selber totalitärer Neigungen beschuldigt, wer die Totalitarismustheorie ablehnte."[88] Dieser unglückliche Zustand, die Übertragung des Kalten Krieges auf die Wissenschaft, scheint inzwischen überwunden zu sein, ein Vergleichsverbot nicht länger zu existieren.

Die ideengeschichtlichen Wurzeln der Totalitarismuskonzeption reichen weit zurück, entsprangen nicht erst dem die bipolare Weltordnung prägenden Ost-West-Konflikt nach dem Zweiten Weltkrieg. Zum ersten Mal war bereits im Italien der zwanziger Jahre ausdrücklich vom „sistema totalitario" die Rede[89], und Luigi Sturzo gehört zu den frühesten Totalitarismustheoretikern überhaupt.[90] Ab den dreißiger Jahren wirkten auch verschiedene deutsche Emigranten an der Entstehung der Totalitarismustheorie mit, sie brachten sie verschnürt in ihrem „Reisegepäck" vom Alten auf den Neuen Kontinent. Zu ihnen gehörten Waldemar Gurian, Franz Borkenau und Sigmund Neumann. Sie waren allesamt von diktatorischer Herrschaft – mit dem Tod – bedrohte, zur Auswanderung gezwungene Intellektuelle, die als Reaktion auf den persönlich erlebten massiven Terror Überlegungen zum Totalitarismus anstellten, in der Diskussion nach 1945 jedoch vergleichsweise wenig Aufmerksamkeit erfuhren.

Ganz zu Unrecht wurden sie ausgeblendet, meint Alfons Söllner, der Sigmund Neumanns 1942 in Amerika erschienenes Hauptwerk „Permanent Revolution"[91] einen fast „vergessenen Klassiker der vergleichenden Diktaturforschung" nennt.[92] Im Unterschied zum „Behemoth"[93] von Namensvetter Franz L. Neumann oder zu Hannah Arendts Opus magnum „The Origins of Totalitarianism"[94] unterblieb eine Rezeption von Sigmund Neumanns Arbeit weitgehend, und bis heute steht eine deutsche Übersetzung aus. Eine wesentliche Leistung Neumanns lag in dem sorgfältigen geschichtlichen Vergleich der diktatorischen Regime in Italien, Deutschland und Russland. Er ordnete diese demselben Typus zu, einem Regimetyp, der die Revolution, den Ausnahmezustand, perpetuierte und institutionalisierte – ebenso wie den Terror. Mit der Terror-These nahm er diese durch Hannah Arendt erst rund zehn Jahre später popularisierte grundlegende Kategorie totalitärer Herrschaft vorweg.

88 Alfons Söllner: Das Totalitarismuskonzept in der Ideengeschichte des 20. Jahrhunderts, in: ders./Ralf Walkenhaus/Karin Wieland (Hrsg.): Totalitarismus. Eine Ideengeschichte des 20. Jahrhunderts, Berlin 1997, S. 11 f. Leider führt Söllner zum Beleg keine Beispiele an.

89 Vgl. Jens Petersen: Die Entstehung des Totalitarismusbegriffs in Italien, in: Eckhard Jesse (Hrsg.): Totalitarismus im 20. Jahrhundert. Eine Bilanz der internationalen Forschung, 2. Aufl., Baden-Baden 1999, S. 95–117.

90 Siehe Luigi Sturzo: El estado totalitario, Madrid 1935; vgl. Michael Schäfer: Luigi Sturzo als Totalitarismustheoretiker, in: Hans Maier (Hrsg.): „Totalitarismus" und „Politische Religionen". Konzepte des Diktaturvergleichs, Paderborn u.a. 1996, S. 37–47.

91 Sigmund Neumann: Permanent Revolution. The Total State in a World at War, New York/London 1942.

92 Alfons Söllner: Sigmund Neumanns „Permanent Revolution". Ein vergessener Klassiker der vergleichenden Diktaturforschung, in: ders. u. a. (Hrsg.): Totalitarismus (Anm. 88), S. 53–73.

93 Franz L. Neumann: Behemoth. Struktur und Praxis des Nationalsozialismus 1933–1944, Neuausgabe, Frankfurt a.M. 1984 (engl. Original 1942).

94 Hannah Arendt: Elemente und Ursprünge totaler Herrschaft. Antisemitismus, Imperialismus, totale Herrschaft, 6. Aufl., München/Zürich 1998 (engl. Original 1951).

Für Arendt lag im Terror das Wesen und „Gesetz" der totalitären Herrschaft. Nicht zuletzt deshalb erkannte sie in der totalen Herrschaft eine „neue, noch nie dagewesene Staatsform".[95] Die Philosophin setzte sich ausdrücklich mit der älteren Staatsformenlehre und besonders Montesquieu auseinander, auch um den Totalitarismus von bisher bekannten Formen politischer Unterdrückung wie Diktatur, Despotie und Tyrannis abzusetzen. „Wäre totalitäre Herrschaft nichts anderes als eine moderne Form der Tyrannis", lautet die Begründung, „so würde sie sich gleich ihr damit begnügen, die politische Sphäre der Menschen zu zerstören, also Handeln zu verwehren und Ohnmacht zu erzeugen. Totalitäre Herrschaft wird wahrhaft total in dem Augenblick [...], wenn sie das privatgesellschaftliche Leben der ihr Unterworfenen in das eiserne Band des Terrors spannt. [...] In der Ohnmacht der Tyrannis können Menschen innerhalb einer von Furcht und Misstrauen beherrschten Welt sich immer noch bewegen; diese Bewegungsfreiheit in der Wüste ist es, die von totalitärer Herrschaft vernichtet wird."[96]

Im Unterschied zu den einhellig als „Klassiker" bezeichneten Werken von Arendt und Carl J. Friedrich („Totalitäre Diktatur"[97]), die philosophisch angelegt oder politologisch-strukturell-typologisch ausgerichtet waren, wählte Sigmund Neumann einen zeithistorischen Ansatz, der stärker an der Entstehung als an der fertigen Ausformung seines Untersuchungsgegenstandes interessiert war. Während der historisch-genetische Ansatz in der Totalitarismusforschung einen eher randständigen Platz einnimmt, übt Carl J. Friedrichs Strukturmodell weiterhin einen großen Einfluss auf die Totalitarismusforschung aus. Der wie Neumann ebenfalls aus Deutschland nach Amerika übergesiedelte Friedrich präsentierte in den fünfziger Jahren zusammen mit dem aus Polen stammenden Zbigniew Brzezinski einen aus sechs Punkten bestehenden Merkmalskatalog, an dem sich Verfechter wie sachliche und unsachliche Gegner der Totalitarismustheorie künftig ausrichteten. Das idealtypische Totalitarismusmodell umfasste: (1) eine Ideologie mit Absolutheitsanspruch, (2) eine einzige Massenpartei, (3) die terroristische Politik der Geheimpolizei, (4) ein Nachrichten- sowie (5) ein Waffenmonopol und (6) eine zentral gelenkte Wirtschaft.[98] Wie Arendt betrachteten die beiden Autoren die totalitäre Diktatur als etwas Neuartiges – ein Phänomen sui generis. Aus dem ihnen „zur Verfügung stehenden Tatsachenmaterial" schlussfolgerten sie, „dass faschistische und kommunistische totalitäre Diktaturen sich im Grunde ähnlich sind oder einander jedenfalls mehr gleichen als irgend einem anderen Regierungssystem, einschließlich älterer Formen der Autokratie."[99]

95 Ebd., S. 944.
96 Ebd., S. 974 f.
97 Carl J. Friedrich: Totalitäre Diktatur, unter Mitarbeit von Zbigniew K. Brzezinski, Stuttgart 1957.
98 Vgl. Carl J. Friedrich/Friedrich Brzezinski: Die allgemeinen Merkmale der totalitären Diktatur, in: Jesse (Hrsg.): Totalitarismus (Anm. 89), S. 225–236.
99 Ebd., S. 225.

An dem „Sechspunktesyndrom“ ist vielfältige Kritik geübt worden. Friedrichs und Brzezinskis Theorie weise einen ebenso abstrakten wie statischen Charakter auf und lasse nicht genügend Raum für Unterschiede innerhalb des Diktaturvergleichs und Wandlungstendenzen.[100] Auch unter Berücksichtigung dieses Vorwurfs hat Giovanni Sartori vorgeschlagen, Dimensionen der Diktatur als Variablen aufzufassen und so ihre unterschiedlichen Ausprägungen zu erfassen. Er konzentriert sich auf sieben Gesichtspunkte: (1) Ideologie (in totalitären Systemen stark, in autoritären schwächer), (2) Penetration/Politi-

Tabelle 7: Prüfliste der Varianten von Merkmalen (zu bestimmten Zeitpunkten) nach Sartori

	1950	1985	1989
1 a Ideologie-Religion			
1 b Ideologie als „ismus“, z.B. Marxismus			
1 c Ideologie-Mentalität			
2 a Durchdringung (tatsächlich)			
2 b Allgegenwärtigkeit (potentiell)			
3 a Zwang und Terror			
3 b Zwang durch Angst			
3 c Konzentrierende Fähigkeiten			
3 d Mobilisierungsfähigkeit			
4 a Abhängigkeit – Kontrolle der Bildung			
4 b Abhängigkeit der Medien			
4 c Abhängigkeit der Kirche			
4 d Abhängigkeit der Justiz			
4 e andere Abhängigkeiten			
5 a Zerschlagung von Randgruppen			
5 b Ausschluss von Randgruppen			
6 Willkür			
7 Parteizentralität			
8 Kontrolle der Wirtschaft			

Das Punktesystem für jede Spalte wäre +++ = sehr starke Präsenz (Intensität); ++ = starke Präsenz; + = schwache Intensität (Präsenz); 0 = Umkehr des Trends.

Quelle: Giovanni Sartori: Totalitarismus, Modellmanie und Lernen aus Irrtümern, in: Eckhard Jesse (Hrsg.): Totalitarismus im 20. Jahrhundert. Eine Bilanz der internationalen Forschung, 2. Aufl., Baden-Baden 1999, S. 584.

100 Vgl. etwa Martin Jänicke: Totalitäre Herrschaft. Anatomie eines politischen Begriffes, Berlin 1971.

sierungsgrad (in totalitären Systemen extensiv, in autoritären mäßig), (3) Grad des Zwangs (in totalitären Systemen hoch, in autoritären mittel), (4) Grad der Unabhängigkeit einzelner gesellschaftlicher Gruppen (in totalitären Systemen nicht vorhanden, in autoritären begrenzt auf nicht-politische Gruppen), (5) Politik gegenüber gegnerischen Gruppen (in totalitären Systemen zerstörerisch, in autoritären ausschließend), (6) Grad der Willkür (in totalitären Systemen unbegrenzt, in autoritären innerhalb kalkulierbarer Grenzen), schließlich (7) zentrale Rolle der Staatspartei (in totalitären Systemen wesentlich, in autoritären nützlich).[101] Zur Feststellung des Diktaturgrades zu bestimmten Zeitpunkten hat der italienische Politikwissenschaftler darüber hinaus eine empirisch anwendbare Prüfliste eingeführt. Dieser Ansatz ermöglicht es, Verläufe und Wandlungen diktatorischer Systeme nachzuvollziehen, ohne dass allerdings eine scharfe Grenzziehung auf dem Kontinuum zwischen autoritären und totalitären Systemen möglich wäre.

Je nachdem, welche Ergebnisse die Antworten auf den Kriterienkatalog erbringen, zählt die Diktatur eher zum totalitären oder zum – schwächeren – autoritären Typus. Den Abstufungsgraden von Diktaturen ist auch Juan Linz' schon klassisch zu nennendes Werk über „Totalitäre und autoritäre Regime" gewidmet.[102] Er betrachtet die autoritären Regime nicht einfach irgendwo angesiedelt zwischen demokratischen und totalitären Systemen, sondern nennt sie einen Typ an sich, sui generis.[103] Gemeinsam sei den beiden Diktaturtypen ihr nichtdemokratischer Charakter. Um totalitäre und autoritäre Systeme voneinander zu unterscheiden, erörtert Linz drei Hauptdimensionen: (1) den Grad des politischen Pluralismus, (2) den Grad der ideologischen Ausrichtung und (3) den Grad der gelenkten politischen Mobilisation. Totalitäre Regime charakterisierten ein monistisches Machtzentrum, eine exklusive, autonome Ideologie und eine Mobilisierung der Massen. Demgegenüber kennzeichneten autoritäre Regime ein begrenzter Pluralismus, eine traditionelle, nicht scharf konturierte Geisteshaltung oder Mentalität und politische Apathie.

Totalitäre wie autoritäre Systeme lassen sich wiederum in Untertypen aufteilen. Linz macht mit Hilfe des Pluralismus-, Partizipations- und Ideologisierungsgrades sieben Formen des Autoritarismus aus, die vom bürokratisch-militärischen Typ über rassistische und ethnische „Demokratien" zu posttotalitären Regimes reichen.[104] Wolfgang Merkel, der Linz' Systematik für ihre mangelnde Stringenz und zu wenig präzisen Kriterien kritisiert, definiert neun Typen autoritärer Herrschaft anhand der dominanten Ideologie zur Herrschaftslegitimation als Primärkriterium: (1) kommunistisch-autoritäre Regime, (2) faschistisch-autoritäre

101 Vgl. Giovanni Sartori: Totalitarismus, Modellmanie und Lernen aus Irrtümern, in: Jesse (Hrsg.): Totalitarismus (Anm. 89), S. 572–589.

102 Juan J. Linz: Totalitäre und autoritäre Regime, Berlin 2000. Dies ist die übersetzte, um ein deutsches Vorwort ergänzte Ausgabe von dems.: Totalitarian and Authoritarian Regimes, in: Fred I. Greenstein/Nelson W. Polsby (Hrsg.): Handbook of Political Science, Bd. 3: Macropolitical Theory, Reading/Mass. u.a. 1975, S. 175–411.

103 Vgl. Linz: Regime (Anm. 102), S. 6.

104 Vgl. ebd., S. 146–256.

Regime, (3) Militärregime, (4) korporatistisch-autoritäre Regime, (5) rassistisch-autoritäre Regime, (6) autoritäre Modernisierungsregime, (7) theokratisch-autoritäre Regime, (8) dynastisch-autoritäre Regime und (9) sultanistisch-autoritäre Regime.[105] Nach demselben Muster differenziert Merkel zwischen drei Subtypen der totalitären Herrschaft: (1) kommunistisch-totalitäre Regime, (2) faschistisch-totalitäre Regime und (3) theokratisch-totalitäre Regime.[106]

Während die Grenze zwischen demokratischen und autokratischen Systemen recht einfach und klar zu ziehen ist, fehlt der Demarkationslinie zwischen autoritären und totalitären Diktaturformen eine solche Eindeutigkeit, zumal die verschiedenen definitorischen Ansätze voneinander abweichende Merkmale und Merkmalsebenen zugrunde legen. Es herrscht zudem ein relativ geringes Maß an Einigkeit darüber, ob es sich bei den Kategorien um Ideal- oder Realtypen handelt, ob sie dichotomische Ausschließlichkeit beanspruchen oder auf einem Kontinuum angesiedelt sind und ob vom Herrschaftsanspruch oder der historischen Praxis die Rede ist. Ungeachtet dieser Einwände kennzeichnet es die Dichotomie von Autoritarismus und Totalitarismus wie die modernen Staatsformen-Typologien überhaupt, dass sie erst durch die Konfrontation mit jeweiligen Gegenbegriffen an Kontur und Schärfe gewinnen.

4. Schlussbetrachtung

Die Lehre von den Staatsformen hat eine lange Geschichte, deren Anfänge in der Antike liegen. Diese beeindruckende Traditionslinie kann allerdings nicht über folgenden Befund hinwegtäuschen: „Eine moderne, übergreifende, alle politischen Systeme der Vergangenheit und Gegenwart sinnvoll einordnende Klassifikation ist bisher, trotz zahlreicher partieller Anläufe, noch nicht entwickelt worden.“[107] Die Schaffung einer universal gültigen und anwendbaren Typologie bleibt mithin ein Desiderat, das angesichts der Vielgestaltigkeit staatlicher Erscheinungen in Geschichte und Gegenwart vielleicht niemals eingelöst werden kann. Ohne die Bereitschaft, die verschiedenen Einzelfälle anhand ausgewählter Kriterien zu vermessen und somit Komplexität auf Kosten des individuellen Charakters einzelner Staaten zu reduzieren, handelt es sich von vornherein um ein vergebliches Unterfangen. Eine Staatsformenlehre, die bestrebt ist, die verschiedenen Ausprägungen des Staates in ein System zu bringen, sollte sich dieses Dilemmas aber bewusst bleiben.

Die von Aristoteles begründete, tatsächlich noch weiter zurückreichende Tradition einer Dreiteilung der Staatstypen steht am Beginn der historischen Typologien. Sie entfaltete eine erstaunliche Wirkung. Kontinuität überwog bei weitem Elemente des Wandels. Bis ins 20. Jahrhundert hinein dominierte die

105 Vgl. im Detail Merkel: Systemtransformation (Anm. 64), S. 36–44.
106 Vgl. ebd., S. 50–52.
107 Berg-Schlosser/Stammen: Politikwissenschaft (Anm. 8), S. 226.

Vorstellung von den drei Staatsformen Monarchie, Aristokratie und Demokratie. Diese drei reinen Arten der Herrschaft des einen, der wenigen oder der vielen wurden zumeist um Verfallsformen ergänzt, die – im Unterschied zu den „guten" Arten – der Gerechtigkeit, dem Gemeinwohl, der Leistungsfähigkeit oder anderen positiv eingeschätzten Zielen des Staates entgegenwirkten. Die meisten Ansätze einer Typologisierung vereinigten quantitative Aspekte mit qualitativen: Nicht nur die Zahl der Herrschenden sollte Aufschluss über den Charakter des politischen Systems geben, sondern auch die Art und Weise der Herrschaft – ob gemäßigt oder extrem, legitim oder illegitim, pluralistisch oder monistisch organisiert. Es war dieser zweite Gesichtspunkt der Staatsformenlehre, jener der qualitativen Einteilungskriterien, der die Unterschiede ausmachte und bis heute ausmacht. An den je verschieden fest-, aber nicht immer offen gelegten Prämissen scheiden sich seit jeher die Geister.

Im Laufe des 20. Jahrhunderts vollzog sich ein Wandel von der Drei- zur Zweiteilung der Staatsformen. Außerdem ist eine weitere Tendenz zu erkennen: Während sich die klassische Staatsformenlehre vorrangig dem äußeren Aufbau der Herrschaftsordnung und der Verfassungstheorie widmete, nimmt die moderne Vergleichende Regierungslehre darüber hinaus die tatsächliche Funktionsweise von Herrschaftssystemen und die Verfassungswirklichkeit in den Blick. Fortan erscheint der Gegensatz von Demokratie und Diktatur – in gleich verfassungstheoretischer wie verfassungswirklicher Sicht – entscheidend für die Klassifizierung von Staaten. Der Übergang von der Drei- zur Zweiteilung lässt sich – grob gesprochen – nur mit der Herausbildung einer sich politisch bewusst werdenden Massengesellschaft seit dem Ausgang des 18. Jahrhunderts erklären, in der alte ständische Strukturen eine immer geringere Rolle spielten. Auch erscheint die konstitutionelle Monarchie, das ist im Rückblick besonders deutlich zu erkennen, als eine Übergangsform hin zum demokratischen Verfassungsstaat, der, anfangs vielerorts labil, drohte in die Diktatur umzukippen – und dies häufig auch tat. Gerade die Wucht der autokratischen Regime im nationalsozialistischen Deutschland, faschistischen Italien und bolschewistischen Russland gab Totalitarismustheorien Nahrung, die der Entwicklung von Autoritarismuskonzepten vorausgingen. Die Diktaturforschung sollte sich fortan vor allem an den von totalitären und autoritären Systemen markierten Polen ausrichten.

So wie der Totalitarismusansatz häufig – fälschlicherweise – als ein Kind des Kalten Krieges galt[108], schwangen auch bei anderen Staatsformenbegriffen politische Konnotationen mit, die sie manchmal als Kampfbegriffe erscheinen ließen. Man denke nur an die Rede von der „bürgerlichen Demokratie" – im Gegensatz zur „sozialistischen Demokratie", die wenig mit dem demokratischen Verfassungsstaat gemein hatte, stattdessen jedoch vieles mit der „Diktatur des Proletariats". Vor polemischen Zuordnungen nicht gefeit, kennzeichnet es die modernen politikwissenschaftlichen Typologien indes überwiegend, dass sie die normative Perspektive – verglichen mit den historischen, überwiegend

108 Siehe zum Gang der Diskussion Eckhard Jesse: Die Totalitarismusforschung im Streit der Meinungen, in: ders. (Hrsg.): Totalitarismus (Anm. 89), S. 9–40.

philosophischen Typologien – in den Hintergrund rücken. Kaum noch ein Politikwissenschaftler bringt heutzutage den Mut auf, nach dem besten Staat zu fragen oder den Output unterschiedlicher demokratischer Ordnungen kritisch zu bewerten.[109]

Aristoteles scheute die deutliche Aussage nicht und favorisierte die Mischverfassung der „Politie" als beste Staatsform. Manch moderner Analytiker plädiert für eine Anknüpfung an den antiken Denker auch in dieser Hinsicht. So gilt der demokratische Verfassungsstaat Dolf Sternberger als aktuelle Verwirklichung des Modells der gemischten Verfassung, als die „neue Politie".[110] In ihr seien wie schon bei Aristoteles oligarchische mit demokratischen Elementen gemischt, und der Staat erscheine als Vielheit (der Gewalten und der gesellschaftlichen Ausprägungen), nicht als Einheit. Für eine normativ ausgerichtete Politikwissenschaft heiße es, an die Gedankenwelt dieses „Erzvater[s] jeder pluralistischen Staatslehre"[111] anzuknüpfen.

Die Beantwortung normativer Fragen und die Suche nach der besten Staatsverfassung spielt in einer an den Grundsätzen einer wertneutralen Empirie orientierten Politikwissenschaft freilich eine nur untergeordnete Rolle. Sie richtet sich an mehr oder minder willkürlich ausgewählten Indikatoren ebenso wie an wenig transparenten Indices aus und hält Vergleiche für um so aussagekräftiger, je mehr Fallzahlen Berücksichtigung finden. Geraten alle Diktaturen, alle Demokratien oder gar alle Staaten der Welt ins Blickfeld, so droht die Gefahr, dass die einzelnen politischen Systeme zu statistischen Gespenstern mutieren, die wenig mit der Wirklichkeit verbindet. Die mathematisch-formalisierte Systembetrachtung empirisch-statistischer (teilweise statischer) Natur, wie sie seit einiger Zeit in Mode gekommen ist, mag der groben Vermessung von politischen Systemen dienen, doch kann sie keinen Alleinanspruch auf die Empirie erheben, zu der der wesentlich tiefenschärfere Einzelfall-Vergleich in mindestens gleicher Weise zählen sollte.

Stets herrschten Spannungen zwischen den verschiedenen Ansätzen der Erforschung von Staatsformen. Erinnert sei an das nicht immer leichte Verhältnis zwischen Staats- und Politiklehre und die „richtige" Fortführung der alten, am Ende des 19. Jahrhunderts in einzelne Disziplinen aufgelösten Staatswissenschaften. In modifizierter Form setzte sich dieser Streit in der Politikwissenschaft nach 1945 fort.[112] Solchen Vertretern, die an einem engen Verständnis

109 Eine Ausnahme bildet die provozierende Studie von Hans-Hermann Hoppe: Demokratie. Der Gott, der keiner ist. Monarchie, Demokratie und natürliche Ordnung, Leipzig 2003. Bis heute fehlt im Übrigen ein systematischer Vergleich der Leistungsprofile der diversen Demokratie- und Autokratieformen. Vgl. Schmidt: Vergleichende Analyse (Anm. 14), S. 203 f.

110 Dolf Sternberger: Herrschaft und Vereinbarung, Frankfurt a.M. 1986, S. 219.

111 Ebd., S. 221.

112 Vgl. Werner Jann: Staatslehre – Regierungslehre – Verwaltungslehre, in: Stephan von Bandemer/Göttrik Wewer (Hrsg.): Regierungssystem und Regierungslehre. Fragestellungen, Analysekonzepte und Forschungsstand eines Kernbereichs der Politikwissenschaft, Opladen 1989, S. 33–56.

Tabelle 8: Gegenstand der Vergleichenden Regierungslehre

Dimension	Polity	Politics	Policy
Erkenntnisinteresse	Rahmenbedingungen von Politik	Ausgestaltung politischer Prozesse	Inhalte von Politik
Ausrichtung	Institutionenorientiert	Inputorientiert	Outputorientiert
Erscheinungsformen	Verfassungen, Gesetze, Normen, formale und informale „Spielregeln“	Einstellungen, Interessen, Verhalten, Konflikte, Handlungspotentiale, Entscheidungsfindung und -durchsetzung	Ziele, Aufgaben, Einflussfaktoren auf Politikfelder, Tun und Lassen von Regierungen und anderen Akteuren, politische Steuerung, Ergebnisse
Untersuchungs-gegenstände	Verfassungsrecht, Staats- und Herrschaftsformen, Regimetypen, Regierungssysteme, formale und informelle Institutionen	Parteien, Interessengruppen, Verbände, Wahlen, politische Kultur, politische Prozesse	Politikfelder (z. B. Wirtschafts-, Bildungs-, Umwelt-, Einwanderungspolitik); Staatstätigkeit

Quelle: Hans-Joachim Lauth/Christoph Wagner: Gegenstand, grundlegende Kategorien und Forschungsfragen der ‚Vergleichenden Regierungslehre‘, in: Hans-Joachim Lauth (Hrsg.): Vergleichende Regierungslehre. Eine Einführung, Wiesbaden 2002, S. 22.

des Staates festhielten und sich einen institutionalistischen Blickwinkel zu Eigen machten, standen jene gegenüber, die Staat im weiten Sinne verstanden und den Begriff durch denjenigen des politischen Systems ersetzt sehen wollten. Die Funktionalisten sagten der „institutionalistischen“ Verengung der Staatsformenlehre ab den 1960er Jahren den Kampf an und setzten sich für die Weiterung der formal-institutionenbezogenen Polity-Perspektive um die prozessuale (Politics) wie inhaltliche Dimension (Policy) von Politik ein.[113] Mittlerweile spielen „weiche“ Faktoren wie politische Kultur oder politische Kommunikation in die Typologisierung politischer Systeme hinein, zieht man beispielsweise die viel beschworene Mediendemokratie oder den zivilgesellschaftlichen Entwicklungsgrad einzelner Gesellschaften in Betracht (wie es die moderne Transitionsforschung tut).

Die Zukunft der Staatsformenlehre hängt nicht in erster Linie von innerfachlichen Konflikten und einander widerstreitenden Ausrichtungen innerhalb der Vergleichenden Regierungslehre ab, sondern vielmehr von der Fortexistenz

113 Vgl. Samuel E. Finer: Almond's Concept of the „Political System“ – A Textual Critique, in: Government and Opposition, 5 (1970), Heft 1, S. 3–21; Axel Murswieck: Parlament, Regierung und Verwaltung. „Parlamentarisches Regierungssystem“ oder „Politisches System“?, in: Bandemer/Wewer (Hrsg.): Regierungssystem (Anm. 112), S. 149–157.

ihres zentralen Untersuchungsgegenstandes, dem Staat. Für viele trägt das in Europa – und der Welt – umherwandelnde Gespenst nicht länger den Namen des Kommunismus, sondern jenen der Globalisierung. Der unscharfe und schillernde Begriff ist in aller Munde, so diffus, wenig fass- und messbar das dahinterstehende Phänomen auch sein mag. Kaum einer dürfte aber bezweifeln, dass sich das Verhältnis von Politik und Wirtschaft seit einiger Zeit in einem Prozess des grundlegenden Wandels befindet, wobei vor allem der Staat und die nationalen Regierungen den Entwicklungen häufig hinterherlaufen und an Macht als Grundlage für verantwortungsvolles Handeln verlieren. Es ist sogar die Rede von einer fundamentalen Krise des Staates. Aufgrund der Erosion der nationalen Märkte und anderer Faktoren erscheint der Staat heute gegenüber den Kräften der Globalisierung als ein schwaches Instrument, während die Netzwerke multinationaler Unternehmen in beträchtlichem Maße an Einfluss und Kontrolle gewonnen haben.[114] Die globalisierte Wirtschaft umgeht traditionelle Einrichtungen zur Regulierung wie das Kartellrecht, die staatliche Arbeitsmarkt- und Finanzpolitik. Sie stellt den Sozialstaat und auch die Entscheidungskompetenz nationaler Parlamente in Frage.

Zudem ist der Staat ein dem europäischen Kulturkreis entstammendes Phänomen, das sich in der westlichen Welt (Europa, Amerika, Ostasien) etablieren konnte. In weiten Teilen Afrikas, ebenso West- und Zentralasiens finden sich hingegen Territorien ohne funktionierendes Staatswesen, mit Gesellschaften ohne Staat. Das Fehlen staatlicher Akteure zeigt sich besonders deutlich an „neuen Kriegen“[115], die in entstaatlichter, privatisierter und kommerzialisierter Form ablaufen und eine Zivilisierung der Krieger vermissen lassen. Der internationale Terrorismus findet vor allem dort Schutz und Nährboden, wo der organisierte Territorialstaat schwach oder nicht existent ist.

Angesichts solcher Tendenzen und der zunehmenden Supranationalisierung ist schon von einem Untergang des Staates oder zumindest Abschied vom souveränen Nationalstaat auf der einen Seite sowie – als Reaktion – von der Schaffung eines einheitlichen Weltstaates oder „Global Governance“ jenseits einzelstaatlicher Strukturen auf der anderen Seite gesprochen worden.[116] Die angedeuteten Prozesse, die von großer Tragweite zu sein scheinen, lassen auf neue Impulse für Staatsformenlehre wie Vergleichende Politikwissenschaft hoffen. Seit jeher sind sie gerade während historisch-politischer Krisen- und Umbruchzeiten zu neuen Ufern aufgebrochen.[117]

---

114 Vgl. das mahnende Manifest der Gruppe von Lissabon: Grenzen des Wettbewerbs. Die Globalisierung der Wirtschaft und die Zukunft der Menschheit, München 1997.

115 Vgl. Herfried Münkler: Die neuen Kriege, Reinbek 2002; ders.: Sind wir im Krieg? Über Terrorismus, Partisanen und die neuen Formen des Krieges, in: Politische Vierteljahresschrift, 42 (2001), S. 581–589.

116 Vgl. Reinhard: Staatsgewalt (Anm. 5); Martin van Creveld: Aufstieg und Untergang des Staates, München 1999.

117 Vgl. Dirk Berg-Schlosser/Ferdinand Müller-Rommel: Entwicklung und Stellenwert der vergleichenden Politikwissenschaft, in: dies. (Hrsg.): Vergleichende Politikwissenschaft, 4. Aufl., Opladen 2003, S. 16.

Alexander Demandt

Staatsformen in der Antike

1. Einleitung

Carl Schmitt erklärte 1941, „Staat" sei ein „konkreter, an eine geschichtliche Epoche gebundener Begriff", entstanden in der „Raumrevolution" des späten 16. Jahrhunderts, begründet durch Jean Bodins Souveränitätslehre.[1] So gewiss das 16. Jahrhundert, als der Reichsgedanke durch den modernen Nationalstaat und die ständische Verfassung zunehmend mit absolutistischen Tendenzen konfrontiert werden, für die Geschichte der Staatlichkeit einschneidend war, so gewiss dürfen wir auch zuvor von „Staaten" sprechen. Schmitts Vorschlag, „Staat" im weiteren Sinne durch „Herrschaftsorganisation" zu ersetzen, lässt außer Acht, dass wir auch in der Antike staatliche von nichtstaatlicher Herrschaft und staatliche von nichtstaatlichen Gemeinschaften unterscheiden können, und ist zudem geistesgeschichtlich unberechtigt, denn Bodin hat seinen Souveränitätsbegriff in Anlehnung an Cicero und Aristoteles entwickelt[2].

Bei der Feststellung der Souveränität wird der Historiker zwischen Anspruch und Wirklichkeit unterscheiden. Eine formale Souveränität besagt wenig. In der römischen Geschichte begegnen uns Klientelstaaten, die zwar rechtlich selbstständig, faktisch aber von Rom abhängig waren. In der republikanischen Zeit waren die *civitates foederatae* in ihren eigenen Angelegenheiten autonom, außenpolitisch aber an Rom gebunden. Wenn sie keine Tribute zahlten, hießen sie *civitates liberae.* Daneben finden wir Satellitenfürsten, deren Territorium an das Reichsgebiet angrenzte. Die Römer haben dort jeweils die Thronfolge geregelt, ihre eigenen Kandidaten mit Geld und Waffen unterstützt und Grenzschutz oder auch Kriegsfolge erwartet. Trotz formaler Autonomie waren die Klientelherrscher abhängig. In der Spätantike gilt das Umgekehrte: Die ostgermanischen Staaten erkannten die Oberhoheit des Kaisers an, führten aber Kriege, wann es ihnen beliebte. Auch die Karthager haben noch lange, nachdem sie faktisch selbstständig waren, Bodenpacht für ihr Staatsgebiet an die maurischen Fürsten des Hinterlandes gezahlt. Wichtiger als eine bloß rechtliche Souveränität ist die faktische politische Selbstständigkeit und sie hängt an der Möglichkeit, Kriege zu führen. Ein Staat, der – in diesem, für unsere Gegenwart gewiss so nicht mehr geltenden Sinn – nicht jedem anderen den Krieg erklären kann, muss sich Zweifel an seiner Souveränität gefallen lassen. Er steht unter dem Protektorat jenes Staates, dem er den Krieg nicht erklären kann, oder ist Mitglied einer Föderation, der die höchste Gewalt übertragen ist.

1 Carl Schmitt: Verfassungsrechtliche Aufsätze aus den Jahren 1924–1954. Materialien zu einer Verfassungslehre, Berlin 1958, S. 375 f. – ähnlich bei Otto Brunner und Ernst Forsthoff.

2 Vgl. Helmut Quaritsch: Souveränität. Entstehung und Entwicklung des Begriffs in Frankreich und Deutschland vom 13. Jahrhundert bis 1806, Berlin 1986, S. 39.

Der Staat beansprucht überall die höchste, nirgends aber die alleinige Gewalt. Der Begriff des Gewaltmonopols führt in die Irre, denn gewöhnlich hat der Hausherr die Hausgewalt und die kann je nach Besitz und Rang beträchtlich sein. In frühen Phasen gesellschaftlicher Entwicklung finden wir Privatkriege einzelner Gefolgsherren, in der Regel als Beutezüge, so in der frühen Römischen Republik (Livius II 49 ff.) und bei den germanischen Stämmen. Privatisierung der Gewalt begegnet wieder in Spätzeiten: Politischen Bandenterror kennen wir aus den letzten Jahren der Römischen Republik (Appian XIV 21 f.), aus der späten Kaiserzeit von Mönchsbanden (Nikephoros Kallistos XV 9) und von Germanentruppen (Anonymus Valesianus 37 f.). Das sind Krisen- und Übergangssymptome auf dem Wege zu einer Neuregelung der Gewaltausübung.

2. Begriffe

2.1. Staat

Einen gleichwertigen Begriff für das deutsche Wort „Staat" gibt es weder im Griechischen noch im Lateinischen. Die unserem Ausdruck „Staat" nächstverwandten Termini akzentuieren je eines der drei notwendigen und daher gleichberechtigten Wesensmerkmale unseres Staatsbegriffes: das Land, das Volk oder die Herrschaft.

Die territoriale Komponente dominiert im Wort „polis", von dem unser Begriff „Politik" stammt. Polis bezeichnet bei Homer (Ilias XVII 144) die Burg, später die ummauerte Stadt, die bei den Griechen üblicherweise innen- wie außenpolitisch frei war, d.h. Autonomie und Eleutherie genoss. Im vollen Wortsinn bedeutet polis „Stadtstaat". Da aber mitunter auch nichtsouveräne Städte *poleis* heißen (Homer, Ilias IX 149; Odyssee IV 174 ff.), ist der Begriff weiter gefasst als unser „Staat"; und da souveräne Flächenstaaten nicht umgriffen sind, ist er wiederum enger. Schon früh hat sich der Begriff *polis* von der Behausung auf die politische Körperschaft verlagert (Thukydides I 5,1).

Abgeleitet von *polis* ist *politeia.* Plutarch (Moralia 826) unterscheidet fünf Bedeutungen: 1. „das Leben eines Volkes", sozusagen seine ökonomische und kulturelle Verfassung; 2. das „Bürgerrecht" – dies ist wohl der früheste Sinn des Wortes; 3. die „Staatskunst", die Politik; 4. den „Dienst am Staate", also Bürgerpflichten und Leistungen für die Gemeinschaft; und 5. „Staatsform", politische Verfassung. Aristoteles (Politik 1293 b) nennt *politeia* im engeren Sinne diejenige Verfassung, die im entarteten Zustand „Demokratie" heißt. Verwandt ist *politeuma* – „Regierung, Staatsgewalt, staatliche Maßnahme" – sonst wie *politeia.* Für „Staatsform" verwendet Strabon (IX 5,12) das Wort *systema.*

Die personale Komponente des Staatsbegriffs trägt den Ton, wenn Herodot (III 80) im Verfassungsgespräch von *ta pragmata tōn pantōn* spricht – von den „Angelegenheiten aller". Das ist nur aus dem gegebenen Zusammenhang als

„Staatsform, Staat" erkennbar, und zwar im demokratischen Sinne. Das Gemeinwesen wird im Hinblick auf das Staatsvolk auch durch to koinon (das Gemeinwesen), *ta dēmosia* oder *ta dēmēgorika* (die Volkssache) ausgedrückt. In der Regel steht das Volk für den Staat, indem einfach von *Lakedaimonioi* (Spartaner) oder *Athēnaioi* (Athener) die Rede ist. Der Plural *masculini generis* umfasst im Griechischen wie im Lateinischen stets die weiblichen Angehörigen.

Wo weder das Territorium noch das Volk, sondern die Staatsgewalt den Akzent trägt, steht im Griechischen *hē archē oder hē koirania,* was wir mit „Herrschaft, Reich" übersetzen, oder to kratos, die „Macht" – so heißt „Staat" im Neugriechischen. In den klassischen Sprachen wird mithin „Staat" immer durch eine seiner drei Komponenten bezeichnet, wobei die zwei anderen irgendwie mitschwingen.

Es wäre ganz falsch, zu meinen, weil der Terminus „Staat" fehle, könne auch kein Begriff von Staat existiert haben. Es gibt im Griechischen keine Worte für „Kultur" oder „Kunst". Wer wollte daraus schließen, dass den Griechen die Vorstellung oder gar die Sache gefehlt hätte! Ebenso verhält es sich mit dem Staat. Homer hat Wörter für „herrschen" *(archein)* und „führen" *(hēgeisthai),* für „König" *(basileus),* „Anführer" *(hēgemōn)* und „Herrscher" *(archos, despotēs, anax, kyrios, koiranos)* – nicht aber für Abstrakta wie „Staat", „Reich" oder „Herrschaft". Gleichwohl unterschied Homer zwischen privaten und öffentlichen Angelegenheiten: *praxis idia* und praxis *dēmios* (Odyssee III 82), zwischen privaten und öffentlichen Bauten (XX 264). Zudem kannte er die beiden Grundtypen der antiken Herrschaftsorganisation, Einherrschaft und Vielherrschaft. Odysseus sagt zu den gegen Agamemnon aufsässigen Adligen: „Nicht gut ist Vielherrschaft, nur einer soll Herr sein, nur einer König" (Ilias II 204 f.).

Seit Homer wird unter den Griechen über Staatsformen diskutiert, werden Staaten gegründet, reformiert und vernichtet, obwohl der Oberbegriff niemals sauber gefasst worden ist. Dazu ein Beispiel: Als Philipp V. von Makedonien 215 v. Chr., im Jahr nach der Schlacht bei Cannae, ein Bündnis mit Hannibal abschloss, wollte er in diesen Vertrag alle diejenigen Staaten aufnehmen, mit denen er seinerseits im Bunde stand oder in einen Bund treten würde (Polybios VII 9,16). Um sie zu bezeichnen, spricht er von *basileis* (Königen), *poleis* (Städten) und *ethnē* (Völkern). Offenbar sollte damit ein kompletter Katalog möglicher Bundesgenossen aufgestellt sein und daher umschreibt die Typologie: „alle Könige, Städte und Völker" nichts weiter als die Sache, die wir mit „alle Staaten" wiedergeben würden.

Das historische Fundament dieser Dreiteilung lässt sich der „Politik" des Aristoteles entnehmen. Aristoteles (Diogenes Laertios V 27) hat in seine Sammlung von 158 *politeiai* demokratische, oligarchische, aristokratische und tyrannische Staatsverfassungen aufgenommen, nicht aber Königreiche. Die basileia hat er gesondert behandelt (V 22), denn sie war für ihn nichts als ein riesenhafter Privathaushalt, gehörte darum eigentlich in die Lehre von der Hauswirtschaft, in die oikonomia. Diese Unterscheidung fußt auf Homer: Der Palast des

Odysseus ist kein *oikos dēmios,* sondern sein Privathaus (Odyssee XX 264). Entsprechend begegnen unter den möglichen Bundesgenossen Philipps V. nicht Königreiche, sondern Könige, d.h. nicht Institutionen, sondern Personen.

Ebenso grenzt Aristoteles das *ethnos* von der *polis* ab. Dabei ist nicht die Siedlungsweise entscheidend: Bekanntlich haben ja auch die Spartaner in Dörfern gewohnt und dennoch bildeten sie eine *polis,* sogar eine Musterpolis. Aristoteles (Politik 1261 a 30) verweist auf die Arkader und das erklärt, was er meint: Die arkadischen Dörfer sind zwar in einem Bund *(ethnos, koinon)* organisiert, doch sind die Kompetenzen der Bundesorgane derart beschränkt, dass das Ganze lediglich eine Symmachie, einen Kriegsbund, darstellt. Hier gibt es, wie für ein Staatswesen erforderlich, Freie und Gleiche, aber keine Herrschaft. Ein Staat verlangt beides: Bürger und Herrschaft.

Wie den Griechen, so fehlt auch den Römern ein prägnanter Staatsbegriff[3]. Der Terminus *res publica* kommt ihm am nächsten. Er ist als Gegensatz zu *res privata* gefasst und entspricht dem homerischen Gegensatz von *praxis dēmios* und *praxis idia,* beziehungsweise der Wendung bei Herodot *ta pragmata tōn pantōn.* Als Kollektivsingular (wie Butter oder Speck) kann man *res publica* nicht in den Plural setzen und daher nicht als historisch oder strukturell je Besonderes fassen. „Staatsform" heißt bei Cicero *status, genus, modus, constitutio* oder auch *forma,* jeweils mit dem Genetiv *rei publicae*[4]. Dabei ist allerdings die republikanische Assoziation immer privilegiert. *Res publica* bezeichnet im engeren Sinne den nichtmonarchischen Freistaat im Unterschied zum *regnum,* dem Königreich. Ciceros Klage über die *res publica amissa* (An Atticus IX 5,2) während des Bürgerkrieges zwischen Pompeius und Caesar gewinnt ihren tragischen Akzent durch den Anschein, als wäre der Staat untergegangen – indessen war es bloß die republikanische Staatsform, die nicht mehr funktionierte. Die Kaiser haben gleichwohl am Begriff *res publica* festgehalten und damit zu erkennen gegeben, dass ihre Macht ursprünglich eine Kombination von republikanischen Amtsgewalten darstellt. Noch bei Gregor von Tours heißt das römische Kaiserreich *res publica,* im Unterschied zu den *regna Francorum* usw.

Cicero hat für die res publica eine wegweisende Definition gegeben: *Res publica, res populi; populus autem non omnis hominum coetus, quoquo modo congregatus, sed coetus multitudinis, iuris consensu et utilitatis communione sociatus* (De re publica I 39) – „Die *res publica* ist die Sache des Volkes *(populus),* Volk aber ist keine irgendwie zusammengelaufene Menschenherde, sondern der Zusammenschluss einer Menge, durch rechtliche Übereinkünfte und gemeinsamen Nutzen vergesellschaftet." Daran lehnte Kant 1797 seine Definition an: „Staat *(civitas)* ist die Vereinigung einer Menge von Menschen unter Rechtsgesetzen."[5]

---

3 Vgl. Werner Suerbaum: Vom antiken zum frühmittelalterlichen Staatsbegriff. Über Verwendung und Bedeutung von res publica, regnum, imperium und status von Cicero bis Jordanis, 3. Aufl., Münster 1977.

4 Vgl. ebd., S. 17 f.

5 Immanuel Kant: Die Metaphysik der Sitten. Erläuternde Anmerkungen zu den metaphysischen Anfangsgründen der Rechtslehre [1797], Erlangen 1999, S. 45.

Staat und Volk umfassen Wendungen wie *nomen Romanum oder nomen Etruscum* bei Livius. *Imperium* bedeutet ursprünglich kein Gebiet, sondern die Macht des Gebieters: die militärische Blutgewalt, die Konsuln und Prätoren ausübten. Sie setzt die Existenz eines Staates voraus. Sinnverwandt ist *provincia,* zunächst die rechtliche Amtsbefugnis eines Magistrats, später der räumliche Amtsbereich eines Statthalters. *Regnum* verlangt einen König *(rex), principatus* einen Fürsten *(princeps).*

Civitas bezeichnet wie *politeia* zum einen das abstrakte Bürgerrecht und zum anderen die konkrete Bürgerschaft einer Stadt, ob selbstständig oder nicht. Das Wort *civis* – „Bürger" bedeutet ursprünglich „Genosse", im Gegensatz zum „Fremden". *Civitates* heißen die Stadtbezirke, in welche die römischen Provinzen zerfielen, aber auch außerrömische Staaten beliebiger Verfassung. „Staatsform" kann mit *forma civitatis* ausgedrückt werden (Livius III 33,1). Der römische Weltherrschaftsanspruch verhinderte die Konzeption von einem im Plural möglichen Staatsbegriff, der erst im 14. Jahrhundert erneuert wurde: *civitates superiorem non recognoscentes* begegnet in Italien gegen das Reich gewendet.

Folgenreich wurde der Ausdruck *status rei publicae.* Im klassischen Latein bezeichnet dies den „Zustand" des römischen Gemeinwesens im Vergleich zu früheren oder späteren Zuständen (Livius XXXIV 7,1). Erst in der Spätantike heißt *status Romanus* (Aurelius Victor 24,9; Salvian, Gubernatio Dei V 23) oder *status publicus* (Historia Augusta, Opellius 3,1; Sidonius, Briefe I 11,15) soviel wie „römischer Staat". Als während des 13. Jahrhunderts die italienischen Kommunen gegen die römisch-deutsche Reichsidee in Opposition traten, wurde der Ausdruck *status rei publicae* oder dann einfach *status* zu seiner jetzigen Bedeutung umgeprägt. Abgeschlossen ist dieser Vorgang mit dem ersten Satz des „Principe" von Machiavelli (1513): *Tutti gli stati ... sono o reppubliche o principati – „Alle Staaten ... sind Republiken oder Fürstenherrschaften."* Das war die Zweiteilung Homers in Einherrschaft und Vielherrschaft (Ilias II 204 f.). Im Deutschen findet sich „Staat" im Sinne von *res publica* erst 1677 als Entlehnung aus dem Niederländischen.[6]

2.2. Antike

Nach dem Wort „Staat" muss uns nun der Name „Antike" beschäftigen. Er kommt aus dem Französischen, antique heißt seit dem 18. Jahrhundert „griechisch-römische Antiquität" (Graf Caylus). Von den konkreten Kunstwerken wurde der Begriff erst um 1900 auf die abstrakte Periode übertragen, aus der sie stammen[7]. „Antike" wird seitdem gewöhnlich gleich lautend mit „Altertum" oder „Alter Geschichte" benutzt und steht für die erste der drei

6 Vgl. Friedrich Kluge/Walther Mitzka: Etymologisches Wörterbuch der deutschen Sprache, 20. Aufl., Berlin 1967, S. 734.
7 Vgl. Walter Rüegg, in: Historisches Wörterbuch der Philosophie, I, Basel 1971, S. 385 f.

Großperioden vor Mittelalter und Neuzeit, d.h. die durch Griechen und Römer geprägte Zeit des Mittelmeerraumes.

Das soeben zitierte Dreistadienschema hat sich im Humanismus herausgebildet und wurzelt im Epochenbewusstsein der Renaissance[8]. Das Mittelalter hatte im Hinblick auf die heilsgeschichtliche Prophezeiung im Buch Daniel die Geschichte als Abfolge von vier Weltreichen gegliedert, deren letztes vor dem Jüngsten Gericht das römische sein sollte. Aus diesem Grunde bedeutete die Auflösung des Imperium Romanum in der Völkerwanderung keinen tieferen Einschnitt im Geschichtsbewusstsein. Die Kaiserfolge ging in Byzanz ungebrochen weiter, im Westen wurde sie mit Karls Krönung im Jahre 800 wiederhergestellt. Als geschlossene Periode konnte die Antike dem Mittelalter nicht in Erscheinung treten, sie zerfiel religiös in eine heidnische und eine christliche Zeit, politisch in eine ältere (ethnisch und politisch zersplitterte) und eine jüngere (universale römische) Weltordnung, die von Konstantin an die weltliche und geistliche Einheit der Menschenwelt verkörperte. So begriff sich das Mittelalter selbst gleichsam als verlängerte Spätantike.

Dieses Geschichtsbild wurde aufgebrochen, als im Westen weder der von den Fürsten bedrängte Kaiser noch der von den Protestanten in Frage gestellte Papst den Anspruch auf Universalmacht durchhalten konnte und im Osten der byzantinische Basileus politisch vom türkischen Sultan und ideologisch vom russischen Zaren abgelöst wurde. Die drei Sinnbilder der christlich-römischen Kontinuität – Kaiser, Papst und Basileus – verblassten. Gleichzeitig erlebte die vorchristliche Antike jene Wiedergeburt, die wir als Renaissance bezeichnen. Literaten, Künstler und Wissenschaftler entdeckten die antike Kultur, suchten sie nachzuahmen, zu übertreffen. Das Gefühl einer kulturellen Morgenröte verwandelte die überstandene Zeit in das seit Petrarca so genannte finstere Mittelalter.[9] Damit zerfiel die Geschichte in die drei Teile, in die wir sie bis heute gliedern.

So verbreitet nun das Dreistadienschema als Ganzes ist, so umstritten sind seine zeitlichen und räumlichen Grenzen. Am Anfang stehen die Völker des Alten Orients, die für Eduard Meyer ein fester Bestandteil der Antike waren, im Allgemeinen aber wegen ihrer Sprachen ausgegliedert werden.[10] Dies gilt für die ältesten, durch Schrift und Staat gekennzeichneten Hochkulturen, für die Sumerer und Ägypter, in geringerem Maße auch für die semitischen Chaldäer und Assyrer, die zur gleichen Sprachfamilie wie die alten Israeliten, Phönizier und Karthager gehören. Diese stehen in engster Beziehung zu Griechen und Römern. Die Meder und die achaimenidischen Perser, die Parther und die sassanidischen Perser zählen zwar zum Alten, d.h. vorislamischen Orient, sind aber durch ihre indogermanische Sprache und ihre Geschichte mit Europa verbunden.

---

8 Maßgeblich waren dafür die Lehrbücher von Christoph Cellarius, 1634–1707.

9 Vgl. Lucie Varga: Das Schlagwort vom „finsteren Mittelalter", Baden 1932.

10 Vgl. Hans J. Nissen: Grundzüge einer Geschichte der Frühzeit des Vorderen Orients, 2. Aufl., Darmstadt 1990.

Die griechische Antike gliedern wir in vier Phasen. Nach der ersten Einwanderung aus dem Donauraum um 1800 v. Chr. entsteht um 1500 in Süd- und Mittelgriechenland die mykenische Palastkultur (1). Sie lässt starke Einflüsse aus dem minoischen Kreta und dem Orient erkennen. Der dorischen Einwanderung nach 1200 folgt eine dunkle Zeit, aus der die bis zu den Perserkriegen, d.h. um 500 v. Chr. gerechnete archaische Periode hervorgeht (2). An den Küsten des nördlichen Mittelmeers entstanden griechische Städte, die im 7. Jahrhundert großenteils in die Gewalt von Tyrannen gerieten. Um oder vor 700 hat Homer in Kleinasien gleichsam die Bibel des Hellenentums geschaffen, bestehend aus dem „Alten Testament", der „Ilias" mit ihren Kriegen und dem „Neuen Testament" der „Odyssee" mit dem großen Dulder Odysseus. Die Zeit zwischen den Perserkriegen und Alexander (500 bis 323 v. Chr.) ist die griechische Klassik (3), die in der Attischen Demokratie unter Perikles kulminiert. Die Zeit nach der Klassik nennen wir seit Johann Gustav Droysen „Hellenismus" (4), sie ist geprägt durch die Eroberungen Alexanders, aus denen die Diadochenreiche entstanden. Sie stehen wieder unter orientalischem Einfluss.

Die römische Geschichte ist im Gegensatz zur polyzentrischen griechischen Welt konzentrisch strukturiert, zerfällt aber gleichfalls in vier Perioden. Die Zeit von 800 bis 400 steht im Zeichen der Etrusker (1), die östliches Kulturgut verarbeiteten. Nach der legendären Königszeit (753 bis 510 v. Chr.) folgt die Republik (2). Ihre Blütezeit reicht vom Zweiten Punischen Krieg (218 bis 202 v. Chr.), in dem Scipio den Karthager Hannibal abwehrte, man mag hier in Analogie Themistokles 480 v. Chr. gegen den Perser Xerxes setzen, bis zur Weltmonarchie des Augustus, analog zu der Alexanders. Beide Male gehen schwere Bürgerkriege voraus, die in Griechenland wie in Rom mit einer kulturellen Blüte verbunden waren. Auf die hohe Kaiserzeit (3), der Principat (31 v. Chr. bis 286 n. Chr.), folgt mit Diocletian und Konstantin die Spätantike (4), abermals unter östlichen Einflüssen. Als Ende der Spätantike und damit des Altertums überhaupt gilt überwiegend die Absetzung des letzten Kaisers im Westen 476 n. Chr. durch Odovacar oder, bezogen auf Ostrom und die von ihm ausgehende letzte Ambition einer Wiederherstellung des Gesamtimperiums, die Zeit Justinians (gestorben 565).

Diagonal gegenüber den orientalischen Randkulturen im Südosten liegen die Länder der Kelten und Germanen im Nordwesten der griechisch-römischen Welt. Sie haben keine Schrift entwickelt und werden daher überwiegend von den Prähistorikern, den Urgeschichtlern, erforscht. Die nördlichen „Barbaren", wie die Griechen sie nannten, lebten im Allgemeinen auf einer tieferen Kulturstufe, waren aber als Krieger gefürchtet und daher als Söldner begehrt. Die Kelten haben viel von den Griechen, die Germanen viel von den Römern übernommen, so wie Griechen und Römer viel aus dem Orient entlehnt haben. Kelten und Germanen gehören gleichfalls zur indogermanischen Völkerfamilie, ebenso die Illyrer und Thraker, die Skythen und Geten, deren politische Lebensformen indes wenig bekannt sind. Die keltischen Gemeinwesen sind im Römerreich aufgegangen, die germanischen Stämme aber haben in der Völkerwanderung das Imperium zerschlagen und die Mehrstaatlichkeit des Mittelalters begründet.

2.3. Volk

Wenn wir von den „Völkern" der Antike reden, benutzen wir einen umgangssprachlichen Begriff. Über seinen Sinn belehren uns nur der Zusammenhang, in dem er jeweils verwendet wird, seine sprachgeschichtliche Herkunft und seine fremdsprachlichen Äquivalente.

„Volk" bezeichnet heute eine größere Gruppe zusammengehöriger Menschen, die sich durch ihren selbst gewählten Volksnamen von den Angehörigen anderer Gruppen unterscheiden oder von diesen anderen als eigentümliche Gruppe erfasst und mit einer Fremdbezeichnung benannt werden. Selbstbezeichnungen tragen die Israeliten, Perser, Karthager und Römer, fremde Namen verwenden wir, wenn wir von Griechen und Etruskern reden, die sich selbst Hellenen bzw. Rasenna nannten. Die Germanen haben ihren keltischen Sammelnamen übernommen. Das zeigen die Volkszugehörigkeitsbezeichnungen der kaiserlichen Leibwächter.[11] Wie die minoischen Kreter sich und ihre Insel genannt haben, wissen wir nicht. Die Selbstbezeichnung der mykenischen Griechen könnte *Achaioi* oder *Danaoi* gelautet haben. Das im Namen ausgedrückte eigene oder fremde, jedenfalls subjektive Zusammenhörigkeitsgefühl findet seinen objektiven Niederschlag zumeist in der volkseigenen Sprache, in Mythos und Religion, Sitten und Sachkultur. Diese Kriterien stimmen allerdings selten überein, so dass als Identitätsmerkmal nur der überlieferte Volksname übrigbleibt.

Die Begriffe für „Volk" verweisen entweder auf die Kriegsführung oder auf die Abstammung. Aus der militärischen Sphäre stammt unser deutsches Wort „Volk", ursprünglich soviel wie „Kriegsvolk, Fußvolk". Der Vorname „Volker" bezeichnet den „Krieger". Eine militärische Grundbedeutung hat ebenso lateinisch *populus; populari* heißt „verheeren". Den *dictator* als Anführer des Fußvolks nannten die Römer *magister populi* (Varro, Lingua Latina V 82). Griechisch *laos* bezeichnet bei Homer das Kriegsvolk (Ilias II 115; VII 306; XIII 833); *dēmos* ist verwandt mit keltisch *dam* – „Gefolgschaft, Schar"[12], deutet mithin in dieselbe Sphäre, während *ethnos* auf das Reflexivum *se* – „sich" zurückgeführt wird, woraus ebenso *ethos*, „Sitte" und „Sippe" kommen[13].

Auf die gemeinsamen Vorfahren dagegen rekurrieren lateinisch *natio*, ursprünglich *gnatio*, und *gens*, beides abgeleitet vom Stamme *gen-*, der auch dem griechischen *genos* – „Geschlecht" – zugrunde liegt. Griechisch *phylē* – „Stamm" kommt von *phyo* – „wachsen lassen". Biologische Grundbedeutung besitzt ebenfalls deutsch „Stamm", es hat denselben Doppelsinn wie lateinisch *stirps*. Den Glauben an die gemeinsame Abstammung aller Angehörigen des eigenen Volkes bezeugen die Mythen der Israeliten (1. Mose 10; 1. Chronik 1), der Perser (Herodot VII 150), der Griechen (Hesiod, fr. 7; Apollodor I 49 f.), der

---

11 Vgl. Hermann Dessau: Inscriptiones Latinae Selectae, Berlin 1892 ff., Nr. 1717 ff.
12 Vgl. Hjalmar Frisk: Griechisches etymologisches Wörterbuch, Heidelberg 1973.
13 Vgl. ebd.

Kelten (Caesar, Bellum Gallicum VI 18) und Germanen (Tacitus, Germania 2). Eine Ausnahme machen die Römer mit ihrer Asyltradition (Livius I 8,57). Diese Sagen erklären zugleich das Verhältnis zwischen den Völkern gemäß dem genealogischen Denkschema nach der näheren oder ferneren Verwandtschaft, die letztlich alle Menschen verbindet.

Entsprechend dem genealogischen Prinzip bilden die antiken Völkernamen eine mehrstufige Taxonomie. Jeder Israelit gehörte zugleich einem der zwölf Stämme an. Die Perser rechneten sich, wie die Sanskrit-Inder, zu den Ariern. Ein Grieche war nach seinem Dialekt Jonier, Dorier, Makedone usw., nach seiner Polis Athener, Argiver oder Spartaner. Auch Kelten und Germanen zerfielen in Stämme und Teilstämme, die Etrusker in Stadtstaaten. Nur die Römer waren allein Römer. Sie betrachteten sich keiner übergeordneten Gruppe zugehörig, die Namen der Latiner und Italiker schlossen die Römer in der Regel aus.

Da wir Völker für festgefügt und dauerhafter erachten, als dies durch bloßen Abstammungsglauben, durch zeitweilige Kriegsgenossenschaft und durch wandelbare Sitten erzielt wird, verbinden wir die Volkszugehörigkeit – wie das auch die antiken Autoren taten (Tacitus, Germania 43) – vorzugsweise mit der Sprache. Auch sie liefert eine mehrdimensionale Taxonomie und ist darum mehrdeutig.

Unter den Trägern der antiken Staatsformen gehören die minoischen Kreter und die Etrusker keiner bekannten Sprachfamilie an. Sie sind möglicherweise den altmediterranen Pelasgern oder dem Orient zuzurechnen, der sie auch kulturell beeinflusst hat. Bei den Kretern zeigt sich das im Palastbau, in der Schrift und im Siegelwesen; bei den Etruskern in der Religion, namentlich in der Zukunftsdeutung. Ungeklärt ist die Zugehörigkeit der Sprache der Vascones, der Basken. Eine eigene Gruppe bilden die Semiten, denen die Israeliten und Karthager zugehören. Auch bei ihnen ist die Verbindung zum Orient offenkundig: Ägyptische und mesopotamische Einflüsse fassen wir allenthalben.

Alle anderen antiken Völker sprachen indogermanisch: die Perser, Griechen und Römer wie die Kelten und Germanen. Die Sprachverwandtschaft wurde 1786 von W. Jones in Kalkutta entdeckt und später namentlich von Franz Bopp untersucht. Eine Erklärung liefert die Annahme einer gemeinsamen Herkunft, und zwar aus Mittel- und Osteuropa, wie der geographisch interpretierbare Teil des gemeinsamen Wortschatzes nahe legt[14].

Die Antike rechnete mit geographisch bedingten Mentalitäten, die für das Staatsleben wichtig waren. „Üppige Länder produzieren weichliche Menschen, kein Boden bringt reiche Ernten und tapfere Krieger zugleich hervor“ (Herodot IX 122; Vitruv VI 1,3 ff.). Aristoteles (Politik 1327 b) hielt die Orientalen für kunstsinnig, aber unkriegerisch, ja feige, und daher sei die Despotie die ihnen angemessene Regierungsform. Die Nordvölker hingegen seien freiheitsbewusst und kriegerisch, aber zuchtlos, daher zu gesetzlichem Zusammenleben nicht

14 Vgl. Anton Scherer (Hrsg.): Die Urheimat der Indogermanen, Darmstadt 1968.

imstande. Nur die Griechen in der „Mitte" erachtete Aristoteles für fähig, sich selbst zu regieren. Das Freiheitsbewusstsein von Kelten und Germanen wurde zum Topos der politischen Selbstkritik der Römer[15].

Die Sprachen und Namen der Völker verschwinden unter der Herrschaft Roms, schrieb Strabon (XII 4,6). Tatsächlich hat sich die Völkervielfalt in allen antiken Großreichen durch gewaltsame oder friedliche Assimilation verringert. So verschmolzen die Kanaanäer, Jebusiter, Idumäer und verschiedene Anrainer mit den Israeliten; aus Achäern und Danaern, Pelasgern und Lelegern wurden Hellenen; aus Latinern, Oskern und Samniten wurden Römer; Kelten und Romanen gingen auf in den Franken, die ihrerseits aus mehreren Altstämmen hervorgegangen waren. Weder die Staaten noch die Völker dauern, regionalistische und universalistische Tendenzen wechseln.

Das Verschwinden von Völkern und Staaten lässt sich besser beobachten als deren Entstehung. Dennoch zeigt sich eine Vorform in jenen Kriegerverbänden, die nicht an ein Territorium gebunden waren. Dazu zählen die sogenannten Personenverbandsstaaten, so die Stämme der frühen Griechen, Kelten und Germanen. Dass auch die griechische Polis aus Menschen, nicht aus Häusern besteht, war das Argument des Themistokles für die Evakuierung Athens 480 v. Chr. (Herodot VIII 41). Der Gedanke ist vor ihm von Alkaios (35,10 Diehl) und nach ihm oft geäußert worden (Thukydides VII 77; Appian VIII 89; XIV 50; Augustinus, sermo 81, 9). Staatsähnlichen Charakter tragen die im Hellenismus bündnisfähigen Seeräuber (Diodor XX 97,5)[16], sodann selbstständig agierende Söldnerheere, wie die Mamertiner, die 289 v.Chr. Messina besetzten (Polybios I 7 ff.; Diodor XXI 18), die Söldner Karthagos, die 242 v. Chr. Tunis und Utica okkupierten (Appian V 2,3), oder die aufständischen Sklaven in Sizilien und Campanien, die sich um 100 v. Chr. dreimal Könige gaben. Diese legten sich einen klangvollen Namen zu – Eunus wurde Antiochos, Salvius wurde Tryphon – und reklamierten besondere Beziehungen zu höheren Mächten. Sie trugen Diadem und Purpur, umgaben sich mit Liktoren, ernannten ein Kabinett und errichteten sich in Triokala (Caltabellotta) eine Burg (Diodor XXXVI 2 ff.).

3. Wirtschaft und Gesellschaft

Die Völker der Alten Welt zeigen in Wirtschaft[17] und Gesellschaft[18] gemeinsame Merkmale, die gleichwohl beträchtliche Unterschiede einschließen. Das kul-

15 Vgl. Alexander Demandt: Der Idealstaat. Die politischen Theorien der Antike, 3. Aufl., Köln 2000, S. 307–331.

16 Vgl. Erich Ziebarth: Beiträge zur Geschichte des Seeraubs und Seehandels im alten Griechenland, Hamburg 1929.

17 Vgl. Thomas Pekáry: Die Wirtschaft der griechisch-römischen Antike, 1979; Hans Kloft: Die Wirtschaft der griechisch-römischen Welt. Eine Einführung, Darmstadt 1992.

18 Vgl. Fritz Gschnitzer: Griechische Sozialgeschichte. Von der mykenischen bis zum Ausgang der klassischen Zeit, Wiesbaden 1981; Géza Alföldy: Römische Sozialgeschichte, 3. Aufl., Wiesbaden 1984.

turelle und sozioökonomische Niveau war in den altorientalischen Städten und Palästen schon beachtlich und wurde erst von den Griechen, dann von den Römern eingeholt und überboten. Kelten und Germanen lebten demgegenüber primitiv bis ins Hohe Mittelalter. Es gibt ein Kulturgefälle von Südosten nach Nordwesten, das sich an der Verbreitung der Schrift ablesen lässt.

Im 8. Jahrhundert v. Chr. haben die Griechen das Alphabet der Phönizier übernommen und um Vokalzeichen vermehrt. Erste Zeugnisse für die Kenntnis des Lesens und Schreibens sind die großen Dichtungen von Homer und Hesiod aus dem späten 8. Jahrhundert. Als früheste Inschrift gilt die um 730 entstandene Ritzung auf einer Kanne mit geometrischem Muster aus der Dipylon-Grabung in Athen: „Siegespreis für den besten Tänzer"[19]. Seit dem ausgehenden 7. Jahrhundert gibt es griechische Gesetzesaufzeichnungen. Man schrieb auf Stein und auf Holz, auf Leder und Tonscherben, vor allem aber auf Papyrus, der aus Ägypten eingeführt wurde. Seit dem 5. Jahrhundert kennen wir in Griechenland öffentliche Schulen (Plutarch, Moralia 221 C; ders., Themistokles 10; Aischines, or. I 9; Demosthenes, or. XVIII 129). Die Verbreitung von Inschriften jeder Art, aber auch Regelungen wie das Scherbengericht bezeugen, dass ab etwa 500 v. Chr. in Athen die meisten Bürger lesen konnten. In Rom fand das griechische Alphabet, vermittelt durch die Etrusker, im 6. Jahrhundert Eingang. Die Zwölftafelgesetze aus dem Jahre 450 v. Chr. sind das erste große Dokument der Schriftlichkeit in Rom. Der Überlieferung nach hatten die Verfasser jener Gesetzessammlung zuvor Athen besucht (Livius III 31,8). Die Kenntnis der griechischen Sprache war in Rom für jeden Gebildeten selbstverständlich. Die Kelten übernahmen erst griechische, dann lateinische Buchstaben, die Germanen verwendeten – abgesehen von den bedeutungsarmen Runentexten ausschließlich das Latein als Schriftsprache.

Grundlage der vorindustriellen Wirtschaft waren Ackerbau und Viehzucht. Die Kulturvölker waren grundsätzlich sesshaft[20]. Wichtigstes Nahrungsmittel bildete das Getreide, namentlich der Weizen, auch Bohnen wurden viel gegessen. Ähnlich wie im Mittelalter wurden in der Antike die Städte großenteils von Bauern bewohnt. Grundbesitz war die beste Kapitalanlage und vielerorts Voraussetzung für das Bürgerrecht. Bei den Spartanern blieb das immer so, in Karthago hingegen galt es nie. Gemeineigentum am Boden findet sich nur in wenig entwickelten Frühstadien, so bei Kelten und Germanen. Israeliten und Spartaner (Aristoteles, Politik 1270 a) überwachten den Landerwerb, um Armut und Reichtum nicht übergroß werden zu lassen. Bäuerliche Gesellschaften zeigen gewöhnlich patriarchalische Struktur und konservative Mentalität.

Im Bereich des Handwerks lässt sich ein Fortschritt beobachten, die Arbeitsteilung nimmt bis in die hohe römische Kaiserzeit zu[21]. Handwerk und Handel

19 Gerhard Pfohl: Inschriften der Griechen. Epigraphische Quellen zur Geschichte der antiken Medizin, Darmstadt 1977, Nr. 1; Adolf Furtwaengler, in: MDAI (Athen) 6, 1881, S. 106 ff.

20 Wohnwagenvölker (hamaxobioi) gab es in Nordosteuropa, Kamelnomaden in Arabien und Nordafrika.

21 Vgl. Dieter Hägermann/Helmuth Schneider, Landbau und Handwerk 750 v. Chr. bis 1000 n. Chr. (= Propyläen-Technikgeschichte, Bd. 1), Frankfurt a.M./Berlin 1991.

förderten die Urbanisierung – und umgekehrt. Als Händler waren Phönizier und Karthager berühmt. Sie gründeten an den Küsten Handelsemporien, das war ein von Griechen und Römern kaum verwendeter Siedlungstyp. Eine Ausnahme bildet Naukratis in Ägypten (Herodot II 178 f.). Die Geldwirtschaft setzte sich unter den Griechen im 6. Jahrhundert v. Chr. durch, in Rom erst während des 3. Jahrhunderts. Die antike Philosophie betrachtete den Ackerbau als den natürlichsten und gesündesten Wirtschaftszweig (Odyssee VIII 159 ff.; Aristoteles, Oeconomia 1343 a 25 ff.; Plutarch, Cato Maior 21; Cicero, De officiis I 151), das Handwerk rangierte darunter und abermals eine Stufe tiefer stand der Handel, namentlich der zur See (Aristoteles, Politik 1257 a; 1327 a). Moralität und Mobilität wurden als Gegensätze betrachtet.

Vielfach wird die Ansicht vertreten, die Handarbeit sei im Altertum verachtet, eines freien Mannes unwürdig gewesen[22]. Es gibt derartige Äußerungen, insbesondere bei Platon (Gesetze 644 a; 847 d; 919 e; Staat 495 de; 522 b; 590 c) und Aristoteles (Politik 1319 b 25). Der abschätzige Ausdruck für den Handarbeiter lautet *banausos,* er bezeichnet ursprünglich den mit Feuer umgehenden Schmied, Töpfer oder Köhler, der sich schmutzig macht. Sinngleich heißt es in der Bibel: „Wer kein Geschäft hat, wird weise. Wie kann weise werden, wer den Pflug führt?“ (Jesus Sirach 38,24 ff.).

Dennoch lässt sich dies nicht verallgemeinern. Auf Sokrates und Phidias hat niemand deswegen herabgesehen, weil sie Handarbeit geleistet haben. Xenophon (Memorabilia II 7) überliefert ein Gespräch, in dem Sokrates einen vornehmen Jüngling verspottet, der seine Verwandten Not leiden lässt, anstatt sie zur Arbeit anzuhalten, während sein Nachbar samt Sklaven, die ein Handwerk verstehen, blendend lebt. Dementsprechend soll auch ein Freier arbeiten, wenn er anders Mangel litte. Jedes Handwerk hatte seinen Vertreter unter den Göttern: Athena beschützte die Textilarbeit, Hephaistos die Schmiedekunst, Artemis die Jagd, Hermes den Handel, Dionysos den Weinbau, Demeter den Getreideanbau usw. Eher verachtet war die abhängige Arbeit, die Lohnarbeit (Aristoteles, Politik 1277 b – 78 a; Cicero, De officiis I 150 f.). Aber sie war nicht entfernt so bedeutsam wie heute, zumal in allen Wirtschaftszweigen des Altertums, anfangs zumindest, der selbstständige Kleinbetrieb vorherrschte. Erst im Hellenismus entwickelten sich Großgüter und Großwerkstätten von Arbeitern.

Die antike Gesellschaft war geteilt in Freie und Sklaven. Die Freien bestanden vielfach aus Adel und Bürgertum. Abgesehen von der möglichen Ausnahme des sassanidischen Persien, wo die Standesgrenzen schwer zu übersteigen waren, gab es allenthalben soziale Mobilität. Freie wurden (als Kriegsgefangene oder als Kinder) versklavt, Sklaven (für Dienste oder Bezahlung) freigelassen. Bei den Karthagern konnte man durch geschäftliche Tüchtigkeit, in Rom über politische Ämter und bei den Germanen durch Kriegsruhm in die Oberschicht aufsteigen.

22 Zeugnisse bei Jacob Burckhardt: Griechische Kulturgeschichte, 4 Bde., Basel/München 1898/1957, Bd. IV, S. 116 ff.

Adel war ein durch Geburt erworbener Vorrang: *videtur esse nobilitas quaedam de meritis veniens laus parentum,* heißt es bei Boethius (Consolatio III 6,7) – „Nobilität ist üblicherweise das Lob für die Verdienste der Väter." Diese *merita* erwarb man als Krieger und Führer, sie brachten Gefolge und Reichtum. Einen reinen Geldadel finden wir in Karthago. Die Anerkennung des Adels hat eine biologisch-empirische, eine religiös-intuitive und eine kommunikationstheoretische Wurzel. Man glaubte, dass so wie körperliche Merkmale sich auch intellektuelle und charakterliche Züge vererben, so dass der von Hirten großgezogene Prinz sich auch unter Landleuten als der geborene König entpuppt (Herodot I 114). Die Gunst der Götter ruhte nicht auf der Person, sondern auf der Familie. *Charisma, felicitas,* Königsheil galten als vererbbar und waren es tatsächlich, soweit es die Bekanntheit des Namens betraf. Die mit einem Namen verbundenen Erfahrungen weckten Erwartungen, die seinem Träger uns unvorstellbare Chancen eröffneten.

Uradel gab es im archaischen Griechenland (Eupatriden) und im frühen Rom (Patrizier). Bei Persern und Karthagern finden wir berühmte Familien, deren Angehörige Schlüsselstellungen besetzten. Für Kelten und Germanen ist Erbadel literarisch wie archäologisch nachgewiesen. Spartaner und Israeliten wiederum kannten in historischer Zeit keinen Geblütsadel. Schon in der solonischen Verfassung ist der Geburtsadel durch Vermögensklassen ersetzt. Wer fleißig war, konnte sich hocharbeiten, wer sein Gut verspielte, sank ab. In Rom verlor der alte patrizische Adel seine Vorrechte in den Ständekämpfen. Der senatorische Neuadel war ein Amtsadel, der grundsätzlich jedem politisch erfolgreichen Römer offen stand. Insofern war der eigentliche Adel in der antiken Sozialgeschichte nur zeitweilig bedeutsam. Oft bildete er ein zentrifugales Element. Sobald sich nämlich Reichtum und Ansehen erblich festigten, trat der Adlige in Konkurrenz zur Zentralgewalt. Adelsanarchie zeigt sich bei den spätrepublikanischen Senatoren ebenso wie bei vornehmen Cheruskern und Markomannen, bei den Magnaten der Sassaniden und den spätrömischen Grundherren. Der Feudalismus als Gefahr einer mediatisierten Staatsgewalt durchzieht alle antiken Staatswesen.

Die Mehrzahl der Bevölkerung aller antiker Staaten bestand aus freien Bürgern, die Boden besaßen, Kriegsdienst leisteten und, jedenfalls in republikanischen Gemeinwesen, die Politik bestimmten. Kopf- und Grundsteuer war mit der Würde des freien Mannes bis in die Spätantike nicht vereinbar, man empfand sie als *notae captivitatis* (Tertullian, Apologeticum 13,6). Die Volksversammlung war die Heeresversammlung ohne Waffen. Da jeder Bürger seine Ausrüstung selbst bezahlen musste, spiegeln sich die Waffengattungen (Reiter, Schwer- und Leichtbewaffnete) im Wahlmodus. In Athen war das passive, in Rom das aktive Wahlrecht danach gestaffelt. Mit der Wandlung der Taktik veränderte sich gewöhnlich auch die Verfassung. Für die Aristokratie ist die Reiterei, für die gemäßigte Demokratie die Hoplitentaktik, für die radikale Demokratie die Kriegsflotte kennzeichnend. Berufsarmeen sind für Monarchien typisch, Republiken kämpfen mit ihrem Bürgeraufgebot.

Sklaven[23] kennt schon Homer. Mit der Freiheit verliere der Mann, heißt es, die Hälfte seines Wertes (*aretē*: Odyssee XVII 322). Für die Frühzeit ist mit größeren Sklavenzahlen nicht zu rechnen. In der griechischen Geschichte finden wir Massen von Sklaven vor allem während der klassischen Zeit in Athen und anderen Großstädten. Die spartanischen Heloten unterscheiden sich von den normalen Sklaven einerseits dadurch, dass sie nicht Privatpersonen waren, sondern dem Staat gehörten, und andererseits dadurch, dass sie im Familienverband als Bauern lebten. In der römischen Zeit begegnen uns Sklaven überwiegend als kriegsgefangene Landarbeiter in Italien und Sizilien im 2. und 1. Jahrhundert v. Chr. Auch in Bergwerken, Steinbrüchen und in Großbetrieben arbeiteten Sklaven und Sträflinge.

Sklaven waren zu bedingungslosem Gehorsam verpflichtet, sie durften nicht Nein sagen: *servus non habet negandi potestatem* (Seneca, De beneficiis III 19,1). Sie waren im Prinzip recht- und eigentumslos, konnten verkauft und misshandelt werden. Sie zahlten gewöhnlich keine Steuern – so aber in Kreta (Athenaios 143 B) – und waren im Allgemeinen vom Waffentragen ausgeschlossen (Plutarch, Marius 9). Heloten erscheinen als Leichtbewaffnete bei Plataea (Herodot IX 22); Sklaven als Speerwerfer in Ephesos und Magnesia (Aelian, Varia Historia XIV 46) sowie bei den Germanen (Codex Theodosianus VII 13,16). Wurden sie zum Kriegsdienst gebraucht[24], so versprach man ihnen die Freilassung. Das ist bezeugt für Athen vor der Schlacht bei Marathon (Pausanias I 32,3; VII 15,7), für Sparta im Peloponnesischen Krieg (Thukydides IV 80), für Rom nach der Niederlage bei Cannae (Livius XXII 59,12; Appian VII 27, vgl. 57), für Karthago während der Belagerung durch Scipio maior 203 (Appian VIII 24), ebenso 149 beim Kampf gegen Scipio minor (Appian VIII 93) und für Achaia im Aufstand gegen Rom 149 v. Chr. (Pausanias VII 15,7). Religionsgesetzlich indessen besaßen Sklaven bestimmte Rechte (Demosthenes, or. LIX 21) und wurden durch Freilassung oder Freikauf Halb- oder Vollbürger.

Als rechtlicher Ursprung der Sklaverei galt die Kriegsgefangenschaft. Man meinte, wenn man einem Feind das Leben schenke, dann könne man seine Dienste verlangen: *Servi ex eo appellati sunt, quod imperatores captivos vendere ac per hoc servare nec occidere solent* (Digesten I 5,4). Eine anthropologische Erklärung erlaubt die Tatsache, dass die Griechen überwiegend Barbaren als Sklaven hielten. Barbaren galten weithin als rassisch minderwertig, als dumm (so die nördlichen) oder feige (so die orientalischen). Die Versklavung von Griechen durch Griechen war selten und verpönt (Demosthenes, or. XVIII 183; Plutarch, Nikias 29), die Israeliten versklavten ihresgleichen – gemäß dem Gesetz – nur auf Zeit. Auch die Römer verwendeten als Sklaven vorwiegend Barbaren, allerdings auch Griechen. Deren kulturelle Überlegenheit brachte es mit sich, dass gefangene Griechen als Hauslehrer, Ärzte und Künstler dann oft freigelassen wurden.

---

23 Zur Sklaverei allgemein Burckhardt: Kulturgeschichte (Anm.22), S. 141 ff.; Norbert Brockmeyer: Antike Sklaverei, 2. Aufl., Darmstadt 1987; Moses Finley: Die Sklaverei in der Antike. Geschichte und Probleme, München 1981.

24 Vgl. Karl-Wilhelm Welwei: Unfreie im antiken Kriegsdienst, 3 Teile, Wiesbaden 1974/1977/1988.

Lange wurde die Sklaverei als Wesensmerkmal der antiken Gesellschaftsordnung angesehen, nicht nur im historischen Materialismus. Allein von den nomadisierenden Alanen hören wir, dass sie keine Sklaven hätten (Ammian XXXI 2,25). Dennoch bestand die Sklaverei über die Antike hinaus. Zwar besaßen Sklaven im romanisch-germanischen Mittelalter[25] nur eine marginale Bedeutung, doch erhielt die Sklaverei durch Papst Nikolaus V., den Stifter der vatikanischen Bibliothek, am 16. Juni 1452 die Billigung der Kirche.

Die Rolle der antiken Frau[26] ist weniger im Staat als in der Familie zu suchen. In den antiken Gesellschaften herrschte normalerweise Monogamie. Die Ehe war eine rechtlich, sozial und ökonomisch motivierte Bindung. Von dem Spartanerkönig Pausanias wird überliefert, dass er seine Frau liebte (Aelian, Varia Historia XII 34). Die berühmten Liebespaare der Antike waren nicht verheiratet[27]. Scheidung gab es bei Griechen (Plutarch, Perikles 24) wie Römern (Gellius IV 3). Vielweiberei findet sich bei den nordafrikanischen Nomaden (Strabon XVII 3,19), bei den Persern (Athenaios 556 B) und den alten Israeliten (1.Mose 4,19 ff.; 5.Mose 21,15 ff.; 1.Könige 11,8). Prachtvolle Kleidung und kostbarer Schmuck gehörten bei Griechen, Karthagern und Römern zu den Vorrechten der Frauen, ebenso die langen Haare (Diodor XXIX 98,3; Zonaras IX 26). Dies war nur bei den Spartanern und Barbaren anders, wo auch vornehme Männer lange Haare trugen. Goldschmuck für Männer begegnet uns bei Kelten und Orientalen. In der Diskussion über die Aufhebung des Luxusverbots (lex Oppia) im Jahre 195 v. Chr. heißt es: Wenn man ihnen verbiete, sich schön zu machen, könne man die Frauen gleich in Männer verwandeln: ihnen die Haare kurz schneiden, ihnen Männerkleider anziehen, sie bewaffnen, auf Pferde setzen und zur Bürgerversammlung zulassen (Zonaras IX 17).

Frauen besaßen keine politischen Rechte, denn sie leisteten keinen Wehrdienst. Dieser militärisch motivierte Nachteil wurde manchmal jedoch durch einen dynastisch legitimierten Vorzug aufgehoben: Königinnen regierten als Mütter, Töchter oder Witwen von Königen im eigenen Namen bei den Assyrern (Herodot I 184f; III 154), Britanniern (Tacitus, Annalen XIV 31 ff.; Dio XLII 1 ff.), Makedonen (Diodor XIX 11), Arabern (1. Könige 10,1 ff.; Zosimos I 50 ff.; Theodoret, Historia ecclesiastica IV 23; Strabon XVI 4,8; Iunior, Expositio totius mundi 20) und Aethiopiern (Strabon XVII 1,2 u. 54), wo die Frauen auch kämpften (Strabon XVII 2,3; Herodot IV 193). Frauen im Kampf werden bisweilen bei den Hebräern (Richter 4,9 f.; 9,53 f.), den Kelten (Appian VI 71 f.; vgl. VII 29), den Ätolern (Pausanias X 22,5) und den Germanen erwähnt (Dio

25 Vgl. Hermann Nehlsen: Sklavenrecht zwischen Antike und Mittelalter. Germanisches und römisches Recht in den germanischen Rechtsaufzeichnungen, Göttingen 1972.

26 Wegweisend zur Frauengeschichte Griechenlands: Friedrich Schlegel: Über Diotima (1795), in: Winfried Menninghaus (Hrsg.): Theorie der Weiblichkeit, Frankfurt a.M. 1983, S. 39 f. Zusammenfassend: Sarah B. Pomeroy: Frauenleben im klassischen Altertum, Stuttgart 1985; Quellen: Mary R. Lefkowitz/Maureen B. Fant: Women's Life in Greece and Rome. A Sourcebook in Translation, 2. Aufl., Baltimore 1992.

27 Gesammelt in den „Erotika Pathemata“ des Parthenios von Nicaea aus dem 1. Jahrhundert v. Chr.

LXXI 3,2); bei den Sauromaten zogen die Mädchen mit in den Krieg und nahmen angeblich erst dann einen Mann, wenn sie drei Feinde getötet hatten (Hippokrates, De aere 17; Herodot IV 117). Daraus hat sich vermutlich die Amazonen-Sage entwickelt[28]. Die im Altertum übliche Arbeitsteilung beschrieb Philo Judaeus (De virtutibus 19): „Gott hat dem Weib das Haus, dem Mann den Staat zugewiesen". Dies dokumentiert sich auch in der Kleidung: „Ein Weib soll nicht Mannsgeräte tragen und Männer sollen nicht Weiberkleider antun, denn wer solches tut, der ist dem Herrn, deinem Gott, ein Greuel" (5. Mose 22,5). Das traurigste Los hatten die Frauen im antiken Indien, schon Strabon (XV 1,30) erwähnt die Witwenverbrennung. Die Gleichberechtigung der Frauen ist ironisch gefordert worden in den „Ekklesiazusen" und in der „Lysistrata" des Aristophanes.

Eine freiere Stellung besaßen Frauen in der spätgriechischen und der spätrömischen Zeit. Dort finden wir Frauen nicht nur als Unternehmerinnen und Professorinnen, sondern auch in den Stadträten, selbst im Strategenamt. Ihre privatrechtliche Gleichstellung wurde aber in christlich-germanischer Zeit wieder zurückgenommen. Der Ausschluss der Frauen aus der Politik sollte dahingegen nicht einfach Grund sein, auf die Antike herabzusehen. In Frankreich erhielten die Frauen das Wahlrecht erst nach dem Zweiten Weltkrieg.

4. Kriegswesen

Die gemeinsam siedelnde und wirtschaftende Gruppe, durch Gesellschaftsgliederung und Besitzverteilung, durch Rechtssystem und Herrschaftsordnung reguliert, bedurfte zur Herstellung und Durchsetzung eines gemeinsamen Willens der Gewalt. Zum Schutz gegen innere und äußere Feinde und zum Kampf um Rang, Macht und Eigentum entwickelte sich das Kriegswesen. Seine Ursprünge lassen sich zurückverfolgen bis ins achte Jahrtausend v. Chr., wie die Stadtmauern des präkeramischen Jericho dartun. Vor der später erfolgten funktionalen Differenzierung unterschieden sich Waffen von Werkzeugen durch ihre sorgfältige Gestaltung. Ein Beil, mit dem man einen Baum fällt, ist weniger aufwändig gearbeitet als eine Axt, mit der man in den Krieg zieht.

In archaisch-patriarchalischen Gesellschaften stand das Kriegswesen in hohem Ansehen. Krieg und Jagd pflegte vor allem der Adel, seine Taten wurden besungen und überliefert. Die Waffe zeichnete den freien Mann aus, Adler und Löwe zierten sein Wappen. Raub außer Landes oder auf See galt nicht als ehrenrührig (Odyssee III 73); darüber wunderte sich schon Thukydides (I 5); Entsprechendes berichten Justin (XLIII 3,5) für die phokäischen Piraten in Massilia, Caesar (Bellum Gallicum VI 23), Mela (III 28) und Tacitus (Annalen XII 29) für die Germanen. Erst mit fortschreitender Gesittung blieben die

28 Waffen in Gräbern von Skythenfrauen: Vgl. Renate Rolle: Die Welt der Skythen. Stutenmelker und Pferdebogner. Ein antikes Reitervolk in neuer Sicht, Luzern/Frankfurt a.M. 1980, S. 94 ff.

Waffen unter Verschluss (Thukydides I 5 f.), schonte man den Fremden und zielte im Krieg auf die Herstellung des Friedens[29].

Das Kriegswesen stand der Staatswerdung Pate: Bürgerrecht erforderte Wehrdienst, die Volksversammlung umfasste die Krieger. In Republiken entschied die Bürgerversammlung über Krieg und Frieden, in Monarchien war der oberste Heerführer stets Staatsoberhaupt. Man bewaffnete sich auf eigene Kosten; Kelten und Germanen gaben den Männern ihre Rüstung mit ins Grab, den Frauen ihren Schmuck. Erst in späteren Stadien stellte der Staat die Waffen. Im spätantiken Imperium Romanum gab es staatliche Waffenfabriken (*fabricae,* Notitia Dignitatum orientalis XI 18 ff.; occidentalis IX 16 ff.).

Die Waffengattung entsprach einer sozialen und rechtlichen Stellung. Der griechische Adel kämpfte bis in die homerische Zeit vom Streitwagen, der später nur noch von Persern, Etruskern und Kelten gebraucht wurde. Die Römer verwendeten ihn im Triumph und für Wagenrennen. Im 8. Jahrhundert kam die Reiterei auf. Damals lag die Ikonographie der Götter bereits fest: Ares und Athena wurden zwar bewaffnet, nicht aber beritten dargestellt, so wie die religionsgeschichtlich jüngeren Götter der Kelten und Germanen. Der Reiter ist ein höherer Mensch, so blieb das Pferd ein Kennzeichen des Adels und diente als Rangsymbol noch bei den solonischen *hippeis* und beim *equus publicus* der Römer, obschon die eigentliche Kampfkraft seit dem 6. Jahrhundert bei der Hoplitenphalanx lag und die Reiterei neben dem Rekognoszieren und Fouragieren nur noch dem Flankenschutz diente.

Das Fußvolk gewann seinen späteren Vorsprung durch Verbesserung der Waffen und der Disziplin. Es rekrutierte sich aus einer aufstrebenden Mittelschicht wohlhabender Bauern und Handwerker, die zugleich politischen Einfluss gewannen. Der Vorrang der Infanterie spiegelt sich darin, dass der Reitergeneral vielfach als Stellvertreter des Feldherrn erscheint, so der *magister equitum* neben dem republikanischen dictator, der *hipparchos* neben dem *strategos* im achäischen und ätolischen Bund oder Maharbal neben Hannibal (Livius XXII 51; vgl. Appian VIII 14 f.; 114). In der Spätantike gewann die Reiterei wieder an Bedeutung, bei Römern, Persern und Germanen im gleichen Maße. Damals sank die Kriegskunst auf eine primitivere Stufe zurück – selbst die Hornsignale waren in Vergessenheit geraten (Prokop, Bella VI 23,23 ff.).

Griechen, Römer und Karthager kannten neben Reiterei und Fußvolk noch Leichtbewaffnete, die zum Plänkeln dienten. Sie waren mit Bogen und Schleudern ausgerüstet und sozial weniger angesehen. Hinzu kam seit dem Hellenismus ein Pionierkorps, das Brücken und Kastelle, Schleudergeschütze und Belagerungsgerät anfertigte. Alexander ließ am Indus eine Flotte bauen, die sich als hochseetüchtig erwies (Arrian VI 1 ff.; 19 ff.). Die Seekriegsführung erlebte ihre große Zeit zwischen dem 5. und dem 2. Jahrhundert v. Chr. Der Flottenbau des Themistokles förderte die Volksherrschaft, das Meer war die Mutter der

29 Zum bellum iustum siehe Demandt: Idealstaat (Anm. 15), S. 245–275.

Demokratie (Plutarch, Themistokles 19). Der Piräus (Hafenbereich) war allzeit der demokratischste Stadtteil Athens.

Berufsarmeen begegnen uns in Monarchien: im frühen Israel, bei den Persern und im römischen Kaiserreich. Sie lassen sich aus dem Gefolgschaftswesen herleiten. Söldner stellten die Israeliten, die Achaimeniden und die Karthager schon früh, die Griechen und Römer erst spät ins Feld; sie resultierten aus dem Gegensatz zwischen reichen und armen Landschaften und bildeten stets eine innenpolitische Gefahr. Umgekehrt kamen als Söldner Kelten mit den Griechen, Germanen mit den Römern in Berührung und haben von ihnen gelernt. Voraussetzung für das Söldnerwesen war das Nebeneinander von armen Ländern mit wehrhafter Bevölkerung und reichen Herren oder Städten mit unkriegerischen Bürgern. Das Söldnerwesen hat vielfach die Münzprägung befördert, so bei Persern, Karthagern und Phokern (Diodor XVI 56). Politisch war das Söldnerwesen ein Risiko, wie das Schicksal Karthagos und des spätantiken Imperiums dartut. Wer sich fremdem Schutz anvertraut, muss sich gegebenenfalls fremder Herrschaft beugen.

Das staatliche Kriegsmonopol bestimmt die Motivation der Kriegsteilnehmer: Sie werden nur in archaischen Staatswesen von individueller Bereicherungsabsicht bewegt, wie das in der Regel bei Räubern der Fall ist; sie kämpfen zumeist aus Loyalität für ihren Staat, den sie mächtig und damit auch reich sehen möchten. Der Nutzen ist eher indirekt und emotional. Die ökonomische Kriegstheorie wird gewöhnlich von Kriegsdienstverweigerern vertreten, und aus ihrer Perspektive ist sie richtig: Das Risiko des Heldentodes ist ökonomisch unsinnig. Ob es deswegen überhaupt unsinnig ist, den eigenen Staat als solchen zu verteidigen, hängt davon ab, was er wert ist. Ein Staat, für den seine Bürger nicht kämpfen, an dem ist nicht viel verloren. In der Antike signalisiert der periodisch auftretende Pazifismus das blinde Vertrauen auf den Besitzstand (Sueton, Augustus 24), die Bereitschaft zur Unterwerfung gegenüber dem mächtigeren Nachbarn (Salvian, Gubernatio Dei VII 71) oder die Überzeugung von der Wertlosigkeit aller Güter dieser Welt, wie das religiös von den Christen, philosophisch von den Kynikern vertreten wurde (Matthäus-Evangelium 5,39; Diogenes Laertios II 92 ff.). Einen gewaltfreien Staat hat es bisher ebenso wenig gegeben wie eine egalitäre Gesellschaft.

5. Religion

Religion war nie bloß Privatsache. Man glaubte, dass Wohl und Wehe des öffentlichen Lebens ebenso wie der Segen der Natur von der Gunst der Götter und dieser vom richtigen Kult abhinge. Bei Griechen[30] und Römern[31] war der

30 Vgl. Burckhardt: Kulturgeschichte (Anm. 22), Bd. 2, S. 1 ff.; Martin Nilsson: Geschichte der griechischen Religion, München 1967/1974.

31 Vgl. Georg Wissowa: Religion und Kultus der Römer, München 1902; Kurt Latte: Römische Religionsgeschichte, 2. Aufl., München 1992.

Gottesdienst eine Sache der politischen Gemeinde; bei Juden und Persern gehörte er zu den Pflichten des Königs. Religiöse Bräuche wurden nach Herkommen begangen und stifteten somit nicht nur Gemeinschaft unter Gleichzeitigen, sondern auch Verbindung von Ahnen zu Enkeln. Entscheidend war der Vollzug der heiligen Handlungen; was der Einzelne glaubte und ob er überhaupt etwas glaubte, blieb ihm überlassen. Cicero (De divinatione II 51) zitiert den älteren Cato: Ein Priester müsse doch eigentlich lachen, wenn er einem anderen begegne. Daraus wurde unser Wort „Augurenlächeln". Von den Vorsokratikern an gab es in der Antike Freidenker, ja Atheisten: Kritias (VS.88 B 25), Diagoras (Cicero, De natura deorum I 63) und Euhemeros (Aelian, Varia historia II 31). Sogar Skeptiker räumten ein, dass Religion eine erzieherische Bedeutung besitze und darum allemal staatspolitisch sinnvoll sei, so Kritias (VS.88 B 25), Polybios (VI 56) und Plutarch (Moralia 822 b).

Der große französische Althistoriker Fustel de Coulanges[32] glaubte, die aus der Totenverehrung und dem Ahnenkult erwachsene Religion sei nicht nur der Ursprung des Privateigentums am Boden, sondern auch der des Staates. Die mit ihrem Grundbesitz verbundene Familie schien ihm als Keimzelle des Gemeinwesens, das sich über die gens und die curia zu Stamm und Staat fortentwickelt habe. Diese Ansicht lässt sich uneingeschränkt sicher nicht aufrecht erhalten. Dennoch sind einige der antiken Staatswesen aus dem gemeinsamen Kult erwachsen, während die meisten in ihm eine wichtige Stütze fanden.

Am stärksten hat die Religion in der Bildung der altisraelischen Monarchie mitgesprochen. Die Jahwe-Verehrung hielt die zwölf Stämme zusammen. In geringerem Grade hat ein derartiger Kultverband staatsbildend gewirkt im ätolischen und achäischen Koinon. Kultgemeinde und Staatsvolk stimmten überein. Eine staatstragende Nationalreligion finden wir wie bei den Israeliten, auch bei den Persern, während die gemeinsame Religion bei Griechen, Etruskern, Kelten und Germanen, deren Staatsordnung kleinteiliger gegliedert war, nur das Volk, nicht den Staat kennzeichnet. Religion tritt im Staatsleben der frühen Germanen überhaupt kaum in Erscheinung.

Neben dem Kriegeradel findet sich vielfach eine Priesterklasse, so bei den alten Israeliten, den Persern, den Kelten, den Etruskern und den christlichen Völkern. Fehlte sie, wie bei den Griechen, Römern und – aufs Ganze – Germanen, so oblagen den Familienhäuptern religiöse Pflichten. Das Königtum war primär militärisch ausgerichtet, doch besaß es gewöhnlich auch eine sakrale Weihe.

Priester kämpften in der Regel nicht mit. Sie selbst wie ihre Heiligtümer standen unter Gottesschutz. Der Frevler, der ihn missachtete, musste samt der Gruppe, die er vertrat, der göttlichen Rache gewärtig sein. Darum hatte Philipp von Makedonien, der als Rächer des pythischen Apoll an den Phokern auftrat, einen besseren Stand als Demosthenes, der Tempelräuber als Bundesgenossen

32 Vgl. Numa-Denys Fustel de Coulanges: La cité antique. Étude sur le culte, le droit, les institutions de la Grèce et de Rome, Paris 1864.

hinnehmen musste. Während der republikanischen Zeit haben die Römer ihre eigenen Feldherrn bestraft, die sich allzu leichtfertig der Tempelschätze des Feindes bemächtigt haben (Appian VII 55). Götter gewährten Schlachtenhilfe: Jahwe wie Baal Hammon, Ahura Mazda wie Ares, Jupiter wie Jesus Christus. Wo sie Hilfe im Kampf versagten, kehrten sich ihre Anhänger gegen sie (Justin XIX 3,3). Der Sieg verleihende Gott erhielt Anteil an der Beute. Etrusker, Kelten und Sachsen brachten ihm Gefangene als Menschenopfer. Eigene und erbeutete Feldzeichen, die stets sakralen Charakter besaßen, wurden in Tempeln aufbewahrt. Heiligtümer wie die Bundeslade der Juden oder den Martinsrock der Franken nahm man mit in den Krieg. Etruskischen Ursprungs ist wohl das Ritual der evocatio, wodurch die Römer dem Feinde seinen Schutzgott abspenstig machten (Livius V 21,3 ff.; Plinius, Naturalis historia XXVIII 18; Macrobius III 9,7).

Der am weitesten in der Antike verbreitete Religionstypus war der Polytheismus. Man verehrte in personifizierter Form Naturkräfte wie den Himmel, Sonne und Mond, das Meer, den Blitz und die Winde. Daneben glaubte man an Geister in Quellen und Bäumen, Bergen und Felsen. So wie bestimmte Völker und Städte (Platon, Politikos 271 d; Kelsos V 25; VII 68) vertrauten auch einzelne Menschen auf ihren persönlichen Schutzgott, ihr *daimonion,* ihren *genius* (Plutarch, Moralia 575 a ff.). Die wichtigsten menschlichen Tätigkeiten fanden ihre Patrone: Zeus schützte die Könige, das Recht und die Fremden, Hera die Frauen und die Ehe; Apollon war der Gott der Musen und der Medizin, Ares der Gott des Krieges, Athena die Göttin der Weisheit, Aphrodite die Göttin der Liebe usw. Jacob Burckhardt hat die griechischen Götter „gesteigerte“ Menschen genannt. Sie verkörpern das Menschenideal der Griechen mit allen Schattierungen, nicht nur hinsichtlich der Kalokagathie (Xenophon, Memorabilien I 6, 14, altfränkisch: „Edeltrefflichkeit“), der Verbindung von Schönheit *(kalos)* und Tüchtigkeit *(agathos),* sondern ebenso hinsichtlich der Temperamente und Passionen. Das Leben der Olympier bewegte sich zwischen Festen und Gelagen, Liebesabenteuern und Heldentaten. Die Mythen zeigen uns Leidenschaft, Rachsucht, Grausamkeit auch bei den Göttern: so die Schindung des Marsyas durch Apollon (Herodot VII 26)[33].

Der Kult wurde öffentlich und im Freien vollzogen. Der Tempel war bloß Wohnort des Gottes, er enthielt das Götterbild. Der Altar stand davor. Die Festversammlung schuf ein Zusammengehörigkeitsgefühl, das verstärkt wurde durch die gemeinsame Opfermahlzeit. Dass Juden und Christen sich davon ausschlossen, verstand man als Menschenhass. Diodor (XXXIV/XXXV 1) moniert das bei den Juden, Tacitus (Annalen XV 44) bei den Christen. Den wichtigsten Beitrag zur Staatsbildung haben die überregionalen Amphiktionien geleistet. Ein von mehreren Stämmen verehrtes Heiligtum führte diese bei den Jahresfesten regelmäßig zusammen. Dabei wurden auch politische Fragen besprochen. Kultbünde dieser Art begegnen uns bei den alten Israeliten, den Griechen, Etruskern, Kelten, Germanen und noch bei den mittelalterlichen

33 Göttergräuel sonst bei Burckhardt: Kulturgeschichte (Anm. 22), Bd. 2, S. 91 ff.; Bd. 4, S. 31 ff.

Slawen, so um 1100 für den Gott der Obotriten, Radigast (Helmold von Bosau I 21; 52).

Der antike Polytheismus war grundsätzlich tolerant und mit jeder Götterverehrung verträglich. Inakzeptabel erschienen den Griechen und Römern indessen die bei Karthagern und Kelten noch üblichen Menschenopfer. In Ausnahmefällen gab es allerdings solche auch bei den Römern (Livius XXII 57,6), bei den Griechen (Plutarch, Marcellus 3; ders., Themistokles 13; ders., Philopoimen 21) und bei den Etruskern (Livius VII 15,10). Sie wurden verboten (Strabon IV 5,4; Sueton, Claudius 25,5; Porphyrios, De abstinentia II 5,6; Paulus, Sentenzen V 23,16). Bei den heidnischen Germanen und Slawen hielten sie sich bis ins frühe Mittelalter (Adam von Bremen IV 27; Helmold von Bosau I 52). Stiftungen für Heiligtümer anderer Völker waren üblich. Griechen sandten dem Zeus Ammon Weihegaben nach Ägypten; Delphi und Olympia empfingen solche von Lydern und Etruskern; selbst dem Tempel von Jerusalem machten fremde Völker Stiftungen (Josephus, Bellum Judaicum II 17). Man glaubte, die Völker verehrten dieselben Götter nur unter verschiedenen Namen, die man demgemäß übersetzte (*interpretatio Romana:* Tacitus, Germ. 43; danach *interpretatio Graeca* usw.). Zeus entsprach dem ägyptischen Ammon, dem römischen Jupiter, dem etruskischen Tinia, dem germanischen Donar, ja sogar dem israelischen Jahwe. Insofern war der Polytheismus auch international.

Der seit dem Hellenismus zunehmende Verkehr löste die geschlossenen Kultgemeinden auf und begünstigte einen neuen Religionstypus: die sich allenthalben, zumal in den Haupt- und Hafenstädten, ausbreitenden orientalischen Erlösungsreligionen[34]. Ähnlich wie die griechischen Mysterienkulte versprachen sie ihren Anhängern ein seliges Leben nach dem Tode, praktizierten einen geheimnisvollen und aufwändigen Kult und stifteten Gemeinden, die untereinander in Verbindung standen. Eine Gegenbewegung zu dieser zentrifugalen Tendenz der privatisierten Religiösität bildete der Herrscherkult[35], der von Ägypten ausgehend Alexander, die Diadochen und deren Nachfolger, die römischen Kaiser, in eine halbgöttliche Sphäre hob und als verbindlich für alle Untertanen angesehen wurde.

Die erfolgreichste unter den orientalischen Erlösungsreligionen war das Christentum. Es erwuchs aus dem Judentum, der, gemäß Philon von Alexandria, „philosophischsten" der antiken Religionen. Der Glaube an einen einzigen, unsichtbaren Gott und seinen auf Erden gestorbenen Sohn, die Liebe unter den Christen und die Hoffnung auf eine neue Welt warben Anhänger, die sich in Gemeinden unter Bischöfen organisierten. Die periodischen Verfolgungen, die wesentlich aus unbegründeten Verdächtigungen (Tertullian, Apologeticum) und ungezügelter Volkswut erwuchsen (Euseb, Historia ecclesiastica V 2),

34 Vgl. Franz Cumont: Die orientalischen Religionen im römischen Heidentum, 9. Aufl., Darmstadt 1989.

35 Vgl. Fritz Taeger: Charisma. Studien zur Geschichte des antiken Herrscherkults, Stuttgart 1957/1960.

konnten die Ausbreitung des neuen Glaubens und der Christengemeinde nicht hindern[36], die schließlich zum Staat im Staate wurde.

Die Verbindung zwischen Religion und Politik ist allenthalben greifbar. Der olympische Götterhimmel war ein getreues Spiegelbild der homerischen Gesellschaft. Zeus war König der Götter, so wie Agamemnon König der Griechen. Auch bei den Juden gibt es eine solche Symmetrie. Der Gott des Alten Testaments ist nach dem Bilde eines orientalischen Despoten gezeichnet: Er erlässt Gesetze – den Dekalog –, fordert unbedingten Gehorsam und übt grausame Rache. Er ist von einem Hofstaat von Engeln und himmlischen Heerscharen umgeben, er erlebt den Abfall eines Vasallen – des Satans – und schließt mit Fürsten und Völkern Verträge, denn nichts anderes ist der Alte Bund zwischen Jahwe auf der einen Seite, Moses, Abraham und David auf der anderen.

Dennoch darf man die Verbindung zwischen Götterwelt und Staatsform nicht zu eng sehen. Monarchie und Republik vertrugen sich mit jeder Religion. Der Jahwekult der Juden ist älter als die Monarchie Sauls. Die Vielgötterei der Griechen und Römer wurde auch durch Tyrannen und Könige nicht in Frage gestellt. Solon und Kleisthenes haben den Olymp ebensowenig demokratisiert, wie Augustus den Monotheismus der Juden oder Christen eingeführt hat. Dennoch wirkte die Vorstellung einer solchen Parallelität suggestiv. Einzelne Kirchenväter wie Melito, Origenes und Euseb haben mit ihr argumentiert. Als Konstantin Christ wurde, da war die nach Homer verloren gegangene Symmetrie zwischen himmlischer und irdischer Ordnung wiederhergestellt. Am Anfang der Antike waren beide Sphären durch einen monarchischen Feudalismus gekennzeichnet, am Ende durch einen monokratischen Absolutismus, wie im Himmel so auf Erden.

6. Siedlung und Herrschaft

Siedlung und Herrschaft stehen sowohl untereinander als auch mit der sozialökonomischen Situation im Wechselverhältnis. Aristoteles (Politik 1330 B) bemerkte, dass ein Siedlungsraum mit einem einzigen Berg für eine Monarchie günstig sei, eine Gegend mit mehreren Hügeln geeignet für eine Adelsherrschaft und eine Ebene geschaffen für eine Demokratie. Derartige Korrespondenzen gibt es. Leben die Menschen in losem Kontakt, so bedürfen sie nur einer geringen Organisation, genießen aber viel Freiheit. Verdichtet sich die Kommunikation durch Zunahme der Bevölkerung und des Verkehrs, so entstehen straffere Strukturen, die zu höheren Leistungen Gelegenheit bieten. Die meisten antiken Völker erlebten drei Phasen ihrer Verfassungsgeschichte: vom monarchisch-feudalen Stammeskönigtum über ein oligarchisch- oder demokratisch-republikanisches Städtewesen zu einem monarchisch-bürokratischen Flächenstaat.

36 Vgl. Adolf v. Harnack: Die Mission und Ausbreitung des Christentums in den ersten drei Jahrhunderten, Leipzig 1924.

Der Stamm ist die früheste Verfassungsform. Als die Israeliten nach Kanaan, die Jonier und Dorier nach Griechenland und die Italiker nach Italien einwanderten, waren sie vermutlich ähnlich geordnet wie die keltischen und germanischen Stämme der späteren Zeit: als bewegliche Personenverbände unter patriarchalisch-monarchischer Führung. Diese Stämme besaßen kaum staatliche Organe, das wichtigste Prinzip des Zusammenhalts war in der Praxis die Gefolgschaft gegenüber dem Heerführer, in der Theorie die gemeinsame Abstammung oder der Glaube daran. In der Regel gruppierte sich um eine ethnisch geschlossene Kerngruppe eine vom Erfolg abhängige Zahl von Mitläufern, die allmählich eingeschmolzen wurden[37].

Die mit dem Stammeswesen verbundene Siedlungsform ist ursprünglich das Dorf. Die Komenverfassung bildet innerhalb früher Stammesstrukturen oder Kultbünde eine Vorstufe zur Staatlichkeit. Während die Dörfer im griechischen und römischen Bereich staatsrechtlich bloß außerstädtische Ortsteile einer Polis darstellten und von dieser verwaltet wurden, besaßen die Dörfer der Perser und Kelten, wie es scheint, kommunale Selbständigkeit. Dies gilt gewiss für die Germanen. Die antiken Autoren bezeugen mehrfach die Stadtscheu der Germanen (Tacitus, Germania 16; Historien IV 64) auch noch dann, als ihnen die Römerstädte zur Verfügung standen (Ammian XVI 2,12; Julian 278 d).

Als die Israeliten nach Kanaan und die Indogermanen in den Mittelmeerraum eindrangen, fanden sie dort bereits städtische Siedlungen vor. Die frühesten uns bekannten Städte überhaupt gehören der altorientalischen Kultur an[38]. Sie liegen im so genannten fruchtbaren Halbmond, dem Raum Ägypten, Syrien, Mesopotamien. Auch Troja und Knossos sind der altorientalischen Welt zuzurechnen, ebenso das Städtewesen der Phönizier, Karthager und Etrusker. Die Etrusker knüpften zugleich an die griechische, die Römer an die etruskische Stadtkultur an. Die Kelten hatten beachtliche Städte, als sie unter römische Herrschaft gerieten.

Die Griechen haben ihren eigenen Typus von Stadt geschaffen, die Polis, in der sie den höchsten Grad an Kultur und Staatlichkeit errangen[39]. Das übliche Bild einer griechischen Polis besteht einerseits aus einer gemeinsam lebenden und handelnden Gruppe von Menschen, andererseits einer größeren Siedlung, die von Mauern aus Kalksteinquadern umwehrt, von rechtwinklig sich kreuzenden Straßen durchzogen ist und außer den Wohnhäusern und Werkstätten auch Tempel und Amtslokale umschließt. In der Mitte liegt ein großer, rechteckiger Marktplatz, die Agora oder das Forum, wo nicht nur Handel getrieben, sondern auch Recht gesprochen und Politik gemacht wird und Feste stattfinden. In

37 Vgl. Reinhard Wenskus: Stammesbildung und Verfassung. Das Werden der frühmittelalterlichen gentes, Köln 1961.

38 Vgl. Frank Kolb: Die Stadt im Altertum, München 1984; Helga Weippert: Palästina in vorhellenistischer Zeit, München 1988, S. 99 ff.; Hermann Müller-Karpe: Frühe Städte in der Alten und der Neuen Welt, in: Jahrbuch des Römisch-Germanischen Zentralmuseums Mainz, 36 (1988), S. 3 ff.

39 Bester Überblick noch immer bei Burckhardt: Kulturgeschichte (Anm. 22), Bd. 1, S. 51 ff.

der späteren Zeit kommen weitere Bauwerke hinzu: Theater und Säulenhallen für diverse Zwecke, Brunnen und Bäder, Gymnasien und Bibliotheken zur Körper- und Geistesbildung.

So gewiss die Polis ein Geschöpf von Menschen ist, so gewiss gab die Natur dazu Gelegenheit. In der Regel fördert Küstenlage die Urbanisierung, wenn nicht gerade das Hinterland so unfruchtbar ist wie zwischen den Syrten oder in Dalmatien. Ebenso deutlich ist der Zusammenhang zwischen der Kleinräumigkeit der griechischen Landschaft und der Poliskultur. Die alluvialen Siedlungskammern auf dem Festland und die natürlichen Grenzen der kleineren Inseln haben gewöhnlich das Territorium für eine einzige Polis abgegeben. Erst mit wachsendem Kommunikationsbedarf verloren diese räumlichen Gegebenheiten ihre staatsbildende Kraft. Alexanders Versuch, in Innerasien Städte zu gründen, hatte dort kein Polis-System zur Folge.

Das enge Beieinander innerhalb der Städte und deren Nachbarschaft hat die zwischenmenschlichen Reibungen verstärkt und dadurch Anlass gegeben, sich darüber Gedanken zu machen, wie man das Zusammenleben verbessern könne. Die Griechen haben früh über Staat und Recht reflektiert[40] und ihr Gemeinwesen bewusst gestaltet. Von den fast achthundert bekannten griechischen Stadtstaaten besaß jeder eine andere Verfassung. Zwar wiederholten sich die Grundformen, aber die Varianten schienen Aristoteles doch so bemerkenswert, dass er die schon erwähnte Sammlung von 158 Verfassungen anlegen ließ.

Die griechischen Städte besaßen eine überschaubare Größe. Platons Idealstaat hatte 5040 Vollbürger (Gesetze 737 e). Die Städte verwalteten sich selbst und waren außenpolitisch souverän. Jede Stadt war ein Staat; und verlor sie diese Unabhängigkeit einmal, so blieb der Wunsch nach ihr doch erhalten. Eine Folge der Souveränität war, dass der Kriegszustand zwischen benachbarten Städten das Normale war. Es gibt kaum zwei benachbarte größere Städte, deren Rivalitäten nicht zu wiederkehrenden Konflikten geführt hätten. Athen war mit Megara verfeindet, Theben mit Plataiai, Korinth mit Sikyon, Sparta mit Argos usw. Die Auseinandersetzung zwischen den griechischen Städten, namentlich der Kampf zwischen Athen und Sparta, hat zu einer Besinnung über die Vorzüge und Nachteile der beiden Systeme geführt, die beide einen Grenzfall der Verfassungstypologie darstellen. Die klassische Darstellung bietet die Totenrede des Perikles (Thukydides II 34 ff.). Sowohl die liberale Demokratie, die dem Wohle des Einzelnen dienen wollte, als auch der egalitäre Kriegerstaat, der die Gemeinschaft über alles stellte, fand Verfechter, und diese Diskussion bildet den Hintergrund für die meisten staatstheoretischen Konzeptionen der klassischen Zeit[41]. Insbesondere Platon und Xenophon waren vom spartanischen Staatsideal angetan, während Thukydides und Aristoteles der gemäßigten Demokratie zuneigten.

---

40 Vgl. Demandt: Idealstaat (Anm. 15), S. 19–43.
41 Vgl. ebd., S. 19–138.

In den Städten saßen die Handwerker und die Händler, hier ballte sich der Reichtum (Thukydides I 13). Auf dem Lande hingegen lebten die Bauern und Hirten, dort lag zumeist die höhere militärische Potenz. Die Stadt mit einem angemessenen Umland wäre, so wie Platon und Aristoteles das meinten, tatsächlich eine ideale Gesellungsform, wenn sie nicht durch ihre Kleinheit und ihren dauernden Verteidigungszustand an der – bei den Philosophen freilich nicht vorgesehenen – Entwicklung gehindert würde. Dies führte dazu, dass der Stadtstaat durch den Flächenstaat abgelöst wurde.

Flächenstaaten haben sich im Altertum teils aus Stammesstaaten, teils aus Stadtstaaten gebildet. Stammesherrschaft steht am Anfang, wo eine eingewanderte, militärisch überlegene Minderheit eine ansässige, kulturell höher stehende Mehrheit unterworfen hat und sich mit dieser im Laufe der Zeit vermischt. So bei Persern, Juden, Makedonen und Germanen. Stadtstaaten als Keimzellen größerer Territorialherrschaften begegnen uns in Rom und Karthago. Beide Staaten waren hegemoniale Systeme, doch gab es auch föderative Gemeinwesen, so die spätgriechischen Bundesrepubliken und die westgermanischen Stammesbünde. Die antiken Flächenstaaten waren in der Regel monarchisch verfasst. Das empfahl sich aus Gründen der Handlungsfähigkeit. Republikanische Systeme, d.h. Demokratien und Aristokratien, hielten sich zumeist nur in kleinen Stammes- oder Stadtstaaten. Die einzigen demokratischen Flächenstaaten waren die griechischen Bundesrepubliken.

Die Städte innerhalb der Flächenstaaten bewahrten in der Regel ihre Selbstverwaltung in Form einer gemäßigten Demokratie. Der Einfluss des Monarchen war hier eher indirekt. Der Krieg verlagerte sich an die Grenzen, so dass den Städten mit dem Recht auf Selbstverteidigung auch die Notwendigkeit dazu abging. Die Römer der späteren Republik zwangen unterworfene Städte vielfach, ihre Mauern zu schleifen oder gar vom Berge in die Ebene umzusiedeln. Im Schutz der Pax Romana geschah das oft auch freiwillig, der Bequemlichkeit halber.

Die griechischen Philosophen haben die Staaten nach der Zahl der jeweils Herrschenden klassifiziert. Man unterschied drei reine Typen: die Monarchie, in der ein Einziger herrscht; die Oligarchie, in der eine Gruppe regiert, und die Demokratie, in der alle Macht vom Volke ausgeht, d.h. von der Gesamtheit der wehrfähigen Vollbürger (Herodot III 80 ff.). Seit Platon (Brief VIII; Menexenos 238 cd; Gesetze 756 e) wird dazu noch von einer Mischverfassung gesprochen, in der die Elemente der drei reinen Staatsformen zugleich wirksam sind, ebenso bei Aristoteles (Politik 1297 a).

Könige waren in der Regel dynastisch und charismatisch legitimiert. Sie standen untereinander nicht auf gleicher Stufe. Wenn schon bei Homer der Begriff *basileus* steigerbar ist wie ein Adjektiv (*basileuteros, basileutatos,* Ilias IX 69; 160; 392), entsprechend unseren Rangunterschieden im Begriff „Fürst", so lässt sich dies in absteigender Linie bis zum Königtum der Germanen verfolgen, wo neben *reges* von *regales, reguli* und *subreguli* die Rede ist[42]. Gemeinsam ist den Königen der oberste Heeresbefehl und die Erblichkeit der Nachfolge, auch dies wird schon bei Homer vorausgesetzt (Ilias VI 476 ff.; Odyssee I 386) und galt noch für einen Christen wie Eusebios von Caesarea (Vita Constantini I 9; Lactanz, De mortibus persecutorum 26,6) als „Naturrecht". Daher kam es immer wieder zur Erhebung von falschen Alexandern usw. (Appian VIII 111; Dio LXIV 9,3; LXVI 19,3). Eine reine Wahlmonarchie, die keine Rücksicht auf den Königssohn hätte nehmen müssen, gab es nicht einmal bei den Westgoten. Nur von den Aethiopern berichtet Strabon (XVI 4,3), dass ihren Stadtkönigen jeweils der erste nach ihrer Thronbesteigung geborene Adlige aus einer bestimmten Gruppe von Familien nachfolge.

Die antiken Monarchien lassen sich nach dem Herrschaftsbereich dreiteilen: erstens in Stadtkönigtümer, denken wir an die griechischen Tyrannen oder die Stadtkönige von Etrurien, Phönizien und Cypern; zweitens in Heeres- oder Stammeskönige, wie Brennus, Marbod und Alarich; und drittens in Herrscher von Reichen, wie Darius, Alexander und Konstantin. Soweit ein solcher Dynast erblich legitimierte Vasallenkönige unter sich hatte, nennen wir ihn „Großkönig", „König der Könige" oder „Kaiser".

Ebenso könnte man unterscheiden zwischen archaischen und eher modernen Monarchien. Archaische Monarchien regieren mit einem grundbesitzenden Feudaladel nach traditionellen Normen, so die homerischen Fürsten und die frühen Germanenkönige. Moderne Monarchien werden verwaltet durch ein- und absetzbare Beamte gemäß schriftlichen Gesetzen. So regierten die Achämeniden, die Diadochen und die römischen Kaiser. Modernität im genannten Sinne korrespondiert nicht einlinig mit der Chronologie, sondern wird in jeweils wiederholten Anläufen erreicht. Die spätminoische Palastwirtschaft mit ihrer sorgsamen Buchführung erweckt einen moderneren Eindruck als die Verwaltung der frühgermanischen Königreiche fünfzehnhundert Jahre später.

Die antiken Staatsdenker haben die Monarchien nach der Machtfülle unterschieden. An der Spitze rangiert der Tyrann, der sich angeblich über Brauch und Gesetz rücksichtslos hinwegsetzt und nur seinen privaten Vorteil sucht. Dieses Klischee entspringt der demokratischen Ideologie und lässt sich historisch nicht nachweisen. Die orientalischen Herrscher wurden trotz ihrer unumschränkten Macht nicht als Tyrannen bezeichnet, weil sie durch Tradition legitimiert waren. Die spartanischen Könige waren anklagbar und absetzbar, ebenso der dem Obermagier rechenschaftspflichtige Sassanidenkönig. Hier können wir von konstitutioneller Monarchie sprechen. Die hellenistischen, römischen und germanischen Herrscher waren charismatisch herausgehoben. Sie unterstanden keiner Gerichtsbarkeit und regierten in diesem Sinne *legibus absolutus,* absolutistisch (Ulpian, in: Digesten I 3,31). *Legibus absolutus* heißt nicht *moribus absolutus.* Schlimme Könige wurden gestürzt und das war eben

42 Siehe Maria Chiabò: Index verborum Ammiani Marcellini, Hildesheim/Zürich 1983.

auch Gottes Wille. Der Tyrannenmord ist eine moralisch gebotene Gesetzwidrigkeit zur Erhaltung des Staates.

Die antike Oligarchie regierte in Form eines Adelsrates, gewöhnlich in Verbindung mit einer Volksversammlung. Man unterscheidet die Aristokratie, wo ein Geburtsadel herrscht, und die Plutokratie, wo die Reichen regieren. Die Aristokratie steht dem Königtum näher, wegen des Geburtsprinzips; die Plutokratie ist freier angelegt, denn reich werden kann jeder. Aristokratien im strengen Sinne begegnen selten. Wir finden sie im vorsolonischen Athen, in der frühen Römischen Republik, beide Male als Vorstufen zur Demokratie, und in den Stämmen der Kelten und Germanen, sofern sie nicht von Königen beherrscht werden. Eine ausgesprochene Plutokratie hatten die Karthager und die Athener in den oligarchischen Zwischenzeiten, in denen das aktive Wahlrecht an ein Mindestvermögen gebunden war, beispielsweise im Jahre 411 (Thukydides VIII 63 ff.) und unter den dreißig Tyrannen nach dem Ende des Peloponnesischen Krieges 404/403 v. Chr. (Xenophon, Hellenika II 3,11 ff.). Die Grenze zwischen Plutokratie und Demokratie war fließend, insofern die meisten antiken Demokratien für das passive Wahlrecht zu den höheren Ämtern Vermögende bevorzugten, so auch die solonische Verfassung, die etwas schief als Timokratie, als Herrschaft der Ehrbaren bezeichnet wird.

Eine Demokratie, die von gewählten, auf ein Jahr befristeten Amtsträgern regiert wird, besaßen Athen und die griechischen Bundesstaaten. Auch das späte Karthago und die Römische Republik nach der Lex Hortensia von 287 v. Chr. waren – wenn auch oligarchisch gemäßigte – Demokratien. Alle republikanischen Staaten des Altertums haben bei der Vergabe politischer Rechte auf den Besitz gesehen. Die dafür vorgebrachten Gründe lauten: Nur der wirtschaftlich Unabhängige könne seinem Gewissen folgen und sich dem Druck seines Arbeitgebers oder der Versuchung der Bestechung entziehen; nur wer im privaten Leben etwas geleistet habe, könne im öffentlichen Leben Vertrauen beanspruchen; nur der Reiche habe die Zeit, sich den Staatsgeschäften zu widmen; nur er könne das zur Amtsführung erforderliche Personal unterhalten. Diese Gründe gehen davon aus, dass die hohen Beamten nicht vom Staat besoldet werden. Die Vorstellung, dass jemand aus dem Dienst an der Allgemeinheit Gewinn ziehe, galt als verwerflich (Aelian, Varia historia X 17; Plutarch, Moralia 798 e f.). Die Philosophen haben gegen die Distinktion nach dem Besitz protestiert und stattdessen eine Differenzierung nach der Leistung *(virtus, aretē)* verlangt. Sie haben aber kein Verfahren entwickelt, wie diese feststellbar sei.

Die antike Staatstheorie hat die *res publica Romana* ebenso wie die Handelsrepublik Karthago und den spartanischen Kosmos den Mischverfassungen zugerechnet[43]. Das monarchische Element fand man in der Staatsführung, in Rom waren das die beiden Konsuln, in Karthago die beiden Sufeten, in Sparta die beiden Könige, später die Ephoren. Das aristokratische Element war jeweils

43 Vgl. Demandt: Idealstaat (Anm. 15), S. 195–219.

durch den Rat vertreten. Das war in Rom der Senat, in Karthago der Große Rat und in Sparta die Gerusie, der Rat der Alten. Das demokratische Element lag darin, dass die wichtigsten Beamten durch die gesamte Bürgerschaft gewählt wurden. Dies gilt für Rom, Karthago und Sparta in gleicher Weise.

Die gemischten Verfassungen sollten gemäß Aristoteles (Politik 1297 a 5) und Polybios (VI 10) vor dem Verfassungskreislauf[44] geschützt sein. Dieser bestand darin, dass die urtümliche Königsherrschaft in eine Tyrannis entartet, bis diese wiederum durch die Tüchtigsten gestürzt wird. Aus der so entstandenen Aristokratie wurde aber schließlich eine Plutokratie, eine Herrschaft der Reichen, gegen die sich irgendwann die Armen erheben. Sie errichten die Demokratie. Sie aber zerfalle, wie man meinte, unweigerlich durch Parteikämpfe in Anarchie, in der sich dann ein Tyrann zur Herrschaft aufschwinge, so dass wieder ein monarchisches System hergestellt sei. Ein solcher Verfassungsablauf lässt sich, mit gewissen Abwandlungen, mehrfach beobachten und er zeigt sich entgegen der Theorie ebenfalls in Rom und Karthago, nicht allerdings in Sparta.

7. Die Staatswesen

Mustern wir die historischen Staatsgebilde der Antike in der ungefähren chronologischen Folge ihrer Blütezeit, so steht am Anfang die kretisch-mykenische Palastkultur. Sie entstand um 2000 v. Chr. auf der Insel Kreta und erreichte dort bald nach 1500 ihren Höhepunkt. Die mykenische Zivilisation entwickelte sich in engem Kontakt mit Kreta und kulminiert um 1200. Bald danach endet sowohl die kretische als auch die mykenische Kultur. Sie bildet den Höhepunkt der Bronzezeit. Die prachtvollen Paläste von Knossos, Phaistos, Mallia gruppieren sich um einen Hof und waren unbefestigt; die von Mykene und Tiryns waren von Zyklopenmauern umschlossen, im Zentrum standen je ein größeres und ein kleineres Megaron, mutmaßlich für König und Königin. Wandmalerei und Sachkultur erweisen höfisches Leben auf hohem zivilisatorischen Niveau, die Linear-B-Tafeln – die älteste Schrift Europas – bezeugen eine durchstrukturierte Zentralverwaltung. Die Außenbeziehungen reichen von Ägypten bis Sizilien.

Um 1000 v. Chr. florierte das *Königtum im Alten Israel.* Nachdem im Kampf gegen die Philister Saul zum ersten König der zwölf Stämme gesalbt worden war, gelang es seinem Söldnerführer und Nachfolger David, Jerusalem zu erobern und seine Herrschaft auf die Nachbarstämme auszudehnen. Sein Sohn Salomon errichtete im Tempel für Jahwe das Zentralheiligtum der Israeliten, doch kam es dann zur Teilung in das Nordreich Israel, das 721 von den Assyrern unterworfen wurde, während das Südreich Juda unter den Nachkommen Davids 587 gegen Nebukadnezar unterlag. Die Wiederherstellung des Davidsreiches erhoffte man vom Messias.

44 Vgl. ebd., S. 211.

Als solchen betrachtete der Prophet Jesaja den Perserkönig Kyros, der 539 die nach Babylonien verschleppten Juden freiließ und die neue Großmacht begründete. Das um 500 von Darius in Satrapien eingeteilte *Achämenidenreich* mit den Hauptstädten Persepolis, Ekbatana, Babylon und Susa war ein religiös toleranter Vielvölkerstaat mit einer beachtlichen Rechtsordnung. Die Versuche, Griechenland zu unterwerfen, misslangen bei Marathon 490 und Salamis 480; Alexander besiegte den letzten Großkönig 333.

Der altertümlichste Staat der Griechen war das *spartanische Doppelkönigtum* mit der von Lykurg um 700 erlassenen Verfassung, der Großen Rhetra. Der „Kosmos" ruhte auf den Spartiaten, die in Männergemeinschaften lebten und Wehrsport trieben, auf den sozial, aber nicht politisch gleichgestellten Perioken und den Staatssklaven, den Heloten. Die Kriegerversammlung, die Apella, wählte als höchste Jahresbeamte die fünf Ephoren und ergänzte den Ältestenrat, die Gerusia. Die Könige führten das Heer, konnten aber angeklagt und verurteilt werden. Der sprichwörtlich strenge Lebensstil lockerte sich, die Besitzgleichheit ging verloren – 222 unterlag Sparta den Makedonen.

Anders als in den meisten griechischen Städten gab es in Sparta nie *Tyrannen.* Diese stammten zumeist aus dem Adel und nutzten die mit dem Aufbegehren des Bürgertums gegen die Aristokratie entstehenden Spannungen zur Begründung monarchischer Stadtherrschaft. Zentren waren Korinth mit den Kypseliden im 7. Jahrhundert, Athen mit den Peisistratiden im 6. Jahrhundert und Syrakus mit den Deinomeniden im 5. Jahrhundert. Die Tyrannen besaßen gewöhnlich eine Leibwache, stützten sich auf die Volksversammlung und beschnitten die Vorrechte des Adels, damit unbewusst der Demokratie vorarbeitend. Im 4. Jahrhundert kam es nochmals in Syrakus, wo die Karthager drohten, mit Dionysios zur sogenannten jüngeren Tyrannis.

In *Athen* wurde die Königsherrschaft im 8. Jahrhundert durch Archonten abgelöst, die der Adelsrat, der Areopag, ab 683 jährlich wählte. Verarmte Bauern und aufstrebende Handwerker unterstützten Solon, der 594 eine Schuldentilgung durchführte, einen Volksrat *(boulē)* und ein Volksgericht (heliaia) schuf und das passive Wahlrecht nach Einkommen staffelte. Dies konnte die Tyrannis des Peisistratos jedoch nicht verhindern. Nach der Befreiung Athens 510 führte Kleisthenes die Demokratisierung durch die „Mischung des Volkes" in einer neuen Phylenordnung fort, die regionale und patrimoniale Parteiungen unterband, und durch das gegen potentielle Tyrannen bestimmte Scherbengericht. In der neuen Verfassung, seit etwa 450 als „Demokratie" bezeichnet, unterlagen die Jahresbeamten einer strengen Kontrolle. Alle Gewalt ging vom Volke aus, zu dem Frauen, Fremde und Sklaven nicht gerechnet wurden. Die Teilnehmer an Volksversammlung *(ekklēsia)* und Volksgericht erhielten Tagesgelder, die Schöffen und Aufseher der Tempelkassen, der Straßen, der Polizei, der Gefängnisse usw. wurden ausgelost. Da auch die Archonten seit 487 erlost wurden, fiel die Macht den zehn Strategen anheim, unter denen Perikles jährlich wiedergewählt wurde. Dieser nutzte die athenische Kriegsflotte und den Seebund zum Kampf gegen Sparta, doch ging der im Jahre 431 v. Chr. ausgebrochene, 404 beendete Peloponnesische Krieg verloren. Athen erholte sich, erlebte im 4. Jahrhundert v. Chr. nochmals eine Hochphase, verlor dann nach der Niederlage gegen Philipp und Alexander bei Chaironeia 338 v. Chr. seine außenpolitische Handlungsfreiheit.

Vormächte im 3. Jahrhundert waren die *spätgriechischen Bundesrepubliken,* namentlich das achäische und das ätolische Koinon. Es handelt sich um alte Stammesverbände des Binnenlandes, deren Dörfer sich zu demokratisch verfassten Städten entwickelten. Diese beschickten den Bundesrat, bei den Ätolern im Apollonheiligtum von Thermos, bei den Achäern im Zeusheiligtum von Aigai, und die jährlich tagende Bundesversammlung, an der jeder Bürger teilnehmen durfte und von der die Beamten gewählt wurden. An der Spitze stand je ein Strategos, der das Bundesheer führte. Beim bötischen und lykischen Bund war die Repräsentanz im Bundesrat nach der Größe der Städte gestaffelt. Mit der Eroberung von Korinth 146 verlor Griechenland seine Selbständigkeit an Rom.

Die Römer traten das Erbe Alexanders an. Nachdem dessen Vater Philipp, durch Erbgang und Heeresbeschluss König der Makedonen, die Griechen nach Chaironeia 338 im Korinthischen Bund zusammengeschlossen hatte, eroberte *Alexander* als Bundesfeldherr und Makedonenkönig das Perserreich und wurde selbst Großkönig. Die Griechenstädte blieben autonom, die Satrapienordnung wurde übernommen. Den alten Gegensatz zwischen Griechen und Barbaren suchte Alexander durch die Gleichstellung der Perser zu überwinden. Auf der Massenhochzeit von Susa legalisierte er die Verbindung seiner Krieger mit orientalischen Frauen; er selbst heiratete eine baktrische Prinzessin und später noch eine persische Königstochter. Seine Städtegründungen, die Ausmünzung der Schätze und die Verbreitung des Griechischen schufen einen Verkehrsraum, der das Mittelmeer mit dem Nahen Osten verband. Als Nachkomme oder gar als „Sohn“ des Zeus forderte Alexander in Griechenland göttliche Ehren, die den hellenistischen Herrscherkult begründeten.

Nach dem Tode Alexanders 323 in Babylon teilten seine Nachfolger, die *Diadochen,* das Reich auf: in das Ptolemäerreich Ägypten, das Seleukidenreich Syrien und das Antigonidenreich Makedonien mit den Hauptstädten Alexandria, Antiochia und Pella. Wechselnde Koalitionen hatten einen außenpolitischen Gleichgewichtszustand zur Folge, in dem auch kleinere Mächte wie Pergamon oder der Hasmonäer-Staat florieren konnten. Das Aufblühen der Wissenschaften und der internationale Verkehr, die geordnete Verwaltung und die zentral gelenkte Wirtschaft – so in Ägypten – wirken „modern“. Fatal wurden die Eroberungsgelüste der Makedonen und der Seleukiden, denen Rom ein Ende setzte. Makedonien erlag dem römischen Gegner 168 v. Chr., der Orient 64 v. Chr., Ägypten 30 v. Chr.

Der Hellenismus vermittelte griechische Kultur an zahlreiche Nachbarvölker, so die Schrift und das Münzwesen an die *Etrusker.* In Sprache und Religion verweisen sie auf den Orient, aus dem sie gekommen sein sollen. Ab etwa 700 drangen sie von der Küste aus vor und begründeten zehn Stadtstaaten, die von Königen regiert wurden und beim Jahresfest am Tempel des Voltumna in Volsinii (Orvieto) einen Priester wählten. Die Etrusker sind gegen Griechen und Römer gemeinsam ins Feld gezogen, stellten auch Könige in Rom und hatten dort auf Religion und Staatssymbolik entscheidenden Einfluss *(fasces, haruspicina, caerimonia).* Von etwa 400 an verloren sie ihre Eigenstaatlichkeit an Rom, dessen Name wahrscheinlich selbst etruskisch ist.

Bis 146 behauptete sich *Karthago* gegen Rom. Die von Phöniziern aus Tyros 814 v. Chr. gegründete „Neustadt" entwickelte sich zur stärksten Seemacht im westlichen Mittelmeer mit vielen Handelsstützpunkten zumal an den spanischen und afrikanischen Küsten. Die Stadt besaß eine Mischverfassung: Das Volk wählte die Beamten und entschied über Krieg und Frieden; der Große Rat, bestehend aus 300 begüterten Bürgern, besaß im Kleinen Rat, dem 30 Mitglieder angehörten, einen geschäftsführenden Ausschuss. An der Spitze standen die jährlich nach Ansehen und Besitz gewählten zwei Sufeten (Richter). Nach seiner Niederlage gegen Scipio 202 war Hannibal der führende Mann der Republik.

Als Mischverfassung galt ebenso die *Römische Republik.* Sie entwickelte sich nach der Vertreibung der Könige 510 und dem Zwölftafelgesetz 450 im Zuge der Ständekämpfe zwischen dem patrizischen Erbadel und der Plebs, die ab der Lex Hortensia 287 v. Chr. gleichberechtigt war. In der Nobilität entstand ein Amtsadel mit je familieneigener Klientel. Zentralorgan war der Senat, bestehend aus gewesenen Amtsträgern. Diese durchliefen einen cursus honorum vom Quaestor (Schatzmeister) über den Ädil (Polizeiaufseher) zum Praetor (Gerichtsaufseher) und Konsul. Die beiden Konsuln führten, so wie die Praetoren, als Inhaber des Imperiums die Legionen, das Bürgeraufgebot. Die Unterbeamten wurden von den Stimmbezirken *(tribus)* gewählt, die Oberbeamten von den nach Einkommen gestaffelten Zenturien. Das *concilium plebis* wählte die Volkstribunen, die im Rang den Ädilen entsprachen und oft im Gegensatz zum Senat standen: so von den Gracchen 133 v. Chr. bis zur Zeit Caesars, der ebenfalls mit den Popularen gegen die senatorischen Optimaten stand.

Caesars Aufstieg beruhte auf seiner Eroberung Galliens, der fortan wichtigsten Provinz im westlichen Imperium. In Gallien lebten *Kelten,* deren Kultur um 700 v. Chr. im nördlichen Alpenvorland entstanden war und bald Gallien, Nordspanien und Britannien erfasste. Um 400 besetzten Kelten Norditalien, 387 plünderten sie Rom, 324 erschienen sie am Hof Alexanders in Babylon, 280 erreichten sie Zentralanatolien und besiedelten Galatien. Die Kelten lebten in Stammesverbänden; die äußere Zone (Britannien, Galatien, Norditalien) wurde monarchisch, das gallische Zentralgebiet aristokratisch regiert. Jeder Adlige besaß eine Gefolgschaft, die seine Stellung im Stamm bestimmte. Hohes Ansehen genossen die Druiden, die sich jährlich in einem gemeinsamen Heiligtum versammelten. Zahlreiche Städte sind keltische Gründungen: von York und London über Boulogne, Paris und Lyon weiter nach Mainz, Wien und

Belgrad, nach Mailand und Bologna. Der griechischen wie der römischen Kultur gegenüber aufgeschlossen, verloren die Kelten ihre Identität im Imperium Romanum und bewahrten nur Reste im Nordwesten.

Die Ermordung Caesars 44 v. Chr. verzögerte den Übergang zur Monarchie. Rom hatte im 4. Jahrhundert v. Chr. durch Kriege und Bündnisse Italien geeint, im 3. Jahrhundert Karthago und den Westen, im 2. Jahrhundert Griechenland und den Osten gewonnen und das Reich mit seiner stadtstaatlichen Verfassung regiert. Die Machtpositionen der Prokonsuln in den Provinzen führten zum Zwist unter diesen und zum Konflikt mit dem Senat. Mit dem Sieg bei Actium 31 v. Chr. behauptete sich Octavian (Augustus) als Erbe Caesars und begründete 27 v. Chr. das *Principat.* Die republikanischen Institutionen verloren an Bedeutung gegenüber den Beamten des Kaisers, der das Heer führte und bestimmenden Einfluss auf die Wahlen, die Finanzen, die Gesetzgebung und die Rechtsprechung gewann. Die Thronfolge begünstigte den ältesten Sohn des Kaisers, der Imperator wurde. Vom Heer ausgerufen und vom Senat bestätigt, galt er zugleich als Günstling der Götter, unter die er nach seinem Tode erhoben werden konnte. Die Provinzen wurden von kaiserlichen und senatorischen Statthaltern regiert, die Städte behielten ihre Selbstverwaltung, das Reich erlebte im 2. Jahrhundert n. Chr. seine Blütezeit. Die Kaiser regierten zwar legibus solutus, doch war eine Klage gegen den Fiskus möglich. Im 3. Jahrhundert hatten Angriffe der Germanen und der Perser Usurpationen zur Folge, die das Reich zu zerreißen drohten.

Die Perser wurden den Römern gefährlich, nachdem sich 224 n. Chr. die *Sassaniden*-Dynastie unter Ardaschir I. etabliert hatte. Es entstand ein zentral regiertes, durch seine Reiterheere bedrohliches Reich mit der Hauptstadt Ktesiphon. Die Gesellschaft gliedert sich in Geistliche, Krieger, Schreiber und Arbeiter. Die Lehre Zarathustras wurde Staatsreligion; deren Haupt, der Obermobadh, hatte eine auch politisch zentrale Stellung. Der Herrscher trug eine Krone, die ins abendländische Zeremoniell übernommen wurde. Durch feudalistische Tendenzen und dynastische Zwiste geschwächt, unterlag dieses Reich 642 den Arabern.

Das im 3. Jahrhundert wankende Imperium Romanum festigte sich wieder unter Diocletian ab 284. Er schuf die Tetrarchie, das legale Mehrkaisertum von zwei Augusti und zwei Caesares (Unterkaisern), das von Konstantin und seinen Söhnen fortgeführt wurde. Sie residierten in Grenznähe, dem neu gegründeten Konstantinopel und Antiochia, in Mailand und Trier. Das Kaisertum wurde zeremoniell zum *Dominat* erhöht, die Verwaltung durch Verkleinerung der Provinzen gestrafft, das Heer durch germanische Söldner verstärkt. Aus ihnen rekrutierten sich die neu geschaffenen Heermeister, die mehrfach an Stelle der unmündigen Kaiser regierten. Nachdem Konstantin 312/13 das Christentum anerkannt und 325 auf dem Konzil von Nicaea zu einigen versucht hatte, erhob Theodosius es 380 zur Staatsreligion. Trotz endloser Zwiste gewann die Kirche Macht und Reichtum, die Bischöfe entwickelten sich vielerorts zu Stadtherren. Dem wachsenden Druck hielten die Grenzen nicht stand, nach dem Sieg der

Goten 378 bei Adrianopel waren die Germanen aus dem Reich nicht mehr zu verdrängen. Sie eroberten 410 Rom, entthronten 476 den letzten weströmischen Kaiser. Das Ostreich überdauerte jedoch und erlebte im folgenden Jahrhundert unter Justinian nochmals eine Blüte. Das von ihm in Auftrag gegebene Corpus Iuris Civilis wurde für die europäische Rechtstradition entscheidend. Sein Versuch, das von den Germanen geteilte Reich wieder zu vereinen, scheiterte jedoch.

Die *Germanen* zur Zeit von Caesar und Tacitus gliederten sich in Kleinstämme. Die Krieger versammelten sich regelmäßig zum Thing *(concilium),* um die gemeinsamen Angelegenheiten zu beraten. Das Ansehen bemaß sich an der Größe seines Gefolges, ähnlich wie bei den Kelten. Im Krieg wählte man einen Herzog *(dux),* der durch Erfolg zum König *(rex)* aufsteigen und eine lebenslange Führungsposition gewinnen konnte. Den Swebenfürsten Ariovist und Marbod gelang dies, Arminius wurde es von seinen Standesgenossen vorgeworfen.

Erbliche Stammeskönige kannte Tacitus bei den Ostgermanen, „soweit Germanen sich überhaupt Könige gefallen lassen". Wir finden sie wieder bei den Teilstämmen der um 200 ins Limesgebiet vordringenden Alamannen und den Franken am Niederrhein. Diese im 3. Jahrhundert entstandenen *Stammesverbände* hatten sich im Kampf gegen Rom zusammengeschlossen und so neue ethnische Einheiten gebildet. Zu diesen Großstämmen zählten ebenfalls die Sachsen, die indes kein Königtum kannten, sondern sich durch ein Stammesthing zu Marklo regierten.

Eine königliche Zentralgewalt entstand in der *Völkerwanderungszeit* bei den ostgermanischen Goten, Burgundern und Vandalen durch die Landnahme im Reich, doch führten die Könige stets ein gemischtes Gefolge. Bei Odovacar, *rex Italiae,* dominierte kein Stamm, während die (West-)Goten Alarich und Geiserich als *rex Vandalorum et Alanorum* und der (Ost-)Gote Theoderich jeweils überwiegend Stammesgenossen anführten. Bei allen lassen sich Einflüsse des römischen Kaisertums auf Verwaltung, Hofstaat und Herrschaftsform beobachten, zumal sie auch über reichsangehörige Provinziale geboten. Die Vandalen in Afrika und die Ostgoten in Italien wurden von Justinian besiegt, die Westgotenkönige hielten sich in Spanien bis zur Invasion der Araber 711.

Eine Kontinuität bis ins Mittelalter finden wir allein bei den Franken am Niederrhein. Ihrem Teilstamm der Salier unter dem *Merowingerkönig* Chlodwig gelang um 500 in Gallien die Gründung des mächtigsten Reiches im damaligen Europa. Germanische und römische Herrschaftselemente verschmolzen, der senatorische Adel und die katholische Kirche fügten sich seit Chlodwigs Taufe in das neue System. Mit dem Sieg des Hausmeiers Karl Martell über die Araber 732 wurden die Karolinger die Dynastie, die seit Pippin 751 den König stellte, bis Karl der Große 800 das weströmische Kaisertum erneuerte.

8. Schlussbetrachtung

Ernst Jünger nannte 1977 das frühe Mittelalter eine „Vorküche" für alle späteren Verfassungen. Beziehen wir die Antike ein, so stimmt der Satz um so mehr. Das Altertum war ein Experimentierfeld politischer Gesellschafts- und Gemeinschaftsordnungen, auf dem nahezu nichts unversucht blieb. Keine weltgeschichtliche Großperiode ist so reich an Staatsmodellen wie die Antike, zumal wenn wir die Randkulturen und die politischen Utopien einbeziehen.

Das antike Erbe hat auf das europäische Staatsleben in doppelter Weise eingewirkt. Zum einen zeigen sich durchgehende Kontinuitäten, sowohl stärker als auch schwächer; zum anderen gab es immer wieder Rückgriffe auf antike Vorbilder, Reaktivierung von Begriffen und Einrichtungen, die nur wenig abgewandelt neue Funktionen übernahmen. Antike Wurzeln finden sich im Städtewesen, in Schrift und Sprache, Religion und Kunst, in der Geldwirtschaft und der Zeitmessung, in Wissenschaft und Technik.

Nahezu unsere gesamte politische Begrifflichkeit stammt von Griechen und Römern. Aus dem Griechischen: Amnestie, Aristokratie, Asyl, Demokratie, Hegemonie, Monarchie, Ökonomie, Politik, Tyrann. Aus dem Lateinischen: Diktatur, Forum, Fraktion, Globalisierung, Humanität, Kanzler, Kapital, Legalität, Minister, Opposition, Partei, Parlament, Präsident, Provinz, Republik, Sozialismus, Staat, Territorium und Votum.

Die europäische Staatengeschichte zeigt eine Folge von Rückwendungen zu antiken und frühchristlichen Mustern, denken wir an die Kaiserkrönung Karls des Großen, an die Wiederentdeckung des Corpus Juris Civilis, an die Verfassung der italienischen Stadtstaaten, an die Ausgestaltung des Absolutismus und an die Erneuerung der Volkssouveränität im Verlauf der Revolutionen und Reformen von Cola di Rienzo über die Bauernkriege zur Englischen, Amerikanischen und Französischen Revolution. Antike Implikate enthalten ebenso Nationalismus, Imperialismus, Kolonialismus, Kommunismus und Faschismus. Alle Richtungen haben sich aus der Antike bedient.

Die Antike war die Schule Europas. Wie in jeder Schule gab und gibt es Lehrer und Schüler unterschiedlicher Begabung. Daran zu erinnern mahnt nicht zuletzt Jakob Grimm in der Schrift über seine Entlassung 1837 mit den Göttinger Sieben: „In seiner noch größeren Einfachheit und Abschließung hat das Altertum vollendetere Einrichtungen aufzuweisen, deren Erfolge in der Geschichte verzeichnet stehn, dem menschlichen Geschlecht zu unverrinnender Erquickung, nicht zu unbesonnener Nachahmung."

Gerhard Dohrn-van Rossum

Staatsformen im Mittelalter

1. Einleitung

Politische Ordnungen sind im Mittelalter nicht zum Gegenstand selbstständiger Theorien geworden. Das Wort „Politik" taucht erst mit dem Einsetzen der Aristotelesrezeption in der Mitte des 13. Jahrhunderts auf. Fragen der Herrschaft wie übrigens auch der Staat als auf ein Territorium bezogenes institutionelles Gefüge kommen nicht vor dem Späten Mittelalter und auch dann nur in Ansätzen in den Blick. Man hat die politischen Gemeinschaften des Frühen und Hohen Mittelalters als „Personenverbände" gekennzeichnet, um hervorzuheben, dass die Herrscher Volk und Staat nicht nur repräsentierten, sondern als mit ihnen nahezu identisch angesehen wurden. Das Königshaus galt daher als Zentrum der politischen Ordnung. Das Volk unter einem König war immer auch Teil einer weit umfassenderen Ordnung, der Gemeinschaft der Christen, die sich im Mittelalter als spirituelle wie institutionelle Kirche organisierte. Die Gemeinschaft der Kirche wurde so einerseits zum Modell jeglicher Gemeinschaft; andererseits bestanden politische, juristische und institutionelle Formen politischer Gemeinschaften der Vergangenheit wie der Gegenwart. Deutlichere Unterscheidungen von politischer und religiöser Sphäre wurden erst im Späten Mittelalter entwickelt. Politische Herrschaft (Regnum) und geistliche Herrschaft (Sacerdotium) blieben stets auf die umfassende Gemeinschaft der Gesamtkirche (Ecclesia) bezogen. Die Ecclesia wurde als Leib Christi („corpus Christi") verstanden und alle Gemeinschaften wie Individuen als Glieder dieses Leibes. Aus dem metaphorischen Gebrauch des Begriffs „corpus" ergab sich die Plausibilität der schon in der Antike geläufigen politischen Organismusmetapher. Mit ihrer Hilfe ließen sich bis in die Moderne Subordinationsverhältnisse, funktionale soziale Differenzierung und die Notwendigkeit einträglichen Zusammenwirkens zwischen Regierenden und Regierten in unzähligen Varianten anschaulich machen.[1]

Grundlagen aller politischen Reflexion im Mittelalter waren unbestritten das geoffenbarte Wort Gottes sowie die historischen Berichte des Alten Testaments. Nach mittelalterlicher Auffassung ging aus der biblischen Tradition eindeutig der göttliche Ursprung der weltlichen politischen Gewalt hervor, in erster Linie das Königtum aus göttlicher Gnade. Aus Zeugnissen des Alten und Neuen Testaments wurde geschlossen, dass Gott als König der Könige über die

1 Vgl. Gerhard Dohrn-van Rossum: Organ, Organismus, Organisation, politischer Körper, in: Otto Brunner u.a. (Hrsg.): Geschichtliche Grundbegriffe, Bd. 4, Stuttgart 1978, S. 519–560.

irdischen Reiche mittels des irdischen Königtums verfüge. Das Alte Testament bot vor allem in den Gestalten von Priesterkönigen wie Melchisedek, Saul, David und Salomo ständig reaktivierte Modelle eines Königtums, das durch Salbung göttlich designiert und durch Akklamation öffentlich legitimiert war. Die Könige des Alten Testaments schufen kein Recht, sie waren vielmehr gebunden an das göttliche Recht, das mit Hilfe der Priester ausgelegt und von diesen als Richter exekutiert wurde. In der nachbiblischen Zeit waren es vor allem die Briefe des Apostels Paulus, in denen sich die für das Mittelalter bedeutsamsten Aussagen zu den sozialen Ordnungen und zum Verhältnis der Christen zur politischen Ordnung des Römischen Reiches fanden.

Das Neue Testament enthält nur wenige Sätze zur politischen Ordnung, aber jedes einzelne Wort war in der Auslegungsgeschichte des folgenden Jahrtausends von größter Bedeutung. Jedwede Herrschaft und jede Herrschaftsordnung beruhten nach Paulus auf göttlicher Einsetzung, Herrschaft stand in göttlichem Dienst (Ministerium) und daher schuldeten ihr Christen Gehorsam sowie Beteiligung an den staatlichen Lasten (Mt 22,21). Staatliche Strafgewalt vollstreckte einen göttlichen Auftrag, Widerstand dagegen verstieß gegen die göttliche Ordnung (Röm 13, 1–7; 1 Petr 2, 13–14). Gute Herrscher vollzogen Gottes Absichten, und auch schlechte und ungerechte Herrscher regierten mit Gottes Zustimmung, denn sie waren nach dem Willen des zornigen Gottes den Menschen zur Strafe geschickt. Aktive Teilnahme am öffentlichen Leben jedoch war von Christen wegen der Vorläufigkeit aller irdischen Ordnung und der Erwartung des nahen Endgerichts nicht gefordert. Gegen das Pauluswort ließ sich Widerstand gegen ungerechte oder Gottes Geboten zuwiderlaufende Anordnungen der Obrigkeit ausnahmsweise mit dem Petruswort, dass man Gott mehr gehorchen müsse als den Menschen (Apg 5, 29), rechtfertigen.

Die Distanz zur politischen Ordnung wurde – soweit von Christen kein „Götzendienst“ gefordert war – in der christlichen Apologetik geringer. Die Ankunft des Erlösers Christus unter der Herrschaft des Augustus verlieh bei Origines (ca. 185–254) dem Römischen Imperium Bedeutung für die christliche Heilsgeschichte. Tertullian (ca. 160–225), ein Jurist aus der Provinz Afrika, betonte die Distanz der Christen zum römischen Staat, erklärte aber, der Fortbestand des Imperiums hielte das erwartete Endgericht auf. Nach dem Bekenntnis des Kaisers Konstantin zum Christentum wurde aus einer erlaubten Religion eine – ab 394 exklusive – Staatsreligion. Eusebius († 339/40) feierte die jetzt absehbare Einheit von staatlicher und christlicher Weltfriedensordnung. Erst im christlichen Kaiserreich tauchte die Frage nach dem Verhältnis von politischer Herrschaft und Leitung der Kirche auf. In der Auslegung der kargen Aussagen der biblischen Schriften entwarfen dann die Kirchenväter unter selektiver Einbeziehung der klassisch-antiken Überlieferung ein detailliertes Bild vom Ursprung und von der Form der menschlichen Gesellschaft sowie von den Normen des Lebens in den politischen und kirchlichen Gemeinschaften.

2. Frühmittelalterliche Grundlagen: Augustinus

Augustinus (354-430), Bischof im nordafrikanischen Hippo, forderte von der staatlichen Gewalt die Herstellung nicht nur von Frieden und Ordnung, sondern auch die Sicherung der Glaubenseinheit einschließlich des Eingreifens gegen religiöse Häretiker. Er teilte zunächst die optimistischen Hoffnungen der Apologeten und mancher Kirchenväter an den providentiellen Zusammenhang von Römischem Imperium und universalem Christentum, aber nach der Eroberung Roms durch die Westgoten im Jahr 410 gab er die Hoffnung auf ein christliches Imperium auf. Für ihn war das römische Weltreich jetzt nicht mehr von Gott und die römische Weltherrschaft nicht ein Reich der Gerechtigkeit. „De civitate Dei" (413–427) ist eine umfangreiche Verteidigung des Christentums gegen den Vorwurf, der Abfall von den alten Göttern sei die Ursache für den Untergang des römischen Staates. Darin entwickelte Augustinus die Lehre von den beiden Staaten: Auf der einen Seite die für die Nachkommen Adams und Evas gottgeschaffene „civitas Dei" („civitas caelestis", „civitas aeterna"), die zugleich als Vereinigung Christi mit den Erwählten und eschatologisch als Kirche der in Gottesliebe vereinten Bürger des Gottesstaates gedacht ist. Ihr gegenüber steht die „civitas terrena" („civitas diaboli") als Gemeinschaft der in Selbstliebe und Herrschsucht Vereinten und zu ewiger Verdammnis Verurteilten. Bis zum Jüngsten Gericht bleiben beide Reiche im irdischen Staat vermischt. Auch die sichtbare Kirche besteht aus Gerechten bzw. Erwählten und Ungerechten („corpus permixtum"). Christen sehen sich als Pilger in einem mit der Geschichte vorübergehenden politischen Gebilde, und im Hinblick auf das ewige Heil bleiben ihnen politische Ordnungen gleichgültig. Der konkrete geschichtliche Staat, in mancher Hinsicht nach dem Modell der Civitas Dei geformt, hat den Frieden zu sichern und Ordnung zu bewahren und insofern ist seinen Gesetzen zu gehorchen. Die Civitas Dei ist zu einem Schlüsselbegriff der abendländischen Theologie und Geschichtsphilosophie geworden. Im Mittelalter treten die eschatologischen Aspekte zurück, und die Civitas Dei wird vielfach mit der Papstkirche identifiziert. Erst in Luthers Zwei-Reiche-Lehre rückt der Endzeitbezug wieder ins Zentrum.

Die soziale Ordnung, die jeder Herrscher zu erhalten hat, war für Augustinus nach platonischem Vorbild zunächst Abbild der göttlichen Ordnung. Danach soll der Herrscher diese Ordnung erhalten und das gute und tugendhafte Leben der Bürger befördern. In „De civitate Dei" entwarf er dann die Lehre von der ursprünglichen Freiheit und Gleichheit unter den Menschen. Erst durch den Sündenfall waren Herrschaft und Knechtschaft entstanden – eine für die politische Theorie bis ins Hochmittelalter zentrale Annahme, auf die sich auch immer wieder Gleichheitsvorstellungen für die irdische Gegenwart stützen konnten. Im unschuldigen Urzustand hatten Menschen demnach nur über die vernunftlosen Tiere geherrscht und daher erstreckte sich die Herrschaft über Menschen auch nur über deren körperliches Dasein. Diesen folgenreichen psychologisch-anthropologischen Dualismus fasst Augustinus in die Worte: „Daher sind die ersten Gerechten eher als Hirten über Tiere, denn als Könige über Menschen eingesetzt worden."[2] Politische Herrschaft sei begründet in der Notwendigkeit, die in Folge des Sündenfalls entstehende Unordnung und den Streit unter den Menschen zu steuern. Ihr Zweck sei nicht das gute oder glückliche Leben, sondern ein auskömmliches und sicheres Dasein in Frieden zu gewährleisten. Aus Augustinus' Ordnungsvorstellung als Verteilung gleicher und ungleicher Dinge auf den jeweils gebührenden Platz ergibt sich die Auffassung von der Unveränderlichkeit der Stände und Berufe, die alle gemeinsam eine Funktion für das politische „Ganze" haben. Friede in beiden Reichen ist ein Zustand ruhiger und geordneter Eintracht („ordinata concordia").

Im spanischen Westgotenreich folgt der Bischof Isidor von Sevilla (ca. 560-636) Augustinus darin, dass er eine naturhafte soziale Veranlagung der Menschen annimmt, gemäß der die Völker durch Übereinstimmung im Recht und gemeinsame Interessen gebildet werden. Vom Ziel eines auf Rom als Zentrum ausgerichteten Weltreichs ist jetzt indes keine Rede mehr. Das Amt des Königs begründet Isidor etymologisch, indem er „rex" von „regere" (lenken, leiten) ableitet und dies als „recte agere" (richtig handeln) erklärt (Nomentheorie). Die in Spanien schon im 7. Jahrhundert geübte Salbung des Herrschers, die meist aus der von David beauftragten Salbung Salomos begründet wurde (1 Könige 34), dürfte von Isidor mit inspiriert worden sein. Aus den christlichen Reflexionen über den Ursprung der politischen Gewalt aus der Erbsünde wird bei Isidor eine Herrscherethik. Der König steht unter einem höheren objektiven Gesetz der Gerechtigkeit, Frömmigkeit und Nächstenliebe, das er in seinem persönlichen Handeln wie seinem Bemühen um Besserung seiner Untertanen zu befolgen hat, das aber keine Herrschaft über die Kirche begründet.

3. Monarchische Herrschaft

3.1. Gottesgnadentum

Das frühmittelalterliche Königtum hat sich in der Zeit der Völkerwanderung in den germanischen Nachfolgereichen in unterschiedlichen Formen aus einem Heerkönigtum mit Elementen eines älteren Sakralkönigtums entwickelt. Zum Heerkönigtum gehören die Schilderhebung als Ritual der Anerkennung und Unterordnung, zu den sakralen Elementen zählen Vorstellungen von Geblütsheiligkeit (Königsheil), vom königlichen Haus als Brüdergemeinschaft und von der Mitwirkung einer Führungsgruppe („nobilitas"), aus der Könige rekrutiert werden. Sowohl Erbrecht als auch Designation kamen in verschiedenen Formen vor. Die Konsolidierung der germanischen Reiche auf dem Boden des ehemaligen Imperiums veränderte Selbstverständnis und Präsentation des Königtums, das jetzt den Titel „rex" meist mit einer Gentilbezeichnung führte.

2 Aurelius Augustinus: Der Gottesstaat. De civitate Dei (lat./dt.), 2 Bde., in deutscher Sprache von Carl Johann Perl (Deutsche Augustinusausgabe), Paderborn 1979, XIX, 15, Bd. 2, S. 481.

Die Herrschaft über die überwiegend romanische Bevölkerung, die Beziehungen zum oströmischen Kaisertum und das Verhältnis der durchweg arianischen Reiche zu Rom wirkten sich dabei in unterschiedlichem Maße aus.

Im spanischen Westgotenreich wurde zu Beginn des 7. Jahrhunderts nicht nur die Salbung des Königs üblich, sondern auch eine ausgeprägte Königsideologie entwickelt mit der Bindung der Herrschaftspraxis an die „utilitas publica", an Tugendmaximen („pietas", „iustitia") und an das Verständnis von königlicher Herrschaft als eines an die Gesetze gebundenen Amtes („ministerium"). In der Spätzeit des Langobardenreichs kam es nach der Katholisierung zur Artikulation eines christlichen Herscherideals durch die Verwendung der Dei-gratia-Formel, durch Salbung und durch ein an byzantinischem Gebrauch angelehntes Zeremoniell (Krönung mit Krone, Thronsetzung, Einkleidung). Auch bei den Franken führte die Benutzung von Königsthron und Königskronen zur Verchristlichung und Objektivierung der Monarchie. Nachdem die Konflikte der fränkischen Merowinger mit dem Adel zu ihrer Absetzung geführt hatten, wurden bei der Erhebung des Hausmeiers Pippin d. J. 751 angesichts möglicher Einwände wegen fehlenden Geblütscharismas mit Unterstützung des Papstes neue Grundlagen der Legitimität geschaffen. Spätantike Idoneitätsvorstellung, patristische Nomentheorie, augustinische Ordokonzeption, Königssalbung und Verwendung der Dei-gratia-Formel weisen die Richtung auf ein Gottesgnadentum, das unter Karl dem Großen zu voller Entfaltung kam.[3]

3.2. Kaisertum

Das mittelalterliche Kaisertum steht in der Tradition des spätantiken Imperium Romanum (Titel: Imperator; Herrschaft über Menschen und Territorium: Imperium; „Kaiser" in den germanischen Sprachen abgeleitet von „Caesar"), das sich unmittelbar nur im oströmischen Reich fortsetzte. Der Basileus in Byzanz war im Frühmittelalter der einzige Kaiser und verstand sich als Repräsentant des ganzen Imperiums. Erst die Verbindung zwischen Papsttum und fränkischen Karolingern ab der Mitte des 8. Jahrhunderts führte zur Wiedererrichtung des westlichen Kaisertums mit der Krönung Karls des Großen in Rom im Jahr 800, die in zeremonieller Hinsicht der Papsterhebung mit anschließender Akklamation der Römer nach byzantinischem Vorbild folgte. Das aus der Krönung erwachsene „Zweikaiserproblem" hatte Auseinandersetzungen mit Byzanz zur Folge und fand erst 812 eine diplomatische Lösung durch gegenseitige Anerkennung, die aber nur dem Basileus den Titel eines „imperator Romanorum" zugestand. In der Folgezeit war das Kaisertum unter wechselnden Trägern an die Herrschaft über Italien gebunden, bis es 924 mit dem Tode Berengars I. zunächst erlosch.

Das mittelalterliche Kaisertum war eine Synthese aus der antiken Tradition, der Idee eines christlichen Weltreiches, dem Anspruch eines hegemonialen („impe-

3 Vgl. Hans Hubert Anton: Artikel „König, Königtum", in: Lexikon des Mittelalters, Bd. 5, München 1991, Sp. 1298–1305.

rialen") Königtums als Herrschaft über mehrere Reiche, der besonderen Verpflichtung zum Schutz der römischen Kirche sowie des Gedankens der Verleihung einer sakralen Würde durch die Päpste. Anders als in Byzanz war der westliche Kaiser aber nicht Oberhaupt der Kirche. Das Reich bildete demnach eine religiöse und politische Einheit (imperium Romanum, imperium Christianum, imperium mundi) und galt insoweit als universal. Das Kaisertum stand für viele in der Tradition der vier Weltreiche an letzter Stelle und gewann von hier aus eine heilsgeschichtliche Bedeutung als Teil der Weltordnung bis hin zum Gedanken eines Endkaisers als Gegenspieler des Antichrist. Faktisch bedeutete das Kaisertum gegenüber dem Königsrecht keine innere Machterweiterung und beinhaltete keine Eingriffsrechte in die Souveränität der anderen, vor allem nicht der westlichen Königreiche.[4]

3.3. Herrscherethik: Karolingische Fürstenspiegel

Spätantike und frühmittelalterliche Auffassungen vom Wesen des Königtums bildeten die Grundlage für das Selbstverständnis der fränkischen und insbesondere der karolingischen Herrscher.[5] Ihr Verhalten und ihre politische Praxis sollten ethischen Postulaten entsprechen und vor allem in Mahnschreiben (Litterae exhortatoriae) und Fürstenspiegeln wird in diesem Sinne eine besondere Herrscherethik fassbar. Diese Texte enthalten zudem staats- und gesellschaftstheoretische Reflexionen. Als Handreichungen für die Amtsführung sind den Fürstenspiegeln der alttestamentlich geprägte Exemplumgedanke, spezielle Lehren von den Königtugenden („iustitia" oder „aequitas" und „pietas") sowie die Vorstellung vom König als „minister", „imago" und „vicarius Dei" gemeinsam.

Der fließende Übergang zwischen den Mahnschreiben und den Fürstenspiegeln kommt besonders bei dem Leiter der Hofschule und Berater Karls des Großen, dem Angelsachsen Alkuin (ca. 730–804), zum Ausdruck. Seine aus verschiedenen Traditionen gespeiste Herrscherethik sieht er in Karl dem Großen vorbildlich realisiert. Alkuin empfindet die Tätigkeit Karls als Verwirklichung der Correctio, der Zurechtweisung der Untertanen gemäß der „norma rectitudinis", dem großen Ziel der karolingischen Bildungs- und Kirchenreform. Diese Leitlinie herrscherlichen Wirkens formuliert er nun gegenüber den angelsächsischen Königen und den Söhnen Karls des Großen. Er erinnert sie, dass sie von Gott zu Rectores des christlichen Volkes bestellt seien, den Priestern allerdings Gehorsam schuldeten.

Durch die Kapitulariengesetzgebung, durch Einberufung und Leitung von Synoden, durch Sanktionierung ihrer Beschlüsse sowie durch Bischofseinsetzungen hat Karl der Große vielfach und richtungweisend in die inneren und äußeren Verhältnisse der Kirche und sogar in Glaubensfragen eingegriffen.

4 Vgl. Hans-Werner Goetz: Artikel „Kaiser, Kaisertum", in: ebd., Sp. 851–853.
5 Zu diesem Abschnitt siehe Hans Hubert Anton: Fürstenspiegel und Herrscherethos in der Karolingerzeit, Bonn 1968 und ders.: Artikel „Fürstenspiegel", in: Lexikon des Mittelalters, Bd. 4, München 1989, Sp. 1040–1044.

Die Kirche im Frankenreich hatte daher Züge einer Staatskirche, und die Frage nach dem Verhältnis von politischer und kirchlicher Gewalt stellte sich zunächst kaum in deutlicher Form. Der Herrscher wurde als Leiter und Beschützer, „rector et defensor“, nicht aber als ein Oberhaupt der Kirche gesehen. Die auch von Hoftheologen geförderte Stilisierung der Königsherrschaft entlang alttestamentlich-theokratischer Vorbilder (Josua, Moses, David) zeigt sich bis weit in die ottonisch-salische Zeit in offiziösen Bildzeugnissen, die den Herrscher als von Gott berufenen Propheten, Priester, Richter und Gesetzgeber abbilden.[6]

Der erste voll ausgearbeitete karolingische Fürstenspiegel ist die „Via regia“ des Smaragdus v. Saint-Mihiel, geschrieben 811/814 für Ludwig den Frommen, damals fränkischer Unterkönig von Aquitanien. Neben konventionellen Ausführungen zu den Herrschertugenden bietet diese Schrift eine Charakterisierung des gesalbten Königs als „vicarius Christi“ in Abhebung von der älteren „vicarius Dei“-Vorstellung und eine Kennzeichnung des Herrschertums als von Gott verliehenes „ministerium“, wirksam als strafende, züchtigende und bessernde Instanz.[7]

Ludwig der Fromme hat sein Amt dann ausdrücklich als ein solches Ministerium beschrieben, das teilweise den weltlichen und geistlichen Großen übertragen sei. Im Amt des Kaisers erschienen weltliche und kirchliche Aufgaben noch als Einheit, und diese wurde institutionell verstärkt durch die unter ihm gestraffte Entwicklung der Reichskirche mittels Bindung der Klöster und Bistümer an das Königtum. Gegen die Vereinnahmung kirchlicher Autonomie auch in rechtlicher Hinsicht erhoben sich jetzt erste Stimmen. Der Abt Wala von Corbie († 830), ein Vetter und Berater Karls des Großen, legte auf einer Reichsversammlung 828 einen Reformplan vor, der die Einheit des Reiches in der Ecclesia postuliert und darin nebeneinander den „Ordo disciplinae“ und den „Status rei publicae“ mit je eigenen Aufgaben voneinander abgrenzt. In der Konsequenz warnte Wala den Kaiser vor Eingriffen in das Kirchengut und vor der willkürlichen Vergabe von Bistümern und Klöstern. Kirchliche Aufgabe sei nicht nur Predigt-, Gebets- und Sakramentsverwaltung, vielmehr gehöre das Kirchengut der geistlichen und institutionell-rechtlichen Res publica an, an deren Spitze Christus als König stehe.

In seinem kurzen Fürstenspiegel forderte Wala die Nichteinmischung in die geistliche Sphäre. Diese Fragen sind auf mehreren Reformsynoden behandelt worden, aber nur die Akten der Pariser Synode sind erhalten. Ihr Redaktor war

6 Vgl. Ernst H. Kantorowicz: Laudes regiae. A Study in Liturgical Acclamations and Mediaeval Ruler Worship, Berkeley 1946; Johannes Fried: Otto III. und Boleslaw Chrobry. Das Widmungsbild des Aachener Evangeliars, der „Akt von Gnesen“ und das frühe polnische und ungarische Königtum, 2. Aufl., Wiesbaden 2001; Ludger Körntgen: Königsherrschaft und Gottes Gnade. Zu Kontext und Bedeutung sakraler Vorstellungen in Historiographie und Bildzeugnissen der ottonisch-frühsalischen Zeit, Berlin 2001.

7 Vgl. Otto Eberhardt: Via Regia. Der Fürstenspiegel Smaragds von St. Mihiel und seine literarische Gattung, München 1977.

der Bischof Jonas von Orléans († 842/43), ein Berater des Königs Pippin von Aquitanien. Auf der Synode führten die Bischöfe aus, dass die heilige Kirche ein Corpus unter Jesus Christus bilde, das unter zwei „eximie personae", der priesterlichen und der königlichen Gewalt, aufgeteilt sei. Unter ausdrücklichem Rückgriff auf die Zwei-Gewalten-Lehre des Gelasius († 492) wird gegen Eingriffe des Herrschers in die kirchliche Besitz- und Rechtssphäre und gegen die vielfältigen amtsfremden Pflichten und Leistungen protestiert. Die Bischöfe fordern also eine „Libertas episcopalis" in freilich noch bescheidenem Umfang. In einem zweiten Buch wenden sie sich der „persona regalis" zu und entwerfen einen komprimierten Fürstenspiegel. Nach der Nomentheorie Isidors soll der König zunächst sich selbst, dann sein Haus und schließlich sein Volk lenken. Sein „ministerium" besteht in der Regierung mit Aequitas und Iustitia, in der Sorge für Pax und Iustitia und im Schutz der Armen. Das Amtskönigtum wird von Gott übertragen, und daher wenden sich die Bischöfe gegen das Geblütsrecht. Aus den Akten des Pariser Konzils hat Jonas dann um 831 seinen Fürstenspiegel „De institutione regia" zusammengestellt. Die Auffassung von der Einheit und Unterschiedlichkeit der beiden Gewalten ist hier schärfer formuliert und die höhere Würde des mit der Sorge für das Seelenheil befassten Sacerdotiums betont, ohne dass man schon eine hierokratische Interpretation der Zwei-Gewalten-Lehre herauslesen darf.[8]

Wie kein anderer war der gelehrte Erzbischof Hinkmar von Reims (806–882) an der Formulierung der politischen und kirchlichen Konzepte im westfränkischen Reich beteiligt. Nach dem Tode Ludwigs des Frommen unterstützte er 840 dessen jungen Sohn Karl als Nachfolger gegen die Ansprüche Kaiser Lothars, wobei ihm seine Kenntnisse des Kirchenrechts zustatten kamen. Als einflussreichster Berater Karls des Kahlen und der nachfolgenden westfränkischen Könige unterstützte Hinkmar sie gegen die Ansprüche der anderen fränkischen Herrscher in der Festigung des theokratischen Königtums und in der Zurückdrängung des Einflusses der Laienaristokratie. Neben theologischen Lehrschriften, Rechtsgutachten, historischen Werken, Heiligenviten und zahlreichen Briefen verfasste er paränetisch-zeitkritische Werke, die wiederholt die königliche Amtsführung und die Zwei-Gewalten-Lehre behandeln. Sein stark von Jonas von Orléans abhängiger Fürstenspiegel „De regis persona et regio ministerio" (um 873) zeigt das Bewusstsein von der Unterscheidung von Person und Amt. Für den neuen König Ludwig verfasste er 877 das kleine Werk „Novi regis instructio ad rectam regni administrationem". In „De ordine palatii" 882 wird vor der Beschreibung der Hofverwaltung das Verhältnis der beiden Gewalten zueinander behandelt, getrennt nach den Pflichten des Bischofs und des Herrschers. Beide sollen an das Gesetz gebunden und der Herrscher verpflichtet sein, gute Berater auszuwählen.

Für Hinkmar ist die irdische Gewalt des Königs von Gott verliehen: Gott hat im Himmel wie auf Erden voneinander geschiedene „ordines" innerhalb des

8 Vgl. Jean Reviron: Jonas d'Orléans et son „De institutione regia". Les idées politico-religieuses d'un évêque du IXe siècle. Étude et texte critique par Jean Reviron, Paris 1930.

einen „corpus“ der Kirche geschaffen. Die sozialen Stände sollen in Harmonie und in gegenseitiger Ergänzung miteinander leben. Der aus menschlicher Sündhaftigkeit erwachsene Zustand ursprünglicher Gleichheit wird abgelöst durch Unordnung und Ungleichheit, die wiederum Herrschaft von Menschen über Menschen hervorbringen, welcher dann Gott das Herrscheramt entgegensetzt. Könige sind Werkzeuge in seiner Hand. Zu den vornehmsten Aufgaben des Königs als Stellvertreter Gottes gehört neben der Wahrung von Frieden und Gerechtigkeit der Schutz der Kirche und des Kirchenguts. Nach Gelasius ergibt sich aus der höheren Verantwortlichkeit die Höherwertigkeit des geistlichen Ministeriums, das sich auf die „divina“ bezieht, gegenüber dem königlichen, lediglich auf die „humana“ bezogenen Amt. Der irdische Herrscher steht auf der Stufe eines der geistlichen Korrektionsgewalt unterworfenen Laien. Auch die Salbung des Königs durch geistliche Hände verweist auf diesen Vorrang. Eine Reichssynode kann den König aber bei schweren Verfehlungen auch absetzen, ebenso wie gesalbte Bischöfe absetzbar sind. Mehrere Krönungsordines, bei denen die Salbung durch einen Bischof eine große Rolle spielt, gehen ganz oder teilweise auf Hinkmar zurück, darunter der Ordo für die Krönung Karls des Kahlen zum König von Lothringen 869 und der für die Krönung Ludwigs II. des Stammlers 877.[9]

3.4. Königtum und Kaisertum bis zum Investiturstreit

Das Königtum im entstehenden Reich der Ottonen und Salier wahrte hinsichtlich der theokratischen Auffassung seiner Dignität, wie sie sich in gesteigerter Form in den Krönungsordines und in der Herrscherikonographie zeigt, die Kontinuität zur spätkarolingischen Zeit, setzte aber mit der Durchsetzung des Prinzips der Unteilbarkeit des Reiches auch neue Akzente. Der Wahlgedanke gewann gegenüber dem dynastischen Erbrecht, als dessen Ausfluss die immer häufigeren Mitkönigserhebungen zu sehen sind, unter Heinrich II. (1002–1024) und Konrad II. (1024–1039) stärkere und bleibende Bedeutung. Die Kaiserkrönung Ottos I. 962 beruhte auf einem „imperialen“ Königtum, das sich durch den Sieg über die Ungarn auf dem Lechfeld 955 ausgewiesen hatte. Der sächsische Mönch Widukind von Corvey (ca. 925–973) übergeht in seiner um 968 verfassten Sachsengeschichte die päpstliche Kaiserkrönung in Rom und betont den imperialen Charakter der Herrschaft Ottos über eine Vielzahl von Völkern des christlichen Europa. Militärische und missionarische Erfolge, besonders aber die Akklamation des Königs durch das Heer beim Ungarnsieg als Vater des Vaterlandes und Kaiser („pater patriae imperatorque“), verdrängen in der ottonischen Selbstdarstellung die römische Krönung.[10] Das Gottesgnadentum wird durch den Schlachtensegen bewiesen.

9 Vgl. L. Nelson, Kingship, law and liturgy in the political thought of Hincmar of Reims, in: English Historical Review, 92 (1977), S. 241–279.

10 Widukinds Sachsengeschichte c. 39, hrsg. v. Albert Bauer u. Reinhold Rau in: Quellen zur Geschichte der sächsischen Kaiserzeit (= Freiherr-vom-Stein-Gedächtnisausgabe, Bd. 8), Darmstadt 1977, S. 76 f.; vgl. Tilman Struve: Regnum und Sacerdotium, in: Iring Fetscher/Herfried Münkler (Hrsg.): Pipers Handbuch der politischen Ideen, Bd. 2, Mittelalter: Von den Anfängen bis zur Reformation, München 1993, S. 189–242.

Die Absorption des Königtums durch ein universal verstandenes Kaisertum erscheint noch gesteigert bei Otto III. (983–1002) mit seinem Konzept der „Renovatio imperii Romanorum“, das eine gemeinsame Regierung von Kaiser und Papst in Rom vorsah. Mit der Vertreibung des Kaisers aus Rom 1001 war diese Politik gescheitert. Die Nachfolger Ottos III. suchten den Schwerpunkt des Imperiums nicht mehr in Rom, erhielten aber den Anspruch des Kaisers auf die Führung der Christenheit und auf Eingriffe in römische Angelegenheiten aufrecht. Heinrich III. (1039–1056) hat 1046 drei konkurrierende Päpste absetzen lassen und einen neuen Papst designiert.

Auch nach dem Scheitern Ottos III. blieb der Gedanke eines auf dem deutschen Königtum gegründeten Kaisertums lebendig. Der Dichter und Geschichtsschreiber Wipo († ca. 1046) war Mitglied der Hofkapelle Konrads II. und Heinrichs III. Für den jungen Thronfolger Heinrich verfasste er 1028 eine Sammlung von Sinnsprüchen nach Art eines Fürstenspiegels („Proverbia“). Sein Herrschaftsverständnis war theokratisch. Herrscher galten ihm als Stellvertreter Gottes auf Erden, irdische Herrschaft erschien ihm als Nachahmung des göttlichen Waltens im Kosmos. Unter den irdischen Herrschern aber kam dem Kaiser die Führungsrolle eines „Hauptes“ („caput mundi“) zu. Möglicherweise war Wipo der Verfasser der erstmals auf einer kaiserlichen Bulle von 1033 begegnenden, den universellen Anspruch des Kaisertums markierenden Devise „Roma caput mundi regit orbis frena rotundi“. Im Rückgriff auf die antike Arzt- und Schiffsmetapher für das Gemeinwesen kündigte sich hier eine von der Person des Herrschers losgelöste, transpersonale Staatsvorstellung an, „Si rex periit, regnum remansit“. Von größter Bedeutung für das mittelalterliche Rechtsverständnis war die hieraus abgeleitete Folgerung, dass der Staat auch über den Tod des Herrschers hinaus Bestand habe.[11]

In Frankreich gelang dem Königtum im 9. und 10. Jahrhundert die Festigung der nun unteilbaren „Francia occidentalis“, während gleichzeitig der Grundsatz der Erblichkeit des Königtums durch den Wahlgedanken zurückgedrängt wurde. Diese Entwicklung ging einher mit der Konsolidierung der Macht der Bischöfe und weltlichen Fürsten, die bemüht waren, der monarchischen Gewalt eine kontraktuelle Grundlage zu geben. Der Abt Abbo von Fleury († 1004) hat im Kapitel „De ministerio regis“ seiner „Collectio canonum“ (991–993) das seit 987 kapetingische Königtum zur einzigen legitimen politischen Institution des Landes erklärt und – nach karolingischem Vorbild – dem König die Aufgaben der Rechtswahrung, des Schutzes der Schwachen und der Regelung der politischen Angelegenheiten des Königreiches mit Rat und Hilfe der Großen zugewiesen. Für ihn wie für Erzbischof Adalbero von Reims († 989), der den Aufstieg Hugo Capets gefördert und ihn gekrönt hatte, war das Königtum eine Würde, die durch Wahl dem Besten und Fähigsten zuerkannt werden solle (Idoneitätsprinzip). Die Domäne der Kapetinger war beschränkt auf das Gebiet um Orléans, Sens, Paris und Senlis, und die Beziehungen zu den

11 Wipo, Gesta Chuonradi II. Imperatoris, in: Quellen des 9. und 11. Jahrhunderts zur Geschichte der Hamburgischen Kirche und des Reiches, hrsg. v. Werner Trillmich (= Freiherr-vom-Stein-Gedächtnisausgabe, Bd. 11), Berlin 1961, c. 4, c. 7, c. 40, S. 522 ff.

Großen des Reichs wurden auf der Grundlage von Gleichheit und einer besonderen Treueverbindung gestaltet. Das üblicherweise in Reims durchgeführte Krönungszeremoniell verlieh dem Königtum seinen charismatischen Charakter. Die französischen Könige vermochten jedoch durch Designation und Weihe des Sohnes zu Lebzeiten den Wahlgedanken allmählich zurückzudrängen und die Vorstellung einer dynastisch vererbten Königswürde zu fördern.

König Wilhelm I. (der Eroberer) gründete in England nach der normannischen Eroberung 1066 seine Herrschaft über das angelsächsische Reich, u. a. auf seine Verwandtschaft mit Eduard dem Bekenner, eine Designation durch diesen, die Königsweihe, aber auch auf das Recht der Eroberung. Die verschiedenen „Rechtstitel« wurden zum Aufbau einer starken Monarchie genutzt. Der gesamte Boden blieb Eigentum der Krone, die ihn zum größten Teil an Vasallen ausgab. Die Stellung des Königs beruhte auf einer theokratischen und einer feudalen Komponente. Er war oberster Lehnsherr, und als Stellvertreter Christi bzw. Herrscher von Gottes Gnaden war er seinem Anspruch nach alleiniger Wahrer des Friedens („king's peace"). Er agierte damit letztlich als unbeschränkter, wenn auch durch den Krönungseid an das Recht gebundener Gesetzgeber. Der gesalbte Herrscher galt als unverletzlich und nicht zu richten. Die Thronfolge fußte in England auf erb- und geblütsrechtlichen Vorstellungen und weniger auf einem Wahlrecht des Adels.[12]

4. Päpstliche Herrschaft

4.1. Primatsansprüche

Zu den Voraussetzungen der Kirchenreform des 11. Jahrhunderts gehörte die volle Ausbildung der zentralen Organisation der römischen Kirche unter dem Primat des Papstes. In einem jahrhundertelangen Prozess hatte sich der Vorrang des Bischofs von Rom als oberste Instanz in Fragen der Glaubenslehre, in der kirchlichen Gesetzgebung und Rechtsprechung durchsetzen lassen und unter den Karolingern hatte sich das Papsttum nach der Lösung von Byzanz als universale Institution der westlichen Christenheit dauerhaft etabliert. Nach Rückschlägen in der Folgezeit und nach dem endgültigen Schisma von 1054 gab die Reformbewegung einem monarchisch oder hierokratisch aufgefassten Papsttum wieder starke Impulse. Die Ausprägung einer entsprechenden Doktrin stützte sich auch auf die so genannte Konstantinische Schenkung („Constitutum Constantini"). Diese Fälschung hatte zum Zeitpunkt ihrer Entstehung im 8./9. Jahrhundert kaum eine Rolle gespielt, wurde jetzt aber für das Selbstverständnis des Papsttums zunehmend bedeutsam. Diese Texte besagen, dass Konstantin der Große im 4. Jahrhundert dem Papst Sylvester I. und seinen Nachfolgern aus Dank für seine Heilung und Bekehrung zeitgleich mit der Verlegung der

12 Vgl. Kurt Kluxen: Englische Verfassungsgeschichte – Mittelalter, Darmstadt 1987.

Hauptstadt in den Ostteil des Reiches nach Konstantinopel den Lateranpalast, Herrschaftsrechte über Rom und die Provinzen Italiens sowie kaiserliche Ehrenvorrechte, darunter das Recht Diadem, Szepter und Lanze zu benutzen, übertragen habe. Der Kaiser habe dem Papst auch Stratordienste (Steigbügelhilfe) geleistet und damit einen zeremoniellen Präzedenzfall für alle künftigen weltlichen Herrscher geschaffen.

Die „Schenkung" ist in eine andere Fälschung eingegangen, die pseudo-isidorischen Dekretalen, eine Sammlung mit gefälschten Rechtssätzen und Konzilsbeschlüssen zur Ausgestaltung der kirchlichen Hierarchie mittels einer übermächtigen päpstlichen Spitze und zur Abwehr weltlicher Eingriffsrechte. Diese Fälschungen lieferten jetzt vor allem für das Kirchenrecht, die Kanonistik, Argumente zur Begründung des päpstlichen Primats innerhalb der Gesamtkirche – zumal für die kaisergleiche Stellung des Papstes, für dessen weltliche Herrschaftsrechte und seinen Vorrang vor den anderen weltlichen Herrschern. Unter Hinweis auf den von Kaiser Konstantin dem Papst geleisteten Stratordienst konnte eine Unterordnung der weltlichen Herrschaft unter den Papst abgeleitet werden. Gemindert wurde die Eignung der Konstantinischen Schenkung zur Begründung kirchlicher Machtansprüche allerdings dadurch, dass danach die weltliche Herrschaft der Päpste historisch auf eine kaiserliche Verleihung zurückging.

4.2. Investiturstreit

Unter der Devise „Libertas ecclesiae" wollte die Reformbewegung des 11. Jahrhunderts die kirchliche Sphäre von allen politischen Einflüssen und ganz allgemein von Eingriffen der Laien freimachen und freihalten.[13] Unter dem Namen Simonie wurde der Ämterkauf in einem weiten Sinne energisch bekämpft. Zum Hauptstreitpunkt gerieten jedoch die Modalitäten der Einsetzung von Bischöfen und Reichsäbten (Investitur) in lehnsrechtlichen Formen mit Bischofsstab und Ring. Damit war vor allem das faktische Recht der Könige verbunden, über die hohen Kirchenämter frei zu verfügen.[14] Aus der Sicht des Königtums war das nicht nur ein Angriff auf ihre Kirchenherrschaft, auf eine personell und materiell wichtige Stütze des Königtums. Die von den Reformern vertretene Auffassung, gemäß der auch der König nur ein Laie war, stellte auch die sakralen Aspekte der Königsherrschaft generell in Frage. Dass der deutsche König mit seinem Anspruch auf das italische und das burgundische Königtum (ab 1033) und auf die mit der Kaiserwürde verbundene Schutzherrschaft über das Patrimonium Petri zum wichtigsten Gegner päpstlicher Reformpolitik – der Begriff Reform ist damals kaum benutzt worden – avancierte, stellte sich bald heraus. In Erzdiakon Hildebrand, 1073 tumultuarisch zum Papst Gregor VII. erhoben, stand dem König ein kompromissloser Kontrahent gegenüber. Im Herbst 1073 bezeichnete sich Heinrich IV. in

13 Eine knappe Übersicht bietet Werner Goez: Kirchenreform und Investiturstreit 910–1122, Stuttgart 2000.

14 Vgl. Stefan Beulertz: Das Verbot der Laieninvestitur im Investiturstreit, Hannover 1991.

einem Brief an Papst Gregor VII. als „rex Romanorum" und bekundete so seinen Anspruch auf das Kaisertum. Gregor reagierte seit Oktober 1074 in verschiedenen Schreiben mit der Bezeichnung Heinrichs als „rex Teutonicorum".

Solange der Gegensatz zwischen Kirchenreform und Reichsinteresse noch nicht sichtbar war, hatten die deutschen Könige und Kaiser die Reformkräfte gefördert. Der Konflikt begann mit der Übergehung des Zustimmungsrechts des deutschen Königs bei mehreren Papstwahlen und der Publizierung des Papstwahldekrets 1059, das den Kardinalbischöfen die Vorauswahl erlaubte, den deutschen König dagegen auf ein nachträgliches Konsensrecht beschränkte. Unter Gregor VII. (1073–1085), einem sehr entschiedenen Reformer, kam 1075 der „Dictatus papae" in das päpstliche Briefregister. Dabei handelt es sich um eine ungeordnete Sammlung von 27 älteren und neuen Leitsätzen, die in knapper und scharfer Form den Vorrang, die Herrschaftsrechte und die rituellen Ehrenvorrechte des Papstes und der römischen Kirche betonen. Danach darf nur der Papst neue Gesetze erlassen, steht nur ihm die Führung der kaiserlichen Insignien zu, kann nur er Kaiser absetzen und die Untertanen vom Treueid entbinden. Damit war die Diskussion um ein institutionelles Widerstandsrecht im weltlichen Bereich eröffnet. Anlass und Kontext der kaum zur Veröffentlichung bestimmten Texte sind umstritten. Sie haben im Kirchenrecht zunächst nur eine untergeordnete Rolle gespielt. Der „Dictatus papae" fand aber in der Neuzeit als Zeugnis für die überzogenen päpstlichen Herrschaftsansprüche über Kirche und Welt einige Beachtung.

Auf die gleichzeitig verkündeten Verbote jeglicher Laieninvestitur, die den Königen unter Bannandrohung jedes Recht der Bistumsverleihung entzogen, reagierte Heinrich, gestützt auf die deutschen romfeindlichen Bischöfe, mit der Absetzung des Papstes. Gregor antwortete mit dem Bann – ein unerhörter Vorgang –, von dem der König sich, auch unter Druck einer einheimischen Fürstenopposition, durch den Gang nach Canossa (Januar 1077) lösen konnte. Die deutschen Fürsten wählten Herzog Rudolf von Schwaben zum Gegenkönig, der sofort auf das Geblütsrecht bei der Königswahl verzichtete und die freie Bischofswahl mit königlicher Investitur nach der Wahl gewährte. Heinrich wurde im Jahr 1080 erneut gebannt, seine Untertanen wurden von ihrem Treueid entbunden – ebenfalls ein unerhörter Vorgang. Heinrich konnte dann aber Rom einnehmen und sich 1084 vom Gegenpapst Clemens III. (1080–1100) zum Kaiser krönen lassen. Auf der Synode von Clermont im November 1095 erging nicht nur der Aufruf zum Kreuzzug; Papst Urban II. (1088–1099) erneuerte auch das Verbot der Laieninvestitur und untersagte den Lehnseid („homagium") der Kleriker gegenüber dem König und anderen Laien. Nach dem Tod des Gegenpapstes und der erzwungenen Abdankung Heinrich IV. zugunsten seines Sohnes Heinrich V. (1106–1125) war das Konfliktpotential geschwunden, der Investiturstreit reduzierte sich auf die Investiturfrage.

Die Lösung des Investiturproblems war durch die begriffliche Scheidung zwischen geistlichem Amt („spiritualia") und den mit diesem verbundenen weltlichen Hoheitsrechten („temporalia"), für welche Bischof Ivo von Chartres

(† 1115/16) den theoretischen Weg gewiesen hatte, vorbereitet worden. Hiernach erstreckte sich die vom König vorgenommene Investitur lediglich auf die Güter und materiellen Rechte (Regalien) der Kirche. Während in Deutschland Heinrich V. noch hartnäckig an einem uneingeschränkten Investiturrecht festhielt, konnte auf dieser Basis der Investiturstreit in England (Konkordat von Westminster 1107) beigelegt werden. In Frankreich hatte der Streit nie eine solche Brisanz wie im Reich erlangt, weil von den 77 Bistümern nur 25 im königlichen Machtbereich lagen, und weil die Bischöfe kaum im Besitz von Regalien waren. Für Deutschland wurde schließlich 1122 im Wormser Konkordat ein Kompromiss gefunden. In dem Vertragswerk verzichtete Heinrich V. auf die Investitur mit Ring und Stab und gestattete die freie kanonische Wahl der Bischöfe und Reichsäbte, während der Papst für die Kirchen in Deutschland die Verleihung der Regalien mit dem weltlichen Symbol des Szepters vor der Bischofsweihe zugestand.

4.3. Publizistische Kontroversen

Hatte schon das Eingreifen des Königs in das Papstschisma Streitschriften zu Fragen der Simonie und zum Problem der Laieninvestitur provoziert, so kam es nach der zweiten Bannung des Kaisers zu publizistischen Kontroversen, für die eine neue literarische Gattung der Streitschriften („Libelli de lite") charakteristisch ist. Neben aktuellen Fragen der Kirchenreform wurden die grundsätzlichen Probleme des Verhältnisses von Papsttum und Königtum unerhört polemisch diskutiert. Die häufig anonym bleibenden Autoren waren Bischöfe, Kleriker und Mönche; Wanderprediger verbreiteten die Texte, die von Kanzeln verlesen, gelegentlich öffentlich disputiert und in die Volksprachen übersetzt, eine breitere Öffentlichkeit auch außerhalb der Gebildeten erreichten. In den Bezeichnungen für die jeweiligen Gegner wird die Spaltung in zwei Parteien deutlich: Der „ecclesiastica pars" standen eine „caesariana pars", den Gregorianern bzw. Hildebrandianern („Hildebrandini") die Heinricianer bzw. Caesarianer („Caesariani") gegenüber und wechselseitig bezeichnete man sich außer mit „catholici" und „haeretici" noch mit allerlei anderen Schimpfworten. Thematisch standen die Abgrenzung der Amtskirche von der Welt der Laien und das Verhältnis von Papst und Kaiser im Vordergrund. Dabei kamen für die Staatslehre und Staatstheorie folgenreiche Fragen nach den Grundlagen, Formen und Grenzen der politischen Macht zur Sprache.[15]

---

15 Libelli de Lite imperatorum et pontificum I-III [Ldl]: MGH Hannover 1891-97; zweisprachige Sammlungen: Quellen zur Geschichte Heinrichs IV., hrsg. von Franz-Josef-Schmale und Irene Schmale-Ott (= Freiherr-vom-Stein-Gedächtnisausgabe, Bd. 12), Darmstadt 1963; Quellen zum Investiturstreit I, Ausgewählte Briefe Gregors VII., übers. von Franz-Josef Schmale (= Freiherr-vom-Stein-Gedächtnisausgabe, Bd. 12a), Darmstadt 1978; Quellen zum Investiturstreit II, Schriften über den Streit zwischen Regnum und Sacerdotium, übersetzt von Irene Schmale-Ott (= Freiherr-vom-Stein-Gedächtnisausgabe, Bd. 12b), Darmstadt 1984; Carl Mirbt: Die Publizistik im Zeitalter Gregors VII., Leipzig 1894; Struve: Regnum (Anm. 10), S. 213 ff.; ders.: Die Stellung des Königtums in der politischen Theorie der Salierzeit, in: Stefan Weinfurter (Hrsg.): Die Salier und das Reich, Bd. 3, Sigmaringen 1992, S. 217–244.

Noch in ruhigem Ton gehalten ist ein Brief Gregors VII. an Hermann von Metz 1081, der auch selbstständig kursierte und vielfach zitiert wurde: Darin begründet er die Richtergewalt des Papstes über alle weltlichen Herrscher, spitzt die Zwei-Gewalten-Lehre des Gelasius einseitig auf die päpstliche Bindegewalt zu und folgert, dass die herrscherliche Gewalt den Nacken vor der päpstlichen zu beugen habe.[16] Andere Briefe und Rundschreiben wiederholen solche Argumente in häufig sehr polemischem Ton.

Der Brief des bedeutenden deutschen Gregorianers Gebhard von Salzburg ebenfalls an Herrmann von Metz, 1081, kreist um die Berechtigung von Exkommunikation und Eidlösung. Für ihn stehen die Anhänger Gregors auf dem Boden der Tradition, sind keine Neuerer, die „moderni episcopi" hingegen sieht er auf der Seite des Königs. Das Vorgehen Gregors gegen Heinrich IV. verteidigt auch Bernold von Konstanz († 1100), für den die Kirche eine hierarchische Institution unter päpstlichem Primat ist. Er betont den Vorrang der priesterlichen Gewalt gegenüber dem Regnum, das sich als menschliche Schöpfung („humana inventio") nicht auf göttliche Einsetzung berufen könne. Irdische Herrscher haben nur ein widerrufbares Amt, und gegenüber einem abgesetzten Herrscher bestehen keine eidlichen Verpflichtungen.

Die im Auftrag und Namen des Bischofs Dietrich von Verdun wohl 1081 entstandene Streitschrift in Briefform des Scholasters Wenrich von Trier markiert den Beginn der Auseinandersetzung mit den ausgreifenden Ansprüchen des Reformpapsttums. Wenrich sammelt die gegen Gregor umlaufenden Vorwürfe. Er hält zwar das Verbot der Laieninvestitur für bedenkenswert, wendet sich aber gegen deren politische Instrumentalisierung und verteidigt die göttliche Legitimität des Königtums und mithin die Bestandskraft der Loyalitätseide gegen die „neuartigen und unerhörten" Ansprüche des Papstes. Wido von Osnabrück hingegen († 1101) beschwört um 1084/85 die Eintracht zwischen beiden Gewalten und begründet den Einfluss der Kaiser auf die römische Kirche auch durch deren umfangreiche Schenkungen in den vergangenen Jahrhunderten, vor allem aber durch ihre mittels Salbung bewirkte Stellung. Wie Melchisedek habe der Kaiser an den Sphären von Regnum und Sacerdotium Anteil, der Papst hingegen sei nur Schutzherr der Seelen.

Gegen Wenrich von Trier rechtfertigt um 1085 Manegold von Lautenbach († ca. 1103) wütend das Vorgehen gegen Heinrich, indem er die königliche Herrschaft nicht als ein Amt mit eigener Würde, sondern als ein vom Volk durch ein „pactum" zugestandenes, befristetes und widerrufbares Amt bezeichnet, gegen dessen Inhaber man bei Missbrauch einschreiten könne. Vertrag ist hier aber noch nicht als Herrschaftsvertrag zu verstehen, sondern eher als Anspruch des Volkes auf ein gerechtes Regiment.[17] Manegold reduziert

16 Vgl. Jürgen Miethke: Politische Theorien im Mittelalter, in: Hans J. Lieber (Hrsg.): Politische Theorien von der Antike bis zur Gegenwart, Wiesbaden 2000, S. 61 f.

17 Horst Fuhrmann, „Volkssouveränität" und „Herrschaftsvertrag" bei Manegold von Lautenbach, in: Sten Gagnér (Hrsg.): Festschrift für Hermann Krause, Köln 1975, S. 21–42.

das Königsamt polemisch auf seine irdische Amtsfunktion, wenn er es mit dem Amt eines Schweinehirten vergleicht, den man verjage, wenn er die Herde verderbe. Drastisch fordert Manegold die Absetzung jedes pflichtvergessenen Herrschers als Tyrannen, ohne dass damit schon ein Widerstandsrecht mit entsprechenden Verfahrensregeln postuliert ist.

Auf Ausgleich bedacht war hingegen ein anonymer Hersfelder Mönch im 1092/93 entstandenen „Liber de unitate ecclesiae“. Auf der Grundlage der Gelasianischen Zwei-Gewalten-Lehre wird darin die gleichberechtigte Einheit von theokratischem Regnum und Sacerdotium beschworen, aber eine strikte Scheidung der Kompetenzbereiche gefordert. Als Vertreter der oberitalienischen Bischöfe ergriff Benzo von Alba, ein vermutlich süditalienischer Anhänger der Romidee Ottos III., 1085–86 in einer Sammlung kurzer polemischer Schriften „Ad Henricum imperatorem“ für das salische Königtum Partei, während auf der Gegenseite Bischof Bonizo von Sutri für die gregorianische Sache eintrat.

Der Verfasser der rund 30, wohl um 1100 in Rouen entstandenen Texte schließlich, die man dem Normannischen Anonymus zuschreibt, bietet in “De consecratione pontificum et regum“ die umfassendste, gegen den päpstlichen Universalprimat gerichtete Theorie des sakralen Königtums und beruft sich dabei auf einen angelsächsischen Krönungsordo. Durch die Salbung wird der König „deus per gratiam“ und damit den gesalbten Bischöfen übergeordnet. Als Abbild Christi, dem vollkommenen „rex et sacerdos“, hat der König Anteil an dessen doppelter Natur („gemina persona“).[18] Als summus pontifex kann er Konzilien einberufen, Glaubensfragen entscheiden und auch Bischöfe in ihre irdischen Herrschaftsbefugnisse investieren.[19] Der Autor tritt der hergebrachten Argumentation entgegen, dass sich die königliche Herrschaft lediglich auf die Körper, die priesterliche dagegen auf die Seelen beziehe – mit der Begründung, dass Herrschaft nur über die Einheit beider denkbar sei. Damit wurde die hierokratische Lehre auf den Kopf gestellt.[20]

Durch den Investiturstreit war das sakral verstandene Königtum ideell und faktisch schwer erschüttert worden. Auch die Verfassungsstruktur des Reiches hatte sich verändert. Die Reichsbischöfe wurden in der Folge zu geistlichen Fürsten, die im Wettstreit mit den weltlichen Fürsten begannen, eigene Territorien einzurichten. Die traditionelle Einheit von regnum und sacerdotium wurde durch einen Dualismus der Gewalten abgelöst, der die Entwicklung bis in das ausgehende Mittelalter bestimmen sollte.

---

18 Vgl. Ernst H. Kantorowicz: Die zwei Körper des Königs. Eine Studie zur politischen Theologie des Mittelalters, 2. Aufl., München 1994, S. 62–79.
19 Vgl. Karl Pellens (Hrsg.): Die Texte des Normannischen Anonymus, Wiesbaden 1966.
20 Vgl. Walter Ullman: Die Machtstellung des Papstes im Mittelalter, Graz/Wien 1960, S. 582.

5. Hochmittelalterliche Wandlungen

5.1. Der Beitrag der Universitäten und Wissenschaften

Im 12. Jahrhundert bildeten geistes-, sozial- und institutionengeschichtliche Veränderungen die Rahmenbedingungen für die Geschichte der politischen Theorie. Aus den seit dem 10. Jahrhundert in den Bischofsstädten entstandenen Schulen (Laon, Chartres, Paris, Reims, Lüttich, Köln) formierten sich im 12. und 13. Jahrhundert allmählich die europäischen Universitäten (Bologna, Paris, Oxford, Cambridge, Montpellier). Theoriegeschichtlich bedeutete dies eine Differenzierung der Gegenstandsbereiche und deren Zuordnung zu Disziplinen und Fakultäten. Die scholastische Methode etablierte Regeln der kommentierenden und glossierenden Auslegung von Texten und des systematischen Abwägens von Argumenten, wobei die alten Autoritäten weniger hinterfragt als ihre Aussagen an Vernunft und Erfahrung geprüft werden sollten. Die Bemühungen um die Sicherung der textlichen Grundlagen für die Ausbildung und die Etablierung weitgehend einheitlicher institutioneller Strukturen, Lehrstoffe und akademischer Grade steigerten die Mobilität von Studierenden und Lehrenden und verbesserten die Kommunikation auch durch „konkurrierende Kollegialität". Die so genannte „Renaissance des 12. Jahrhunderts" förderte in verschiedenen Bereichen ein neues Interesse an der antiken Überlieferung. In Italien entwickelten sich von kirchlicher und weltlicher Aufsicht weitgehend freie Schulen des römischen Rechts, wo vor allem das in den Kodifikationen Justinians (528-534) überlieferte Kaiserrecht gesammelt und glossiert wurde. Die Legistik (von den Leges des Kaiserrechts) trat neben die Kanonistik, dem aus Konzilsbeschlüssen (Kanones), den Texten der Kirchenväter sowie den päpstlichen Rechtsentscheidungen (Dekretalen) wachsenden Kirchenrecht, das sich im 12. Jahrhundert von der Theologie abspaltete. Zur wichtigsten Sammlung wurde die um 1140 entstandene Kompilation des Bologneser Magisters Gratian (Decretum Gratiani).

Politische Theorien wurden seitdem nicht nur an der propädeutischen Artes-Fakultät (der späteren philosophischen Fakultät) und bei der Theologie abgehandelt, sondern auch in den von Kanonisten und Legisten publizierten Glossen und Summen. Die Erörterungen in scholastischen Formen und in gelehrtem Latein blieben weitgehend beschränkt auf die Kreise der an Universitäten Gebildeten, einer vor allem aus Klerikern und Juristen bestehenden Bildungselite. In der Folge lässt sich eine allmähliche Verrechtlichung der Herrschaftspraxis verfolgen, die wesentlich von an den Herrscherhöfen und in städtischen Regierungen beschäftigten Universitätsabsolventen gestaltet wurde.[21]

Die Lage politischer Theorie am Rande der Theologie und der Jurisprudenz zeigt in dieser Weise mustergültig der 1159 abgeschlossene „Policraticus" des Johann von Salisbury, eine Herrscherethik und eine moralisierende Gesell-

21 Vgl. Miethke: Politische Theorien (Anm. 16), S. 66–71.

schaftslehre, wie der vollständige Titel zeigt: „Policraticus oder die eitlen Beschäftigungen der Höflinge und die Lebensspuren der Philosophen".[22] Johannes hatte an verschiedenen Schulen studiert, war zeitweise Berater des englischen Kanzlers Thomas Becket und von 1176 bis zu seinem Tod 1180 Bischof von Chartres. Gegen das leere und scheinhafte Leben am Hof und an den Prälatenkurien will Johannes eine Lehre vom rechten Leben stellen. Ziel der Erkenntnis und des menschlichen Strebens in der Welt ist Gottes Gesetz der Aequitas, der zuteilenden Gerechtigkeit, und vor allem daran ist herrscherliches Handeln gebunden. Verletzt der Herrscher das göttliche Gesetz, wird er zum Tyrannen, und Johannes artikuliert als Warnung ein Recht und eine Pflicht zu Widerstand und zum Tyrannenmord. Das Königtum wird als ein weitgehend autonomes Gebilde gesehen, innerhalb dessen die verschiedenen Stände zu harmonischer Zusammenarbeit verpflichtet sind. Die traditionelle Metapher vom politischen Organismus wird bei Johannes zur Verdeutlichung einer gestuften, funktionalen Ordnung sehr gründlich ausgebaut: Der Herrscher ist das Haupt („caput corporis rei publicae"), der königliche Rat das Herz, Richter und Provinzbeamte sind die Ohren, Augen und die Zunge; Bedienstete und Bewaffnete sind die Hände, Finanzbeauftragte Bauch und Eingeweide, Bauern und Handwerker die Füße, der Klerus die Seele. Damit wird die politische Gemeinschaft nicht vom Modell der Kirche her, sondern als naturhafter Organismus in Anlehnung an platonische Ordnungsvorstellungen gedacht. Mit 113 überlieferten Handschriften war der „Policraticus" ab der Mitte des 13. Jahrhunderts und dann vor allem im Humanismus ein viel beachteter politischer Text von Weg weisender Bedeutung.

5.2. Imperium oder Sacerdotium?

Auch während der Zeit der staufischen Kaiser blieb das Verhältnis zum Papsttum gespannt. Friedrich I. Barbarossa wollte das Reich in seiner alten Größe wiederherstellen und dazu gehörte nicht nur die Aufnahme des Anspruchs auf Burgund sowie auf nachhaltige kaiserliche Präsenz in Oberitalien, sondern auch die Angliederung des normannischen Königreichs Sizilien. Nach seinem Selbstverständnis war das Imperium dem Sacerdotium gleichgeordnet, und die daraus resultierenden Rangstreitigkeiten zeigten sich schon im Bereich des Zeremoniells. Auf dem Weg zu seiner Kaiserkrönung in Rom 1155 weigerte er sich, dem Papst den Stratordienst, das Halten des Steigbügels, zu leisten – so lange, bis man ihn überzeugt hatte, dass es sich nur um eine Ehrenbezeugung handele.[23] Auf einem Hoftag in Besançon reagierte er 1157 mit scharfem und erfolgreichem Protest gegen päpstliche Schreiben, in denen die Kaiserkrone mit dem zweideutigen Wort „beneficium", das sich als „Lehen" und als „Wohltat"

22 Johann von Salisbury, Policraticus: Of the Frivolities of Courtiers and the Foot-prints of Philosophers, hrsg. von Cary Nederman, Cambridge 1991; vgl. Wilhelm Berges: Die Fürstenspiegel des hohen und späten Mittelalters, Stuttgart 1952 (zuerst 1938), S. 131–143, 291–293.

23 Vgl. Achim Thomas Hack: Das Empfangszeremoniell bei mittelalterlichen Papst-Kaiser-Treffen, Köln u.a. 1999, S. 504 ff.

übersetzen ließ, bezeichnet wurde. Göttlicher Ursprung der Kaiserwürde war für Friedrich I. durchaus vereinbar mit der Wahl durch die Fürsten, und in seiner Kanzlei wurde für das Reich der Begriff „sacrum imperium" üblich. Auch in der Verwendung von Formeln wie „corona imperii", „honor imperii", zusammengezogen als „honor coronae" lassen sich Ansätze zu einer transpersonalen Vorstellung kaiserlicher Herrschaft erkennen.[24]

Weit schärfere theoretische Zuspitzung, aber auch einen vorläufigen Abschluss erfuhr der Konflikt zwischen Imperium und Sacerdotium in der Auseinandersetzung zwischen Papst Innozenz IV. und Kaiser Friedrich II. Als König von Sizilien, König und Kaiser im deutschen und italischen Reich und als König von Jerusalem, der sich in Zeremoniell und Repräsentation byzantinischen Formen näherte, bedrohte der staufische Herrscher das Papsttum nicht nur durch seine Ansprüche auf universale Herrschaft; der Kirchenstaat sah sich in Mittelitalien auch unmittelbar bedrängt. In der mit Bannschreiben, Rundbriefen, Aufrufen und Traktaten außerordentlich polemisch geführten publizistischen Debatte zeigte sich die kaiserliche Kanzlei in der politischen Öffentlichkeit des damaligen Europa, was juristische Kompetenz und stilistische Brillianz betraf, der päpstlichen Kurie jetzt als ebenbürtig.[25] Der Kaiser sah sein Schwert als unmittelbar von Gott, ohne kirchliche Weihe oder Bestätigung, verliehen, das er gemeinsam mit dem geistlichen Schwert auch im Interesse der Kirche gegen Rebellen und Ketzer zu führen gedachte.

Bald nach dem Tod Friedrichs II. indes waren die Staufer militärisch und politisch geschlagen, das Imperium zerfiel und die nationalen Monarchien wurden überall stärker. Im Heiligen Römischen Reich (deutscher Nation) begann das so genannte Interregnum, die ‚kaiserlose Zeit'; erst 1312 wurde mit Heinrich VII. wieder ein Kaiser gekrönt. Die theoretische Auseinandersetzung zwischen Imperium und Sacerdotium verblasste. Es wurde deutlich, dass man ohne einen Kaiser auskommen konnte, der Papst die von ihm beanspruchte Rolle des Universalherrschers freilich auch nicht einzunehmen vermochte.

Für das Papsttum machten die Durchsetzung der Kirchenreformen, die eigene Institutionalisierung und die Auseinandersetzungen mit Kaiser und Königen eine starke und handlungsfähige zentrale Gewalt erforderlich. Die Kanonisten – die Päpste Innozenz III. (1198–1215) und Innozenz IV. (1243–1254) waren selbst bedeutende Juristen – entwickelten immer komplexere begriffliche Fassungen der Kirche als eines dem Anspruch nach die gesamte Christianitas umfassenden, hierokratischen Personenverbandes unter Einschluss des aus der Binde- und Lösegewalt hergeleiteten Jurisdiktionsprimats sowie der päpstlichen Souveränität. Unverändert beharrte man darauf, dass sich Papst und Kaiser als abgegrenzte, aber unterschiedene Gewalten gegenüberständen, dass das Sacerdotium das würdigere Amt sei, dem in besonderen Fällen ein Eingriffsrecht auch

24 Vgl. Arnold Bühler/Jürgen Miethke: Kaiser und Papst im Konflikt. Zum Verhältnis von Staat und Kirche im späten Mittelalter, Düsseldorf 1988, S. 22–26, 67–78.
25 Vgl. Friedrich Graefe: Die Publizistik in der letzten Epoche Kaiser Friedrichs II., Heidelberg 1909.

in weltlich-politische Angelegenheiten zukomme. Für viele Probleme bot das römische Kaiserrecht Formulierungen und formelhafte Begründungen von hoher Autorität. Für den Papst wurde jetzt der Titel „vicarius Christi" – dann auch „vicarius Dei" – monopolisiert und zugleich im Sinne einer juristischen Stellvertretung gefasst, für den Kaiser wie für den Papst der aus dem Hellenismus in das römische Recht übernommene Ausdruck „lex animata" gebraucht.[26]

In der Abwehr universaler Ansprüche des Kaisertums entwickelten die kirchlichen und zivilen Juristen auch Begründungen einer territorialen Souveränität der europäischen Monarchien. Die Formel, nach der Könige Kaiser in ihrem Reich seien („rex in regno suo est imperator regni sui") wurde zur Rex-Imperator-Formel geprägt, die Innozenz III. in der Dekretale „Per venerabilem" 1202 auf den König von Frankreich anwandte („quum rex ipse superiorem in temporalibus minime recognoscat"). „Superior" ist negativ gegen den Kaiser zu verstehen und selbstverständlich sollte der König in Glaubens- und Kirchenfragen päpstlicher Jurisdiktion unterworfen bleiben.

"Per venerabilem" war weniger Zugeständnis als Anerkennung von Wandlungen der Stellung des französischen Königtums. König Philipp II. († 1222) ließ sich nach Erfolgen gegen seine Rivalen nicht mehr als „rex Francorum", sondern als „rex Franciae" und nach dem Sieg über den welfischen Kaiser Otto IV. bei Bouvines auch als „Augustus" titulieren und wies jede Einmischung des Papstes in innerfranzösische Angelegenheiten zurück. In England hatte Papst Hadrian IV. versucht, unter Hinweis auf die konstantinische Schenkung die Inseln als der päpstlichen Lehnshoheit unterworfen zu erklären und zum Zeichen dafür über Johann von Salisbury einen Ring überbringen lassen. König Heinrich II. (1133–1189) hat dies ebenso zurückgewiesen, wie er den gerichtlichen Rekurs von geistlichen Kronvasallen nach Rom unterband.

Man konnte auf die Gleichrangigkeit einzelner Monarchen und mithin auf die Unabhängigkeit oder Souveränität einer Vielzahl von Monarchien pochen. Die Könige von Sizilien sahen ihr Königreich als päpstliches Lehen ohnehin außerhalb des Kaiserreichs, da es vom Islam durch Eroberung zurückgewonnen war, und eine Bulle Clemens V. („Pastoralis cura") bestätigte Robert von Neapel 1313 diese Unabhängigkeit. Französische und italienische Juristen stellten dagegen auf eine kaiserliche Souveränität „de iure" ab, welcher eine „de facto"-Hoheit einzelner Könige gegenüberstand. Imperium und kaiserliche Souveränität wurden in beiden Argumentationen nicht mehr als universale, sondern als auf ein begrenztes Territorium bezogene Herrschaft verstanden.

5.3. Fürstenspiegel im Einzugsfeld des politischen Aristotelismus

Die Übersetzungen und die Rezeption der aristotelischen Politik und der vollständigen Ethik im 13. Jahrhundert bedeutete für die Staatslehre des Mit-

26 Kantorowicz: Die zwei Körper (Anm. 18), S. 144–152.

telalters eine Wende, weil nun politisches Leben und politische Gemeinschaften unabhängig von biblischen Texten und kirchlicher Tradition allein aus Vernunft begründet werden konnten. Nach der Übersetzung der Politik durch den Dominikaner Wilhelm von Moerbeke entstand in der zweiten Hälfte des 13. Jahrhunderts eine große Zahl von Fürstenspiegeln; von vierzig bekannten Texten dieser Gattung stammen 19 aus dieser Zeit. Schon die Wort- und Begriffsgeschichte kann den Wandel verdeutlichen. War das Adjektiv „politicus“ in der Bedeutung von „zum öffentlichen Bereich gehörend“ bereits bei Johann von Salisbury gebraucht worden, prägte Wilhelm von Moerbeke den Graezismus „politizare“ und Thomas von Aquin verwendete die Begriffe „politica scientia“ und „politica doctrina“.

Gleichzeitig mit einem Kommentar zur aristotelischen Politik hat Thomas von Aquin 1265/67 einen Fragment gebliebenen Fürstenspiegel („De regno“ bzw. „De regimine principum ad regem Cypri“) verfasst.[27] In deutlicher Wendung gegen die gewohnte Begründung herrschaftlicher Ordnung aus dem Sündenfall nimmt Thomas den anthropologischen Ausgangspunkt beim Menschen als einem Vernunftwesen, das sich von Natur her als unzureichend ausgestattetes und allein schutzloses „animal sociale et politicum“ erkennt und deshalb bestimmt ist, eben diese Eigenschaft („inclinatio naturalis“) auch aus Vernunft zu verwirklichen. Schon die Sprachfähigkeit erweist die soziale Veranlagung und die Verschiedenartigkeit der Veranlagungen die Angewiesenheit auf andere. Daraus folgt die Lehre von der zum Überleben notwendigen Vergesellschaftung zunächst in Familie und Haushalt, die aber noch nicht den höheren Daseinszwecken entsprechen. Erst und nur im Staat, unter einer einheitlichen Leitung können die Menschen ihrer Bestimmung gemäß auskömmlich, gut und tugendhaft leben. Die Unterordnung des individuellen Wohlergehens unter das davon zu unterscheidende Gemeinwohl fordert vom Herrscher, die natürlich angelegte Gemeinschaft zu einer Vernunftgemeinschaft der Freien („liberi“) zu vollenden. Das mit dem göttlichen Gesetz übereinstimmende Naturgesetz liefert auch die allgemeinen Verhaltensnormen. Hauptmaxime der neuen Fürstenethik ist die Verantwortlichkeit des Herrschers für das Gemeinwohl. Regieren („regere“) bedeutet die Erkenntnis des jeweils Notwendigen und diese nur durch Erfahrung zu erwerbende Klugheit berechtigt erst zur Herrschaft. Sie ist zu unterscheiden vom bloßen Königstitel („regnare“). Die „ars regendi“ ist halb eine „virtus“ als Tugend und Tüchtigkeit, halb eine „scientia“ als Erfahrungswissenschaft. Über dem vorgegebenen Ziel des Menschen, seine vernünftigen Anlagen vollkommen zu entwickeln, steht ein höheres Ziel, die Hinwendung zu Gott und diese Aufgabe fällt dem Priestertum unter Leitung des Papstes zu. Zur Frage, wie Konflikte zwischen politischer und geistlicher Leitung entschieden werden können, hat sich Thomas nicht geäußert. Seine Lehre ist “eine harmonische Theorie für harmonische Verhältnisse“.[28] Die Frage nach der besten Staatsform soll nach Thomas unter dem Gesichtspunkt des

27 Vgl. Berges: Fürstenspiegel (Anm. 22), S. 116–121, 195–211, 317–319; Miethke: Politische Theorien (Anm. 16), S. 83–88.
28 Ebd., S. 88.

Staatszwecks beantwortet werden. Einheit und Friede werden am besten in einer Monarchie gesichert, wobei deren Machtbefugnisse beschränkt sein sollen, um der Entartung zur Tyrannis vorzubeugen. Thomas erörtert Absetzungen von Herrschern in vagen Worten, ein Widerstandsrecht wird jedoch vorsichtig wegen der meist noch übleren Folgen verneint. Unter Hinweis auf die apostolische Tradition und die Märtyrer der Alten Kirche wird die Duldung ungerechter Herrschaft empfohlen.

Nach Verbreitung und Nachwirkung war der dem Thronfolger Philipp dem Schönen von Frankreich (seit 1285 als Philipp IV. König) gewidmete Fürstenspiegel („De regimine principum“, 1277/79) des Thomasschülers und Augustinereremiten Aegidius Romanus († 1316) das mit 284 erhaltenen lateinischen Manuskripten am meisten verbreitete Werk der aristotelisch geprägten politischen Theorie des Mittelalters. Die umfangreiche Schrift des Aegidius ist zunächst als Gesellschaftsspiegel mit Ausführungen zu Moral, Erziehung, Haus und Staat aus der aristotelischen Ethik, zu Ökonomik und Politik konzipiert. Weil im Felde der Ethik und Politik keine sicheren, sondern nur wahrscheinliche Aussagen möglich seien, will Aegidius exemplarisch von einzelnen Erfahrungen ausgehen, um zu allgemeinen Maximen zu gelangen. Die gestufte Einheit der Ordnungen der Welt, die nicht wie bei Aristoteles teleologisch aufeinander bezogen sind, wird am Beispiel des Herrschers durchgemustert. Er ist für Aegidius nicht nur Spitze und Exempel des sozialen Systems, sondern auch dessen gottähnliche Verkörperung („rex quasi semideus“). Der Herrscher richtet sich allein nach der Vernunft und damit nach dem Naturrecht, das er gleichsam verkörpert („Lex est quidam inanimatus princeps“; „princeps vero quaedam lex animata“); dem kodifizierten Recht ist er nur insoweit unterworfen, als dieses Naturrecht festschreibt. Das Verhältnis von geistlicher und weltlicher Gewalt wird in Aegidius’ Fürstenspiegel nicht zum Thema.

5.4. Päpstlicher Universalismus versus nationale Souveränität

Im Ringen um die Universalherrschaft schien nach dem Ende der Stauferherrschaft das Papsttum politisch und theoretisch über das Kaisertum gesiegt zu haben. Den Päpsten, die ihre Machtansprüche über die Christenheit immer weiter steigerten, fehlte nun der kaiserliche Gegner, aber der Konflikt hatte sich nur verlagert. Gegen die päpstlichen Erklärungen und Entscheidungen erhob sich jetzt in den entstehenden nationalen Staaten massiver Widerstand.

Bonifaz VIII. (1294–1303), ein kompetenter Kanonist, war nach seiner Krönung entschlossen, die bisher nur theoretisch formulierten Ansprüche an die Stellung des Papstes in der Welt auch politisch durchzusetzen. Äußerer Ausdruck dieses Ziels war die neuartige Ausstattung der Tiara mit einem Diadem und zwei Kronen („Triregnum“) und die Errichtung von Ehrenstatuen für den Papst. Die Versuche, päpstliche Machtansprüche gegen den König von Frankreich durchzusetzen, führten indes zu einem zusehends eskalierenden Konflikt.

In der berühmten Bulle „Unam sanctam“ (November 1302), die den Höhepunkt des Konflikts markiert, bekräftigte der Papst gegenüber König Philipp IV. von Frankreich seinen theokratischen Anspruch. Neue Argumente werden darin nicht vorgetragen: Die Einheit der Kirche sei gottgewollt und unteilbar; beide Schwerter stünden der Kirche zu, der „gladius materialis“, den ein weltlicher Herrscher führe, müsse für die Kirche und auf Wink und Geheiß des Priesters gebraucht werden. Von einer eigenen Autorität des Kaisers ist keine Rede mehr.

Auf einer Versammlung (März 1303) forderte daraufhin die königliche Partei in Frankreich die Absetzung des Papstes und dessen Aburteilung durch ein Konzil. Eine Reihe von verschärfenden Konstitutionen und die drohende Bannung Philipps IV. bewogen den königlichen Rat und Siegelbewahrer Guillaume de Nogaret, der Bonifaz ursprünglich nur zum Häresieprozess vor das von ihm zu berufende Konzil laden sollte, im September 1303 den Papst in Anagni kurzfristig gefangen zu setzen. Nach Bonifaz' Tod in Rom (11. Oktober 1303) ebbte die Auseinandersetzung ab.

Um die Wende zum 14. Jahrhundert entstand im Zusammenhang mit der machtbewussten Rhetorik des Papstes eine ganze Gruppe von Traktaten, welche die päpstlichen Machtansprüche gegenüber weltlichen Herrschern mit kühnen aber kaum neuartigen Argumenten formulierten. Die Argumente dieser Schriften mit dem typischen Titel „De potestate papae“ bildeten – unbeschadet ihrer Realitätsferne – den Rahmen für das zeitgenössische politische Nachdenken.[29] Jean Bodin hat sie als Vorläufer seiner Theorie der absoluten Monarchie gesehen.

Aegidius Romanus, der mit seinem schon damals viel beachteten Traktat „De ecclesiastica potestate“ (1302) unmittelbare Vorarbeit für die Bulle „Unam Sanctam“ geleistet haben dürfte, liefert bei alledem die vielleicht geschlossenste kurialistische Theorie. Die Oberhoheit des Papstes („plenitudo potestas“) auch in weltlichen Dingen begründet Aegidius durch dessen Stellung als „summus hierarchia“, von dem alle legitime Machtausübung ausgehe. Die Zentrierung der päpstlichen Gewalt ist deren göttlichem Ursprung nachgebildet. Wie Gott, der alles geschaffen hat, seine Geschöpfe tätig sein lässt, obwohl er alles allein tun könnte, so lässt auch der Papst allen Herrschaftsträgern in Kirche und Reich ihr Wirken. Die staatliche Herrschaftsorganisation geht völlig in der kirchlichen Gewalt auf. Wie Gott seine Einwirkungsmöglichkeit etwa in Wundern nie aufgibt, kann auch der Papst fallweise alle Handlungen und Entscheidungen selbst vornehmen oder an sich ziehen.[30]

Der französische König wiederum konnte sich bei der Abwehr der päpstlichen Angriffe auf die Gelehrten der Pariser Universität stützen, die sich mit gemein-

---

29 Vgl. Richard Scholz: Die Publizistik zur Zeit Philipps des Schönen und Bonifaz' VIII. Ein Beitrag zur Geschichte der politischen Anschauungen des Mittelalters, Stuttgart 1903.
30 Aegidius Romanus: De ecclesiastica potestate, hrsg. von Richard Scholz, Weimar 1929.

schaftlich verfassten und daher anonym publizierten Traktaten zu Wort meldeten. Der Dominikaner Johannes Quidort von Paris (1306) hatte, wie viele seiner Ordensbrüder, die königliche Forderung nach einem Konzil unterschrieben. Noch bevor die Bulle „Unam Sanctam“ in Paris bekannt geworden war, hat er unter einseitiger Verwendung von Thomas von Aquins Fürstenspiegel einen Traktat niedergeschrieben, der mit aristotelischen Mitteln die Selbstständigkeit der weltlichen politischen Ordnungen gegenüber kirchlichen Ansprüchen begründet. In „Von der königlichen und päpstlichen Gewalt“ (1302/3) wird zum ersten Mal entschieden eine „dualistische“ Konzeption entwickelt, gemäß der beide Gewalten einen je verschiedenen Ursprung haben und mithin auch eine verschiedene Struktur aufweisen können. Keine der beiden Gewalten ist von der anderen abzuleiten. Johannes erklärt, Priester gebe es erst seit der Erscheinung Christi, Könige und politische Herrschaft dagegen seit dem ersten Auftreten des Menschen. Auch in Frankreich habe es Könige vor den ersten Christen gegeben. Der aus spirituellen Gründen einheitlichen Universalkirche müsse nicht notwendigerweise eine universale weltliche Macht gegenüberstehen. Die Vielheit unabhängiger Reiche mit ihren unterschiedlichen sozialen Ordnungen begründet Johannes aristotelisch mit der Verschiedenheit der Lebensbedingungen. Kirche und Staat sind auch durch die Eigentumsformen unterschieden. Die Kirche hat ihr Eigentum als Gemeineigentum. Bei den Laien hingegen verfügt jeder über das von ihm erworbene Eigentum („dominium“), wobei dem Herrscher eine ordnungsstiftende Funktion („iurisdictio“) zukommt. Geistliches und weltliches Schwert können im Gefahrenfall gegeneinander vorgehen. Wenn Johann Bonifaz VIII. einen Feind Frankreichs nennt, gegen den der König mit einem Verfahren zur Amtsenthebung oder auch mit Gewalt vorgehen könne, wird der Überfall von Anagni im Vorhinein gerechtfertigt.[31]

6. Das 14. Jahrhundert

6.1. Triumph des Königtums über das Papsttum

Der letzte große theoretische Streit zwischen Papst und Kaiser war wieder von politischen Umständen bestimmt. Nach gespaltener deutscher Königswahl hatte Ludwig der Bayer (1314-47) sein Königtum militärisch gegen den Habsburger Friedrich von Österreich (bis 1322) durchsetzen müssen. Die Kurie in Avignon hatte sich mit der Entscheidung zwischen den beiden Prätendenten Zeit gelassen und wurde erst tätig, als Ludwig in die Verhältnisse der oberitalienischen Kommunen eingriff. Sie eröffnete ein Verfahren und Papst Johannes XXII. erklärte 1323 die Wahl Ludwigs des Bayern für ungültig, da sie ohne päpstliche Approbation erfolgt sei. Er drohte ihm mit Exkommunikation, falls

31 Johannes Quidort: De regia potestate et papali – Über königliche und päpstliche Gewalt, hrsg. von Fritz Bleienstein, Stuttgart 1969.

er sich weiterhin Reichsrechte anmaße. Jegliche Amtshandlungen wurden ihm untersagt und den Untertanen strengstens verboten, Ludwig als König anzuerkennen, ihm Gehorsam zu leisten oder Rat und Hilfe zu gewähren. Ludwig protestierte und appellierte an ein künftiges Konzil und einen künftigen rechtmäßigen Papst. Er zog nach Italien und ließ sich dort im Januar 1328 von eilig zusammengerufenen Vertretern der Stadtkommune in St. Peter eine Kaiserkrone aufsetzen. Im April erklärte er Papst Johannes XXII. als notorischen Ketzer und Majestätsverbrecher für abgesetzt und kündigte die Wahl eines neuen Papstes an.

Versöhnungsversuche mit der Kurie in Avignon scheiterten und Ludwig brachte die öffentliche Meinung in Deutschland auf seine Seite. Einmütig erklärten die Kurfürsten bei einer Versammlung in Rhense am Rhein (Juli 1338) als altes und gutes Recht im Reiche (imperium), dass eine von ihnen getroffene Königswahl ohne Approbation durch den Papst gültig und rechtmäßig sei. Ein kurz darauf nachgeschobenes kaiserliches Gesetz lieferte die theoretische Begründung nach: Dem Gewählten stehe nicht nur die Wahrnehmung der Güter und Rechte des „imperium" zu, sondern aus der Kurfürstenwahl gingen auch unmittelbar der Titel und die „plenaria potestas" eines Kaisers hervor. Im August 1338 erging ein Gesetz Ludwigs des Bayern über die Königswahl: Die Wahl der Kurfürsten begründe allein – ohne Mitwirkung des Papstes – den Anspruch auf das Kaisertum und auf die Rechte des Kaisers.

Auch Dante (1265–1321), kein Kleriker, sondern ein gebildeter Laie, geht in seinem „Convivio" und ausführlich in der nach 1316 verfassten Schrift „De monarchia" von aristotelischen Positionen aus, behandelt aber nicht Reiche, Königtümer oder Städte, sondern versucht, die Notwendigkeit eines Weltkaisers („monarcha totius mundi") aufzuzeigen.[32] Die politische Einheit unter einem christlichen Monarchen ist für Dante die einzige Garantie für Frieden und Gerechtigkeit. Wie bei Thomas von Aquin ist neben der irdischen, mit menschlicher Tüchtigkeit zu erreichenden Glückseligkeit als zweites Ziel die ewige Glückseligkeit vorgegeben, welche die Menschen freilich nur als Gesamtheit erreichen können. Dahinter steht die Vorstellung, dass die vollkommene Erkenntnisfähigkeit nur in der Menschheit („humana civilitas") verwirklicht werden könne. Historisches Vorbild dieser universalen Ordnung des Friedens und der Freiheit ist für Dante die Herrschaft des Kaisers Augustus. Hinsichtlich der Zwei-Schwerter-Lehre bezieht Dante eine entschieden dualistische Position, gemäß der die imperiale Gewalt nicht von der päpstlichen abgeleitet ist. Für Italiens politische Zerrissenheit macht er im „Purgatorio" die imperialen Ansprüche des Papsttums verantwortlich. Seiner Vision einer universalen staatlichen Friedensordnung, eines irdischen Paradieses, liegt das Modell der universalen Kirche zugrunde. Obwohl von den Zeitgenossen kaum wahrgenommen, wurde seine Schrift von kirchlicher Seite bis 1881 verfolgt.

---

32 Dante Alighieri: Monarchia, lat./dt. Studienausgabe, hrsg. von Ruedi Imbach und Christoph Flüeler, Stuttgart 1989.

Während der Auseinandersetzung Ludwigs des Bayern mit dem Papsttum wurde in Paris der „Defensor pacis" des italienischen Arztes, Magisters und Rektors der Artes-Fakultät, Marsilius von Padua (ca. 1280–1342/43) abgeschlossen.[33] Marsilius entwirft darin mit neuen, unerhörten, ausdrücklich gegen die Bulle „Unam sanctam" gerichteten Thesen eine von Aristoteles ausgehende Theorie sozialer und staatlicher Organisation, die für die moderne politische Theorie richtungweisend werden sollte. Vergesellschaftung erfolgt nach Marsilius nicht in Folge des naturhaften Charakters des Menschen als „animal sociale", sondern aufgrund der Gefährdung des anthropologisch unzureichend ausgestatteten Einzelnen. Marsilius vertraut nicht auf einen Konsens aus Einsicht in das Vernünftige. Die in der politischen Gemeinschaft entwickelten Regeln des Zusammenlebens werden auch nicht durch Gerechtigkeit oder Teilhabe an der Wahrheit, sondern nur durch wirksame Sanktionen zu gültigen Gesetzen. Nicht das gute Leben („bene vivere") oder die Freiheit ist Zweck politischer Ordnung, sondern die Sicherung von Ruhe und Frieden („tranquilitas seu pax"). Die Kirche ist in Marsilius' Entwurf ein funktionaler Teil der politischen Ordnung und kirchliche Aussagen über Gottes Willen können nur mit der ausdrücklichen Erlaubnis des Gesetzgebers gültig und zwingend sein. Dieser Gesetzgeber kann sich als Konzil („generale concilium credentium") organisieren und artikulieren. Damit sind die hierokratischen Konzepte umgekehrt und alle dualistischen verworfen. Kirchliche Ansprüche an die politische Ordnung kann es also nicht mehr geben.

An den Hof des vom Papst gebannten Ludwigs des Bayern hatte sich schließlich auch der englische Franziskaner Wilhelm von Ockham (ca. 1285–1348) geflüchtet, nachdem er gegen Papst Johannes XXII. Partei ergriffen hatte und sich dafür in Avignon verantworten sollte. In der Auseinandersetzung mit der offiziellen Armutstheologie kam Ockham zu der Überzeugung, dass der Papst häretische Positionen vertrete. In München begann er dann seine reiche Produktion von Streitschriften und Traktaten, die eine weithin wirksame politische Theorie über Eigentumsrecht und politische Organisation sowie über die gegenseitigen Grenzen kirchlicher und weltlicher Macht entwickeln.[34]

Veranlasst durch die aktuellen Streitfragen setzt Ockham nicht bei der Herrschaft über Menschen an, sondern bei der Herrschaft über Sachen, beim Eigentum. Mit dem Sündenfall hat der Mensch seine gottgegebene, vernunftgemäße freie Herrschaft über die Güter dieser Welt verloren. An die Stelle des Eigentums („dominium") tritt eine Gebrauchsbefugnis („potestas utendi"), die aber allen Geschöpfen gleichermaßen eingeräumt wird. Daraus entstehen Kon-

33 Marsilius von Padua, Verteidiger des Friedens (Defensor Pacis), 2 Bde., bearbeitet von H. Kusch, Leipzig/Berlin 1958; vgl. J.A. Watt, in: James H. Burns (Hrsg.): The Cambridge History of Medieval Political Thought, Bd. 1: c. 350–1450, Cambridge 1988, S. 415–422; Miethke: Politische Theorien (Anm. 16), S. 111–116.

34 Vgl. Guilelmus de Ockham: Opera politica, hrsg. von Hilary S. Offler, 4 Bde., 1974–1997; Übersetzung: Wilhelm von Ockham: Texte zur politischen Theorie. Exzerpte aus dem Dialogus lat./dt., hrsg. von Jürgen Miethke, Stuttgart 1995; Wilhelm von Ockham: Dialogus. Auszüge zur politischen Theorie lat./dt, ausgewählt und übersetzt von Jürgen Miethke, Darmstadt 1992; vgl. Miethke: Politische Theorien (Anm. 16), S. 116–121 mit weiterer Literatur.

kurrenz, Bosheit und Gewalt. Zur Bewältigung dieser Konflikte hat Gott den Menschen die Möglichkeit eröffnet, Eigentum zu bilden, nicht aber die konkreten Formen der Eigentumsbildung vorgeschrieben. Eigentum ist also eine menschliche Einrichtung, ein positives Recht. Ein Notstand setzt das ursprüngliche Gemeineigentum wieder ins Recht. Das Eigentumsrecht muss sich stets an seinem Zweck, der Sicherung des Lebens, messen lassen. Analog dazu konstruiert Ockham später das aus dem Sündenfall hervorgehende Recht des Menschen, sich politisch zu organisieren („potestas instituendi rectores"). Herrschaftsformen sind daher ebenfalls Ergebnisse menschlicher Entscheidungen. Auch sie müssen sich an ihrem Zweck messen lassen. Herrscher erwerben ein Recht an ihrer Herrschaft, sind aber – wie in den Fürstenspiegeln – durch eine Herrscherethik an das Gemeinwohl gebunden. Werden diese Ziele verfehlt, können Herrschaftsrechte nach dem Naturrecht verwirkt sein und aberkannt werden. Widerstand im Reich, im Staat wie in der Kirche kann dann geboten sein.

Die Wahl der zuträglichen Regierungsform und damit auch deren mögliche Änderung durch den „populus" richtet sich nach der Notwendigkeit und den Zeitumständen.[35] Entschieden ist für Ockham damit die lange diskutierte Frage, ob und von wem neue Gesetze erlassen werden können. Wenn die Lage es erfordert, darf man „novitates" nicht scheuen, z. B. einen häretischen Papst zur Verantwortung ziehen. Ausgehend von der naturrechtlichen Vorstellung, dass der omnipotente Schöpfergott auch Urheber der dem Naturrecht entstammenden Staatsgewalt und deshalb die Quelle der weltlichen wie der kirchlichen Macht sei, lehrte Ockham, dass unerlaubte und ungerechte Befehle der ihre Macht missbrauchenden Kirche nicht befolgt werden dürften. Ockham war es auch, der wie Marsilius von Padua im Zusammenhang mit den Auseinandersetzungen zwischen Ludwig dem Bayern und Papst Johannes XXII. die Lehre von der vom Volk delegierten und mithin rücknehmbaren Souveränität formulierte.

Die Auseinandersetzungen zwischen dem Papsttum und Philipp dem Schönen von Frankreich blieben ergebnislos, aber das praktische Scheitern der päpstlichen Politik minderte die theoretischen Ansprüche nicht. In Deutschland stützten die Kurfürsten die Position des Kaisers, indem sie im Kurverein von Rhense 1338 eine von ihnen einmütig oder mit Mehrheit getroffene Wahl als rechtsgültig bezeichneten und selbst im Falle einer zwiespältigen Wahl ein päpstliches Bestätigungsrecht abstritten.[36] Die Begründung lieferte ein nachfolgendes kaiserliches Gesetz, in dem mit biblischen Argumenten für die Gottesunmittelbarkeit des Kaisertums erklärt wurde, dem Gewählten stehe nicht nur die Wahrnehmung der Güter und Rechte des „imperium" zu, sondern aus der Kurfürstenwahl gehe auch unmittelbar der Titel und die „plenaria potestas" eines Kaisers hervor.[37]

35 Vgl. Jürgen Miethke: Zeitbezug und Gegenwartsbewusstsein in der politischen Theorie der ersten Hälfte des 14. Jahrhunderts, in: Albert Zimmermann (Hrsg.): Antiqui und Moderni. Traditionsbewußtsein und Fortschrittsbewußtsein im späten Mittelalter, Berlin 1974, S. 289 f.

36 Vgl Quellen zur Verfassungsgeschichte des Römisch-Deutschen Reiches im Spätmittelalter (1250–1500), hrsg. v. Lorenz Weinrich (= Freiherr-vom-Stein-Gedächtnisausgabe, Bd. 33), Darmstadt 1983, S. 287–89.

37 Ebd., S. 291 f.

In der 1356 vom neu gewählten Kaiser Karl IV. erlassenen „Goldenen Bulle" werden dann schließlich die rechtlichen Voraussetzungen und der Ablauf der Wahl eines deutschen Herrschers, römischen Königs und künftigen Kaisers – wie sich zeigen sollte bis zum Ende des Alten Reiches 1806 – geregelt. Einem Wahlkönigtum stand jetzt ein Kurfürstenkollegium mit erblichen Kurfürstentümern gegenüber. Das päpstliche Approbationsrecht – in der Rhenser Erklärung noch bestritten – wird in der Goldenen Bulle gar nicht mehr erwähnt. Trotz späterer Proteste seitens der Kurie war die deutsche Königswahl in Deutschland damit ihrem Einfluss endgültig entzogen. Umso bedeutender war nun die Rolle des Kurfürstenkollegs.

6.2. Spätmittelalterliche Fürstenspiegel und Korporationstheorie

Die sich auch im 14. und 15. Jahrhundert reich entfaltende Fürstenspiegel-Literatur hat die entstehenden Nationalstaaten als Bezugsrahmen. Zu den territorialen treten die auf Stände bezogenen Fürstenspiegel. Nachdem Johann von Viterbo bereits 1228 einen Podestàspiegel für Florenz verfasst hatte, sind die Texte der Folgezeit, wie z.B. das von Philipp von Leyden ab 1355 für den Grafen Wilhelm V. von Holland geschriebene Werk „De cura rei publicae et sorte principantis", eher Traktate zur Staatslehre und weniger Fürstenspiegel; so auch das vom französischen Humanismus beeinflusste und eine Sozialreform im Sinn monarchischer und demokratischer Verfassung des alten Frankreich propagierende „Compendium morale rei publice" des Raoul von Presles (1361–64) sowie das ganz situationsgemäß auf England bezogene Werk „De officio regis" von John Wyclif († 1379). Petrarca vereinigte in seinem an Francesco da Carrara von Padua gerichteten Brieftraktat über die ideale Staatsverwaltung (1383) Belehrung und Panegyrik, wobei der Gedanke der Erneuerung im Geiste römischer Größe die leitende Idee ist.[38] Ein neuzeitlicher Naturbegriff und die damit gegebenen Nützlichkeitsgesichtspunkte weisen bereits über das Mittelalter hinaus. Für die unter dem Einfluss des Humanismus entstandenen Fürstenspiegel sind auch das weitgehende Fehlen staatstheoretischer Erörterungen sowie das Vordringen historischer Exempla charakteristisch.[39]

Eine andere Tradition als die Fürstenspiegel begründeten die Vertreter spätmittelalterlichen Korporationstheorie. In Anknüpfung an den römisch-rechtlichen Begriff der „universitas" als Personengesamtheit und an kanonistische Theorien einer „persona ficta" mit eigenem rechtlichem Status entwickelten der Legist Bartolus de Sassoferrato († 1357) und sein Schüler Baldus de Ubaldis († 1400), der damals bekannteste europäische Jurist, eine Korporationstheorie, nach der die fingierte Rechtspersönlichkeit einer Körperschaft trotz des Wechsels der Mitglieder identisch bleibe. Bartolus bezog dieses Konzept auf

38 Vgl. Francesco Petrarca: Aufrufe zur Errettung Italiens und des Erdkreises. Ausgewählte Briefe, lt.-dt., hrsg. von Berthe Widmer, Basel 2001.
39 Vgl. Anton: Artikel „Fürstenspiegel" (Anm. 5), Sp. 1044–1048.

Stadtregimente[40], Baldus auch auf Königreiche, denen er eine unsterbliche „dignitas" zuschrieb, repräsentiert in der abstrakten, öffentlichen Person („persona intellectualis et publica"), die ihre sterblichen Könige jeweils auch sind. Legitime Herrschaft und Jurisdiktionsgewalt über die Korporation beruhten danach auf dem Konsens der Mitglieder, die ihre Repräsentanten wählen. Die Repräsentanten verkörpern die Gesamtheit der Korporation und bringen deren Willen zur Geltung, wobei innerhalb der Repräsentanten die Mehrheit wiederum das ganze Gremium repräsentiert. Obwohl Bartolus und Baldus für Stadtrepubliken und Königreiche noch von einer Souveränität „de facto" gegenüber dem Imperium ausgingen, waren damit wesentliche Positionen moderner, frühneuzeitlicher Staatsbegrifflichkeit erreicht.

6.3. Konziliarismus

Das große abendländische Schisma begann 1378 mit der Absetzung des ersten wieder in Rom residierenden Papstes Urban VI. und endete mit der Wahl Martins V. auf dem Konzil zu Konstanz 1418. In dieser Zeit gab es zwei Päpste, die sich gegenseitig als häretische Schismatiker exkommunizierten, zwei Kurien, zwei Kirchenorganisationen und zwei quer durch Europa verstreuten Einflusszonen (Obödienzen) entsprechender politischer Allianzen. Eine Lösung des allseitig als unerträglich empfundenen Konflikts scheiterte immer wieder. Das Thema beherrschte die gebildete Öffentlichkeit der Zeit. Erst auf dem Konstanzer Konzil gelang es, die Einheit der westlichen Kirche wiederherzustellen. Zum großen kirchenpolitischen Thema wurde nun die Frage nach den institutionellen Vorkehrungen, eine Wiederholung des Schismas zu vermeiden und eine Reform der Kirche „an Haupt und Gliedern" herbeizuführen.

Mit „Konziliarismus" bezeichnet man die damals verbreitete Auffassung, dass allgemeine Konzilien in Ausnahmesituationen oder auch grundsätzlich als höchste Instanz der Kirche, denen auch der Papst unterworfen wäre, handeln könnten. Mehrere europäische Herrscher hatten in der Vergangenheit Konzilien gefordert, Marsilius von Padua hatte den Papst als gegenüber Konzilien rechenschaftspflichtig bezeichnet und William von Ockham hatte den Appell an ein Konzil vorsichtig erörtert. Die seit Beginn des Schismas dicht überlieferten Debatten zwischen „papistae" und „antipapistae" bzw. „conciliistae"[41] sind für die moderne politische Theorie und Staatslehre von einiger Bedeutung, nicht nur, weil ältere Argumente neu verwendet, sondern, weil am Beispiel der Struktur der Kirche auch für die politischen Ordnungen und deren Reform zentrale Konzepte wie Repräsentation, Konsens und Delegation entwickelt wurden. Ursprünge des Konziliarismus finden sich neben anderen Traditionen

40 Vgl. Ulrich Meier: Mensch und Bürger. Die Stadt im Denken spätmittelalterlicher Theologen, Philosophen und Juristen, München 1994, S. 148 ff.

41 Vgl. Ludwig Hödl: Kirchengewalt und Kirchenverfassung nach dem Liber de ecclesiastica potestate des Laurentius von Arezzo, in: Johannes Auer (Hrsg.): Theologie in Geschichte und Gegenwart. Festschrift für M. Schmaus, München 1957, S. 255–278, bes. S. 256, 259.

in der Kanonistik.[42] Vor allem in Glaubensfragen betrachteten Kanonisten das Konzil unter Einschluss des Papstes als höchste Instanz in der Kirche.

Schon anlässlich des Konzils von Vienne 1311/12 hatte der französische Bischof Guillelmus Duranti in zwei Fassungen seines „Tractatus de modo generalis concilii celebrando" einen Entwurf vorgelegt, nach dem die oberste legislative Gewalt in der Gesamtkirche vom Papst auf allgemeine Konzilien übertragen werden sollte.[43] Während des Schismas wurden dann Reformvorschläge und konziliaristische Lehren von Konrad von Gelnhausen und Heinrich v. Langenstein an der Pariser Universität verbreitet. Vor und während des Konstanzer Konzils 1414–1418 sind weitere Reformschriften von Konzilsteilnehmern entstanden – so von Dietrich von Nieheim, Pierre d' Ailly und Johannes Carlerius de Gerson –, in denen die „via concilli" auch ohne und gegen den Papst als Mittel zur Lösung des Schismas und der Krise der Kirche erörtert wird.[44]

Nach der Flucht Johannes' XXIII. wurde auf dem Konstanzer Konzil im April 1415 das Dekret „Haec sancta" verabschiedet, welches die Oberhoheit des Konzils in Fragen des Glaubens, bei der Überwindung des Schismas und der Reform der Kirche an Haupt und Gliedern feststellte. Im Dekret „Frequens" (1417)[45] wurde eine Periodizität der Konzilien festgeschrieben; das nächste Konzil sollte nach fünf, das übernächste nach sieben Jahren stattfinden und danach sollten Konzilen regelmäßig alle zehn Jahre zusammentreten. Auf dem nach den neuen Bestimmungen fristgerecht von Papst Eugen IV. einberufenen Konzil von Basel 1431–1449 kam es nach Streitigkeiten über ein Unionskonzil mit der griechischen Kirche 1437/38 zur Sezession einer papstfreundlichen Gruppe, die das Konzil von Ferrara und Florenz 1438-1445 veranlasste. Nach der Absetzung Eugens IV. widmete sich das Basler Konzil dann vor allem seiner Anerkennung in der Christenheit und der Verteidigung des im Dekret „Haec sancta" verankerten korporativen gegenüber dem monarchischen Verfassungsprinzip. Damit war zugleich der Höhepunkt des Konziliarismus überschritten.

Als aktiver Konzilsteilnehmer hat der spanische Theologe Juan von Segovia auf dem Basler Konzil vielfach in die Debatten eingegriffen und nach deren Ende eine große Geschichte dieser Versammlung verfasst.[46] In seiner Kirchenlehre

42 Vgl. Brian Tierney: Foundations of Conciliar Theory: The Contribution of Medieval Canonists from Gratian to the Great Schism, Cambridge 1955; ferner Miethke: Politische Theorien (Anm. 16), S. 129 ff.

43 Vgl. Constantin Fasolt: Council & Hierarchy. The Political Thought of William Durant the Younger, Cambridge 1991.

44 Vorschläge für Einheit und Kirchenreform in: Jürgen Miethke/Lorenz Weinrich (Hrsg.): Quellen zur Kirchenreform im Zeitalter der großen Konzilien des 15. Jahrhunderts. Erster Teil: Die Konzilien von Pisa (1409) und Konstanz (1414–1418) (= Freiherr-vom-Stein-Gedächtnisausgabe, Bd. 38a), Darmstadt 1995, S. 246 ff., 296 ff.; vgl. auch dies.: Quellen zur Kirchenreform im Zeitalter der großen Konzilien des 15. Jahrhunderts. Die Konzilien von Pavia/Siena (1423/24), Basel (1431–49) und Ferrara/Florenz (1438–1445) (= Freiherr-vom-Stein-Gedächtnisausgabe, Bd. 38b), Darmstadt 2002.

45 Miethke/Weinrich, ebd., Nr. 13, S. 484–497.

46 Vgl. Ulrike Fromherz: Johann von Segovia als Geschichtsschreiber des Konzils v. Basel, Basel 1960.

(1439) benutzte er als erster die Korporationstheorie für die Begründung der Souveränität der Gesamtkirche und vertrat entschieden den Standpunkt, dass der einzelne Herrscher bzw. Papst wegen seiner doppelten, privaten und zugleich öffentlichen Person der von ihm beherrschten Menge schlechterdings nicht überlegen sein könne. Segovias Auffassung vom Willen aller („intentio omnium“) wie auch subjektiv anerkanntes Wollen des allgemeinen Guten erscheint als analog zu modernen Konzeptionen des politischen Gesamtwillens. Der spanische Dominikanertheologe Juan de Torquemada (1468) hat dagegen in seiner 1449 entstandenen „Summa de ecclesia“ die nicht hinterfragbare monarchische Autorität des Papstes in der Kirche vertreten. Nur im Fall der Häresie und des Schismas sei der Papst dem Konzil unterworfen. Die Herrschaft des Papstes als Vicarius Christi sei keinesfalls von der Beherrschten herzuleiten. Dem Papst müsse vielmehr die Fülle der Gesamtgewalt („plenitudo totius potestatis“) und in einem modern anmutenden Ausdruck auch die „totalitas“ der Gewalt zugesprochen werden.[47] In der Niedergangsphase des Konziliarismus bauten Antonio Roselli mit seiner „Monarchia sive de potestate imperatoris et papae“ (1442) und Enea Silvio Piccolomini (später Papst Pius II.) mit seinem Traktat „De ortu et auctoritate imperii Romani“ (1446) zugunsten der höchsten weltlichen Gewalt des Kaisers wie auch des Papstes die Lehre vom monarchischen Prärogativrecht („potestas absoluta“) weiter aus. Sie kamen dem modernen Souveränitätsbegriff vielfach nahe.

7. Schlussbetrachtung

Der Widerspruch zwischen dem Machtanspruch des römisch-deutschen Königtums und dessen Unfähigkeit, das Reich im Innern zu befrieden und vor äußeren Feinden – Hussiten, Osmanen, Ungarn – zu schützen, trat seit der Konzilszeit zu Beginn des 15. Jahrhunderts immer offener zutage. Die jetzt erhobenen Forderungen nach einer Reichsreform stammten vor allem aus der Feder von Teilnehmern an den Konzilien von Konstanz und Basel. Entsprechend eng war aus zeitgenössischer Sicht der Zusammenhang von Reform der Kirche und Reform der politischen Ordnung, wobei Reform durchweg als Widerherstellung einer wie immer konstruierten alten und „richtigen“ Ordnung verstanden wurde. Nikolaus von Kues war in diesem Zusammenhang nicht der einzige Denker, der das Leitbild einer universal-christlichen, Kirche und Reich umgreifenden Ordnung entwarf, die aus dem Konsens aller hervorgehen sollte. Dass die Fürsten, früher absetzbare Amtsträger des Kaisers, inzwischen durch die Häufung und die Erblichkeit von Lehen diesen längst an Macht überflügelt hatten, war bei alledem eine in der spätmittelalterlichen Staatspraxis längst geläufige Prämisse. Manche zeitgenössische Beobachter, wie der anonyme Verfasser der 1439 erschienenen „Reformatio Sigismundi“, erwarteten die entscheidenden Reformmaßnahmen dabei schon nicht mehr von den Verantwortlichen in Kirche und Welt, sondern vom „kleinen Mann“, der die

47 Vgl. Miethke: Politische Theorien (Anm. 16), S. 135 f.

Entmachtung der geistlichen Würdenträger durch Entzug ihrer Lehen auf den Weg bringe.[48] Kaiser Sigismund ergriff 1434 in diesem Sinne selbst die Initiative, indem er auf dem Hoftag von Frankfurt den Ständen Vorschläge zur Abschaffung der Fehde und zur Verbesserung der Gerichtsverfassung machte. In Reaktion darauf legen die Fürsten einen eigenen Reformentwurf vor. Der danach entstehende langwierige Verfassungskonflikt führte erst am Ende des 15. Jahrhunderts unter Druck von außen in der Frage der Reichsreform zu einem Kompromiss. Auf dem Wormser Reichstag 1493 wurde ein „Ewiger Landfriede" festgesetzt, das königliche Kammergericht als selbstständige Institution („Reichskammergericht" mit eigenem Sitz) etabliert, eine Reichssteuer („Gemeiner Pfennig") verabschiedet und eine als „Reichstag" bezeichnete ständische Reichversammlung in Aussicht genommen. Auch wenn die Reichsreformbewegung erst in der Mitte des 16. Jahrhunderts mit der im Rahmen des Augsburger Religionsfriedens beschlossenen „Reichsexekutionsordnung" zu einem gewissen Abschluss kam, war die verfassungspolitische Entwicklung des Reiches in neue Bahnen gelenkt.

---

48 Vgl. Lorenz Weinrich (Hrsg.): Quellen zur Reichsreform im Spätmittelalter (= Freiherr-vom-Stein-Gedächtnisausgabe, Bd. 39), Darmstadt 2001, S. 226-247; vgl. ferner Karl-Friedrich Krieger: König, Reich und Reichsreform im Spätmittelalter, München 1992, S. 49 ff.

Luise Schorn-Schütte

Staatsformen in der Frühen Neuzeit

1. Einleitung

Die europäische Frühe Neuzeit umfasst einen Zeitraum (1500–1800), der in seinen Anfängen durch große Kontinuität zum Mittelalter, an seinem Ende durch einen schroffen Bruch, die Französische Revolution (1789), geprägt ist. Dementsprechend weitreichend ist der Wandel, dem innerhalb dieser dreihundert Jahre alle Formen „institutionalisierter Herrschaft" unterlagen. Mit diesem Begriff wird für die Frühe Neuzeit zunächst sehr allgemein umschrieben, was erst in der Begrifflichkeit des 19. Jahrhunderts als „Staat" im modernen Sinne festgelegt wurde[1]. Aufgabe dieses Beitrages ist es deshalb auch zu zeigen, wie stark sprachliche Konventionen die vergangene Realität bestimmen und einengend festlegen. Die Forschung der vergangenen rund vier Jahrzehnte hat sehr klar herausgearbeitet, dass Herrschaftskonzentration nicht einfach als unaufhaltsamer Weg zur „absoluten Monarchie", dem Höhepunkt frühneuzeitlicher Ordnung des Politischen beschrieben werden kann. Einhelliges Urteil ist es inzwischen, dass regional-ständische „Zwischengewalten" (Adel, städtisches Bürgertum, bäuerliche Gemeinschaften, Kirchen) gewichtigen Anteil an der Zentrierung von Herrschaft gehabt haben; es ist deshalb sinnvoll, von einem „Staatsbildungsprozess" in wechselseitiger Prägung durch bewahrende und erneuernde Kräfte des Politischen zu sprechen.

In einem ersten Kapitel wird es um eine Skizze dieser Forschungsdiskussion gehen, mit der die Darstellung der Begriffsbildung „Staat" in der Frühen Neuzeit verbunden ist. Im zweiten Kapitel werden Grundlinien der Entwicklung vom 16. bis zum Ausgang des 18. Jahrhunderts skizziert, wobei drei Typen institutionalisierter Herrschaft unterschieden werden sollen: Republiken, Monarchien, Mischverfassungen. Deren Strukturen und Abfolge waren Gegenstand politiktheoretischer Diskussionen auch der Zeitgenossen selbst, sie machen das dritte Kapitel aus. Den Abschluss bildet eine knappe Zusammenfassung.

1 Bereits Otto Hintze, der Berliner Verfassungshistoriker, hat 1931 auf diese Tatsache nachdrücklich hingewiesen, vgl. ders.: Wesen und Wandlung des modernen Staats, in: Gerhard Oestreich (Hrsg.): Staat und Verfassung. Gesammelte Abhandlungen zur allgemeinen Verfassungsgeschichte, 2. Aufl., Göttingen 1962, S. 470. Einen präzisen Überblick über die Anteile der deutschen Ständeforschung an der Staatsformenlehre seit dem ausgehenden 18. Jahrhundert gibt Kersten Krüger: Die landständische Verfassung, München 2003.

2. Stand der Forschung und Begriffsbildung

Das Nachdenken über Staatsformen stand im Zentrum historischer und juristischer Forschungen seit der Mitte des 19. Jahrhunderts. Entwürfe zur europaweiten Abfolge bestimmter Herrschaftsformen (Stufenlehren), die als Steigerung herrschaftlicher Durchdringung beschrieben wurden, spielten in Geschichtswissenschaft, historischer Nationalökonomie und juristischer Verfassungslehre ab der Mitte des 19. Jahrhunderts eine gewichtige Rolle. Zu verweisen ist auf die Wirtschaftsstufenlehre Wilhelm Roschers und Gustav v. Schmollers, die Verfassungstypenlehre Otto Hintzes und die Herrschaftstypen Otto v. Gierkes. Alle diese Konzepte hatten zum Ergebnis, dass die Zeitspanne zwischen dem Ende des 16. und dem Ende des 18. Jahrhunderts als Zeitalter des „Absolutismus", also einer herrschaftszentrierten Institutionalisierung des Politischen, zu charakterisieren sei.

Allerdings war die jeweilige Begründung abhängig von der zeitgebundenen Sichtweise historischen Wandels. So entstand im Laufe des 19. und zu Beginn des 20. Jahrhunderts eine Folge einander ausschließender Bewertungen des Charakters neuzeitlicher „Staatlichkeit", die die Forschungen auch des ausgehenden 20. Jahrhunderts nie ganz losgelassen haben. Ein eigenständiges, liberal-konstitutionell gefärbtes Bild entwarf v. Gierke, der in seiner Geschichte des Genossenschaftsrechtes fünf Phasen historischer Entwicklung unterschied[2], die am Maßstab eines „vorherrschenden Verfassungsprinzips" charakteristische Vereinsformen der Zeit entwickelten. Am Ende dieser Entwicklung habe der konstitutionelle Staat des ausgehenden 19. Jahrhunderts gestanden.[3] Für v. Gierke existierte keine Hierarchie der herrschaftlichen Bildungen, denn sowohl der Staat als auch die in ihm wirkenden Einungen waren alle nach dem Prinzip der Genossenschaft konstituiert. Diese „Autonomie" der engeren Verbände war für Gierkes Staatsformenlehre von entscheidender Bedeutung.[4]

Die beiden Prinzipien historischer Herrschaftsordnung waren Herrschaft und Genossenschaft, zeitgenössisch identifiziert mit Einheit und Freiheit. Während in der dritten Phase (1200–1525) aufgrund der Prägung durch das Prinzip der freien Einung die Entstehung genossenschaftlich-bündischer Ordnungen möglich wurde, entfaltete sich in der vierten Phase (1525–1806) das Prinzip der Herrschaft in Gestalt der Ausbildung des Obrigkeitsstaates; dies war verbunden mit der Zurückdrängung aller genossenschaftlichen Elemente. Für den Übergang vom Mittelalter in die neueste Zeit spielten demnach die Stände als genossenschaftlich-bündische Politikeinheiten eine entscheidende Rolle, gleichzeitig aber erstarkte seit der Mitte des 16. Jahrhunderts die Idee der Herrschaft in Gestalt der Obrigkeit, es entstand der „Anstaltsstaat". Der Absolutismus des 17./18. Jahrhunderts wurde zum Verbindungsstück zum konstitutionellen Staat des 19. Jahrhunderts erklärt.

2 Siehe dazu Ernst W. Böckenförde: Die deutsche verfassungsgeschichtliche Forschung, Berlin 1961, S. 156 f.
3 Vgl. ebd., S. 147 ff.
4 Vgl. ebd., S. 151.

Gierkes Geschichte der Staatsformen als Wechsel zwischen Herrschaft und Genossenschaft wurde im ausgehenden 19. und beginnenden 20. Jahrhundert zunächst nicht weitergeführt, blieb aber ein gewichtiges Deutungsmuster, das in verschiedenen Varianten immer wieder auflebte. Zunächst aber entstand ein Kampf um den „staatlichen Charakter" des Mittelalters, dessen Verteidigung durch Georg v. Below sich als Kampf um den staatlichen Ursprung der deutschen Monarchie gegen das Unwerturteil durch den Feudalismus darstellte. Letzteres formulierte prägnant die historische Rechtsschule u.a. im Werk des Karl v. Amira und desjenigen von Rudolph Sohm. Auch v. Belows Gegnerschaft gegen eine im Liberalismus wurzelnde Idee einer organischen Staatspersönlichkeit hatte zeitgebundene Gründe; als konservativer Anhänger der Monarchie ging es ihm um den Nachweis des *staatlichen* Ursprungs dieser Herrschaftsform.[5] Auch hinter dem genossenschaftlichen Staatsgedanken v. Gierkes vermutete er verborgenen Republikanismus. Dagegen formulierte v. Below einen anstaltlich-monastischen Staatsbegriff: „Wir fassen den Staat als eine Anstalt auf, welche Zwecken gewidmet ist, die ein höheres, allgemeines Gesamtinteresse bilden."[6] Der Monarch stand in seiner Auffassung nicht innerhalb des Staates als Organ, sondern über ihm als Anstaltsherr.[7] Stände waren bereits im Mittelalter ein Untertanenverband aus bevorzugten Gruppen, der dem Landesherrn gegenüber das Land repräsentierte; da dessen staatlich-obrigkeitliche Gewalt stets schon vorhanden war, waren sie ihr untergeordnet.[8]

v. Belows methodisches Verfahren ist von ihm selbst sehr bewusst gegen die bei v. Gierke u.a. vorausgesetzte Geschichtlichkeit historiographischer Begriffsbildung abgesetzt worden. Während v. Gierke bestritt, dass das „Wesen eines mittelalterlichen Verfassungsinstituts" mit Hilfe der Verwendung moderner Verfassungsbegriffe zu ergründen sei, da diese im Alten Recht gar nicht existierten[9], betonte v. Below, dass die einzige Möglichkeit verfassungsgeschichtlicher Forschung in der Verwendung moderner zeitgenössischer Begriffe liege. Denn die Geschichte als solche sei substanzlos, empirische Wirklichkeit also, die nur durch von außen an sie herangetragene Begriffe Ordnung und Struktur erhalte.[10] Damit waren sowohl methodisch als auch inhaltlich die Positionen markiert, die die Forschung in den folgenden Jahrzehnten in verschiedenen Varianten weiter beschäftigen sollte. Von der Charakterisierung des Verhältnisses zwischen ständischen Zwischengewalten und landesherrlicher Obrigkeit hing der Staatsbegriff ebenso ab wie die Unterscheidung bestimmter Formen von Herrschaft (bzw. „Staatsformen").

5 Vgl. ebd., S. 204 f.; zu v. Below siehe Hans Cymorek: Georg von Below und die deutsche Geschichtswissenschaft um 1900, Stuttgart 1998 sowie Otto Gerhard Oexle: Ein politischer Historiker: Georg von Below (1858–1927), in: Notker Hammerstein (Hrsg.): Deutsche Geschichtswissenschaft um 1900, Stuttgart 1988, S. 283–312.

6 Georg v. Below: Der deutsche Staat des Mittelalters, Bd.1, Heidelberg 1914, S. 174.

7 Vgl. Böckenförde: Forschung (Anm. 2), S. 204.

8 Georg v. Below: Die landständische Verfassung in Jülich-Berg bis zum Jahre 1511, Düsseldorf 1885, Teil 1, S. 4 u.ö.

9 Vgl. Otto v. Gierke: Besprechung von Paul Sander, Feudalstaat und bürgerliche Verfassung, in: Savigny Zeitschrift für Rechtsgeschichte, Germ. Abt., 28 (1912), S. 619 und 613.

10 Siehe dazu Böckenförde: Forschung (Anm. 2), S. 205 f. mit Verweis auf Georg v. Below: Die deutsche Geschichtsschreibung von den Befreiungskriegen bis zu unseren Tagen, 2. Aufl., Berlin 1924, S. 102 f.

Bis zum Zweiten Weltkrieg existierten zwei Forschungsrichtungen innerhalb der europäischen Ständeforschung: einerseits die westeuropäische Gruppe der „Parlamentaristen", der es ausgehend von den eigenen demokratischen Regierungsformen darum ging, Vorformen und Traditionen repräsentativer Institutionen zu identifizieren. Und andererseits die sogenannten „Korporatisten", die vornehmlich den skizzierten deutschen Ansätzen (v. Gierke, v. Below, Hintze) folgten und den ständischen Dualismus, seine verfassungs- und rechtsgeschichtliche Stellung nicht zuletzt vergleichend (Hintze) analysierten.[11] Seit den ausgehenden fünfziger Jahren wurden vornehmlich durch das Engagement der französischen Historiker (speziell Emile Lousse, François Olivier-Martin, F. Dumont) beide Schulen zusammengeführt, eine allmähliche Neuorientierung innerhalb der westeuropäischen Frühneuzeitforschung setzte ein. Sie lässt sich charakterisieren als wachsendes Interesse am *Eigenwert* der ständischen Verfassungen in Europa. Nicht mehr nur die Ständeversammlung als kurzfristiges Gegenüber des Landesherrn fand Interesse; vielmehr ging es um eine nachdrücklich vergleichend angelegte Erforschung des eigenständigen Beitrages, den die Stände (bzw. intermediären Kräfte) bis hin zur Entfaltung eines eigenen Stände- oder Korporativstaates zur Ausbildung herrschaftlicher Ordnungsformen geleistet haben.[12] Dieser Ansatz öffnete den Blick der Historiker für die Vielfalt der Herrschaftsformen in der Frühen Neuzeit, verbunden mit der Einsicht, dass es nicht den „normalen Weg" europäischer Entwicklung von der frühen Neuzeit ins 19. Jahrhundert gegeben hat.

Gewichtige Forschungsimpulse gingen von Otto Brunners methodischen und inhaltlichen Anregungen aus, die er in seinem wie auch immer umstrittenen Buch „Land und Herrschaft" formulierte.[13] Die rechtsgeschichtliche Begrifflichkeit v. Belows überwindend etablierte er dort die konsequent begriffsgeschichtliche Argumentation, mit dem Ergebnis, dass für die Frühe Neuzeit nicht mehr von einer Trennung von Staat und Gesellschaft auszugehen sei; dieses Trennungsdenken nämlich sei das Produkt erst der liberalen Staatslehre des 19. Jahrhunderts. Brunners Einsicht schärfte den Blick für die Wechselseitigkeit der Verbindung zwischen Landesherr und Ständen, die als Land, Landgemeinde u.a. das Land „sind" und es nicht im Sinne des 19. Jahrhunderts (v. Below) repräsentieren. Jener war zu „Schutz und Schirm", diese waren zu „Rat und Hilfe" verpflichtet, beide waren als Herrschaftsträger von Anfang an gleichberechtigt nebeneinander vorhanden. Beide handeln zunächst gemeinsam, später verhandeln beide miteinander. „Der Dualismus des entwickelten Stände-

11 Diese Charakterisierung folgt Gerhard Oestreich: Die ständische Verfassung in der westlichen und in der marxistisch-sowjetischen Geschichtsschreibung, wieder abgedruckt in: ders.: Strukturprobleme der Frühen Neuzeit, Berlin 1980, S. 168 f.

12 Dazu ausführlich Oestreich: Verfassung (Anm. 11).

13 Otto Brunner: Land und Herrschaft. Grundfragen der territorialen Verfassungsgeschichte Österreichs im Mittelalter, 5. Aufl., Wien 1965. Zur Auseinandersetzung mit diesem Werk vgl. u.a. Reinhard Blänkner: Von der „Staatsbildung" zur „Volkwerdung". Otto Brunners Perspektivenwechsel der Verfassungshistorie im Spannungsfeld zwischen völkischem und alteuropäischem Geschichtsdenken, in: Luise Schorn-Schütte (Hrsg.): Alteuropa oder frühe Moderne? Deutungsversuche der Frühen Neuzeit aus dem Krisenbewußtsein der Weimarer Republik in Theologie, Rechts- und Geschichtswissenschaft, Berlin 1999, S. 87–135.

staates erhält also eine andere Ausgangsposition: nicht die einer konstitutionellen Beschränkung des unbeschränkt gedachten Fürsten, sondern die einer Zweisamkeit und ursprünglichen Gleichberechtigung beider."[14]

Ob derartige Eigenschaften trotz nationaler und regionaler Verschiedenheiten als Grundzüge herrschaftlicher Institutionalisierung für ganz Europa geltend gemacht werden könnten, blieb lange Zeit eine umstrittene Frage. Hintze hatte bereits in den ersten Jahrzehnten des 20. Jahrhunderts seine „Typologie der ständischen Verfassungen des Abendlandes"[15] vorgelegt, manche seiner Beobachtungen wurden in den Forschungen der zweiten Hälfte des 20. Jahrhunderts weitergeführt. Dem methodischen Ansatz der Bildung von historischen Typen folgte Werner Näf 1951 und betonte die Existenz einer monarchischen wie einer ständischen „Staatsgewalt" als Grundlage der Entfaltung der Staatsformen in Europa seit dem frühen Mittelalter.[16] Die monarchische war allein zu schwach, um „Staatsbildung" durchzusetzen, sie benötigte die ständische Gewalt als Unterstützung. Ständische Verfassung und der werdende Ständestaat existierten in Gestalt einer Ellipse – Fürst und Stände stehen gleichberechtigt als „staatsfähige" Teile nebeneinander.

Dieser Interpretation schloss sich Fritz Hartung nur bedingt an. Der von Näf und anderen hervorgehobene Dualismus habe einerseits erst ab dem 16./17. Jahrhundert existiert, andererseits sei er stets nur ein Kompromiss zwischen Landesherr und Ständen gewesen; die entwicklungstüchtigere, „vorwärtstreibende" Kraft sei immer das Fürstentum gewesen, die Stände hätten lediglich als Regulativ gegen fürstliche Willkür, finanzielle Misswirtschaft und Landesteilungen eine Rolle gespielt.[17] Hartungs Skepsis bezog sich nicht zuletzt auf den Versuch, Typen herrschaftlicher Institutionalisierung für ganz Europa zu formulieren.

Dennoch beschritt die Forschung den Weg des europäischen Vergleichs mit Hilfe schärferer Konturierung einzelner Entwicklungsphasen weiter. Angesichts des langen Zeitraums und der großen regionalen Unterschiede konzentrierte sich der Versuch Gerhard Oestreichs zunächst auf den deutschen Sprachraum. Er differenzierte die, wie er nachdrücklich betonte, *Mitherrschaft der Stände* in eine zentrale und lokale Ebene einerseits, in eine chronologische Folge andererseits: Der spätmittelalterlichen Frühform eines dualistischen politischen Verbandes folgt die zweite Stufe des „dualistischen Ständestaates" (= Finanzstaat) im 16. Jahrhundert, dem sich als dritte Stufe ab der Mitte des 17. Jahrhunderts der „Militär-, Wirtschafts- und Verwaltungsstaat" angeschlossen habe.[18] Die drei Phasen unter-

14 Oestreich: Verfassung (Anm. 12), S. 170.

15 Veröffentlicht in Gerhard Oestreich (Hrsg.): Otto Hintze, Gesammelte Abhandlungen, Bd. I, Berlin 1992, S. 120–139.

16 Werner Näf: Frühformen des modernen Staats im Mittelalter, in: Historische Zeitschrift, Bd. 171 (1951), S. 225–243.

17 Fritz Hartung: Herrschaftsverträge und ständischer Dualismus in deutschen Territorien, in: ders.: Staatsbildende Kräfte der Neuzeit, Berlin 1961, S. 62–77. Zur hier zitierten Sicht vgl. Oestreich: Verfassung (Anm. 12), S. 171.

18 Diese Zusammenfassung nach Oestreich: Verfassung (Anm. 12), S. 172. Der grundlegende Aufsatz von ihm: Ständetum und Staatsbildung in Deutschland, in: ders.: Geist und Gestalt des frühmodernen Staates, Berlin 1969, S. 277 ff. Siehe auch Krüger: Verfassung (Anm. 1), S. 72 f.

scheiden sich aufgrund der unterschiedlichen Intensität der Zusammenarbeit von Fürst und Ständen. Während für die erste Phase eine Unterstützung des Fürsten auf der zentralen Ebene, aber große ständische Autonomie auf der unteren Ebene zu verzeichnen ist, sind die Stände in der zweiten Phase gleichberechtigte Partner des Fürsten insbesondere in wirtschaftlichen und verwaltungstechnischen Angelegenheiten. Während der dritten Phase konzentriert sich die Wahrung der öffentlichen Angelegenheiten beim Fürsten, aufgrund der Erstarrung der Stände im Eigeninteresse wird ihre Mitregierung zurückgedrängt.

Im Anschluss an Oestreichs allgemein akzeptiertes Phasenmodell hat sich die Forschung verstärkt den sozialgeschichtlichen Aspekten des ständestaatlichen Dualismus zugewandt; denn bereits in dessen Arbeiten, noch stärker aber aufgrund der Forschungen u. a. von Dietrich Gerhard, Francis L. Carsten, Volker Press, Winfried Schulze und schließlich der Untersuchungen zum Anteil der Stände an der Entfaltung frühneuzeitlicher Staatsformen in England und Frankreich wurde deutlich, dass die Amtsträger beider Seiten (Adel, gelehrtes Bürgertum) eine gewichtige Rolle in diesem Prozess gespielt haben.[19] Die Einsicht in diese Strukturen machte deutlich, dass personelle Verflechtungen durchaus eine Gemeinsamkeit zwischen den bislang als gegensätzlich charakterisierten Herrschaftsträgern konstituieren konnten.

Seit der Untersuchung Geoffrey Eltons zur Herrschaft der Tudors im 16. Jahrhundert bestand in der englischen Geschichtsschreibung die Auffassung, dass es weniger eine Konfrontation zwischen Parlament (= Ständevertretung) und Königtum gegeben habe als vielmehr eine enge Kooperation zwischen beiden Seiten, die sich vor allem auch in einer engen personellen Verklammerung niedergeschlagen habe.[20] Erst aufgrund der konfessionellen Zuspitzungen und der monarchischen Machtansprüche unter der Stuartdynastie sei ein Interessengegensatz zwischen den beiden Machtzentren des „Staates“ ausgebrochen. In den Forschungsdebatten der jüngsten Zeit wird allerdings wiederum diese Interpretation in Frage gestellt und hervorgehoben, dass es einen Gegensatz der beiden Machtsphären auch unter den Tudorkönigen durchaus gegeben habe, die Durchsetzungskraft des monarchischen Elements nicht so ausgeprägt gewesen sei, wie es eine Geschichtsschreibung gedeutet hatte, die sich sehr stark auf die Entwicklungspotentiale des monarchischen Teils institutionalisierter Ordnung konzentrierte.[21] Voraussetzung dieser Revision des Bildes waren de-

19 Siehe dazu die, inzwischen schon vielfach eingelöste, Forderung von Winfried Schulze aus dem Jahre 1991, dass die „gesellschaftlichen Grundlagen des politischen Ständewesens“ eingehender zum Forschungsthema gemacht werden sollten; davon könne dann „auch die institutionengeschichtliche Ständeforschung [...] profitieren“. Ders.: Die ständische Gesellschaft im 16./17. Jahrhundert und die moderne historische Forschung, in: Hans Erich Bödeker (Hrsg.): Alteuropa – Ancien régime – Frühe Neuzeit, Stuttgart/Bad Cannstatt 1991, S. 56. Ein Überblick auch bei Krüger: Verfassung (Anm. 1), S. 68–86.

20 Heinrich VIII.: „And further we be informed by our judges that we at no time stand so highly in our estate royal as in the time of Parliament, wherein we as head and you as members are conjoined and knit together into one body politic.“ Zitat nach Geoffrey Elton: The Tudor Constitution. Documents and Commentary, Cambridge 1960, S. 270.

21 Siehe dazu den souveränen Überblick bei Peter Wende: Großbritannien 1500–2000, München 2001, S. 117–122.

taillierte Untersuchungen zur tatsächlichen Wirkung monarchischer Reformpolitik, die ähnlich auch für andere europäische Regionen erarbeitet worden sind. Mit anderen Worten: Die historischen Forschungen konzentrieren sich zur Zeit vermehrt auf die Durchsetzungsfähigkeit der politischen Kräfte. Dadurch werden allzu feste Modellbildungen einerseits in Frage gestellt, andererseits die überall wirksam werdenden Gegenkräfte innerhalb des Prozesses der Herrschaftsinstitutionalisierung intensiver betrachtet. Es ist deshalb nur konsequent, dass sich in den letzten Jahren die Frage nach der Existenz des Absolutismus einerseits, der Realität und Definition von Republikanismus in der Frühneuzeit andererseits gestellt hat.

Auch diese Debatte ging von der englischen Forschung aus. In deutlicher Absetzung von positiven Bewertungen des „Absolutismus" unter Ludwig XIV. durch die französische Geschichtsschreibung (u.a. Emmanuel Le Roy Ladurie) betonte 1992 der englische Historiker Nicholas Henshall im Blick auf England: „The one thing certain about absolutism was that it was never English. Whatever it was England had the opposite."[22] Drei Aspekte des traditionellen Absolutismusbegriffes sind es, die Henshell in Frage stellte.[23] Zum Ersten entspricht dessen Charakterisierung als Regierungsform ohne Mitwirkung der Stände weder der englischen, noch der französischen noch der spanischen noch auch der politischen Realität im Alten Reich. Das Verhältnis zwischen Fürsten und Ständen ist unzutreffend beschrieben, wenn man davon ausgeht, dass einem Gewinn auf der einen Seite stets ein Verlust auf der anderen Seite entsprechen muss.[24] Vielmehr waren Staatsbildung und Standesbildung wechselseitig aufeinander bezogen. Zum Zweiten hat der Monarch nirgendwo aus eigener Machtvollkommenheit neues Recht setzen können. Auch im 17. und 18. Jahrhundert hat die Rechtswahrung den Vorrang vor der Rechtssetzung gehabt. Zum Dritten schließlich hat der „Absolutismus" keineswegs alle partikularen Traditionen der Beratung und Konsensbildung abgelöst. Abgesehen davon, dass selbst der als Theoretiker des Absolutismus geltende Jean Bodin die Rolle intermediärer Gewalten u. a. im Bereich der Haus- und Grundherrschaft nie in Frage stellte[25], gab es tatsächlich eine große Kontinuität der ständischen Institutionen und beratenden Amtsträger. Wenn es Wandel zu konstatieren gilt, so muss dieser im

22 Nicholas Henshall: The Myth of Absolutism: Change and Continuity in Early Modern European Monarchy, London 1992, S. 80.

23 Vgl. zum Folgenden Heinz Duchhardt/Ronald G. Asch: Einleitung. Die Geburt des „Absolutismus" im 17. Jahrhundert: Epochenwende der europäischen Geschichte oder optische Täuschung?, in: dies. (Hrsg.): Der Absolutismus – ein Mythos? Strukturwandel monarchischer Herrschaft, Köln u. a. 1995, S. 3–24. Neuere Gesamtdarstellungen nehmen diese Forschungsdebatten auf; siehe u. a. Günter Vogler: Europas Aufbruch in die Neuzeit 1500–1650, Stuttgart 2003, S. 360–424; Heinz Duchhardt: Europa am Vorabend der Moderne 1650–1800, Stuttgart 2003, S. 372–393.

24 So auch die Argumentation bei Volker Press: Vom „Ständestaat" zum Absolutismus. 50 Thesen zur Entwicklung des Ständewesens in Deutschland, in: Peter Baumgart (Hrsg.): Ständetum und Staatsbildung in Brandenburg-Preußen, Berlin 1983, S. 319–226.

25 Siehe dazu Reinhard Blänkner: „Absolutismus" und „frühmoderner Staat". Probleme und Perspektiven der Forschung, in: Rudolph Vierhaus u. a. (Hrsg.): Frühe Neuzeit – Frühe Moderne? Forschungen zur Vielschichtigkeit von Übergangsprozessen, Göttingen 1992, S. 48–75, hier: S. 59–65.

informellen Bereich wie z. B. im Aufbau neuer Klientel- und Patronagesysteme gesucht und untersucht werden. Eine entsprechend langfristige Veränderung kann als Zunahme der zentralen Rolle des Hofes beschrieben werden.

In der gegenwärtigen Forschung werden diese Thesen unterschiedlich intensiv und im Blick auf nationale Varianten weiterentwickelt. Denn die europaweit wirksamen Faktoren wie Konfessionsbildung, Verrechtlichung der politischen und sozialen Auseinandersetzungen, Entwicklung eines öffentlichen Finanzwesens, Entfaltung einer Militärverfassung haben innerhalb regional/nationaler Grenzen zu unterschiedlichen Graden der Verdichtung der Regierungs- und Herrschaftsformen geführt.[26] Trotz dieser Differenzierungen gelten die Entwicklungen in den Niederlanden und in England weiterhin als europäischer „Sonderweg", so dass die Frage nach dem Normalfall europäischer „Staatsform" in der Frühen Neuzeit angesichts weiterer Varianten für das Alte Reich oder auch für Spanien offen bleibt.

Aufgrund der skizzierten Ergebnisse ist sich die Forschung trotz mancher offener Fragen darin einig, dass Begriff und Gegenstand der „limited monarchy" im Europa der Frühen Neuzeit eine gewichtige Rolle gespielt hat. Charakter und historische Formen jener begrenzenden Kräfte sind deshalb nicht nur innerhalb der Absolutismusforschung zum Gegenstand geworden; sie sind ebenso Teil der dichten Untersuchungen zu Charakter und historischer Form eines frühneuzeitlichen Republikanismus.

Dass es eine derartige Herrschaftsform in der Frühen Neuzeit gegeben habe, betonten die Zeitgenossen selbst. Die italienischen Kommunen bezeichneten sich ebenso wie die deutschen Reichsstädte als Republiken; auch die niederländische und polnische Variante der Herrschaftsorganisation galt den Zeitgenossen als Republik.[27] In Anknüpfung an die geläufige Unterscheidung des Aristoteles wurden sie als Herrschaft der Besten, das heißt in der frühneuzeitlichen Konkretion als Herrschaft des Adels bzw. des städtischen Patriziats verstanden. In diesem Sinne hat die Forschung des 19. und frühen 20. Jahrhunderts Republiken ausdrücklich als Sonderfälle in der Geschichte charakterisiert, die vom monarchischen Normalfall abgewichen seien. Während in der angelsächsischen Geschichtsschreibung an die in der Zwischenkriegszeit formulierten Deutungsmuster eines „Bürgerhumanismus" angeknüpft wurde, um eine „atlantic republican tradition"[28] vom italienischen 15. bis zum nordamerikanisch-kolonialen 18. Jahrhundert zu identifizieren, setzte eine syste-

---

26 Wolfgang Reinhard hat ausdrücklich auf den engen Verbund von militärischen und steuerlichen Erfordernissen bei der Entfaltung frühmoderner „Staatlichkeit" verwiesen: Kriegsstaat, Steuerstaat, Machtstaat, in: Duchhardt/Asch (Hrsg.): Absolutismus (Anm. 23), S. 277–310.

27 Zur Begriffsgeschichte vgl. Wolfgang Mager: Artikel Republik, in: Otto Brunner/Werner Conze/Reinhart Koselleck (Hrsg.): Geschichtliche Grundbegriffe. Historisches Lexikon zur politisch-sozialen Sprache in Deutschland, Bd. 5, Stuttgart 1984, S. 549–651, bes. S. 582–586.

28 John Pocock: The Machiavellian Moment. Florentine Political Thought and the Atlantic Republican Tradition, Princeton 1975. Dazu vgl. auch Daniel T. Rodgers: Republicanism: the Career of a Concept, in: Journal of American History, 79 (1992), S. 11–38.

matische Auseinandersetzung mit dieser Form frühneuzeitlicher Herrschaftsorganisation im deutschsprachigen Raum erst in den ausgehenden achtziger Jahren ein.[29] Es relativiert den Wert dieser Forschungen nicht, wenn auf ihre Einbindung in eine seinerzeit aktuelle Debatte verwiesen wird, die wiederum[30] nach Traditionen des Parlamentarismus in der Geschichte ganz Europas (und damit auch der deutschen) suchte.[31] Als Kriterien für die Identifikation republikanischer Herrschaftsformen u. a. in deutschen Städten dienten deren Konstitutionalität, Formen der Partizipation am Ratsregiment, Öffentlichkeit der Herrschaftsausübung, Existenz von persönlichen Grund- und Freiheitsrechten.[32] Da diese Sicht sehr stark an modernisierungstheoretischen Prämissen orientiert ist, geht sie davon aus, dass alle Formen eines frühneuzeitlichen „Republikanismus" nur „Vorformen" der erst nach 1789 identifizierbaren republikanischen Theorie gewesen sind. Die angelsächsisch-französische Forschung argumentierte dem gegenüber anders. Die Herrschaftsform Republik musste in der Frühneuzeit keineswegs identisch sein mit einer nichtmonarchischen oder gar antimonarchischen Ordnung. Pocock wie Skinner haben herausgestellt, dass „republikanische politische Sprache" charakteristisch sowohl für antimonarchischen Republikanismus als auch für monarchische Herrschaftsformen gewesen ist, sofern es um Freiheit von Willkür (civitas libera) ging.[33] Den Zeitgenossen selbst war diese Realität sehr wohl bewusst, die eben erst moderne Trennung in Monarchie versus Republik war für sie ohne Belang. Als Republik wurde bezeichnet „fundamentally just a state without a king or prince"[34]; zudem war die Herrschaft der Stände maßgeblich. Diese Historisierung der Herrschaftsform ist hilfreich, um die unhistorische Identifikation eines generell guten Republikanismus und einer generell repressiven Monarchie aufzulösen wie sie - im Unterschied zur Forschung des ausgehenden 19. – am Ende des 20. Jahrhunderts häufig anzutreffen ist. Die jüngsten Untersuchungen zum Gegenstand sind sich insofern einig, dass Republik als polyarchische Herrschaftsform mit einem bestimmten Amtsethos und der Betonung der Will-

29 Helmut G. Koenigsberger: Republiken und Republikanismus im Europa der frühen Neuzeit, München 1988, S. IX: „Es gibt viele moderne Studien über einzelne Republiken im Europa der frühen Neuzeit, weniger über den Republikanismus als politische Theorie und fast gar keine über Republiken und Republikanismus als ein beinahe in ganz Europa aufscheinendes Phänomen."

30 Bereits in der Zeit zwischen den beiden Weltkriegen waren aus solchen zeitgebundenen Interessen entsprechende Forschungen aufgenommen worden, siehe dazu weiter oben.

31 Siehe dazu neben den Arbeiten von Karl Bosl und den Untersuchungen zum württembergischen Vorparlamentarismus als Geschichte des Landtages auch die Arbeiten zum Kommunalismus von Peter Blickle, der explizit auf diese Linien verweist u.a. in: ders.: Deutsche Untertanen. Ein Widerspruch, München 1981.

32 So der forschungsleitende Beitrag von Heinz Schilling: Gab es im späten Mittelalter und zu Beginn der Neuzeit in Deutschland einen städtischen „Republikanismus"? Zur politischen Kultur des alteuropäischen Stadtbürgertums, in: Koenigsberger: Republiken (Anm. 29), S. 101–143.

33 Quentin Skinner: The state, in: James Farr/Terence Ball/Russel L. Hanson (Hrsg.): Political Innovation and Conceptual Change (Ideas in context), Cambridge 1989, S. 90–131; Philip Pettit: Republicanism: A Theory of Freedom in Government, Oxford 1997.

34 So die Formulierung bei Herbert H. Rowen: Kingship and republicanism in the seventeenth century: Some reconsiderations, in: Charles H. Carter (Hrsg.): From the Renaissance to Counter-Reformation. Essays in Honor of Garret Mattingly, London 1965, S. 420–432, hier: S. 422, 430 f.

kürfreiheit sowie der Gesetzesbindung politischer Entscheidungen hinreichend beschrieben werden kann.[35]

Die marxistische Geschichtsschreibung hat bis zum Ende der achtziger Jahre des vergangenen Jahrhunderts eine gewichtige Rolle für die hier skizzierte Forschung zu den Formen der Institutionalisierung von Herrschaft gespielt. Ihr trotz nationaler Varianten geschlossenes Geschichtsbild stellte eine dauerhafte Herausforderung für die nichtmarxistische Historiographie dar, was sich seit den siebziger Jahren des vergangenen Jahrhunderts in einer verstärkten Rezeption des Deutungsmusters der frühbürgerlichen Revolution für den Gegensatz zwischen Ständen und Königtum zeigte.

Marx und Engels betrachteten die Monarchie als die den Fortschritt garantierende Herrschaftsform im Zeitalter des Feudalismus. Darin erwiesen sie sich als unverwechselbare Zeitgenossen der Mitte des 19. Jahrhunderts. In ihrer Sicht waren die Stände privilegierte Vertreter von Sonderinteressen, die gegen das Gesamtinteresse und gegen den Fortschritt standen; diesem aber diente die Zentralisierung, die absolute Monarchie musste sich deshalb gegenüber der Ständeherrschaft notwendig durchsetzen.[36] Dieses klassische Bild ist im Laufe der Jahrzehnte wiederholt verändert und ergänzt worden. In den siebziger Jahren wurde es sogar möglich, von „ständischer Monarchie" zu sprechen, sie galt als Epoche des entwickelten Feudalismus in Europa (13.–17. Jahrhundert) und wurde als zentralisierte Form des feudalen Staates charakterisiert. Als Stützen der Ständemonarchie galten a) die unteren und mittleren Schichten der Klasse der Feudalherren, die den Ständestaat zur optimalen Ausbeutung der Bauern benötigten, b) die Bürger der Städte, die mit staatlicher Hilfe die Schaffung eines Binnenmarktes und die Sicherung der Handelswege erhofften, c) soweit vorhanden die Spitzen der freien Bauernschaft. Die vergleichende Untersuchung der Entstehungsgeschichte unterschiedlicher Ständeversammlungen ermöglichte eine Strukturanalyse der europäischen Entwicklungen, eine Typologie im Sinne Otto Hintzes war nicht beabsichtigt. Das Interesse der marxistischen Forschung an der Sozialgeschichte der Ständeversammlungen gab auch der nichtmarxistischen Ständeforschung erheblichen Auftrieb. Im Unterschied zum negativen Urteil der „Klassiker" kam die marxistische Geschichtsschreibung seit den siebziger Jahren des 20. Jahrhunderts zu einem positiven Urteil über den Beitrag der Stände zur Entwicklung der Staatsformen:

---

35 Vgl. Thomas Fröschl: Die frühneuzeitliche Republik. Verfassungsform, Selbstverständnis und Selbstdarstellung der europäischen „Ausnahme" vom 16. zum 18. Jahrhundert, (ungedruckte) Diss. Wien 1981; ders.: Republican Virtues and the Free State: Conceptual Frame and Meaning in Early Modern Europe and North America, in: Allan Ellenius (Hrsg.): Iconography, Propaganda, and Legitimation (The Origins of the Modern State in Europe, 13th to 18th Centuries), Oxford 1998, S. 255–275; Thomas Maissen: Die Geburt der Republik. Politisches Selbstverständnis und Repräsentation in Zürich und der Eidgenossenschaft während der Frühen Neuzeit, Göttingen 2004 [im Druck], mit einem Überblick zum Stand der Forschung; aus einem europäischen Forschungsverbund entstand Martin van Gelderen/Quentin Skinner (Hrsg.): A shared European Heritage, 2. Bde., Cambridge 2002. Für die deutschsprachige Diskussion jetzt Luise Schorn-Schütte (Hrsg.): Aspekte der politischen Kommunikation im Europa des 16. und 17. Jahrhsunders, München 2004.

36 Das Folgende nach Oestreich: Verfassung (Anm. 12).

Die monarchische Gewalt wurde durch die Stände nicht geschwächt, vielmehr unterstützten sie das historisch notwendige Wachsen der Einherrschaft.

Stände galten der marxistischen Forschung als Vorstufe von Klassen, lediglich für die englische Geschichte[37] wurde der Fall einer vorgezogenen Ablösung der feudalen durch die kapitalistische Gesellschaft bereits im 17. Jahrhundert angenommen. Denn der Bürgerkrieg des frühen 17. Jahrhunderts, der zur Enthauptung des Königs führte, wurde in der marxistischen Geschichtsschreibung als ein radikaler Wandel gedeutet, der die Voraussetzungen für die Entfaltung der neuen Gesellschaftsformation schuf. Eine diesen Umbruch tragende Klasse in Gestalt eines voll entwickelten kapitalistischen Bürgertums habe es aber noch nicht gegeben, so dass die Bezeichnung „frühbürgerliche Revolution“ etabliert werden musste.[38]

Der Gang durch die Forschungslandschaft zeigt, dass die Skepsis gegenüber einem exakt bestimmten Staatsbegriff für die Frühe Neuzeit stetig gewachsen ist. Während noch die Historiker des 19. und beginnenden 20. Jahrhunderts ebenso wie die marxistische Geschichtsschreibung uneingeschränkt eine Definition zu geben bereit waren, wird es seit den letzten Jahrzehnten des vergangenen Jahrhunderts zunehmend schwieriger, Einvernehmlichkeit zu erzielen.

Der Grund dafür ist das Methodenbewusstsein der Geschichtswissenschaft, deren Diskussionen um die Konstruktion historischer Realität eine konsequente Fortführung der Historismusdebatten seit den zwanziger Jahren des 20. Jahrhunderts darstellen. Ein Rückgriff auf die heutigen juristischen Definitionsversuche (Staatsgebiet, Staatsvolk, Staatsgewalt) verbietet sich deshalb von selbst. In seiner „Geschichte der Staatsgewalt“ hat denn auch Wolfgang Reinhard dafür plädiert, „statt des zeitlos abstrakten Staates die jeweilige Staatsgewalt mit ihren historisch konkreten Personen und Institutionen in den Mittelpunkt zu stellen, denn dort fanden die Machtbildungsprozesse statt, deren institutionalisierte Endstufe ‚Staat‘ heißt“.[39] Über das, was in diesem Sinne „Staatsgewalt“ heißt, ist weiterhin zu diskutieren. Denn auch dieser Vorschlag geht davon aus, dass es eine intersubjektiv kommunizierbare Definition dessen geben kann, was als Staatsgewalt bezeichnet werden soll. Aber nicht nur das methodische Problem der Projektion zeitgenössischer Begriffe in die Vergangenheit verbietet ein solches Verfahren, sondern auch das durch Hermeneutik und moderne Wissenschaftstheorie geschärfte Verständnis vom Charakter historischer Realität als „Konstrukt“.[40] In diesem Sinne ist der „Staat“ jeder historischen Epoche eine Erfindung.

---

37 Auch für den deutschen Bauernkrieg in Verbindung mit reformatorischen Bewegungen im Süden des Reiches wurde dieses Deutungsmuster angenommen; die deutsche Variante aber kann unter der hier interessierenden Perspektive außer Acht gelassen werden.

38 Siehe zusammenfassend Wende: Großbritannien (Anm. 21), S. 126–128.

39 Wolfgang Reinhard: Geschichte der Staatsgewalt. Eine vergleichende Verfassungsgeschichte Europas von den Anfängen bis zur Gegenwart, München 1999, S. 16.

40 Eine gute Zusammenfassung dieser Diskussionen aus dem Blickwinkel der Geschichtswissenschaft bei Joachim Eibach/Günther Lottes (Hrsg.): Kompass der Geschichtswissenschaft, Göttingen 2002.

Zur Zeit ist sich die Forschung insoweit einig, als zu diesem Prozess in jedem Fall die Verfügung über Machtmittel und die Fähigkeit, diese zur Durchsetzung eigener und von Gruppeninteressen einzusetzen, zu zählen ist. Diese konnte in der historischen Realität auf verschiedene soziale Gruppen verteilt sein, auf Stände ebenso wie Monarchen, auf Stadträte ebenso wie Zünfte.[41] Insofern ist die Sozialgeschichte der Führungsgruppen/Eliten Teil der Debatte über einen frühneuzeitlichen „Staatsbegriff". Jede Form institutionalisierter Herrschaft wird durch solche Eliten geführt, sie werden als Machteliten bezeichnet.[42] Je nach der Art ihrer Rekrutierung können sie als Werteliten (die Auswahl der Besten) oder als Funktionseliten (Auswahl der für ihre Aufgabe besonders geeigneten z. B. durch Bildung) charakterisiert werden; beide Gruppen können sich auch ergänzen. Vergleichende Forschungen zur europäischen Geschichte des Wachsens der Machteliten und des so verstandenen Prozesses der „Staatsbildung" hat die European Science Foundation in einem groß angelegten Forschungsprojekt seit gut einem Jahrzehnt gefördert.[43] Die jetzt vorgelegten Ergebnisse gehen durchaus nicht von einem gemeinsam definierten Begriff „des" Staates aus. Als Ergebnis kann vielmehr allein festgehalten werden, dass es plausibel erscheint, die verschiedenen Phasen der Institutionalisierung von Herrschaft durch entsprechende Eliten als Abfolge von „Staatsformen" zu bezeichnen. *Den* Prozess der Staatsbildung gibt es in der europäischen Geschichte des 16.–18. Jahrhunderts deshalb ebenso wenig wie *den* Begriff des „Staates".

3. Grundlinien der historischen Entwicklung

3.1. Monarchien

Zahlreiche der europäischen Herrschaftsordnungen der Frühen Neuzeit waren Monarchien (z. B. Frankreich, Schweden, Spanien, die Mehrzahl der Territorien des Alten Reichs); einige lassen sich als Republiken beschreiben (Polen, Niederlande, Schweiz), alle anderen müssen als Mischverfassungen charakterisiert werden.[44] Diese Bezeichnungen folgen den klassischen aristotelischen Herr-

41 Nachweise z. B. Michael Mann: The Sources of Social Power, 2 Bde., Cambridge 1986–93; Max Weber: Wirtschaft und Gesellschaft (Studienausgabe), Köln/Berlin 1964.

42 Siehe dazu Wolfgang Reinhard: Introduction: Power Elites, State Servants, Ruling Classes and the Growth of State Power, in:. ders. (Hrsg.): Power Elites and State Building ESF, New York 1996, S. 1–18.

43 Nachweise aller Bände vgl. ebd.

44 Van Dülmen verwendet in seiner Darstellung 1978 noch drei andere Begriffe, die sich im Kern auf den gleichen historischen Bestand beziehen, aber in den Bezeichnungen dem damaligen Forschungsstand verhaftet sind: absolutistischer, ‚libertärer' und adliger Ständestaat; siehe Richard van Dülmen: Entstehung des frühneuzeitlichen Europa 1550–1648, Hamburg 1982, S. 178. – Russland wird in dieser Darstellung, obgleich stark autokratische Monarchie, nicht eigens charakterisiert, weil es bis zur Mitte des 18. Jahrhunderts in verfassungs-, sozial- und kirchengeschichtlicher Hinsicht in deutlicher Distanz zum lateinischen Europa stand. Dazu knapp Heinz Schilling: Die neue Zeit. Vom Christenheitseuropa zum Europa der Staaten 1250–1750, Berlin 1999, S. 173. Ausführlicher Vogler: Aufbruch (Anm. 23), S. 184–203.

schaftsformen, ohne damit auf eine verbindliche Typenbildung zu zielen. Denn auch sie ist aufgrund ihrer Zeitbindung kein für immer taugliches Arbeitsinstrument.[45] Vielmehr geht es hier um die Beschreibung historischer Grundmuster, zwischen denen selbstverständlich immer fließende Übergänge bestehen, deren Strukturen sich aber mit Hilfe bestimmter Merkmale voneinander unterscheiden lassen. Gewichtigstes Merkmal dabei ist das Verhältnis zwischen den verschiedenen Ebenen der Machtausübung, die sich für die frühneuzeitliche Realität als Verhältnis zwischen herrschenden Dynastien und solchen Machteliten (Stände u. a.) benennen lassen, die Teilhaberechte an der Herrschaft geltend machten. Wolfgang Reinhard hat diese Beziehungen in drei Ebenen sortiert (Mikro-, Meso- und Makroebene) und ihnen eine Entwicklungsrichtung beigelegt.[46]

Monarchien sind gekennzeichnet durch Dynastien als Träger der Herrschaft mit der Absicht, sie zu steigern. In diesem Sinne gilt *Frankreich* als klassischer Fall institutionalisierter monarchischer Herrschaft. Klassischen „Absolutismus" im Sinne des 19./20. Jahrhunderts hat es aber auch in Frankreich nie gegeben, stets blieb es bei einem in seiner Intensität unterschiedlich zu gewichtenden Spannungszustand zwischen dynastischem Machtanspruch und dem Herrschaftsanspruch der ständischen Adelsgesellschaft. Zu Recht ist in der Forschung betont worden, dass die seit dem frühen Mittelalter feste Verankerung des Königtums für die französische Geschichte eine gewichtige Rolle gespielt hat. Die dynastische Kontinuität der Familien Bourbon und Valois (vom Hohen Mittelalter bis zum Beginn des 19. Jahrhunderts) hat diese Entwicklung begünstigt, auch in den Krisenzeiten des ausgehenden 16. und des 17. Jahrhunderts wäre eine Beseitigung der Monarchie nicht möglich gewesen. Ab etwa 1200 galt die Erblichkeit der Königswürde, die so genannten Grundgesetze (Lois fondamentales) des Königreiches festigten bis zum Beginn des 16. Jahrhunderts die monarchischen Strukturen. Dazu gehörten v.a. die Unveräußerlichkeit der Krondomäne und der Kronrechte, auf die der König bei seiner Krönung einen Eid zu leisten hatte. Auch die Festlegung von Paris als zentralem Herrschaftssitz und die Ausbildung eines „antispanischen" Hofzeremoniells im Laufe des 16. Jahrhunderts trugen zur Stärkung der monarchischen Souveränität im Innern bei; die faktische Kraft von Herrschaftssymbolen wird hier greifbar. Das galt auch für die sakralen Züge, die der Königswürde anhafteten (rex christianissimus). Zumindest in der Theorie besaß der König deshalb auch uneingeschränkt Recht setzende und Recht sprechende Kompetenzen (si veut le roi, si veut la loi), alle Franzosen waren dem König als Untertanen direkt unterstellt (= Immediatverhältnis). Das hatte u. a. die nützliche Folge, dass sein Zugriff auf ihre Steuerkraft durch keinerlei Zwischeninstanzen „gestört" wurde.

Neben dieser Stärkung des königlichen Amtes führte der systematische Aufbau von Verwaltungsorganen, die wie die Intendantur der zentralen Ebene zugeordnet waren, von Beginn des 16. Jahrhunderts an zur weiteren Festigung der mo-

45 Siehe dazu auch Reinhard: Staatsgewalt (Anm. 39), S. 19.
46 Ebd., S. 23–26.

narchischen Regierungsform. Mit Hilfe des Verkaufs der Ämter an das wohlhabende Handelsbürgertum gelang dem König einerseits die Reduzierung seiner chronischen Geldnot. Andererseits entwickelte sich dieser als „Ämterkauf" bekannte Mechanismus zur Integrationskraft für das Bürgertum in die höfisch-adelige Gesellschaft. Über lange Zeit war damit die Ausbildung einer Oppositionsbewegung des „Dritten Standes" (le tiers état = weder adliger noch geistlicher Stand) verhindert, die in anderen europäischen Regionen deutlich konkretere Züge entfaltete. Auch der Adel wurde in das prestigeträchtige Ämterwesen eingebunden; Ständeversammlungen spielten seit dem 16. Jahrhundert nur noch auf der regionalen Ebene eine Rolle. Nicht die Generalstände bewahrten ihre politische Funktion wie u. a. in England oder in den Niederlanden, sondern die Regionalstände einiger Landschaften wie z. B. des Languedoc, der Bretagne und Burgunds.

Eine Bewährungsprobe für diese sich dynastisch zentrierende Herrschaftsform bildeten die konfessionellen Bürgerkriege seit der Mitte des 16. Jahrhunderts. Nur wenige Länder sind durch Konfessionskriege und Aufstände derart erschüttert worden wie Frankreich. Drei hochadlige Familienparteien (Bourbon, Guise, Montmorency) kämpften um die dynastisch-konfessionelle Vorherrschaft, die Verzahnung von Religion und Politik gab diesen Kontroversen ihre besondere Schubkraft. Die Stärke des Königtums zeigte sich aber gerade darin, „wie rasch der Thronerbe Heinrich IV. Bourbon (1589/98–1610) die Macht der Krone wiederherstellen konnte, sobald er 1593 zum Katholizismus übergetreten war und sich dem Krönungsritual unterzogen hatte."[47] Heinrich gilt deshalb als Erneuerer des absoluten Machtanspruches der Monarchie, weiter ausgebaut wurde er durch Richelieu (1624–1642) und Mazarin (1643–1661), seinen Höhepunkt erlebte er unter Ludwig XIV. (1643/61–1715). Die Befriedung des Calvinismus und seine Trennung von der Adelsfronde im Edikt von Nantes (1598) kann als Sieg des Königs über die Stände charakterisiert werden. Damit begann die Trennung von Religion und Politik, die zur neuerlichen Stärkung eines über den konfessionellen Parteiungen stehenden Königs führte.

Immer aber blieb auch der französische König an die Prinzipien des Naturrechts – Billigkeit (aequitas) und Gemeinwohl – gebunden; dem positiven Recht allerdings war er nicht unterworfen. Nur darauf also bezog sich die Formulierung Bodins vom „rex ab legibus solutus". Und ein anderer Theoretiker des monarchischen Staates, Jean Bénigne Bossuet, forderte die freiwillige, weil moralisch gebotene Unterwerfung des Königs unter das von ihm formulierte Gesetz. Auch in der politischen Realität war der starke französische Monarch keineswegs ohne Kontrolle oder gar frei von Widerstand gegen ein allzu autokratisches Regierungshandeln. So besaßen die kollegialen Obergerichte in den Regionen, die Parlamente, die Aufgabe, die königlichen Gesetze/Verfügungen aufzuzeichnen, woraus sie ein Recht der Kontrolle und der

47 Ebd., S. 64; die innen- und außenpolitische Stabilisierung betont auch Vogler: Aufbruch (Anm. 23), S. 142 f.

Verweigerung der Registrierung ableiteten. Die politisch wirksame Kritik der Parlamente gipfelte in deren Beteiligung an der Fronde (1648–1653), jener Adelsopposition also, die sich gegen die Alleinherrschaft des Ersten Ministers Mazarin richtete. Selbst wenn diese Opposition unter Ludwig XIV. eingegrenzt wurde und die Parlamente unter dessen Nachfolger ganz abgeschafft wurden, ist doch die Realität der Obrigkeitskritik innerhalb des Herrschaftsapparates selbst eine nicht zu unterschätzende Tatsache.

Darüber hinaus existierte während der gesamten Frühen Neuzeit eine wirksame Kontrolle von Seiten der adligen und bürgerlichen Eliten, die als Steuerzahler für den König eine unverzichtbare Rolle spielten. Ihre Unwilligkeit, den königlichen politischen Zielen uneingeschränkt zu folgen, zwang den König immer wieder zu Verhandlungen mit diesen Gruppen. Das auf Dauer wirkungsvollste politische Mittel des Königtums war deshalb die planmäßige politische Patronage „zwecks Aufbau einer zuverlässigen Anhängerschaft und Neutralisierung oppositioneller Faktionen."[48]

Die Entwicklung der monarchischen Herrschaftsordnung vollzog sich in Schweden unter anderen Bedingungen als in Frankreich. Das nordeuropäische Land war schwach besiedelt, politischen Regionalismus kannte es kaum. Auch das 16./17. Jahrhundert brachte keine nennenswerten sozialen oder ökonomischen Konflikte, und eine gravierende Veränderung der Kräfteverhältnisse zwischen Königtum und Ständen aufgrund der Reformation ist ebenfalls nicht zu verzeichnen. Das städtische Bürgertum war politisch von untergeordneter Bedeutung, die eigentlichen Befugnisse lagen noch im Mittelalter in der Hand einiger weniger hochadliger Familien, aus denen sich der Reichsrat, das zentrale ständische Entscheidungsgremium, rekrutierte. Es beanspruchte nicht nur das Recht der Königswahl, sondern auch die gleichgewichtige Regierung neben dem König: „met rads rade" (mit Hilfe des Rates des Rats). Ab Beginn des 16. Jahrhunderts verstetigte sich die Versammlung aller Stände (Adel, Geistlichkeit, Kronbauern, Stadtbürger) zum Reichstag, der seine politische Mitsprache wirksam geltend machen konnte. Insofern findet sich in Schweden seit der Frühen Neuzeit jene verfassungsmäßige Trias von König-Reichsrat-Reichstag, die in der Forschung auch als Mischverfassung aus „monarchischer Majestas, aristokratischer Auctoritas und demokratischer Libertas" gedeutet worden ist.[49] Wenn Schweden dennoch als Monarchie charakterisiert wird, so deshalb, weil die Zeitgenossen selbst den König als „rex absolutus" bezeichneten und damit das innenpolitische Vorrecht (Prärogative) des Königs zur Gesetzgebung und seine Souveränität in der Außenpolitik meinten. Das Charakteristikum der schwedischen Herrschaftsform war ein ausgewogenes Verhältnis zwischen einem starken Königtum und einer einflussreichen Ständevertretung (Reichstag), das sich in der Anerkennung der Prärogative durch den Reichstag einerseits, die Sicherung der Rechte des Adels durch den König andererseits

48 Reinhard: Staatsgewalt (Anm. 39), S. 66; zum Ganzen Vogler: Aufbruch (Anm. 23), S. 145–148.
49 So die Zusammenfassung bei Reinhard: Staatsgewalt (Anm. 39), S. 75.

zeigte.[50] Zeittypische Stufen auf dem Weg dorthin waren die Einführung der Erbmonarchie 1544 (Begründung des Hauses Vasa), die ökonomische und politische Stärkung des Königtums im Zuge der Einführung der Reformation (Enteignung des Kirchengutes, Übertragung der Kirchenherrschaft auf den König), schließlich die Wahrung einer nicht unerheblichen Unabhängigkeit vom Steuerbewilligungsrecht der Stände, die auf der Verfügungsgewalt des Königs über die reichen Kupfer- und Eisenerzvorkommen beruhte. Der Aufbau des Heeres und die Kriegsfinanzierung konnten im 17. Jahrhundert allerdings nur mit Hilfe des Verkaufs des Krongutes an den Hochadel gelingen. Karl XI. (1655–1697) befreite sich von diesen Bindungen unter Ausnutzung des Interessengegensatzes zwischen Reichsrat und Reichstag. Die Souveränitätserklärung von 1693 entband den König zwar von der Unterwerfung unter das positive schwedische Recht; die Formulierung aber, dass er „nach eigenem Belieben und als ein christlicher König" regieren könne, zeigt, dass seine Unterordnung unter das göttliche Gebot weiterhin selbstverständlich galt.[51]

Eine wiederum andere Entwicklung vollzog sich in *Spanien,* dessen Institutionalisierung als Monarchie mit der Zusammenführung der beiden Königreiche Aragon und Kastilien (1479) ihren Anfang nahm. Eine gesamtiberische Monarchie allerdings kam nicht zustande, lediglich in der Zeitspanne von 1580-1640 waren Portugal und die spanischen Königreiche in Personalunion miteinander verbunden. Die regionale Vielgestaltigkeit blieb für die spanische Monarchie bis weit in das 19. Jahrhundert prägend, die Spanier selbst bezeichneten ihren König über Jahrhunderte nicht als König von Spanien, sondern als „Rey de las Espanas". Da das Lehnswesen in den verschiedenen Teilkönigreichen unterschiedlich stark ausgebildet war, war auch die Autonomie der Adelsherrschaften unterschiedlich groß, dementsprechend differenziert war die Autonomie der Stände ausgeprägt.[52] Unter Karl I. (als Kaiser Karl V.) und seinem Sohn Philipp II. gelang es, einige gewichtige Zeichen und Instrumente einer zentralen Monarchie zu etablieren bzw. zu verstärken. Dazu gehörten neben der einigenden Dynastie und dem traditionellen Herrschaftsanspruch des kastilischen Adels vor allem der Ausbau einer zentralen Verwaltung und deren Besetzung mit bürgerlichen Räten, die als Funktionselite die zentrale Herrschaft sichern sollte. Die Errichtung des Eskorial als bauliches Zeichen zentraler politischer Herrschaft, religiöser Einheit und einer integrierenden Verwaltung war ebenso wichtig wie die Etablierung des spanischen Hofzeremoniells. Die Niederwerfung des Communero-Aufstandes in Kastilien (1521) war ein nachhaltiger Schritt zur Einbindung der kastilischen Stände in eine monarchische Herrschaftsordnung, andere Teile des spanischen Reiches aber (Katalonien, Valencia, Aragon und natürlich auch Portugal) blieben autonome Vizekönigtümer, die sich wiederholt gegen die Versuche wehrten, ihre regionale

50 In anderer Gewichtung („antiabsolutistische Freiheitsgesellschaft auf monarchischer Grundlage") bei Schilling: Die neue Zeit (Anm. 44), S. 168.

51 Anders in der Interpretation von Reinhard: Staatsgewalt (Anm. 39). Siehe die Hinweise bei Duchhardt: Europa (Anm. 23), S. 290 f.)

52 Das Königreich Aragon stand in einer Tradition starker Stände, das Königreich Kastilien dagegen verfügte mit seinen Cortes über eher schwache Stände. Dazu auch Vogler: Aufbruch (Anm. 23), S. 80 f.

Autonomie zu beschneiden (Aufstände z.B. in Aragon 1591, Portugal 1640, Katalonien 1640–1652). Dessen ungeachtet stärkte die konfessionelle Geschlossenheit des spanischen Reiches, die nicht zuletzt mit Hilfe der Inquisition erreicht werden konnte, die gesamtspanische Monarchie als Herrschaftsordnung.[53] Im Unterschied zu Frankreich oder auch England verstand sie sich aber nie als sakrale Herrschaft. Stattdessen ging es u.a. mit Hilfe der Selbstkrönung der Könige um eine Demonstration uneingeschränkter Herrschaft gerade gegenüber der Kirche. Für die Legitimität des Königtums entscheidend waren indes die Proklamation und Vereidigung eines neuen Herrschers sowie der im Anschluss daran zu leistende Treueeid der Untertanen. Wie in Schweden wurden auch im Spanien der Frühen Neuzeit die Könige durch die Zeitgenossen selbst als absolute Monarchen, als „poderio real absoluto", bezeichnet.[54] Und wie in Schweden war mit diesem Begriff das alleinige Gesetzgebungsrecht des Königs ebenso wie sein Recht zur Rechtsprechung benannt, das aber sowohl im Norden als auch im Süden Europas nicht uneingeschränkt galt; vielmehr sollten sich die königlichen Gesetze und Verfügungen im Rahmen des allgemeinen Rechts bewegen. Das Recht zur Registrierung aller königlichen Gesetze besaß in Spanien (den französischen Verhältnissen vergleichbar) der Kastilienrat; damit bestand hier ebenfalls die Möglichkeit, Gesetzesinitiativen des Königs wirkungsvoll zu kontrollieren und gegebenenfalls zu unterlaufen.[55]

Brandenburg-Preußen firmiert in der europäischen Geschichtsschreibung seit jeher als Musterfall einer „absoluten" Monarchie. Aber auch für diese Variante herrschaftlicher Institutionalisierung innerhalb des deutschsprachigen Raumes gilt das, was für Frankreich, Schweden und Spanien festgehalten wurde: „Klassischen" Absolutismus im Sinne des 19./20. Jahrhunderts hat es im Brandenburg-Preußen der Frühen Neuzeit nicht gegeben. Das Charakteristikum seiner Entwicklung bestand in der Arrondierung des territorialen Streubesitzes im Laufe des 16. und 17. Jahrhunderts einerseits, in der politischen Vereinheitlichung und sozialen Integration dieser unterschiedlichen Regionen durch die ursprünglich schwäbische, dann fränkische Dynastie der Hohenzollern andererseits.[56] Deren aktive Rolle war angesichts eines weithin fehlenden einigenden Bandes zwischen den Regionen besonders gefordert; es ist deshalb nicht verwunderlich, dass alle politischen Maßnahmen, die dieser Integration zuträglich sein konnten, nachdrücklich wahrgenommen wurden. Neben den traditionalen Elementen (Unteilbarkeit des Landes, Primogenitur 1603) zählen dazu eine gemeinsame Konfession und eine möglichst effektive zentrale Verwaltung. Damit aber riefen die Kurfürsten sogleich den zeitgenössisch starken ständisch-regionalen Widerstand in ihren Territorien hervor, der nur im Rahmen jahr-

53 Eine andere Gewichtung wiederum bei Schilling: Die neue Zeit (Anm. 44), S. 75 f., der die konfessionelle Geschlossenheit als Beginn einer nationalen spanischen Identität charakterisiert. Die Forschung urteilt hier nicht einheitlich.

54 Siehe Reinhard: Staatsgewalt (Anm. 39), S. 67. Ähnlich Duchhardt: Europa (Anm. 23), S. 361–363.

55 „Gehorchen, aber nicht ausführen" war eine berühmte zeitgenössische Formel für diese Kontrollmöglichkeit, siehe Reinhard: Staatsgewalt (Anm. 39), S. 68.

56 1415 Erwerb des Kurfürstentums Brandenburg, 1618 Erwerb des Herzogtums Preußen, 1648 Bistümer Cammin, Halberstadt, Minden u.a.; seit 1701: Königreich in Preußen.

zehntelanger Auseinandersetzungen zu einer einvernehmlichen Übereinkunft gebracht werden konnte. Der Versuch, mit Hilfe der Konversion zum Calvinismus (1613) eine einheitliche Konfession für die mehrheitlich lutherische, in einer Minderheit aber katholische Bevölkerung durchzusetzen, schlug allerdings fehl. Fortan gehörten das Herrscherhaus und einige wenige Angehörige der Führungsgruppen einer dritten Konfession an. Ob stattdessen Neostoizismus und Hallescher Pietismus eine vergleichbare Integrationskraft entfaltet haben, bleibt Vermutung.[57] Auf der Basis eines kurzfristigen Bündnisses von lutherischer Geistlichkeit und kurmärkischen Landständen hatte es bereits gegen die Konfessionsvereinheitlichung des Landes 1614/1615 nachhaltige und erfolgreiche Opposition gegeben.[58] Ab Mitte des Jahrhunderts setzte sich der ständische Widerstand fort gegen die Maßnahmen der Kurfürsten zur Zentralisierung der Verwaltung und zur Begrenzung der ständischen Steuerbewilligungsrechte. In gelegentlich dramatischen Konflikten konnten die Stände unter Kurfürst Friedrich Wilhelm (1640–1688) ihre Positionen noch einmal behaupten, die regelmäßige Steuerbewilligung für den Aufbau eines stehenden Heeres aber setzte dieser 1653 durch und gewann damit eine innen- wie außenpolitische Handlungsfreiheit, von der auch seine Nachfolger profitierten. Unter König Friedrich Wilhelm I. (1713–1740) bestimmte der Ausbau des Heeres alle weiteren Politikfelder, fortan war die militärische Disziplinierung der Gesellschaft ein Charakteristikum des brandenburgisch-preußischen Gemeinwesens. Im Sinne seines patriarchalischen Amtsverständnisses betrachtete der König das Verhältnis zwischen Obrigkeit und Untertanen durchaus als ein wechselseitig verpflichtendes: Nur der fürsorgende Landesvater konnte den Gehorsam seiner Untertanen erwarten. Seine Bindung an die von ihm gegebenen Gesetze stand außer Frage; auch sein Nachfolger, König Friedrich II., hat dieses Prinzip nicht in Frage gestellt.

3.2. Republiken

Im Sinne der aristotelischen Herrschaftsformenlehre galten Republiken als die „Herrschaft der Besten“. Der Stellenwert dieser Definition war in der Realität der Frühen Neuzeit durchaus groß, das politische Selbstverständnis der Stände (des Adels ebenso wie des Bürgertums)[59] beruhte auf der Annahme, dass Herrschaft verteilt ausgeübt werden müsse. Der Begriff „Republik“ begegnete sowohl zur Kennzeichnung von Reichsstädten als auch der italienischen Stadtstaaten und von Territorialherrschaften wie den Niederlanden, Polen und der Eidgenossenschaft.[60]

57 Diese Wirkung allerdings betont Reinhard: Staatsgewalt (Anm. 39), S. 57. Relativierend Duchhardt: Europa (Anm. 23), S. 272 f.

58 Vgl. den Rezess des Kurfürsten Johann Sigismund vom Februar 1615; zum Ganzen zuletzt Bodo Nischan: Prince, People and Confession. The Second Reformation in Brandenburg, Philadelphia 1994, bes. S. 246 ff.

59 Unter dieser Voraussetzung gehören alle Ständerepubliken in eine Gruppe der Herrschaftsorganisation, anders van Dülmen: Entstehung (Anm. 44), S. 185 ff.

60 Dazu zusammenfassend Wolfgang Mager: Republikanismus, in: Peter Blickle (Hrsg.): Verborgene republikanische Traditionen in Oberschwaben, Tübingen 1998, S. 243–260; anregend auch Martin van Gelderen: Republikanismus in Europa. Deutsch-niederländische Perspektiven 1580–1650, in: Schorn-Schütte (Hrsg.): Aspekte (Anm. 35), S. 283–309.

Als Adelsrepublik, als adliger „Ständestaat" gilt übereinstimmend Polen. Der frühneuzeitspezifische Konflikt zwischen Ständen und Königtum wurde hier zugunsten des dominanten Adelsstandes entschieden, der die politische Rolle der Partikularkräfte mit Hilfe von Generalständeversammlungen *(sejm)* und eines Wahlkönigtums gegen Versuche monarchischer Zentrierung auf Dauer zu institutionalisieren vermochte.[61] Obgleich das Wahlkönigtum Polen seit dem ausgehenden 14. Jahrhundert mit der Erbmonarchie Litauen vertraglich verbunden war, blieb jede Wahl des polnischen Königs Verhandlungssache und führte zu steter Kompetenzerweiterung des polnischen Adels. Nur mit Zustimmung des 1493 tagenden überregionalen *sejm* (zusammengesetzt aus dem königlichen Rat = Senat und aus gewählten Vertretern der regionalen Landtage = Landboten) konnten Steuern erhoben werden und Militäraktionen des Königs stattfinden; seit der Konstitution von Radom (1509) war jegliche königliche Gesetzgebung von der Zustimmung der Ständeversammlung abhängig.[62] Die Gleichrangigkeit aller drei Verfassungsinstitutionen (König, Senat, Landbotenkammer) war festgeschrieben.

Die wechselseitigen Spielräume der drei Institute blieben bis in die Mitte des 17. Jahrhunderts konstitutiv für die polnische res publica. So konnte der sejm zwar Steuern verweigern, aber ohne die Zustimmung des Königs keine Gesetze verabschieden. Zudem lag das Recht zur Einberufung des Reichstages beim König und nur er konnte neue Magnaten in den sejm berufen. Mit der Verwirklichung der Realunion zwischen Polen und Litauen (1569) und der damit verbundenen freien Königswahl in beiden Königreichen verschoben sich die Gewichte allmählich zu Gunsten der ständischen Kräfte. In einer doppelten Wahlkapitulation wurde der König der Aufsicht eines ständigen Senatsausschusses unterstellt, dem Adel wurde ein Widerstandsrecht gegen ungerechte Herrschaft ausdrücklich zuerkannt. Relevanz aber erhielten diese Festlegungen erst nach der Mitte des 17. Jahrhunderts, als in der militärischen Niederlage gegen die auswärtigen Mächte die inneren Machtstrukturen ihren Zusammenhang verloren. Die Desintegration des politischen Systems vollzog sich allmählich, so dass trotz weitgehender politischer Reformen am Ende des 18. Jahrhunderts die Teilungen das Land für geraume Zeit vollständig von der Landkarte verschwinden ließen.

Einen anderen Weg zur Republik ging die *Eidgenossenschaft.* Zum Corpus helveticum des 17./18. Jahrhunderts gehörten neben den 13 Orten (seit 1513 als Bund zusammengeschlossen) die Republik der drei Bünde (Graubünden)

61 Zum Folgenden vgl. Reinhard: Staatsgewalt (Anm. 39), S. 77–79; sowie Vogler: Aufbruch (Anm. 23), S. 206–213.

62 Das berühmte Statut „nihil novi" im Wortlaut bei Gotthold Rohde: Polen-Litauen vom Ende der Verbindung mit Ungarn bis zum Ende der Vasas (1444-1669), in: Josef Engel (Hrsg.): Handbuch der europäischen Geschichte, Bd. 3: Die Entstehung des neuzeitlichen Europa, Stuttgart 1971, S. 1006-1060, hier: S. 1018: „Nihil novi constitui debeat per Nos et successores nostros sine communi Consiliariorum et Nuntiorum Terrestrium consensu." Zur Einbindung der polnischen Entwicklungen in die Republikanismusdebatte Michael G. Müller: „Nicht für die Religion selbst ..." Bekenntnispolitik und Respublica-Verständnis in Polen-Litauen, in: Schorn-Schütte (Hrsg.): Aspekte (Anm. 35), S. 311–328.

und das Wallis. Deren Kern war im Hochmittelalter aus einem Landfriedensbund hervorgegangen, der sich erfolgreich gegen die Versuche der Habsburgischen Dynastie behauptet hatte, ihren Machtbereich in die alpenländische Region auszudehnen. Bis 1798 war dieses corpus kein Bund, lediglich ein Bundesgeflecht; einzelne Orte waren mit anderen einzeln oder in Gruppen verbündet, nie aber alle mit allen. Das Ausscheiden dieser Gemeinschaft aus dem Reichsverband war seit den Anfängen der Reichsreform (1495) faktisch vollzogen, sie hätte ein zu großes Maß an Vereinheitlichung bedeutet; endgültig erfolgte die Lösung 1648. Gleichwohl gab es ein gemeinsames Organ zur Beschlussfassung, die *Tagsatzung,* die sich seit dem 14. Jahrhundert aus der alltäglichen Verwaltungspraxis entwickelt hatte. Sie setzte sich zusammen aus jeweils zwei Vertretern der 13 Orte und je einem Vertreter der zugewandten Orte (u.a. das Wallis und Graubünden). Häufiges Zusammentreten war die Praxis, entschieden wurde aufgrund schriftlicher Instruktionen nach dem Mehrheitsprinzip. Die Praxis dieser bündischen Gemeinsamkeit war alles andere als problemlos. Neben den Empfindlichkeiten zwischen großen und kleinen Orten, zwischen Städten und Länderorten blieb seit der Mitte des 16. Jahrhunderts der konfessionelle Gegensatz prägend. Die politischen Vorentscheidungen fielen in den einzelnen Kantonen, die dortigen stadtbürgerlichen, zumeist dem Patriziat angehörigen Führungsgruppen verstanden sich als weltliche Obrigkeiten, faktisch nahmen sie die Herrschaft wahr. Für die Zeitgenossen galt auch diese im Vergleich zur polnischen Adelsrepublik vom Bürgertum getragene, rudimentäre Institutionalisierung von Herrschaft als Republik.

Eine dritte Variante frühneuzeitlicher Herrschaftsinstitutionalisierung ohne dynastische Komponente, getragen sowohl von wohlhabendem stadtbürgerlichen Patriziat als auch von Adelsgeschlechtern, war die *Republik der Vereinigten Niederlande;* sie trug die Herrschaftsform in ihrem Namen. Entstanden war der Bund der nordniederländischen Provinzen aufgrund einer *protestantischen* Ständebewegung gegen die herrschaftszentrierenden Absichten des spanischen *katholischen* Königs Philipp II. Diese Verzahnung von Konfessions- mit Herrschaftskonflikten war charakteristisch für das ausgehende 16. und beginnende 17. Jahrhundert; eine eigenständige, neue Form herrschaftlicher Institutionalisierung ist daraus allerdings nur in Gestalt der niederländischen Republik entstanden.

Im „ewigen Bund" von Utrecht 1579 wurden die Politikfelder bestimmt, die den Ständebund zusammenführten und deren Handhabung geregelt: Eine gemeinsame Konfessionspolitik wurde ergänzt durch die gemeinsame Kriegführung und deren Finanzierung. Der Koordination und Entscheidung dienten gemeinsame Ständetage, ab 1583 begegneten sie als Generalstände (Staten-Generaal), nach 1594 tagten sie ständig. Zusammengesetzt waren sie aus Vertretern der sieben Provinzialstände; seit 1609 bildeten die sieben Provinzen (mit einer führenden Rolle der Provinz Holland) die niederländische Republik. Jede Provinz verfügte über eine Stimme, ein Interessenausgleich konnte nur durch vorherige Klärung erreicht werden. Die Republik war ein Staatenbund und kein Bundesstaat, die Souveränität blieb stets bei den Provinzen, ihre Aufgabe blieb die Innenpolitik. Den Generalständen dagegen wuchs die Kompetenz für die Außen- und Kriegspolitik zu. Für die Entscheidungsfindung im Einzelnen wurden Ausschüsse eingesetzt, deren Arbeit das eher schwerfällige Gesamtsystem offensichtlich zusammenzuhalten verstand. Das Amt des Statthalters erhielt seinen Einfluss aufgrund der Befugnisse in der Militär- und Flottenpolitik; die Möglichkeiten der Ämterpatronage, die dem Inhaber offen standen, verstärkten seinen Einfluss weiter. Die Erblichkeit bei der Besetzung war ausgeschlossen; dennoch stellte das Haus Oranien regelmäßig die Kandidaten. Anders als in der Schweiz, England oder Polen wurde die niederländische Republik aufgrund der ständischen Zusammensetzung der Provinzialstände von Adel, Bürgertum und Bauern getragen. Die wohlhabende Kaufmannschaft der 57 Städte bildete allerdings eine dominante und politisch einflussreiche Gruppe; denn in allen Provinzialständen waren ihre Vertreter mit Mehrheiten vertreten, so dass sie indirekt auch auf die Politik der Generalstände Einfluss nehmen konnten. Dieser Personenkreis der sogenannten „Regenten" kann als Oligarchie charakterisiert werden; neben Kaufleuten gehörten Rentiers hinzu, deren Lebensform aristokratische Züge angenommen hatte.[63]

3.3. Mischverfassungen

Eine ganz strikte Trennung der frühneuzeitlichen Formen von Herrschaftsinstitutionalisierung ist nicht möglich, Mischformen waren selbstverständliche Realität. Im Sinne des Aristoteles-Verständnisses der Frühen Neuzeit galten Monarchien und Republiken als legitime Herrschaftsformen, Entsprechendes wurde auch für deren Mischformen anerkannt. Gerade in diesen blieb das Gleichgewicht der Kräfte, die eine Teilhabe an Herrschaft beanspruchten – frühneuzeitspezifisch Fürst und Stände – labil, keine der beiden Seiten fand zur Dominanz, Kompromisslösungen mussten gefunden werden.

Ein klassisches Beispiel für diese Variante ist *England*. Wie in Polen war auch hier die Gleichrangigkeit der drei Verfassungsinstitutionen König, Unterhaus und Oberhaus (die beiden Kammern des Parlaments) der Kern aller Konflikte um die Form herrschaftlicher Institutionalisierung. Mit der *magna charta libertatum* hatten die englischen Hochadligen bereits 1215 ihr Recht bestätigt erhalten, den König insbesondere in Fragen der Steuererhebung zu beraten. Daraus entwickelte sich das Parlament in Frühformen ab Ende des 14. Jahrhunderts. Dessen enge Bindung an den König löste sich im Zuge der Diskussionen um die Grenzen königlicher Gewalt, die von der Mitte des 15. Jahrhunderts an geführt wurden. „Hier ist ein vom Land und nicht mehr vom König abgeleiteter Anspruch des Parlaments zu erkennen."[64] Mit der Etablierung der Tudors am Ausgang des Mittelalters war das Problem dynastischer Kontinuität zunächst gelöst. Angesichts der Kontinuität des politischen Handelns, die sich zu Beginn des 16. Jahrhunderts unter Heinrich VIII. in

---

63 Zum Ganzen vgl. Olaf Mörke: „Stadtholder" oder „Staetholder"? Die Funktion des Hauses Oranien und seines Hofes in der politischen Kultur der Vereinigten Niederlande im 17. Jahrhundert, Münster 1997.

64 Reinhard: Staatsgewalt (Anm. 39), S. 70.

dessen Verhältnis zum Parlament und in seinem Amtsverständnis zeigte, ist die These von der „Tudorrevolution" (Geoffrey Elton), die zu einem „absoluten Regiment" des Königtums geführt habe, nicht mehr tragfähig. Allerdings erreichte Heinrich VIII. durch eine Verwaltungsreform der zentralen Ebene ebenso wie durch die aus dynastischen Gründen vollzogene Wendung zur Reformation eine Stabilisierung der Stellung des Monarchen. Der König blieb „king *in* parliament", eine Hierarchie der Institutionen wurde demnach ausdrücklich abgelehnt; Steuern konnten nur mit Zustimmung des Parlaments erhoben werden, seine königliche Prärogative war insofern begrenzt, als er an das von Gott gesetzte Recht ebenso gebunden war wie an die Gesetze des Landes. Anders als in Polen aber stand dem Parlament kein ausdrücklich verbrieftes Widerstandsrecht gegen ungerechte königliche Herrschaft zu. Für die Zeitgenossen galt diese englische Form der Institutionalisierung von Herrschaft als *Mischung* aus Monarchie und Republik (dominium politicum et regale).[65]

Die Auseinandersetzungen, die bereits unter Königin Elisabeth I. begannen, ihre Schärfe allerdings erst unter den Stuartkönigen mit Beginn des 17. Jahrhunderts erhielten, kreisten um den Umfang jener königlichen Macht. Nicht das Herrschaftsprinzip stand zur Debatte, sondern die Praxis und die Qualität der Balance zwischen den beteiligten Institutionen. Zeittypische Reibungspunkte waren das Steuerbewilligungsrecht und die Rolle des Königs als Oberhaupt der anglikanischen Kirche. Die Eskalation dieser Konflikte erreichte ihren Höhepunkt mit der Anklage König Karls I. wegen Tyrannei (1649). Die Rechtfertigung dieses Vorgehens belegt den traditionalen Charakter des englischen Verfassungskonfliktes, denn der Vorwurf der ungerechten, der tyrannischen Herrschaft war fest in der mittelalterlichen Tradition verankert, die ihrerseits an die Argumentationsmuster der Antike anknüpfte: Ein tyrannischer König ist kein König mehr, deshalb endet die Gehorsamspflicht ihm gegenüber, zur Wiederherstellung der Ordnung ist als letztes Mittel der Tyrannenmord legitim. Dieser bezieht sich nur auf den „privaten" Körper des Königs, das Amt, der „politische" Körper des Königs, war davon nicht betroffen.[66]

Für nicht einmal fünf Jahre war England eine Republik, 1653 setzte sich Cromwell als Militärdiktator faktisch an die Stelle eines Monarchen, 1660 wurde die Monarchie mit der Wiedereinsetzung der alten Dynastie wieder hergestellt. Die sich anschließenden Konflikte unter Jakob II. stellten diese Monarchie nicht neuerlich in Frage, mit der *Glorious Revolution* (1688) endeten aber alle Bestrebungen, die monarchische Gewalt als absolute zu etablieren. Die *Bill of Rights* formulierte das Prinzip dieser Herrschaftsbegrenzung: Das politische Handeln des Königs war an die Gesetzgebung des Parlaments und an das Common Law

65 Vgl. ebd., S. 72. Siehe ausführlich auch Wende: Großbritannien (Anm. 21), S. 198 f.

66 Diese Legitimation ist die zentrale spätmittelalterliche englische Rechtstradition; siehe dazu das klassische Werk von Ernst Kantorowicz: Die zwei Körper des Königs. Eine Studie zur politischen Theologie des Mittelalters (= deutsche Übersetzung der englischen Ausgabe von 1937), München 1990. Siehe auch Ronald G. Asch: Von der „monarchischen Republik" zum Gottesgnadentum?, in: Schorn-Schütte (Hrsg.): Aspekte (Anm. 35), S. 123–148.

gebunden, der König stand unter dem Gesetz. Seitdem ist die englische Herrschaftsordnung als konstitutionelle Monarchie zu charakterisieren.

Das *Heilige Römische Reich deutscher Nation* ist ebenfalls durch eine Mischung der Herrschaftsformen gekennzeichnet, wenn auch in charakteristischem Unterschied zu England. Im „Alten Reich" nämlich wurden die zeittypischen Gegensätze zwischen reichsständischen und kaiserlichen als monarchischen Interessen nicht in Macht zentrierender Form aufeinander bezogen. Vielmehr entstand ein „zweistöckiges Herrschaftssystem"[67], das sowohl monarchische als auch bundesstaatliche Eigenschaften zusammenband. Diese Eigenart herrschaftlicher Institutionalisierung wird in der jüngeren Forschung sehr kontrovers bewertet[68]; die Gründe für die Entfaltung jenes „Sonderweges" weisen in die Geschichte des Mittelalters zurück.[69] Dazu gehörte neben der Dominanz von kronunabhängigen Adelsherrschaften, die es in Westeuropa so nicht gab, die territoriale Ausdehnung des Reiches, die eine effektive Kontrolle durch königstreue „Beamte" unmöglich machte. Das Fehlen dynastischer Kontinuität und der ausgeprägte Dualismus zwischen Königtum und Kurfürsten, die nicht nur das Recht der Wahl, sondern auch die Mitregierung für sich beanspruchten, machten es unmöglich, eine auf das Königtum zentrierte Herrschaftsausübung durchzusetzen. Mit der Reichsreformbewegung an der Wende zum 16. Jahrhundert erhielten Bemühungen zur Klärung der Kompetenzen zwischen Königtum und Reichsständen Auftrieb; damit war für lange Zeit das Gleichgewicht zwischen beiden Seiten festgeschrieben. Das änderte sich entgegen anderer Absichten auch nicht unter Kaiser Karl V., dessen Anspruch der Herrschaftskonzentration mit seinem Programm der *monarchia universalis* nachdrücklich artikuliert worden war. Er war der erste, der 1519 eine Wahlkapitulation unterschreiben musste, einen Herrschaftsvertrag mit den Ständen also, in dem deren Freiheiten festgelegt waren. Die konfessionelle Spaltung des Reiches stärkte den Dualismus zwischen Ständen und Kaiser, denn der Widerstand gegen kaiserliche Herrschaftszentrierung erhielt nunmehr auch eine religiöse Legitimität. Im Augsburger Religionsfrieden 1555 wurden die Fragen der Herrschaftsverteilung lediglich still gestellt, Versuche des Kaisers zu Beginn des 17. Jahrhunderts, seine Position zu stärken, stießen auf den einmütigen Widerstand aller Stände.

Erst der Westfälische Friede 1648 etablierte eine Reichsverfassung, die allseitig akzeptiert war. Danach existierten drei Zentren legitimer Herrschaftsübung: Reichstag, Kaiser und Reichsstände in ihrer Eigenschaft als Landesherrschaften (Anerkennung des ius territoriale). Der eigenwillige Charakter des Reiches

67 Reinhard: Staatsgewalt (Anm. 39), S. 55. Siehe zudem Georg Schmidt: Geschichte des Alten Reiches. Staat und Nation in der Frühen Neuzeit 1495–1806, München 1999, S. 55–132.

68 Die klare Bewertung des Reiches als eines anderen normalen Weges der Frühen Neuzeit, die als Alternative zum Machtstaatsweg anzusehen ist, die von G. Schmidt vorgelegt wurde, stieß auf erhebliche Kritik u.a. durch Heinz Schilling, durch Wolfgang Reinhard: Staatsgewalt (Anm. 39), S. 53 u. ö. Beide Deutungen bleiben aber Deutungen, die Formulierung der Alternative ist zumindest anregend und sollte nicht sogleich abgetan werden.

69 Dazu Karl-Friedrich Krieger: König, Reich und Reichsreform im Spätmittelalter, München 1992.

zeigte sich in dieser Doppelfunktion der Territorialstaaten besonders anschaulich; als souveräne Herrschaften konnten sie Bündnisse mit auswärtigen Mächten eingehen, waren aber miteinander in einem „Staaten"-Bund zusammengeschlossen. Für dessen Ordnung war dem Reichstag die Gesetzgebungskompetenz, die Friedenssicherung und das Recht zum Abschluss von Verträgen mit auswärtigen Mächten übertragen, der Kaiser war oberster Lehensherr, Kirchenvogt und in Gestalt seines Reichshofrates Wahrer der höchsten Rechtsprechung. Die Verfassungswirklichkeit nach der Mitte des 17. Jahrhunderts zeigte, dass der Kaiser mit solchen Kompetenzen durchaus in der Lage war, auf kleinere Reichsterritorien politischen Einfluss zu nehmen. Sein Charakter als Mischverfassung stabilisierte das System bis zum Ende des Alten Reichs. Darin liegt eine Eigenständigkeit der Reichsverfassung, wenn auch vielleicht keine Alternative zur „Machtstaatlichkeit" des 19. Jahrhunderts.

4. Zeitgenössische politische Diskurse

Die frühneuzeitliche politische Kommunikation war keineswegs allein auf die Beschreibung und Rechtfertigung der Monarchie konzentriert. Es ist vielmehr ein Kennzeichen dieses Zeitraumes gewesen, dass es mehrere, parallel geführte „politische Sprachen"[70] gab, die sich zu einer europäischen Kommunikationslandschaft formten. Die historische Forschung hat dieser Dimension allerdings bisher noch nicht viel Aufmerksamkeit geschenkt.[71] Charakteristisch für jene ist die ungebrochene Kontinuität zur mittelalterlichen Debatte, hier wie dort ging es um die Legitimität der Herrschaftsformen, die mit Hilfe der aristotelischen Kategorien geführt wurde. Parallele Anerkennung besaßen danach Monarchie (als Einherrschaft), Republik (als Herrschaft der Besten = Aristokratie) sowie Mischformen aus beiden. An dieser Tradition änderte die Konfessionsspaltung in der Mitte des 16. Jahrhunderts zunächst nichts, allerdings erschien durch sie die praktisch politische Opposition zwischen Fürst und Ständen, zwischen Rat und Bürgergemeinde in einer veränderten Perspektive: Gerechte und damit legitime Herrschaft konnte durch Zugehörigkeit zur anderen Konfession zu ungerechter, also tyrannischer Herrschaft werden. Die ohnehin vorhandenen Kontroversen um die herrschaftliche Dominanz wurden dadurch vertieft, die Entflechtung von Religion und Politik nach einer nochmaligen Phase der Verdichtung (Mitte 16. bis Mitte 17. Jahrhundert)[72] beschleunigt.

Die Diskussion über die *Legitimität der Monarchie* beruhte auch zu Beginn des 16. Jahrhunderts auf der Vorstellung einer von Gott geschaffenen Schöpfungsordnung, also auf der Annahme der Gültigkeit eines christlichen Natur-

70 Zum Konzept der „Political Languages" vgl. Abschnitt 2.

71 Siehe aber jetzt den Überblick durch Horst Dreitzel: Politische Philosophie, in: Helmut Holzey u. a. (Hrsg.): Die Philosophie des 17.Jahrhunderts, Bd. 4.1., Basel 2001, S. 609–748; leider ist die Forschungsliteratur nur bis 1990 berücksichtigt.

72 Vgl. Peter Nitschke: Einführung in die politische Theorie der Prämoderne, Darmstadt 2000, S. 15–27.

rechts. Danach wurde Herrschaft wie in der Natur – die Gottesherrschaft als Leitbild – von einem Einzelnen ausgeübt. Dieser Einzelne als Herrscher könne im Bild des Körpers gesprochen mit dem Kopf gleichgesetzt werden, die Glieder des Körpers seien für das Funktionieren von Herrschaft von gleich großer Bedeutung; aber ohne den Kopf sei das Ganze funktionsuntüchtig. Aus diesem Blickwinkel stieß die Lehre vom korporativen Charakter der Gemeinwesen, der Kirche speziell, auf Widerspruch.[73]

Aus dem entgegengesetzten Blickwinkel aber, anknüpfend an den spätmittelalterlichen Konziliarismus, wurde die Körpermetapher im Sinne der gleichberechtigten Funktionalität aller Glieder verstanden: Da das Haupt nichts sei ohne die Glieder, könne eine unbeschränkte Einherrschaft keine Legitimität beanspruchen. Die Teilhabe der Besten (Aristokratie in Gestalt u. a. auch der Republik) sei deshalb ebenso gerechtfertigt wie die institutionalisierte Mischverfassung, denn auch sie wirke herrschaftsbegrenzend. Diese Auffassung prägte die politische Philosophie des europäischen Protestantismus ab Ende des 16. Jahrhunderts. Indem sie an konziliaristische und römisch-rechtliche Traditionen anknüpften, charakterisierten z. B. juristische und theologische Gutachter der Universität Jena in den sechziger Jahren das Verhältnis zwischen „Haupt" und „Gemeinde" als „Toti Ecclesiae cuius membra cum sit pius princeps."[74] Diese Einbindung des Herrschers hatte herrschaftsbegrenzende Wirkung in jedem Fall, unabhängig von der Form der Herrschaftsinstitutionalisierung. Für die Zeitgenossen hießen solche Herrschaftslehren *politica christiana* (christliche Politik)[75]; sie bezeichneten nicht die Ausnahme, sondern ernst zu nehmende Stränge der politischen Kommunikation jener Jahrzehnte.[76] Sie findet sich im Protestantismus ebenso wie im Katholizismus und diente der Legitimation von verteilter Herrschaft (protestantische Drei-Stände-Lehre, z. B. bei Dietrich Reinking 1590–1664 und Veit Ludwig v. Seckendorff 1626–1692) ebenso wie einer begrenzten Monarchie (göttliches Recht der katholischen Monarchen u. a. bei A. Conzen 1573–1635).

Ein anderer, sehr stark entfalteter Strang politischer Kommunikation in ganz Europa beruhte auf der politisch-philosophischen Strömung des *politischen Aristotelismus,* von den Zeitgenossen verstanden als die Herrschaftslehre, die sich an den Kategorien der aristotelischen Politik orientierte und diese methodisch und systematisch wiederbeleben bzw. weiterführen wollte.[77] Zu Beginn des 17. Jahrhunderts stand er in engem Austausch mit parallelen Strömungen in Italien, den Niederlanden, Spanien und England, am Ende des

73 Siehe dazu Reinhard: Staatsgewalt (Anm. 39), S. 104 ff. und Merio Scattda: Das Naturrecht vor dem Naturrecht, Tübingen 1999.

74 Zitat nach Martin Kruse: Speners Kritik am landesherrlichen Kirchenregiment und ihre Vorgeschichte, Witten 1971, S. 63.

75 Dazu Luise Schorn-Schütte: Obrigkeitskritik und Widerstandsrecht. Die politica christiana als Legitimitätsgrundlage, in: dies. (Hrsg.): Aspekte (Anm. 35), S. 195–232.

76 Sie existierte in ganz Europa als Beispiel für Spanien. Vgl. Nitschke: Theorie (Anm. 72), S. 21–27 zu Francisco de Vitoria (1492–1546).

77 So Dreitzel: Philosophie (Anm. 71), S. 649 f.

Jahrhunderts dominierte er nurmehr im protestantischen Deutschland und in den Niederlanden. Die Breitenwirkung des politischen Aristotelismus ist auf seine Dominanz an den protestantischen Universitäten zurückzuführen. Im Zentrum der Herrschaftslehre stand die Ordnung der Gemeinschaft (res publica), deren herrschendes Element als souveräne Gewalt mit Zwangscharakter beschrieben wurde. Sie und die Gewalt des Regenten wurden, der Lehre Bodins folgend, in eins gesetzt. Dennoch blieb ausdrücklich die Möglichkeit bestehen, die Gewalt zu teilen; die Mischverfassung ist demnach ebenso legitim wie die Monarchie. Die politiktheoretische Debatte kannte denn auch verschiedene Vorlieben der Autoren, sofern es um die Bestimmung der *besten Verfassung* ging: Das Spektrum reichte von der gemäßigten Aristokratie über die absolute Monarchie bis zur gemäßigten Demokratie und natürlich zur monarchia mixta. Unabhängig von den persönlichen Vorlieben der Theoretiker wurden bestimmte Verfassungsformen mit Hinweis auf die realen politischen, sozialen und rechtlichen Rahmenbedingungen den konkreten politischen Ordnungen zugeordnet[78]; dies war mehrheitlich die Mischverfassung. Über sie ebenso wie über Monarchie und Republik gab es lebhafte Diskussionen (u.a. Arnisaeus, Chr. Besold, J. v. Felden), ein Widerstandsrecht gegen den zum Zerstörer des Gemeinwesens absinkenden Regenten (Tyrannen) galt bei fast allen Autoren als legitim.

Die Radikalisierung dieser Widerstandsdiskussion bot die dritte Variante der zeitgenössischen Herrschaftslehren: diejenige der *Monarchomachen.* Sie entstand in den Kontroversen des Alten Reichs um das Widerstandsrecht der Reichsstände gegen den Kaiser, setzte sich in den Diskussionen um das Interim 1548 fort, nahm ihren Weg über die Magdeburger Confessio 1550 nach Schottland und von dort schließlich nach Frankreich. In den konfessionellen Bürgerkriegen ab Ende der siebziger Jahre des 16. Jahrhunderts fand sie zur differenzierten Formulierung (F. Hotman, J. Boucher, J. Brutus u.a.), den Begriff selbst prägte die Gegenseite in Gestalt des schottisch-französischen, katholischen Parteigängers des französischen Königs, William Barclay, in seiner Schrift de *regno* (1600)[79]. In den benannten Konflikten ging es stets um die Existenz und den Umfang des Rechts auf Widerstand, das verknüpft war mit dem Anspruch auf konfessionelle Selbstbehauptung der Stände einerseits, der niederen Magistrate (u.a. Stadtobrigkeiten) andererseits. Es richtete sich gegen den Anspruch auf absolute Herrschaftsübung, den sowohl der Kaiser als auch der englische und der französische König erhoben. Der Gegensatz blieb aber keineswegs auf denjenigen zwischen protestantischen Ständen und katholischem Monarchen beschränkt, die seitenverkehrte Konfrontation erhielt im 17. Jahrhundert gleiches Gewicht. Mehrere voneinander abweichende Konzeptionen können deshalb unterschieden werden, die die spätmittelalterliche Tyrannislehre weitergeführt haben. Dazu gehört einerseits die Annahme eines historisch gewachsenen positiven Verfassungsrechtes, wonach politische Ordnungen ständische Monarchien sind, die allein deshalb in dem Prinzip wechsel-

78 Dreitzel, ebd., S. 654, nennt dies „Verfassungsrelativismus".
79 Hierzu und zum Folgenden ebd., S. 617–619.

seitiger Zustimmung gründen. Es gehört dazu andererseits die Annahme, dass alle politische Ordnungen ihre Grundnorm in einem Herrschaftsvertrag haben, in den selbstverständlich auch der Monarch einbezogen ist[80]; dessen Bruch führt zur Lösung der eingegangenen Verpflichtungen. Dazu gehörte zum Dritten die Annahme, dass bestimmte Amtsträger (Magistrate) das Recht besitzen, gegen die ungerechte/unchristliche Ausübung der königlichen Amtsgewalt vorzugehen. Diese Argumentation gewann in der zweiten Hälfte des 16. Jahrhunderts unter den protestantischen Theologen außerordentlich an Gewicht (u. a. bei Melanchthon, Zwingli und Calvin wurden die Reichsfürsten mit den Magistraten gleichgesetzt). Dazu gehörte zum Vierten die Annahme, dass das politische Gemeinwesen auf der Grundlage eines Bundes Gottes mit den Menschen (alttestamentliches Vorbild, Föderaltheologie) beruhe, so dass der Monarch an das göttliche Recht gebunden bleibe. Hierher gehörte zum Fünften die (katholische) Annahme, dass der Papst berechtigt sei, über weltliche Herrscher zu richten und deshalb die Untertanen eines unchristlichen Herrschers von ihrem Untertaneneid zu lösen vermöge (Robert Bellarmin 1590).

Mit der allmählichen Stillstellung der konfessionellen Konflikte veränderten sich die Debatten um die Verteilung von Herrschaft in den politischen Ordnungen seit dem Beginn des 17. Jahrhunderts. In den Regentenspiegeln und Herrschaftslehren ging es zunehmend häufiger um die funktionale Verteilung der Aufgaben des Fürsten, seiner Ratgeber und Beamten; nicht mehr die Person des Regenten, sondern die fürstliche Regierung war von Belang. Verbunden mit wachsenden finanziellen und militärischen Anforderungen an die Gemeinwesen musste die Legitimation zentralisierter Herrschaft im Rahmen der zur Verfügung stehenden Staatsformenlehren überprüft werden. Staatsräsondebatte und die Debatte um den „Machtstaat" (Neostoizismus des Justus Lipsius) verbunden mit den Theorien des göttlichen Rechts der Monarchien gewannen an Bedeutung, ohne dass sie die politische Kommunikation dominiert hätten. Zwar galt die Monarchie als natürlichste Staatsform, selten aber diente sie zur Legitimation der absoluten Monarchie.[81] Eine in diesem Kontext weit rezipierte Herrschaftslehre formulierte Bodin (1520–1596), der in seinen *Six Livres de la Republique* (1583) die Monarchie als Garantin der konfessionellen und herrschaftlichen Einheit charakterisierte. Entstanden war diese Lehre aus der konkreten Erfahrung des Unfrieden stiftenden konfessionellen Bürgerkrieges in Frankreich. Bodin definierte den Begriff der Souveränität innerhalb des Gemeinwesens als zeitlich und juristisch unbegrenzte Gewalt, die sowohl monarchisch als auch aristokratisch oder demokratisch sein könne. Er selbst empfahl der göttlichen und natürlichen Ordnung entsprechend die Monarchie als Form institutionalisierter Herrschaft.

Im Unterschied zu diesem nicht personalisierten Begriff der Souveränität charakterisierte der niederländische Humanist Lipsius (1547–1606) *maiestas* als

80 Diese Annahme ging davon aus, dass das Volk immer an das Naturrecht gebunden bleibe, deshalb niemals alle Gewalt dem Herrscher übertragen könne, dieser also auch immer dem positiven Recht unterworfen sei.

81 Vgl. Dreitzel: Philosophie (Anm. 71), S. 717 f.

personale, sinnlich wahrnehmbare Autorität und Größe des jeweiligen Regenten. Darin lag die Legitimität der absoluten monarchischen Gewalt. Die Klugheit der politischen Herrschaft regiert über das Volk wie der Geist über den Körper; dieser Bezug verweist auf die Rezeption der Stoa durch Lipsius und seine Schüler, jene philosophische Strömung, die unter den Zeitgenossen erhebliche Bedeutung gewann. Die *politica* des Lipsius (1589, deutsch 1618) war eine Regentenlehre für absolute Fürsten und eine Rechtfertigung der absoluten Monarchie, andere Herrschaftsformen wurden gar nicht erst behandelt.[82]

Die Rezeption der niederländischen Herrschaftslehre war Teil einer umfassenderen gesamteuropäischen Diskussion, die die Sorge vor weitreichenden Umbrüchen wie im England des beginnenden 17. Jahrhunderts reflektierte. Denn angesichts derartiger Ausnahmesituationen erschien es gerechtfertigt, den Zweck der Herrschaftserhaltung zum Selbstzweck zu erheben; die Zeitgenossen bezeichneten dies als „Staatsräson". Vielfältige Herrschaftslehren gehören in dieses breite Spektrum politiktheoretischer Literatur hinein; eine einheitliche Charakterisierung ist deshalb nicht möglich. Im Alten Reich und in Nordeuropa begann die Rezeption italienischer und französischer Staatsräsontexte nach der Mitte des 17. Jahrhunderts, indem jene ins Lateinische übersetzt und in den akademischen Unterricht einbezogen wurden. Zur Staatsräsonliteratur zählten sowohl allgemeine Regimentslehren als auch rein utilitaristische Überlegungen zur Machterhaltung der Regenten. Man unterschied zwischen richtiger und falscher Staatsräson und meinte mit letzterer den „Machiavellismus" im Sinne reiner Machtpolitik ohne ethische Bindungen.

Zur „richtigen" Staatsräson gehörten schließlich auch jene Herrschaftslehren, die die Monarchie als natürlichste Form politischer Ordnung charakterisierten und ihre Legitimität aus der Analogie von Königsherrschaft und göttlicher Weltherrschaft im Sinne einer (katholischen) politica christiana herleiteten. Ein im zeitgenössischen Europa vielfach rezipierter Autor, der diese Argumentation entfaltete, war der Hofprediger Karls V., Antonio de Guevara (1480–1545). Sein 1529 in kastilischer Sprache erschienener Fürstenspiegel *(Libro aureo)*[83] wurde durch die 1599 publizierte deutsche Übersetzung des katholischen Theologen Aegidius Albertinus[84] einer breiten Öffentlichkeit zugänglich gemacht und wirkte insbesondere im katholischen Europa des 17. Jahrhunderts vorbildhaft. Auch Guevara ging von der *maiestas,* der unteilbaren Herrschaftsgewalt, aus, die er aber als unmittelbare Schöpfung Gottes bezeichnete, die dieser in der Gestalt des von Gott eingesetzten Fürsten ausüben lasse. Der Monarch ist Ebenbild und Stellvertreter Gottes, die Untertanen sind zum Glauben an Gott ebenso verpflichtet wie zum Gehorsam ihrem Herrscher gegenüber. Die Logik dieser Herrschaftslehre liegt in der Aussage, dass Herr-

82 Vgl. ebd., S. 703.
83 Vgl. ebd., S. 723 f.
84 Fürstlicher Lustgarten vnd Weckvhr. Jn welchem die Koenige Fuersten vnd Herrn so wol auch die vom Adel Officier vnd Beampten nicht weniger die stattliche Frawen vnd Jungkfrawen wie auch menigklich sich trefflich vnnd nach allem jhrem gefallen recreieren vnnd erlustigen koenen, 3 Bde., München 1599–1603.

schaftsinstitutionen und -rechte nicht ausreichend durch die Interessen derjenigen legitimiert werden, die an diesen Institutionen beteiligt sind. Dadurch, dass eine über den menschlichen Ordnungen stehende Norm reklamiert wird, begründet sich Herrschaft nicht mehr allein durch ihre Nützlichkeit. Es ist nicht übertrieben, wenn auch in diesem Werk und seiner Rezeption der Ursprung einer politischen Theorie des höfischen Absolutismus gesehen wird. Der Hof entwickelte sich zum Schauplatz der Darstellung der kaiserlichen *maiestas,* die Adelsgesellschaften (u. a. auch des Reiches) folgten diesem Beispiel.

5. Schlussbetrachtung

Die europäische Frühe Neuzeit ist eine historische Epoche sui generis. Dies ist angesichts der Konzentration der Forschung auf den angeblichen Vorläufercharakter der Jahrhunderte zwischen 1500 und 1800 allzu stark aus dem Blick geraten. Sowohl die zeitgenössische politische Kommunikation als auch der Wandel der Herrschaftsinstitutionen zeigen nachdrücklich, dass es weder eine Dominanz der Monarchie noch eine „des" Absolutismus gegeben hat. Vielmehr ist eine breite Vielfalt der Formen zu konstatieren, die als Organisationsprinzipien von Herrschaft diskutiert und praktiziert wurden. Festzuhalten bleibt, dass die Mischverfassung die häufigste Form verfasster politischer Ordnung gewesen ist; darin zeigt sich eine bemerkenswerte Offenheit und Variabilität der Organisationsprinzipien von Herrschaft.

Auch die Charakterisierung bestimmter Herrschaftsordnungen als Sonderweg oder Vorreitergesellschaft hat sich als korrekturbedürftig erwiesen. Es ist zutreffend, dass es eine enge Verzahnung der regionalen Entwicklungswege in Europa gegeben hat, die sich auch deshalb realisieren ließ, weil weder die „nationale" Abgrenzung noch die im Sinne des 19. Jahrhunderts „staatliche" Durchdringung dominante Größen für die Herrschaftsordnungen der Frühen Neuzeit gewesen sind. Es ging um die Institutionalisierung der Verteilung von Herrschaft, ohne dass eindeutig entschieden gewesen wäre, welche Formen sie annehmen müsse.

Auch die Rolle konfessionsbezogener Unterschiede ist zu relativieren. Selbstverständlich gab es konfessionell voneinander verschiedene Lösungswege; die Verzahnung von religiösen und politischen Problemen allerdings war ein konfessionsübergreifendes Phänomen und gab der herrschaftlichen Institutionalisierung ebenso wie dem politischen Diskurs seine spezifisch frühneuzeitliche Eigenart.

Die frühneuzeitlichen Lösungswege der skizzierten Probleme waren traditional insofern, als sie nachdrücklich an Kontinuitäten festhielten. Die Art der Weiterentwicklung dieser traditionalen Ordnungsmuster angesichts neuer Herausforderungen ist mit dem Begriff der Modernisierung nur unzureichend beschrieben. So belegt u. a. die Differenzierung der Argumente zur Widerstandslegitimation die Eigenart traditionaler Gesellschaften: Nicht der rasche

Umbruch, sondern die sorgfältige Integration und die Verfeinerung des als angemessen angesehenen Instrumentariums ist das Charakteristische.

Die Forschungen der nächsten Jahrzehnte haben ein breites Arbeitsfeld vor sich: Wichtig ist die Konzentration auf die Vielfalt und europaweite Vernetzung der politischen Kommunikation. Erst auf dieser Grundlage wird es möglich sein, angemessene Begriffe für die Formen der frühneuzeitlichen Herrschaftsinstitutionalisierung zu finden. Zur Zeit ist nur sicher, dass es „den Staat“ der Frühen Neuzeit nicht gegeben hat.

Hans Fenske

Staatsformen im Zeitalter der Revolutionen

1. Einleitung

Das Zeitalter der Revolutionen ist kein fest eingeführter Begriff, aber der Ausdruck hat viel für sich. Nichts anderes meinte der Kieler Historiker Droysen, als er im Winter 1842/43 eine bald auch als Buch veröffentlichte Vorlesung über die Freiheitskriege hielt und darunter nicht die kurze Spanne von 1813–1815 verstand, sondern das halbe Jahrhundert von der Zuspitzung des Gegensatzes zwischen Amerikanern und Briten um 1765 bis zur Niederwerfung Napoleons. Für Droysen war das eine Zeit des ungeheuersten Wandels in allen staatlichen und sozialen Verhältnissen. Die Bildung der nordamerikanischen Freistaaten bezeichnete er als tief einschneidendes Ereignis: Die Amerikaner stellten dem Rechtsprinzip, auf das sich das alte Europa gründete, ein ganz neues entgegen. Gab es diesseits des Atlantiks Monarchien, feudale Stände, stehende Heere und Bevormundung des Volkes, so herrschten jenseits des Ozeans „Freiheit, Toleranz, Selbstregierung“, und es gab keinen Adel, keine Feudalrechte, keine Beamtenhierarchie, „nur“, wie er hinzufügte, „die traurige Anomalie der Negersklaven“. Den Vorbildcharakter Amerikas für Europa hob er klar hervor. Die Französische Revolution war ihm, dem Liberalen, nur eine weitere Etappe im jahrzehntelangen Kampf um die Freiheit, und zwar eine düstere, wurde in ihr doch bald die Theorie der Menschenrechte durch Terrorismus, die Volkssouveränität „durch immer neue Formen der Tyrannei“ abgelöst.[1] Seine Sehweise war nicht singulär. Droysens konservativer Kollege Ranke in Berlin nannte ein gutes Jahrzehnt später die amerikanische Revolution ein für die Weltgeschichte höchst bedeutendes Ereignis, weil hier erstmals der Gedanke verwirklicht wurde, dass staatliche Gewalt nicht von Gottes Gnaden sei, sondern von unten aufsteige, dass also eine Nation sich selbst regieren müsse. Auch ihm war die Französische Revolution nur ein sekundäres Ereignis.[2]

Es ist unzweifelhaft: Die Innovationskraft der Französischen Revolution war in staatsrechtlicher Hinsicht „durchaus begrenzt“. Gleichwohl haftet der Umwälzung in Frankreich „das Signum historischer Einzigartigkeit“[3] an, jedenfalls in den Augen der meisten Europäer. Das erklärt sich daraus, dass die Revolution in Amerika maßvoll war, während sie in Frankreich phasenweise alles verschlang, was sich ihr in den Weg stellte, und mit ihren Folgewirkungen Europa

1 Johann Gustav Droysen: Vorlesungen über das Zeitalter der Freiheitskriege, 2. Aufl., Gotha 1886, Erster Teil, S. 200 und S. 10.

2 Vgl. Leopold von Ranke: Über die Epochen der neueren Geschichte. Vorträge dem König Maximilian II. von Bayern gehalten, 2. Aufl., Darmstadt 1959, S. 147–157.

3 Ulrich K. Preuß: Revolution, Fortschritt und Verfassung. Zu einem neuen Verfassungsverständnis, Berlin 1990, S. 22.

schwer erschütterte. Äußerlich betrachtet hatten die beiden Vorgänge wenig Gemeinsamkeiten. Vielleicht auch deshalb fand Droysens Versuch atlantischer Geschichtsschreibung so wenig Nachfolger. Zwar wurden beide Felder, das amerikanische und das europäische, seither unermüdlich von Historikern und Forschern anderer Fachrichtung bearbeitet, aber gemeinhin doch von Sachverständigen für den einen oder anderen Bereich. Synopsen aus einer Feder wie die von Robert R. Palmer über „Das Zeitalter der demokratischen Revolution", die merkwürdigerweise schon mit dem Ende des Jahres 1799 abbricht, blieben selten,[4] und je weiter die Forschung fortschritt, desto mehr wuchs die Neigung, ihren Ertrag in Sammelwerken zu präsentieren, wie sie in jüngerer Zeit etwa Michail Rozbicki oder Roberto Martucci vorlegten.[5]

Dass das Zeitalter der Revolutionen mit dem Sturz Napoleons endete, ist unstrittig. Dagegen kann man darüber diskutieren, wann es begann. Hier dürfte der Jahreswende 1773/74 der Vorzug zu geben sein, als die amerikanisch-britische Kontroverse zum offenen Konflikt wurde. In der Folge sei zunächst ein kurzer Blick auf die verfassungspolitische Situation in Europa um 1770 geworfen. Sodann geht es um die Argumentation prominenter Verfechter der uneingeschränkten Monarchie, im Anschluss daran um das Konzept der konstitutionellen Monarchie. Einige Bemerkungen zu den verschiedenen Facetten des Republik-Begriffes leiten über zur Revolution in Amerika. Die dortige Verfassungsdiskussion bis zum Inkrafttreten der ersten Zusatzartikel zur Verfassung der USA im November 1791 verlangt breite Aufmerksamkeit. Das gilt ebenso für die Verfassungsentwicklung in Frankreich zwischen 1789 und 1815. Die Situation im übrigen Europa kann kürzer beleuchtet werden. Am Schluss steht eine knappe Würdigung der Gesamtentwicklung.

2. Ausgangslage

Als der nordatlantische Raum in das Zeitalter der Revolutionen eintrat, waren fast alle existierenden Staaten monarchisch verfasst. Es gab einige Ausnahmen, die Niederlande, die schweizerischen Kantone, Stadtrepubliken wie Venedig, Genua oder die Reichsstädte in Deutschland und schließlich die Adelsrepublik Polen unter einem schwachen König. Die Monarchien waren sehr unterschiedlich strukturiert. Die Verfassungswirklichkeit lässt sich schwer auf einen Nenner bringen. Der Handlungsspielraum der Herrscher war durch grundlegende Gesetze, über die sie nicht hinweggehen konnten oder wollten, sowie durch die Rechte von Korporationen, oft von Ständen, und von Privaten be-

4 Robert R. Palmer: The Age of Democratic Revolution. A political history of Europe and America, 1760–1800, 2 Bde., Princeton 1959/64, Bd.1 dt.: Das Zeitalter der demokratischen Revolution. Eine vergleichende Geschichte Europas und Amerikas von 1760 bis zur Französischen Revolution, Frankfurt a.M. 1970. Jacques Godechot: Les Révolutions 1770-1799, Paris 1963, ders.: L'Europe et l'Amerique à l'Epoche napoléonienne 1800–1815, Paris 1967.

5 Michail Rozbicki (Hrsg.): European and American Constitutionalism in the Eighteenth Century, Warschau 1990; Roberto Martucci (Hrsg.): Constitution et Révolution aux Etats-Unis d'Amerique et en Europe 1776-1815, Macerata 1995.

grenzt. Das wurde in der jüngeren Forschung sehr viel deutlicher gesehen als früher, und so konnte man denn vor wenigen Jahren den „Absolutismus als abstraktes Historikerkonstrukt“ bezeichnen und dafür plädieren, diesen Epochenbegriff aufzugeben, selbst wenn das für einige Zeit Unübersichtlichkeit zur Folge haben sollte.[6] Die Unterschiede von Land zu Land waren groß. Das hing natürlich nicht nur von den rechtlichen Gegebenheiten ab, sondern auch von der Befähigung der jeweiligen Monarchen. In Russland begann Katharina II. nach ihrer Usurpation der Macht 1762 zwar mit aufklärerischem Elan – 1767/68 tagte eine auf breiter Basis stehende Gesetzgebende Kommission, freilich ohne Ertrag –, aber die Regierungspraxis war doch autokratisch, schon deshalb, weil der Adel nicht an korporative Selbstverwaltung gewöhnt war. In Dänemark war der monarchische Absolutismus durch die Lex regia von 1665 grundgesetzlich definiert, nur war König Christian VII. nicht in der Lage, seine Position auszufüllen. So gab es unter ihm einen Ministerialabsolutismus, bis sein Sohn Friedrich sich 1784 (mit 16 Jahren) staatsstreichsartig zum Mitregenten machte. Aber natürlich behielt der leitende Minister, Graf Bernstorff, großen Einfluss. Schweden lebte seit der „Regierungsform“ von 1720 für mehr als ein halbes Jahrhundert unter einem ständestaatlichen Parlamentarismus, bis eine unblutige royalistische Revolution diesem Zustand im August 1772 ein Ende setzte; König Gustav III. erklärte, er wolle die Willkür, die bisher geherrscht habe, in eine geordnete Regierung umwandeln. In England bestand seit der Glorious Revolution von 1688/89 eine konstitutionelle Monarchie, ohne dass die Sphären der einzelnen Teilnehmer an der Macht, Krone, Hochadel, Gentry, ein für allemal klar abgesteckt waren. Georg III., König ab 1760, mehrte in der ersten Phase seiner Regierung das Gewicht der Krone deutlich. Diese wenigen Beispiele mögen genügen.[7]

---

6 Ernst Hinrichs: Abschied vom Absolutismus? Eine Antwort auf Nicholas Henshall, in: Ronald G. Asch/Heinz Duchhardt (Hrsg.): Der Absolutismus – ein Mythos? Strukturwandel monarchischer Herrschaft in West- und Mitteleuropa (ca. 1550–1700), Köln 1996, S. 353–371, Zitat: S. 362.

7 Vgl. Peter Brandt: Von der Adelsmonarchie zur königlichen 'Eingewalt'. Der Umbau der Ständegesellschaft in der Vorbereitungs- und Frühphase des dänischen Absolutismus, in: Historische Zeitschrift, Bd. 250 (1990), S. 33–72; Oswald Hauser: Staatskunst und sittliche Vernunft. Das Wirken der Bernstorffs in Dänemark, in: Geschichte in Wissenschaft und Unterricht, 2 (1951), S. 274–281; Knud J. V. Jespersen: Absolute Monarchy in Denmark. Change and Continuity, in: Scandinavian Journal of History, 12 (1987), S. 307–316; Sven Ulric Palme: Vom Absolutismus zum Parlamentarismus in Schweden, in: Dietrich Gerhard (Hrsg.): Ständische Vertretungen in Europa im 17. und 18. Jahrhundert, Göttingen 1969, S. 368–397; Jörg-Peter Findeisen: Gustavs III. Staatsstreich 1772 – Motive und Zielstellungen des schwedischen Königs, in: Günter Vogler (Hrsg.): Europäische Herrscher. Ihre Rolle bei der Gestaltung von Politik und Gesellschaft vom 16. bis zum 18. Jahrhundert, Weimar 1988, S. 243–252; E. Neville Williams (Hrsg.): The Eighteenth Century Constitution. Documents and Commentary, Cambridge 1965; Frank O'Gorman, The Long Eighteenth Century. British Political and Social History, 1688–1832, London 1997; insgesamt Johannes Kunisch: Absolutismus. Europäische Geschichte vom Westfälischen Frieden bis zur Krise des Ancien Régime, 2. Aufl., Göttingen 1999.

3. Verfechter der uneingeschränkten Monarchie

Die seit langem lebhaft geführte Debatte über Staatsformen war hauptsächlich ein Diskurs über die Monarchie. Er hatte eine große Spannweite.[8] Es gab einmal die gedankliche Linie von Bodin über Hobbes zu Bossuet, also das Konzept einer konsequenten Alleinherrschaft, aber selbstverständlich an das Recht Gottes und der Natur gebunden – eine andere Einstellung wurde als Tyrannei empfunden. Es wurde zum anderen mit wachsendem Interesse auf das Modell eines gewaltenteilenden Staates geblickt, wie er in England verwirklicht schien,[9] und es wurde lebhaft über vermittelnde Positionen gesprochen. Immer noch einflussreich waren die Auffassungen, die der Niederländer Justus Lipsius erstmals 1589 vorgetragen hatte. Seine „Politicorum seu civilis doctrinae libri sex" hatten zahlreiche Auflagen in lateinischer Sprache erlebt, die letzte noch 1751, und waren in alle wichtigen Sprachen Europas übersetzt worden. Lipsius verfocht einen gemäßigten Absolutismus. Dem Volk traute er nicht, es sei eigensüchtig, leichtgläubig und leicht verführbar. So war die reine Monarchie unabdingbar, aber der Herrscher war selbstverständlich dem Gemeinwohl verpflichtet und an die Gesetze gebunden.[10]

Im Jahre 1740 erschien eine schmale Schrift, deren anonymer Verfasser Machiavelli scharf angriff – sehr genau hatte er ihn schwerlich gelesen – und in diesem Zusammenhang seine eigene Auffassung vom Monarchen als Staatsbediensteten vortrug. Das war ein neuer Ton. Der Autor, kein geringerer als der bisherige preußische Kronprinz und nunmehrige König Friedrich II., stand ganz auf dem Boden des Naturrechts.[11] Er stellte fest, dass kein Gefühl so unzertrennlich zum Wesen des Menschen gehöre wie das der Freiheit: „Geboren ohne Ketten, wollen wir auch leben ohne Zwang, wollen nur auf uns selbst stehen." Hätte Friedrich II. ein positives Menschenbild gehabt, so hätte er von dieser Grundposition aus sehr wohl im Anschluss an Christian Wolff, den er gut kannte, ein moderiertes politisches System entwickeln können. Aber er war zutiefst misstrauisch, verständlich nach den Erfahrungen, die er in Kindheit und Jugend hatte machen müssen. Die große Mehrzahl der Menschen hielt er nicht für vernünftig, und so ergab sich aus seinem Menschenbild und seiner

---

8 Überblick bei Wolfgang Reinhard: Geschichte der Staatsgewalt. Eine vergleichende Verfassungsgeschichte Europas von den Anfängen bis zur Gegenwart, München 1999, S. 100–124; für Deutschland Horst Dreitzel: Monarchiebegriffe in der Fürstengesellschaft. Semantik und Theorie der Einherrschaft in Deutschland von der Reformation bis zum Vormärz, 2 Bde., Köln 1991; für einen deutsch-britischen Vergleich siehe Monika Wienfort: Monarchie in der bürgerlichen Gesellschaft. Deutschland und England von 1640 bis 1848, Göttingen 1993.

9 Vgl. William B. Gwyn: The Meaning of the Separation of Powers. An Analysis of the Doctrine from its Origins to the Adoption of the United States Constitution, New Orleans/Den Haag 1965.

10 Vgl. Gerhard Oestreich: Justus Lipsius als Theoretiker des neuzeitlichen Machtstaates, in: Historische Zeitschrift, Bd. 181 (1956), S. 31–78.

11 Examen du prince de Machiavel avec des notes historiques et politiques (Den Haag 1741), Antimachiavel ou Essai de critique sur le prince de Machiavel (Den Haag 1740 – diese Ausgabe war von Voltaire redigiert). Zitate in der Folge nach der auf die Urschrift zurückgehenden Übersetzung, in: Gustav Berthold Volz: Die Werke Friedrichs des Großen in deutscher Übersetzung, Bd.7, Antimachiavell und Testamente, Berlin 1913, S. 1–114.

Geschichtssicht denn die nie von ihm aufgegebene Überzeugung, dass „das Königtum die beste Staatsform sei, unter der Voraussetzung, dass ein König sich's zur Aufgabe gemacht habe, seine Pflicht zu erfüllen". Der „Antimachiavell" war über weite Strecken nichts anderes als eine Pflichtenlehre für einen Monarchen. Fürsten sollten sich nicht müßigem Tun hingeben, „sie sollen vor allem etwas lernen, sollen Kenntnisse erwerben und die Gewandtheit, zusammenhängend zu denken. Klare und richtige Gedanken verlangt von ihnen ihr Beruf", dafür können sie sich nicht genug schulen. Sie sollen sich in jungen Jahren einen streng durchdachten Lebensplan zurechtlegen und sich daran dann getreulich halten. Als erste Pflicht eines Monarchen bezeichnete Friedrich II. die Wahrung des Rechts, als zweite den Schutz und die Verteidigung des Staates. Über alles sollte den Herrschern die Wohlfahrt ihrer Völker gehen, und deshalb sollten sie für das wirtschaftliche Aufblühen ihrer Länder sorgen, auch durch Förderung der Industrie. Dringend riet er, die Regierung selbst in der Hand zu behalten. Ein solcher Monarch sei die Seele seines Staates, aber er müsse sich natürlich durch scharfsinnige und arbeitsfrohe Mitarbeiter helfen lassen.[12]

Diese Grundgedanken trug Friedrich der Große, wie er bald genannt wurde, im Laufe seines Lebens immer wieder und nur wenig modifiziert vor, aber viele seiner Niederschriften kamen natürlich nicht an die Öffentlichkeit. Das Politische Testament von 1752 etwa begann mit den Sätzen: „Die erste Bürgerpflicht ist, seinem Vaterlande zu dienen. Ich habe sie in allen verschiedenen Lagen meines Lebens zu erfüllen gesucht." Auch hier begegnete die Auffassung vom Königtum als Beruf. „Der Herrscher ist der erste Diener seines Staates. Er wird gut besoldet, damit er die Würde seiner Stellung aufrechterhalte. Man fordert aber von ihm, dass er werktätig für das Wohl seines Volkes arbeite und wenigstens die Hauptgeschäfte mit Sorgfalt leite." In diesem Zusammenhang kritisierte er sehr scharf die geradezu strafbare Pflichtvergessenheit, Trägheit, Vergnügungssucht und Dummheit mancher Herrscher. Er meinte, dass ein kluger Monarch „nur dem öffentlichen Interesse folgen" werde, „das auch das seine ist".[13]

Friedrich der Große hatte immer Mitarbeiter, die ihm in dieser Denkweise folgten. Aus der langen Reihe von Namen, die hier genannt werden könnten, sei nur einer hervorgehoben, der von Carl Gottlieb Svarez, dem Schöpfer des preußischen Landrechts. Svarez, der eigentlich Schwaretz hieß, hatte 1762 bis 1765 in Frankfurt/Oder bei dem Naturrechtler Joachim Georg Darjes Jura studiert und von ihm das System Wolffs nahe gebracht bekommen. Ab Anfang 1780 war er amtlich mit der Erneuerung des preußischen Rechts befasst. Vom Januar 1791 bis März 1792 trug er dem (1770 geborenen) Kronprinzen, der 1797 als Friedrich Wilhelm III. auf den Thron gelangte, teils in Vorträgen, teils mit schriftlichen Abhandlungen die Grundzüge des allgemeinen und deutschen

12 Ebd., S. 37, S. 39 und S. 57.
13 Politisches Testament von 1752, in: Volz: Werke (Anm. 11), S. 115–193, Zitate S. 118 und S. 153.

Staatsrechts, des Völkerrechts und des Privatrechts vor. Dabei hatte er auch über die Regierungsformen zu sprechen und deren Vor- und Nachteile abzuwägen.[14] Bei der Demokratie anerkannte er, dass diese Staatsverfassung sich dem Stande der natürlichen Freiheit am meisten nähere und dass in ihr der Gesetzesgehorsam vermutlich am größten sei, er wies aber darauf hin, dass die Souveränitätsrechte kaum nach richtigen allgemeinen Grundsätzen ausgeübt würden. Der große Haufe werde von Launen und Leidenschaften bestimmt und sei durch Demagogen leicht zu verführen. Deshalb seien eine feste Gesetzgebung und eine zweckmäßige ausübende Macht nicht zu erwarten, wohl aber Unruhen und Revolutionen zu befürchten. Der Aristokratie bescheinigte er Weisheit in der Gesetzgebung, „weil nur die Besten und Aufgeklärtesten im Volke daran teilnehmen". Er sah aber auch die Neigung, die nicht an der Macht beteiligten Schichten zu unterdrücken. Einer aristokratischen Regierungsform werde „immer daran gelegen sein, das Volk in Dummheit und Unwissenheit zu erhalten".[15]

Die eingeschränkten Monarchien vereinigten augenscheinlich die Vorteile der übrigen Staatsformen und vermieden die Nachteile, aber in dem nötigen Gleichgewicht zwischen dem Monarchen und der Volksvertretung lag seines Erachtens der Hauptmangel. Er sah einen beständigen Kampf zwischen diesen beiden Faktoren. Als Exempel diente ihm England. Er wies auf die vielerlei inneren Unruhen und Konflikte zwischen 1215 und 1689 hin und kritisierte an der nunmehrigen Staatsverfassung die extreme Ungleichheit der Repräsentation, die Diskriminierung der Katholiken, die systematische Korruption, die schlechte Polizei und die schwerfällige und teure Ziviljustiz. So kam er zu der eindeutigen Feststellung, dass die uneingeschränkte Monarchie vor den übrigen Regierungsformen die sichtbarsten Vorzüge habe. Sie gewähre den zuverlässigsten Schutz gegen auswärtige Feinde und innere Unruhen und „den sichersten Schutz für die Rechte des Privateigentums". Auch sichere sie am besten die bürgerliche Freiheit der Untertanen, weil es zwischen dem Regenten und dem Volk „keine Mittelmacht", keine intermediäre Gewalt, gebe, die durch ihre Teilnahme an der Regierung Gelegenheit hätte, die niederen Volksklassen zu unterdrücken, und weil der Herrscher kein vernünftiges Interesse daran haben könne, die eine Volksklasse auf Kosten der anderen zu begünstigen. Freilich musste der Monarch „richtige Begriffe" haben. Besitze er sie, so sei sein Interesse nicht von dem des Volkes verschieden oder ihm gar entgegengesetzt. „Je blühender ein Reich ist, je mehr Wohlstand und Zufriedenheit darin herrschen, desto größer ist seine eigene Macht, desto glücklicher er selbst."[16] Seine Belege für den hohen Rang der uneingeschränkten Monarchie entnahm Svarez der preußischen Geschichte seit dem Großen Kurfürsten. Dabei bezog er sich vermutlich vor allem auf Friedrich den Großen, von dem er

14 Vgl. Vorträge über Recht und Staat von Carl Gottlieb Svarez (1746–1798), hrsg. von Hermann Conrad und Gerd Kleinheyer, Köln 1960, S. 469–477; Gerd Kleinheyer: Staat und Bürger im Recht. Die Vorträge des Carl Gottlieb Svarez vor dem preußischen Kronprinzen (1791–92), Bonn 1959.

15 Vorträge (Anm. 14), S. 473.

16 Ebd., S. 475.

zutiefst beeindruckt war. Trotzdem bleibt die Hoffnung erstaunlich, ein uneingeschränkter Monarch werde stets richtige Begriffe haben.

Aber Svarez und die anderen Mitarbeiter an der Rechtsreform bauten nicht nur auf Moral, Pflichteifer und Sachkenntnis des Monarchen. Sie wollten mit der anstehenden Gesetzgebung Exekutive und Legislative an die Gesetze binden, die Gesetzgebung in feste Bahnen lenken und Preußen so zum Rechtsstaat im vollen Sinne machen. Svarez sah die Aufgabe des Gesetzeswerkes darin, feste, sichere und fortdauernde Grundsätze über Recht und Unrecht festzustellen und zugleich einen Ersatz für die nicht fixierte „eigentliche Grundverfassung" Preußens zu schaffen. Deshalb musste das Werk „für den Gesetzgeber selbst Regeln enthalten..., denen er auch in bloßen Zeitgesetzen nicht zuwiderhandeln darf".[17] Auch war ihm selbstverständlich, dass es unentziehbare Bürgerrechte gab. Auf sie – Streben nach Glückseligkeit unter Einsatz aller dem Menschen gegebenen Fähigkeiten und Kräfte, Gebrauch der Vernunft zur Erkenntnis der Wahrheit – wies er in den Kronprinzenvorträgen ausdrücklich hin.[18] In der Einleitung des Allgemeinen Gesetzbuches fand das seinen Niederschlag in der Generalklausel des § 79: Die Verordnungen und Gesetze des Staates dürften die natürliche Freiheit und die Rechte der Bürger nur insoweit einschränken, als es der gemeinschaftliche Endzweck erforderte. Im Übrigen wurden in dem kurzen Katalog der §§ 77–85 die Pflichten der Bürger mehr betont als die Rechte. So ist es doch wohl nicht angezeigt, von einer „Art von Grundrechtskatalog" zu sprechen.[19] Es bleibt noch anzufügen, dass Svarez die uneingeschränkte Monarchie durchaus nicht als unveränderbare Staatsform ansah. In einem 1790 publizierten fiktiven Dialog aus der Feder von Ernst Ferdinand Klein, einem Mitarbeiter von Svarez, waren sich Kriton und Kleon darüber einig, dass ein Volk erst dann frei werden könne, wenn es dazu reif sei. In diesem Zusammenhang sagte Kriton/Svarez, dass eine uneingeschränkte Monarchie nicht immer in diesem Zustand beharren müsse.[20] Er wertete diese Regierungsform also als freilich langwieriges Übergangsstadium. Dass er in den Kronprinzenvorträgen auf einen solchen Hinweis verzichtete, entsprach der Rücksicht auf seinen Hörer. Die Erwartung einer Fortentwicklung der Verfassung nach Anhebung des Bildungsstandes wurde am Vorabend der Französischen Revolution von sehr vielen Reformbeamten in Deutschland geteilt.

Das Allgemeine Gesetzbuch Preußens gelangte nach langer Vorarbeit endlich im März 1791 zur Publikation, wurde jedoch Ende April noch vor dem Inkrafttreten durch König Friedrich Wilhelm II. auf unbestimmte Zeit suspendiert. Erst am 1. Juni 1794 erhielt es in revidierter Gestalt Gesetzeskraft. Jetzt waren

---

17 Svarez: Vortrag in der Mittwochgesellschaft am 1. April 1789 über den Einfluss der Gesetzgebung in die Aufklärung, in: ebd. S. 634–639, Zitat: S. 635.

18 Vgl. Vorträge (Anm. 14), S. 582–588.

19 Ebd., S.XV.

20 Ernst Ferdinand Klein: Freyheit und Eigentum, abgehandelt in acht Gesprächen über die Beschlüsse der Französischen Revolution, Berlin/Stettin 1790, S. 163 f., zitiert bei Hermann Conrad: Die geistigen Grundlagen des Allgemeinen Landrechts für die preußischen Staaten von 1794, Köln 1958, S. 42.

alle Vorschriften gestrichen, die verfassungsrechtlichen Charakter hatten. Gleichwohl: Die rechtsstaatlichen Bestrebungen in Preußen kamen in der zweiten Hälfte des 18. Jahrhunderts deutlich voran. Ähnliche Bemühungen lassen sich auch in Österreich beobachten, zudem in manchen kleineren Territorien des Reichs. Die Aufhebung der Hörigkeit gedieh jedoch nicht über Ansätze hinaus.[21] Das herausragendste Beispiel für Reformen außerhalb Deutschlands war die Toskana unter Großherzog Pietro Leopoldo. Er folgte 1790 als Leopold II. seinem Bruder Joseph II. auf dem Kaiserthron, starb aber schon zwei Jahre später. Der junge Monarch – 1745 geboren – war seit dem Winter 1778/79 entschlossen, seinen Staat nicht nur gründlich zu modernisieren, sondern ihn zur konstitutionellen Monarchie zu machen. Da dazu im kommunalen Bereich erst die Voraussetzungen geschaffen werden mussten, gelangte das Projekt über einen ausgearbeiteten Verfassungstext (1787) nicht hinaus.[22] Im Norden Europas zeichnete sich Dänemark durch aktive Reformpolitik aus. Das blieb ganz im Rahmen des Reformabsolutismus.

Die Schule der Physiokraten, begründet 1758 von François Quesnay und benannt nach einer Schrift von Pierre Samuel Dupont de Nemours (1765), hatte in Frankreich knapp zwei Jahrzehnte erheblichen Einfluss und eines ihrer Häupter, Anne Robert Jacques Turgot Baron de l'Aulne, versuchte 1774 bis 1776 in seiner zweijährigen Tätigkeit als Generalkontrolleur der Finanzen physiokratische Grundsätze in die Tat umzusetzen und Frankreich so auf die Bahn von Reformen zu bringen; schon während seiner vorhergehenden Tätigkeit als Intendant von Limoges hatte er sich im Rahmen seiner Möglichkeiten in diesem Sinne eingesetzt. Er war davon überzeugt, dass das individuelle Erwerbsstreben dem Ganzen am besten diene, und wollte eine politische Ordnung schaffen, in der es sich am besten entfalten konnte. In seiner Lobrede auf den zeitweiligen Handelsminister Jean Claude Marie Vincent Herr von Gournay brachte er das Konzept 1759 in den kurzen Satz, „dass, da der Vorteil des Einzelnen genau dasselbe ist wie der allgemeine Vorteil, das beste, was man machen kann, darin besteht, es jedem Menschen freizustellen, zu tun, was er will".[23] Der Staat, der angesichts seiner Aufgaben auf möglichst hohe Einkünfte achten musste, sollte mithin alle Wirtschaftszweige von unnötigen Fesseln befreien, vor allem in der Landwirtschaft, die der weitaus wichtigste Erwerbszweig war. Da der Staat keinen anderen Reichtum als den Bodenertrag und den Fleiß seiner Bewohner besaß, war es nach Turgot geboten, den Ertrag jeden Morgen Landes und des Fleißes der Menschen so hoch wie möglich zu treiben.

---

21 Vgl. Peter Krause: Naturrecht und Kodifikation, in: Aufklärung, 3 (1988), Heft 2, S. 7–27; für Österreich, Werner Ogris: Aufklärung, Naturrecht und Rechtsreform in der Habsburgermonarchie, in: ebd., S. 29–51; beide deutschen Großmächte vergleichend Hermann Conrad: Rechtsstaatliche Bestrebungen im Absolutismus Preußens und Österreichs am Ende des 18. Jahrhunderts, Köln 1961; ders.: Staatsgedanke, und Staatspraxis des aufgeklärten Absolutismus, Köln 1971.

22 Gerda Graf: Der Verfassungsentwurf aus dem Jahre 1787 des Granduca Pietro Leopoldo di Toscana. Edition und Übersetzung. Das Verfassungsprojekt, Berlin 1998.

23 Anne Robert Jacques Turgot: Lobrede auf Gournay, in: ders.: Betrachtungen über die Bildung und die Verteilung des Reichtums. Aus dem französischen Original von Valentine Dorn und eingeleitet von Heinrich Waentig, 2. Aufl., Jena 1914, S. 1–37, hier: S. 9.

Nötige Maßnahmen waren deshalb vor allem die Freigabe des Getreidehandels und eine radikale Steuervereinfachung. Die Physiokraten wollten eine konsequent liberale Wirtschaftspolitik, allerdings wesentlich zugunsten der Grundeigentümer. Turgot nannte diese Schicht die „verfügbare Klasse", weil sie auf Grund ihrer gesamten Lebenssituation „nicht an eine bestimmte Arbeit gebunden" war und sich deshalb „den Allgemeinbedürfnissen der Gesellschaft, wie dem Kriegsdienst und der Justiz, widmen kann".[24] Dieser relativ kleinen Schicht gehörten die Physiokraten entweder selbst an oder standen ihr doch nahe. Sie argumentierten damit durchaus im Eigeninteresse. Gesellschaftspolitisch hatte das Denken der Physiokraten also durchaus konservative Einschläge. Das gilt noch mehr für die Verfassungspolitik. Hier setzten sie zur Förderung ihrer Ziele, der möglichsten Anpassung der positiven Ordnung an die natürliche, wie sie sie entdeckt zu haben meinten, auf einen starken Monarchen. Sie waren davon überzeugt, dass der Herrscher seinen Interessen nicht besser dienen könne als durch die Förderung des allgemeinen Besten im Sinne der natürlichen Ordnung. Paul Pierre Mercier de la Rivière prägte in diesem Zusammenhang in seiner Schrift „L'Ordre naturel et essentiel des sociétés politiques" (1767) den Ausdruck „despotisme légal".[25]

4. Vorkämpfer der konstitutionellen Monarchie

Die englischen Verfassungsverhältnisse wurden auf dem Kontinent interessiert beobachtet und dabei oft zu günstig bewertet. Einflussreich waren dabei Voltaire mit seinen „Lettres philosophiques" (1734) und Montesquieu mit „De L'Esprit des lois" (1748). Ein Werk von erheblicher Bedeutung war auch das 1758 erschienene „Völkerrecht" von Emer de Vattel.[26] Der Autor stammte aus dem schweizerischen Fürstentum Neuenburg, das seit 1707 dem König von Preußen gehörte. Geboren 1714, studierte er in sehr jungen Jahren in Basel Theologie, vertiefte dann seine philosophische Bildung in Genf, wobei er sich intensiv mit Wolff beschäftigte, und trat 1743 in den sächsischen Dienst. Von 1746 bis 1758 vertrat er seine Wahlheimat in Bern, und in dieser Zeit schrieb er das Buch. Nach dem Urteil eines frühen Vattel-Biographen fand keine Bearbeitung des philosophischen Völkerrechts „so allgemeine Billigung" wie die seine. „Es bietet ... das eigentümliche Schauspiel eines fast zum positiven

24 Turgot: Betrachtungen über die Bildung und Verteilung des Reichtums, in: ebd., S. 38–115, hier: S. 47f.

25 Vgl. dazu mit unterschiedlichen Wertungen Folkert Hensmann: Staat und Absolutismus im Denken der Physiokraten. Ein Beitrag zur physiokratischen Staatsauffassung von Quesnay bis Turgot, Frankfurt a.M. 1976; Ulrich Muhlack: Physiokratie und Absolutismus in Frankreich und Deutschland, in: Zeitschrift für Historische Forschung, 9 (1982), S. 15–46; Klaus Gerteis: Physiokratismus und aufgeklärte Reformpolitik, in: Aufklärung, 2 (1987), Heft 2, S. 75–94.

26 Emer de Vattel: La Droit des Gens ou principes de la loi naturelle. Appliqués à la conduite et aux affairs des nations et des souveraines. Das Völkerrecht oder Grundsätze des Naturrechts, angewandt auf das Verhalten und die Angelegenheiten der Staaten und Staatsoberhäupter. Deutsche Übersetzung von Wilhelm Euler. Einleitung von Paul Guggenheim, Tübingen 1959.

Gewohnheitsrecht gewordenen Lehrgebäudes".[27] In Buch I beschäftigte sich der Autor mit der „Nation für sich allein betrachtet", verfasste hier also ein Staatsrecht. Als Nation verstand er eine Gemeinschaft von Menschen, die sich zusammengeschlossen hatten, um mit vereinten Kräften für ihre Sicherheit und ihren Nutzen zu sorgen. Damit argumentierte er ganz naturrechtlich. Mit seiner Definition von Verfassung brach er dem modernen Begriffsverständnis auf dem Kontinent die Bahn, nur in England war die Bedeutung von „constitution" schon früher zu diesem Punkt gelangt.[28] Verfassung definierte er als das „Grundgesetz, das die Art und Weise der Ausübung der öffentlichen Gewalt bestimmt". In ihr „zeigt sich die Form, unter der eine Nation in ihrer Eigenschaft als politischer Körper handelt, wie und durch wen das Volk regiert werden soll, welches die Rechte und Pflichten der Regierenden sind."[29] Er dachte sich die Verfassung noch nicht als einheitlichen Text, aber an einer Stelle sprach er doch davon, sie sei nichts als ein Stück Papier, wenn sie nicht befolgt werde. Er unterstrich, dass die Verfassung den Vorrang vor einfachen Gesetzen besitze. Die gesetzgebende Gewalt könne nicht über Fragen von Verfassungsrang entscheiden, nur die Nation sei berechtigt, „die Verfassung aufzustellen, zu schützen, zu verbessern und nach eigenem Belieben alles, was die Regierung betrifft, zu regeln, ohne dass irgend jemand sie daran hindern darf". Das war ein deutliches Bekenntnis zur Volkssouveränität. Ohne Wenn und Aber stellte er auch fest, dass die Regierung „nur für die Nation eingesetzt" sei, „in Hinblick auf ihre Wohlfahrt und ihr Glück".[30] Er unterstrich, dass alle Bewohner des Staates einschließlich des Monarchen zur strikten Beachtung der Verfassung verpflichtet seien. Als Regierungsarten unterschied er die Volksregierung oder Demokratie, die aristokratische Republik, wenn nämlich das Befehlsrecht einer bestimmten Anzahl von Bürgern vorbehalten war, und die Monarchie. Zugleich verwies er darauf, dass diese Regierungsarten auf die mannigfachste Art miteinander kombiniert werden könnten. Nach Vattel hatte eine Nation die Pflicht, alles zu verhindern, was ihre Zerstörung bewirken konnte, und an ihrer Vervollkommnung zu arbeiten. Dann hieß es: „Auf diesem Gebiet können die Engländer Vorbilder sein." In einem vergleichsweise langen Paragraphen besprach er die englische Verfassung und lobte sie sehr. Sie ermögliche jedem Bürger die Mitwirkung an der großen Zielsetzung, der Vervollkommnung der

27 Eisenhart: Vattel, Emerich v.V., in: Allgemeine Deutsche Biographie, Bd.39, Leipzig 1895, S. 511f., Zitat: S. 512. Vgl. Uwe Wilhelm: Der deutsche Frühliberalismus von den Anfängen bis 1789, Frankfurt a.M. 1995, S. 101–107. In der Wertung nicht überall zutreffend: Johannes Manz: Emer de Vattel. Versuch einer Würdigung. Unter besonderer Berücksichtigung seiner Auffassung von der Freiheit und der souveränen Gleichheit, Phil. Diss., Zürich 1971.

28 Vgl. Gerald Stourzh: Vom aristotelischen zum liberalen Verfassungsbegriff. Staatsformenlehre und Fundamentalgesetze in England und Nordamerika im 17. und 18. Jahrhundert, in: ders.: Wege zur Grundrechtsdemokratie. Studien zur Begriffs- und Institutionengeschichte des liberalen Verfassungsstaates, Wien 1989, S. 1–35; Heinz Mohnhaupt: Verfassung (I.), Konstitution, Status, Lex fundamentalis; Dieter Grimm: Verfassung (II.), Konstitution, Grundgesetze, in: Otto Brunner/Werner Conze/Reinhart Koselleck (Hrsg.): Geschichtliche Grundbegriffe. Historisches Lexikon zur politisch-sozialen Sprache in Deutschland, Bd. 6, Stuttgart 1990, S. 831–862 und S. 863–899; separat: Verfassung. Zur Geschichte des Begriffs von der Antike bis zur Gegenwart. Zwei Studien von Heinz Mohnhaupt und Dieter Grimm, Berlin 1995.

29 Vattel: Völkerrecht (Anm. 26), S. 40 f., Buch 1, § 27.

30 Ebd., S. 43, Buch I, § 43.

Nation, und verbreite überall den Geist einer dem öffentlichen Wohl dienenden Vaterlandsliebe – „Glückliche Verfassung".[31] Als negatives Gegenbild dazu beschrieb er die Verhältnisse Polens.

Dass die britische Regierungsform „unter allen europäischen die vollkommenste" sei,[32] konnte man während des 18. Jahrhunderts und besonders in seiner zweiten Hälfte vielfach hören und lesen. Große Bedeutung für die Auseinandersetzung mit ihr hatte das 1765 bis 1769 erschienene umfangreiche Werk William Blackstones über das englische Recht. Der Autor suchte die heimische Rechtstradition mit der Naturrechtslehre zu verknüpfen. Er wies eine Bilanz vor, die sich wahrlich sehen lassen konnte: Der Geist der Freiheit sei tief in der britischen Verfassung (und eigentlich im Boden) verwurzelt, die politische und bürgerliche Freiheit stünden in voller Kraft. Jeder Engländer habe unantastbare Grundrechte, allen voran das auf persönliche Freiheit und Sicherheit sowie das auf Eigentum. Das Recht werde ohne Ansehen der Person gehandhabt. Die Unterschiede zu anderen Staaten hob Blackstone deutlich hervor. Er glaubte, dass die Freiheitsrechte toter Buchstabe blieben, wenn man sie nicht in die entsprechende Verfassungsstruktur einbettete. Wie er die Gesetze seines Landes als der Vollkommenheit nahe erachtete, so hielt er auch die Verfassung für so gemäßigt und ausgeglichen, dass nichts sie in Gefahr bringen könne. In der Ausgewogenheit des monarchischen, des aristokratischen und des demokratischen Elements sah er die beste Gewähr dafür, dass sich alle im Lande bestehenden Interessen zur Geltung bringen könnten. Die von Stolz oder doch wenigstens von tiefer Befriedigung getragenen „Kommentare" Blackstones erfüllten offenbar ein in England breit vorhandenes Bedürfnis: Zahlreiche Auflagen erschienen in rascher Folge. Auch auf dem Kontinent und in Nordamerika wurden sie sogleich mit lebhaftem Interesse zur Kenntnis genommen.[33]

Einer „der wichtigsten Vermittler für die Verbreitung des englischen Verfassungsmodells in Europa" war der 1740 in Genf geborene Jean Louis de Lolme.[34] Zunächst Anwalt in seiner Vaterstadt, sah er sich 1768 aus politischen Gründen zum Weggang bewogen und ließ sich, angezogen vom Ruhm der englischen Verfassung, für mehrere Jahre in London nieder. Dort schrieb er einige publizistische und staatsrechtliche Werke und machte sich damit sogleich einen Namen. 1771 erschien in Amsterdam sein berühmtestes Buch „Constitution de l'Angleterre", das selbstverständlich Blackstone viel verdankte. Bald folgte eine

31 Ebd., S. 39, Buch I, § 24.

32 Gottfried Achenwall: Abriss der neuesten Staatswissenschaft der vornehmsten europäischen Reiche und Republiken, Göttingen 1749, S. 54; vgl. Wilhelm: Frühliberalismus (Anm. 27), S. 109–117.

33 William Blackstone: Commentaries on the Laws of England. A facsimile of the first edition of 1765–1769, Chicago 1979, Bd.1: Of the Rights of Persons. With an Introduction bei Stanley V. Katz.

34 Pierangelo Schiera: Überlegungen zum Problem des Konstitutionalismus in Europa im Übergang vom 18. zum 19. Jahrhundert, in: Christof Dipper (Hrsg.): Europäische Sozialgeschichte. Festschrift für Wolfgang Schieder, Berlin 2000, S. 93–112, hier: S. 98.

Übersetzung ins Englische und wenig später auch ins Deutsche.[35] Eine Parallelstudie verglich die englische mit der schwedischen Verfassung; auch hier dachte de Lolme darüber nach, wie man die Menschen vor Aristokratie und absoluter Monarchie schützen könne.[36] Seines Erachtens bot England das Modell einer guten politischen Ordnung. Detailliert beschrieb er das Zusammenwirken der drei an der Macht teilhabenden Faktoren, den König als einzig bleibendes Moment, ausgestattet mit einer erheblichen Machtfülle, den ständigen Ausgleich zwischen ihm und den beiden Häusern des Parlaments. In dieser Form der gemischten Monarchie sah er die Freiheit im besten Maße verwirklicht und gesichert; gewinne einer dieser Faktoren die Oberhand, so werde die englische Verfassung untergehen. Damit war für de Lolme auch die Freiheit bedroht. Er wies darauf hin, dass das politische System Englands nicht eigentlich auf Prinzipien gebaut sei, sondern sich ganz pragmatisch im Laufe der Zeit entwickelt habe. Es sei aus der Mentalität und den Verhaltensweisen der Engländer erwachsen. Mithin konnte es auch nicht ohne weiteres anderswohin übertragen werden. Im gerade damals ausbrechenden Streit um Reformen – Ausweitung des Wahlrechts, radikale Verkürzung der Legislaturperiode – stand de Lolme ganz auf der Seite der Bedächtigen.[37]

Ein sehr wichtiger England-Vermittler für Deutschland war Johann Wilhelm von Archenholtz. Zwischen 1769 und 1779 hielt er sich insgesamt sechs Jahre in England auf, den Ertrag seiner Studienreisen legte er dem Publikum 1785 in dem Werk „England und Italien“ vor, auch er pries die englischen Verhältnisse sehr.[38] Für Italien leistete das Gaetano Filangieri in seinem Buch über die Gesetzgebung, freilich mit deutlichen kritischen Tönen und ohne die harmonisierenden Tendenzen der anderen bisher genannten Autoren. Er betonte, dass jede der drei großen Potenzen in der britischen Politik nur an ihre Interessen und ihre Macht denke. Filangieri war ganz Wirtschaftsliberaler: Der Staat habe für Sicherheit und Ordnung zu sorgen und damit den Bürgern die Verfolgung ihrer individuellen Glücksbestrebungen zu ermöglichen.[39]

35 Jean Louis de Lolme, Constitution de l'Angleterre, ou Etat du Gouvernement anglais comparé avec la forme républicaine et avec les autres monarchies de l'Europe, Amsterdam 1771; Die Staatsverfassung von England..., Leipzig 1776; Die Verfassung von England... Mit einer Vorrede begleitet von Friedrich Christoph Dahlmann..., Altona 1819; Die Constitution Englands in ihrer genetischen Entwicklung. Übersetzt von C. F. Liebetreu, Berlin 1848; Edith Ruff: Jean Louis de Lolme und sein Werk über die Verfassung Englands, Berlin 1934; Jean-Pierre Machelon: Les idées politiques de J. L. de Lolme (1741–1806), Paris 1969.

36 Vgl. Jean Louis de Lolme: A parallel between the English government and the former government of Sweden, containing some Obervations on the late Revolution in that Kingdom, and an Examination of the Causes that secure us against both Aristocracy and absolute Monarchy, London 1772.

37 Vgl. Eugene Charlton Black: The Association. British Extraparliamentary Political Organization 1769–1793, Cambridge 1963; Simon Maccoby: English Radicalism 1762–1785. The Origins, London 1955; Isaac Kramnick: Republicanism and Bourgeois Radicalism: Political Ideology in Late Eighteenth-Century England and America, London 1990.

38 Johann Wilhelm von Archenholtz: England und Italien, 2 Bde., Leipzig 1782, 2. gänzlich umgearbeitete und beträchtlich vermehrte Aufl. in 3 Bänden, Karlsruhe 1787; vgl. Michael Maurer: Aufklärung und Anglophilie in Deutschland, Göttingen 1987, S.182–217.

39 Caetano Filangieri: La Scienza della Legislazione, 7 Bde., Neapel 1783-1785; System der Gesetzgebung. Aus dem Italienischen des Ritters Caietan Filangieri. Neueste Auflage Bd. 1–8, Frankfurt/Leipzig 1794. Heranzuziehen ist insbesondere Bd.1.

Nun war es keineswegs so, dass alle Verfechter einer konstitutionellen Monarchie sich vornehmlich an England orientierten. Johann Heinrich Gottlob von Justi, der mit verschiedenen Arbeiten ganz wesentlich dazu beitrug, dass das Konzept der Gewaltenteilung in Deutschland aufgenommen wurde, ging bei seiner ersten einschlägigen Veröffentlichung 1758 von Schweden aus, orientierte sich dann an Montesquieu und entwickelte in seinem 1759 erschienenen „Grundriss einer guten Regierung“ seine Vorstellung einer Freiheit, Wohlfahrt und Sicherheit verbürgenden Verfassung sehr selbstständig. In seinen Überlegungen spielte das demokratische Moment eine bedeutend größere, das aristokratische eine erheblich kleinere Rolle als in der englischen Mischung.[40] Er fand viel Zustimmung und etliche Nachfolger. Genannt sei nur Johann Friedrich von Pfeiffer, der als Privatgelehrter in den siebziger Jahren ein breites staatswissenschaftliches Werk vorlegte und darin in jeder Hinsicht eine konsequent liberale Sehweise zeigte. Seine Gewährsleute waren namentlich Locke, Montesquieu und besonders Justi. Er räumte ein, dass die englischen Verhältnisse prinzipiell vorbildlich seien, verwies zugleich aber darauf, dass die politische Wirklichkeit sich dort inzwischen weit vom Geist der Verfassung entfernt habe. Auch er trat für die konstitutionelle Monarchie ein. Die Legislative sollte aus nur einer Kammer bestehen und auf einem ausgedehnten Wahlrecht beruhen. Den Grundrechten widmete er breite Aufmerksamkeit, ebenso der Freiheit der wirtschaftlichen Betätigung. Er war der festen Überzeugung, dass sich ein stetiger gesellschaftlicher Fortschritt und ein regelmäßig steigender Wohlstand einstellen würden, wenn man die Freiheit in den Mittelpunkt des politischen Denkens und Handelns rückte.[41] Auch in Deutschland hatte die konstitutionelle Monarchie, so lässt sich festhalten, in dem Menschenalter vor 1789 gewichtige Vertreter.

In der französischen politischen Diskussion spielte das Konzept der Mischverfassung für einige Zeit eine beachtliche Rolle. Angesichts der von der Regierung eingeleiteten Reformvorhaben wurde die Stellung der Parlamente verstärkt zum Thema. Die Parlamentspublizistik räumte zwar ein, dass der König seine Gewalt von Gott habe und alleiniger Gesetzgeber sei, beharrte aber darauf, dass sich alle Gesetze nach den Grundgesetzen Frankreichs richten müssten, die auf Vertrag zwischen dem König und dem Volk beruhten, und dass die Parlamente bei der Prüfung der Gesetze und der Registrierung oder der eventuellen Verweigerung dieses Schrittes eine unaufhebbare Stellung besäßen. Dieses Schrifttum sah Frankreich als eingeschränkte Monarchie. Je länger die Debatte geführt wurde, desto mehr bedienten sich die im Sinne der Parlamente schreibenden Autoren oder die Parlamente in ihren Erklärungen naturrechtlicher oder liberaler Kategorien. So hörte man schließlich wiederholt,

40 Johann Heinrich Gottlob von Justi: Der Grundriss einer guten Regierung in fünf Büchern verfasset, Leipzig 1759; vgl. Horst Dreitzel: Justis Beitrag zur Politisierung der deutschen Aufklärung, in: Hans Erich Bödeker/Ulrich Herrmann (Hrsg.): Aufklärung als Politisierung – Politisierung der Aufklärung, Hamburg 1987, S. 158–177; Uwe Wilhelm: Entwicklung und Elemente liberalen Denkens bei Johann Heinrich Gottlob von Justi, in: Jahrbuch der Hambach-Gesellschaft, 3 (1990/91), S. 92–168; ders.: Frühliberalismus (Anm. 27), S. 119–153.

41 Johann Friedrich von Pfeiffer: Grundriss der wahren und falschen Staatskunst, 2 Bde., Berlin 1778/79; vgl. Wilhelm: Frühliberalismus (Anm. 27), S. 225–241.

die Krone wolle ein Willkürregiment aufrichten. Nur das Votum der Generalstände könne die strittigen Fragen klären.[42] Die eben skizzierte Debatte bewirkte eine merkliche Politisierung im Lande. Durch die amerikanische Revolution erhielt dieser Prozess weitere Impulse. Das Geschehen jenseits des Atlantiks wurde aufmerksam beobachtet und ab 1776 gab es für diesen Zweck eigens eine Zeitschrift: *Affaires de l'Angleterre et de l'Amerique.* Sehr eingehend berichtete auch Filippo Mazzei, ein mit Thomas Jefferson befreundeter Bürger Virginias italienischer Abstammung, in seinen „Recherches historiques et politiques sur les Etats unis" über Amerika. Er hielt ein Einkammersystem für angemessen, während Gabriel Bonnot de Mably in seinem Buch über die Regierung der USA zwei Kammern als unerlässlich für die Machtbalance ansah. Ein viel beachtetes Werk über die amerikanischen politischen Probleme schrieb auch Marie-Jean Antoine Nicolas Caritat Marquis de Condorcet. Er war von Voltaire und Rousseau stark beeinflusst und vertrat sehr fortschrittliche Positionen. So war er für eine umfassende Menschenrechtserklärung, die nicht nur die Gleichheit vor dem Gesetz und den freien Gebrauch des Eigentums, sondern auch die wirtschaftliche Freiheit gewährleisten sollte. Die Wahlen zur Volksvertretung müssten häufig stattfinden, es müsse Volksbegehren und Volksentscheide geben und das Stimmrecht jedem zustehen, der von seinem Vermögen leben könne, auch Frauen.[43] Ein sehr wichtiges Forum für die Verbreitung liberaler Vorstellungen war schließlich die von Denis Diderot zwischen 1751 und 1780 herausgegebene „Encyclopédie", zu der zahlreiche Autoren ihre Beiträge leisteten. Die wichtigsten politischen Stichworte wurden von Diderot und Louis de Jaucourt abgehandelt: Die Menschen sind frei geboren, durch Vertrag regelt die Gesellschaft, wie sie regiert sein will, jedermann ist der Legislative unterworfen, auch der Monarch. Die Regierung muss gesetzmäßig geführt werden, alle Menschen sind vor dem Gesetz gleich, das Eigentum ist zu garantieren.[44]

5. Facetten des Republik-Begriffes

Das Wort Republik hatte bis tief in das 18. Jahrhundert hinein einen sehr weit gefassten Inhalt. Man verstehe darunter, so definierte das größte deutsche Lexikon jener Zeit, der „Zedler", im Jahre 1742, „die bürgerliche Gesellschaft, welche aus Regenten und Untertanen zusammen gesetzt, die sich miteinander

---

42 Vgl. Henri Sée: L'évolution de la pensée politique en France au XVIIIe siècle, Paris 1925; Kingsley Martin: French liberal Thought in the Eighteenth Century. A Study of Political Ideas from Bayle to Condorcet, Boston 1929, 2. Aufl., New York 1963; Martin Göhring: Weg und Sieg der modernen Staatsidee in Frankreich. Vom Mittelalter zu 1789, Tübingen 1947.

43 Vgl. Horst Dippel: Die Wirkung der amerikanischen Revolution auf Deutschland und Frankreich, in: Hans-Ulrich Wehler (Hrsg.): 200 Jahre amerikanische Revolution und moderne Revolutionsforschung, in: Geschichte und Gesellschaft, Sonderheft 2, Göttingen 1976, S. 101–121; Rolf Reichardt: Reform und Revolution bei Condorcet. Ein Beitrag zur späten Aufklärung in Frankreich, Bonn 1973; Georg Müller: Die Gesellschafts- und Staatslehren des Abbé de Mably, Berlin 1932.

44 Vgl. Eberhard Weis: Geschichtsschreibung und Staatsauffassung in der französischen Enzyklopädie, Wiesbaden 1956, S. 171–237.

zur Erhaltung und Beförderung der gemeinen Wohlfahrt vereinigt haben", und zwar, wie es im Fortgang des sehr ausführlichen Artikels hieß, durch Vertrag. Republik meinte damit nichts anderes als Staat oder Gemeinwesen.[45] In diesem Rahmen hielt sich auch Rousseau mit seiner Definition. Er nannte „jeden durch Gesetze gelenkten Staat, unter welcher Form der Verwaltung das auch geschehen möge, Republik". Nur in einem solchen Gemeinwesen sah er das öffentliche Interesse regieren. Kategorisch wiederholte er: „Jede rechtmäßige Regierung ist republikanisch."[46] Für Rousseau war die Gesetzgebung unmittelbare Konsequenz aus dem Gesellschaftsvertrag. Daher war es nur folgerichtig, dass allein das Volk Urheber der Gesetze sein konnte – Rousseau baute den Staat konsequent auf der Volkssouveränität auf. Im Idealfall sollte die Gesetzgebung durch die Volksversammlung erfolgen. Dann konnten allerdings nur kleine Staaten Republiken in Rousseaus Sinn sein. In größeren Gemeinwesen musste man stattdessen zum Mittel des Plebiszits greifen. Weder hierbei noch bei Volksversammlungen konnte man auf Einstimmigkeit hoffen, denn das hätte die Gesetzgebung außerordentlich erschwert. Also musste es Mehrheitsentscheidungen geben. Da die Gesetzgebung den allgemeinen Willen zum Ausdruck bringen sollte, musste sie sich auf die Regelung allgemeiner Fragen beschränken. Innerhalb des damit abgesteckten Rahmens hatte die Regierung, die an sich nur ausführendes Organ sein sollte, einen ausgedehnten Spielraum.

Neben der weiten Auffassung von Republik gab es seit dem Mittelalter stets eine engere, die Republik als nicht-monarchische Staatsform. In diesem Sinne sagte Machiavelli im ersten Satz seines „Principe" (1532), dass alle Staaten, die Menschen je regiert hätten, entweder Monarchien oder Republiken seien. Im „Zedler" begegnete einem dieser Aspekt in wenigen Zeilen. „Republik im besonderen Verstande" sei ein freies Volk, das kein Oberhaupt oder doch nur auf begrenzte Art anerkenne. Dabei unterschied der Autor zwei Gattungen, einmal Republiken, in denen das Oberhaupt auf Lebenszeit oder „determinierte kurze Zeit erwählet" sei (wie in Venedig, Genua oder Lucca), zum anderen diejenigen, in denen die Macht Oligarchien anvertraut war (wie in Genf oder den Reichsstädten). Schließlich nannte er noch eine dritte Art. Sie war dort gegeben, wo verschiedene Territorien „in einen Bund und Societät treten, und einen gesamten Cörper oder Republick formiren, deren jede aber ihre besondere Form und Regierungsart behält", also die Niederlande und die Schweiz.[47] In der Debatte über Staatsformen während des 18. Jahrhunderts spielte die Republik in spezifischer Hinsicht keine große Rolle. Trotz der Selbststili-

45 Art. Republik, in: Johann Heinrich Zedler (Hrsg.): Großes vollständiges Universallexikon aller Wissenschaften und Künste, 68 Bde., Halle/Leipzig (1732-1750) [Neudruck Graz 1961/64], Bd. 31, 1742, S. 656–665.

46 Jean-Jacques Rousseau: Vom Gesellschaftsvertrag oder Grundsätze des Staatsrechts, in: ders., Sozialphilosophische und Politische Schriften. In Erstübertragungen von Eckhart Koch u.a., München 1981, S. 267–391, hier: S. 299 (Buch II, c.6, 1762). Im deutschen Schrifttum ist namentlich Immanuel Kant zu nennen, der die gewaltenteilige Verfassung ebenfalls Republik nannte, vgl. Wolfgang Mager: Republik, in: Geschichtliche Grundbegriffe (Anm. 28), Bd. 5, 1984, S. 549–651, hier: S. 609–612.

47 Zedler (Anm. 45), S. 665.

sierungen dieser Republiken als Hort der Freiheit galten sie nicht als Vorbild, war doch unverkennbar, dass es sich vornehmlich um Oligarchien handelte.[48]

Mit einer Formulierung Friedrichs des Großen sei noch auf eine weitere Facette des Wortes Republik hingewiesen. Als er sich 1770 in einer anonym gedruckten Abhandlung sehr kritisch mit einer damals Paul Thiry d'Holbach zugerechneten Schrift über Vorurteile auseinandersetzte, rieb er sich auch daran, dass der Autor die Könige als Schlächter ihrer Völker bezeichnet hatte. Dagegen stellte er fest, dass stets auch Republiken Kriege geführt hatten. Er nannte Venedig, die Schweiz, die Niederlande, zudem Schweden, „so lange es Republik war", Polen und England, „das ja auch eine Republik ist".[49] In dieser Version waren Republiken auch diejenigen europäischen Monarchien, deren Herrschaftsstruktur vom normalen Typus abwich. Das Reich wurde üblicherweise nicht unter dieser Kategorie geführt. Man war sich einig, dass die herkömmliche Klassifikation auf es nicht anwendbar war. Das schloss aber nicht aus, dass es oft als begrenzte Monarchie bezeichnet wurde.[50]

6. Verfassungspolitik in Nordamerika 1774–1791

Die erste Republik modernen Zuschnitts entwickelte sich in Nordamerika. Zunächst sah es danach freilich gar nicht aus. Der langwierige Krieg zwischen England auf der einen und Frankreich und Spanien auf der anderen Seite von 1756 bis 1763 endete mit einem eindeutigen Sieg für England. Der ganze nordamerikanische Halbkontinent stand jetzt der britischen Expansion offen. Aber die neue Lage trug den Keim weiterer Erschütterungen in sich. Die amerikanischen Kolonisten, von denen sich viele aktiv am Krieg beteiligt hatten, brachten wenig Verständnis dafür auf, dass die Kolonien nicht weiter nach Westen wachsen durften und zudem noch finanziell stärker belastet werden sollten. In den Mittelpunkt des sich nun entwickelnden Streites rückte schnell die Frage, ob das britische Parlament, in dem die Kolonisten gar nicht vertreten waren, überhaupt das Recht zur Steuererhebung in Amerika habe. Das Schlagwort „Ohne Vertretung keine Besteuerung" war vielfach zu hören. Besonders wirksam vertrat der Bostoner Anwalt James Otis in einer Flugschrift diesen Gedanken. Die Erregung erreichte an der Jahreswende 1773/74 mit der Boston Tea Party und der britischen Reaktion darauf – Sperrung des Hafens von Boston, tiefe Eingriffe in die Verfassung von Massachusetts – den Punkt, von dem ab man, wie einleitend schon kurz erwähnt, das Verhalten der Amerikaner als Revolution bezeichnen muss.[51] Um eine Trennung vom

48 Vgl. Helmut G. Koenigsberger: Republiken und Republikanismus im Europa der frühen Neuzeit aus historischer Sicht, in: ders. unter Mitarbeit von Elisabeth Müller-Luckner (Hrsg.): Republiken und Republikanismus im Europa der frühen Neuzeit, München 1988, S. 285–302.

49 (Friedrich d. Gr.) Examen de l'Essai sur las préjugés, London (= Berlin) 1770, in: Volz: Werke (Anm. 11), S. 239–257, hier: S. 248.

50 Karl Otmar Frhr. v. Aretin/Notker Hammerstein: Reich. IV. Frühe Neuzeit, in: Geschichtliche Grundbegriffe (Anm. 28), Bd. 5, 1984, S. 456–486.

51 Vgl. Hans-Christoph Schröder: Die Amerikanische Revolution. Eine Einführung, München 1982; Horst Dippel: Die amerikanische Revolution, 1763–1787, Frankfurt a.M. 1985.

Mutterland ging es zunächst nicht, sondern nur um die Behebung der Beschwerden. Darüber beriet im September und Oktober 1774 der Erste Kontinentalkongress in Philadelphia. Am 1. Oktober billigten die Delegierten feierlich eine Grundsatzerklärung und stellten darin fest, „dass die Bewohner der englischen Kolonien in Nordamerika kraft der unveränderlichen Gesetze der Natur, kraft der Grundbegriffe der englischen Verfassung und kraft der einzelnen Freibriefe und Verträge“ gewisse Rechte besäßen, namentlich, dass niemand „ohne ihre Zustimmung“ über ihr Leben, ihre Freiheit und ihr Eigentum verfügen dürfe und dass ihr Recht auf Vertretung allein in den Repräsentationen der Kolonien verwirklicht werden könne.[52] Zu Konzessionen war man in London nicht bereit.

Ab April 1775 wurde der Konflikt auch bewaffnet ausgetragen. Die Kolonisten betrachteten ihn als aufgezwungen und deshalb als gerecht. Der Zweite Kontinentalkongress gab sicher der überwiegenden Mehrheitsmeinung im Lande Ausdruck, als er am 6. Juli 1775 erklärte, „dass wir nicht die Absicht haben, die Vereinigung, die so lange und glücklich zwischen uns“ und dem übrigen Reiche „stattfindet, und die zu erhalten wir aufrichtig wünschen“, aufzuheben.[53] Für einen entschiedenen Wandel in der öffentlichen Meinung sorgte die am 1. Januar in Philadelphia anonym publizierte Flugschrift „Common sense“, die, wie bald bekannt wurde, aus der Feder des erst Ende 1774 nach Pennsylvania gekommenen Engländers Thomas Paine stammte.[54] Auf wenigen Seiten legte der Autor einleitend in klaren und eindringlichen Worten die naturrechtliche Sicht des Staates dar: Die Menschen haben sich zusammengeschlossen, weil die Kraft des Einzelnen so gering ist. Die Gesellschaft ist immer ein Segen, die Regierung dagegen „im besten Fall nur ein notwendiges, im schlechtesten Fall aber ein unerträgliches Übel“, sie ist wie die Kleidung das Zeichen der verlorenen Unschuld. Ihr Zweck ist der Schutz der Sicherheit jedes Einzelnen. Eine Regierungsform, die das mit der größten Wahrscheinlichkeit und dem geringsten Aufwand bewirkt, ist jeder anderen vorzuziehen. Die so vielfach gerühmte englische Verfassung kommentierte Paine höchst kritisch. Der Wille des Königs sei in England genauso Gesetz wie in Frankreich, mit dem Unterschied nur, dass er „in der schrecklichen Gestalt eines Parlamentsaktes präsentiert wird“, es liege nur an der Haltung des Volkes, dass die Krone nicht so tyrannisch sei wie in der Türkei. Ohne jedes Wenn und Aber sprach er sich gegen die Monarchie aus, in ihrem Wesen liege „etwas absolut Lächerliches“. Unter Berufung auf 1. Samuel 12,12–19, erklärte er, dass Gott die monarchische Regierungsform missbillige. Der erste Monarch war seines Erachtens nur „der schlimmste Raufbold irgendeiner unsteten Bande“, ein Anführer von Plünderern, der englische König habe wenig mehr zu tun als „die Nation arm zu machen und Streit zu säen“. Nachdrücklich verwies Paine die Amerikaner darauf, sich für unabhängig zu erklären. Es sei unvereinbar mit der

52 Angela und Willi Paul Adams (Hrsg.): Die Entstehung der Vereinigten Staaten und ihrer Verfassung. Dokumente 1754–1791, Münster 1995, S. 122f.

53 Ebd., S. 151.

54 Thomas Paine: Common Sense. Übersetzt und hrsg. von Lothar Meinzer, Stuttgart 1982; vgl. John Keane: Thomas Paine. Ein Leben für die Menschenrechte, Hildesheim 1998.

Vernunft, mit der universalen Ordnung der Dinge und mit allen Beispielen aus früheren Zeiten, dass dieser Kontinent länger einer auswärtigen Macht unterworfen bleibe, erfuhr der Leser. Die Trennung von England werde den Amerikanern nur Vorteile bringen. Diese Vorteile malte Paine lebhaft aus und behauptete, dass die Republiken in Europa alle und immer in Frieden lebten, während monarchische Regierungen aus strukturellen Gründen nicht zur Ruhe kommen könnten. In wenigen Absätzen skizzierte er die Grundlinien einer repräsentativen Verfassung. Dabei bezog er eindeutig demokratische Positionen. Er ließ keinen Zweifel daran, dass es nicht nur um einen konkreten Streit gehe. „Die Sache Amerikas ist in hohem Maße die Sache der ganzen Menschheit", hieß es gleich in der Einleitung, und an anderer Stelle konnte man lesen, die Sonne habe noch nie auf eine Frage von größerer Bedeutung geschienen. „Die Nachwelt ist unmittelbar in diesen Kampf verwickelt, und sie wird mehr oder weniger bis ans Ende der Zeit von den jetzigen Vorgängen beeinflusst werden", prophezeite Paine, eine neue Ära sei eingeleitet. In einem wenige Wochen nach der Erstpublikation geschriebenen Anhang wiederholte er seine eindringlichen Mahnungen und rief abschließend die Amerikaner zur entschlossenen Verteidigung „der Menschenrechte und der freien und unabhängigen Staaten von Amerika" auf.[55]

Paine redete in einfacher, jedermann verständlicher Sprache über Dinge, die seine Leser ebenfalls schon bedacht hatten, und bezog dabei eine eindeutige Position, indem er jeden Verständigungsversuch für unfruchtbar und in sich wertlos erklärte. Dabei berief er sich mit der Vernunft, der universalen Ordnung der Dinge und der historischen Erfahrung auf doch offensichtlich unanfechtbare Autoritäten. Große Worte scheute er nicht und stellte den Amerikanern eine universale Mission vor Augen. All das erklärt den außerordentlichen Erfolg seiner Schrift. Innerhalb eines Vierteljahrs wurden nach Paines Angaben rund 120.000 Exemplare verkauft. Trifft das zu, dann hätte jeder sechste erwachsene männliche Amerikaner die Broschüre erworben und vermutlich jeder sie gekannt. Die Stimmung in der Öffentlichkeit, bis dahin unentschieden, wandelte sich zugunsten der Trennung vom Mutterland und damit zugunsten einer Republik. Ein wirksameres Votum zugunsten dieser Staatsform war bis dahin nirgends abgegeben worden.

Im Kontinental-Kongress wurde die Frage der Unabhängigkeit auf Betreiben Virginias auf die Tagesordnung gesetzt. Die Debatte darüber zog sich einige Wochen hin. Am 4. Juli wurde die von einer Fünferkommission unter Leitung Thomas Jeffersons formulierte Unabhängigkeitserklärung vom Plenum einstimmig verabschiedet. Die Präambel sah das Recht zur Trennung vom Mutterland in den Gesetzen der Natur und denen Gottes gegeben. Im eigentlichen Text wurden sodann in wenigen Sätzen die Grundauffassungen der aufgeklärten Naturrechtslehre dargelegt: „dass alle Menschen gleich erschaffen wurden, dass sie von ihrem Schöpfer mit gewissen unveräußerlichen Rechten begabt wurden, worunter sind Leben, Freiheit und das Bestreben nach

55 Paine: Common Sense (Anm. 54), Zitate: S. 7, 15, 13, 23, 28, 61, 31, 84.

Glückseligkeit. Dass zur Versicherung dieser Rechte Regierungen unter den Menschen eingeführt worden sind, welche ihre gerechte Gewalt von der Einwilligung derer, die regiert werden, herleiten." Es folgte die ausführliche Begründung, warum sich die Kolonien vom Mutterlande lossagten, und dann die eigentliche Unabhängigkeitserklärung: „Dass diese Vereinigten Kolonien Freie und unabhängige Staaten sind" und „daß alle politische Verbindung zwischen ihnen und dem Staat von Großbritannien hiermit gänzlich aufgehoben ist...".[56] Der Bruch mit London, den Großbritannien erst nach langem Krieg im November 1782 in einem Präliminarfrieden anerkannte, wirkte auf die Verfassungsverhältnisse der dreizehn Kolonien zurück. Mit der Revision begannen Anfang 1776 New Hampshire und South Carolina und gaben sich neue Verfassungen. Nach einer vom Kongress im Mai ausgesprochenen Empfehlung taten in der zweiten Jahreshälfte 1776 und im Laufe des Jahres 1777 acht weitere Staaten diesen Schritt. Im Herbst 1780 folgte Massachusetts. Connecticut und Rhode Island beließen es bei geringfügigen Modifikationen ihrer alten Konstitutionen. Fast alle Staaten erarbeiteten ihre Verfassungen auf dem Wege der Normalgesetzgebung, aber New Hampshire und Massachusetts beriefen besondere Verfassungskonvente, und Massachusetts beteiligte überdies Bürgerversammlungen an den Beratungen. Überall aber nahm die Bevölkerung lebhaften Anteil am Geschehen.[57]

Die politische Schicht, die die Verfassungsdiskussion maßgeblich bestimmte, war in ihren Ansichten keineswegs einig, und so unterschieden sich die Verfassungen denn auch voneinander. Am ausgeprägtesten demokratisch war die von Pennsylvania, am konservativsten waren die von New York und Massachusetts. Alle beruhten auf dem Gedanken der Volkssouveränität, und überall wurde das Wahlrecht gegenüber der Kolonialzeit ausgeweitet, aber Zensusbestimmungen bestanden fort. Immerhin waren jetzt wenigstens 70 Prozent der weißen Männer wahlberechtigt. In New Jersey hatten zunächst auch Frauen das Stimmrecht, jedoch wurde diese aus flüchtiger Formulierung entsprungene Entscheidung zu Beginn des 19. Jahrhunderts wieder zurückgenommen. Die Mandatszeiten waren kurz. Es wurde jährlich gewählt, und in einigen Staaten konnten die Parlamentarier sogar abberufen werden. Fast überall galt das Zweikammer-System, es gab also neben dem Abgeordnetenhaus noch einen Senat, der dem größeren Eigentum Gewicht verschaffen sollte. Damit wollte man die Gesetzgebung vor zu starken demokratischen Ausschlägen schützen. Die Exekutive war durchweg schwach. Nur in New York und Massachusetts hatten die Gouverneure ein suspensives Veto. Hier wurden sie auch vom Volk gewählt, in den anderen Staaten indirekt. Ihre Befugnisse waren nicht sehr ausgedehnt, und vielfach stand ihnen noch ein Exekutivrat zur Seite, der sie

56 Adams (Hrsg.): Entstehung (Anm. 52), S. 213–218, in der Fassung, wie sie der Wöchentliche Pennsylvanische Staatsbote am 9. Juli 1776 veröffentlichte.

57 Vgl. Willi Paul Adams: Republikanische Verfassung und bürgerliche Freiheit. Die Verfassungen und politischen Ideen der amerikanischen Revolution, Darmstadt 1973; Forrest McDonald: Novus Ordo Seclorum: The Intellectual Origins of the Constitution, Lawrence/KS 1985.

kontrollieren sollte. Auch ihre Amtszeiten waren kurz. Die deutliche Neigung zur Parlamentsherrschaft, die in all dem zum Ausdruck kam, stellte die Gewaltenteilung in Frage. Bei den unteren Gerichten war ein häufiger Wechsel der Richter vorgesehen, auch hier galt also das Prinzip der kurzen Amtszeit. Höhere Richter hatten eine unbegrenzte Amtszeit. Nur sechs Staaten erließen Grundrechtskataloge, die inhaltlich nicht voll übereinstimmten. Nur in drei Staaten war beispielsweise die Gleichheit vor dem Gesetz verbürgt, und in fünf Staaten waren nur Protestanten zu Ämtern zugelassen.

Der bedeutendste Grundrechtskatalog wurde in Virginia verabschiedet, am 12. Juni 1776. Er beruhte auf einem Entwurf von George Mason; erst danach wurde die Staatsverfassung fertig gestellt. In Art. 1 sagte die Virginia Bill of Rights, dass alle Menschen von Natur gleichermaßen frei und unabhängig seien und angeborene Rechte besäßen, die man ihnen nicht nehmen könne, „nämlich das Recht auf Leben und Freiheit und dazu die Möglichkeit Eigentum zu erwerben und zu behalten und Glück und Sicherheit zu erstreben und zu erlangen".[58] Die folgenden Artikel proklamierten die Volkssouveränität, verpflichteten die Regierung auf das Gemeinwohl und verboten alle Privilegien. Art. 5 schrieb eine gewaltenteilige Staatsorganisation vor. Des Weiteren wurde die Freiheit der Wahlen verbürgt und die Ausübung öffentlicher Gewalt ohne Billigung der Volksvertretung für unzulässig erklärt. Die Art. 8 bis 11 beschäftigten sich mit der Rechtspflege und trugen die wesentlichen rechtsstaatlichen Prinzipien vor. Art. 12 verbürgte die Pressefreiheit. Art. 13 schrieb eine Miliz vor und verbot ein Stehendes Heer in Friedenszeiten. Die beiden nächsten Artikel garantierten dem Volk eine einzige und einheitliche Regierung und verpflichteten diese wie das Volk auf strenges Festhalten an Gerechtigkeit, Mäßigung, Enthaltsamkeit, Duldsamkeit, Bescheidenheit und Tugend. Art. 16 schließlich gewährleistete die freie Religionsausübung. Es handelte sich um eine Mischung von staatsorganisatorischen Bestimmungen naturrechtlicher Prägung, individuellen Grundrechten und allgemeinen Programmsätzen. Der hohe Rang dieses Textes ist unbestreitbar. So wurde der 12. Juni 1776 unlängst sogar zur Geburtsstunde des modernen Konstitutionalismus erklärt.[59]

Die dreizehn nordamerikanischen Freistaaten konstituierten sich ab 1776 als liberale Gemeinwesen. Es bestand Übereinstimmung darin, dass sie einen politischen Verband bilden würden. Aus verschiedenen Gründen dauerte es bis 1781, ehe die vom Zweiten Kontinentalkongress erarbeitete Verfassung der Vereinigten Staaten von Nordamerika in Kraft treten konnte. Sie brachte nicht mehr als eine lockere völkerrechtliche Verbindung, die wenig handlungsfähig war.[60] Schon nach wenigen Jahren erkannten klarsichtige Politiker, dass die

58 Abgedruckt in: Adams (Hrsg.): Entstehung (Anm. 52), S. 258–261.

59 Vgl. Horst Dippel: Warum Verfassung? Der Gedanke der Verfassung in der europäischen Rechtskultur, in: Heiner Timmermann (Hrsg.): Eine Verfassung für die Europäische Union, Opladen 2001, S. 13–30, hier: S. 15.

60 Verfassung des Staatenbundes, 1. März 1781 (Auszug), abgedruckt in: Adams (Hrsg.): Entstehung (Anm. 52), S. 272–274.

Freistaaten auf dem falschen Wege waren. Es war vor allem dem New Yorker Politiker Alexander Hamilton zu danken, dass zwölf der dreizehn Staaten – Rhode Island fehlte – im Mai 1787 in Philadelphia einen Verfassungskonvent zusammentreten ließen. Er umfasste die politische Elite des Landes und tagte unter Vorsitz von George Washington bei strikter Geheimhaltung bis zum September. Auf Vorschlag Virginias beriet er sogleich über die Schaffung eines Bundesstaates und legte so den ihm erteilten Auftrag zur Revision der Konföderationsakte sehr weit aus. Intensiv wurde über die Machtverteilung zwischen der Union und den künftigen Gliedstaaten und über die Stellung der Exekutive beraten. Schon Ende Juli war ein Grundkonsens hergestellt, die genaue Formulierung des Textes nahm sechs Wochen in Anspruch. Alle zwölf Delegationen stimmten der am 17. September 1787 verabschiedeten und von den meisten Konventsmitgliedern unterzeichneten Verfassung zu.

Der Präambel zufolge hatten jetzt nicht mehr die Gliedstaaten, sondern die Amerikaner gehandelt: „Wir, das Volk von Amerika, von der Absicht geleitet, unseren Bund zu vervollkommnen, die Gerechtigkeit zu verteidigen, die Ruhe im Innern zu sichern, das allgemeine Wohl zu fördern und das Glück der Freiheit uns selbst und unseren Nachkommen zu bewahren, setzen und begründen diese Verfassung für die Vereinigten Staaten von Amerika."[61] Der jetzt geschaffene Bundesstaat hatte über Krieg und Frieden zu befinden, er besaß die Zuständigkeit für die Außen- und die Außenhandelspolitik, für das Währungswesen, für Armee und Flotte, er durfte eine Bundesgerichtsbarkeit schaffen, Zölle und Steuern erheben sowie Kredite aufnehmen, Postanstalten errichten, für ein einheitliches Einbürgerungs-, Urheber- und Konkursrecht sorgen und alle zur Erfüllung der verfassungsmäßig vorgeschriebenen Aufgaben notwendigen Gesetze erlassen. Der indirekt vom Volk für vier Jahre mit unbeschränkter Möglichkeit der Wiederwahl bestimmte Präsident hatte ein Suspensivveto gegen Gesetzesbeschlüsse des Kongresses. Er konnte mit Zustimmung des Senats Beamte und hohe Richter ernennen und internationale Verträge schließen, und er war Oberbefehlshaber von Heer und Marine. Der Kongress bestand aus dem Repräsentantenhaus, dessen Mitglieder direkt auf zwei Jahre gewählt wurden, und dem Senat, in den jeder Einzelstaat zwei von seinem Parlament für sechs Jahre gewählte Senatoren entsandte. Ein Amt im Dienst der Union und ein Mandat waren unvereinbar. Bei der Finanzgesetzgebung hatte das Repräsentantenhaus einen gewissen Vorrang. Die richterliche Gewalt wurde einem Obersten Bundesgericht überwiesen, die Schaffung unterer Gerichte war möglich. Die Richter erhielten faktisch lebenslängliche Anstellung. Nur in begrenztem Umfang übte das Oberste Bundesgericht ursprüngliche Gerichtsbarkeit aus, in der Hauptsache sollte es als Appellationsinstanz dienen. Ausdrücklich war vorgeschrieben, alle Strafsachen vor einem Geschworenengericht durchzuführen. Abschließend hieß es, die Ratifizierung durch neun Staatskonvente sei ausreichend, um die Verfassung für die Staaten in Kraft zu setzen, die sie ratifiziert hatten.

61 Verfassung der Vereinigten Staaten, 17. September 1787, abgedruckt in: ebd., S. 427–442.

Das Ratifikationsverfahren dauerte ein knappes Jahr.[62] Die Staaten bildeten Ratifikationskonvente, nur Rhode Island entschied sich für eine Volksabstimmung, die schließlich negativ ausging. Schon im Vorfeld der Wahlen fanden lebhafte öffentliche Diskussionen über die Verfassung statt und die Beratungen der Konvente wurden von der Bevölkerung sehr aufmerksam verfolgt. Dabei gab es zwei große Meinungsströmungen. Die Befürworter der Vorlage nannten sich Föderalisten und bezeichneten ihre Gegner als Antiföderalisten. Sehr lange war nicht sicher, ob die Föderalisten die Mehrheit gewinnen würden. Ihre Wortführer waren Alexander Hamilton, James Madison und John Jay. Unter dem Pseudonym Publius veröffentlichten diese drei Männer in New Yorker Zeitungen eine im Frühjahr 1788 auch als Buch unter dem Titel „The Federalist" vorgelegte Artikelfolge, in der sie für eine kräftige Zentralgewalt und das Repräsentativsystem warben.[63] In der direkten Demokratie sah Madison, der die meisten Artikel schrieb, eine ständige Gefahr, sie barg seines Erachtens ein erhebliches Konfliktpotential in sich. Repräsentanten könnten auf Grund ihrer Kenntnisse und Erfahrungen das wahre Interesse des Landes viel besser erfassen als die Wähler. Überhaupt sei die Repräsentativverfassung zur Herbeiführung von Kompromissen und damit zur Annäherung an die Gerechtigkeit am besten geeignet. Die Gewaltenteilung sahen die Federalist-Autoren als wesentliche Garantie der Freiheit, jedenfalls dann, wenn sie nicht starr organisiert werde. Die Antiföderalisten, geführt von Patrick Henry und George Mason, wollten den Geist von 1776 bewahren. Ihr Ideal war die kleine, überschaubare und strikt demokratische Republik, gegründet auf der Bürgertugend. Von der zur Diskussion stehenden Verfassung erwarteten sie nur Unheil. Die vorgesehenen Institutionen würden kaum die Meinungen des Volkes widerspiegeln, vielmehr würden die Mandate der Oberschicht zufallen. „Dieses Regierungssystem wird als eine gemäßigte Aristokratie beginnen", meinte Mason im Oktober 1787, es sei unmöglich vorherzusehen, „ob es, wenn es erst funktioniert, eine Monarchie oder eine korrupte Aristokratie hervorbringen wird".[64]

Um der Opposition den Wind aus den Segeln zu nehmen, stellten die Föderalisten schon Anfang 1788 Konzessionen in Aussicht. Im Juni ratifizierte New Hampshire als neunter Staat. Daraufhin konnte der Kongress der Konföderation die Verfassung förmlich verkünden und die Präsidentenwahl einleiten, dann löste er sich auf. Die Elektoren entschieden sich am 4. Februar 1789 einstimmig für Washington, er wurde am 30. April in sein Amt eingeführt. Die Wahlen zum Repräsentantenhaus gewannen die Föderalisten eindeutig. Gemäß

62 Vgl. Jürgen Heideking: Die Verfassung vor dem Richterstuhl. Vorgeschichte und Ratifizierung der amerikanischen Verfassung 1787–1791, Berlin 1988; The Debate on the Constitution. Federalist and Antifederalist Speeches, Articles and Letters during the Struggle over Ratification, 2 Bde., New York 1993.

63 Alexander Hamilton/James Madison/John Jay: Die Federalist-Artikel. Politische Theorie und Verfassungskommentar der amerikanischen Gründerväter. Mit dem englischen und deutschen Text der Verfassung der USA, hrsg., übersetzt, eingeleitet und kommentiert von Angela Adams und Willi Paul Adams, Paderborn 1994.

64 George Mason an George Washington, Oktober 1787, in: Adams (Hrsg.): Entstehung (Anm. 52), S. 371–374, Zitat: S. 374.

ihrer Zusage vom Beginn des Vorjahres brachten sie nun Zusätze zur Verfassung ein. Nach Abschluss des Gesetzgebungs- und Ratifikationsverfahrens traten die Zusatzartikel 1 bis 10 im November 1791 in Kraft. Diese so genannte Bill of Rights verbürgte nun auch auf Bundesebene die freie Religionsausübung, die Sicherheit der Person, der Wohnung und des Eigentums gegen willkürliche Verhaftung, Durchsuchung und Beschlagnahme, das Recht auf Waffentragen und den Anspruch auf einen gesetzlichen Richter sowie einen unverzüglichen und öffentlichen Prozess.[65] Damit war die Bildung der Vereinigten Staaten abgeschlossen. Waren in den Einzelstaaten noch gewisse Defizite bei der Gewaltenteilung und bei den Grundrechten zu notieren, so waren die Vereinigten Staaten uneingeschränkt ein moderner Verfassungsstaat, also ein Gemeinwesen, das auf dem Willen der Nation beruhte, gewaltenteilig organisiert war und die Menschenrechte garantierte.

7. Die französische Verfassungsentwicklung 1789–1815

Die europäische Entwicklung führte in dem Vierteljahrhundert von 1790 bis 1815 nirgends über den in Nordamerika erreichten Stand hinaus, sondern blieb im Gegenteil vielfach dahinter zurück. So kann sie vergleichsweise kurz behandelt werden. Der erste Staat, der hier zu einer Verfassung recht modernen Zuschnitts gelangte, war wenige Monate vor Frankreich im Mai 1791 Polen. Schon vor seiner Wahl zum König hatte Stanislaus August Poniatowski, ein durch die Aufklärung geprägter, hoch gebildeter und mit der staatstheoretischen Literatur bestens vertrauter Mann, 1764 gegenüber dem französischen Agenten in Warschau davon gesprochen, er wolle in seinem Lande eine glückliche Revolution bewirken und die Verfassung gründlich ändern; dabei diente ihm England als Leitbild.[66] Dass es mehr als 25 Jahre dauerte, bis er seine Pläne durchsetzen konnte, hing mit der inneren und äußeren Lage Polens zusammen, namentlich mit dem starken russischen Einfluss. Immerhin konnten in dieser Zeit wichtige Reformen bewirkt werden, allen voran ab 1773 im Erziehungswesen. Dadurch wurde die Rezeption der Aufklärung im Lande nachhaltig gefördert. Voltaire, Montesquieu und Rousseau wurden unter den Gebildeten Polens nachgerade populär – Rousseau hatte übrigens lebhaftes Interesse an der polnischen Entwicklung.[67] Der Bodengewinn der Aufklärung und die fortdauernde Schwäche der Adelsrepublik unter dem Druck der großen Nachbarn förderten die Bereitschaft zur Erneuerung der staatlichen Strukturen sehr. So beschloss der ab Oktober 1788 tagende Reichstag gleich zu Beginn, eine tief greifende Reform der Republik zu bewirken. Die Stärke der

65 Vgl. Zusatzartikel 1–10, abgedruckt in: ebd., S. 442–444.

66 Vgl. Jean Fabre: Stanislas-Auguste Poniatowski et l'Europe des lumières, Paris 1952; Vladimir Reisky de Dubois: Stanislaw August Poniatowski, the Polish Constitution of 1791, and the American Connection, in: Rozbicki (Hrsg.): Constitutionalism (Anm. 5), S. 97–104.

67 Vgl. Raymond Trousson: De l'utopiste au legislateur: Rousseau devant la Corse et la Pologne, in: Swiss-French Studies, 2 (1981), S. 23–37.

Opposition verhinderte allerdings ein schnelles Vorankommen. Erst Anfang 1791 konnten wichtige Gesetze – über das Wahlrecht und die Stadtbürger – verabschiedet werden. Währenddessen wurde in der nächsten Umgebung des Königs ein knapper Verfassungstext erarbeitet, dem Reichstag am 3. Mai präsentiert und noch am gleichen Tage per Akklamation angenommen. Die Reformpartei erzielte eine Mehrheit, da viele Opponenten noch nicht aus den Osterferien zurückgekehrt waren. Die wichtigsten Mitarbeiter am Verfassungstext waren Ignacy Potocki und Hugo Kollataj, sie hatten die amerikanische Verfassung eingehend studiert.

Die Artikel I bis IV betrafen die Rechte der Kirche und der Geistlichkeit, des Adels, der Städte und Bürger sowie der Bauern. Dabei blieb die ständische Schichtung unangetastet. Art. V bekannte sich einleitend ausdrücklich zur Volkssouveränität. „Alle Gewalt der menschlichen Gesellschaft nimmt ihren Anfang vom Willen der Nation.“ Die gewaltenteilige Organisation wurde vorgeschrieben. Die folgenden drei Artikel entwickelten das im Einzelnen. Der Reichstag war ein Zweikammer-Parlament, das (teils direkt gewählte) Abgeordnetenhaus hatte einen deutlichen Vorrang vor dem Senat, da dieser die ihm vom Abgeordnetenhaus zugeleiteten Gesetzentwürfe nur annehmen oder ablehnen konnte; verwarf er sie, so wurden sie nach erneutem Beschluss des anderen Hauses Gesetz. Der König saß der „Wache der Rechte“ vor, einem Ministerkollegium, dessen Mitglieder (außer dem Primas von Polen) von ihm ernannt wurden, sie waren dem Reichstag verantwortlich und eine Ministeranklage war möglich. Alle Akte des Königs bedurften der Gegenzeichnung durch einen Minister. Art. VIII behandelte die Justizorganisation, die drei restlichen Artikel enthielten Vorschriften über eine Regentschaft – die Krone war fortan erblich –, die Erziehung der Kinder des Königs und das Heerwesen. Einen Grundrechtskatalog hatte die Verfassung nicht, aber einzelne Grundrechte fanden sich über den Text verteilt.[68] Die Autoren der Verfassung waren sich klar darüber, dass ihr Werk nur ein erster, freilich großer Schritt bei der Modernisierung Polens war. Kollataj etwa sprach im Reichstag wiederholt davon, dass der Abbau der ständischen Schranken nötig sei und insbesondere die Stellung der Bauern verbessert werden müsse. Um die Verfassung in Einklang mit den sich wandelnden Verhältnissen zu halten, sollte alle 25 Jahre ein ihrer Überprüfung gewidmeter Reichstag zusammentreten. Tatsächlich blieb sie nur wenig mehr als ein Jahr in Kraft und wurde nach der russischen Intervention im Sommer 1792 aufgehoben.

In Frankreich spitzte sich der Konflikt zwischen Krone und Parlament um die Reformpolitik und die Steuererhebung 1787 so scharf zu, dass man mit guten

68 Siehe den Text in: Die europäischen Verfassungen seit dem Jahre 1789 bis auf die neueste Zeit. Mit geschichtlichen Erläuterungen und Einleitungen von Karl Heinrich Ludwig Pölitz, zweite, neu geordnete, berichtigte und ergänzte Aufl., Bd. 3, Leipzig 1833, S. 8–15; Vgl. Georg-Christoph von Unruh: Die polnische Konstitution vom 3. Mai 1791 im Rahmen der Verfassungsentwicklung der europäischen Staaten, in: Der Staat, 13 (1974), S. 185–208; Stanislaw Grodzicki: Die Verfassung vom 3. Mai 1791 – das erste polnische Grundgesetz, in: Aus Politik und Zeitgeschichte, B 30-31/1987, S. 40–46; Joseph Kasparek-Obst: The Constitution of Poland and of the United States – Kinship and Genealogy, Miami 1980.

Gründen schon den August dieses Jahres als Beginn der Revolution ansehen kann; der zentrale Streitpunkt war die Einführung einer einheitlichen Grundsteuer. Im August 1788 kündigte die Regierung für den Mai 1789 den Zusammentritt der Generalstände zur Klärung der strittigen Fragen an, ohne sich dabei allerdings zur Zusammensetzung und zur Verfahrensweise zu äußern. Darüber wurde in den folgenden Monaten in der Öffentlichkeit lebhaft diskutiert; einige Autoren schlugen die Schaffung einer konstitutionellen Monarchie vor. Das größte Echo fand der Abbé Emanuel-Joseph Graf Sieyès, Generalvikar des Bischofs von Chartres, mit seiner Anfang 1789 veröffentlichten Flugschrift über den Dritten Stand. Der Autor legte dar, dass der Dritte Stand identisch mit der Nation sei, und charakterisierte die anderen Stände als Belastung, namentlich den Adel. Die Nation allein habe über die schwebende Verfassungsfrage zu entscheiden, hieß es ganz im Geist Rousseaus, folglich müsse sich die künftige Versammlung ohne Rücksicht auf Stände bilden und nach Köpfen abstimmen. Der Dritte Stand könne sich sogleich als Nationalversammlung konstituieren, aber anfänglich auch an den Generalständen teilnehmen, um dann die Privilegierten von den Beratungen auszuschließen; ihnen müsse allerdings „die Rückkehr in die wahre Nation“ offenstehen, wenn sie sich von ihren Privilegien trennten.[69]

Ganz im Sinne dieses zweiten Weges erklärte sich der Dritte Stand am 17. Juni zur Nationalversammlung. Ende des Monats verlangte der König von den Angehörigen der beiden anderen Stände, sie möchten sich der Nationalversammlung anschließen. Den Anspruch dieser Versammlung, verfassunggebend zu sein, anerkannte er nicht. Darüber kam es zu einem schweren Konflikt, dessen Höhepunkt der Sturm auf die Bastille am 14. Juli war. Nun erfasste die Revolution das ganze Land, und zwar in deutlicher sozialer Dimension. Die Nationalversammlung reagierte auf diesen Sturm mit ihren Beschlüssen in der Nacht vom 4. auf den 5. August, mit denen sie ein umfassendes Gesetzgebungsprogramm formulierte: Aufhebung der Leibeigenschaft, Ablösung der Feudallasten und der Zehnten, Abschaffung der Privilegien und Steuerfreiheiten, radikale Steuerreform, gleicher Zugang zu den Ämtern, kostenlose Rechtspflege und anderes.[70] Der nächste große Schritt der Nationalversammlung war am 26. August die Darlegung der „natürlichen, unveräußerlichen und heiligen Rechte der Menschen in einer feierlichen Erklärung“, sie sollten allen Mitgliedern der Gesellschaft ständig vor Augen stehen und sie an ihre Rechte und Pflichten erinnern. Die Autoren dieses Textes, Sieyès, Jean Joseph Mounier und Honoré Gabriel de Riqueti, Graf von Mirabeau, entwarfen darin die Grundlinien eines auf der Volkssouveränität beruhenden gewaltenteiligen Rechtsstaates, der die Menschenrechte und das

69 Emmanuel J. Sieyès: Was ist der Dritte Stand? in: ders.: Politische Schriften 1788–1790, übersetzt und hrsg. von Eberhard Schmitt und Rolf Reichardt, Darmstadt 1975, S. 117–195, hier: S. 194.

70 Vgl. Ernst Schulin: Die Französische Revolution, 2.Aufl., München 1989; Philippe Sueur: Histoire du droit publique Français: XVe – XVIIIe Siècle, Bd. 2, Affirmation et crise de l'Etat sous l'Ancien Régime, Paris 1989; Marcel Morabito/Daniel Bourmand: Histoire constitutionnelle et politique de la France (1789–1958), Paris 1991, S. 31–167.

Eigentum schützen sollte und dessen Bewohner vor dem Gesetz gleich waren.[71] Über die dreizehn Jahre ältere Virginia Bill of Rights führte diese Erklärung nicht hinaus.

In der Folgezeit fasste die rund 1100 Mitglieder zählende Nationalversammlung zahlreiche Beschlüsse zur durchgreifenden Reorganisation Frankreichs. Dabei entschied sie auch über Fragen von Verfassungsrang. Die Krone wurde ihrer alten Macht weitgehend entkleidet. Frankreich war jetzt eine konstitutionelle Monarchie mit eindeutigem Schwergewicht auf der Nationalversammlung. Die Radikalität des Vorgehens machte auf die europäische Öffentlichkeit einen tiefen Eindruck. Die Verfassungsarbeit zog sich lange hin. Der Ende August 1789 von einer Kommission dem Plenum vorgelegte Entwurf war unter dem Einfluss von Mounier sehr gemäßigt. Der König sollte ein absolutes Veto gegen die Beschlüsse des aus zwei Kammern bestehenden Parlamentes haben. Das ließ sich nicht durchsetzen. Wegen des Vorrangs der eben erwähnten Reformgesetzgebung ging es in der Folge mit der Verfassung nur langsam voran. Sie war erst am 3. September 1791 fertig und an etlichen Stellen allzu detailliert. Zehn Tage später wurde sie vom König gebilligt und kurz danach beeidigt. Die Menschenrechtserklärung wurde ihr vorangestellt, aber wesentliche Menschenrechte fanden sich auch in Teil I. Der König unterstand selbstverständlich dem Gesetz, er war nun nichts weiter als der oberste Beamte des Staates. Er besaß ein suspensives Veto, aber nicht die Gesetzesinitiative. Es gab nur eine Kammer, die für zwei Jahre mittels eines breiten, aber durchaus nicht allgemeinen Stimmrechts indirekt gewählt wurde. Exekutive und Legislative waren strikt getrennt, kein Abgeordneter durfte Minister sein, kein Mandat länger als zwei Legislaturperioden wahrgenommen werden.[72]

Die Verfassung behielt nicht einmal ein Jahr Geltung. Am 10. August 1792 ergriff die radikale Linke mit einem kurzen Schlag die Macht, internierte die königliche Familie und kündigte die Auflösung der Legislative sowie die Wahl eines Nationalkonvents auf der Basis des allgemeinen Stimmrechts an. Diese Machtergreifung kostete allein in Paris etwa 1000 Menschen das Leben, der Hintergrund des Geschehens war der anfänglich schlechte Verlauf des Krieges, den Frankreich Ende April dem mit Preußen verbündeten Österreich erklärt hatte. Haupttreiber bei dem Umsturz war der führende Jakobiner Maximilian

---

71 Erklärung der Menschen- und Bürgerrechte, 26. August 1789, in: Amerikanische und Französische Revolution. Bearbeitet von Wolfgang Lautemann (Geschichte in Quellen), München 1981, S. 199–201; Roman Schnur (Hrsg.): Zur Geschichte der Erklärung der Menschenrechte, Darmstadt 1964.

72 Verfassung vom 3. September 1791, in: Lautemann: Revolution (Anm. 71), S. 218–240; Pölitz: Verfassungen (Anm. 68), Bd. 2, 1833, S. 2–21; Vgl. Jean Bart u.a. (Hrsg.): 1791. La Première Constitution Française. Actes du colloque de Dijon 26 et 27 septembre 1991, Paris 1993; Robert Redslob: Die Staatstheorien der Französischen Nationalversammlung von 1789. Ihre Grundlagen in den Staatslehren der Aufklärungszeit und in dem englischen und amerikanischen Verfassungsdenken, Tübingen 1912; Karl Loewenstein: Volk und Parlament nach der Staatstheorie der Französischen Nationalversammlung von 1789, München 1922, ND 1964.

Robespierre, ein Eiferer der republikanischen Tugend, der innerhalb der nächsten beiden Jahre zahlreiche politische Gegner durch einen nun gebildeten außerordentlichen Gerichtshof blutig verfolgen ließ. Frankreich wurde fast zwei Jahre mit äußerster Härte diktatorisch regiert. Zu Beginn dieser Phase wurde am 21. September 1792 das tatsächlich schon beseitigte Königtum auch formell abgeschafft. Die im Juni 1793 fertige neue Verfassung erlangte keine praktische Geltung, sie sah ein striktes Konventsregime vor.[73] Die Schreckensherrschaft kostete etwa 20.000 Menschen das Leben, nicht gerechnet die ungleich höhere Zahl der Toten des Bürgerkrieges, der Frankreich in dieser Zeit überzog. Das prominenteste Opfer war Ludwig XVI., der vom Konvent wegen Hochverrats angeklagt, zum Tode verurteilt und im Januar 1793 hingerichtet wurde. Mit dem Sturz Robespierres am 24. Juli 1794, dem 9. Thermidor nach dem Revolutionskalender, und seiner Verurteilung durch das Revolutionstribunal und Guillotinierung einen Tag später endete die Schreckensherrschaft. Zwischen 1792 und 1794 waren die am 26. August 1789 so feierlich verkündeten Menschenrechte nur leeres Papier.

Zur Ruhe kam Frankreich auch jetzt nicht. Die Thermidorianer verfolgten natürlich die Parteigänger der Männer, die sie soeben aus dem Wege geräumt hatten, und kämpften auch untereinander mit robusten Mitteln um die Macht. Verfassungstreue war nicht ihre Stärke. Die folgenden fünf Jahre sahen mehrere Staatsstreiche. Die neue Verfassung, datiert mit dem 22. August 1795, wurde mithin nur vordergründig zur Grundlage staatlichen Lebens. Die Legislative war zweigeteilt. Der Rat der Fünfhundert hatte das Recht der Initiierung und Formulierung der Gesetze, der Rat der Alten das des Beschlusses darüber. Die Exekutive lag bei einem fünfköpfigen Direktorium, von dessen Mitgliedern jedes Jahr einer ausscheiden musste; diesem Direktorium waren die Minister nachgeordnet. Die Richter wurden gewählt.[74] Während dieser Zeit dauerte der 1792 begonnene Krieg an; in ihn waren inzwischen auch andere Mächte eingetreten, allen voran England. Die Kämpfe verliefen für Frankreich sehr erfolgreich. Ende 1794 zog sich Preußen aus dem Krieg zurück, drei Jahre später Österreich. Frankreichs Gewinn waren ein großer Teil Italiens, das linksrheinische Deutschland und der niederländische Raum. Der Oberbefehlshaber der Italienarmee, der achtundzwanzigjährige General Napoleon Bonaparte, erwog nun einen Staatsstreich, war sich jedoch des Erfolgs nicht sicher und brach im Frühjahr 1798 zu einem Feldzug in den Orient auf, der aber keinen verwertbaren Ertrag hatte. Aus Ägypten kehrte er im Oktober nach Frankreich zurück, weil sich inzwischen eine neue große europäische Koalition gegen die Republik gebildet hatte, veranlasst durch den Ausgriff in den Orient. Mit Hilfe seines Bruders, der den Rat der Fünfhundert präsidierte, vollzog er jetzt, wovor er Anfang 1798 noch zurückgeschreckt war, den Staatsstreich. Dabei überspielte er auch Sieyès, der sich eigentlich seiner hatte bedienen wollen. Die neue Verfassung wurde im engsten Kreis der Putschisten ausgearbeitet und nicht von

73 Verfassung vom 24. Juni 1793, in: Lautemann: Revolution (Anm. 71), S. 364–370; Pölitz: Verfassungen (Anm. 68), S. 21–30.

74 Verfassung vom 23. September 1795, in: Pölitz: Verfassungen (Anm. 68), S. 30–58.

einer gewählten Versammlung verabschiedet, sie trug das Datum vom 13. Dezember 1799. Die Regierung vertraute sie drei auf zehn Jahre ernannten Konsuln an. In Art. 39,3 hieß es: „Die Verfassung ernennt den Bürger Bonaparte [...] zum Ersten Konsul" – seine beiden Kollegen hatten nur beratende Stimme. Der Erste Konsul ernannte und entließ die Minister, die Beamten und Offiziere, die Mitglieder der Lokalverwaltungen und die Richter, diese allerdings konnte er nicht entlassen. Er berief den aus vierzig Mitgliedern bestehenden Staatsrat, der unter seinem Vorsitz die Gesetze ausarbeitete – nur die Regierung hatte ein Initiativrecht –, und er verkündete die Gesetze auch, nachdem sie vom Tribunat diskutiert und befürwortet und vom Gesetzgebenden Körper ohne Diskussion verabschiedet worden waren; beide Gremien hatten allerdings auch das Recht der Verwerfung. Die Mitglieder beider Häuser kamen über ein stufenweises Nominierungs- und Berufungsverfahren zu ihrem Mandat; von einem Wahlrecht zu sprechen, wäre Beschönigung. So war die Gefahr nicht eben groß, dass sie anderes wollten als die Regierung. Es gab noch einen staatserhaltenden Senat, dessen Erstbesetzung durch den Zweiten und Dritten Konsul erfolgte und der Gesetze annullieren konnte.[75]

In dem Aufruf vom 15. Dezember 1799, mit dem Bonaparte die Revolution für beendet erklärte und die Franzosen zu einem Plebiszit über die Verfassung einlud, sagte er, dieses Grundgesetz beruhe „auf den wahren Prinzipien der repräsentativen Regierung und den geheiligten Rechten des Eigentums, der Gleichheit und der Freiheit".[76] Das waren schöne Worte. Es handelte sich um ein Organisationsstatut, das gemessen an den Kriterien in Art. XVI der Menschenrechtserklärung von 1789 überhaupt keine Verfassung war. Dort hieß es nämlich, dass eine Gesellschaft dann keine Verfassung habe, wenn nicht die Gewalten geteilt und die Menschenrechte garantiert seien. Jetzt war eine Fülle von Gewalt beim Ersten Konsul konzentriert, so dass er mehr Macht besaß als je der französische König. Der Gedanke der Repräsentation war weitgehend denaturiert, die Gewaltenteilung nur noch in kleinen Spuren gegeben; immerhin waren die Richter unabsetzbar. Einen Rechtekatalog gab es nicht, nur einzelne Rechte waren über den Text verstreut. Im Jahre 1802 machte sich Bonaparte, der sich fortan Napoleon nennen ließ, zum Ersten Konsul auf Lebenszeit und stärkte dabei seine Stellung durch Zugriff auf den Senat. Zugleich wurden die Kompetenzen dieser Institution gestärkt. Zwei Jahre später schuf er eine neue Monarchie und führte fortan den Titel „von Gottes Gnaden und durch die Verfassung der Republik Kaiser der Franzosen"; die Krone war in seinem Hause erblich. Bei der Selbstkrönung am 2. Dezember 1804 leistete er einen Eid und beschwor, die Unversehrtheit des Territoriums der Republik zu wahren, das Konkordat (von 1801) und die Kultfreiheit zu respektieren, die Gleichheit der Rechte und die politische und bürgerliche Freiheit zu achten, den Verkauf der Nationalgüter als unwiderruflich zu behandeln und nur kraft Gesetzes Steuern und Abgaben zu erheben. Das war eine Selbstbindung an liberale Grundpositionen, aber in der Praxis unterwarf

75 Verfassung vom 13. Dezember 1799, in: Pölitz: Verfassungen (Anm. 68), S. 58–66.
76 Kundgebung vom 15. Dezember 1799, in: Lautemann: Revolution (Anm. 71), S. 538.

der Kaiser sich ihr nicht immer. Mit dem Institutionengefüge von 1799 sprang er in der Folge nach Belieben um. Opposition konnte er, wie er offen erklärte, nicht brauchen. Das bekam auch die Presse zu spüren. Immerhin ging die Modernisierung Frankreichs weiter, namentlich durch eine gründliche Bearbeitung des Rechts auf allen Gebieten. Unter den Begriff Konstitutionalismus kann man die französischen Verfassungen seit 1799 nicht bringen, auch nicht mit dem abschwächenden Zusatz „napoleonische Variante".[77] Es handelte sich um ein ausgesprochen persönliches und sehr autoritäres Regiment hinter einer pseudokonstitutionellen Fassade. Wegen der Gesellschafts- und Rechtspolitik kann man Frankreich unter der Herrschaft Napoleons immerhin als autoritären Rechtsstaat einstufen.

Außerhalb Frankreichs wurde die Revolution mit lebhaftem Interesse und anfänglich mit überwiegender Zustimmung beobachtet. Die Diskussion darüber sorgte für eine beträchtliche Profilierung der politischen Anschauungen. Konservative, Liberale und Jakobiner standen vielfach gut unterscheidbar nebeneinander. Erstere waren keineswegs alle antikonstitutionell, aber doch zu beträchtlichen Teilen, letztere hofften auf eine demokratische Republik, während die Liberalen durchweg für eine konstitutionelle Monarchie eintraten. Nur kleine Minderheiten glaubten, dass im eigenen Lande eine Revolution ebenfalls nötig sei. Das Erlebnis der Schreckenszeit ließ die Stimmung umschlagen, die gemäßigten Positionen gewannen deutlich an Boden und das wirkte allenthalben entlastend. Und selbstverständlich zeigten die Regierungen überall erhöhte Wachsamkeit. So kam es nirgends sonst in Europa zu so tief greifenden Veränderungen wie in Frankreich, abgesehen von den Regionen, in denen die Franzosen als Besatzungsmacht das selbst bewirkten, so in Italien, im niederländischen Raum oder in Teilen Deutschlands.[78] Hier hingen die Verfassungen von den jeweiligen französischen Gegebenheiten ab. Napoleon verfügte über diese Tochterstaaten sehr selbstbewusst und zog sie bei Bedarf auch ein.

8. Das übrige Europa

In England bekamen die Reformbestrebungen, die sich schon nach 1770 geregt hatten, infolge der Revolution im Nachbarland neuen Auftrieb. Es bildeten sich zahlreiche Gesellschaften, die eine tief greifende Neuordnung des politischen Lebens verlangten. Thomas Hardy, Sekretär der London Corresponding Society, behauptete im Mai 1792 unumwunden, „dass unser gegenwärtiges System völlig verfassungswidrig ist", jedenfalls gemessen am Sinn des Wortes

77 Martin Kirsch: Die Entwicklung des Konstitutionalismus im Vergleich: Französische Vorbilder und europäische Strukturen in der ersten Hälfte des 19. Jahrhunderts, in: Martin Kirsch/Pierangelo Schiera (Hrsg.): Denken und Umsetzung des Konstitutionalismus in Deutschland und anderen europäischen Ländern in der ersten Hälfte des 19. Jahrhunderts, Berlin 1999, S. 147–173, Zitat: S. 150.

78 Vgl. den Überblick bei Hans Fenske: Der moderne Verfassungsstaat. Eine vergleichende Geschichte von der Entstehung bis zum 20. Jahrhundert, Paderborn 2001, S. 186–211.

Konstitutionalismus.[79] Als die Regierung gegen diese Gesellschaften vorging, führte das zu einigen Massendemonstrationen, sonst aber blieb das Land ruhig. Daran änderte sich in der Folge nichts.

Auch in Deutschland gab es hier und da Unruhen, mit denen die Behörden aber schnell fertig wurden. Der Reformkurs, den viele der hiesigen Regierungen seit längerem steuerten, wurde fortgesetzt. Die territorialen Veränderungen infolge des Reichsdeputationshauptschlusses Anfang 1803 erzwangen eine Neuordnung größten Umfangs, jedenfalls im administrativen Bereich. Sie wurde in den verbliebenen Territorien auch bald in Angriff genommen. Über die Zukunft des Reiches wurde eine lebhafte Debatte geführt.[80] Schließlich entzog Napoleon ihr den Boden, als er nach dem Sieg über Österreich und Russland Ende 1805 mit sechzehn deutschen Fürsten bis Mitte 1806 die Gründung des Rheinbundes vereinbarte und dann ultimativ die Niederlegung der Kaiserkrone durch Franz II. erzwang. Die Rheinbundstaaten sollten ihre Strukturen den französischen allmählich angleichen. Für das von ihm gegründete Königreich Westfalen ordnete er das ausdrücklich an. In der Verfassung, die er diesem Staate im November 1807 erteilte, war die konstitutionelle Komponente etwas deutlicher ausgeprägt als in Frankreich selbst.[81] In Bayern hatte das zur Folge, dass die dort im Mai 1808 erlassene Verfassung eine Nationalrepräsentation vorsah, nur wurde dieser Abschnitt dann nicht in Geltung gesetzt. Auch in Baden formulierte die Regierung eine Verfassung, weil sie nicht Gefahr laufen wollte, „eine solche von fremder Hand“ und nach dem Lande fremden Vorstellungen aufgezwungen zu bekommen.[82] Der Grundrechtskatalog war auf der Höhe der Zeit: Sicherheit der Person und des Eigentums, Gewissens-, Religions- und Pressefreiheit, Beseitigung der Privilegien, Aufhebung der Leibeigenschaft, wo sie noch bestand. Bei der Gesetzgebung sollten sich der Groß-

79 Erklärung für die London Corresponding Society, 24./25. Mai 1792, in: Lautemann: Revolution (Anm. 71), S. 509.

80 Vgl. Wolfgang Burgdorf: Reichskonstitution und Nation. Verfassungsreformprojekte für das Heilige Römische Reich Deutscher Nation im politischen Schrifttum von 1648–1806, Mainz 1998, S. 352–501; ders.: Die Ursprünge des Konstitutionalismus in Deutschland. Die Wahlkapitulationsdiskussion der 1790er Jahre – eine deutsche Verfassungsdiskussion im Zeitalter der Aufklärung, in: Kirsch/Schiera (Hrsg.): Denken (Anm. 77), S. 65–98; Hans Boldt: Bundesstaat oder Staatenbund? Bemerkungen zur Verfassungsdiskussion in Deutschland am Ende des Alten Reichs, in: ebd., S. 33–46; Matthias Pape: Revolution und Reichsverfassung – Die Verfassungsdiskussion zwischen Fürstenbund und Rheinbund, in: Elisabeth Weisser-Lahmann/Dietmar Köhler (Hrsg.): Verfassung und Revolution. Hegels Verfassungskonzeption und die Revolutionen der Neuzeit, Hamburg 2000, S. 40–84.

81 Abgedruckt in: Hans Boldt: Reich und Länder. Texte zur deutschen Verfassungsgeschichte im 19. und 20. Jahrhundert, München 1987, S. 77–89; Pölitz: Verfassungen (Anm. 68), Bd.1, S. 38–42; vgl. Helmut Berding: Napoleonische Herrschafts- und Gesellschaftspolitik im Königreich Westfalen 1807–1813, Göttingen 1973; Herbert Obenaus: Die Reichsstände des Königreichs Westfalen, in: Francia, 9 (1981), S. 299–329.

82 Denkschrift von Nikolaus Friedrich Brauer, März 1808, in: Friedrich von Weech: Das achte und neunte badische Konstitutionsedikt, in: Zeitschrift für die Geschichte des Oberrheins, 46 (1892), S. 249–313, hier: S. 291; die bayerische Verfassung vom 1. Mai 1808 in: Pölitz: Verfassungen (Anm. 68), Bd.1, S. 96–100; Karl Möckl: Die bayerische Konstitution von 1808, in: Reformen im rheinbündischen Deutschland, hrsg. von Eberhard Weis unter Mitarbeit von Elisabeth Müller-Luckner, München 1984, S. 151–166.

herzog und eine von den Höchstbesteuerten zu wählende Repräsentation gleichgewichtig gegenüberstehen. Auch diese Verfassung blieb in der Schublade, weil sich die Bürokratie nicht das Heft aus der Hand nehmen lassen wollte. Die Rheinbundstaaten kamen über den Status reformabsolutistischer Monarchien nicht hinaus. Bei der Modernisierung ihrer administrativen Strukturen leisteten die süddeutschen Staaten Beachtliches.[83]

In Österreich stand mit Franz II. ab 1792 ein Mann an der Spitze, der von seinem Gottesgnadentum durchdrungen war, durchaus konservativ dachte und sich Neuerungen gegenüber misstrauisch und zögernd verhielt. Die Rechtskodifikation ließ er fortsetzen. Das Bürgerliche Gesetzbuch für Westgalizien (1797) erhielt durch seine Bearbeiter, an der Spitze der Naturrechtler Karl Anton von Martini, sehr moderne Züge. Im schließlich 1812 in Kraft gesetzten Allgemeinen Bürgerlichen Gesetzbuch für die deutschen Erblande, bei dem Franz von Zeiller federführend war, konnte diese hohe Ebene nicht mehr ganz erreicht werden, weil das ständische Sonderrecht vielfach noch berücksichtigt werden musste. Die Stände selbst hatten keine große Bedeutung mehr, eine umso größere die zentrale Bürokratie. So kann man auch das Habsburgerreich als reformabsolutistisches Gemeinwesen bezeichnen.[84] Das gilt ebenso für Preußen. Hier erhielten nach der Niederlage gegen Napoleon im Kriege von 1806/07 endlich die Reformbeamten freie Bahn. Sie leisteten unter der Führung von Karl Freiherr vom Stein und später unter der von Karl August von Hardenberg innerhalb weniger Jahre ein erhebliches Maß an Arbeit. Sie verstanden ihr Handeln als „eine Revolution im guten Sinne" mit dem Zweck, „das Schwache, Kraftlose, Veraltete" zu zerstören und „neue Kräfte zu weiteren Fortschritten zur Vollkommenheit zu beleben", und zwar ohne die gewaltsamen Zuckungen, die Frankreich hatte erleiden müssen.[85] Die preußischen Reformen gingen wesentlich weiter als die süddeutschen, weil sie sich nicht nur auf den administrativen Bereich beschränkten, sondern auch kommunale Selbstverwaltung, weite Bereiche des Wirtschaftslebens, das Bildungswesen und das Heer mit einbezogen. Das erste Gesetz dieser Reformära war das „Edikt den erleichterten Besitz und den freien Gebrauch des Grund-Eigentums, sowie die persönlichen Verhältnisse der Land-Bewohner betreffend" vom 9. Oktober 1807. Es brachte die Aufhebung der Gutsuntertänigkeit zum November 1810 und leitete damit die Bauernbefreiung ein. Außerdem genehmigte es die Freiheit des Güterverkehrs und die freie Berufswahl. Die Präambel sagte ganz im wirtschaftsliberalen Geist, es solle alles entfernt werden, was „den einzelnen bisher hinderte, den Wohlstand zu erlangen, den er nach dem Maße seiner Kräfte zu erlangen fähig" sei.[86] Viele

83 Zusammenfassend Paul Nolte: Staatsbildung als Gesellschaftsreform. Politische Reformen in Preußen und den süddeutschen Staaten 1800–1820, Frankfurt a.M. 1990, S. 109–189.

84 Ernst C. Hellbling: Österreichische Verfassungs- und Verwaltungsgeschichte. Ein Lehrbuch für Studierende, 2. Aufl., Wien 1974, S. 323–345.

85 Denkschrift Hardenbergs vom 12. September 1807, in: Georg Winter (Hrsg.): Die Reorganisation des Preußischen Staates unter Stein und Hardenberg, Bd.1, Berlin 1931, S. 302–363, hier: S. 305 f., auch Lautemann: Revolution (Anm. 71), S. 625–629, hier: S. 625 f.

86 Edikt über die Bauernbefreiung, 9. Oktober 1807, in: Ernst Rudolf Huber (Hrsg.): Dokumente zur deutschen Verfassungsgeschichte, Bd. 1: Deutsche Verfassungsdokumente 1803–1850, 3. Aufl., Stuttgart 1978, S. 41–43, Zitat: S. 41.

Reformer, an der Spitze Stein selbst, wollten auch eine Nationalvertretung, so dass Preußen zur konstitutionellen Monarchie wurde. Jedoch sollte dieser Schritt nicht am Beginn, sondern am Schluss des Reformwerks stehen. Hardenberg war gegenüber einer Repräsentation skeptisch und nicht zuletzt aus diesem Grund kam sie dann nicht zustande. Auch Preußen verblieb im Status des Reformabsolutismus, doch waren hier die Reformen viel gründlicher als irgendwo sonst in Deutschland.[87]

Auch in Russland begann unter Alexander I. sogleich nach dessen Regierungsantritt 1801 eine Reformperiode. Die Staatsspitze wurde modernisiert, das Bildungswesen gehoben, der Bauernschutz verbessert, und im Baltikum wurden die Bauern sogar freigelassen. In einer zweiten Phase war nach dem Vorbild des napoleonischen Frankreich ein System von Konsultativräten von den Kreisen über die Bezirke und die Gouvernements bis zur Ebene des Reiches in Planung, ebenso eine schrittweise Bauernbefreiung. Der Widerstand des Adels gegen diese Vorhaben war jedoch so groß, dass der Zar nur wenig verwirklichen konnte und im März 1812 sogar seinen wichtigsten Berater Speranskij entlassen und in eine Provinzstadt verbannen musste.[88]

9. Schlussbetrachtung

Noch in der Mitte des 18. Jahrhunderts hatte die uneingeschränkte Monarchie im Diskurs über die Staatsformen die weitaus meisten Verfechter, wobei freilich zur Voraussetzung gemacht wurde, dass der Herrscher sich dem Gemeinwohl verpflichtet fühle und die Gesetze achte. Aber die Anhänger einer konstitutionellen Monarchie nach dem Vorbild Englands, das seit 1689 Verfassungsstaat war, gewannen stetig an Boden. Der erste moderne Verfassungsstaat, also ein auf dem Willen der Nation beruhendes, gewaltenteilig organisiertes und die Menschenrechte garantierendes Gemeinwesen, wurde indessen nicht in Europa, sondern in Nordamerika errichtet, nachdem es wegen der Zuständigkeiten bei der Steuererhebung zwischen der britischen Krone und den Kolonisten zu einem langwierigen Streit und schließlich zum Kriege gekommen war. Das alles wurde in Europa sehr aufmerksam beobachtet. Die einflussreichsten Teilnehmer an der Debatte über die Neugestaltung des Staates in Frankreich am Vorabend der Revolution und in ihrer ersten Phase zielten auf eben dies, auf einen auf der Volkssouveränität beruhenden gewaltenteiligen Rechtsstaat. Am Ende stand nach schwersten Erschütterungen allerdings nur ein autoritärer Rechtsstaat mit pseudokonstitutioneller Fassade. Die englische Verfassung blieb im Zeitalter der Revolutionen trotz lebhafter Forderungen nach tief greifenden Reformen unverändert. Die meisten deutschen Staaten betrieben innerhalb des

87 Vgl. Barbara Vogel (Hrsg.): Preußische Reformen 1807–1820, Königstein/Ts. 1980; Bernd Sösemann (Hrsg.): Gemeingeist und Bürgersinn. Die preußischen Reformen, Berlin 1993.

88 Vgl. George Vernadsky: Reforms under Czar Alexander I.: French and American Influences, in: Review of Politics, 9 (1947), S. 47–64; Alan Palmer: Alexander I., Gegenspieler Napoleons, Esslingen 1982 (engl. Original London 1974).

überkommenen Rahmens Reformen. Am deutlichsten waren konstitutionelle Tendenzen dabei in Preußen. Die napoleonische Imperialpolitik hatte beträchtlichen Anteil daran, dass die Reformer zum Zuge kamen, doch hatten sie ihre Konzepte gemeinhin unabhängig von den Diskussionen und Entwicklungen in Frankreich ausgebildet. So sind an der herrschenden Ansicht, die Französische Revolution habe die Entwicklung zur Moderne in Europa ungemein beschleunigt, Zweifel möglich. Die Eruption in Frankreich gab dem Konservativismus außerordentlich viel Nahrung. Er existierte schon vor 1789, aber jetzt kräftigte er sich nachhaltig und wurde auch entschlossener.[89] Der konservative, im Dienst Wiens stehende Publizist Friedrich von Gentz brachte das Ende 1805 in einem Brief an den Historiker Johannes von Müller in wenige Sätze. Zwei Prinzipien konstituierten die Welt, so schrieb er: das des immerwährenden Fortschritts und das der notwenigen Beschränkung dieses Fortschritts. Die besten Zeiten seien diejenigen, in denen sich beide Tendenzen im Gleichgewicht befänden. Wenn aber, „wie in unserem Jahrhundert, Zerstörung alles Alten die herrschende, die überwiegende Tendenz wird, so müssen die ausgezeichneten Menschen bis zur Halsstarrigkeit altgläubig werden".[90] So wie Gentz dachten viele. Es ist zu vermuten, dass sich die Erfolgsaussichten der vielen reformwilligen Persönlichkeiten unter dem Eindruck der Entwicklung in Frankreich wenigstens ab 1792 verschlechterten, dass ihr Weg schwieriger wurde. Genau messen lässt sich das nicht, aber es ist doch erwägenswert, ob die europäischen Staaten 1815 ohne die Französische Revolution nicht auch dort gestanden hätten, wo sie tatsächlich waren. Es ist sogar denkbar, dass sie auf dem Wege zum modernen Verfassungsstaat schon weiter vorangekommen wären.

89 Vgl. Panajotis Kondylis: Konservativismus. Geschichtlicher Gehalt und Untergang, Stuttgart 1986 (die Definition ist freilich zu sehr auf den Adel bezogen); vgl. für Deutschland Volker Jordan: Stand und Probleme der Erforschung des protestantischen Frühkonservatismus, in: Caspar von Schrenck-Notzing: Stand und Probleme der Erforschung des Konservatismus, Berlin 2000, S. 27–41.

90 Friedrich von Gentz an Johannes von Müller, 28. Dezember 1805, in: Gustav Schlesier (Hrsg.): Schriften von Friedrich von Gentz, Bd. 4, Mannheim 1840, S. 177.

Uwe Backes

Staatsformen im 19. Jahrhundert

1. Einleitung

„Das 19. Jahrhundert hat allen europäischen Ländern tiefer einschneidende und schnellere Umwälzungen auf sozialem und politischem Gebiet gebracht als irgendeine Epoche der Weltgeschichte. Sämtliche Staaten haben seit 1814 ihre politische und soziale Ordnung verändert. In fast allen war diese Entwicklung von Revolutionen und Bürgerkriegen und in mehreren von Nationalitätenkriegen begleitet, wenn nicht verursacht. So war das 19. Jahrhundert eine Zeit der inneren Umwälzungen."[1] Die Legitimitätsprinzipien der monarchischen Souveränität und der Volkssouveränität rangen in wechselhaften Kämpfen miteinander. Die „demokratische Revolution" Europas interagierte vom 18. Jahrhundert an mit der Nordamerikas.[2] Die politischen Metamorphosen zwischen Atlantik und Ural, die das weithin von Feudalismus und Absolutismus geprägte Ancien régime teils allmählich und in kleinen Schritten, teils plötzlich und weitreichend veränderten, strahlten auf die Nachbarregionen aus und erreichten in Folge der weltweiten Einfluss- und Kolonialpolitik europäischer Staaten die fernsten Erdteile. Auf diese Weise wurde das 19. Jahrhundert – wie zuvor kaum ein anderes – zum Laboratorium der Staatsformen.

Angesichts des epochalen Umbruchs, der in manchen europäischen Ländern (wie vor allem Frankreich) zu beobachtenden raschen Abfolge unterschiedlicher, mitunter konträrer Systeme, der Herausbildung weltanschaulicher Strömungen, der frühen, losen Parteibildungen sowie des in breitere Bevölkerungskreise stetig vordringenden Buch- und Pressewesens ist es wenig erstaunlich, dass Diskussionen über die Ursachen des Wandels der Staatsformen, die ihnen innewohnenden Leitideen und Strukturprinzipien, ihre Vor- und Nachteile, das politisch Wünschenswerte und Menschenmögliche mit höherer Intensität als jemals zuvor geführt wurden. Der Wettstreit der Meinungen und ideologischen Systeme über die „beste" Staatsverfassung fand in einer umfangreichen Literatur seinen Niederschlag. Er ging auch an den im engeren Sinne fachwissenschaftlichen Debatten nicht spurlos vorüber.

Der vorliegende Beitrag behandelt nach einem kurzen Abriss zum Forschungsstand nacheinander die Realgeschichte und die Konzeptgeschichte der Staatsformen im 19. Jahrhundert. Folgende Fragen stehen dabei im Zentrum:

1 Charles Seignobos: Politische Geschichte des modernen Europa. Entwicklung der Parteien und Staatsformen 1814–1896, deutsch nach der 5. Aufl. des Originals, Leipzig 1910, S. 768.

2 Dies zeigt das Standardwerk von Robert R. Palmer: Das Zeitalter der demokratischen Revolution. Eine vergleichende Geschichte Europas und Amerikas von 1760 bis zur Französischen Revolution (1959), Frankfurt a.M. 1970.

Welcher Verfassungstyp erreichte im europäischen Maßstab die weiteste Verbreitung? Lassen sich beim Wandel der Staatsformen allgemeine Enwicklungstendenzen feststellen? Welche Staatskonzepte verfolgten die unterschiedlichen politischen Strömungen? Konnte ein bestimmtes Staatsmodell kulturelle Hegemonie erlangen?

Angesichts einer schier unermesslichen Stofffülle erscheint eine Schwerpunktbildung unerlässlich. Die Ausführungen zur Realgeschichte konzentrieren sich auf die Entwicklung in Europa und streifen lediglich die der übrigen Kontinente. Der Abschnitt zur Konzeptgeschichte beschränkt sich weitgehend auf die Diskussionen im deutschsprachigen Raum.

2. Forschungsstand

Die Realgeschichte der Staatsformen des 19. Jahrhunderts ist für die einzelnen Länder weithin gut erforscht. Dies dokumentieren einschlägige Handbücher, die auf breiter Literaturgrundlage die politische Ereignis- und Verfassungsgeschichte nachzeichnen.[3] Weniger gut bestellt ist es um breit angelegte Arbeiten zu einer länderübergreifend-vergleichenden Verfassungsgeschichte des 19. Jahrhunderts. Auf diesem Feld liegen vergleichsweise wenige Studien vor – ein Mangel, der nicht zuletzt aus der Schwierigkeit zu erklären sein dürfte, eine derart breite Stofffülle zu durchdringen.

Wichtige Vorarbeiten dazu finden sich in historisch und geographisch weit ausgreifenden Darstellungen, die es erlauben, die Entwicklungslinien des 19. Jahrhunderts in einen größeren geschichtlichen Kontext einzuordnen. Erste Versuche wurden schon von den Zeitgenossen unternommen. Der bekannteste erschien kurze Zeit nach der 1848/49er Revolution: Der verfassungs- und geistesgeschichtlich weit ausholende Essay von Georg Gottfried Gervinus, einem der „Göttinger Sieben", stand in der Tradition idealistischer Geschichtsreflexion und entwarf die Vision eines konstitutionell-demokratisch und föderal verfassten Deutschlands.[4] Für eine vergleichende Betrachtung der Staatsformen ergiebiger waren die „Allgemeinen Staatslehren" von Vertretern unterschiedlicher Schulen. In das 20. Jahrhundert hinein wirkte das Werk Georg Jellineks, der die Ausprägungen von Monarchie und Republik im 19. Jahrhundert universalhistorisch einzuordnen suchte.[5] Allerdings wurde dabei den staatsrechtlich nicht fixierten Bereichen des politischen Machtprozesses wenig Aufmerksamkeit zuteil. Dazu gaben die vergleichende Verfassungsgeschichte Otto

3 Vgl. Lothar Gall: Europa auf dem Wege in die Moderne 1850–1890, 4. Aufl., München 2004; Dieter Langewiesche: Europa zwischen Restauration und Revolution 1815–1849, 2. Aufl., München 1989; Theodor Schieder (Hrsg.): Handbuch der europäischen Geschichte, Bd. 6, Stuttgart 1968; Michael Salewski: Geschichte Europas von der Antike bis zur Gegenwart, München 2000.

4 Vgl. Georg Gottfried Gervinus: Einleitung in die Geschichte des 19. Jahrhunderts (1852), Leipzig 1921.

5 Vgl. Georg Jellinek: Allgemeine Staatslehre, 3. Aufl., Berlin 1920 (1900), insbes. S. 661–736.

Hintzes und die Herrschaftssoziologie Max Webers entscheidende Anstöße.[6] Bald erschienen umfassende Analysen zur Herausbildung des modernen Verfassungsstaates unter dem Aspekt der wirksamen Kontrolle politischer Macht. Dies gilt etwa für das wegweisende Werk Carl Joachim Friedrichs, in dem auch das 19. Jahrhundert berücksichtigt ist.[7] Wandte Friedrich der historischen Genese der konstitutionellen Demokratie große Aufmerksamkeit zu, konzentrierte sich Karl Loewenstein in seiner systematisch entfalteten „Verfassungslehre" ganz auf die Struktur der Machtprozesse. Seine „Kratologie" erfasste Herrschaftssysteme „konstitutioneller" und „autokratischer" Prägung – wie die beiden Grundtypen bei ihm lauten. Besondere Aufmerksamkeit wandte er dem von Napoleon Bonaparte entwickelten „plebiszitären Cäsarismus" zu, dessen Herrschaft er als eines von drei Modellen der „Autokratie" (neben Absolutismus und Neopräsidentialismus) kennzeichnete, zukunftsweisend in der Verbindung (pseudo-)demokratischer und autoritärer Elemente.[8] Loewensteins Typologie griff universalhistorisch aus, doch bezogen sich seine Analysen von Herrschaftsstrukturen in erster Linie auf das 19. und – mehr noch – 20. Jahrhundert. Dagegen hat Samuel E. Finer eine umfassende, mehrbändige „History of Government" von den ersten Staatsbildungen bis in die Gegenwart vorgelegt. Bei seiner Typenbildung stehen Kommunikationsstrukturen im Vordergrund – je nachdem, ob politische Angelegenheiten auf dem „Forum" oder hinter den dicken Mauern des „Palastes" verhandelt werden. Für das 19. Jahrhundert fächert er diese Grundtypen auf, indem er eine „Palace/Forum"-Mischform zulässt und diese – wie den Typ des reinen „Forums" nach der Struktur des politischen Prozesses („monistisch" oder „pluralistisch") – auffächert.[9] Eine Herrschaftsformen-Typologie dieser Art vermeidet der jüngste Versuch von Wolfgang Reinhard, dessen „Geschichte der Staatsgewalt" teils enger angelegt ist als die Darstellung Finers (im Zentrum steht die Entwicklung in Europa seit dem Mittelalter), teils über sie hinausgeht. Die Geschichte der politischen Institutionen, Organisationen und Akteure in ihren politischen, rechtlichen, sozialen, ökonomischen und kulturellen Bezügen wird systematisch entfaltet. Sie enthält in nuce auch eine vergleichende Verfassungsgeschichte Europas im 19. Jahrhundert[10] und vermag als inspirierende Grundlage für deren Ausarbeitung zu dienen. Dagegen schenkt Martin van Crevelds weltgeschichtliche Betrachtung zum „Aufstieg und Untergang des Staates" dem Militär- und Sicherheitsapparat weit mehr Aufmerksamkeit als der Entwicklung des Konstitutionalismus.[11]

6 Vgl. vor allem Otto Hintze: Allgemeine Verfassungs- und Verwaltungsgeschichte der neueren Staaten. Fragmente, Bd. 1, hrsg. von Giuseppe Di Constanzo, Michael Erbe und Wolfgang Neugebauer, Neapel 1998; Max Weber: Wirtschaft und Gesellschaft. Grundriss der verstehenden Soziologie. Studienausgabe, 5. rev. Aufl., hrsg. von Johannes Winckelmann, Tübingen 1980.

7 Carl Joachim Friedrich: Der Verfassungsstaat der Neuzeit, Berlin u.a. 1953.

8 Karl Loewenstein: Verfassungslehre, 2., durch einen Nachtrag auf den Stand von 1969 gebrachte Aufl., Tübingen 1969, S. 58–66.

9 Vgl. Samuel E. Finer: The History of Government. From the Earliest Times, Bd. III: Empires, Monarchies, and the Modern State, Oxford 1999 (1997), S. 1567 f.

10 Vgl. Wolfgang Reinhard: Geschichte der Staatsgewalt. Eine vergleichende Verfassungsgeschichte Europas von den Anfängen bis zur Gegenwart, München 1999, insbesondere S. 406–440.

11 Vgl. Martin van Creveld: Aufstieg und Untergang des Staates, München 1999.

Breit angelegte Untersuchungen zur europaweiten Verfassungsgeschichte des 19. Jahrhunderts sind selten und meiden zumeist den Vergleich. Die erste umfassende Darstellung von Charles Seignobos behandelte die europäischen Staaten in ihrer verfassungspolitischen Entwicklung getrennt voneinander und zog nur am Schluss eine knappe vergleichende Bilanz.[12] Das Pionierwerk von Conrad Bornhak zur „Genealogie der Verfassungen“ ist zwar vergleichend angelegt, beschränkt sich aber auf die Exegese der Verfassungstexte.[13] Mit Blick auf das Wahlrecht legte Karl Braunias ein zweibändiges Grundlagenwerk vor, das den einzelstaatlichen Regelungen ebenso breiten Raum gewährte wie der allgemeinen technischen Analyse der Wahlsysteme.[14] Den vielfältigen Formen der Wahlrechtsbeschränkung, des Wahlbetrugs und der Wahlfälschung hat Robert J. Goldstein eine eigene Untersuchung gewidmet.[15] Die Entwicklung jener europäischen Regime, die eine dauerhafte Verbindung von Monarchie und Parlamentarismus eingegangen sind, hat Raymond Fusilier gründlich durchleuchtet.[16] Allerdings sind die Einzeldarstellungen zu den verschiedenen Staaten nur durch einen einführenden Vergleich miteinander verknüpft. Auch die Geschichte des 19. Jahrhunderts wird in den Länderkapiteln behandelt. Den historischen Ausprägungen der parlamentarischen Regierungsweise auf dem europäischen Kontinent spürt die Habilitationsschrift Klaus von Beymes nach.[17] Sie verbindet die historisch-genetische mit der systematisch-vergleichenden Perspektive in mustergültiger Form und behandelt auf breitem Raum die Entwicklung der europäischen Staaten im 19. Jahrhundert. Die Wechselbeziehung des institutionellen und des von Industrialisierung, Bevölkerungswachstum und Urbanisierung geprägten sozialen Wandels haben Eugene N. und Pauline R. Anderson für die Staaten des europäischen Kontinents untersucht.[18] Vor allem die Kapitel zum „Central Government“ und zum Wahlrecht enthalten wichtige Einsichten zur Herausbildung der Verfassungsstaaten.

Vergleichende Verfassungsgeschichte im klassischen Sinne betreibt die Dissertation von Martin Kirsch zum monarchischen Konstitutionalismus im 19. Jahrhundert.[19] Wie im Anschluss an die Huber-Böckenförde-Kontroverse zur Bedeutung des Typus der deutschen konstitutionellen Monarchie[20] in überzeugender Weise aufgezeigt wird, handelte es sich dabei keineswegs um einen deutschen

12 Vgl. Seignobos: Geschichte (Anm. 1), S. 768–781.

13 Vgl. Conrad Bornhak: Genealogie der Verfassungen, Breslau 1935.

14 Vgl. Karl Braunias: Das parlamentarische Wahlrecht, 2 Bde., Berlin 1932.

15 Vgl. Robert J. Goldstein: Political Repression in 19th Century Europe, London/Totowa 1983.

16 Vgl. Raymond Fusilier: Les monarchies parlementaires. Études sur les systèmes de gouvernement (Suède, Norvège, Danemark, Belgique, Pays-Bas, Luxembourg), Paris 1960.

17 Vgl. Klaus von Beyme: Die parlamentarischen Regierungssysteme in Europa, 2. durchgesehene und ergänzte Aufl., München 1973 (1970).

18 Eugene N. Anderson/Pauline R. Anderson: Political Institutions and Social Change in Continental Europe in the Nineteenth Century, Berkeley/Los Angeles 1967.

19 Vgl. Martin Kirsch: Monarch und Parlament im 19. Jahrhundert. Der monarchische Konstitutionalismus als europäischer Verfassungstyp – Frankreich im Vergleich, Göttingen 1999.

20 Wichtige Beiträge zu dieser Kontroverse sind in folgendem Band dokumentiert: Ernst-Wolfgang Böckenförde (Hrsg.): Moderne deutsche Verfassungsgeschichte (1815–1914), 2. Aufl., Königstein/Ts. 1981.

Sonderweg, sondern um eine – variantenreiche – Staatsform, die im 19. Jahrhundert in vielen europäischen Ländern anzutreffen war. Auch einige Verfassungen und Regimebildungen des Bonapartismus rechnet Kirsch diesem Typus zu. In diesem Punkt kommt Hans Fenske in seinem breit angelegten, handbuchartigen Werk zu anderen Ergebnissen – wohl auch, weil er dem politischen Machtprozess und seinen Akteuren größere Beachtung schenkt.[21] Das 19. Jahrhundert findet bei ihm wegen der herausragenden Bedeutung für die Entfaltung und Verbreitung des Verfassungsstaates große Beachtung. Er greift historisch weit darüber hinaus und gibt überdies nicht nur zur europäischen und nordamerikanischen Entwicklung, sondern auch zu der Lateinamerikas, Asiens, Australiens und Südafrikas einen mit imponierender Sachkenntnis verfassten Abriss auf neuestem Forschungsstand. Ereignisgeschichte und Analyse von Machtprozessen werden mit einer knappen Darstellung der wichtigsten sozialen, ökonomischen und kulturellen Faktoren verknüpft. Allerdings sind in dem chronologisch angelegten Werk vergleichende Betrachtungen nicht systematisch entfaltet.

Die Konzeptgeschichte der Staatsformen im 19. Jahrhundert ist weniger gut erforscht als die Realgeschichte. Gerhart Schramm hat ihr zwar schon in den dreißiger Jahren eine Studie gewidmet[22]; deren Ergebnisse leiden jedoch an der antiliberalen Blickverengung auf die Erfordernisse des „völkischen Führerstaates". So steht der „deutsche Idealismus" im Vordergrund, bei dem ein in diesem Sinne „positives" Staatsverständnis unterstellt wird. Mit größerem Gewinn heranzuziehen ist die Habilitationsschrift Erich Küchenhoffs, der mehr als 80 Staatsformensysteme der Ideengeschichte ausgebreitet hat.[23] Eine stattliche Anzahl der von Küchenhoff behandelten Autoren gehört dem 19. Jahrhundert an. Der Wert der Studie für die Konzeptgeschichte wird indes durch ihre vornehmlich begrifflich-systematische und juristisch-normenorientierte Perspektive geschmälert.

Da die Erörterung der Staatsformen naturgemäß in erheblichem Umfang das Geschäft der professionellen Staatsrechtslehrer war, ist der zweite Band der von Michael Stolleis verfassten „Geschichte des öffentlichen Rechts in Deutschland" (für die Entwicklung der Jahre 1800 bis 1914) zumindest für den deutschsprachigen Raum mit großem Gewinn heranzuziehen.[24] Auch zum Einfluss von Konservativismus und Liberalismus auf die Konzeptbildung gibt es einen knappen, handbuchartigen Abriss. Während die Staatsformendiskussion der deutschen Konservativen bislang nicht zusammenhängend dargestellt worden ist[25], liegen für Liberalismus und (radikale) Demokratie eingehende Studien

21 Vgl. Hans Fenske: Der moderne Verfassungsstaat. Eine vergleichende Geschichte von der Entstehung bis zum 20. Jahrhundert, Paderborn 2001.

22 Vgl. Gerhart Schramm: Das Problem der Staatsform in der deutschen Staatstheorie des 19. Jahrhunderts. Insbesondere in der Staatsphilosophie des Idealismus, Berlin 1938.

23 Vgl. Erich Küchenhoff: Möglichkeiten und Grenzen begrifflicher Klarheit in der Staatsformenlehre, 2 Bde., Berlin 1967.

24 Vgl. Michael Stolleis: Geschichte des öffentlichen Rechts in Deutschland, Bd. 2: Staatsrechtslehre und Verwaltungswissenschaft 1800–1914, München 1992.

25 Allerdings liegen zahlreiche Einzelstudien vor. Siehe zum Forschungsstand die Beiträge in folgendem Band: Bernd Heidenreich (Hrsg.): Politische Theorien des 19. Jahrhunderts. Konservatismus, Liberalismus, Sozialismus, 2., völlig neu bearb. Aufl., Berlin 2002, S. 19–206.

vor. Peter Wende hat die wichtigsten „radikalen" Autoren in ihrem politischen Denken porträtiert, Rainer Schöttle die politischen Theorien der Repräsentanten des süddeutschen Liberalismus verglichen, Uwe Backes eine gemäßigt-liberale und eine (radikal-)demokratische Autorengruppe typisierend einander gegenübergestellt.[26] In diesen Arbeiten werden Staatsformenkonzepte – vorwiegend in der für Grundsatzdebatten besonders ergiebigen Periode des deutschen Vormärz – eingehend behandelt.

3. Realgeschichte

Die Entwicklung der Staatsformen Europas im 19. Jahrhundert stand unter dem prägenden Einfluss der demokratischen Revolutionen in den Vereinigten Staaten von Amerika und Frankreich.[27] Das politische Erdbeben der Französischen Revolution hatte die alten Institutionen der absoluten Monarchie zum Einsturz gebracht, die Fundamente der übrigen europäischen Staaten erschüttert und selbst weit entfernte Erdteile mit seinen Vibrationswellen erfasst. In der „Déclaration des droits de l'homme et du citoyen" verkündete die Nationalversammlung 1789 ein verfassungspolitisches Programm, das im Verlaufe des 19. Jahrhunderts zunehmende Geltung in der europäischen – wie außereuropäischen – Staatenwelt erlangte: „Jede Gesellschaft, in der weder die Garantie der Rechte zugesichert noch die Trennung der Gewalten festgelegt ist, hat keine Verfassung."[28] Verfassungsstaat sollte man sich nur nennen dürfen, wenn die verbrieften Grundrechte des Bürgers durch ein System institutioneller Machtkontrollen geschützt waren.

Die Menschenrechtserklärung war eine Kampfansage an die absoluten Monarchien. Diese hatten zwar – besonders in den Staaten des „Aufgeklärten Absolutismus" wie unter Friedrich II. in Preußen, Joseph II. im Habsburgerreich oder Katharina II. in Russland – durch Reformen „von oben" einen mehr oder weniger hohen Grad an Verrechtlichung der Herrschaftsausübung (Erhöhung von Rechtssicherheit und Rechtsgleichheit, Abbau von Minderheitendiskriminierungen) erreicht[29], diese aber von institutionellen Kontrollen weitgehend freigehalten. Wo seit dem Mittelalter ständische Körperschaften fortbestanden, waren ihre Rechte stark beschnitten. Die Überwindung des Absolutismus geschah insbesondere durch die Wiederbelebung oder Neuein-

26 Vgl. Peter Wende: Radikalismus im Vormärz. Untersuchungen zur politischen Theorie der frühen deutschen Demokratie, Wiesbaden 1975; Rainer Schöttle: Politische Theorien des süddeutschen Liberalismus im Vormärz. Studien zu Rotteck, Welcker, Pfizer, Murhard, Baden-Baden 1994; Uwe Backes: Liberalismus und Demokratie – Antinomie und Synthese. Zum Wechselverhältnis zweier politischer Strömungen im Vormärz, Düsseldorf 2000.

27 Zur Wechselwirkung der revolutionären Vorgänge diesseits und jenseits des Atlantiks vgl. Palmer: Zeitalter (Anm. 2).

28 Zitiert nach der deutschen Übersetzung bei: Wolfgang Heidelmeyer (Hrsg.): Die Menschenrechte. Erklärungen, Verfassungsartikel, Internationale Abkommen, 3. erneuerte und erweiterte Aufl., Paderborn u. a. 1982, S. 62.

29 Vgl. die Forschungsbilanz bei Heinz Duchhardt: Das Zeitalter des Absolutismus, München 1989, S. 117–136.

richtung von Vertretungskörperschaften, die die Macht des Monarchen wirkungsvoll beschränkten. Da der Übergang in nicht wenigen Fällen allmählich erfolgte, die Parlamente sich ihre Kontrollbefugnisse in wechselhaftem Ringen erkämpften, war die Grenze zwischen beiden Systemen in der Herrschaftspraxis oft fließend. Für den Scheitelpunkt der Transformation lässt sich folgender Indikator benennen: „Die Schwelle vom Absolutismus zum Konstitutionalismus wurde im Verlaufe der Geschichte überschritten, sobald der Monarch nicht nur bei der Verabschiedung von Steuern, sondern auch in der Gesetzgebung und beim Budget auf die Zustimmung des Parlaments angewiesen war und die Legislativgewalt damit von Monarch und Parlament gemeinschaftlich ausgeübt wurde."[30]

Der wesentlich von der politischen Strömung des Liberalismus getragene Prozess der Konstitutionalisierung der europäischen Monarchien, also ihre Unterwerfung unter ein – häufig urkundlich kodifiziertes – „System wirksamer Beschränkungen für das Handeln der Regierung"[31], war kein unumkehrbarer Vorgang und verlief im Laufe des 19. Jahrhunderts in den verschiedenen europäischen Ländern mit unterschiedlichem Tempo. Langfristig war der Fortschritt jedoch unübersehbar. In den beiden letzten Dezennien des Jahrhunderts wurde kein „rein europäischer" Staat mehr absolut regiert. Dies galt nur noch für die beiden nach Europa hineinragenden Reiche des russischen Zaren und des osmanischen Sultans, die beide zwar Fortschritte in Richtung Gesetzesstaatlichkeit erzielt hatten, aber – abgesehen von einem Intermezzo im Osmanischen Reich 1876/77 – die Macht des Monarchen nicht durch eine Volksvertretung beschränkten.

Das Spektrum der konstitutionalisierten und sich konstitutionalisierenden Staaten reichte von jenen Monarchien, wo gekrönte Häupter den Bürgern Verfassungen mit Repräsentativkörperschaften – grundsätzlich reversibel – oktroyiert hatten und in denen der König der Hauptträger von Exekutive und Legislative blieb, bis hin zu den parlamentarischen Systemen nach dem Muster Großbritanniens (vollends indes erst ab 1835/41), wo die Mitglieder der Regierung des Vertrauens der Parlamentsmehrheit, nicht aber notwendigerweise des Königs bedurften. Zudem konnte – wie in der kurzlebigen Zweiten Französischen Republik, nach dem Vorbild der USA (ab 1787) – ein gewählter Präsident an die Stelle des Erb- oder Wahlmonarchen treten.[32] Allerdings blieb

30 Kirsch: Monarch (Anm. 19), S. 52. Siehe dazu auch Ernst-Wolfgang Böckenförde: Der Verfassungstyp der deutschen konstitutionellen Monarchie im 19. Jahrhundert, in: ders.: Verfassungsgeschichte (Anm. 20), S. 146–170, hier: S. 150 f.

31 So Friedrich: Verfassungsstaat (Anm. 7), S. 26. Siehe auch das grundlegende Werk von Loewenstein: Verfassungslehre (Anm. 8), S. 13, der „Konstitutionalismus" und „Autokratie" als universalhistorisch auszumachende antithetische Ordnungsformen bezeichnet – je nachdem, ob die politische Macht geteilt oder konzentriert ausgeübt wird. „Konstitutionalisierung" und „Konstitutionalismus" wird hier also nicht im engeren Sinne des – in der Forschung unterschiedlich bewerteten – Verfassungstyps des „deutschen Konstitutionalismus" verstanden. Statt „Autokratie" findet sich in der wissenschaftlichen Literatur auch die universalhistorisch angelegte Bezeichnung „Monokratie": John Gilissen: Essai d'étude comparative de la monocratie dans le passé, in: La Monocratie, 1. Teil, Brüssel 1970, S. 5–135.

32 Vgl. die Übersicht bei Kirsch: Monarch (Anm. 19), S. 412 f. sowie den Überblick bei Finer: History (Anm. 9), S. 1588–1608.

Tabelle 1: Formen der politischen Machtausübung im Europa des 19. Jahrhunderts

Nicht-Verfassungsstaaten			Verfassungsstaaten/Konstitutionalismus						
Diktatur	Autokratie	Absolutismus	monarchischer Konstitutionalismus (im weiteren Sinne)			parlamentarischer Konstitutionalismus		präsidialer Konstitutionalismus	direktorialer Konstitutionalismus
		König mit dynastischer Tradition	König mit dynastischer Tradition	Kaiser/ Konsul einer Republik	Präsident einer Republik	Monarchie/Republik		Republik	Republik
alleinige Entscheidung des Einzelnen/ der Gruppe unter Willkür	alleinige Entscheidung des Einzelnen	teilweise, punktuelle Einschränkung der monarchischen Herrschaft durch Mitwirkung der Stände	dualistische Balance von Monarch und Parlament			alleinige Herrschaft des Parlaments			
bezogen auf: gesamtes Verfassungsleben	**bezogen auf:** gesamtes Verfassungsleben	**bezogen auf:** Einzelfragen des Verfassungslebens	**bezogen auf:** Legislative und/oder Exekutive			**bezogen auf:** Legislative und Exekutive			
			Monarch stärker	bonapartistisch/napoleonisch	Parlament stärker	Kabinettsregierung	Versammlungsregierung		
Beispiele: Frankreich 1793/94	**Beispiele:** Russland bis 1906 Frankreich ca. 1810–14 Italien 1805 Spanien 1808	**Beispiele:** Frankreich bis 1789 Bayern bis 1818 Baden bis 1818 Württemberg bis 1819	**Beispiele:** Frankreich 1814 Niederlande 1815 Bayern 1818 Baden 1818	**Beispiele:** Frankreich 1799–1810 Rep. Italien 1802–05 Niederlande 1805/06–10 Polen 1807–12	**Beispiele:** Großbritannien ab 1689 Frankreich 1791 Spanien 1812/20 Neapel 1820/21	**Beispiele:** Großbritannien ab 1835 Norwegen ab 1884/1905	**Beispiele:** Frankreich ab 1877	**Beispiele:** USA 1787 Frankreich 1848	**Beispiele:** Frankreich 1795 Niederlande 1798 Schweiz 1801 Schweiz 1848

	Beispiele: Neapel 1808	**Beispiele:** Preußen bis 1848 Dänemark bis 1848 Österreich bis 1848 und 1852–61	**Beispiele:** Württemberg 1819 Spanien 1834 Griechenland 1844 Preußen 1848/50 Piemont 1848–52 Dänemark 1849 Österreich 1861/67 Deutschland 1871 Russland 1906	**Beispiele:** Westfalen 1807–10 Frankreich 1852–69 Rumänien 1864–66	**Beispiele:** Norwegen 1814 Frankreich 1830 Belgien 1831 Spanien 1837 Piemont ab 1852 Italien ab 1860 Baden 1860–65 Griechenland 1864				
		Zwischenform: Sachsen-Weimar 1816 Polen 1791		**Zwischenform:** Frankreich ab 1875					
					Zwischenform: Italien ab 1876 Dänemark ab 1901 Frankreich ab 1875				

Quelle: Martin Kirsch: Monarch und Parlament im 19. Jahrhundert. Der monarchische Konstitutionalismus als europäischer Verfassungstyp – Frankreich im Vergleich, Göttingen 1999, S. 412 f.

dieser Verfassungstyp im Europa des 19. Jahrhunderts ebenso eine Ausnahme wie das aufgrund außerordentlicher historisch-geographischer, religiöser und sprachlich-kultureller Heterogenität der Kantone entstandene schweizerische Direktorialsystem. Nur in Lateinamerika wurde das Vorbild des präsidentiellen Systems der USA bedeutsam. Das galt etwa für die argentinische Verfassung von 1818, die chilenische Verfassung von 1833 und die brasilianische Verfassung von 1891.

Der Prozess der Konstitutionalisierung hatte mannigfache Triebkräfte: Neue soziale Gruppen wie das mit der Industrialisierung angewachsene und ökonomisch potent gewordene Bürgertum strebten nach politischer Teilhabe. Die Anciens régimes waren aufgrund finanzieller Probleme oder aufgrund verlorener Kriege zu Kompromissen gezwungen. Der sich in Europa ausbreitende Verfassungstyp der konstitutionellen Monarchie erbrachte im Zuge der Staatsgründung (z.B. in den zwischen 1803 und 1806 durch „Säkularisierung" und „Mediatisierung" neu geschaffenen deutschen Staaten), der Nationsbildung (wie in Norwegen 1814, Belgien 1831, Italien 1860–1866, Deutschland 1871) oder des sozialen Wandels (von der Agrar- zur Industriegesellschaft) Integrationsleistungen, die ohne Verfassunggebung und „Volksrepräsentation" nicht zu erbringen gewesen wären. Die Konstitutionalisierung erfolgte meist durch eine allmähliche Machtverschiebung vom Träger der Exekutive auf das Parlament. Wichtige Etappen auf diesem Weg waren die Ersetzung des absoluten königlichen Vetos bei der Gesetzgebung durch ein suspensives (lediglich aufschiebendes), die Zurückdrängung des königlichen Ordonnanzenrechts durch den Gesetzesvorrang, die Verankerung des parlamentarischen Interpellationsrechts und der parlamentarischen Gesetzesinitiative, die Entwicklung der Ministerverantwortlichkeit sowie die Anfechtung und Preisgabe der letzten Domänen des Monarchen im Bereich der auswärtigen Politik und des Militärwesens. Das Königtum durchlief einen Prozess der Funktionalisierung.[33] Zum verfassungsrechtlich normierten Staatsorgan geworden, verblassten die traditional-dynastischen Quellen seiner Legitimation, während die – im Sinne Max Webers[34] – rationalen Funktionen im Herrschaftsgefüge bald die tragenden Pfeiler der Anerkennungswürdigkeit bildeten.

In Deutschland wurden bereits in napoleonischer Zeit Anstöße zur Konstitutionalisierung gegeben. So dienten die Verfassungen des Königreiches Westfalen von 1807 und Bayerns von 1808 späteren Reformern als Vorbilder, auch wenn sie die Herrschaftspraxis nicht hatten prägen können.[35] Ein frühes Beispiel für die „Gewährung" einer Verfassung durch den Monarchen im 19. Jahrhundert bot Frankreich. Die französische „Charte" von 1814 war von einer Konstituante ausgearbeitet und vom König verabschiedet worden. Diesem Beispiel

33 Vgl. Böckenförde: Verfassungstyp (Anm. 30), S. 159 f. Für den europäischen Kontext: Kirsch: Monarch (Anm. 19), S. 390–411.

34 Vgl. Weber: Wirtschaft (Anm. 6), S. 124.

35 Vgl. Hans Boldt: Deutsche Verfassungsgeschichte. Politische Strukturen und ihr Wandel, Bd. 2: Von 1806 bis zur Gegenwart, München 1990, S. 77 f.; Kirsch: Monarch (Anm. 19), S. 231–242.

folgten die Niederlande, wo König Wilhelm ebenfalls noch 1814 eine Verfassungsurkunde in Kraft setzte. Auch eine Anzahl deutscher Staaten bekam nach dem Ende der napoleonischen Herrschaft auf diese Weise eine Verfassung. Vor allem die süddeutschen Staaten Baden, Bayern, Württemberg und Hessen-Darmstadt erhielten neben der Ständevertretung eine dem modernen Repräsentationsprinzip Rechnung tragende zweite Kammer und galten daher als vorbildlich im Sinne des „konstitutionellen" Prinzips. Demgegenüber blieb in vielen der übrigen neuen deutschen Verfassungsstaaten bis 1848 eine altständische (wie in Mecklenburg) oder altständisch-patrizische Struktur (so in den Stadtrepubliken Bremen, Hamburg, Lübeck und Frankfurt) erhalten. Eine konstitutionelle Verfassung im Sinne der „Charte" erhielt Griechenland, wo der Wittelsbacher König Otto, der das Land mit seiner „Bavarokratia" von 1833 an absolutistisch regiert hatte, 1843/44 zur konstitutionellen Monarchie überging. „Konstitutionelle Monarchien" mit kontrollierender Repräsentativkörperschaft, aber ohne parlamentarische Ministerverantwortlichkeit und mit verfassungspolitischem Übergewicht des Monarchen über das Parlament entwickelten sich über die genannten Fälle hinaus in Dänemark (ab 1849), in Preußen (ab 1850), in Österreich (ab 1861/67), im Norddeutschen Bund (1867–1870) und im Deutschen Reich (ab 1871).

Davon zu unterscheiden sind politische Systeme, in denen das Parlament Präponderanz über den König gewinnen konnte, die Regierung aber nicht nur des Vertrauens der parlamentarischen Mehrheit, sondern auch (zumindest in bestimmten Politikbereichen wie Auswärtiges und Militärwesen) des Monarchen bedurfte. Dies galt für Großbritannien vor der endgültigen Etablierung der parlamentarischen Regierungsweise, also zwischen 1689 und 1835/41, Belgien (ab 1831), kurzzeitig Spanien (1812/20, 1837), kurzzeitig Neapel (1820/21), Norwegen (zwischen 1814 und 1884), Frankreich (1830 bis 1848), Piemont (ab 1852), das neu gebildete und sich erweiternde Königreich Italien (ab 1860, mit weiter zunehmendem Gewicht des Parlaments ab 1876), das Großherzogtum Baden in den Jahren 1860–1865 sowie Griechenland 1864. Die Verfassungspraxis war im Zeitablauf in den verschiedenen Ländern beträchtlichen Schwankungen unterworfen. Dabei spielte die organisatorische Festigkeit und Geschlossenheit der in den Parlamenten vertretenen Parteien eine zentrale Rolle. Auch in dem als „Mutterland des Parlamentarismus" geltenden Großbritannien schwankte die Praxis im 19. Jahrhundert noch lange Zeit: „Als Benjamin Disraeli im Dezember 1868 nach verlorener Wahl zurücktrat, schuf er einen Präzedenzfall, an dem sich alle seine Nachfolger orientierten. Erst mit diesem Schritt war das parlamentarische Regierungssystem in England ganz ausgebildet."[36]

Vom Prozess der *Konstitutionalisierung* lässt sich jener der *Demokratisierung* unterscheiden. Zielte der eine darauf, das Regierungshandeln wirksamen institutionellen Kontrollen zu unterwerfen, war der andere darauf gerichtet, Regierung und Gesetzgebung dem Willen breiter Bevölkerungskreise zu unter-

36 Fenske: Verfassungsstaat (Anm. 21), S. 239.

werfen, die Vorstellung einer Gesellschaft der „Freien und Gleichen" zumindest mit Blick auf die Möglichkeiten politischer Teilhabe zu realisieren. Die europäische Verfassungsgeschichte des 19. Jahrhunderts ist vom Ringen zwischen den Doktrinen der königlichen Souveränität und der Volkssouveränität geprägt worden. In der Praxis durchmischten sich beide Prinzipien. Die während des Unabhängigkeitskrieges gegen Napoleon entstandene spanische Verfassung von Cádiz (März 1812) erlangte in der Zeit zwischen der Militärrebellion von San Juan (1820) und der Julirevolution in Frankreich (1830) Vorbildcharakter für viele Liberale und Demokraten auf dem Kontinent. Weil sie die „Volkssouveränität" betonte, dem Adel nur wenige Privilegien zuerkannte und lediglich eine Kammer vorsah, galt sie als besonders demokratisch.[37] Sie inspirierte die portugiesische Verfassung von 1822 und wurde in den Jahren 1820/21 in mehreren italienischen Königreichen verkündet, ohne indes längere Zeit in Kraft zu sein.[38] Die Interventionen der absolutistischen Souveräne Österreichs, Preußens und Russlands trugen entscheidend zum Scheitern der südeuropäischen Revolutionen bei.

Die Vorstellung, die Menschen seien kraft ihrer Vernunftbegabung einander an natürlichen Rechten gleich, hatte sich im Zuge der Aufklärung weit verbreitet. Daraus ergab sich jedoch keineswegs zwingend die Schlussfolgerung politischer Gleichheit. Die Auffassung, ökonomische Selbständigkeit sei eine Voraussetzung bürgerlicher Verantwortlichkeit, blieb das ganze 19. Jahrhundert hindurch bedeutsam – auch deshalb, weil sie weithin den Interessen der besitzenden Schichten entsprach. Fortschreitende Alphabetisierung und Volksbildung einerseits, soziale Umbrüche im Zuge der Industriellen Revolution und verbreitete Unzufriedenheit mit der eigenen ökonomischen Lage andererseits setzten viele der sich konstitutionalisierenden europäischen Staaten unter Demokratisierungsdruck.

Die Demokratisierung fand ihren sichtbarsten Ausdruck in der Ausweitung des Wahlrechts auf breitere Bevölkerungskreise. Zu Beginn des 19. Jahrhunderts waren dort, wo überhaupt schon Parlamente existierten, zumeist nur Oberschichten-Angehörige wahlberechtigt.[39] Verbreitet war das an Einkommen, Besitz und/oder Steuerleistung gebundene Zensuswahlrecht. In Frankreich beispielsweise konnte zwischen 1814 und 1830 nur derjenige wählen, der mindestens 300 Francs an direkten Steuern jährlich zahlte. Dies traf auf weniger als 100.000 (bei einer Bevölkerung von rund 30 Mio.) Personen zu. Nach der Julirevolution von 1830 wurde der Zensus auf 200 Francs jährlich

37 Vgl. Juan Ferrando Badía: Die spanische Verfassung von 1812 und Europa, in: Der Staat, 2 (1963), S. 153–180, hier: S. 156 f.; Beyme: Regierungssysteme (Anm. 17), S. 66–75; Horst Dippel: Die Bedeutung der spanischen Verfassung von 1812 für den deutschen Frühliberalismus und Frühkonstitutionalismus, in: Martin Kirsch/Pierangelo Schiera (Hrsg.): Denken und Umsetzung des Konstitutionalismus in Deutschland und anderen europäischen Ländern in der ersten Hälfte des 19. Jahrhunderts, Berlin 1999, S. 219–237.

38 Vgl. Werner Daum: Historische Reflexion und europäische Bezüge. Die Verfassungsdiskussion in Neapel-Sizilien 1820–1821, in: Kirsch/Schiera (Anm. 37), S. 239–272.

39 Vgl. auch zum Folgenden: Goldstein: Repression (Anm. 15), S. 8–13.

herabgesetzt. Ein ähnliches System war in Belgien in Kraft. Der Anteil der Wahlberechtigten an der Bevölkerung schwankte dort zwischen 1,4 und 2,2 Prozent (1815–1893). Im Vergleich damit waren die in der ersten „Verfassungswelle“ von 1818/19 konstitutionalisierten süddeutschen Staaten sehr fortschrittlich. Bei der Urwahl durfte in Baden und Württemberg jeder wählen, der das Ortsbürgerrecht besaß. Das entsprach einem Bevölkerungsanteil von 14 Prozent in Württemberg und von 17 Prozent in Baden.[40]

Nicht selten sah das Wahlrecht neben Besitzqualifikationen weitere Bedingungen vor. So banden die von 1860 bis 1912 in Italien geltenden Bestimmungen die Wahlberechtigung an Steuerleistung und Bildungsvoraussetzungen. Oft waren bestimmte Berufsgruppen wie Beamte, Handwerker und Handelsleute wahlberechtigt (z. B. Norwegen nach 1814, Spanien nach 1836 und Ungarn nach 1865). In Ländern wie Belgien (zwischen 1893 und 1919), Frankreich (zwischen 1820 und 1830) oder Großbritannien bestand ein Pluralwahlrecht, privilegierte Gruppen der Bevölkerung verfügten also über mehrere Stimmen. Dagegen sah das Klassen-, Kurien- oder Ständewahlrecht mehrere Wählerkategorien vor, denen eine jeweils unterschiedliche Abgeordnetenzahl zugeordnet war. Auf diese Weise ließ sich – wie im preußischen Dreiklassenwahlrecht (1849–1918) – das politische Gewicht der wählenden Bevölkerungssegmente variieren.

Der Trend ging im Laufe der 19. Jahrhunderts in Richtung auf eine Ausweitung des Kreises der Wahlberechtigten. Beschränkungen wurden allmählich abgebaut und in einigen Staaten führte man das allgemeine Wahlrecht ein – in Frankreich 1848, in Griechenland 1864, in Belgien 1893 (mit pluralrechtlicher Komponente), im Norddeutschen Bund 1867, im Deutschen Reich 1871, in Bulgarien 1889 (mit Einschränkungen). Vorreiter war Spanien, das in der Verfassung von Cádiz (1812) ein allgemeines, allerdings indirektes Wahlrecht verankert hatte.[41] Es war nur kurze Zeit (nach 1820) in Kraft. Die Verfassungsrealität südlich der Pyrenäen stellte die sonstige europäische Entwicklung beinahe auf den Kopf: 1814, 1823, 1845, 1856 und 1876 wurde der Kreis der Wahlberechtigten jeweils enger gezogen[42] – eine Folge kurzer, heftiger Pendelschwünge zwischen Konstitutionalismus, Parlamentarismus und Absolutismus.

Konstitutionalisierung und Demokratisierung gingen keineswegs immer Hand in Hand. Das früher als alle anderen Staaten parlamentarisch regierte Großbritannien behielt über die Jahrhundertwende hinaus ein wenig demokratisches Wahlrecht. Die Wähler waren oft „bloßes Objekt im Kalkül der Parteien und Magnaten“.[43] Trotz der Wahlrechtsreformen von 1832, 1867 und 1884/85 (stu-

40 Vgl. Elisabeth Fehrenbach: Verfassungsstaat und Nationsbildung 1815–1871, München 1992, S. 6.

41 Vgl. den Abdruck der Verfassung bei Karl Heinrich Ludwig Pölitz: Die europäischen Verfassungen seit dem Jahre 1789 bis auf die neueste Zeit, Hildesheim/Zürich/New York 1999 (Nachdruck der 2. Aufl., Leipzig 1833), S. 263–295.

42 Vgl. Goldstein: Repression (Anm. 15), S. 13.

43 So Adolf M. Birke: England, in: Hans-Dietrich Loock/Hagen Schulze (Hrsg.): Parlamentarismus und Demokratie im Europa des 19. Jahrhunderts, München 1982, S. 21–32, hier: S. 29.

Tabelle 2: Anteil der Wahlberechtigten (Zweite Kammern) in Europa, 1815–1915

	Belgien	Bulgarien	Dänemark	Deutschland	Finnland	Frankreich	Griechenl.	Großbrit.	Italien	Niederl.	Norwegen	Österreich	Portugal	Rumänien	Russland	Serbien	Schweden	Schweiz	Spanien	Ungarn
1815	1,4	–	0,0	–	(7)	0,3	–	2,5	–	3,9	10,0	0,0	0,0	0,0	0,0	0,0	(10)	–	0,0	1,0
1820	1,4	–	0,0	–	(7)	0,3	–	2,5	–	3,9	10,0	0,0	0,0	0,0	0,0	0,0	(10)	–	(20)	1,0
1825	1,4	–	0,0	–	(7)	0,3	–	2,5	–	3,7	9,1	0,0	0,0	0,0	0,0	0,0	(9)	–	0,0	1,0
1830	1,1	–	0,0	–	(7)	0,5	0,0	2,1	–	3,5	8,5	0,0	0,0	(2)	0,0	0,0	9,0	–	0,0	1,0
1835	1,1	–	0,0	–	(7)	0,5	0,0	3,2	–	3,4	8,3	0,0	(15)	(2)	0,0	0,0	8,0	–	0,1	1,0
1840	1,1	–	0,0	–	(7)	0,6	0,0	3,4	–	3,3	8,1	0,0	(10)	(2)	0,0	0,0	7,0	–	3.4	1,0
1845	1,1	–	0,0	–	(6)	0,7	23,0	3,6	–	3,1	8,0	0,0	0,7	(2)	0,0	0,0	7,0	–	0,8	1,0
1850	1,8	–	15,0	–	(6)	20,0	23,0	4,0	–	2,5	8,0	0,0	0,7	0,0	0,0	0,0	6,0	22,0	1,1	0,0
1855	1,8	–	15,0	–	(6)	25,0	23,0	4,3	–	2,7	7,8	0,0	9,0	0,0	0,0	0,0	5,0	22,0	4,6	0,0
1860	2,0	–	15,0	–	(6)	25,0	23,0	4,5	1,7	2,7	7,8	0,0	9.0	0,1	0,0	0,0	6,0	22,0	1,0	0,0
1865	2,2	–	15,0	–	(6)	25,0	23,0	4,4	2,0	2,7	7,5	5,9	9,0	(15)	0,0	0,0	5,9	22,0	2,7	6,1
1870	2,2	–	15,0	–	(6)	26,0	23,0	8,0	2,0	2,9	7,5	5,9	9,0	(15)	0,0	(20)	5,6	22,0	24,0	6,5
1875	2,2	–	15,0	19,0	(6)	27,0	23,0	8,7	2,1	2,9	7,5	6,0	9,0	(15)	0,0	(20)	5,8	22,0	24,0	5,1
1880	2,2	(22)	16,0	20,0	(6)	27,0	23,0	8,7	2,2	3,0	7,6	5.9	14,0	(15)	0,0	(20)	6,0	23,0	5,1	5.2
1885	2,2	(22)	16,0	20,0	(6)	28,0	23,0	8,7	8,0	3,0	9,4	7,2	18,0	(15)	0,0	(20)	6,0	23,0	4,7	5,4
1890	2,2	(22)	16,0	21,0	(5)	29,0	23,0	16,0	9,1	6,5	9,8	7,2	18,0	(15)	0,0	(20)	6,0	22,0	24,0	6.3
1895	22,0	(22)	16,0	21,0	(5)	29,0	23,0	16,0	6,7	6,2	11,0	7.2	10,0	(15)	0,0	(20)	6,2	22,0	24,0	5.6
1900	22,0	(22)	17,0	21,0	(5)	29,0	23,0	16,0	6,9	11,0	20,0	19,0	10,0	(15)	0,0	(20)	7,0	22,0	24,0	6,1

	Belgien	Bulgarien	Dänemark	Deutschland	Finnland	Frankreich	Griechenl.	Großbrit.	Italien	Niederl.	Norwegen	Österreich	Portugal	Rumänien	Russland	Serbien	Schweden	Schweiz	Spanien	Ungarn
1905	22,0	22,0	17,0	21,0	4,5	29,0	23,0	18,0	7,5	14,0	20,0	20,0	10,0	16,0	(20)	23,0	8,1	22,0	24,0	6,0
1910	23,0	23,0	17,0	22,0	45,0	29,0	23,0	18,0	8,3	14,0	33,0	21,0	12,0	16,0	(15)	23,0	19,0	22,0	24,0	6,2
1915	23,0	25,0	18,0	22,0	45,0	29,0	23,0	18,0	23,2	16,0	45,0	21,0	8,0	16,0	(15)	23,0	20,0	23,0	24,0	7,7

Quelle: Robert J. Goldstein: Political Repression in 19th Century Europe, London/Totowa 1983, S. 4 f.

„–“ bedeutet, dass das jeweilige Land zum betreffenden Zeitpunkt noch keine geopolitische Einheit bildete. „0,0“ bedeutet, dass es zum betreffenden Zeitpunkt keine gewählte Repräsentativkörperschaft gab. Daten in Klammern beruhen auf Schätzungen, Daten ohne Klammern auf präzisen Kalkulationen verfügbarer Daten. Die Geltung des allgemeinen Männerwahlrechts wird durch einen Anteil zwischen 20 bis 25 Prozent der Bevölkerung signalisiert, die des allgemeinen Erwachsenen-Wahlrechts durch einen Anteil zwischen 40 und 45 Prozent.

fenweise Ausweitung des Elektorats, Veränderung der Wahlkreiseinteilung) blieben erhebliche Teile der männlichen Erwachsenen ausgeschlossen.[44] Erst 1918 wurde Großbritannien zu einem parlamentarisch-demokratischen System im Sinne der Verknüpfung von parlamentarischer Regierungsweise mit dem allgemeinen Männerwahlrecht. Zwei andere europäische Staaten hatten dies schon im 19. Jahrhundert erreicht: Frankreich ab 1877, Norwegen ab 1884.[45] Außerhalb Europas gab es diese Verbindung im 19. Jahrhundert nur in Neuseeland – mit Einschränkungen. Ab 1880 war ein allgemeines Wahlrecht ohne Pluralstimmen in Kraft. Allerdings hatte London bei der Berufung des Gouverneurs und der Minister großen Einfluss, auch wenn die Regierungsbildung nach parlamentarischer Praxis erfolgte. Im 1867 gebildeten britischen Dominion Kanada war das Wahlrecht an – allerdings nicht sehr hohe – Besitzqualifikationen gebunden. In den Vereinigten Staaten von Amerika wurde das Wahlrecht im Laufe des 19. Jahrhunderts allmählich demokratisiert. Bis zum Bürgerkrieg koexistierten in vielen Südstaaten beachtliche Demokratisierungsfortschritte mit krassester Rechtsungleichheit in Gestalt der Sklaverei.

Die Demokratisierung erfasste in kaum einem Staat den weiblichen Teil der Bevölkerung. Allgemeines Wahlrecht hieß also: allgemeines Männerwahlrecht. Dies galt nicht nur für Europa, sondern auch für die USA – jedenfalls auf Bundesebene. Einer der besonders demokratischen Frontier-Staaten hatte bereits 1869 Frauen die Teilnahme an Wahlen ermöglicht. Erst 1893 führte das erste Land der Erde das Frauenwahlrecht ein: Neuseeland.[46]

Demokratisierung war ohne Parlamentarisierung möglich. In der zweiten Hälfte des Jahrhunderts setzten Konservative auf den Traditionalismus der Landbevölkerung und erkannten im allgemeinen Wahlrecht eine wirksame Parlamentarisierungsbremse. So erklärt sich zum Teil dessen überraschend frühe Einführung im Norddeutschen Bund und im neu gegründeten Deutschen Reich. Frankreich hatte wieder einmal als politisches Experimentierfeld die Aufmerksamkeit auf sich gezogen: Die Verfassung von 1848 sah die Wahl des Einkammerparlaments und des Präsidenten der Republik nach dem allgemeinen Männerwahlrecht vor. Doch am 10. Dezember 1848 geschah, wovor der revolutionäre Sozialist Auguste Blanqui in den Revolutionstagen gewarnt hatte:[47] Die Mehrheit der Franzosen (Stimmenanteil: rund 75 Prozent) entschied sich angesichts der aus Paris drohenden „roten Gefahr“ für den Neffen des Imperators, der vierzig Jahre zuvor ganz Europa beherrscht hatte. Louis-Napoléon Bonaparte dachte von Anfang an nicht daran, auf parlamentarische Weise nur in der vorgesehenen Amtszeit von vier Jahren (ohne Möglichkeit der Wiederwahl) zu regieren. Da das Ende seiner Amtszeit näher rückte und er nicht über eine verfassungsändernde

44 Vgl. Kurt Kluxen: Geschichte und Problematik des Parlamentarismus, Frankfurt a. M. 1983, S. 119–125.
45 Vgl. Kirsch: Monarch (Anm. 19), S. 401.
46 Vgl. Fenske: Verfassungsgeschichte (Anm. 21), S. 390, 422.
47 Vgl. dazu und zu den Auswirkungen des allgemeinen Wahlrechts im 19. Jahrhundert Anderson/Anderson: Institutions (Anm. 18), S. 312–333.

Mehrheit verfügte, setzte er das Prinzip der parlamentarischen Ministerverantwortlichkeit außer Kraft, entmachtete die Kammer in einem auf das Militär gestützten Staatsstreich (Dezember 1851) und ließ das von ihm ausgearbeitete Verfassungsprogramm in einer Volksabstimmung legitimieren. Das zunächst auf zehn Jahre befristete Amt des plebiszitär bestätigten Präsidenten verwandelte sich – ebenfalls durch Volksabstimmung nachträglich legitimiert – im November 1852 in das eines erblichen Imperators, der sein Recht zum Regieren mit dem in seinen Venen fließenden Blut Napoleons begründete.[48]

Das Regime Napoleons III. ließ Züge wieder aufleben, die schon das seines Onkels fünfzig Jahre zuvor charakterisiert hatten. Eine Staats- und Verfassungskrise wurde durch Staatsstreich beendet, der coup d'État nachträglich plebiszitär legitimiert. Die charismatische Legitimation des genialen Feldherrn strahlte noch auf seinen Neffen aus und verband sich mit dem rationalen Legitimationsprinzip der Volkswahl. Mit der Schaffung des Kaisertums wurde überdies der Versuch unternommen, eine neue Dynastie zu begründen, die usurpierte Herrschaft auf ein traditionales Fundament zu stellen. Während jedoch Napoleon I. zumindest von 1810 bis 1814 ganz im Stil eines Autokraten regiert, sich also aller konstitutionellen Fesseln entledigt hatte, wurde die Macht des Parlamentes unter Napoleon III. zwar erheblich geschwächt, jedoch nicht gänzlich gebrochen. Insbesondere die allgemeine Wahl der Zweiten Kammer, des Corps législatif, bildete den Keim der späteren Parlamentarisierung des Regimes.[49] Allerdings war die Kammer, die nur drei Monate im Jahr hinter verschlossenen Türen tagte, weder über die Gesetzesinitiative noch über ein Interpellationsrecht verfügte und nicht einmal über die eigene Geschäftsordnung und den Präsidenten bestimmen konnte, weitgehend ihrer Forum-Funktion beraubt. Das politische Leben blieb einige Jahre lang gedrosselt. Regierungskritische Äußerungen wurden streng bestraft, führende Republikaner in die Sümpfe Guayanas deportiert, Wahlen und Abstimmungen gelenkt, Presse und Universitäten einem strengen Regiment unterworfen, Gymnasialprofessoren angewiesen, den Schnurrbart zu rasieren, um „von ihrem Äußeren sowohl wie von ihren Sitten die letzten Spuren der Anarchie zu entfernen".[50] Mit großen öffentlichen Vorhaben wie dem Umbau der Hauptstadt unter Leitung des Barons Hausmann suchte der Kaiser, sich die Gunst der Bevölkerung zu sichern.

Ende der 1850er Jahre sah sich Napoleon III. – seiner antiparlamentarischen Herrschaftsideologie zum Trotz – veranlasst, um die Gunst der gemäßigten Liberalen zu werben, da er durch seine auswärtige Politik (er hatte zugelassen, dass das Königreich Italien entstand und der Papst einen Großteil seiner Ländereien verlor) die Sympathie des Klerus und der kirchentreuen Katholiken verspielt hatte. Das System wurde schrittweise liberalisiert, die Stellung der Kammer gestärkt. Unter dem Aspekt konstitutioneller Gewaltenkontrolle war das zweite Kaiserreich ein Rückfall hinter 1830, nicht aber hinter 1814. Inso-

48 Vgl. Jean-Jacques Chevallier/Gérard Conac: Histoire des institutions et des régimes politiques de la France de 1789 à nos jours, 8. Aufl., Paris 1991, S. 215.
49 So Frédéric Bluche: Le bonapartisme, Paris 1981, S. 91.
50 Zitiert nach Seignobos: Geschichte (Anm. 1), S. 154.

fern erscheint es vertretbar, von einem „autoritären Konstitutionalismus“ statt von „Autokratie“ zu sprechen.[51] Wie immer man das Regime bezeichnen will: Der „Bonapartismus“ oder „Napoleonismus“ – diese schon von den Zeitgenossen geprägten Formeln werden der Verschiedenheit der Herrschaftsausübung in den Jahren 1799–1815 und 1848–1871 kaum gerecht – war mit seiner Berufung auf den „wahren Volkswillen“, seiner Verachtung des Parteiwesens, seinen antiparlamentarischen Affekten, seinen polizeistaatlichen Methoden, seiner Presselenkung und den großen, öffentlichkeitswirksamen Projekten eine Schule späterer Diktatoren, die autokratische Herrschaft im Massenzeitalter plebiszitär/pseudodemokratisch zu legitimieren suchten.

Nicht nur mit Blick auf die beiden Napoleons wäre es verfehlt, das 19. Jahrhundert für den europäischen Kontinent als ein Jahrhundert beständiger demokratischer und konstitutioneller Fortentwicklung zu interpretieren. Der französische Verfassungsrechtler Boris Mirkine-Guetzévitch sah im Bruch von 1848 das entscheidende Dementi einer solchen Deutung: „Ganz Europa verfügte, mit der Ausnahme Italiens und der Schweiz, 1849 über weniger Freiheit als 1847.“[52] In der zweiten Jahrhunderthälfte habe die konstitutionelle Strömung sich nur allmählich, von Land zu Land verschieden, entfalten können und erst nach vielen Jahren wieder den Stand des Jahres 1848 erreicht. Auch wenn aufs Ganze gesehen am Ende des Jahrhunderts Konstitutionalisierungs- und Demokratisierungsfortschritte unübersehbar waren, hatten sich diese doch als umkehrbar erwiesen. Um es auf eine einfache Formel zu bringen: Das „liberale“ und das „autoritäre“ Element lieferten sich wechselhafte Gefechte – mit ungewissem Ausgang. Sie wurden, oft bevor sie politisch-praktische Wirksamkeit erlangten, auf der Ebene des Geistes ausgetragen. Real- und Konzeptgeschichte waren unauflöslich miteinander verflochten.

4. Konzeptgeschichte

Aus den geistig-politischen Strömungen des 18. Jahrhunderts kristallisierten sich im 19. Jahrhundert in den verschiedenen europäischen Ländern – hier früher, dort später, teils lose, teils fester organisiert – Parteien. Für die erste Jahrhunderthälfte hat Charles Seignobos vier europaweit festzustellende Lager benannt:[53] 1. Die „konservative absolutistische Partei“ als Verteidigerin der absoluten Macht der Fürsten und einer auf erblicher Ungleichheit basierenden Gesellschaft mit Zwangsreligion. 2. Die „liberal-konservative“ oder „konstitutionelle Partei“ mit der Forderung nach Schaffung einer Repräsentativverfassung mit zwei Kammern und Pressefreiheit sowie einem durch Zensus beschränkten Wahlrecht. 3. Die „liberale parlamentarische Partei“ mit der Forderung nach einer von der

51 Für die Bezeichnung „autoritärer Konstitutionalismus“ plädiert im Anschluss an Lothar Gall: Kirsch: Monarch (Anm. 19), S. 298. Dagegen spricht Manfred Wüstemeyer von einer „monarchisch verhüllten Diktatur“: ders.: Demokratische Diktatur. Zum politischen System des Bonapartismus im Zweiten Empire, Köln 1986, S. 379.

52 Boris Mirkine-Guetzévitch: Essay synthétique, in: ders.: Les constitutions de l'Europe nouvelle, 10. Aufl., Paris 1938, S. 7–75, hier: S. 73.

53 Vgl. Seignobos: Geschichte (Anm. 1), S. 770 f.

Kammermehrheit abhängigen Regierung und der umfassenden Garantie von Freiheitsrechten. Und schließlich 4. Die „demokratische (radikale) Partei" mit Betonung des Prinzips der Volkssouveränität und dem Ideal einer rein demokratischen Repräsentativverfassung oder gar einer direkten Volksregierung. Lässt man den – vielfach mit dem Konservativismus verbundenen – politischen Katholizismus außer Acht, muss jedenfalls für die zweite Jahrhunderthälfte noch die – teilweise aus der radikal-demokratischen hervorgehende – sozialistische Strömung erwähnt werden. Da das 19. Jahrhundert eine Zeit der Ideologien im Sinne umfassender weltanschaulicher Systeme war, konnten sich selbst die fachwissenschaftlichen Staatsform-Diskussionen ihrem Einfluss nicht entziehen.

Gerade weil der Konstitutionalismus auf dem Vormarsch war, wurden radikale antikonstitutionelle Gegenentwürfe herausgefordert. Im konservativen Lager übte Carl Ludwig von Hallers monumentaler Versuch einer „Restauration der Staats-Wissenschaft" in der ersten Jahrhunderthälfte beachtlichen Einfluss aus.[54] Der in Bern lehrende Patrizier zog darin gegen die „verfehlten" Theorien der Aufklärung zu Felde und stellte diesen eine am Vorbild des mittelalterlichen Lehenswesens entwickelte Patrimonialtheorie gegenüber, wonach der Monarch als Träger einer den gesamten Staatsverband umspannenden Grundherrschaft zu begreifen sei. Diese „ursprüngliche" und „natürliche" Ordnungsform bildete die Folie für ein antimodernistisches Gegenprogramm, das dem Konzept der „bürgerlichen Gesellschaft" und den liberal-demokratischen Vertragstheorien ebenso den Kampf ansagte wie den Prinzipien der Volkssouveränität, der Repräsentation, der Gewaltenteilung, ja jeglicher Form der – „künstlichen", weil von Menschenhand geformten – „Gesetzlichkeit".[55] Der auf Aristoteles zurückgehenden, der Zahl der Regierenden folgenden Staatsformen-Trias erteilte er eine entschiedene Absage. Einzig angemessen erschien ihm Machiavellis Unterscheidung zwischen Monarchien und Republiken, also zwischen „Einzelherrschaften" im Sinne von „Fürstenthümern" und „Vielherrschaften", auch „Gemeinwesen" oder „Polyarchien" genannt.[56] Beide Formen waren ihm als historische Phänomene allerdings keineswegs gleichrangig. Zwar konzedierte er den Republiken gewisse Vorzüge – wie einen verbreiteten Gemeinsinn, hohes Maß an Freiheit und Unabhängigkeit, keine Erbfolgeprobleme und hohe Wirtschaftlichkeit. Aber die Tatsache ihrer historischen Randständigkeit firmierte als unanfechtbarer Beweis ihrer Widernatürlichkeit. Es handele sich um von Menschen erdachte und geformte, künstliche, in ihren Willensbildungs- und Entscheidungsprozessen schwerfällige und zur Instabilität neigende Kollektivgebilde.[57]

54 Siehe zu Haller zusammenfassend Stolleis: Geschichte (Anm. 24), S. 144 f. Zu dessen Wirkung auf den Konservativismus Hans-Christof Kraus: Ernst Ludwig von Gerlach. Politisches Denken und Handeln eines preußischen Altkonservativen, Göttingen 1994, Bd. 1, S. 120–126.

55 Den letztgenannten Punkt griff Hegel auf, um mit der „unglaublichen Krudität" Hallers abzurechnen: Georg Wilhelm Friedrich Hegel: Grundlinien der Philosophie des Rechts oder Naturrecht und Staatswissenschaft im Grundrisse (1821), mit Hegels eigenhändigen Notizen und den mündlichen Zusätzen, Frankfurt a.M. 1976, S. 406.

56 Carl Ludwig von Haller: Restauration der Staats-Wissenschaft oder Theorie des natürlich-geselligen Zustands der Chimäre des künstlich-bürgerlichen entgegengesetzt, 1. Bd., Winterthur 1820, S. 494.

57 Carl Ludwig von Haller: Restauration der Staats-Wissenschaft, 6. Bd., Zweyter Theil, 2. Aufl., Winterthur 1825, S. 546–549.

Mit seiner bewundernden Bezugnahme auf das feudale Patrimonialsystem, der streng-rationalen Argumentationsführung und der Neigung zum Naturalismus blieb die Wirkung Hallers selbst unter (Alt-)Konservativen und Romantikern begrenzt. Gewiss entsprach die Einstufung der Republiken als welthistorisch residualer und problembefrachteter Gattung einem seit langem verbreiteten Topos. Doch die schroffe Zurückweisung der aristotelischen Mischtypen lief dem Zug der Zeit zuwider. Der Romantiker Adam Müller beispielsweise übernahm in seinen Vorlesungen am Dresdener Hof (1808/09) zwar Hallers Urteil über die Republiken, betonte aber zugleich, jede gute Verfassung enthalte ein monarchisches und ein republikanisches Element.[58] Den auf Bewahrung und Stabilisierung der monarchischen Ordnung bedachten Kräften musste es darum gehen, sich gegenüber dem „volkstümlichen" Element konziliant zu zeigen, um die Stellung des Königtums im Kern zu behaupten.

Die Rede vom „monarchischen Prinzip" war vor diesem Hintergrund Ausdruck einer Defensivposition der Anhänger und Repräsentanten des Royalismus gegenüber den seit der Französischen Revolution machtvoll hervorgetretenen liberalen und demokratischen Zeittendenzen. Friedrich Gentz, der anlässlich der Karlsbader Konferenz vom September 1819 für Metternich die restriktive Auslegungslinie für den Umgang mit den neuen „Repräsentativ-Verfassungen" formuliert hatte[59], sah nach der Julirevolution die Schicksalsfrage darin, „ob die Volkssouveränität als Quelle aller Rechte im Staate sich geltend mache oder ob das *monarchische Prinzip,* wie bisher, als die bewegende Feder in der Uhr des Staatslebens erhalten werden könne."[60]

Nach der zunächst erfolglosen (mittel- und langfristig indes wirkungsreichen) Revolution von 1848/49 blieb das „monarchische Prinzip" in Deutschland noch mehr als ein halbes Jahrhundert lang die „bewegende Feder". Die „konstitutionelle Monarchie" galt weithin als eine Staatsform sui generis, die einer mittleren Linie zwischen den Extremen des Absolutismus auf der einen, des Parlamentarismus auf der anderen Seite folge. Diese Doktrin hatte der konservative preußische Staatsphilosoph Friedrich Julius Stahl in einer Schrift über „Das monarchische Princip" (1845) in maßgeblicher Weise formuliert.[61]

58 Vgl. Adam Müller: Die Elemente der Staatskunst, Oeffentliche Vorlesungen, Sr. Durchlaucht dem Prinzen Bernhard von Sachsen-Weimar und einer Versammlung von Staatsmännern und Diplomaten im Winter von 1808 auf 1809, zu Dresden, gehalten, Erster Theil, Nachdruck der Ausgabe Berlin 1809, mit einer Einführung, erklärenden Anmerkungen und bisher ungedruckten Originaldokumenten versehen von Jakob Baxa, Jena 1922, I. Halbbd. S. 175–180.

59 Vgl. Friedrich Gentz: Ueber den Unterschied zwischen den landständischen und Repräsentativ-Verfassungen, in: Johann Ludwig Klüber: Wichtige Urkunden für den Rechtszustand der deutschen Nation, mit eigenhändigen Anmerkungen, aus seinen Papieren mitgeteilt und erläutert von Karl Theodor Welcker, Neudruck der 2. Aufl. Mannheim 1845, Aalen 1977, S. 220–229.

60 Friedrich Gentz: Betrachtungen über die politische Lage von Europa, in: Allgemeine Zeitung vom 27./28. September 1831. Zitiert nach dem (gekürzten) Textabdruck bei: Hartwig Brandt (Hrsg.): Restauration und Frühliberalismus 1814–1840, Darmstadt 1979, S. 224 (Hervorhebungen im Original).

61 Vgl. zu Stahl zusammenfassend Stolleis: Geschichte (Anm. 24), S. 152 f. sowie ausführlich Wilhelm Füßl: Professor in der Politik: Friedrich Julius Stahl (1802-1861). Das monarchische Prinzip und seine Umsetzung in die parlamentarische Praxis, Göttingen 1988; Christian Wiegand: Über Friedrich Julius Stahl (1801–1862), Paderborn u.a. 1981.

Sie richtete sich sowohl gegen die patrimonialen und altständischen Vorstellungen der Hallerianer als auch gegen die Anhänger einer Parlamentarisierung der konstitutionellen Monarchie nach britischem Muster. „Den" an sich richtigen verfassungspolitischen Weg gebe es nicht, und für Deutschland und Preußen bestehe keinerlei Veranlassung, das „politische System des Westens" mit der ihm innewohnenden republikanischen Tendenz und seiner die Autorität des Monarchen untergrabenden Verknüpfung von Volkssouveränität, „Theilung der Staatsgewalt" und „Kammerherrschaft"[62] nachzuahmen. Es sei ein Mittelweg einzuschlagen, der dem ständischen Gedanken in moderner Form Rechnung trage, aber weder zu den unzeitgemäßen, neuzeitlicher Staatlichkeit nicht entsprechenden Lösungen Hallers noch zum verkappten Republikanismus der englischen Parlamentsherrschaft führe. Das „monarchische Princip" im Sinne einer „reichsständigen" konstitutionellen Verfassung beruhe „darauf, dass der Fürst allein die Abfassung der Gesetze (Initiative) hat, die Stände nur Zustimmung und Petition, dass er allein die Administration hat, weder administrative Anordnungen noch weniger administrative Verfügungen [...] als Gesetze gelten und der ständischen Zustimmung unterliegen, dass er sowohl sein eignes fürstliches Einkommen als auch die Mittel des Staatshaushalts unabhängig von ständischer Willkühr mit Sicherheit besitzt, nur für fakultative Ausgaben oder für Erhöhungen oder bez. für Abänderungen im bisherigen traditionellen System des Staatshaushalts der Stände bedarf, endlich dass er alle diese Rechte wirklich und nicht scheinbar übt, und zu diesem Ende die Contrasignatur und Verantwortung der Minister oder sonstigen Schutzmittel der Stände sich nicht weiter erstreckt als auf Einhaltung der Verfassung."[63] Stahls Verfassungsmodell kam dem Herrschaftsinteresse der obrigkeitsstaatlichen Eliten und den Sicherheits- und Partizipationsbedürfnissen des Bürgertums auf halbem Weg entgegen. Es trug dem monarchischen Denken Rechnung, führte den in seinen Anfängen antiliberalen Konservativismus aber zugleich an Grundgedanken des Konstitutionalismus heran. Bis zum Ende des Kaiserreiches blieb es in Staatsrechtslehre und Verfassungsgeschichtsschreibung einflussreich.[64]

62 Friedrich Julius Stahl: Das Monarchische Princip. Eine staatsrechtlich-politische Abhandlung, Heidelberg 1845, S. IV.

63 Ebd., S. 25.

64 Vgl. etwa Heinrich von Treitschke: Das constitutionelle Königthum in Deutschland (1869-71), in: ders.: Historische und politische Aufsätze, 3. Bd.: Freiheit und Königthum, 5. Aufl., Leipzig 1886, S. 427–561, hier: S. 464 f.; Otto Hintze: Das monarchische Prinzip und die konstitutionelle Verfassung (1911), in: ders.: Staat und Verfassung. Gesammelte Abhandlungen zur allgemeinen Verfassungsgeschichte, hrsg. von Gerhard Oestreich, mit einer Einleitung von Fritz Hartung, 3. Aufl., Göttingen 1970, S. 359–389; Gustav Schmoller: Der deutsche Reichskanzler (1911); Wäre der Parlamentarismus für Deutschland oder Preußen richtig? (1917), beide in: ders.: Zwanzig Jahre Deutscher Politik, 1897–1917. Aufsätze und Vorträge, München/Leipzig 1920, S. 81–90, 183–189; Georg Jellinek: Regierung und Parlament in Deutschland. Geschichtliche Entwickelung ihres Verhältnisses, in: Vorträge der Gehe-Stiftung zu Dresden, 1 (1909), S. 1–36. In einer aktualisierten Variante vertrat die These von der typologischen Eigenständigkeit der deutschen konstitutionellen Monarchie Ernst Rudolf Huber: Deutsche Verfassungsgeschichte seit 1789, Bd. III, 3. Aufl., Stuttgart u.a. 1988, S. 3–26.

Nichts daran änderte der Einfluss, den der Bonapartismus nach dem Staatsstreich Louis-Napoléons zeitweilig auf konservative Intellektuelle ausübte. Gewiss galt dies nicht für den strengen Legitimismus eines Leopold von Gerlach, der Anfang der fünfziger Jahre der „Camarilla" am Berliner Hof angehörte; für ihn vereinte der Napoleonismus zwei gleichermaßen teuflische Prinzipien: Volkssouveränität und Absolutismus.[65] In der Augen anderer jedoch, die sich der zunehmenden Fragwürdigkeit eines dynastischen Königtums „von Gottes Gnaden" bewusst waren, verkörperte das Regime in Frankreich die faszinierende Vermählung für unvereinbar geglaubter Forderungen der Zeit: der nationalen und der sozialen Frage, des Gedankens der Demokratie und des Bedürfnisses nach wegweisender Autorität. Eine der glänzendsten publizistischen Stellungnahmen zugunsten des Bonapartismus erschien 1852 anonym in Berlin. Ihr Verfasser, Constantin Frantz, hatte im gleichen Jahr eine Reise nach Paris unternommen und war von dort als Bewunderer der Politik Louis-Napoléons zurückgekehrt. Zwar empfahl er sie nicht direkt für Deutschland und Preußen; seine Beschreibung der Machtübernahme und der französischen Verhältnisse war jedoch ein Zeugnis „literarisch-ästhetischen Wohlgefallens an der Gewalt"[66] und tiefer Verachtung für den Parlamentarismus: „Die Geschicke Frankreichs haben eine neue Wendung genommen. Nicht in dem dumpfigen Zirkus des Parlaments, sondern unter Gottes freiem Himmel ist es zur Entscheidung gekommen, denn aus dem Palais Bourbon ist die Szene auf die Boulevards und in die Vorstädte verlegt. Peletonfeuer und der sonore Klang der Kanonen haben die Klingel des Präsidenten ersetzt, der sich so oft vergebens bemüht, wenn inmitten des parlamentarischen Jargons der Redner sein eigenes Wort nicht verstand, die Ruhe herzustellen. Jetzt ist es der Artillerie gelungen, vortrefflich gelungen. Verschwunden sind die parlamentarischen Koterien, welche solange das Spiel ihrer Intrigen für die Interessen des Volkes ausgaben. Wie weggeblasen sind sie. Denn von der Bühne des öffentlichen Lebens sind die parlamentarischen Schauspieler nach Vincennes abgeführt, in diese vortreffliche Zitadelle, welche mit ihren altgotischen Türmen und ihrem blinkenden Artilleriepark so schön den Uebergang des Feudalismus in den modernen Militärstaat darstellt. [...] Vergebens lassen die Demagogen Barrikaden bauen, welche die Truppen mit Leichtigkeit nehmen. Vergebens durchziehen flüchtige Deputierte das Land, um mit der Konstitutions-Urkunde in der Hand, den Präsidenten als Hochverräter zu erklären; Gensdarmes verhaften sie. In allen Departements begrüßt man das neue Ereignis. Vive Napoléon, ruft der Bauer, und niemals hat er vive l'assemblée gerufen, oder vive la constitution. Wohlan denn, vox populi, vox dei! Das ist der Staatsstreich."[67] Eine große Persönlichkeit, ein willensstarker Cäsar habe das Heft in die Hand genommen, sich über das Gezänk der politischen Clubs und das fruchtlose Geschwätz des Parlaments erhoben, ein direktes Bündnis mit dem Volk geschmiedet. Die mit demokratischem Öl gesalbte „Diktatur", die in Frankreich keinen „exzeptio-

---

65 Vgl. auch zum Folgenden: Helmut Gollwitzer: Der Cäsarismus Napoleons III. im Widerhall der öffentlichen Meinung Deutschlands, in: Historische Zeitschrift, Bd. 173 (1952), S. 23–75, hier: S. 28–35.

66 So treffend ebd., S. 33.

67 Konstantin Frantz: Louis Napoleon (1852), Sonderausgabe, Darmstadt 1960, S. 8 f.

nellen", sondern einen „prinzipiellen" Charakter angenommen habe und ein Staatswesen besonderer Art begründe[68], bezeichnete Frantz als „Glück für das europäische Staatensystem", das unter der „Präponderanz Russlands und Englands"[69] leide. Von ihr erhoffte er sich wichtige Impulse.[70]

Frantz' Werben für die plebiszitär-diktatorische Lösung des Staatsformproblems fand keine offene intellektuelle Unterstützung. Er selbst vollzog in seiner Beurteilung des Napoleonismus bald eine Wende und wurde zum Fürsprecher eines ständestaatlichen „Föderalismus".[71] Die „konstitutionelle Monarchie" blieb das vorherrschend propagierte Staatsmodell. Unter Betonung der in jedem Land besonderen historischen Entwicklungsbedingungen ließ sich die deutsche Verfassungsrealität in den letzten Dekaden des Jahrhunderts würdigen, ohne die Vielfalt legitimer staatsrechtlicher Gestaltungsoptionen zu ignorieren. Mit der englischen konstitutionellen Monarchie hatte die deutsche die Absage an das patrimoniale Fürstentum Hallers und einen durch Volksrechte unbeschränkten Absolutismus gemeinsam. Doch war die Regierung dort von den wechselnden Mehrheitsbildungen im Parlament abhängig. Die Französische Republik bewies, dass die Repräsentativdemokratie Nordamerikas auch auf den europäischen Kontinent ausstrahlen konnte, und ab dem Jahr 1867 zeigte sich in der Schweiz sogar „eine merkwürdige neue Wendung nach der unmittelbaren Demokratie hin, indem in einzelnen Cantonen und nun auch in der Bundesverfassung (1874) das Recht der Activbürger zur Initiative in der Gesetzgebung und des so genannten Referendums, d. h. der Berufung an die Gesammtbürgerschaft zur Abstimmung über die Gesetze, Anerkennung fand."[72] Johann Caspar Bluntschli, von dem diese Lagebeschreibung stammte, machte so die Relativität der deutschen Verfassungsverhältnisse deutlich. Zugleich formulierte er für repräsentative Republiken wie Monarchien gültige Standards (u. a. Beschränkung der Staatsgewalt, Freiheitsrechte, Volksvertretung, Unabhängigkeit der Rechtspflege, Verfassungsstaat), denen die meisten Staatsformen der von ihm erweiterten aristotelischen Typologie[73] nicht entsprachen.

Stahls Doktrin vom besonderen deutschen Weg der konstitutionellen Monarchie hatte sich auch auf liberale Stimmen aus den Grundsatzdiskussionen der Vormärz-Zeit stützen können. So hatte einer der standhaften „Göttinger Sieben", Friedrich Christoph Dahlmann, ein auf ältere gelehrte Abhandlungen – vor allem Montesquieus „De l'esprit des lois", Blackstones „Commentaries on the Laws of England" und DeLolmes „Verfassung von

68 Vgl. ebd., S. 58 f.

69 Ebd., S. 64.

70 Siehe dazu auch Dieter Groh: Art. „Cäsarismus", in: Otto Brunner/Werner Conze/Reinhart Koselleck (Hrsg.): Geschichtliche Grundbegriffe. Historisches Lexikon zur politisch-sozialen Sprache in Deutschland, Bd. 1, 4. Aufl., Stuttgart 1992, S. 726–771, hier: S. 751.

71 Vgl. vor allem Konstantin Frantz: Untersuchungen zur Geschichte des europäischen Gleichgewichts, Berlin 1859; ders.: Kritik aller Parteien, Berlin 1862.

72 Johann Caspar Bluntschli: Deutsche Staatslehre und die heutige Staatenwelt. Ein Grundriß mit vorzüglicher Rücksicht auf die Verfassung von Deutschland und Österreich-Ungarn, Nördlingen 1880, S. 127.

73 Vgl. ebd., S. 134.

Tabelle 3: Typologie der Staatsformen nach Johann Caspar Bluntschli (1880)

Grundtypus	I. Theokratie	II. Monarchie	III. Aristokratie	IV. Demokratie
Entartungsform	I. Priesterdruck	II. Tyrannei	III. Oligarchie	IV. Ochlokratie

England" – gestütztes[74], also nicht aus eigener Anschauung gewonnenes, wenig realistisches Bild der englischen Verfassungspraxis entworfen und diese zugleich zu einem nachahmenswerten Vorbild stilisiert. Alle drei Autoritäten beschrieben eine weit zurückliegende politische Wirklichkeit, in der sich die parlamentarische Regierungsweise noch nicht voll herausgebildet hatte, geschweige denn, dass sie bereits auf den Begriff gebracht worden wäre. Infolgedessen stattete Dahlmann den englischen König mit Prärogativrechten aus, die dieser schon seit langer Zeit nicht mehr besaß. In dem Satz: „Der König aber kennt keine Schranken in der Wahl und Entlassung seiner Minister"[75], spiegelte sich Dahlmanns Unwissenheit gegenüber einer längst eingespielten Regierungspraxis. Noch in der dritten Auflage seiner „Politik" (1847) leugnete er die Existenz des parlamentarischen Systems.[76] Erst während der Revolution von 1848 fand er – innerlich widerstrebend – zu einer Anerkennung der parlamentarischen Regierungsweise.[77] Allerdings trat er zugleich für das absolute Vetorecht eines der Regierung übergeordneten Staatsoberhauptes ein. Auf diese Weise sollte die Regierung zwar grundsätzlich an die Mehrheitsauffassungen des Parlamentes gebunden, jedoch nicht zum Vollzug jedes einzelnen Parlamentsbeschlusses verpflichtet sein. Der Regierung müsse ein *„Recht der rettenden That"*[78] zustehen. Dahlmanns Interpretation entsprach in ihrer Grundanlage dem im

74 Vgl. Hermann Christern: Friedrich Christoph Dahlmanns politische Entwicklung bis 1848. Ein Beitrag zur Geschichte des deutschen Liberalismus, in: Zeitschrift der Gesellschaft für schleswig-holsteinische Geschichte, 50 (1921), S. 245–248; Hans-Christoph Kraus: Montesquieu, Blackstone, De Lolme und die englische Verfassung des 18. Jahrhunderts, in: Jahrbuch des Historischen Kollegs 1995, München 1996, S. 113–153; ders.: Die deutsche Rezeption und Darstellung der englischen Verfassung im neunzehnten Jahrhundert, in: Rudolf Muhs/Johannes Paulmann/Willibald Steinmetz (Hrsg.): Aneignung und Abwehr. Interkultureller Transfer zwischen Deutschland und Großbritannien im 19. Jahrhundert, Bodenheim 1998, S. 89–126; Theodor Wilhelm: Die englische Verfassung und der vormärzliche deutsche Liberalismus. Eine Darstellung und Kritik des Verfassungsbildes der liberalen Führer, Stuttgart 1928, S. 7–22.

75 Friedrich Christoph Dahlmann: Die Politik (1835), hrsg. von Wilhelm Bleek, Frankfurt a.M./Leipzig 1997, S. 82 (§ 131).

76 Vgl. Hans Boldt: Dahlmanns Staatslehre im Vormärz, in: Wilhelm P. Bürklin/Werner Kaltefleiter (Hrsg.): Freiheit verpflichtet. Gedanken zum 200. Geburtstag von Friedrich Christoph Dahlmann, Kiel 1985, S. 67; Christern: Entwicklung (Anm. 74), S. 248.

77 Vgl. Stenographischer Bericht über die Verhandlungen der deutschen konstituierenden Nationalversammlung in Frankfurt a.M., hrsg. auf Beschluß der Nationalversammlung durch die Redaktions-Commission und in deren Auftrag von Prof. Franz Wigard, Bde. 1–7, Leipzig 1848/49, hier Bd. 6, S. 4048. Siehe dazu Wilhelm Bleek: Die Politik-Professoren in der Paulskirche, in: Jürgen Kocka/Hans-Jürgen Puhle/Klaus Tenfelde (Hrsg.): Von der Arbeiterbewegung zum modernen Sozialstaat, München 1994, S. 276–299; ders.: Friedrich Christoph Dahlmann und sein Werk über „Die Politik", in: Dahlmann: Politik (Anm. 75), S. 271–322, hier: S. 294–296.

78 Stenographischer Bericht (Anm. 77), Bd. 4, S. 4097 (Hervorhebungen im Original). Vgl. hierzu auch Hans Boldt: Art. „Parlament", in: Geschichtliche Grundbegriffe (Anm. 70), Bd. 4, Stuttgart 1978, S. 649–676, hier: S. 663.

gemäßigt-liberalen Lager verbreiteten Modell einer aus monarchischen, demokratischen und aristokratischen Elementen „gemischten Verfassung". Er unterfütterte es indes stärker als andere Autoren mit einer Geschichtsdeutung, die den Ursprung der „altdeutschen Freiheit" dem sächsischen Volksstamm zuschrieb, dessen politische Einrichtungen in Deutschland den Stürmen der Zeit zum Opfer gefallen seien, während die im fünften Jahrhundert nach Britannien Übergesiedelten den „Kern des freien Lebens"[79] in sich getragen und dort zu neuem Leben erweckt hätten. Was sich in England entfaltet habe, entspreche folglich dem Urbild der alten deutschen Freiheit und könne gleichsam als der politische Ausdruck der „ganzen Entwickelung des Volks von seiner Wurzel her"[80] gelten. Diese Interpretation eignete sich vorzüglich zur historischen Untermalung der Verfassungsideologie vom „deutschen Konstitutionalismus", wie sie im Kaiserreich als Kompromisskonstruktion eines auf den konstitutionellen Hauptweg eingeschwenkten Konservativismus und eines der „Realpolitik" huldigenden Nationalliberalismus zur herrschenden Lehre wurde.

Hätte sich der gemäßigte Liberalismus in der Revolution von 1848/49 durchsetzen können, wäre womöglich eine raschere Angleichung an die verfassungspolitische Kultur des „Westens" erfolgt. Denn Dahlmanns Deutung war unter den Vormärzliberalen umstritten. Nicht wenige hatten dem „demokratischen Prinzip" höheres Gewicht beigemessen.[81] Das galt besonders für Karl von Rotteck, neben Karl Theodor Welcker Herausgeber des berühmten „Staatslexikons". Er forderte die politische und rechtliche Gleichheit der Vollbürger und plädierte für eine dem Monarchen gleichrangige „Volksrepräsentation". Während er der Aristokratie wegen der rechtlichen Ungleichheit eine entschiedene Absage erteilte, galt der König „als ganz vorzugsweise geeignet [...], das Recht der Volksgesammtheit zu ehren und die Gleichheit der Rechte aller Staatsangehörigen zu schirmen".[82] Das „monarchische Prinzip" erhielt seine Berechtigung erst durch die Gewährleistung des „demokratischen Prinzips".

Gewiss konnte auch das „demokratische Prinzip" aus der Sicht der gemäßigten Liberalen durch Verabsolutierung zu einer Freiheitsbedrohung werden. Daher favorisierten sie eine aus monarchischen, demokratischen, teilweise auch aristokratischen Elementen gemischte Verfassung. Der Gedanke des *regimen mixtum* wiederum war eng mit dem der Gewaltenkontrolle verknüpft. Gewaltenkontrolle und Grundrechtssicherung bildeten die beiden zentralen Säulen des „Rechtsstaates".

---

79 Friedrich Christoph Dahlmann: Ein Wort über Verfassung (1815), mit einer Einleitung von Rudolf Oeschey, Leipzig 1919, S. 47. Diese Deutung wurde in der „Politik" allerdings nur in Andeutungen entfaltet: Vgl. ders.: Politik (Anm. 75), S. 49–52 (§§ 70–73).

80 Dahlmann: Ein Wort über Verfassung (Anm. 79), S. 45.

81 Siehe auch zum Folgenden: Backes (Anm. 26).

82 Karl von Rotteck: Art. „Demokratisches Princip", in: ders./Karl Theodor Welcker (Hrsg.): Staats-Lexikon oder Encyklopädie der Staatswissenschaften, in Verbindung mit vielen der angesehensten Publicisten Deutschlands, Bd. IV, Altona 1837, S. 252–263, hier: S. 255. Siehe zu Rottecks politischem Denken vor allem Schöttle: Theorien (Anm. 26); Rüdiger von Treskow: Erlauchter Vertheidiger der Menschenrechte! Die Korrespondenz Karl von Rottecks, Bd. 1: Einführung und Interpretation, Bd. 2: Regesten, Freiburg im Brsg./Würzburg 1990.

Tabelle 4: Entwicklung der Staatsgattungen nach Karl Theodor Welcker (1813)

	Kindheit	Jünglingsalter	Mannesalter
Kulturstufe III: Recht der Vernunft			**Rechtsstaat**
Kulturstufe II: Recht des Gottglaubens		**Theokratie**	
Kulturstufe I: Recht des Stärkeren	**Despotie**		

Karl Theodor Welcker hatte diesen Terminus – anknüpfend an die Rechtsphilosophie Immanuel Kants – in seinem wissenschaftlichen Erstlingswerk über „Die letzten Gründe von Recht, Staat und Strafe" (1813) in die staatswissenschaftliche Sprache eingeführt.[83] Dort unterschied er nach dem historischen Entwicklungsstadium der Völker drei Staatsgattungen: In der Kindheit herrscht das „Recht des Stärkeren" oder „der Sinnlichkeit"[84] (Despotie), in der „Periode des Jünglingsalters"[85] das Recht des Glaubens an eine allmächtige Gottheit (Theokratie), in der „Periode des Mannesalters"[86] schließlich das Recht der Vernunft (Rechtsstaat). Beim vernunftrechtlich fundierten „Rechtsstaat" ist keineswegs an ein von oben oktroyiertes Tugendregiment gedacht; vielmehr dient er der „Erhaltung einer auf der Freyheit selbst gegründeten Rechtsordnung".[87] Seine Wertgrundlage ist die „unverletzlichste Achtung der sittlichen Würde und Bestimmung, der Freyheit und Religion, der Bürger".[88] Darauf aufgebaut erscheinen bürgerliche Grundrechte gegenüber der Staatsgewalt wie die Freiheit des gesprochenen und geschriebenen Wortes, das Beschwerderecht, das Auswanderungsrecht und das Recht auf die „Publicität der Regierungshandlungen".[89] Institutionelle Freiheitssicherungen spielen in dieser frühen Schrift nur eine Nebenrolle; erst in späteren Abhandlungen entwickelte Welcker ein System formeller Merkmale des „Rechtsstaates". Ihr Grundprinzip ist die „gemischte Verfassung" und somit die *„richtige Vertheilung der Gewalten, welche die Briten das Gleichgewicht derselben nennen"*.[90] Repräsentativkörperschaften

83 Allerdings hat er das Wort keineswegs als erster verwendet. Es findet sich schon in einem institutionell inhaltsarmen Sinn bei Adam Müller: Staatskunst (Anm. 58), S. 200. Siehe dazu ausführlich: Georg-Christoph von Unruh: Die „Schule der Rechts-Staats-Lehrer" und ihre Vorläufer in vorkonstitutioneller Zeit. Anfang und Entwicklung von rechtsstaatlichen Grundsätzen im deutschen Schrifttum, in: Norbert Achterberg/Werner Krawietz/Dieter Wyduckel (Hrsg.): Recht und Staat im sozialen Wandel. Festschrift für Hans Ulrich Scupin zum 80. Geburtstag, Berlin 1983, S. 251–281, hier: S. 269 f., 280; Leonard Krieger: The German Ideal of Freedom. History of a Political Tradition, Boston 1957, S. 252 f.; Theo Stammen: Der Rechtsstaat. Idee und Wirklichkeit in Deutschland, 5. Aufl., München 1977, S. 24–28.

84 Karl Theodor Welcker: Die letzten Gründe von Recht, Staat und Strafe philosophisch und nach den Gesetzen der merkwürdigsten Völker rechtshistorisch entwickelt, Nachdruck der Ausgabe Gießen 1813, Aalen 1964, S. 15 f.

85 Ebd., S. 21

86 Ebd., S. 25.

87 Ebd., S. 35.

88 Ebd., S. 77.

89 Ebd., S. 93.

90 Karl Theodor Welcker: Das innere und äußere System der praktischen natürlichen und römisch-christlich-germanischen Rechts-, Staats- und Gesetzgebungs-Lehre, Erster Bd.: der mehr historisch-philosophischen Seite erste Abtheilung; oder die Grundlagen und Grundverhältnisse, Stuttgart 1829, S. 359 (Hervorhebungen im Original).

und Geschworenengerichte zählten zu den zentralen Bestandteilen des gewaltenkontrollierenden „Rechtsstaates". In umfassenden Katalogen rechtlicher „Garantien" wurden dessen materielle wie formelle Bestandteile definiert und in ihrem Wechselverhältnis bestimmt.[91]

Mehr noch als Welcker trug Robert von Mohl zur Verbreitung der Staatsgattungsbezeichnung „Rechtsstaat" bei. Er verwandte sie schon im „Bundes-Staatsrecht der Vereinigten Staaten von Nord-Amerika" (1824)[92], führte sie aber erst im „Staatsrecht des Königreiches Württemberg" (1829) systematisch ein. Dort unterschied er – in Abwandlung der Welckerschen Typologie – die patriarchalische, theokratische und despotische von der „Rechtsstaats-Gattung".[93] Diese Staatsformen kehrten in seinem weit verbreiteten Werk über die „Polizei-Wissenschaft" wieder, in dem er sich den praktischen Fragen einer Effektivität und Freiheitssicherung verbindenden Staatsverwaltung zuwandte. Wie Welcker verstand Mohl unter „Rechtsstaat" eine Staatsgattung, doch enthielt er sich einer teleologischen Vision, wenngleich er aus seiner Bevorzugung des Rechtsstaates kein Hehl machte: Im Gegensatz zu „Theokratie", „Despotie" und „patriarchalischem Staat" diene der Rechtsstaat dem „sinnlichen vernünftigen Lebenszwecke". Der Mensch und die „möglichst vollständige und somit harmonische Ausbildung aller seiner Anlagen" stand im Mittelpunkt der Staatstätigkeit. Ein System von Grundfreiheiten und institutionellen Freiheitsgarantien wurde um Mechanismen der Daseinsvorsorge ergänzt. Mohls Staat war weniger ausgeprägt antieudämonistisch als derjenige anderer Liberaler in der Tradition Kants und Humboldts. Mohls Rechtsstaatsverständnis suchte zwischen der reduktionistischen Staatszwecklehre des frühen Liberalismus und dem Glückseligkeit verheißenden „Polizeistaat" des Aufgeklärten Absolutismus zu vermitteln.[94]

In den Diskussionen des vormärzlichen Liberalismus entwickelte sich kein Konsens über die Verwendung des Rechtsstaatsbegriffs. So hielt etwa Friedrich Christoph Dahlmann an der klassischen aristotelischen Staatsformentypologie fest.[95] Im Gegensatz zu den wegweisenden Definitionen Welckers und Mohls

---

91 Siehe vor allem Johann Christoph Freiherr von Aretin/Karl von Rotteck: Staatsrecht der constitutionellen Monarchie. Ein Handbuch für Geschäftsmänner, studirende Jünglinge und gebildete Bürger, Dritter Band, 2. Aufl., Leipzig 1840; Karl Theodor Welcker: Art. „Garantieen, staatsrechtliche", in: Staats-Lexikon (Anm. 82), Bd. VI, Altona 1838, S. 268–291. Siehe zu Person und Werk auch Rainer Schöttle: Politische Freiheit für die deutsche Nation. Carl Theodor Welckers politische Theorie. Ein Beitrag zur Geschichte des deutschen Frühliberalismus, Baden-Baden 1985.

92 Vgl. Robert von Mohl: Das Bundes-Staatsrecht der Vereinigten Staaten von Nord-Amerika, Stuttgart/Tübingen 1824, S. 141.

93 Robert von Mohl: Das Staatsrecht des Königreiches Württemberg, Erster Theil: das Verfassungsrecht, Tübingen 1829, S. 6–9.

94 Siehe zu Mohls Leben und Werk vor allem Erich Angermann: Robert von Mohl, 1799–1875. Leben und Werk eines altliberalen Staatsgelehrten, Neuwied 1962; Klaus von Beyme: Einleitung, in: ders. (Hrsg.): Robert von Mohl. Politische Schriften. Eine Auswahl, Köln/Opladen 1966, S. VII–XLIII; Ulrich Scheuner: Der Rechtsstaat und die soziale Verantwortung des Staates. Das wissenschaftliche Lebenswerk von Robert von Mohl, in: Der Staat, 18 (1979), S. 1–30.

95 Vgl. Dahlmann: Politik (Anm. 75), S. 21–25 (§§ 19–27).

bezog sich „Rechtsstaat“ mitunter auch auf die Frage der Legitimität der Staatsgründung. So unterschied der Marburger Staatsrechtler Silvester Jordan „Rechtsstaaten“ von „Gewaltstaaten“ oder Tyranneien. Während diese durch Gewalt, List und andere illegitime Mittel entstünden, gründeten sich jene auf einen „gültigen Rechtstitel“.[96] „Rechtsstaaten“ konnten folglich monarchisch, aristokratisch oder demokratisch organisiert sein. Allerdings machte Jordan bei rechtsgültig zustande gekommenen Staaten einen zwischen Freien und Gleichen geschlossenen Staatsvertrag zur Bedingung.[97] Insofern gab es keine „Rechtsstaaten“ ohne elementare Freiheitsrechte. Doch sah der Begriff nicht notwendigerweise formell-institutionelle Freiheitsgarantien vor. So konnte selbst eine absolute Monarchie „Rechtsstaat“ sein. Allerdings favorisierte Jordan als „besten Staat“ die „Einherrschaft mit repräsentativer Regierungsform“. In diesem verbanden sich jene materiellen und formellen Bestandteile, die Welcker und Mohl dem „Rechtsstaat“ zugeordnet hatten.

Mit der „Repräsentativverfassung“ war – neben dem „Rechtsstaat“ und der „konstitutionellen Monarchie“ – ein dritter Grundbestandteil der liberalen Staatsformenlehre benannt. Auch mit ihm verbanden sich indes von Autor zu Autor schwankende Inhalte. Der Begriff enthielt keine generell antimonarchische Stoßrichtung, spiegelte aber das Bestreben, einem Machtmissbrauch der Krone vorzubeugen. Dem König und seiner Regierung wurde eine die Interessen des Volkes repräsentierende Körperschaft an die Seite gestellt. Zugleich richtete sich die Forderung nach der „Repräsentativverfassung“ gegen die kastenartige Geschlossenheit und das Privilegienwesen der ständischen Gesellschaft samt ihrer spezifischen Vertretungsformen (Kuriensystem, imperatives Mandat, Bestellung kraft Amtes und/oder korporativer Zugehörigkeit etc.). Zwar finden sich bei nicht wenigen liberalen Autoren der Zeit altständische Relikte oder gar neuständische Ansätze; vorherrschend ist jedoch das Bestellungprinzip der „Kopfrepräsentation“ im Sinne des anglo-amerikanischen Grundsatzes „one man, one vote“. Die Repräsentativverfassung galt im Allgemeinen keineswegs als ein Surrogat unmittelbarer Demokratie, sondern als eine Möglichkeit der qualifizierten Interessenvertretung des Volkes unter Vermeidung ungehemmt ausgelebter „Volksleidenschaften“.

Vorherrschend war vielfach eine dualistische Gegenüberstellung von Regierung und Parlament. In der Zeit des Vormärz wurde die Verkoppelung von Regierung und Parlamentsmehrheit im britischen System erst allmählich wahrgenommen und interpretiert. Zudem bot das System der Vereinigten Staaten das Beispiel einer dualistisch-republikanischen Lösung. In der zweiten Hälfte der 1830er Jahre setzte eine positive Rezeption der englischen parlamentarischen Regierungsweise ein. Im England-Kapitel des „Staatslexikons“ pries der hessische Liberale Friedrich Murhard die Vorteile der englischen

96 Silvester Jordan: Versuche über allgemeines Staatsrecht, 1828, S. 152. Siehe zu Leben und Werk Jordans vor allem Günter Kleinknecht: Sylvester Jordan (1792-1861). Ein deutscher Liberaler im Vormärz, Marburg 1983.
97 Vgl. Jordan: Staatsrecht (Anm. 96), S. 153.

Verfassungspraxis. In Großbritannien habe die starke Stellung des Parlamentes bei der Gesetzgebung und Haushaltsbewilligung dazu geführt, dass die Krone „nur solche Männer zu ihren Räthen" ausersehe, „die im Parlament sitzen und dort bei ihren Motionen einer Stimmenmehrheit gewiss sind. Daher die Erscheinung, dass der König von England freiwillig-gezwungen allemal Personen zu seinen Ministern zu erwählen pflegt, die bereits einen ausgezeichneten Platz im Parlament einnehmen und in den Angelegenheiten, die sie betreiben, auf die Unterstützung einer Majorität des Hauses, dessen Mitglieder sie sind, zu zählen vermögen."[98] Dagegen brauchten die „constitutionellen deutschen Souveraine [...] bei der Wahl ihrer Minister gar nicht darnach zu fragen, ob diese werden hoffen können, eine Stimmenmehrheit im Schooße der volksvertretenden Versammlung zu bekommen." In Anlehnung an den Leipziger Philosophen und Historiker Friedrich Bühlau[99] nannte Murhard die auf diese Weise beschriebene Verfassungspraxis in einem sechs Jahre später erschienenen Artikel „parlamentarische Regierung".

Murhards Ausführungen fanden die Zustimmung eines der Herausgeber des Staats-Lexikons, Welcker. Dieser verfasste für die zweite Auflage der Enzyklopädie einen Nachtrag zum England-Artikel Murhards. Dort lobte er jene Methode in den höchsten Tönen, die die *„besten Minister schafft und verbürgt"*[100], indem sich die fähigsten politischen Köpfe der Nation als deren gewählte Repräsentanten bewähren, in der parlamentarischen Auseinandersetzung mit der Regierung ihren Sachverstand schärfen und sich im Rahmen der „freien parlamentarischen Reichsverfassung"[101], inmitten der Parlamentsmehrheit, als künftige Minister empfehlen. Ihnen stellt er die unter den deutschen Verhältnissen rekrutierten „Zufallsminister" gegenüber und prophezeit, auch in Deutschland werde man bald „zu der englischen Einsicht gelangen".[102] Im gleichen Jahr befürwortete auch Robert von Mohl die parlamentarische Regierungsweise nach britischem Muster. Hatte er sich noch 1837 in seiner Untersuchung zur „Verantwortlichkeit der Minister in Einherrschaften mit

---

98 Friedrich Murhard: Art. „Englands Staatsverfassung", in: Staats-Lexikon (Anm. 82), Bd. V, Altona 1837, S. 84–171, hier: S. 99. Ebenso deutlich – und mit zustimmendem Unterton – hatte sich Murhard bereits ein Jahr zuvor geäußert: ders.: Ueber zwei verschiedene, von einander abweichende, Weisen der Constituirung und Organisirung der öffentlichen Gewalten, in: Jahrbücher der Geschichte und Staatskunst, 9 (1836), S. 491–494. Auf diese Äußerungen verweist Norbert Fuchs: Die politische Theorie Friedrich Murhards 1778–1853. Ein Beitrag zur Geschichte des deutschen Liberalismus im Vormärz, Diss. phil. masch., Erlangen-Nürnberg 1973, S. 218 f.

99 Vgl. Friedrich Klenk: Die Beurteilung der englischen Verfassung in Deutschland von Hegel bis Stahl, Diss. phil., Tübingen 1930, S. 25, 48–66.

100 Karl Theodor Welcker: Nachtrag, in: Karl von Rotteck/ders. (Hrsg.): Das Staats-Lexikon. Encyklopädie der sämmtlichen Staatswissenschaften für alle Stände, in Verbindung mit vielen der angesehensten Publicisten Deutschlands, neue durchaus verbesserte und vermehrte Aufl., redigiert von Hermann von Rotteck und Carl Welcker, Bd. IV, Altona 1846, S. 414 (Hervorhebungen im Original).

101 Ebd.

102 Ebd., S. 415. Vgl. dazu mit weiteren Nachweisen Karl Drück: Ausgewählte Fragen zur Entwicklung des Liberalismus der 30er und 60er Jahre. Dargestellt nach „Rotteck-Welcker: Staatslexikon oder Enzyklopädie der Staatswissenschaften". Erste bis dritte Auflage, Diss. phil. masch., Tübingen 1922, S. 91–94.

Volksvertretung“ gegen eine solche Praxis ausgesprochen[103], plädierte er in seiner Studie „Ueber die verschiedene Auffassung des repräsentativen Systemes in England, Frankreich und Deutschland“ nachdrücklich dafür. Das „Ministerium“ in England sei „eigentlich nichts anders als ein gemeinschaftlicher Ausschuss aus den beiden Häusern, zusammengesetzt aus den hervorragendsten und einflussreichsten Mitgliedern der Majorität“[104], während die Minister in den „deutschen constitutionellen Staaten“ lediglich „der Ausdruck des persönlichen Willens des Staatsoberhauptes und nicht die Führer einer parlamentarischen Schaar“[105] seien. So bestehe eine ständige Konfrontation zwischen Regierung und Volksvertretung, die auf Dauer das Ansehen des Monarchen und der von ihm ausgewählten Verwaltungsbeamten schwäche, Effizienz und programmatische Kontinuität des Regierungshandelns bedrohe und die Regierung immerfort zu Einflussversuchen auf die Zusammensetzung der Volksvertretung verführe. Angesichts derart gravierender Nachteile machte Mohl kein Hehl aus seiner günstigeren Beurteilung der englischen Praxis. Immerhin konnte er auch der französischen Konzeption, die einen Mittelweg zwischen den deutschen und englischen Verfassungsverhältnissen beschritt, Vorzüge abgewinnen.[106] Insofern war seine Position 1846 noch nicht so klar wie nach der Revolution von 1848/49. Erst in der Abhandlung über „Das Repräsentativsystem, seine Mängel und die Heilmittel“ (1852) fiel das Plädoyer ohne Wenn und Aber aus. Da er republikanischen Lösungen zutiefst misstraute und die in Amerika ausgebildete Form der repräsentativen Demokratie wegen ihres Hangs zur „Mittelmäßigkeit“[107] ablehnte, sah er für das Überleben der konstitutionellen Monarchie in Deutschland nur die Alternative: *„Corruption oder parlamentarische Regierung“.*[108] Die von der französischen Julimonarchie praktizierte systematische Bestechung von Abgeordneten durch die Regierung erschien mittelfristig unpraktikabel, verdarb die politischen Sitten und untergrub das Vertrauen in den Staat. Also konnte nur die aus der Mitte der parlamentarischen Mehrheit hervorgehende Regierung den Konstitutionalismus auf Dauer sichern. Der alte Dualismus würde sich dann in das Gegenüber von Regierung und parlamentarischer Minderheit (Opposition) auflösen und einem gedeihlichen Zusammenwirken von Regierung und parlamentarischer Mehrheit weichen. Der Fürst solle weiterhin die Staatsgewalt personifizieren, aber von ihm müsse erwartet werden, dass er „die Leitung der Verwaltung in dem Sinne der jeweiligen Mehrheit der Volksvertretung als eine politische Nothwendigkeit ansieht“.[109]

---

103 Vgl. von Beyme: Einleitung (Anm. 94), S. XXVIII–XXX und den dort (auf den Seiten 41–47) abgedruckten Textauszug.

104 Robert von Mohl: Ueber die verschiedene Auffassung des repräsentativen Systemes in England, Frankreich und Deutschland (1847), in: ders.: Staatsrecht, Völkerrecht und Politik. Monographien. Erster Bd.: Staatsrecht und Völkerrecht, Nachdruck der Ausgabe Tübingen 1860, Graz 1962, S. 33–65, hier: S. 35.

105 Ebd., S. 51.

106 Vgl. von Beyme: Einleitung (Anm. 94), S. XXXI f.

107 Robert von Mohl: Das Repräsentativsystem, seine Mängel und die Heilmittel. Politische Briefe (1852), in: ders.: Staatsrecht (Anm. 104), S. 367–458, hier S. 385.

108 Ebd., S. 395 (Hervorhebungen im Original).

109 Ebd., S. 401.

Mit Murhard, Welcker und Mohl verfochten drei einflussreiche Vertreter des gemäßigten Liberalismus bereits vor der 1848/49er Revolution eine Parlamentarisierung der Monarchie nach englischem Vorbild. Sie gingen damit einen entscheidenden Schritt weiter als viele Anhänger der „konstitutionellen Monarchie“ mit dem Grundgedanken einer machtpolitischen Balance zwischen königlicher Regierung und Parlament, anderen Autoren indes längst nicht weit genug. Von den 1830er Jahren an hatte sich links vom gemäßigten Liberalismus ein „radikales“, „demokratisches“ Lager formiert, das die Vorstellungen der „Freiheitszwitter oder Mäßigungsmänner“[110] aufs Korn nahm und als „halbe Sache“ verspottete.

Der Jurist und Journalist Johann Georg August Wirth, einer der frühen Wortführer dieser Richtung, hatte die monarchischen Systeme auf dem Hambacher Fest frontal angegriffen. Die Fürsten seien die Quelle verbreiteten Elends: „Fluch, ewigen Fluch darum allen solchen Verräthern!“[111] In seiner Verteidigungsrede vor den Landauer Assisen entfaltete er ein politisches Programm, das in entscheidenden Punkten mit dem konstitutionellen Konsens brach: Wirth plädierte für die restlose Beseitigung der Monarchie und die Errichtung einer „Republik“ mit chiliastisch-utopischen Zügen. Sie war ihm ein vollendetes Reich „der Vernunft, der Gerechtigkeit, der Humanität, der Freiheit und der Glückseligkeit Aller“.[112] Zwar lehnte er das institutionelle Regelwerk des Konstitutionalismus keineswegs in Bausch und Bogen ab. Durch Volksbildung und sozial-ökonomische Förderung sollte sich die Menschheit jedoch zu unerreichten kulturellen Höhen emporschwingen und zum „Bewusstsein der göttlichen Natur des menschlichen Geistes“[113] gelangen. In dem von ihm entworfenen Institutionengefüge verschob sich das machtpolitische Gravitationsfeld von der Regierung zu den „Volksversammlungen“[114]; exekutive und legislative Körperschaften wurden zu deren beliebig lenkbaren Befehlsempfängern degradiert. Da Wirth den Volksversammlungen auch das Recht der Ernennung und Abberufung der Richter zusprach[115], blieb nichts mehr von jener kunstvoll austarierten Balance übrig, wie sie die liberalen Anhänger der Mischverfassung herzustellen bemüht waren.

Auch die (radikalen) Demokraten Gustav Struve und Julius Fröbel, der eine später Aufstandsführer, der andere Wortführer der äußersten Paulskirchen-Linken („Donnersberg“), sahen die konstitutionelle Monarchie lediglich als ein

110 So Johann Georg August Wirth: Die politische Reform Deutschlands. Noch ein dringendes Wort an die deutschen Volksfreunde, Strasburg 1832, S. 2. Siehe zum Folgenden Backes: Liberalismus (Anm. 26); Wende: Radikalismus (Anm. 26). Siehe zu Wirth die – allerdings zur Idealisierung neigende – Biographie von Michail Krausnick: Johann Georg August Wirth. Vorkämpfer für Einheit, Recht und Freiheit, Weinheim/Berlin 1997.

111 „Rede von Wirth“, in: Johann Georg August Wirth: Das Nationalfest der Deutschen zu Hambach. Unter Mitwirkung eines Redaktions-Ausschusses beschrieben, Nachdruck der Originalausgabe Neustadt a./H. 1832, Neustadt a.d. Weinstraße 1981, S. 41.

112 Johann Georg August Wirth: Die Rechte des deutschen Volkes. Eine Vertheidigungsrede vor den Assisen zu Landau, 2.(?) Aufl., Landau 1838 (1833), S. 11.

113 Ebd., S. 20.

114 Ebd., S. 45.

115 Vgl. ebd.

historisches Durchgangsstadium auf dem Weg zu einer „demokratischen Republik". In einer Gesellschaft von Freien und Gleichen war sie ihnen die einzig legitime Staats- und Regierungsform. Im Gegensatz zu manchen gemäßigten Liberalen, die eine Republik nach dem Muster der Vereinigten Staaten von Amerika als Zukunftsoption in Erwägung zogen, diente die Berufung auf Amerika den (radikalen) Demokraten vor allem als Nachweis einer Realisierbarkeit der Volksherrschaft im Flächenstaat. Ihre Idealstaatsentwürfe hatten mit der Verfassungswirklichkeit jenseits des Ozeans nur wenig gemein. Die Demokratie bildete den Gipfelpunkt einer unaufhaltsam erscheinenden geschichtlichen Höherentwicklung des Menschen. Für Struve – er differenzierte zwischen den Staatsformen der „Einherrschaft (Monarchie)", der „Mehrherrschaft (Aristokratie)", der „Volksherrschaft (Demokratie)" und der „Keinherrschaft (Anarchie)"[116] – war die Volksherrschaft ein „Staat in seiner Vollendung".[117] Sprach er immerhin auch den englischen Verfassungsverhältnissen Vorbildhaftes zu, entwarf Fröbel ein vollends utopisches Bild von der Demokratie der Zukunft. In ihr hatte sich das Individuum von allen religiösen Bindungen befreit, die ganze Kraft autonomer Vernunft auf die Gestaltung des Diesseits konzentriert, einen Zustand der „Machtvollkommenheit und Rechtsgleichheit" erreicht und das „Reich der Sittlichkeit"[118] errichtet. Die Schaffung allgemeinen Wohlstands und hoher Volksbildung bildete dafür die Voraussetzung. Ein von sozial-ökonomischen und geistigen Fesseln befreites Volk war in der Lage, die Staatsgewalt buchstäblich selbst auszuüben. Auf föderaler Basis organisierte „Urversammlungen" sollten für die Verfassungsgesetzgebung allein verantwortlich sein.[119] Weder der aus Experten zusammengesetzte „Senat" noch der von den „Urversammlungen" bestellte „Volksrath" verfügten über eigenständige legislative Kompetenzen, bedurften sie doch der Zustimmung durch die „Urversammlungen". In der so entworfenen direkten Demokratie gab es keine „Regierung" im Wortsinne mehr, sondern nur noch „Centralbeamte"[120], die für die „Vollziehung der Gesetze und die Verwaltung der öffentlichen Interessen"[121] Sorge zu tragen hatten.

In eine ähnliche Richtung gingen die politischen Visionen des Linkshegelianers Arnold Ruge. In den Schulungsheften, die er während und nach der 1848/49er Revolution verbreitete, wurde den Fürsten der Kampf angesagt und die „wahre

116 Vgl. Gustav von Struve: Grundzüge der Staatswissenschaft. Zweiter Bd.: Ueber die Formen des Staats oder allgemeines Staats-Verfassungsrecht, Mannheim 1847. Siehe zu Leben und Werk Struves folgende von Sympathie getragene Darstellung: Jürgen Peiser: Gustav Struve als politischer Schriftsteller und Revolutionär, Diss. phil. masch., Nürnberg 1973.

117 Ebd., S. 195.

118 Julius Fröbel: System der sozialen Politik, Teil II, Neudruck der Ausgabe Mannheim 1847, mit einer Einleitung von Rainer Koch, Aalen 1975, S. 69. Vom Editor dieser Schrift stammt auch eine fundierte Würdigung von Leben und Werk: Rainer Koch: Demokratie und Staat bei Julius Fröbel 1805–1893. Liberales Denken zwischen Naturrecht und Sozialdarwinismus, Wiesbaden 1978.

119 Vgl. den Verfassungsentwurf: ebd., S. 292–320.

120 Ebd., S. 312.

121 Ebd., S. 311.

Demokratie“ der Zukunft gepriesen. Angesichts der „Selbstregierung“[122] des Volkes war die Regierung nur mehr ein „Vollziehungsausschuss“.[123] Ökonomischer Fortschritt und hoch entwickelte Volksbildung legen die Grundlage für eine geistige Befreiung, der die praktische auf dem Fuße folgt: „Theoretische Anarchie und theoretische Freiheit ist identisch. Von der theoretischen Freiheit wird aber die praktische geboren.“[124] Mit der Realisation des „sozial-demokratischen Freistaates“ finden der „Dienerstaat“, der „Polizeistaat“, der „Justizstaat“, der „Militärstaat“ und der „Handelsstaat“[125] ein natürliches Ende. Jeder tritt jedem als „gleicher Genosse und Theilnehmer“ gegenüber, „Autorität“, „Despotie“ und „Dienst“[126] sind abgeschafft.

Über so viel Glauben an die herrschaftsverschlingende Kraft geistig-politischer Bewusstseinsveränderung gossen die angehenden Päpste des „wissenschaftlichen“ Kommunismus Spott und Hohn. Die radikalen Demokraten ignorierten die Notwendigkeit einer Umwälzung der sozial-ökonomischen Verhältnisse und der postrevolutionären Organisation: „Die Revolution besteht für sie überhaupt bloß im Sturz der bestehenden Regierung; ist dies Ziel erreicht, so ist ‚der Sieg‘ errungen. Bewegung, Entwicklung, Kampf hören dann auf, und unter der Ägide des dann herrschenden europäischen Zentralkomitees beginnt das goldne Zeitalter der europäischen Republik und der in Permanenz erklärten Nachtmütze.“[127] Im Kommunistischen Manifest vom Februar 1848 hatten sie gefordert, das Proletariat müsse unter Führung der Kommunisten die Macht im Staat erobern. Dies konnten sie sich nur in der Form einer Diktatur vorstellen: „Jeder provisorische Staatszustand nach einer Revolution erfordert eine Diktatur, und zwar eine energische Diktatur.“[128] Mit dem Terminus wurde der Übergangscharakter der Herrschaft betont. Die „Diktatur der Proletarier“ sollte „die Revolution in Permanenz erhalten [...] bis zur Verwirklichung des Kommunismus, der die letzte Organisationsform der menschlichen Familie sein wird.“[129] In seiner Schrift „Der achtzehnte Brumaire des Louis Bonaparte“ suchte Marx zu zeigen, wie sich im Zuge der durch die Februarrevolution ausgelösten sozial-politischen Kräfteverschiebungen die Exekutivgewalt, ge-

122 Arnold Ruge: Unser System oder die Weltweisheit und Weltbewegung unserer Zeit. Zum Unterricht für Jedermann, 3. Heft: Die Gründung der Demokratie in Deutschland. Die theoretische Lösung der politischen und sozialen Frage, 3. Aufl., Leipzig 1850, S. 81.
123 Ebd., S. 77.
124 Ebd.
125 Ebd., S. 74.
126 Ebd., S. 75.
127 Karl Marx/Friedrich Engels: Revue, Mai bis Oktober 1850, in: MEW 7, S. 421–463, hier: S. 461. Siehe dazu und zur Entwicklung des Gegensatzes zwischen Ruge und Marx auch Stephan Walter: Demokratisches Denken zwischen Hegel und Marx. Die politische Philosophie Arnold Ruges, Düsseldorf 1995, S. 269–305.
128 Karl Marx/Friedrich Engels: Die Krisis und die Konterrevolution, in: MEW 5, S. 398–404, hier: S. 402. Vgl. zu diesen und weiteren Fundstellen zur „Diktatur (des Proletariats)“ bei Marx und Engels Konrad Löw: „Diktatur des Proletariats“ – Marx und der Marxismus, in: Uwe Backes/Stéphane Courtois (Hrsg.): „Ein Gespenst geht um in Europa“. Das Erbe kommunistischer Ideologien, Köln/Weimar/Wien 2002, S. 59–83.
129 Karl Marx/Friedrich Engels u.a., Weltgesellschaft der revolutionären Kommunisten, in: MEW 7, S. 553 f., hier S. 553.

stützt auf einen ungeheuren bürokratisch-militärischen Apparat, verselbständigt hatte. Er zeichnete die verschiedenen Etappen dieser Entwicklung vom Ausbruch der Revolution über die „Diktatur der reinen Bourgeois-Republikaner", deren Fall, die „Niederlage der kleinbürgerlichen Demokratie", die „Parlamentarische Diktatur der Ordnungspartei"[130] usw. bis zum Staatsstreich und zu der vom konservativen Parzellenbauerntum getragenen „Diktatur Bonapartes"[131] nach. Seine Zukunftsvision bestand in der von den Kommunisten ins Werk gesetzten „Diktatur des Proletariats"[132] im Sinne eines notwendigen Übergangsstadiums zur „klassenlosen Gesellschaft".

Damit standen sich zwei Diktaturkonzepte gegenüber: die Diktatur eines überragenden, charismatischen Führers, der Sehnsucht nach einem neuen Cäsar[133] Ausdruck verleihend, und die eines Kollektivs, ausgestattet mit einer „wissenschaftlichen Weltanschauung". Beide erhoben den Anspruch, eine historische Mission im Interesse der Volksmassen zu erfüllen. Beide machten kein Hehl aus ihrer Verachtung des parlamentarischen „Geschwätzes", beide glichen sich auch in der Geringschätzung des gewaltenkontrollierenden Institutionengefüges, das im Zuge der Konstitutionalisierung in vielen europäischen Staaten – trotz massiver Rückschläge – Fuß gefasst hatte. Aus konservativer Sicht wurde ihnen nicht ohne Plausibilität eine „ideokratische" Tendenz zugeschrieben; an die Stelle „theokratischer" Inhalte sei die Orientierung an „Ideen oder auch Idolen", die „Herrschaft der Principien und der Abstraktionen" getreten.[134] So deutete sich schon in der Jahrhundertmitte eine große Auseinandersetzung an, die dem folgenden Säkulum ihren Stempel aufdrücken sollte.

5. Schlussbetrachtung

Das 19. Jahrhundert war in Europa eine Zeit großer innerer Umwälzungen. Von einer sich auf beiden Seiten des Atlantiks wechselseitig stimulierenden „demokratischen Revolution" unter Druck gesetzt, gerieten die weithin absolu-

---

130 Karl Marx: Der achtzehnte Brumaire des Louis Bonaparte (1852), in: MEW 8, S. 111–207, hier: S. 193 f.

131 Ebd., S. 191.

132 Wörtlich findet sich diese Bezeichnung erstmals in einem Brief von Karl Marx an seinen Freund Joseph Weydemeyer, in dessen New Yorker Zeitschrift „Die Revolution" die Schrift zum „achtzehnten Brumaire" 1852 erschien: Karl Marx an Joseph Weydemeyer (5. März 1852), in: MEW 28, S. 503–509, hier: S. 508. Siehe zu diesem Zusammenhang: Ernst Nolte: Art. „Diktatur", in: Geschichtliche Grundbegriffe (Anm. 70), Bd. 1, Stuttgart 1972, S. 900–924, hier: S. 916.

133 Vgl. Michael Stürmer: Krise, Konflikt, Entscheidung. Die Suche nach dem neuen Cäsar als europäisches Verfassungsproblem, in: Karl Hammer/Peter Claus Hartmann (Hrsg.): Le bonapartisme. Phénomène historique et mythe politique. Actes du 13e colloque historique franco-allemand de l'Institut Historique Allemand de Paris à Augsbourg du 26 jusqu'au 30 septembre 1975, München 1977, S. 102–118.

134 Johann Caspar Bluntschli: Ideokratie und Theokratie, in: ders./Karl Brater (Hrsg.): Deutsches Staats-Wörterbuch, Bd. 5, Stuttgart/Leipzig 1860, S. 279–290, hier: S. 289. Der Terminus geht zurück auf den konservativen Historiker Heinrich Leo: Studien und Skizzen zu einer Naturlehre des Staates, Halle 1833.

tistischen Herrschaftsformen ins Wanken. Das politische Beben erfasste den gesamten Kontinent und strahlte auf weit entfernte Erdteile aus. Die Prinzipien der königlichen Souveränität und der Volkssouveränität rangen miteinander, verbanden sich zu neuen Synthesen. Am Ende des Jahrhunderts behauptete sich der Absolutismus nur noch in den östlichen Randbereichen Europas.

Die Staaten durchliefen Prozesse der Konstitutionalisierung und Demokratisierung. Konstitutionalisierung bedeutete die Etablierung eines Systems wirksamer Kontrollen der Staatsgewalt. Mit der Wiederbelebung oder Neueinrichtung von Vertretungskörperschaften, die insbesondere bei der Verabschiedung des Staatshaushalts und der Gesetzgebung vom König nicht übergangen werden konnten, verwandelten sich die absoluten in konstitutionelle Monarchien. Dieser Verfassungstyp erreichte in Europa im Verlaufe des 19. Jahrhunderts weite Verbreitung. Je nach der Verteilung der Kompetenzen zwischen Regierung und Parlament lassen sich konstitutionelle Monarchien mit Vorrang des Königs und solche mit Vorrang des Parlaments unterscheiden. Wo die Regierung nur noch des Vertrauens der parlamentarischen Mehrheit und nicht mehr der des Monarchen bedurfte, kann von einer parlamentarischen Monarchie gesprochen werden. Die Entwicklung Großbritanniens war dafür vorbildhaft. Dagegen spielte das präsidentielle Regierungssystem der Vereinigten Staaten von Amerika (im Gegensatz zu Lateinamerika, wo es sich ausbreitete) in Europa eine nur geringe Rolle – ebenso wie das schweizerische Direktorialsystem. Auch wurden bis zum Ende des 19. Jahrhunderts nur wenige Monarchien dauerhaft durch Republiken (wie in Frankreich ab 1877) ersetzt.

Konstitutionalisierung und Demokratisierung gingen keineswegs immer Hand in Hand, versteht man unter Demokratisierung vor allem die Unterwerfung von Regierung und Gesetzgebung unter den Volkswillen im Sinne politischer Gleichberechtigung. Mehr oder weniger einschneidende Wahlrechtsbeschränkungen verliehen den meisten der neu eingerichteten Vertretungskörperschaften Europas einen eher oligarchischen Charakter. Nur allmählich wurde der Kreis der Wahlberechtigten ausgeweitet – hier langsamer, dort schneller. Die ersten beiden Systeme in Europa, die eine parlamentarische Regierungsweise mit dem allgemeinen Männerwahlrecht verbanden, waren Frankreich (ab 1877) und Norwegen (ab 1884).

Konstitutionalisierung und Demokratisierung bewegten sich im 19. Jahrhundert nicht auf einer Einbahnstraße. In manchen Staaten – wie Spanien – wechselten Absolutismus, Republik und konstitutionelle Monarchie in kurzen Abständen. Frankreich durchlief vom Ausbruch der Revolution von 1789 bis zur dauerhaften Etablierung einer parlamentarischen Republik so viele Staatsformen, dass es anderen europäischen Ländern als eine Art Versuchslaboratorium dienen konnte. Hier wurde im Zweiten Kaiserreich auch die eigenartige Verknüpfung von autoritärer Regierung mit direkter Demokratie (allgemeines Wahlrecht, Plebiszite) vorexerziert, die neue Formen der Autokratie für das kommende Jahrhundert ankündigte.

Angesichts der Vielzahl realiter beobachtbarer Staatsformen und des Ringens unterschiedlicher Legitimitätsprinzipien wurden Staatsform-Diskussionen im 19. Jahrhundert mit großer Intensität geführt. Den Hauptstrom bildeten die vorzugsweise von verschiedenen Schulen des Liberalismus propagierten Modelle einer Verknüpfung monarchischer, demokratischer, mitunter auch aristokratischer Elemente in der „konstitutionellen Monarchie". In Deutschland entwickelte sich daraus in der zweiten Jahrhunderthälfte eine von gemäßigten Konservativen und Nationalliberalen getragene Staatsideologie. Sie bedeutete auf der einen Seite eine Absage an neoabsolutistische Vorstellungen, wie sie sich mit der Patrimonialtheorie Hallers verbinden ließen. Auf der anderen Seite zog sie eine Grenzlinie zum englischen Parlamentarismus, die zum Verlust jeglicher Autorität und zur Pöbelherrschaft führe. Die Angst vor der „roten Gefahr" hatte sich Louis-Napoléon zunutze gemacht. Seine Herrschaft wurde von rechten wie linken Beobachtern als „Diktatur" gedeutet. Zum Teil verdrängte dieser Begriff die aus der altgriechischen Staatsformenlehre stammenden negativen Verfassungsbezeichnungen „Tyrannis" und „Despotie".[135] Marx und Engels deuteten das Regime Louis-Napoléons als Folge einer akuten Krise des Kapitalismus, dem die sozialistische Revolution folgen werde. Diese war in seinen Augen nicht allein durch Bewusstseinsveränderung zu erreichen; eine sofortige „Selbstregierung" in „Volksversammlungen", wie sie Verfechtern radikaler Demokratie vom Schlage Arnold Ruges vorschwebte, erschien ihm illusionär und naiv. Die „Diktatur des Proletariats" war zur Vorbereitung einer „klassenlosen Gesellschaft" unvermeidlich.

Damit existierten in der Jahrhundertmitte zwei Diktatur-Konzepte, die beide wiederum den schroffsten Gegensatz zu den verschiedenen Varianten eines gewaltenkontrollierenden „Rechtsstaates" bildeten, wie ihn liberale Autoren befürworteten. So kündigten sich neue politische Antagonismen an, die das folgende Jahrhundert prägen sollten.

135 Vgl. Hella Mandt: Das klassische Verständnis: Tyrannis und Despotie, in: Hans Maier (Hrsg.): Totalitarismus und Politische Religionen. Konzepte des Diktaturvergleichs, Bd. III: Deutungsgeschichte und Theorie, Paderborn u.a. 2003, S. 29–106, hier: S. 51.

Armin Pfahl-Traughber

Staatsformen im 20. Jahrhundert I: Diktatorische Systeme

1. Einleitung

Zieht man eine historische Bilanz des 20. Jahrhunderts zur Akzeptanz und Ausbreitung der Menschenrechte, so entsteht ein ambivalentes Bild: Einerseits lässt sich ein höheres Maß von Freiheit und Partizipation, Rechtsstaatlichkeit und Sicherheit ausmachen; andererseits liegen besonders ausgeprägte Formen von Entrechtung und Massakern, Unterdrückung und Willkürherrschaft vor. Auch in diesem Sinne ist die von dem Historiker Eric Hobsbawm geprägte Formulierung vom „Zeitalter der Extreme“[1] verwendbar. Ganz zentral hängt das Überwiegen der jeweiligen Tendenz mit der konkreten Staatsform[2] zusammen: Demokratien stehen für die erstgenannten, Diktaturen für die letztgenannten Phänomene.[3] Beide Systemtypen lassen sich zwar voneinander differenzieren, sie treten aber nicht in einheitlicher Form auf. Ebenso wie die Demokratien[4] unterscheiden sich die Diktaturen, wobei folgende Kriterien von Bedeutung sind: die Rahmenbedingungen für deren Aufkommen, die ideologische Legitimation, die Funktion für die soziale Entwicklung, die Intensität der Herrschaft sowie die Art und Weise ihres Niedergangs.

Entlang dieser Gesichtspunkte sollen die unterschiedlichen diktatorischen Systeme im 20. Jahrhundert komprimiert dargestellt und eingeschätzt werden. Dafür bieten sich diverse Aspekte zur Strukturierung an: geographische, historische, ideologische und qualitative. Die Wahl fiel hier auf das der Legitimation der Systeme dienende ideologische Kriterium. Eine nach Diktaturen in verschiedenen Kontinenten gegliederte Beschreibung würde eine nebensächliche Gemeinsamkeit zum Leitfaden machen. Die Verwendung des historischen Aspektes bedingte Brüche in der Darstellung einzelner länger existierender Diktaturen. Sinnvoller scheint demgegenüber die Unterscheidung nach dem Ausmaß von Herrschaft, also der Frage, ob es sich um autoritäre oder totalitäre Systeme handelte. Bei einer solchen Strukturierung würde die Dar-

1 Vgl. Eric Hobsbawm: Das Zeitalter der Extreme. Weltgeschichte des 20. Jahrhunderts [1994], München/Wien 1995. Der Autor nimmt darin aber keine klare Definition des mit den „Extremen“ Gemeinten vor.

2 Vgl. Juan J. Linz: Typen politischer Regime und die Achtung der Menschenrechte: Historische und länderübergreifende Perspektiven [1992], in: Eckhard Jesse (Hrsg.): Totalitarismus im 20. Jahrhundert. Eine Bilanz der Forschung, Baden-Baden 1996, S. 485–537.

3 Diese Zuordnung versteht sich als idealtypisch; sie will keineswegs leugnen, dass es auch in Demokratien Menschenrechtsverletzungen gab und gibt.

4 Siehe den Beitrag von Steffen Kailitz in diesem Band.

stellung einiger sich in dieser Hinsicht wandelnder oder nicht eindeutig kategorisierbarer Diktaturen überaus schwer. Die Ausrichtung an den ideologischen Aspekten hat demgegenüber den Vorteil, inhaltlich ähnliche politische Systeme unter einem gemeinsamen Oberbegriff zu behandeln. Dies schließt keineswegs eine auf die unterschiedliche Intensität der Herrschaft bezogene Analyse der Diktaturen aus.

Die folgenden Ausführungen geben einen historisch-politischen Überblick zur Entwicklung verschiedener Diktaturen, wobei die Rahmenbedingungen für Aufstieg und Niedergang sowie die Folgen derartiger Herrschaftspraktiken mit im Zentrum stehen.[5] Die Unterscheidung erfolgt nach kommunistischen, faschistischen, nationalistischen, monarchischen und theokratischen Systemen. Einzelne Fälle werden aufgrund ihrer Bedeutung relativ ausführlich dargestellt wie die kommunistische Diktatur in China, der DDR und der Sowjetunion oder das faschistische Regime in Italien sowie das nationalsozialistische System in Deutschland. Dafür finden sich zu den zahlreichen nationalistischen Diktaturen in Europa, Lateinamerika und im Nahen Osten nur kurz gehaltene Ausführungen. Auch in anderen Fällen fehlen Darstellungen zu bestimmten Diktaturen, z.B. nationalistischen Regimen in Asien oder monarchischen Systemen im Nahen Osten. Insofern ist dieser Teil im strengeren Sinne nicht homogen und vollständig, was sich aus Auswahl und Schwerpunktsetzung erklärt.

Zum Forschungsstand bemerkte der Politologe Franz L. Neumann 1954, so seltsam es scheinen mag, gebe es doch keine systematische Studie über die Diktatur. Historisches Material liege im Übermaß vor, und es existierten viele Einzelanalysen über Diktatoren in verschiedenen Ländern. Eine Untersuchung, die nicht nur die Erfahrungen des 20. Jahrhunderts, sondern auch die politischen Systeme der weiter zurückliegenden Vergangenheit berücksichtige, stehe jedoch noch aus.[6] Bis in die Gegenwart änderte sich kaum etwas an dieser Situation. Es liegt zwar eine Fülle von Gesamtdarstellungen und Fallstudien zu einzelnen Diktaturen wie dem NS-Staat oder dem Stalin-Regime vor.[7] Auch gibt es mittlerweile einige wenige Studien, die eine vergleichende Betrachtung zweier politischer Systeme dieses Typs vornehmen.[8] Schließlich wurde und wird über die Totalitarismustheorie als Konzeption des Diktaturvergleichs eine stel-

---

5 Um den Anmerkungsapparat nicht zu überfrachten, wird dabei zu Beginn exemplarisch auf grundlegende Literatur zu den jeweiligen Systemen verwiesen. Die folgende Darstellung stützt sich auf diese Veröffentlichungen, die Angaben zu weiter führenden Studien enthalten.

6 Vgl. Franz L. Neumann: Demokratischer und autoritärer Staat, Frankfurt a.M. 1986, S. 224–247, hier: S. 224. Als bedeutendste Ausnahme verwies Neumann in einer Fußnote auf Carl Schmitt: Die Diktatur, München 1928 (die Analyse sei jedoch inakzeptabel).

7 Vgl. dazu die Angaben bei der Darstellung der genannten Diktaturen im fortlaufenden Text.

8 Vgl. u.a. Ian Kershaw/Moshe Lewin (Hrsg.): Stalinism and Nazism. Dictatorships in Comparison, Cambridge/Mass. 1994; Matthias Vetter (Hrsg.): Terroristische Diktaturen im 20. Jahrhundert. Strukturelemente der nationalsozialistischen und stalinistischen Herrschaft, Opladen 1996.

lenweise heftige Kontroverse ausgetragen.[9] Von einer breiter angelegten und systematisch entwickelten Diktaturforschung[10] in dem von Neumann erwähnten Sinne kann aber noch nicht einmal in Ansätzen gesprochen werden.

2. Klärung zentraler Arbeitsbegriffe

2.1. Demokratie und Diktatur

Da diese Einschätzung auch für das inhaltliche Verständnis von Diktatur gilt, sollen zunächst Definitionen zentraler Arbeitsbegriffe vorgenommen werden. Am Beginn steht die Unterscheidung von Demokratie und Diktatur, wobei jeweils ein modernes Verständnis zugrunde liegt. „Demokratie" meint demnach nicht nur wie im begriffsgeschichtlichen Sinne „Volksherrschaft", sondern die Verkopplung verschiedener Merkmale: Gewaltenteilung, Grundrechte, Konstitutionalismus, Mehrheitsprinzip und Pluralismus. Dieses Verständnis schließt eine gerade von Diktaturen im 20. Jahrhundert häufig praktizierte Vereinnahmung des Demokratiebegriffs für ihr politisches System aus. Einige Diktaturen bezeichneten sich selbst als Demokratien, die den „echten" und „wahren" Willen des Volkes verträten.[11] Mitunter nahmen Apologeten derartiger Systeme gar eine Gleichsetzung von Demokratie und Diktatur vor und behaupteten einen Gegensatz von Demokratie und Parlamentarismus. Die ideologische Grundlage für diese Auffassung bildete das Postulat von der notwendigen Homogenität der Gesellschaft, die wiederum eine Einheit von Regierenden und Regierten bedinge.[12]

Hingegen gehen moderne Demokratien von einem gesellschaftlichen Pluralismus aus, worauf insbesondere der Politologe Ernst Fraenkel verwies. Er benannte vier Gesichtspunkte zur Unterscheidung von Demokratie und Diktatur: die Legitimation des Herrschaftssystems, die Strukturierung des Gesellschaftssystems, die Organisation des Regierungssystems und die Garantie des Rechtssystems. Zwar bezog sich Fraenkel dabei vergleichend auf die Bundesrepublik Deutschland und die Deutsche Demokratische Republik; die von ihm entwickelten Kriterien dienen aber auch zu einer verallgemeinerbaren Differenzierung von Demokratie und Diktatur. Bei dem ersten Aspekt unterschied Fraenkel eine autonome und heteronome Legitimation von Herrschaft,

---

9 Vgl. u.a. Uwe Backes/Eckhard Jesse: Totalitarismus und Totalitarismusforschung. Zur Renaissance einer lange tabuisierten Konzeption, in: dies. (Hrsg.): Jahrbuch Extremismus & Demokratie, Bd. 4, Bonn 1992, S. 7–27; Steffen Kailitz: Der Streit um den Totalitarismusbegriff. Ein Spiegelbild der politischen Entwicklung, in: Eckhard Jesse/ders. (Hrsg.): Prägekräfte des 20. Jahrhunderts. Demokratie, Extremismus, Totalitarismus, München 1997, S. 219–250.

10 Vgl. als Überblick zum Forschungsstand Detlef Schmiechen-Ackermann: Diktaturen im Vergleich, Darmstadt 2002.

11 Vgl. Kurt Lenk: Probleme der Demokratie, in: Hans-Joachim Lieber (Hrsg.): Politische Theorie von der Antike bis zur Gegenwart, Bonn 1991, S. 933–989, hier: S. 965–975.

12 Vgl. z.B. Carl Schmitt: Die geistesgeschichtliche Lage des heutigen Parlamentarismus [1923], Berlin 1985.

die sich auf unterschiedliche Auffassungen des Gemeinwohls bezog. In Demokratien stehe dieses nicht von vornherein fest, sondern ergebe sich als Resultat aus der gesellschaftlichen Entwicklung. Im Unterschied dazu sei in einer Diktatur die Regierung der Auffassung, sie wüsste um das „wahre" Gemeinwohl und wirke in dessen Sinne. Im erstgenannten Fall entwickle es sich eigenständig aus dem Volk heraus, in Diktaturen erfolge eine Fremdbestimmung durch die Regierung.

Bezogen auf das zweite Kriterium, die Strukturierung der Gesellschaftssysteme, unterschied Fraenkel eine heterogene und eine homogene Variante. In Demokratien träfen im sozialen Miteinander unterschiedliche und konkurrierende Auffassungen und Interessen aufeinander. Die damit verbundene Vielfalt gelte als legitim und wünschenswert, ermögliche sie doch erst Offenheit und Pluralität. Diktaturen postulierten demgegenüber die politische Einheitlichkeit der Gesellschaft. Diese Auffassung schließe abweichende bis opponierende Auffassungen und Bestrebungen weitgehend aus. Aus der jeweiligen sozialen Beschaffenheit ergibt sich für das dritte Kriterium die unterschiedliche Organisation des Regierungssystems, die Fraenkel in einer pluralistischen oder in einer monistischen Weise ausgeprägt sieht. In Demokratien strebten diverse politische Kräfte nach der Übernahme der Regierungsverantwortung und lösten sich möglicherweise nach einer gewissen Zeit gegenseitig ab. Diktaturen richteten das politische System in einem einheitlichen Sinne aus, höben die Gewaltenteilung auf und nähmen eine Gleichschaltung aller staatlichen Einrichtungen vor.

Schließlich nannte Fraenkel als viertes Kriterium die unterschiedliche Geltung des Rechtssystems, bestehe es doch in einem Fall unverbrüchlich und im anderen Fall unter politischem Vorbehalt. Demokratien zeichneten sich durch die Unabhängigkeit der Gerichte aus, Grundrechte und Rechtssprechung seien daher nicht durch Entscheidungen der Regierung aufhebbar. In Diktaturen könnten geltende Gesetze und Rechte im Interesse der Herrschaftssicherung abgeschafft oder eingeschränkt werden, deren Gültigkeit stünde somit in der Erwägung der Regierenden.[13] Fraenkels über die vier genannten Kriterien vorgenommene Unterscheidung von Demokratie und Diktatur hebt sich von anderen Auffassungen durch seine Differenziertheit und Vielschichtigkeit ab. Hinzu kommt als weiterer Vorzug, dass sie sich auf den Diktaturtyp des 20. Jahrhunderts bezog. Im Unterschied zu den traditionellen gaben sich die modernen Erscheinungsformen dieses politischen Herrschaftssystems demokratisch. Mitunter nutzten sie bestimmte politische Diskursmuster, Methoden und Vorgehensweisen, um die eigene Herrschaft unter Berufung auf das Volk zu legitimieren.

Durch Fraenkels Ausführungen angeregt lässt sich die von Franz L. Neumann entwickelte einflussreiche Definition konkretisieren. Danach verstehe man unter Diktatur die Herrschaft einer Person oder einer Gruppe, die sich die

---

13 Vgl. Ernst Fraenkel: Strukturanalyse der modernen Demokratie [1969], in: ders.: Deutschland und die westlichen Demokratien [1964], Frankfurt a.M. 1991, S. 326–359.

Macht im Staat aneigne, sie monopolisiere und ohne Einschränkung ausübe.[14] Zunächst einmal sei der letztgenannte Gesichtspunkt zu relativieren: Diktaturen übten nur in den seltensten Fällen ihre Herrschaft in absoluter Form und ohne Einschränkung aus. Hier sollte eher von einer weitgehenden Ausschließung anderer Gruppen und Institutionen und von einer umfassender entwickelten Machtausübung gesprochen werden. Dabei verdient insbesondere das von dem Wissenschaftstheoretiker Karl R. Popper ins Zentrum der Unterscheidung von Demokratie und Diktatur gerückte Kriterium der Ablösbarkeit einer Regierung Interesse. Er unterschied beide politischen Systeme danach, inwieweit es möglich sei, eine Regierung durch ein friedliches Verfahren von ihrem Amt abzulösen.[15] Gerade dem verweigert sich eine Diktatur, stellt sie ihre Herrschaft doch nicht zur Disposition und hebt dabei Gewaltenteilung, Grundrechte, Pluralismus und Volkssouveränität auf.

Unter Berücksichtigung der vergleichenden Betrachtung von Demokratie und Diktatur soll die letztgenannte Herrschaftsform wie folgt definiert werden: In einer (modernen) Diktatur versucht eine Person, eine Gruppe oder eine Partei in hohem Maße Macht in ihrem Sinne zu institutionalisieren. Dabei kommt es zu einer Aufhebung der Gewaltenteilung im Staat, die sich insbesondere am Verlust der unabhängigen Gerichtsbarkeit zeigt. Diktaturen ermöglichen keine geregelte Ablösung ihrer Herrschaft durch ein friedliches Verfahren (wie etwa Wahlen) und heben die Kontrolle ihrer institutionalisierten Macht durch die Einschränkung der Grundrechte, der Opposition und des Pluralismus auf. Die Absicherung der Herrschaft erfolgt durch Repression und Unterdrückung, die durch Geheimdienste, Militär und Polizei latent bis manifest ausgeübt werden. Außerdem postulieren solche Systeme die politische Homogenität der Gesellschaft und die Identität von Regierenden und Regierten. Diese Definition über verschiedene Charakteristika erlaubt einerseits eine Unterscheidung der Diktatur von der Demokratie und andererseits die Verwendung als Sammelbezeichnung für unterschiedliche nicht-demokratische Systeme.

2.2. Autoritäre und totalitäre Diktatur

Diktaturen können bezogen auf die Intensität ihrer Herrschaft über die Gesellschaft unterschiedliche Formen annehmen, lassen sich doch autoritäre und totalitäre Varianten ausmachen. Die Bezeichnung „totalitär" kam Anfang der zwanziger Jahre in Italien bei Kritikern des Mussolini-Regimes auf; sie unterstellten ihm, einen totalen Staat anzustreben. Später übernahm der faschistische Diktator selbst diese Bezeichnung und bekannte sich affirmativ zu der damit verbundenen Absicht. Ende der zwanziger Jahre stellte eine Reihe von Intellektuellen, Politikern und Wissenschaftlern vergleichende Betrach-

14 Vgl. Neumann: Staat (Anm. 6), S. 224.

15 Vgl. Karl R. Popper: Die offene Gesellschaft und ihre Feinde, Bd. II: Falsche Propheten: Hegel, Marx und die Folgen [1945], München 1980, S. 445.

tungen zum bolschewistischen System in der Sowjetunion an.[16] Aus diesen Überlegungen entstanden ab den dreißiger Jahren Analysen, die sich allerdings überwiegend auf einen Vergleich der Herrschaftsstrukturen des nationalsozialistischen Deutschland und der stalinistischen Sowjetunion bezogen.[17] Einschlägige Forschungen mündeten nach dem Ende des Zweiten Weltkriegs in eigenständigen Totalitarismustheorien, die einen neuen Typus politischer Herrschaft beschreiben wollten.[18]

Diese Theorien bezogen sich auf die beiden genannten Diktaturen, die ein bislang kaum gekanntes Maß an Herrschaft und Unterdrückung kennzeichnete. Die Philosophin Hannah Arendt etwa sah in ihrer Studie „Elemente und Ursprünge totaler Herrschaft" von 1951 in der Herausbildung geschlossener Ideologien und in der Permanenz des Terrors das Wesen des Totalitarismus.[19] Und der Politologe Carl J. Friedrich stellte 1957 in seinem Buch "Totalitäre Diktatur" einen Merkmalskatalog mit sechs Wesenszügen für solche politischen Systeme auf: eine geschlossene Ideologie, eine Staatspartei, eine terroristische Geheimpolizei, ein Nachrichtenmonopol des Staates, ein Waffenmonopol und eine zentral gelenkte Wirtschaft.[20] Einmal abgesehen davon, dass nicht alle in den beiden Totalitarismustheorien genannten Merkmale auf den Nationalsozialismus und Stalinismus gleichermaßen zutrafen, erwies sich die Fixierung auf diese beiden Systeme als Nachteil, sah man sie doch als die eigentlichen Realtypen totalitärer Herrschaft an. Da die späteren politischen Systeme dieser Art kein solches Maß an terroristischer Herrschaft entwickelten, schien die Bezeichnung „totalitär" nicht mehr die angemessene Kategorie zu sein.

Diese Einsicht bewog allerdings nur wenige Wissenschaftler zu einer kritischen Revision und inhaltlichen Weiterentwicklung des Verständnisses von Totalitarismus. Einen solchen Versuch unternahm 1975 der Politologe Juan J. Linz, der für derartige Systeme folgende Charakteristika benannte: erstens ein monistisches, aber nicht monolithisches Machtzentrum. Auch wenn noch ein relativer Pluralismus von Gruppen oder Institutionen existiere, erwachse deren Legitimation allein aus der Konzentration der Herrschaft. Zweitens eine autonome und exklusive Ideologie, mit der sich die jeweiligen Regierenden identifizierten. Sie bilde nicht nur die Grundlage und Legitimation der Politik, sondern vermittle auch historischen Sinn und gebe letzte Antworten. Und drittens die aktive Beteiligung und Mobilisierung der Massen. Statt in einer

16 Vgl. Jens Petersen: Die Entstehung des Totalitarismusbegriffs in Italien, in: Manfred Funke (Hrsg.): Totalitarismus. Ein Studien-Reader zur Herrschaftsanalyse moderner Diktaturen, Düsseldorf 1978, S. 105–128.

17 Vgl. u.a. die Beiträge bei Bruno Seidel/Siegfried Jenkner (Hrsg.): Wege der Totalitarismus-Forschung, Darmstadt 1968, S. 30–132.

18 Vgl. Eckhard Jesse: Die Totalitarismusforschung und ihre Repräsentanten. Konzeptionen von Carl J. Friedrich, Hannah Arendt, Eric Voegelin, Ernst Nolte und Karl Dieterich Bracher, in: Aus Politik und Zeitgeschichte. Beilage zur Wochenzeitung „Das Parlament", B 20/1998, S. 3–18.

19 Vgl. Hannah Arendt: Elemente und Ursprünge totaler Herrschaft [1951], München 1986.

20 Vgl. Carl. J. Friedrich: Totalitäre Diktatur. Unter Mitarbeit von Zbigniew K. Brzezinski, Stuttgart 1957.

Haltung der Apathie und Duldung zu verharren, solle die Bevölkerung über Einrichtungen und Organisationen der Herrschenden zur direkten Unterstützung des politischen Systems motiviert werden. Terror sei allerdings kein notwendiges Merkmal des Totalitarismus, da es ihn auch in nicht-totalitären Diktaturen gebe und er in einer allumfassenden Form nicht in jedem totalitären System vorkomme.[21]

Linz' Verdienst für die vergleichende Diktaturforschung besteht nicht nur in der Entwicklung eines erneuerten Totalitarismusverständnisses, sondern auch in der Unterscheidung von unterschiedlichen Typen diktatorischer Herrschaftsformen. Notwendig wurde diese Differenzierung insbesondere durch das mit dem Entkolonialisierungsprozess einhergehende Aufkommen neuer Diktaturen in den Entwicklungsländern. Sie ähnelten strukturell auch in Europa bekannten Formen politischer Herrschaft und wurden mit diesen als autoritäre Regime bezeichnet.[22] Darunter versteht man keine Mischformen von demokratischen und totalitären Systemen, sondern einen eigenständigen Systemtypus. Autoritäre Regime werden unter der Sammelbezeichnung der Diktaturen subsumiert. Auch den autoritären politischen Herrschaftsformen sind die erwähnten Merkmale eigen, allerdings in einer qualitativ geringer ausgeprägten Intensität als bei den totalitären Diktaturen. Damit wäre die Ebene der Erscheinungsformen solcher politischen Systeme angesprochen, welche eine definitorisch sinnvolle und inhaltlich trennscharfe Unterscheidung ermöglichen.

Auch hier benannte Linz drei besondere Gesichtspunkte zur Unterscheidung der autoritären von den totalitären Regimen: Zunächst gehöre dazu ein eingeschränkter und partieller Pluralismus. Er erlaube gesellschaftlichen Gruppen und Organisationen ein gewisses Maß an politischer Aktivität ohne Gefährdung der bestehenden Herrschaft zu entfalten. Autoritäre Regime verfügten darüber hinaus nicht über eine entwickelte und geschlossene Ideologie zur Gestaltung der Gesellschaft und zur Lenkung der Politik. Stattdessen bestünden nur bestimmte Mentalitäten im Sinne von psychischen Dispositionen, die sich an eher allgemein gehaltenen Werten (Fortschritt, Nationalismus, Ordnung etc.) orientierten. Schließlich verzichteten solche Herrschaftssysteme auf eine ständige Mobilisierung der Massen für ihre Politik. Zur Absicherung der Diktatur reiche eine apathische und duldende Einstellung der Bevölkerung aus.[23]

21 Vgl. Juan J. Linz: Totalitäre und autoritäre Regime [1975], Berlin 2000, S. 25 und 64.
22 Vgl. Dieter Nohlen: Autoritäre Systeme, in: ders./Peter Waldmann (Hrsg.): Dritte Welt, München/Zürich 1987, S. 64–84.
23 Vgl. Linz: Totalitäre und autoritäre Regime (Anm. 21), S. 129–142.

3. Diktatorische Systeme nach ideologischen Legitimationsformen

3.1. Ausgewählte kommunistische Diktaturen

3.1.1. Sowjetunion

Die historisch-politische Realität des Kommunismus führte zur Errichtung von Einparteiensystemen. Statt der beschworenen gesellschaftlichen Dominanz der ärmeren sozialen Schichten (Arbeiter, Bauern) kam es in allen Fällen zur Diktatur einer kommunistischen Partei.[24] Als deren Legitimationsgrundlage dienten die Lehren von Karl Marx, Friedrich Engels und Wladimir I. Lenin.[25]

Die erste kommunistische Diktatur in Gestalt der Sowjetunion[26] entstand als Folge eines revolutionären Umbruchs in Russland. Das vorherige autokratisch geführte zaristische Regime hatte sich politischer, sozialer und wirtschaftlicher Reformen weitgehend verweigert und brach in der Folge von verheerenden militärischen Niederlagen im Ersten Weltkrieg zusammen. Nach der „Februarrevolution" von 1917 regierte eine fragile provisorische Regierung, die sich bedingt durch eigenes Unvermögen und die politische Rahmensituation nicht stabilisieren konnte. Gegen sie bereitete die Partei der Bolschewiki einen bewaffneten Putsch vor und führte ihn im Oktober 1917 erfolgreich durch. Das als „Oktoberrevolution" in die Geschichte eingegangene Ereignis stellte im engeren Sinne somit keine Revolution dar: Zwar kam es in der Folge zu einem grundlegenden gesellschaftlichen Wandel, der Umsturz selbst erfolgte aber nicht unter Beteiligung größerer Massen. Die Übernahme der Macht gelang durch die Lähmung der anderen politischen Kräfte und durch das gut geplante Vorgehen der Aufständischen.

Entstanden waren die Bolschewiki als linker Flügel der Russischen Sozialdemokratischen Arbeiterpartei, der sich ihr gegenüber 1903 u.a. aufgrund von Differenzen in der Organisationsfrage verselbstständigte. Deren Vorsitzender Lenin plädierte für die Schaffung einer straff organisierten Kaderpartei. Bereits zu jener Zeit befürchteten innersozialistische Kritiker, das Organisationskonzept für die Partei würde letztlich auch zu einem diktatorischen System an

24 Vgl. Stéphane Courtois u.a.: Das Schwarzbuch des Kommunismus. Unterdrückung, Verbrechen und Terror [1997], München 1998. Entgegen der Kernaussage des Buches kam es zwar in allen kommunistischen Systemen zu fortwährender Diktatur und Unterdrückung, nicht aber ständig zu Massenverbrechen und Terror.

25 Vgl. u.a. Walter Euchner (Hrsg.): Klassiker des Sozialismus. I. Von Babeuf bis Plechanwo; II. Von Jaurés bis Herbert Marcuse, München 1991; Leszek Kolakowski: Die Hauptströmungen des Marxismus. Entstehung, Entwicklung, Zerfall, 3 Bde., München 1977.

26 Vgl. u.a. Helmut Altrichter: Kleine Geschichte der Sowjetunion 1917–1991, München 1993; Manfred Hildermeier: Geschichte der Sowjetunion 1917–1991. Entstehung und Niedergang des ersten sozialistischen Staates, München 1998; Lenoid Luks: Geschichte Russlands und der Sowjetunion. Von Lenin bis Jelzin, Regensburg 2000.

der Macht führen. Die Befürwortung eines Rätesystems schien nur funktionalen Charakter zu haben: So lange man mit derartigen politischen Auffassungen Anhänger mobilisieren und die Regierenden kritisieren konnte, so lange plädierten die Bolschewiki für die Rätedemokratie. Nachdem die Partei selbst an die Macht gekommen war und in den Räten keine ausreichende Unterstützung mehr fand, schaltete sie diese Einrichtungen aus.

Nach der Regierungsübernahme versuchten die Bolschewisten, die Macht mit brutalen und repressiven Maßnahmen zu stabilisieren: Noch im November 1917 begann die Verfolgung der bürgerlichen Parteien, verbunden mit dem Verbot ihrer Presseorgane. Im Dezember 1917 gründete die bolschewistische Regierung eine „Außerordentliche Kommission zur Bekämpfung von Konterrevolution und Sabotage“ (bekannt unter der Bezeichnung Tscheka), die mit terroristischen Methoden gegen – angebliche wie tatsächliche – Gegner vorging. Im Januar 1918 lösten die Bolschewisten die durch freie Wahlen zustande gekommene Verfassungsgebende Versammlung nach nur einer Sitzung mit Waffengewalt auf. Im Juni verdrängten sie die noch verbliebenen Angehörigen der anderen beiden sozialistischen Parteien, die Menschewiki und die Sozialrevolutionäre, aus dem Zentralen Exekutivkomitee und den Lokalsowjets. In der Folge eines Aufstandsversuchs im Juli kam es zum Verbot der letzten nicht-bolschewistischen Parteistrukturen der linken Sozialrevolutionäre. Damit errichteten die Bolschewiki binnen kurzer Zeit ihre Einparteiherrschaft.

All diese Maßnahmen führten sie zwar in einer Phase des Bürgerkrieges gegen mächtige Gegner durch; gleichwohl war der diktatorische Wille zur alleinigen Macht nicht nur das Ergebnis dieser Rahmensituation. Die massiven innenpolitischen Konflikte begannen erst im Frühjahr 1918, also nach den ersten repressiven Maßnahmen gegen Andersdenkende. Darüber hinaus hatten der ideologische Dogmatismus und die innere Organisationsstruktur der Partei diese Entwicklung bereits angedeutet. Sie lief in den Jahren 1918 bis 1922 auf die Zentralisierung der Macht in den Händen der Bolschewiki hinaus, konzentrierten sie doch alle Befugnisse und Kompetenzen im Staat bei sich. Der Bürgerkrieg könne, so die Agitation der Bolschewiki, nur mit strikter Disziplin und zentraler Planung gewonnen werden. Das diktatorische Vorgehen führte allerdings nicht nur im politischen, sondern auch im wirtschaftlichen Bereich zu grundlegenden Veränderungen.

Das bolschewistische Regime erstrebte von Sommer 1918 an die totale Kontrolle über die ökonomische Entwicklung und ließ dazu eine zentral gelenkte Wirtschaftsbürokratie im großen Stil entstehen. Es ging dabei um die Lenkung des Güterverkehrs und die Verwaltung der Betriebe, die fortan den politischen Vorgaben der Regierung untergeordnet wurden. In den Städten kam es zur sofortigen Verstaatlichung der Großindustrie und später schrittweise auch der kleineren Unternehmen. Die Arbeiter mussten sich der strengen Disziplinierung in Gestalt der „Militarisierung der Arbeit“ unterwerfen. In den Dörfern zwang man die Bauern zur Abgabe von Nahrungsmittelüberschüssen. Proteste und Widerstand in Form von Hungerrevolten und Streiks unterdrückte die Armee oder die Tscheka mit brutalem Vorgehen, das sich in willkürlichen Deportationen und Hinrichtungen artikulierte. All dies brachte die wirtschaftliche Entwicklung entgegen den Erwartungen der Regierung nicht voran, sondern führte zur wachsenden Verelendung der Bevölkerung. Da man insbesondere dem Unmut der Bauern nicht nur mit bloßer Repression begegnen konnte, ging die bolschewistische Regierung ab dem Frühjahr 1921 zu einer Änderung ihrer Politik über.

Im Rahmen der „Neuen Ökonomischen Politik" sollten die Überschüsse der Bauern nicht mehr zwangsweise beschlagnahmt werden, sondern ihnen als Produkte ihrer Arbeit frei zur Verfügung stehen. Ähnliche Regelungen erließen die Rotarmisten für Gewerbetreibende und Handwerker. Es kam sogar zur Neugründung kleinerer Unternehmen, die unmittelbar zuvor noch verstaatlicht worden waren. In der Folge dieser neuen Wirtschaftspolitik erholte sich die ökonomische Entwicklung. Den Anspruch auf die zentrale Lenkung gab die bolschewistische Regierung allerdings nicht auf. Gleiches gilt für den politischen Bereich: Nach dem Sieg im Bürgerkrieg und der Stabilisierung des Regimes ging das Ausmaß an Repression wieder zurück. Die Einparteiregierung der Bolschewiki blieb aber weiter bestehen.

Nach dem Tod Lenins 1924 begann ein innerparteilicher Konflikt um dessen Nachfolge, den Stalin für sich entscheiden konnte. Ihm gelang es durch eine innerparteiliche Bündnispolitik (zeitweilig mit dem „linken", zeitweilig mit dem „rechten" Flügel), den jeweils anderen Flügel auszugrenzen. Die betroffenen Parteifunktionäre verloren ihre Ämter, mussten das Land verlassen oder wurden später umgebracht. Im Rahmen der Säuberungen zwischen 1934 und 1939 entfaltete das Regime einen bislang nicht gekannten staatlichen Terror gegen alle (angeblichen und tatsächlichen) Oppositionellen. Eine Reihe früher führender bolschewistischer Politiker wurde in Schauprozessen zu Geständnissen angeblicher Attentats- und Verschwörungsabsichten gegen Stalin gezwungen. Es folgte die Hinrichtung. Im Ergebnis dieser Entwicklung konzentrierte sich Schritt für Schritt alle Macht bei Stalin selbst. Die kollektive Herrschaft der Partei wurde durch die Herrschaft einer Person abgelöst.

Das rigorose Vorgehen Stalins betraf auch die breite Bevölkerung. Insbesondere die von 1925 an forcierte Industrialisierungspolitik und der 1929 begonnene Übergang zur Massenkollektivierung kosteten das Leben von Millionen Menschen. Stalin wollte die Sowjetunion mit allen Mitteln wirtschaftlich voranbringen und formulierte wirklichkeitsfremde Zielvorgaben. In der Realität lief dies darauf hinaus, dass der industrielle vor dem agrarischen Bereich bevorzugt wurde. Die Belieferung der Städte mit ausreichenden Nahrungsmitteln blieb hinter den Erwartungen zurück. Die sowjetische Regierung überzog die ländlichen Regionen mit einer Welle von Repressionen gegen Bauern. Es kam zu Verhaftungen und Verurteilungen, privatwirtschaftliche Strukturen wurden aufgelöst. Dieses Vorgehen führte zu lokalen Bauernaufständen, die bürgerkriegsähnliche Formen annahmen. Die Regierung verschärfte daraufhin ihre Repression und die Kollektivierung der Landwirtschaft.

Im Rahmen dieser Entwicklung wurden die bäuerlichen Kleinbetriebe zu einer größeren Produktionseinheit zusammengefasst. Damit verfolgte die sowjetische Regierung zweierlei Ziele: Die traditionalistische bäuerliche Familienwirtschaft sollte durch eine mechanisierte Agrarproduktion ersetzt, der Widerstand der bäuerlichen Bevölkerung zerschlagen werden. In der Folge dieser Politik kam es zu Enteignungen und Umsiedlungen, die erneut mit Wellen der Repression durch staatliche Einrichtungen und Organe einhergingen. Verschärft wurde die Entwicklung durch Hungersnöte, die etwa 1932 zum Tod von zwischen fünf bis neun Millionen Menschen führten. Zwar lässt sich die Auffassung, die Regierung habe gezielt auf diese Zustände hingewirkt, nicht belegen. Gleichwohl bestand eine indirekte Verantwortung durch eine verfehlte Wirtschaftspolitik und das mangelnde Engagement bei Hilfeleistungen für die Hungernden.

Noch in anderer Hinsicht lässt sich der Zusammenhang von politischer Repression und ökonomischen Interessen aufzeigen, bei den als GULag-Lagern bekannten Einrichtungen zur Zwangsarbeit. Erste Vorläufer dieser Einrichtungen entstanden bereits 1918 unter der Bezeichnung „Konzentrationslager", in denen insbesondere bürgerliche Gegner der Bolschewiki interniert wurden. Aus ihnen und anderen Einrichtungen entwickelte sich ab 1928 ein System von Lagern mit einer Doppelfunktion: Einerseits diente es der sowjetischen Regierung als Repressionsinstrument, andererseits als Wirtschaftsfaktor (preiswerte Arbeitskraftreserve). Es wirft ein bezeichnendes Licht auf die stalinistische Diktatur, dass bei der Errichtung der Zwangsarbeitslager die Ausbeutung von menschlicher Arbeitskraft die reine Repression gegenüber unliebsamen Personen übertraf.

Die dreißiger Jahre waren geprägt von der grundlegenden Veränderung der sozialen und wirtschaftlichen Verhältnisse, die die sowjetische Diktatur mit allen Mitteln vorantrieb. Auch in der industriellen Arbeitswelt kehrte sie mit einer erheblichen Verschärfung der Disziplinierungen zur repressiven Politik der Zeit des „Kriegskommunismus" zurück, führten doch etwa selbst kleinere Vergehen bis zur Einweisung in die Zwangsarbeitslager. Insgesamt erfuhr die industrielle Produktion dadurch zwar eine enorme Steigerung, sie ging aber mit der Zunahme der Unterdrückungspolitik einher. Dies zeigte sich insbesondere in der bereits erwähnten Zeit der „Säuberungen", die nicht nur führende Parteifunktionäre, sondern auch hochrangige Armeeangehörige, Führungskräfte und Ministerialbeamte betraf. Der Terror der Geheimpolizei prägte darüber hinaus das Alltagsleben der breiten Bevölkerung.

Während des Zweiten Weltkriegs ließ das repressive Vorgehen etwas nach, mussten die Bolschewisten doch die Massen für den Abwehrkrieg gegen die einmarschierende deutsche Wehrmacht mobilisieren. Gleichwohl kam es auch in dieser Zeit zu rigidem Vorgehen der Diktatur: Eine Reihe von Volksgruppen die als potentielle oder tatsächliche Kollaborateure mit dem Feind galten, deportierten die Bolschewisten unter großen Opfern in die östlicher gelegenen Regionen. Nach dem Ende des Krieges verschärfte sich auch die allgemeine Disziplinierung der Gesellschaft: Zum einen musste das zerstörte Land wirtschaftlich neu aufgebaut werden (Fortsetzung der verschärften Arbeitsdisziplinierung). Darüber hinaus verschleppte man deutsche Kriegsgefangene und Zivilisten als Zwangsarbeiter nach Sibirien. Zum anderen nahm der Druck auf Kultur und Wissenschaft erneut zu, musste man sich in diesen Bereichen doch den dogmatischen Vorgaben der offiziellen Politik unterwerfen. Und schließlich ging die Diktatur auch gegen Organisationen wie das „Jüdische Antifaschistische Komitee" vor, da deren Angehörige als Vertreter eines „vaterlandslosen Kosmopolitismus" galten.

Bis zu Stalins Tod 1953 erlebte die Sowjetunion somit eine erneute Welle massiver Repressionen, die erst in der Phase bis 1964 im Zuge der Entstalinisierungs- und „Tauwetter"-Politik nachließ. Nach längeren internen Auseinandersetzungen zwischen Partei- und Staatsfunktionären setzte sich Nikita S. Chruschtschow als neue Führungsfigur durch. Trotz seiner zentralen Bedeutung bündelte er nicht ein solches Maß an Macht wie Stalin, so dass ab dieser Zeit wieder von einer kollektiven Führung gesprochen werden kann. Unter der von ihr getragenen neuen Politik ging das Ausmaß an Massenrepressionen und Willkür der Sicherheitsorgane zurück. Das System der GULag-Zwangsarbeitslager löste man auf. Intellektuellen und Wissenschaftlern wurden mehr Freiheiten zugestanden. Und schließlich kam es zu einer offiziellen Verurteilung der Politik Stalins. Dafür machte Chruschtschow allerdings nur dessen Person und nicht die politischen Strukturen verantwortlich.

1964 musste Chruschtschow aufgrund des Druckes aus der Partei gegen seine Politik zurücktreten, und Leonid I. Breschnew folgte ihm als Erster Sekretär der Partei nach. Er nahm einige Reformen wieder zurück und plädierte für eine Politik der Kontinuität und Stabilität. Gegenüber kritischen Stimmen ging die sowjetische Regierung weiterhin repressiv vor: Oppositionelle Intellektuelle standen unter der Überwachung der Geheimpolizei, verloren häufig ihre Arbeitsplätze und die Möglichkeiten zur Publikation. In einigen Fällen kam es zur Verurteilung zu Gefängnis, Verbannung oder Zwangsarbeit, in anderen Fällen wies man unliebsame Intellektuelle in Psychatrien ein oder schob sie ins Ausland ab.

Eine Öffnung des politischen Systems erfolgte erst nach dem Tod Breschnews 1982 und der jeweils nur kurzen Ära seiner Nachfolger als Generalsekretär Jurij W. Andropow (1982–1984) und Konstantin U. Tschernenko (1984–1985). Ihnen folgte in dieser Funktion Michail S. Gorbatschow, der im Wissen um den politischen und wirtschaftlichen Stillstand im Land ab 1985 grundlegende Reformen durchführen wollte. Die neue Politik der Offenheit („glasnost") und Umgestaltung („perestroika") stand für mehr Bürgerbeteiligung und Transparenz, Entbürokratisierung und Selbstverwaltung. Dabei ging es allerdings mehr um eine breite Systemreform, weniger um einen grundlegenden Systemwandel. Ebenso wenig wie die Einführung marktwirtschaftlicher Wirtschaftsweisen die zentrale Planwirtschaft in Frage stellte, sollten die neuen Beteiligungsformen und Rechte die führende Rolle der Kommunistischen Partei antasten. Der Liberalisierungsprozess ging nicht mit der Aufhebung der Grundprinzipien des diktatorischen Systems einher. Im Zuge der folgenden Umbrüche verlor die

Parteiführung aber zunehmend die Kontrolle der Macht, was 1991 zur Auflösung der Sowjetunion führte.

3.1.2. China

Die Etablierung einer kommunistischen Diktatur in China[27] stand am Ende eines von unterschiedlichen politischen und sozialen Kräften getragenen revolutionären Prozesses, der sich von der Mitte des 19. bis zur Mitte des 20. Jahrhunderts hinzog. Er richtete sich gegen die reformunfähige Kaiserdynastie und die korrupte Beamtenherrschaft, gegen die Rückständigkeit der ungerechten Gesellschaftsordnung und die wirtschaftliche Unterentwicklung. Eine von national gesinnten Akademikern und Studenten im Bündnis mit großen Teilen der Armee 1911 vorangetriebene Revolution führte zwar zum Sturz der Dynastie, der allerdings keine wirkliche Republik als neue politische Ordnung folgte. Vielmehr übernahmen hochrangige Militärs die Macht und rivalisierten fortan mit anderen Militärs um die Herrschaft. Gegen sie wandten sich die Anhänger der 1912 ins Leben gerufenen national-republikanischen Guomindang („Nationale Partei“) und der 1921 entstandenen Kommunistischen Partei Chinas (KPCh), die 1923 bis 1927 ein Zweckbündnis bildeten. Nach der Gründung der chinesischen Nationalregierung 1925 und Erfolgen über die Truppen der Militärmachthaber kam es 1927 zum Bruch.

In der Folgezeit konsolidierte sich die neue Regierung der Guomindang, die Bedeutung schwand von nur noch regional sich behauptenden Militärmachthabern dahin. Die politischen und sozialen Reformen kamen allerdings kaum voran. Vielmehr bildete sich durch personelle Veränderungen eine neue Militärdiktatur heraus, die sozial so bedeutsame Agrarfrage bot weiterhin gesellschaftlichen Konfliktstoff. Beide Entwicklungen lösten Unmut unter den betroffenen Bevölkerungsteilen aus und trieben den Kommunisten neue Anhänger zu. Ein erneuter Bürgerkrieg stellte sich zunächst nicht ein, da Japan 1937 China angriff und Guomindang und Kommunisten gemeinsam gegen die Invasoren kämpften. Nach Kriegsende brachen die Konflikte erneut auf und führten zum Kampf um die Vorherrschaft. Da die als korrupt geltende Guomindang-Regierung ihren politischen Kredit verspielt hatte, gingen die Kommunisten als Sieger hervor. Insbesondere der Gewinn von großen Teilen der bäuerlichen Bevölkerung stellte dafür einen gewichtigen Faktor dar. Schrittweise erhielten die Kommunisten die Kontrolle über das Land und gründeten im Oktober 1949 die Volksrepublik China.

Sie ging nun in bislang kaum gekanntem Ausmaß dazu über, die politische Macht bei der Partei an der Regierung zu konzentrieren. Unter der Führung von Mao Zedong etablierte sich ein Herrschaftssystem, das neben traditionellen chinesischen Auffassungen vor allem durch das Modell der Sowjetunion ge-

27 Vgl. u.a. Jürgen Domes/Marie-Luise Nätz: Geschichte der Volksrepublik China, Mannheim 1992; Konrad Seitz: China. Eine Weltmacht kehrt zurück, Berlin 2001; Oskar Weggel: Geschichte Chinas im 20. Jahrhundert, Stuttgart 1989.

prägt wurde. Die KPCh machte die Regierung und den Staat zu einem reinen Ausführungsorgan ihrer Entscheidungen und bündelte alle Kompetenzen an ihrer Führungsspitze. Darüber hinaus unterteilte sie die Gesellschaft in Zellen, die unter der ständigen Überwachung von Parteikadern standen. Arbeitseinheiten und Straßenkomitees in den Städten und Volkskommunen auf dem Land ermöglichten eine ständige Kontrolle. Später schuf Mao für sich die Funktion des Vorsitzenden, der ohne Einschränkung über die Partei herrschen konnte. Der um Mao betriebene Personenkult machte ihn darüber hinaus zeitweise zu einem über die Köpfe der Partei hinweg agierenden Diktator mit nahezu absoluten Machtkompetenzen.

Die Herrschaftsausübung erfolgte allerdings nicht nur durch reine Kontrolle und Repression, sondern auch durch die aktive Mobilisierung der Bevölkerung in den „Massenkampagnen". Sie richteten sich zunächst gegen frühere Funktionsträger der Guomindang. Dem schlossen sich Kampagnen gegen „Konterrevolutionäre" in der Beamtenschaft und der Wirtschaft an (mit zahlreichen Hinrichtungen). Die Gesamtopferzahlen dieser Ära bewegen sich zwischen zwei und drei Millionen Menschen. Weitgehend frei von derartigen Gewaltmaßnahmen waren Kampagnen zur Veränderung des Bewusstseins. Sie richteten sich etwa gegen – angeblich – korrupte Unternehmer, denen hohe Geldstrafen fortan ihre beruflichen Möglichkeiten nahmen, und gegen politisch „unzuverlässige" Intellektuelle, die auf Kampfsitzungen zu demütigender Selbstkritik gezwungen wurden. Bis Ende 1952, also in der kurzen Zeit von etwas mehr als drei Jahren, etablierte Mao so eine zentralistische Diktatur.

Auch die sozialen und ökonomischen Reformen dienten diesem Ziel, wie die Entwicklungen im Agrarbereich verdeutlichen. Bereits 1950 enteignete die politische Führung größere Grundbesitzer und verteilte deren Land an ärmere Bauern. Bei der Durchführung der Landreform beließ sie es aber nicht bei der schlichten Neuverteilung des Bodens. Parteikader führten auf den Dörfern Kampfversammlungen durch, wobei Bauern die vorherigen Großgrundbesitzer anklagen konnten, von denen viele später exekutiert wurden. Im Verlaufe dieser Maßnahmen soll etwa eine Million Menschen den Tod gefunden haben. Auf den Dörfern etablierte sich danach eine neue Führungsschicht in Gestalt der Parteikader, die die Bevölkerung kontrollierten und überwachten. Da die Partei die ganze soziale Existenz der Bauern in Beschlag genommen hatte, konnten sich diese im Laufe der fünfziger Jahre der Kollektivierung der Landwirtschaft nicht mehr widersetzen.

Mao und seine Anhänger traten für eine gleichmäßige Förderung von Landwirtschaft, Leicht- und Schwerindustrie ein, während die Mehrheit im Politbüro der Partei für eine Schwerpunktsetzung bei der Industrialisierung wie in der Sowjetunion votierte. Hinzu kam, dass Mao für sein Vorhaben Millionen von Bauern durch eine Produktionskampagne mobilisieren wollte, was seinen Kritikern als Ausdruck von realitätsfremdem Voluntarismus erschien. Durch die Verschärfung der Kontroverse brach in der Parteiführung ein offener Konflikt aus. Da Mao sich in der Minderheit sah und dafür die Bürokratisierung der Partei verantwortlich machte, löste er erneut eine Massenkampagne aus. In der berühmten „Lasst hundert Blumen blühen!"-Erklärung von 1956 forderte Mao offensiv die Intellektuellen zur Kritik am elitären und verkrusteten Parteiapparat auf, um sie gegen seine Widersacher zu mobilisieren.

Die Kritik richtete sich nicht nur gegen den „Bürokratismus" der Partei, sondern auch gegen das politische System der Alleinherrschaft. Um die Proteste nicht ausufern zu lassen, brach Mao die Kampagne ab und wandte sich gegen diese Oppositionellen. Viele Intellektuelle enthob man ihrer Ämter, verbannte sie in entlegene Regionen oder verurteilte sie zu Gefängnishaft oder zum Tod. Mao selbst verlor durch diese Entwicklung die Kontrolle über den Parteiapparat. Um sie wieder zu erlangen, trieb er zwischen 1966 und 1969 die „Kulturrevolution" voran. Hierfür mobilisierte Mao Schüler und Studenten, die als „Rote Garden" gegen als altchinesisch und westlich geltende Einrichtungen vorgingen und Mao kritisch gegenüberstehende Beamte und Parteikader angriffen. Letzteres führte zwischen den Anhängern beider Lager der KPCh zu gewalttätigen Konflikten, die bürgerkriegsähnliche Formen annahmen. Im September 1967 gab Mao der Armee den Befehl, den von ihm selbst ausgelösten Aufstand militärisch niederzuschlagen.

In beiden Fällen ging es demnach nicht um die Einführung von Demokratie und Pluralismus. Mao instrumentalisierte vielmehr die Forderungen so, wie er sie im innerparteilichen Machtkampf gegen seine Gegner einsetzen konnte. Der Protest wurde zur Bekämpfung von Bürokratisierung und Zentralisierung ausgelöst und mit deren Beibehaltung beendet. Nur in einem Punkt hatte sich eine Änderung ergeben: Mao beherrschte den Parteiapparat wieder. Zu keiner Zeit wollte er eine Demokratie in China einführen. So ließ Mao die zeitweilig entstandenen Kommunen mit Selbstverwaltungsorganen zugunsten von Stadtregierungsmodellen unter der Dominanz von Parteikadern auflösen.

Welche Konsequenzen das Bestehen eines solchen politischen Systems für die in ihm lebenden Menschen auch unabhängig von ausgeübter Repressionspolitik hat, veranschaulichen die Folgen einer wirklichkeitsfremden Wirtschaftspolitik. Zwischen 1958 und 1960 propagierte Mao die Politik des „Großen Sprungs". Dazu mobilisierte die Partei die bäuerliche Bevölkerung längerfristig zu Höchstleistungen, ohne allerdings durch die Anleitung und Organisation von Fachleuten diesem Wirken Effektivität und Richtung zu geben. In der Folge kam es zu einer Hungersnot von bislang nicht gekanntem Ausmaß: 30 bis 40 Millionen Menschen starben. Zwar dürfen diese Toten nicht als gewollte Opfer der kommunistischen Diktatur angesehen werden, ihr Schicksal ergab sich allerdings zu großen Teilen aus einer verfehlten Politik der kommunistischen Diktatur.

Nach dem Tod Maos 1976 und einer kurzen Zwischenetappe mit Hua Guofeng übernahm Deng Xiaoping 1978 die Macht über Partei und Staat. Er verstand sich nicht als marxistischer Dogmatiker, sondern als pragmatischer Reformer. Als solcher forcierte Deng eine Reihe von Veränderungen in der Wirtschaftspolitik, die auf die Herausbildung einer „sozialistischen Marktwirtschaft" zielten. Ein erster Schritt bestand in der Entkollektivierung und Privatisierung der Landwirtschaft. Diese Entwicklung führte in den achtziger Jahren zu einem bislang nicht gekannten Wirtschaftswachstum, das sich auf andere Bereiche der chinesischen Ökonomie auswirkte. Als Lehre aus diesen Erfahrungen legitimierte Deng schrittweise private Unternehmen in der städtischen Industrie und öffnete das Land dem Weltmarkt.

Die wirtschaftliche ging allerdings nicht mit einer politischen Liberalisierung einher. Zu keiner Zeit wollte Deng Formen von pluralistischer Demokratie einführen und auf die Alleinherrschaft der Kommunistischen Partei verzichten. Lediglich der Dogmatismus und die Willkürlichkeit in ihr sollten zugunsten einer Disziplinierung und Effektivierung überwunden werden. Gleichwohl lösten auch die wirtschaftlichen Reformen Wünsche nach politischen Veränderungen aus. Eine von Studenten getragene Demokratiebewegung entstand und warb für mehr Freiheiten und Rechte. Das Regime ging gegen diese oppositionellen Regungen repressiv vor: 1979 verbot man deren Schriften und Wandzeitungen, verhaftete die Anführer und verurteilte sie zu Arbeitslager und Gefängnis. Gut zehn Jahre später lebten erneut Proteststimmungen auf: 1989 besetzten zunächst nur Studenten, später auch Arbeiter den Tiananmen-Platz in Peking. Die Parteispitze wies die Armee an, die Proteste nötigenfalls mit Waffengewalt aufzulösen. Auf dem Platz starben Hunderte unbewaffneter Bürger.

In der Zeit unmittelbar nach diesem Ereignis rollte eine Welle der Repression durch das Land: Zahlreiche Teilnehmer an den Demonstrationen verhaftete die Polizei, viele Anführer der Proteste mussten das Land verlassen, und selbst Hinrichtungen fanden statt. Deng erklärte immer wieder, dass er eine Demokratisierung des Landes im westlichen Sinne ablehne. China blieb damit eine Diktatur, die ihre Herrschaft allerdings nicht mehr in der Intensität wie während der Mao-Ära praktizierte. Gleichwohl dürfen die Menschen ihre politischen Grundrechte nicht ausüben, drohen doch oppositionellen Regungen Inhaftierungen und Verbannungen. Eine Hinwendung zu Rechtsstaatlichkeit und Pluralismus im vollen Sinn ist auch nach Dengs Tod 1997 unter der Regierung von Jiang Zemin nicht erkennbar. Die neuen Parteiführer lehnen ein westliches Mehrparteiensystem ab und sprechen allenfalls von der Demokratisierung der eigenen Partei.

3.1.3. DDR

Während in China und Russland kommunistische Diktaturen durch einen autonomen internen Prozess entstanden, konstituierte sich nach 1945 im Ostteil Deutschlands das dortige politische System als eine Art „Importprodukt" in der Folge der militärischen und politischen Besetzung durch die Sowjetunion. Die Grundlagen für die Übertragung des sowjetischen Modells schufen Kommunisten dort bereits vor der Gründung der Deutschen Demokratischen Republik (DDR)[28]: Unter dem Schlagwort von der „antifaschistisch-demokratischen Umwälzung" kam es zu sozialistischen Wirtschaftsreformen und zur Übernahme bedeutsamer Verwaltungsstellen durch deutsche Kommunisten. In diesem Sinne versuchten die sowjetischen Besatzungsbehörden, die Kontrolle über diesen Teil Deutschlands personell und strukturell zu verankern. Das Hauptinstrument für die Umgestaltung stellte die „Sozialistische Einheitspartei Deutschlands" (SED) dar.

Sie entstand 1946 als Vereinigung der unmittelbar nach Kriegsende wieder gegründeten „Kommunistischen Partei Deutschlands" (KPD) und der „Sozialdemokratischen Partei Deutschlands" (SPD). In der erstgenannten Partei bildeten zuvor in der Sowjetunion lebende Kommunisten um Walter Ulbricht die Führungsmannschaft, die immer treu zu den politischen Vorgaben aus Moskau gestanden hatte. Daher erfuhr die KPD von der Besatzungsmacht besondere Förderung, gelangten deren Funktionäre binnen kurzer Zeit in alle wichtigen Machtpositionen. Die dortigen Sozialdemokraten schlossen sich teilweise freiwillig, teilweise gezwungen mit der KPD zur SED zusammen. Binnen kurzer Zeit verloren sie eigenständigen Einfluss auf die politischen Entscheidungen. Später verdrängten Kommunisten die verbliebenen Sozialdemokraten aus den wenigen Funktionen und verhafteten einige als – angebliche – Agenten. Aus der unter Ulbrichts Führung stehenden SED entwickelte sich eine „Partei neuen Typs", die eng an das sowjetische Vorbild angelehnt und zentralistisch organisiert war.

Zwar ließen die sowjetischen Besatzungsbehörden 1945 mit der „Christlich Demokratischen Union (CDU) und der „Liberalen Demokratischen Partei" (LDP) noch zwei als bürgerlich geltende Parteien zu. Sie mussten sich nach politischen Auseinandersetzungen und erzwungenen Personalveränderungen allerdings der Linie der SED anpassen und bildeten mit ihr bis zum Ende der DDR die „Blockparteien", ergänzt ab 1947/48 durch eine „Bauernpartei" und eine „Nationaldemokratische Partei". Da es keine freie und offene Parteienkonkurrenz gab, kann auch hier von einem Einparteisystem gesprochen werden.[29] Es prägte das politische System der DDR, die offiziell 1949 als souveräner Staat gegründet wurde, tatsächlich aber bis Mitte der achtziger Jahre in direkter politischer Abhängigkeit von der Sowjetunion stand. Ähnlich wie dort entwickelte sich ein diktatorisches System, das die Gesellschaftsveränderung mit repressiven Mitteln vorantrieb und oppositionelle Regungen erstickte. Hierzu gehörte auch die militärische Niederschlagung des Aufstandes vom 17. Juni 1953.

Geprägt von einem dogmatischen Marxismus-Leninismus, ging die SED an die politische, soziale und wirtschaftliche Umgestaltung der Gesellschaft: Die

28 Vgl. u.a. Sigrid Meuschel: Legitimation und Parteiherrschaft. Zum Paradox von Stabilität und Revolution in der DDR 1945–1989, Frankfurt a.M. 1992; Klaus Schroeder: Der SED-Staat. Geschichte und Strukturen der DDR, München 1999; Hermann Weber: DDR. Grundriss der Geschichte 1945–1990, Hannover 1991.

29 Vgl. Alf Mintzel: Einparteisystem, in: Dieter Nohlen (Hrsg.): Wörterbuch Staat und Politik, Bonn 1995, S. 113.

Partei postulierte, im Besitz des Wissens um die Gesetze der Geschichte zu stehen. Massenorganisationen wie Gewerkschafts- und Jugendverbände dienten der Anbindung an Partei und System. Eine Verwaltungsreform im Sinne einer Zentralisierung von Befugnissen nach dem Modell der Sowjetunion erleichterte die Kontrolle des gesamten Staatsapparates durch die SED-Führung. Verstaatlichungen der Betriebe im großen Stil führten zu einer Veränderung der Besitz- und Sozialstruktur, die fortan vom Überwiegen des Genossenschafts- und Staatseigentums geprägt war. Im Agrarbereich trieb die Partei mit Drohungen und Nötigungen die Kollektivierung der Landwirtschaft voran.

Trotz einiger Erfolge blieb die DDR angesichts unrealistischer Erwartungen und verfehlter Wirtschaftspolitik hinter der angestrebten Entwicklung zurück, was zwar nicht zu massiven Protesten, aber zu einer Legitimationskrise führte. Sie artikulierte sich bei der Bevölkerung eher in privaten Handlungen, etwa spöttischen Witzen über die Regierenden oder Ausreisen in den Westen. Den erstgenannten Unmutsregungen versuchte die SED-Führung durch den Ausbau strafrechtlicher Bestimmungen Herr zu werden; abwertende Bemerkungen galten fortan als „staatsgefährdende Propaganda". Der wachsenden Abwanderungswelle in die Bundesrepublik Deutschland begegnete die DDR-Führung durch die Abriegelung des Landes in Gestalt des Baus der Mauer 1961. Wie kein anderes Symbol sollte sie für den diktatorischen Charakter des SED-Systems stehen, machte die Mauer doch das Land zu einem in dieser Form bislang nicht bekannten überdimensionalen Gefängnis.

In den folgenden Jahren stabilisierte sich die ökonomische Entwicklung, flaute die Unmutsstimmung ab. Zugleich ging die Partei zu modifizierten Formen der Herrschaft über: Statt auf die Repressionsausübung setzte das SED-System auf die Neutralisierung der Gesellschaft. Die Bevölkerung fand sich mehr und mehr mit den Verhältnissen ab, arrangierte sich zunehmend mit der politischen Ordnung. Dies bewirkte auch die mittlerweile über ein Jahrzehnt andauernde Manipulation der öffentlichen Meinung, die zwar keine euphorische Zustimmung zum System bewirkte, aber auch keine politischen Alternativen mehr erkennen ließ. In der vergleichenden Betrachtung mit anderen sozialistischen Staaten schien die DDR sogar das ökonomisch fortschrittlichste Modell darzustellen. Gleichwohl ließ sich nicht verheimlichen, dass der Lebensstandard deutlich hinter dem der Bundesrepublik zurückblieb.

Im Rahmen einer erneuten Legitimationskrise kam es 1971 zur Absetzung Walter Ulbrichts und zur Ernennung Erich Honeckers zum Ersten Sekretär der SED. Einerseits sollten fortan statt wirklichkeitsfremder Planungen realistische Zielsetzungen die Gestaltung der Wirtschaftspolitik bestimmen, andererseits übernahmen nicht mehr technische Pragmatiker, sondern dogmatische Parteikader führende Funktionen im Staatsapparat. Ab Mitte der siebziger Jahre zeichnete sich ab, dass die Hoffnungen nicht erfüllt wurden. Die ökonomischen Fortschritte stagnierten, und in der Kulturpolitik kam es zu einer Verschärfung. Sie artikulierte sich etwa in der Ausbürgerung nonkonformer Künstler. Derartige Maßnahmen lösten unter Intellektuellen wie in der Jugend Unmut aus.

Das wichtigste Herrschaftsinstrument der SED zur Kontrolle der aufkommenden kritischen Stimmen inner- wie außerhalb der Partei stellte die dem Ministerium für Staatssicherheit unterstellte Geheimpolizei dar. Die als „Stasi“ bekannte Einrichtung verfügte über einen überdimensionalen Apparat mit zahlreichen hauptamtlichen und inoffiziellen Mitarbeitern. Bei letzteren handelte es sich um Personen, die als Informanten über Vorkommnisse in ihrem Umfeld berichten sollten. So entstand ein sich über die ganze Gesellschaft ziehendes Netz von Spitzeln. Mittels des dabei gewonnenen Wissens um persönliche Verfehlungen und politische Aktivitäten versuchten die hauptamtlichen Stasi-Mitarbeiter potentielle und tatsächliche Oppositionelle einzuschüchtern. Da derartige Vorgänge zwar nicht öffentlich erfolgten, gleichwohl der Bevölkerung aber nicht verborgen blieben, entstand eine allgemeine Stimmung der Bedrohung und Verängstigung.

In den achtziger Jahren setzte sich die von Stagnation geprägte politische, soziale und wirtschaftliche Entwicklung innerhalb der DDR fort. Die wenigen Reformversuche in den unterschiedlichen Bereichen blieben zaghaft, befürchtete die SED-Führung doch davon einen Machtverlust. Selbst als sich in der ansonsten als Vorbild angesehenen Sowjetunion in der Gorbatschow-Ära grundlegende Veränderungen abzeichneten, verweigerte sich die Partei Maßnahmen zur Veränderung der erstarrten und undemokratischen Strukturen ihrer Herrschaft. Stattdessen setzte sie verstärkt auf Repression (Ausbau des Überwachungsstaates und der Aktivitäten der Stasi). Angesichts der fortwährenden ökonomischen Krisen wuchs der Unmut in der Bevölkerung immer mehr: Oppositionelle Menschenrechtsgruppen entstanden, und die Zahl der Ausreisewilligen nahm rapide zu. Erst als der öffentliche Druck zu groß wurde, lenkte die SED-Führung 1989 ein und gab in bestimmten Fragen wie der Reisefreiheit nach. In den folgenden Umbrüchen verlor die Partei ihre Macht, das politische System löste sich auf. Die DDR trat binnen kurzem der Bundesrepublik Deutschland bei.

3.2. Faschistische Diktaturen

3.2.1. Italienischer Faschismus

Der zweite neuere Diktaturtypus im 20. Jahrhundert kam mit den faschistischen Systemen auf[30]. Ideologisch lässt sich eine Vermischung von nationalistischen und sozialistischen Elementen ausmachen, wobei das Sozialismusverständnis in einem nicht-marxistischen Sinne auf die mentale und politische Homogenisierung der Gesellschaft bezogen ist. Im Europa der Zwischenkriegsphase entstanden zahlreiche politische Bewegungen, wovon allerdings nur zwei autonom ein eigenes politisches System begründen konnten.

30 Vgl. u.a. Ernst Nolte: Die faschistischen Bewegungen. Die Krise des liberalen Systems und die Entwicklung der Faschismen, München 1966; Stanley Payne: Geschichte des Faschismus. Aufstieg und Fall einer europäischen Bewegung, Berlin/München 2001; Wolfgang Wippermann: Europäischer Faschismus im Vergleich (1922–1982), Frankfurt a.M. 1983.

Das dem neuen Diktaturtypus seinen Namen gebende Regime entstand in Italien in Gestalt der Mussolini-Herrschaft.[31] Dort vollzog sich im Unterschied zu vielen anderen europäischen Staaten erst relativ spät der Übergang von der Agrar- zur Industriegesellschaft. Aus den wirtschaftlichen Problemen entstanden politische Legitimationskrisen, die nach dem Ende des Ersten Weltkriegs eine Verschärfung erfuhren und ein politisches Vakuum entstehen ließen. In den aufkommenden Wirren gründete Benito Mussolini 1919 die „fasci di combattimento", die faschistischen Kampfverbände, die organisatorische Basis für die spätere Bewegung und Partei. Mussolini gehörte zuvor der sozialistischen Partei an, hatte sich aber während des Krieges dem Nationalismus zugewandt. Zu den Mitbegründern des Kampfverbandes zählten ehemalige Offiziere und Unteroffiziere, auch einige Journalisten, Künstler und Studenten. Bei Wahlen konnte die neu entstandene Organisation zunächst noch nicht einmal Achtungserfolge erringen. Um größere gesellschaftliche Unterstützung zu erlangen, verabschiedete sich Mussolini daraufhin von antiklerikalen und antimonarchischen Auffassungen. Außerdem nahm seine Organisation eine scharfe Haltung gegen die Sozialisten ein, zunächst nur propagandistisch, später auch militant. Hierdurch kam es zu Kontakten zu Großgrundbesitzern und Industriellen.

Mit finanzieller Unterstützung aus diesen Kreisen entstanden faschistische Kampftruppen, die „Squadren", die mit brutaler Gewalt gegen protestierende oder streikende Industrie- und Landarbeiter vorgingen. Die staatlichen Behörden ließen sie weitgehend gewähren, und die Arbeiterbewegung war für eine effektive Gegenwehr zu schwach. Binnen kurzer Zeit wuchs die Mitgliederzahl der faschistischen Organisation rapide an und 1921 bildete sie mit 250.000 eingeschriebenen Anhängern bereits die größte Partei des Landes. Sie setzte sich insbesondere aus Anhängern des Mittelstandes mit antisozialistischen und nationalistischen Auffassungen zusammen. Mit der wachsenden Bedeutung der Faschisten spielte die Partei für eine Regierungsbildung eine immer größere Rolle, und Mussolini verstärkte deren Bedeutung durch Kontakte in das Regierungslager hinein. Dort gab er sich als gemäßigter Politiker und warb um eine Machtbeteiligung. Im Zusammenhang mit einer erneuten Regierungskrise und einem angedrohten gewaltsamen Vorgehen wurde Mussolini 1922 zum Ministerpräsidenten ernannt. Der danach erfolgte „Marsch auf Rom" stellte somit eher einen Triumphzug und weniger einen Schritt zur Regierungsübernahme dar.

Mussolini und seine Partei verfügten allerdings nicht über die alleinige Macht. So setzte sich das Kabinett nur aus fünf Faschisten und neun Angehörigen bürgerlicher Parteien zusammen. Die bisherigen Regierungsparteien wollten Mussolini integrieren und kontrollieren. In der Folgezeit gelang es ihm jedoch, seine unterschiedlichen Koalitionspartner gegeneinander auszuspielen bzw. Entscheidungen zu seinen Gunsten durch den Hinweis auf seine faschistischen

31 Vgl. u.a. James A. Gregor: Italian Fascism and Developmental Dictatorship, Princeton 1979; Brunello Mantelli: Kurze Geschichte des italienischen Faschismus, Berlin 1998; Marco Palla: Mussolini e il Fascismo, Florenz 1993.

Kampfverbände durchzusetzen. Dank eines von Industriellen unterstützten massiven Wahlkampfes und des Einsatzes der faschistischen Kampfverbände gelang 1924 ein Erfolg, der den Faschisten die absolute Mehrheit im Parlament sicherte und somit die früheren Koalitionspartner entmachtete. Erst jetzt konnte Mussolini seine Macht stärker ausdehnen, musste aber zu allen Zeiten seiner Herrschaft auf die Kirche, die Krone, das Militär und die Wirtschaft Rücksicht nehmen.

Der Prozess der Gleichschaltung ab 1925 ging einher mit der Auflösung der oppositionellen Parteien, der Einschränkung der Pressefreiheit und der Stärkung der Rolle des Ministerpräsidenten. Eine Reihe von Attentaten auf Mussolini diente zur Legitimation der immer stärkeren Einschränkung politischer Freiheiten und Rechte. In diesem Kontext entstand ein umfassendes Gesetzwerk, das die Schaffung von Sondergerichten zur Aburteilung von Dissidenten und der Exekutive die Möglichkeit zur Verbannung von Regimekritikern gab. Begleitet wurde das administrative und legislative Vorgehen von den Gewaltaktionen der faschistischen Schlägertrupps, die ein Klima der Angst und des Terrors entstehen ließen und oppositionelle Regungen erstickten.

Die faschistische Diktatur in Italien stützte sich nicht nur auf Repressionen, sondern auch auf eine Massenbasis. Möglich wurde sie durch die massive Manipulation der öffentlichen Meinung, durch das Verbot kritischer Stimmen und durch Propaganda für das Regime. Dabei spielte der Personenkult um den als „Duce“ (Führer) verehrten Mussolini eine wichtige Rolle, stellte man ihn doch öffentlich als „Cäsar“, „Genie“ und „Messias“ dar. Mussolini selbst beförderte diesen Eindruck durch seine rhetorischen Fähigkeiten, die ihn die Bedürfnisse und Gefühle der Menschen ansprechen und auf sich als Volkstribun übertragen ließ. Zur Unterstützung des Regimes trugen Massenorganisationen bei, wozu Verbände für Arbeiter, Frauen, Jugendliche oder Studenten gehörten. Ihre Angehörigen sozialisierte man von Anfang an im faschistischen Sinne und mobilisierte sie zu Massenaufmärschen anlässlich wichtiger Veranstaltungen des Regimes. So sollte der Eindruck vermittelt werden, die überwiegende Mehrheit des Volkes stehe aktiv hinter Mussolini.

Neben Manipulation und Repression dienten – angebliche und tatsächliche – Erfolge der faschistischen Regierung zur Herrschaftsabsicherung: Hierzu gehörte die Entwicklung in der Wirtschaft, die von Mitte der zwanziger Jahre an Fortschritte machte. Derartige Erfolge wurden von der faschistischen Propaganda weit übertrieben. Gleichwohl söhnte diese Entwicklung auch viele der faschistischen Diktatur mit Vorbehalten gegenüberstehende Italiener mit dem Regime aus. Die Konsolidierung der Herrschaft Mussolinis und der relative gesellschaftliche Konsens machten daher keine fortgesetzte und verschärfte Repression nötig.

In den dreißiger Jahren verstärkten sich die Beziehungen zum nationalsozialistischen Deutschland, die in mehreren Abkommen und einer regulären Allianz zum Ausdruck kamen. Mussolini folgte mit einer gewissen zeitlichen Verzögerung der Außenpolitik des Hitler-Regimes. Zunächst führte dies zu einer diplomatischen Abgrenzung gegenüber den anderen europäischen Mächten und später zur Beteiligung Italiens am Zweiten Weltkrieg auf deutscher Seite. Mussolini vollzog diesen Schritt allerdings erst Mitte 1940. Auf dem Höhepunkt der militärischen Erfolge des verbündeten Hitler-Regimes ging man davon aus, dass dessen Sieg unmittelbar bevorstünde. Italien wollte sich noch rechtzeitig vorher auf die Seite des Gewinners schlagen und damit eine Erweiterung der Macht auf internationaler Ebene bewirken. Aus diesen Motiven heraus befahl Mussolini Angriffe gegen Griechenland und in Nordafrika, die allerdings beide militärisch scheiterten. Nur mit Hilfe deutscher Truppen konnten Niederlagen zunächst abgewandt werden. Die anfängliche Begeisterung der Bevölkerung für den Kriegseinsatz schwand dahin, Resignation und Unmut breiteten sich immer mehr aus.

Die Missstimmung wuchs im Verlauf der militärischen Auseinandersetzung an. Zunächst wurde sie durch Engpässe in der Lebensmittelversorgung und die Verschlechterung des Lebensstandards herbeigeführt, später deuteten die verstärkten Luftangriffe der Alliierten die Kriegsniederlage an. In dieser Situation versuchten sowohl hochrangige Angehörige der staatlichen Bürokratie als auch der faschistischen Partei, eine politische Alternative ohne Mussolini zu installieren. Ein von Angehörigen beider Gruppierungen ausgehender Staatsstreich führte im Juli 1943 zur Absetzung des „Duce“ und zu seiner zeitweiligen Inhaftierung. Einige Monate später befreiten deutsche Fallschirmspringer Mussolini, der in einem Hotel im Apennin festgesetzt war. Er gründete im nördlichen Teil Italiens seine „Republik von Salò“, eine Art faschistischer Vasallenstaat gegenüber dem nationalsozialistischen Deutschland. Durch das militärische Vorrücken der alliierten Streitkräfte und das Wirken einer antifaschistischen Partisanenbewegung zerfiel dieses staatenähnliche Gebilde immer mehr. Mussolini wurde Ende April 1945 auf der Flucht von Partisanen erschossen.

3.2.2. Deutscher Nationalsozialismus

Auch für die Etablierung der nationalsozialistischen Diktatur[32] spielten die besonderen historischen Bedingungen eine bedeutende Rolle: Im europäischen Vergleich gehörte das Deutsche Reich zwar nicht zu den wirtschaftlich rückständigen Ländern, der ökonomische Fortschritt führte aber nicht zu einem politischen Fortschritt in Gestalt der Einrichtung eines demokratischen Verfassungsstaates. Erst in der Folge des verlorenen Ersten Weltkriegs konnte der autoritäre Obrigkeitsstaat des Kaiserreichs 1919 durch die Weimarer Republik abgelöst werden. Das neue politische System stand allerdings von Anfang an auf unsicherem Boden: Die nicht von demokratischen Grundauffassungen

32 Vgl. u.a. Karl Dietrich Bracher: Die deutsche Diktatur. Entstehung, Struktur, Folgen des Nationalsozialismus, Köln/Berlin 1969; Martin Broszat: Der Staat Hitlers. Grundlegung und Entwicklung seiner inneren Verfassung, München 1969; Michael Burleigh: Die Zeit des Nationalsozialismus. Eine Gesamtdarstellung, Frankfurt a.M. 2000.

geprägten Machteliten in Bürokratie, Justiz, Militär und Wirtschaft blieben weitgehend erhalten; die demokratische Staatsordnung fand bei großen Teilen der Bevölkerung keine Zustimmung; und schließlich war die Zeit ihrer Existenz von dramatischen politischen und wirtschaftlichen Krisen geprägt.

Zu den politischen Gegnern der Demokratie gehörte die 1919 gegründete „Deutsche Arbeiterpartei", die 1920 in „Nationalsozialistische Deutsche Arbeiterpartei" (NSDAP) umbenannt wurde. Deren wichtigste Figur Adolf Hitler übernahm 1921 die Parteiführung und schwor die NSDAP auf seine Person als „Führer" ein. Hitler strebte die Verschmelzung von Nationalismus und Sozialismus in einem rassistisch-völkischen Sinne an, schürte mit der scharfen antisemitischen Propaganda Ressentiments gegen Juden und agitierte offen gegen das als Regime der „Novemberverbrecher" bezeichnete politische System der Weimarer Republik. Direkter politischer Ausdruck dieser Bestrebungen war ein gescheiterter Putschversuch von 1923, der zu einer harmlosen Freiheitsstrafe Hitlers führte. Nach der Haftentlassung reorganisierte er die NSDAP und entwickelte sie schrittweise zu einer Massenpartei.

Bei den Reichstagswahlen konnte sie zunächst keine herausragenden Erfolge verbuchen (1928 2,6 Prozent). Danach stieg, bedingt durch die politische und wirtschaftliche Krise und die flächendeckenden Propagandaaktivitäten im gesamten Reichsgebiet, die Zustimmung enorm an: 1930 stimmten 18,3 Prozent und bei der ersten Reichstagswahl 1932 37,4 Prozent der Wahlberechtigten für die Hitler-Partei. Zu diesem Aufstieg trugen etablierte konservative und nationalistische Kreise bei, was sich etwa anhand der gemeinsam mit der bedeutsamen „Deutschnationalen Volkspartei" und dem einflussreichen Soldatenbund „Stahlhelm" 1931 geschlossenen „Nationalen Opposition" in Gestalt der „Harzburger Front" zeigte. Da die NSDAP über eine Massenbasis in nahezu allen sozialen Schichten mit einem leichten Übergewicht im Mittelstand verfügte, sah man in ihr die politische Kraft zur legalen Überwindung der Weimarer Republik. Nachdem sich im Laufe des Jahres 1932 die politische Krise zugespitzt hatte, forderten die bürgerlich-rechten politischen Kräfte immer stärker eine Regierungsbeteiligung der NSDAP.

Am 30. Januar 1933 wurde Hitler zum Reichskanzler ernannt. Entgegen dem propagandistisch motivierten Selbstbild der Nationalsozialisten handelte es sich somit nicht um eine „Machtergreifung", sondern um eine Machtübertragung auf die NSDAP. In Hitlers Kabinett fanden sich neben ihm nur zwei weitere Nationalsozialisten, ansonsten bekannte nationalistische Politiker. So hofften Konservative, den neuen Reichskanzler mäßigen und steuern zu können. Entgegen dieser Absichten gelang es Hitler in der Folgezeit allerdings nicht nur, die oppositionellen Kräfte, sondern auch seine politischen Verbündeten auszuschalten. Bereits unmittelbar nach Regierungsantritt erfolgten Eingriffe in die Presse- und Versammlungsfreiheit, die als Handhabe für erste Verfolgungen politischer Gegner dienten. Im Rahmen unterschiedlicher Verordnungen verschärften sich derartige Praktiken: Publikationsorgane und Versammlungen oppositioneller Parteien wurden ganz oder zeitweise verboten, Grundrechte aufgehoben. Im März 1933 stimmte die überwiegende Mehrheit des Reichstages dem „Ermächtigungsgesetz" zu, welches eine formelle Selbstentmachtung der Institution darstellte, Hitler einen wesentlichen Machtzuwachs einbrachte und die Beseitigung des Verfassungsstaates bedeutete.

Die neue Regierung ging gegen alle nur möglichen oppositionellen Organisationen und Regungen vor: Es kam zur Zerschlagung der freien Gewerkschaften und zur Selbstauflösung bzw. dem Verbot der anderen Parteien. Darüber hinaus trieb das Regime schrittweise die Politik der „Gleichschaltung" voran: In den Ländern löste man die Parlamente auf, unterstellte die Regierungen der Reichsregierung und die dortigen Reichsstatthalter der Aufsicht des Reichsinnenministers. Außerdem wurden zahlreiche missliebige Beamte entlassen bzw. gemaßregelt. Begleitet waren diese administrativen Maßnahmen vom Vorgehen der paramilitärischen Einheiten der NSDAP, der „Sturmabteilung" (SA) und der „Schutzstaffel" (SS). Man errichtete „wilde Konzentrationslager", wo insbesondere Kommunisten und Sozialdemokraten willkürlich inhaftiert wurden. Oppositionelle Tendenzen regten sich nur noch im eigenen politischen Lager, innerhalb der SA und des konservativen Bündnispartners, die Mitte 1934 durch eine Art staatliche Mordaktion ausgeschaltet wurden.

Ab dieser Zeit lässt sich von einer politischen Konsolidierung der Hitler-Diktatur sprechen. In den Jahren bis zum Beginn des Zweiten Weltkriegs bildete sich sogar ein relativ breiter gesellschaftlicher Konsens zugunsten des Regimes heraus, wofür unterschiedliche Faktoren ausschlaggebend waren: Nach einer längeren Phase steigender Arbeitslosigkeit und sozialer Unsicherheit begrüßte man den wirtschaftlichen Aufschwung, ohne die dafür verantwortlichen hohen staatlichen Investitionen für autarkie- und rüstungswirtschaftliche Programme hinsichtlich ihrer politischen Folgen zu bedenken. Gleiches galt für eine Reihe von außenpolitischen Erfolgen der Hitler-Diktatur wie die Rückgliederung des Saarlandes und die Wiederherstellung der Wehrhoheit 1935 oder den Anschluss Österreichs und des Sudetenlandes 1938. Die Einbettung derartiger Schritte in die Vorbereitung eines kommenden Krieges wurde zumeist nicht erkannt. Stattdessen betrieb das Regime über ein eigens geschaffenes Ministerium eine in dieser Form bislang nicht bekannte breit angelegte Propaganda, um die genannten Ereignisse als Ergebnis einer klugen und überlegenen Politik des „Führers" darzustellen.

Dessen Diktatur sollte aber nicht nur durch die Manipulation der öffentlichen Meinung, sondern auch durch die aktive Mobilisierung der Bevölkerung abgesichert werden. Hierzu diente eine Reihe von Organisationen, in denen sich die Angehörigen bestimmter Zielgruppen sammeln konnten und sollten. So entstand etwa mit der „Hitler-Jugend" ein staatlicher Jugendverband, der nach Alter, Geschlecht und Regionen getrennte Strukturen aufwies. Zur Mobilisierung zugunsten des Regimes gehörte der Kult um Hitler als „Führer", wurden doch nicht nur Bilder des Diktators in öffentlichen Einrichtungen und privaten Räumen üblich, sondern auch die Grußform „Heil Hitler" im Alltags- und Berufsleben.

Darüber hinaus standen dem Regime als typische Mittel zur Absicherung von Herrschaft verschiedene Repressionsinstrumente zur Verfügung: Hierzu gehörte die „Geheime Staatspolizei“ (Gestapo), die gegen – angebliche und tatsächliche – Oppositionelle mit brutalen Mitteln vorging. Willkürliche Verhaftungen von Personen, die Folterung von Gefangenen und deren Internierung in Lagern prägten ihre Tätigkeit. Untergeordnet war die Gestapo dem „Reichsführer SS und Chef der Deutschen Polizei“ Heinrich Himmler, der aus der ursprünglichen paramilitärischen Organisation der Partei eine staatliche Institution zur repressiven Absicherung der Hitler-Diktatur gemacht hatte. Außerdem diente dieser Apparat der Kontrolle und Überwachung von Regungen und Stimmungen in der Bevölkerung. Im Laufe der Zeit wuchsen seine Kompetenzen und Mittel an, womit ein nur noch Hitler selbst verantwortliches Herrschaftsinstrument entstanden war.

Nach der weitgehenden Zerschlagung der politischen Opposition konzentrierte sich das Regime auf die Diskriminierung und Verfolgung der deutschen Juden. Sie bildeten für Hitler und die NSDAP ein zentrales Feindbild, galten sie doch aufgrund ihrer „Rasse“ als gefährlich, minderwertig und verderblich. Nach den unterschiedlichsten Erklärungen sollte die Vertreibung der Juden aus dem Land forciert werden. Bereits unmittelbar nach der Regierungsbeteiligung verdrängte man Angehörige jüdischen Glaubens aus Ämtern und Berufen in staatlichen Einrichtungen. Später stellte das Regime Ehen zwischen jüdischen und nichtjüdischen Deutschen unter Strafe und enteignete zahlreiche Geschäfte wie Unternehmen von Juden. Neben der Ausgrenzung und Diskriminierung über den gesetzlichen Weg erfolgte beides in Form von Boykotten, Drohungen und Gewalttaten, wobei sich insbesondere die SA hervortat. Ihren Höhepunkt fanden derartige Maßnahmen beim Novemberpogrom von 1938, in dessen Verlauf Angehörige von NS-Organisationen in Zivil Synagogen in Brand steckten und Wohnhäuser verwüsteten sowie mindestens 90 Juden töteten.

Die Auswirkungen der nationalsozialistischen Diktatur nahmen nach Beginn des Krieges weiter zu. Noch in der Phase militärischer Erfolge verschärfte das Regime die Maßnahmen zur Überwachung der Bevölkerung, wozu ein Netz von Spitzeln und Vertrauensleuten diente. Sie arbeiteten der Gestapo und dem Sicherheitsdienst der SS zu, indem sie Informationen über die allgemeine Stimmungslage in der Bevölkerung und über kritische Äußerungen zu Kriegsführung und Regime lieferten. Zugleich kam es zu Neuregelungen im Justizwesen, womit etwa skeptische Meinungsäußerungen als „Zersetzung der Wehrkraft“ bestraft werden konnten. In der Endphase des Krieges führten schon Witze im privaten Umfeld zur Internierung in Gefängnissen und Lagern. Neben derartigen Repressionen versuchte die Diktatur durch massive Meinungsmanipulation, die Bevölkerung für die Unterstützung des Krieges und des Regimes zu gewinnen. Insbesondere das Propagandaministerium sorgte für eine einheitliche Ausrichtung und inhaltliche Kontrolle aller Medien bei der Berichterstattung.

Betroffen von den repressiven Maßnahmen der Hitler-Diktatur war auch die Zivilbevölkerung in den im Kriegsverlauf besetzten Gebieten, insbesondere in

Osteuropa. Dort betrieb man die Politik einer „völkischen Flurbereinigung“. Gemäß ihrer rassistischen Ideologie planten die Nationalsozialisten Umsiedlungs- und Vertreibungsmaßnahmen im großen Stil, wodurch es bereits zu Beginn des Krieges zur Vertreibung hunderttausender Menschen aus ihren angestammten Heimatgebieten kam. Nach dem Überfall 1941 auf die Sowjetunion setzte das nationalsozialistische Regime eine derartige Politik auch gegen Teile der sowjetischen Bevölkerung fort: Man plünderte die besetzten Gebiete wirtschaftlich aus, rekrutierte Millionen Zwangsarbeiter und nahm den Hungertod in der Bevölkerung billigend in Kauf. Darüber hinaus beteiligten sich nicht nur SS-, sondern auch Wehrmachtsangehörige im Ostfeldzug an einer Reihe von Kriegsverbrechen; dieser Krieg wurde als Eroberungs- und Vernichtungskrieg geführt.

Die letztgenannte Dimension betraf vor allem die Juden, ging das Hitler-Regime doch mit dem beginnenden Krieg schrittweise von der Vertreibungs- zur Vernichtungspolitik über. Bereits im Polenfeldzug kam es zu Massenerschießungen von Juden. Vorherrschend blieb zunächst die Deportation zur Gettoisierung im ehemaligen Polen. Mit Beginn des Feldzuges gegen die Sowjetunion setzten weitere Massenerschießungen von Juden ein. Derartigen Maßnahmen folgte die Errichtung von besonderen Vernichtungslagern, wo die Inhaftierten systematisch mit Giftgas umgebracht werden sollten. Insgesamt starben durch die Vernichtungspolitik der Nationalsozialisten um die sechs Millionen Juden. Dieser Genozid kann nicht nur aufgrund der hohen Zahl der Opfer und der fabrikmäßigen Tötung als historisch singulär angesehen werden. Er schloss erklärtermaßen alle Angehörigen der gemeinten Gruppe bis zum Säugling ein. Neben den Juden wurden um die 500.000 Sinti und Roma Opfer einer Politik des Massenmordes aus rassistischen Motiven.

Die nationalsozialistische Diktatur zerfiel als Folge der militärischen Niederlage im Zweiten Weltkrieg. Zwar gab es mit dem Attentat vom 20. Juli 1944 einen Aufstandsversuch von hochrangigen Angehörigen der Wehrmacht, er fand aber weder in der Bevölkerung noch in der Wehrmacht breitere Zustimmung. Absetzungsbewegungen von Hitler innerhalb der nationalsozialistischen Führungsriege erfolgten erst unmittelbar vor der absehbaren Kriegsniederlage. Daher funktionierte die nationalsozialistische Diktatur als politisches System noch bis zum Ende. Das Regime löste sich nicht durch gesellschaftlichen Druck oder eliteinterne Umbrüche auf, sondern musste durch einen militärischen Akt anderer Staaten niedergerungen werden. Dies hing zum einen mit dem Ausmaß an politischer Herrschaft über die Gesellschaft und mit einem breiteren gesellschaftlichen Konsens zugunsten des politischen Systems zusammen. Zum anderen konzentrierte sich die politische Entscheidungsfindung immer mehr auf Hitlers subjektiven Willen, während andere gesellschaftliche und staatliche Kräfte eigenständige Einflussmöglichkeiten verloren hatten.

3.3. Ausgewählte nationalistische Diktaturen

3.3.1. Nationalistische Diktaturen in Europa

Eine nationalistische Diktatur entstand 1926 in Portugal[33], wo unsichere politische und soziale Verhältnisse zu mehreren Aufständen und Staatsstreichen geführt hatten. Nach einem Putsch des Militärs lösten die neuen Machthaber das Parlament auf und suspendierten die Verfassung der Republik. General António Carmona ließ sich 1928 durch eine Direktwahl ohne Gegenkandidaten zum Präsidenten wählen und ernannte den Ökonomen António de Oliveira Salazar zum Finanzminister mit nahezu unumschränkten Vollmachten. Nach der erfolgreichen Sanierung der Staatsfinanzen stieg er 1932 zum Ministerpräsidenten und damit zum jahrzehntelang herrschenden Diktator auf. 1933 entstand eine neue Verfassung für den neuen Staatstyp, wonach es nur formal eine Aufteilung der Souveränität gab. Tatsächlich konzentrierte sich die Macht allein beim Ministerpräsidenten als Regierungschef. Gewerkschaften, Parlamentarismus und Parteien sah die neue Staatsordnung nicht vor. Grundrechte für Individuen garantierte die Verfassung zwar, stellte sie aber in Abhängigkeit von Sondergesetzen. So bestand etwa für die gesamte Dauer des Salazar-Regimes eine Pressezensur.

Nach dem Ende des Zweiten Weltkriegs kam es auch in Portugal zu zahlreichen Demonstrationen für eine demokratische Ordnung. Als Reaktion auf den öffentlichen Druck kündigte die Regierung freie Wahlen an, zwang den oppositionellen Parteien aber ungünstige Bedingungen auf. Nach deren Boykott ging das Regime mit einer breit angelegten Verhaftungswelle der Geheimpolizei gegen die Opposition vor. Es kam immer wieder zu Aufstands- und Staatsstreichversuchen, die allerdings alle niedergeschlagen wurden. Als Reaktion darauf verstärkte Salazar durch Veränderungen an der Verfassung die Möglichkeiten zur eigenen Machtausübung. Erst als Folge seines gesundheitlichen Verfalls erfolgte mit Marcelo Caetano 1968 ein Wechsel an der Regierungsspitze. Außen- und wirtschaftspolitische Krisen führten zur Auflösung der Diktatur, die 1974 durch einen Militärputsch beendet wurde. In den Wirren der folgenden Auseinandersetzungen kam es zu freien Wahlen und dem Übergang zur Demokratie.

Die über vierzig Jahre in Spanien[34] bestehende nationalistische Diktatur bildete sich ebenfalls als Folge eines Staatsstreichs gegen eine instabile republikanische Regierung heraus. 1936 kam es nach längerer Vorbereitung zu einem von den Parteien der politischen Rechten vorbereiteten Militärputsch von Generalen in Spanisch-Marokko. Francisco Franco Bahamonde übernahm den Oberbefehl

33 Vgl. u.a. Hugh Kay: Die Zeit steht still in Portugal. Hintergründe eines politischen Systems, Bergisch Gladbach 1971; Rudi Maslowski: Der Skandal Portugal. Land ohne Menschenrechte, München 1971.

34 Vgl. u.a. Klaus von Beyme: Vom Faschismus zur Entwicklungsdiktatur. Machtelite und Opposition in Spanien, München 1971; Juan Pablo Fusi: Franco. Spanien unter der Diktatur 1936–1975, München 1992; Stanley G. Payne: Franco's Spain, London 1968.

über die dortigen Truppen und erhielt von Deutschland und Italien militärische Hilfe, zunächst beim Transport der Aufständischen nach Südspanien, später durch Beteiligung eigener Truppen. Dort ernannte man Franco noch im gleichen Jahr zum „Generalissimus" und Chef der nationalspanischen Regierung, der fortan einen Bürgerkrieg gegen die republikanische Regierung und die mit ihr verbündeten politischen Kräfte führte. Schon in dieser Phase begann Franco mit dem Aufbau einer neuen Staatsordnung, die zunächst noch als Militärdiktatur konzipiert war und sich nach dem siegreichen Ende im Bürgerkrieg zu einem eigenständigen politischen Regime entwickelte. Das franquistische System nahm die Form eines autoritär geführten und zentralistisch organisierten Ständestaates an.

Alle Macht konzentrierte sich beim Staatschef Franco, der darüber hinaus die Ämter des Regierungschefs, Oberbefehlshabers der Streitkräfte und Führers der „Nationalen Bewegung" in seiner Person vereinigte. Spanien wurde zum Königreich erklärt und Franco erhielt das Recht zur Bestimmung seines königlichen Nachfolgers. Freie politische und soziale Organisationen wie Gewerkschaften oder Parteien ließ man nicht zu. Eine institutionalisierte Trennung der Gewalten wurde ebenso abgelehnt wie ein allgemeines Recht auf Wahlen. Die Massenmedien unterwarf das Regime einer strengen Zensur. Aufgrund dieser Politik kam es unmittelbar nach dem Zweiten Weltkrieg zeitweilig zur außenpolitischen Isolation des Franco-Regimes, welche allerdings aus politischen Rücksichtnahmen im beginnenden Kalten Krieg von den westlichen Staaten ähnlich wie Portugal gegenüber wieder aufgegeben wurde. Ein Ende der Diktatur ergab sich erst durch den Tod Francos 1975. Danach wurde der 1969 als Nachfolger vorgesehene Prinz Juan Carlos von Bourbon zum König von Spanien proklamiert. Dieser leitete den allmählichen Übergang zur Demokratie ein.

In Griechenland[35] bildete sich eine Militärdiktatur erst weitaus später als in Portugal und Spanien heraus. Sie bestand dort nur für sieben Jahre. Den politischen Hintergrund für einen Putsch bildeten Konflikte zwischen einer Regierung aus sozialdemokratischen und liberalen Kräften und einem um die Beibehaltung seiner Machtbefugnisse bemühten König. Während die von Georgios Papandreou geführte Regierung eine stärkere zivile Dominanz über das Militär erreichen wollte, trat König Konstantin II. für ein Fortbestehen seiner Kontrolle über das Militär ein. In der Folge dieser Auseinandersetzung setzte der König 1965 die Regierung ab. Um die Neuwahlen zu verhindern, putschte sich 1967 eine Gruppe von Militärs um den Oberst Georgios Papadoupoulos an die Macht. Offiziell gab man an, mit diesem Vorgehen eine kommunistische Machtübernahme verhindern zu wollen, wofür es allerdings keine Anzeichen gab. Darüber hinaus konnten die Putschisten keine politische Begründung für ihr Vorgehen geben, beschränkten sich deren stellenweise konfuse öffentliche Erklärungen doch auf allgemeine nationalistische Bekundungen.

35 Vgl. u.a. Pavlos Bakojannis: Militärherrschaft in Griechenland. Eine Analyse zu Parakapitalismus und Spätfaschismus, Stuttgart u.a. 1972; Richard Clogg/George Yannopoulos: Greece under Military Rule, London 1972; John A. Katris: Eyewitness in Greece. The Colonels Come to Power, St. Louis, Missouri 1971.

Da das neue Regime nicht durch einen Volksaufstand an die Macht gekommen war, versuchte es sich durch manipulierte Plebiszite zu legitimieren. Innerhalb der Bevölkerung konnte man aber keine breitere Zustimmung auslösen. Die Militärherrschaft ging angesichts ihres mangelnden Rückhalts im Volk gegen oppositionelle Regungen mit Brutalität vor. Neben Verbannungen und Verhaftungen waren Folterungen und Lagerhaft gängige Praktiken. Obwohl die Repressionen zum Entstehen eines politisch breiten Bündnisses gegen die Diktatur führte, erfolgte ihr Niedergang 1974 eher durch interne Differenzen und eigenes Unvermögen. Innerhalb der herrschenden Militärs rangen unterschiedliche Gruppen nach der Macht, wobei es zu Putschversuchen gegen die regierende Junta kam. Darüber hinaus gelang es den herrschenden Militärs nicht, stabile politische und soziale Verhältnisse in Griechenland zu schaffen.

3.3.2. Nationalistische Diktaturen im Nahen Osten und in Nordafrika

In Ägypten[36] entstand eine nationalistische Diktatur 1952 nach dem Staatsstreich gegen ein parlamentarisches Regierungssystem, das in indirekter Abhängigkeit von der ehemaligen britischen Kolonialmacht stand. Die korrupte Staatsbürokratie hatte es darüber hinaus nicht vermocht, notwendige soziale und wirtschaftliche Reformen einzuleiten. Um die gesellschaftlichen Zustände zu überwinden, führte eine Gruppe junger Militärs unter der Bezeichnung „Komitee der jungen Offiziere" einen unblutigen Putsch durch. Zunächst verkündete sie nur allgemeine politische Forderungen, an einem konkreten Programm zur gesellschaftlichen Veränderung fehlte es noch. Als einen bedeutenden politischen Schritt erließ das Militärregime 1953 ein allgemeines Verbot von Parteien; diese galten als Instrumente von Bankiers und Großgrundbesitzern. Weitere Maßnahmen zur Machtsicherung bestanden in der Auflösung aller sonstigen politischen Organisationen und den Säuberungen in Armee und Bürokratie. Es folgten eine Landreform und eine forcierte Industrialisierungspolitik, beides im Sinne eines „Arabischen Sozialismus".

Für ein solches politisches Konzept stand Oberst Gamal Abdel Nasser, der 1954 nach Auseinandersetzungen an der Spitze der Regierung die Ämter des Minister- und des Staatspräsidenten übernommen hatte. Um für die herrschenden Militärs die Unterstützung von Massen mobilisieren zu können, gründete man 1957 eine „Nationale Union" als Einheitspartei. Nach dem Scheitern dieses Vorhabens gab es 1962 einen erneuten Versuch mit der „Arabischen Sozialistischen Union", deren Basiseinheiten in den untersten gesellschaftlichen Ebenen (Dörfern, Fabriken, Universitäten etc.) bestanden. Neben der sozialen Kontrolle beruhte die Akzeptanz des Regimes auf dem großen Ansehen Nassers, galt er doch zeitweilig als charismatische Leitfigur in der arabischen Welt. Erst das Scheitern seiner Wirtschaftspolitik Anfang der sechziger Jahre und die

36 Vgl. u.a. Friedemann Büttner/Veronika Büttner: Ägypten, in: Dieter Nohlen/Franz Nuscheler (Hrsg.): Handbuch der Dritten Welt, Bd. 6: Nordafrika und Naher Osten, Bonn 1993, S. 154–189; James Mayfield: Rural Politics in Nasser's Egypt, Austin/London 1971; Amos Perlmutter: Egypt. The Praetorian State, New Brunswick/N. J. 1974.

militärische Niederlage gegen Israel 1967 ließ dieses Ansehen schwinden. Nach Nassers Tod 1970 kam es zwar unter seinen Nachfolgern Anwar el Sadat und Hosni Mubarak zur Herausbildung eines eingeschränkten Mehrparteiensystems, nicht aber zu einer Demokratie (aufgrund der Machtkonzentration beim Präsidenten).

Im Irak[37] entwickelte sich eine stabile Diktatur erst nach verschiedenen Machtwechseln: 1958 stürzte eine Gruppe von Offizieren in einem blutigen Staatsstreich die Monarchie und errichtete eine Militärdiktatur mit einem agrarpolitischen Reformprogramm. 1963 kam es zu einem erneuten Staatsstreich von panarabisch-nasseristischen und arabisch-sozialistischen Kräften, die in den politischen Umbrüchen nach der arabischen Niederlage im Sechs-Tage-Krieg 1967 im folgenden Jahr ebenfalls durch einen Militärputsch gestürzt wurden. Die Machthaber gehörten zur neuen „Baath“-Partei (der „Sozialistischen Partei der arabischen Wiedergeburt“). Bereits zwei Wochen nach der Machtübernahme entledigten sich deren Angehörige an der Staatsspitze der konservativen Putschpartner durch einen erneuten Putsch und konsolidierten damit ihre diktatorische Herrschaft im Irak. Hierbei ging das Regime mit äußerster Brutalität gegen Kritiker und Rivalen vor, wovon Verhaftungen und Folterungen ebenso zeugten wie die Unterdrückung oppositioneller Gruppierungen. Darüber hinaus gelangten „Baath“-Angehörige an die entscheidenden Stellen der staatlichen Institutionen.

Die eigentliche politische Machtzentrale bildete der nach dem Putsch von 1968 entstandene „Revolutionäre Kommandorat“ mit seinen weiten exekutiven und legislativen Befugnissen. Eine herausragende Rolle in ihm spielte sein Vizepräsident, der Stellvertretende Generalsekretär der „Baath“-Partei, Saddam Husain. Er stieg im Laufe der siebziger Jahre innerhalb der Herrschaftshierarchie auf, besetzte wichtige Posten in Partei und Staat mit Familienangehörigen und kontrollierte die weit verzweigte Geheimdienstorganisation. Mit diesem Machtpotential zwang er 1979 den Staatspräsidenten Hasan al Bakr zum Rücktritt und übernahm selbst dessen Amt. Bei einer Versammlung von Kommandorat und Parteiführung berichtete Husain unmittelbar danach von einer – angeblichen – Verschwörung gegen ihn und ließ daraufhin über die Hälfte der anwesenden Führung verhaften und exekutieren. Mit ähnlicher Brutalität ging Husain gegen andere potentielle Kritiker oder Rivalen vor und etablierte so seine von einem öffentlichen Personenkult um ihn begleitete despotische Diktatur. Zu deren Ende kam es nach einem militärischen Angriff von Streitkräften unter der Führung der USA im März 2003, die damit die mögliche Verwendung von (später aber nicht gefundenen) Massenvernichtungswaffen durch das Regime verhindern wollten.

37 Vgl. u.a. Amatzia Baram: Culture, History and Ideology in the Formation of Ba'thist Iraq, 1968–1989, New York 1991; Marion Farouk-Sluglett/Peter Sluglett: Der Irak seit 1958. Von der Revolution zur Diktatur, Frankfurt a.M. 1991; Sandra Mackey: The Reckoning. Iraq and the Legacy of Saddam Hussein, New York/London 2002.

In Anlehnung an Nassers politische Auffassungen entstand in Libyen[38] 1964 ein „Bund Freier Offiziere", der 1969 die dortige Monarchie stürzte und Oberst Muammar al Quaddafi zum neuen Staatsoberhaupt machte. Den gesellschaftlichen Hintergrund für den Staatsstreich bildeten unterbliebene politische und soziale Reformen. Die durch die verstärkten Erdölexporte seit Beginn der sechziger Jahre angewachsenen Einnahmen verteilte man primär an die traditionelle Elite des Landes. Zugleich ging die Monarchie gegen oppositionelle Massenbewegungen und Parteien repressiv vor. Nach dem erfolgreichen Putsch forcierten die neuen Machthaber den gesellschaftlichen und politischen Umbau des Landes. Als ideologische Grundlage dafür diente Quaddafis „Dritte Universaltheorie" aus dessen „Grünem Buch". Darin nahm er eine eigenwillige Islam-Interpretation zur Rechtfertigung seiner Herrschaft vor und plädierte für eine panarabische Politik zur Einigung der arabischen Welt. Darüber hinaus entwickelte Quaddafi eine für das Land spezifische sozialistische Wirtschaftspolitik und propagierte die politische Umgestaltung Libyens hin zu einem „Staat der Volksmassen".

Mit der letztgenannten Forderung verband sich der Versuch zur Legitimation der politischen Herrschaft durch die Schaffung von vermeintlich basisdemokratischen Institutionen. So entstanden etwa im Verwaltungssektor wählbare „Volkskomitees" für exekutive Aufgaben, und aus den lokalen Organisationen der Einheitspartei „Arabische Sozialistische Union" entwickelte sich eine „Basisvolkskonferenz" mit legislativen Befugnissen. Da in derartigen Basiseinrichtungen nicht die Möglichkeit zur freien Artikulation von Interessen und Meinungen bestand, bildeten sich nur regimekonforme Auffassungen heraus. Tatsächlich konzentrierte sich die Macht im Revolutionsrat, der in allen staatlichen Einrichtungen kontrollierend und steuernd eingreifen kann. Außerhalb der staatlichen Sphäre bestehen keine Parteien oder sonstigen Organisationen. Eine Kontrolle der Herrschenden ist ebenso wenig möglich wie die Bildung einer politischen Opposition. Gegen Regungen in diesem Sinne agierte das Regime mit massiver Repression. Zwar gingen derartige Praktiken nach 1987 zurück, Libyen blieb aber eine auf die Person von Quaddafi ausgerichtete Diktatur.

3.3.3. Nationalistische Diktaturen in Lateinamerika

Ein Militärregime entstand in Brasilien[39] 1964 durch den Putsch gegen eine gewählte Regierung, die erfolglos die Überwindung der politischen und wirtschaftlichen Krisen versucht hatte. In dem Klima von politischen und sozialen Spannungen übernahmen hochrangige Militärs die Regierungsgewalt. Sie führten keine Übergangsregierung ein, sondern institutionalisierten ihre Herrschaft im Land für 21 Jahre. Formal ließ man die republikanische Verfassung

38 Vgl. u.a. Rudolf Kratz/Hanspeter Mattes: Libyen. Öl, Sand und Steine – ein Land im Umbruch, Freiburg 1989; Renate Poßarnig: Gaddafi. Enfant terrible der Weltpolitik, Hamburg 1983; Ingrid Schnurbusch: Libyen im Fadenkreuz. 25 Jahre Gaddafi, Bonn 1994.

39 Vgl. u.a. Maria H. M. Alves: State and Opposition in Military Brazil, Austin 1985; Wilfred A. Bacchus: Mission in Mufti. Brazil's Military Regimes 1964–1985, New York 1990; Thomas E. Skidmore: The Politics of Military Rule in Brazil 1964–1985, New York 1988.

bestehen, schränkte deren Gültigkeit aber durch ergänzende Regelungen gravierend ein. Dadurch schrieb das Regime sich eine Reihe von Kompetenzen zur Erweiterung seiner Macht und Möglichkeiten zur Unterdrückung der Opposition zu. Im Unterschied zu anderen Militärdiktaturen bemühte sich das Regime um ein demokratisches Image: So übernahmen etwa verschiedene Generale im Abstand von drei bzw. sechs Jahren das Präsidentenamt. Außerdem führte man regelmäßig Wahlen durch, wobei manipulative Eingriffe in Kandidaturmöglichkeiten und Verfahrensweisen eine Dominanz der das Regime tragenden politischen Kräfte garantierten.

Darüber hinaus schufen Folterungen von politischen Gefangenen und brutale Übergriffe der Polizei, ebenso die Aufsicht über die Medien und das Verbot der Kritik am Regime ein gesellschaftliches Klima, das keine freien politischen Wahlmöglichkeiten zuließ. Als ideologische Rechtfertigung derartiger Praktiken diente der Verweis auf die nationale Sicherheit, wobei nicht mehr von einer äußeren, sondern von einer inneren Bedrohung des Landes ausgegangen wurde. Zu Beginn der Militärherrschaft bestanden die später damit gemeinten Guerillabewegungen allerdings nicht, kamen sie doch erst nach dem brutalen Vorgehen gegen jede legale Opposition auf. Neben der ständigen Repressionspolitik löste das Scheitern wirtschaftspolitischer Vorhaben ab Mitte der siebziger Jahre zunehmend Unmut in der Bevölkerung aus. Zeitweilig hatte der ökonomische Aufschwung im Land beruhigend auf die innenpolitische Situation gewirkt. Aus einer Wirtschaftskrise entwickelte sich eine bedeutsame Systemkrise. Bei den Präsidentschaftswahlen 1985 konnte erstmals der Kandidat der Opposition eine Mehrheit erlangen, womit die Militärherrschaft endete.

In Uruguay[40] kam es 1973 zu einem Staatsstreich gegen eine demokratisch gewählte Regierung, die durch ihre Politik den Weg zu einem autoritären Regime vorbereitete. Politische und soziale Konflikte im Land führten zu innerer Unruhe und Unsicherheit, worauf das Ausnahmerecht verhängt wurde. Die Regierung hob die Geltung der Grundrechte auf und verbot politische Gruppen. Zugleich agierte eine Guerillabewegung mit Gewaltakten, was wiederum zur Steigerung der Repressionsmaßnahmen durch die Regierung führte. Da sie die Lage nicht beruhigen konnte, sahen sich führende Militärs zum Putsch motiviert. Die Macht konzentrierten sie fortan in einer „Obersten Kommandeursjunta", die die Auflösung des Parlaments anordnete und es durch einen Staatsrat ersetzte. Institutionelle Akte machten die Streitkräfte zum eigentlichen Souverän. Zur Stabilisierung der Herrschaft ließen die Militärs auf Basis von Ausnahmegesetzen in weit größerem Ausmaß als in Brasilien Oppositionelle verhaften, foltern, vertreiben oder ermorden.

Die ökonomischen Probleme des Landes versuchten die neuen Machthaber, durch eine freiere Marktwirtschaftspolitik zu überwinden. Das Wachstum

40 Vgl. u.a. Monika Bossung: Das Volk entscheidet. Uruguays Widerstand gegen die Militärdiktatur, München 1991; Oscar Bruschera: Las décadas infames. Análisis político 1967–1985, Montevideo 1990; Ernesto Kroch: Uruguay zwischen Diktatur und Demokratie. Ein lateinamerikanisches Modell?, Frankfurt a. M. 1991.

führte in Verbindung mit der Repressionspolitik zu einer zeitweisen Stabilisierung der Militärdiktatur. Ab 1978 verkehrte sich der ökonomische Trend allerdings in sein Gegenteil. In der Folge dieser Entwicklung wuchs der Unmut in der Bevölkerung erneut an. Das Regime versuchte ihn, durch die Institutionalisierung der Herrschaft über demokratische Verfahren zu beruhigen. 1980 führte ein Plebiszit über den Entwurf für eine neue Verfassung zu einer ablehnenden Haltung. Damit gelang es den Machthabern im Unterschied zu den anderen Diktaturen des Kontinents trotz einer weitgehenden Kontrolle über die Massenmedien nicht, ihr Gesetzgebungs- und Verfassungsvorhaben durch einen Volksentscheid durchzusetzen. Dieses Legitimationsdefizit leitete den über einen Elitenkompromiss mit der Opposition erfolgenden, fünf Jahre währenden Übergang zur Demokratie ein.

In Chile[41] entstand ebenfalls 1973 eine Diktatur nach dem Putsch gegen die Regierung von Salvador Allende, der eine sozialistische Wirtschaftspolitik in die Wege geleitet hatte. In deren Folge kam es zu Verstaatlichungen größerer Industriebetriebe ohne gesetzliche Grundlage, was Proteste der Unternehmer und ihres sozialen Umfeldes auslöste. Die politische Unsicherheit führte zu einem Einbruch der ökonomischen Entwicklung, die für hochrangige Angehörige der Streitkräfte einen Staatsstreich als angemessene Option erscheinen ließ. Unterstützt wurde dieses Ansinnen neben dem höheren Bürgertum und den einheimischen Unternehmern durch ausländische Firmen im Land und das Wirken des US-amerikanischen Geheimdienstes CIA. Nach dem Putsch bildete sich eine vierköpfige Junta, die eine autoritäre Herrschaft etablieren wollte. Die Führung von General Augusto Pinochet ging mit einem besonderen Ausmaß an Brutalität vor: Oppositionelle Parteien wurden verboten und viele ihrer Führer getötet. Eine mächtige Geheimpolizei verfolgte Kritiker des Regimes.

Die Doktrin der nationalen Sicherheit diente der Legitimation des repressiven Vorgehens, sah man doch in der kaum noch handlungsfähigen politischen Linken eine subversive Gefahr. Um die politische Macht zu konsolidieren, führten die Militärs eine Pressezensur ein und entmachteten die Gewerkschaften. Pinochet zog im Laufe der Zeit wichtige Ämter und Funktionen an sich, so dass allmählich nicht mehr von einer kollektiven Führung der Militärs gesprochen werden konnte. Wirtschaftspolitisch setzte das Pinochet-Regime auf eine möglichst freie Marktwirtschaft mit geringem staatlichen Einfluss. Dies führte kurzfristig zum ökonomischen Aufschwung, der aber Anfang der achtziger Jahre wieder in eine Krise überging. Damit schwand zunehmend die gesellschaftliche Unterstützung des Regimes. Politisch zu legitimieren versuchte es sich durch Volksabstimmungen: Während man dabei 1978 und 1980 durch Einschüchterungsversuche und Manipulationen nach offiziellen Angaben über zwei Drittel der Stimmen erhielt, votierte 1988 knapp über die Hälfte der Wähler mit „Nein“ gegen Pinochet. Diese Niederlage leitete die Auflösung der Diktatur und den Übergang zur Demokratie ein.

---

41 Vgl. u.a. Genearo Arriagada: Pinochet. The Politics of Power, Boston 1988; Pamela Constable: A Nation of Enemies. Chile under Pinochet, New York 1991; Reinhard Friedmann: Chile unter Pinochet. Das autoritäre Experiment (1973–1990), Freiburg/Br. 1990.

3.4. Ausgewählte monarchische Diktaturen

3.4.1. Pahlevi-Dynastie im Iran

Das monarchische System der Pahlevi-Dynastie im Iran[42] konnte nicht auf eine alte Tradition der Familienherrschaft zurückblicken, sondern entstand als Resultat eines konkreten politischen Ereignisses: 1921 putschte sich der Kosakenoffizier Reza Khan an die Macht und stärkte in den folgenden Jahren die Zentralgewalt in seinen Händen. 1925 setzte er den bisherigen Schah Ahmed ab und ließ sich kurz danach selbst vom Parlament zum Schah wählen. Später verzichtete Resa Khan zugunsten seines Sohnes Mohammed Resa auf den Thron. Somit stand die Pahlevi-Dynastie zwar in der Tradition einer jahrtausendelangen monarchischen Ordnung im Iran, ihre Herrschaft leitete sich allerdings nicht aus ihr, sondern aus dem erfolgreichen Staatsstreich ab. Reza Khans seinerzeitiger Putsch richtete sich gegen die katastrophalen politischen und wirtschaftlichen Zustände im Iran, welche sich im Auseinanderbrechen des Nationalstaates und in gravierenden Wirtschaftskrisen zeigten. Gestützt auf Armee und Bürokratie forcierte der neue Schah die gesellschaftliche und wirtschaftliche Modernisierung: Es kam zu einem Industrialisierungsschub, der Prozess der Säkularisierung setzte ein, und ein funktionsfähiger Verwaltungsapparat wurde aufgebaut.

Diese Entwicklung ging allerdings nicht mit der Demokratisierung von Gesellschaft und Staat einher. Vielmehr konzentrierte Reza Khan zunehmend die Macht in seinen Händen. Zwar schrieb die Verfassung eine konstitutionelle Monarchie vor, tatsächlich entwickelte sich die neue Herrschaft aber schnell zu einer Diktatur. Das Parlament beschränkte sich darauf, die Entscheidungen des Schahs zu bestätigen. Nutznießer der Modernisierung des Landes waren nicht breite Kreise der Bevölkerung, sondern das Beamtentum, die Großgrundbesitzer und das Militär. Während des Zweiten Weltkriegs besetzten 1941 britische und sowjetische Truppen den Iran und zwangen Reza Khan zum Thronverzicht, hatte er doch zuvor enge Verbindungen mit dem nationalsozialistischen Deutschland unterhalten und galt als politischer Freund der Achsenmächte. Sein Sohn Mohammed Reza übernahm noch im gleichen Jahr die Funktion des Schah und stand fortan in Abhängigkeit von den amerikanischen und britischen Besatzungsmächten.

Anfang der fünfziger Jahre entwickelte sich im Iran eine politische Bewegung, die den britischen Einfluss im Land und die Macht des Schahs zurückdrängen wollte. Ministerpräsident Mohammed Mossadegh verstaatlichte 1951 die britischen Erölunternehmen im Land, was zu außenpolitischen Konflikten mit London führte. Zugleich versuchte Mossadegh im Zuge einer Verfassungs-

42 Vgl. u.a. Robert Graham: Iran. Die Illusion der Macht, Frankfurt a.M./Berlin/Wien 1979; Fred Halliday: Iran. Analyse einer Gesellschaft im Entwicklungskrieg, Berlin 1979; Bahman Nirumand: Persien, Modell eines Entwicklungslandes. Die Diktatur der Freien Welt, Reinbek 1967.

reform, die dominierende Bedeutung des Schahs bei Entscheidungsprozessen einzuschränken. Die politische Krisensituation und der Zerfall der königlichen Autorität nötigten Mohammed Reza zeitweilig zum Verlassen des Landes. Ein vom amerikanischen Geheimdienst CIA unterstützter Putsch des Militärs stürzte allerdings 1953 Mossadegh und erlaubte dem Schah die Rückkehr in den Iran. Er hob die Verstaatlichung der Erölindustrie auf und stand so offen erkennbar weiter in politischer Abhängigkeit von Großbritannien und den USA. Innerhalb des Landes versuchte Mohammed Reza die autoritäre Macht wiederzugewinnen und auszubauen. Dazu diente ihm eine Mischung aus Personalpolitik und Propaganda, Reformen und Repressionen: Mohammed Reza stellte seine Regentschaft als von göttlichen Weihen getragen und sich selbst als Führer und Vater des Volkes dar. Gerade die dabei zum Ausdruck kommende mystifizierte Verbindung des Schahs zu den Menschen erlaube keine Zwischeninstanzen, womit sowohl die Entmachtung des Parlaments begründet als auch eine unabhängige Rechtssprechung abgelehnt wurde. Die entscheidende Macht bündelte sich in den Händen des Herrschers. Symbolisch legitimierte Mohammed Reza seine autoritäre Herrschaft durch einen öffentlichen Personenkult, der mit der demonstrativen Hervorhebung von Pomp und Reichtum verbunden war. Ein formales Zwei-Parteien-System wurde später in ein Ein-Parteien-System umgewandelt. Diese Organisationen dienten zur Kanalisierung der öffentlichen Diskussion und zur gegenseitigen Überwachung ihrer Mitglieder. Darüber hinaus setzte man sie bei unterschiedlichen Kampagnen zur Massenmobilisierung zugunsten des Regimes ein.

Gegen oppositionelle Regungen aus der Gesellschaft ging das Regime repressiv vor. Hierzu diente neben dem Militär und der Polizei der Geheimdienst SAVAK, der mit besonderen Kompetenzen versehen in brutaler Weise Oppositionelle verfolgte, inhaftierte und folterte. Trotz einer Politik der Drohung und Unterdrückung konnte das Schah-Regime Unmut in der Gesellschaft nicht verhindern, hing dies doch mit den sozialen Begleiterscheinungen der wirtschaftlichen Entwicklung zusammen. Die hohen Investitionsausgaben hatten zur Verschuldung geführt, welche wiederum zunehmende Lebenshaltungskosten für den größten Teil der Bevölkerung mit sich brachten. Außerdem erregten Korruption und Versagen in der Bürokratie Unmut. Da die sonstigen oppositionellen Strömungen verboten waren, füllte die schiitische Geistlichkeit das politische Vakuum und konnte die Proteststimmung für sich mobilisieren. 1979 führten anwachsende Massendemonstrationen zum Sturz des Schahs und seines Regierungssystems. Die monarchische Diktatur wurde danach von einer theokratischen Diktatur abgelöst.

3.4.2. Die Monarchie in Marokko

Während sich die Pahlevi-Dynastie im Iran säkular legitimierte, verstehen sich die im Folgenden genannten Monarchien als religiöse bzw. islamische Gesellschaftsordnungen. Dabei gilt die Funktion bzw. Herkunft der Regenten als hauptsächlicher Faktor zur Rechtfertigung der Herrschaft. Somit unterscheiden sich diese traditionellen Monarchien von den theokratischen Systemen moderner Islamisten.[43] Das für die Unterscheidung wichtige Kriterium ergibt sich aus dem Stellenwert des Monarchen gegenüber der religiösen Elite, was etwa die historische Entwicklung der Königsherrschaft in Marokko[44] veranschaulicht. Die dortige Alawi-Dynastie herrscht seit 1666 und verfügt damit über eine besonders lange Tradition. Im Verlauf des 19. Jahrhunderts wandelte sich das bislang eher gleichgewichtige Verhältnis von Sultan und Geistlichkeit zugunsten der weltlichen Macht, musste sich letzterer doch die religiöse Elite unterordnen. Der Monarch führt bis in die Gegenwart den Titel „Beherrscher der Gläubigen“, wodurch seine Dominanz über die Gesellschaft und seine Rolle bei der religiösen Orientierung der Gläubigen zum Ausdruck kommt. Gleichwohl stand diese traditionelle Verbindung des Politischen und Sakralen unter dem Primat der Monarchie.

Die dabei zum Ausdruck kommende besondere ideologische Legitimation von Herrschaft artikulierte sich in Marokko in Gestalt des „Hassanismus“: Nach der 1956 erlangten Unabhängigkeit des Landes bestieg 1957 Mohammed V. den Thron; ihm folgte sein Sohn Hassan II. Er prägte in besonderer Weise das politische System des Landes und stützte die Legitimation seiner Herrschaft auf drei verschiedene Quellen: die behauptete Abstammung vom Propheten Mohammed in der 35. Generation, die Herkunft aus der bereits seit Jahrhunderten herrschenden Alawi-Dynastie und die Funktion des von Gott eingesetzten Herrschers über die Gläubigen. Eine weitere Form der Legitimation des Königs bzw. Sultans bestand außerdem in dessen förmlicher Anerkennung durch Vertreter der Untertanen in Gestalt eines Schwurs zur Treue. Zumindest bei der inhaltlichen Legitimation nahm somit die monarchische Ordnung keinen Bezug auf das Volk, steht der Monarch doch als historisch wie religiös legitimierter Herrscher über der Gesellschaft; er verfügt über große politische Einflussmöglichkeiten und Machtpotentiale.

Dies ergibt sich auch aus den zu unterschiedlichen Zeiten erlassenen Verfassungsordnungen, die rein formal zwar eine konstitutionelle Monarchie vorschrieben, tatsächlich aber den König mit weitreichenden exekutiven Befugnissen ausstatteten. Er verfügt entsprechend der erwähnten Legitimationsquellen des „Hassanismus“ über eine ungeteilte und unkontrollierte Macht: Der Monarch ernennt den Ministerpräsidenten und ist Oberbefehlshaber der Streitkräfte, Vorsitzender des Nationalen Entwicklungs- und Planungsrates sowie des Obersten Justizrates. Nachfolger des Königs soll wie in einer traditionellen Erbmonarchie üblich automatisch dessen ältester Sohn werden. Zwar gibt es ein Parlament mit gewählten Abgeordneten, dessen Mitglieder beschränken sich aber auf die Umsetzung der königlichen Entscheidungen.

43 Vgl. Bassam Tibi: Das arabische Staatensystem. Ein regionales Subsystem der Weltpolitik, Mannheim 1996, S. 83–100.

44 Vgl. u. a. Sigrid Faath: Marokko. Die innen- und außenpolitische Entwicklung seit der Unabhängigkeit. Kommentar und Dokumentation, Hamburg 1987; Helga Henselder: Marokko zwischen Demokratie und Diktatur, Phil. Diss., Köln 1971; Jürgen H. Wolff: Marokko, in: Nohlen/Nuscheler (Hrsg.): Handbuch (Anm. 36), S. 238–260.

Auch das Parteiensystem widerspricht nicht der Auffassung von der zentralen Machtposition des Monarchen: Über tatsächliche politische Einflussmöglichkeiten verfügen die Parteien nicht. Vielmehr dienen sie indirekt zum Machterhalt der Monarchie durch die Kanalisierung von politischen Stimmungen und eingeschränkte Partizipationsmöglichkeiten.

Gegenüber den Parteien als Organisationen gesellschaftlicher Kräfte nimmt das monarchische System somit eine instrumentalisierende Haltung ein: Dem König loyal gegenüberstehende Parteien werden gefördert, kritische Parteien hingegen bekämpft. So ließ Hassan II. etwa 1963 führende Politiker einer linksorientierten Partei verhaften und verurteilen. Insbesondere in Krisensituationen offenbarte die Monarchie ihren repressiven Charakter: 1965 rief man nach Unruhen den Ausnahmezustand aus und löste das Parlament auf. Zur Unterdrückung oppositioneller Tendenzen dienen der Monarchie Armee und Polizei, die gezielt gegen kritische Regungen aus der Gesellschaft eingesetzt werden. Indessen sichert sich die Monarchie nicht nur durch bloße Repression ab, wurden mitunter doch wichtige Opponenten durch die Berufung in hohe Ämter integriert und ruhig gestellt. Darüber hinaus mobilisierte Hassan II. Zustimmung für sich über die Außenpolitik, da er auf diesem Gebiet von Mitte der siebziger Jahre an ein expansives Vorgehen einleitete. Die Besetzung der Westsahara führte zwar zu außenpolitischen Konflikten, stärkte im Land aber das Ansehen und die Macht des Monarchen.

Aufgrund der relativ schwachen Opposition und des taktischen Geschicks beim Ausspielen unterschiedlicher Interessengruppen benötigte Hassan II. zur Stabilisierung seiner Herrschaft nicht eine breit angelegte Unterdrückungspolitik. Je nach politischer Stimmung lockerte oder verschärfte sich die Dimension diktatorischer Herrschaft. Dies veranschaulicht etwa das Ausmaß der Verletzung von Menschenrechten und der Einschränkung der Pressefreiheit zu unterschiedlichen Phasen. Mitunter kam es zu einem rigiden Vorgehen gegen – angebliche und tatsächliche – Oppositionelle, wobei willkürliche Verhaftungen, Folterungen und politische Morde üblich waren. Die Möglichkeiten zur freien Meinungsäußerung fanden ihre Grenzen bei Themen, die als Grundlagen für die Legitimation der monarchistischen Herrschaft gelten. Trotz einer gewissen Mäßigung in der Innenpolitik gegen Ende des 20. Jahrhunderts kann von einem Übergang zu einer konstitutionellen Monarchie noch nicht gesprochen werden. Erst nach dem Tod Hassans II. und der beginnenden Regentschaft seines Sohnes Mohammed VI. kam es ab 2000 zu schrittweisen Reformbemühungen.

3.4.3. Saud-Dynastie in Saudi Arabien

Bezogen auf Saudi-Arabien[45] lässt sich darüber streiten, ob die dortige politische Ordnung als monarchisches oder als theokratisches System anzusehen ist. Zum einen handelt es sich um das Königreich einer seit Jahrhunderten regierenden

45 Vgl. u.a. Mamoun Fandy: Saudi Arabia and the Politics of Dissent, New York 1999; Helen Lackner: A House built on Sand. Saudi Arabia, London 1978; Zehra Önder: Saudi-Arabien. Zwischen islamischer Ideologie und westlicher Ökonomie, Stuttgart 1980.

Familie, zum anderen bezieht sich deren Herrschaftslegitimation auf eine besondere Islam-Interpretation. Historisch-politisch zurückgeführt werden kann diese Kombination auf die Begegnung zwischen Mohammed Ibn Saud und Mohammed Ibn Abdul Wahhab Mitte des 18. Jahrhunderts. Ersterer gehörte zu den zahlreichen arabischen Stammesfürsten und war Herrscher des Stadtstaates Danja bei Riad. Der Religionsgelehrte Wahhab vertrat eine strenge Auslegung des Koran, die sich nicht nur gegen den weit verbreiteten Brauch des Besuchs von Andachtsstätten und Grabanlagen richtete. Darüber hinaus forderte er, jede Meinung und Norm müsse direkt aus dem Koran und den Überlieferungen entnommen und jeder den Unglauben praktizierende Muslim getötet werden. Saud übernahm die Lehre des Wahhab, sah sich dadurch zur Eroberung eines großen Teils der Arabischen Halbinsel motiviert und begründete dadurch den ersten saudischen Staat.

In der folgenden Zeit kam es 1818 und 1891 zur Zerschlagung der Saud-Herrschaft und zur jeweiligen Neuerrichtung durch Rückeroberung – dies alles im Rahmen des Osmanischen Reiches, das formal die Oberherrschaft in diesem Raum inne hatte. 1902 gelang dies Abd al Aziz Saud, der damit die Grundlage für die Herausbildung des späteren Königreichs schuf. Längeren diplomatischen Konflikten mit Großbritannien als in der Region einflussreicher Kolonialmacht und verschiedenen Nachbarländern folgte die Konsolidierung der Herrschaft Sauds. 1932 proklamierte er sich selbst zum Herrscher über das Gebiet, das fortan mit Bezug auf den Familiennamen als „Königreich Saudi Arabien“ bezeichnet wurde. Bereits ein Jahr später vergab Saud erste Ölkonzessionen an US-amerikanische Firmen, und ab 1947 begann der Erdölexport in bedeutendem Umfang. Hierdurch bedingt entstand bereits relativ früh eine nicht nur enge ökonomische, sondern auch politische Verbindung zu den USA. Mit steigender wirtschaftlicher Bedeutung des Öls wuchsen auch die Einnahmen für das Königreich aus dem Export, welche allerdings nicht zu einer breiter angelegten sozialen und wirtschaftlichen Modernisierung des Landes genutzt wurden. Das regelmäßige Einkommen aus dem Ölexport nötigte die Saud-Dynastie nicht dazu.

Sie etablierte dafür mit den unterschiedlichsten Maßnahmen ihre Herrschaft im Land: Bereits nach der Gründung des Staates besetzten Angehörige der Familie alle wichtigen Posten und konnten fortan ungehindert und unkontrolliert schalten und walten. Daran änderte sich auch nichts durch die sechzig Jahre nach der Proklamation des Königreichs 1992 zustande gekommene konstitutionelle Ordnung, erklärt sie doch Saudi Arabien weiterhin zu einer erblichen Monarchie. Freie Wahlen und politische Parteien ließ man nicht zu, eine unabhängige Justiz konnte sich ebenso wenig herausbilden wie eine freie Presse. Damit verbundene politische Auffassungen gelten den Sauds als westliche Einstellungen, die nicht auf die eigene Gesellschaft übertragbar seien. Im Islam sieht man das umfassende Gesetz zur Regelung des gesellschaftlichen Miteinanders, ihm sei auch der König unterworfen. So dient der weiter entwickelte Wahhabismus zur Legitimation der eigenen politischen Herrschaft, der sich die Gläubigen vollständig zu unterwerfen hätten. Während sie immer den religiösen Vorgaben Folge leisten sollten, gestatteten die Sauds im wirtschaftlichen Bereich durchaus den islamischen Bestimmungen widersprechende Praktiken.

Innerhalb der Gesellschaft regte sich lange Zeit kaum Protest und Unmut gegen die Saud-Herrschaft, versuchte man doch mögliche Konflikte durch den Einsatz finanzieller Mittel aus dem Ölexport abzudämpfen. Aktive Sozialpolitik dient dabei als wichtiges Mittel zur präventiven Machtabsicherung. Nennenswerte oppositionelle Regungen entstanden nur aus islamistischen Kreisen, die zwar die theokratischen Auffassungen der Saud-Herrschaft teilten, aber in deren politischer und wirtschaftlicher Kooperation mit den Westmächten einen Verrat an diesen Idealen sahen. Gerade die seit Beginn der neunziger Jahre in der Folge des Golfkrieges angewachsene massive Präsenz von US-Truppen im Land und die unverkennbare Bereicherung und Korruption in der Herrscherfamilie lösten in fundamentalistischen Kreisen oppositionelle Regungen aus, welche man durch finanzielle Zuwendungen in Form von Schutzgeldern zu beruhigen versucht. Gleichwohl geriet die Saud-Herrschaft durch die Widersprüchlichkeit einer theokratischen Prägung im innenpolitischen Bereich einerseits und einer prowestlichen Orientierung im außen- und wirtschaftspolitischen Kontext andererseits in eine Legitimationskrise.

3.5. Theokratische Diktaturen

3.5.1. Mullah-Regime im Iran

Im letzten Drittel des 20. Jahrhunderts kam es zum Wiederaufleben eines jedenfalls aus westlicher Sicht durch die Säkularisierungsprozesse im Bereich politischer Herrschaft eigentlich als überholt geltenden Typus der Legitimation von Diktatur, den theokratischen Systemen.[46] Als solche gelten Herrschaftsordnungen, bei denen die Staatsgewalt allein religiös im Sinne einer Statthalterschaft für Gott legitimiert wird. Damit verbundene Bestrebungen zur Herstellung einer Einheit von Religion und Staat kamen in der christlich, islamisch und jüdisch geprägten Welt in Gestalt des Fundamentalismus auf.[47] Besondere Bedeutung als politische Bewegungen und Systeme erhielten sie allerdings nur unter Muslimen in Gestalt der Islamisten. Da hierbei die Souveränität Gottes über die Souveränität des Volkes gestellt wird, handelt es sich um die Vorstellung von einer antidemokratischen Sozialordnung im Sinne einer theokratischen Diktatur.[48]

46 Vgl. Peter Stockmeier: Theokratie, in: Görres-Gesellschaft (Hrsg.): Staatslexikon. Recht – Wirtschaft – Gesellschaft, Bd. 5, Freiburg 1989, Sp. 447–450.

47 Vgl. u. a. Klaus Kienzler: Der religiöse Fundamentalismus. Christentum – Judentum – Islam, München 1996; Martin E. Marty/R. Scott Appleby: Herausforderung Fundamentalismus. Radikale Christen, Moslems und Juden im Kampf gegen die Moderne, Frankfurt a. M. 1996; Thomas Meyer (Hrsg.): Fundamentalismus in der modernen Welt. Die Internationale der Unvernunft, Frankfurt a. M. 1989.

48 Vgl. u. a. Gilles Kepel: Das Schwarzbuch des Dschihad. Aufstieg und Niedergang des Islamismus, München 2002; Bassam Tibi: Fundamentalismus im Islam. Eine Gefahr für den Weltfrieden?, Darmstadt 2000.

Eine erste derartige theokratische Herrschaft kam 1979 im Iran[49] als Folge eines revolutionären Umbruchs auf. Die dort jahrzehntelang regierende Monarchie der Pahlevi-Dynastie hatte einen ökonomischen Modernisierungsprozess vorangetrieben, dabei aber eine ungleichgewichtige Verteilung von Lasten und Nutzen entstehen lassen und die Korruption unter den sozialen Profiteuren der Entwicklung nicht eingedämmt. Den Unmut aus der Bevölkerung versuchte das Regime mit repressiven Maßnahmen zu ersticken. Indessen schwoll eine im religiösen und universitären Milieu entstandene Massenbewegung gegen die monarchische Diktatur an und forderte die Ablösung des regierenden Schah. Als eine geistige Führungsfigur des Unmutes galt der in Frankreich im Exil lebende Theologe Ruhollah Khomeini, der unmittelbar nach dem Sturz des monarchistischen Systems in den Iran zurückkehrte und von vielen Menschen als Retter in der Not begrüßt wurde. Daher konnte Khomeini mit anderen Mullahs binnen kurzer Zeit die zentralen Positionen übernehmen und die anderen oppositionellen Strömungen Schritt für Schritt von Einflussmöglichkeiten ausschließen.

Die günstige Ausgangsposition für die Einführung einer islamistischen Herrschaft ergab sich u.a. durch die Folgen der Repressionspolitik des vorherigen Regimes: Während man die politischen Ausdrucksformen von Opposition unterdrückte, konnte nicht ebenso entschieden gegen die Geistlichkeit vorgegangen werden. Solche Maßnahmen hätten den Unmut der tiefgläubigen Bevölkerung weiter verstärkt. Die Moscheen bildeten daher den einzigen Ort zur Artikulation oppositioneller Regungen, und die Geistlichkeit verfügte über eine entsprechende Infrastruktur im Land. Nach dem Umbruch konnte sie zur Ausgrenzung der mehr säkular ausgerichteten unterschiedlichen Oppositionsgruppen genutzt werden. Binnen kurzer Zeit gelang es dem als charismatische Führerfigur geltenden Khomeini darüber hinaus, die Hoffnungen der Iraner auf eine bessere Zukunft mit seiner Person als neuem Oberhaupt zu verbinden. Mit der hohen Akzeptanz in der Bevölkerung gelang es der Führungsriege von Mullahs („Rechtsgelehrten"), über die Institutionalisierung eines neuen Herrschaftssystems und eine islamistische „Kulturrevolution" ein theokratisches System zu etablieren.

Nach der neuen Verfassung lag die Souveränität im Staat nicht beim Volk, sondern bei Gott. Da dieser die Herrschaft allerdings nicht direkt ausüben könne, liege die Regierungsgewalt in den Händen des dazu befähigten Vertreters. Eine solche „Regentschaft des Rechtsgelehrten" wirkte ausgestattet mit allen Machtmitteln und ohne Kontrollmöglichkeiten, sollte der Inhaber doch allein Gott und keiner anderen Instanz verpflichtet sein. Das Amt erhielt Khomeini, der in dieser Funktion eine Fülle von Herrschaftsmöglichkeiten und Zuständigkeiten auf sich zog. Sie reichten vom Oberbefehl über die Streitkräfte über die Wahl der Mitglieder des „Wächterrates" und obersten Richters bis zur Ernennung des Präsidenten. Khomeini stand somit über Exekutive, Judikative und Legislative,

49 Vgl. u.a. Bruno Funk: Der geschundene Pfau. Der Iran unter den Ayatollahs, Hamburg 1985; Navid Kermani: Iran. Die Revolution der Kinder, München 2001; Wahid Wahdathagh: Die Herrschaft des politischen Islam als eine Form des Totalitarismus. „Die Islamische Republik Iran", in: PROKLA, 29 (1999), S. 317–342.

und jede Kritik an ihm musste als Verwerfung von Gottes Willen gelten. Rigoros ging das neue Regime gegen Andersdenkende und Oppositionelle vor: Alle nicht-islamischen Organisationen und Parteien wurden verboten, die neue Geheimpolizei und die "Revolutionswächter" erstickten brutal alle kritischen Regungen, und selbst im Exil lebende Dissidenten fanden den Tod durch Attentate des Geheimdienstes.

Die „islamische Kulturrevolution" trieb man durch die Kontrolle über die öffentliche Meinung und die Durchsetzung rigider Vorschriften voran: Die Medien mussten sich fortan nach den politischen und religiösen Vorgaben des Regimes ausrichten. Gravierende inhaltliche und personelle Veränderungen ereigneten sich im Bildungs- und Hochschulbereich. Die Vorschrift zum Tragen des Schleiers für Frauen führte die neue Regierung wieder ein. Die beabsichtigte Zurückdrängung von als westlich verachteter Säkularität betraf sogar traditionelle alt-persische Elemente der Musik. Darüber hinaus mobilisierte die theokratische Diktatur die Massen zur Legitimation ihrer Herrschaft: Hierzu gehörten nicht nur Aufrufe zur Teilnahme an religiösen Veranstaltungen, sondern auch politischen Demonstrationen. Der Weltöffentlichkeit sollte durch Versammlungen der Rückhalt der Iraner für die Außenpolitik ihrer Regierung dokumentiert werden.

Nach dem Tod Khomeinis 1989 ging die Konzentration der Macht auf eine Person zurück, die Geschlossenheit der Führung löste sich ansatzweise auf. Als Reaktion auf die unterschiedlichen innen- wie außenpolitischen Umbruchprozesse entstand gegenüber dem dogmatisch ausgerichteten ein reformerisch orientierter Flügel, der bei Wahlen hohen Anklang in der Bevölkerung fand. Beides, die Reformer und die Wahlen, belegen allerdings keinen Wandel von der Diktatur hin zur Demokratie: Weiterhin fehlen Meinungs- und Organisationsfreiheit. Die Auswahlmöglichkeiten beziehen sich nur auf die Vertreter der unterschiedlichen Flügel des theokratischen Systems. Darüber hinaus kann Bewerbern um die Parlamentssitze durch Sonderausschüsse die Eignung abgesprochen werden, was mitunter bis zu einem Drittel der Interessierten betraf. Der besonders dogmatische Flügel der Regierenden verfügt weiterhin über großen Einfluss, vor allem im Bereich der Justiz, wie die Verfolgung und Verurteilung von Journalisten und Schriftstellern veranschaulicht. Die Reformer plädieren für ein weniger rigides Vorgehen, den absoluten Herrschaftsanspruch der Geistlichkeit wollen aber auch sie nicht aufgeben.

3.5.2. Islamistische Herrschaft im Sudan

Während für den Iran im vorgenannten und für Afghanistan im folgenden Fall klar von theokratischen Diktaturen gesprochen werden kann, besteht eine solche Eindeutigkeit für den Sudan[50] nicht. Zur Legitimation ihrer Herrschaft

50 Vgl. u.a. Abdelwahab el Affendi: Turabi's Revolution. Islam and Power in Sudan, London 1991; Ann Mosley Lesch: The Sudan: Contested National Identitites, Bloomington/Oxford 1998; Hanspeter Mattes: Sudan, in: Nohlen/Nuscheler (Hrsg.): Handbuch (Anm. 36), Bd. 5: Ostafrika und Südafrika, S. 156–177.

dienen den dortigen Machthabern nationalistische wie religiöse Ideologieelemente. Weitere Schwierigkeiten für eine klare Zuordnung ergeben sich durch den bürgerkriegsähnlichen Konflikt zwischen Nord- und Südsudan. Nach der politischen Unabhängigkeit von 1956 bestand formal ein eigenständiger Nationalstaat, zum einen mit ethnisch und religiös unterschiedlichen bis gegensätzlichen Bevölkerungsgruppen, zum anderen mit anderen ökonomischen und sozialen Rahmenbedingungen. In der Folge dieser Konstellation versuchte der arabisch geprägte, islamisch gläubige und wirtschaftlich mächtigere Norden den nicht-arabischen, nicht-islamischen und ökonomisch unterentwickelten Süden zu beherrschen. Der Konflikt ließ neben anderen Gründen keine stabile politische und soziale Ordnung aufkommen, was wiederum zu zahlreichen Krisen und Umbrüchen führte.

In einer solchen Situation stürzte 1989 das Militär die Regierung, der Korruption und Nepotismus, Unfähigkeit und Versagen vorgeworfen wurden. Die neuen Machthaber setzten einen 15-köpfigen „Revolutionären Kommandorat der nationalen Rettung" unter der Führung des Generalleutnants Umar Hassan al Bashir ein. Er verbot zunächst Gewerkschaften und Parteien und hob die Funktionsfähigkeit und Rechtmäßigkeit der Verfassungsorgane auf. Stattdessen propagierten die neuen Machthaber die Errichtung eines anderen politischen Systems, das sich einerseits durch die Direktwahl des Präsidenten und andererseits durch das Bestehen von Volkskonferenzen legitimieren sollte. Gerade die letztgenannten Einrichtungen wollten den Anschein von direktdemokratischen Mitbestimmungsmöglichkeiten erwecken. Gleichwohl verband sich damit keine echte Partizipation an politischen Entscheidungsprozessen, blieb doch der Kommandorat das absolute Machtzentrum im politischen System des Sudan.

Er forcierte bezogen auf die ideologische Ausrichtung der Herrschaft eine Islamisierungspolitik, womit sich die theokratische Dimension des Bashir-Regimes offenbarte. Dabei handelte es sich um eine in dieser Form bislang nicht bekannte Koalition von putschenden Militärs und islamischen Fundamentalisten. Deren ideologischer und organisatorischer Kopf Hasan al Turabi forderte eine islamische Ausrichtung der Staatsordnung, die Errichtung einer Gottesherrschaft und einen „Heiligen Krieg" gegen die „Ungläubigen". Für die Situation im Sudan bedeutete dies die Islamisierung der Gesellschaftsordnung – angefangen vom Erlass einer islamischen Kleiderordnung über die Förderung der religiösen Mission bis zum Verbot von Bankzinsen. Oppositionelle Regungen gegen diese Entwicklungen verfolgte eine neu organisierte Geheimpolizei. Darüber hinaus verbreitete man islamistische Auffassungen auch durch militärische Aktionen, die sich gegen die nicht-arabischen und nicht-islamischen Bevölkerungsteile insbesondere im Südsudan richteten und eine kulturelle und politische Dominanz des Nordens anstrebten.

Im Zusammenhang mit dieser Politik nahm das Bashir-Regime indirekt rassistische Züge an. Sie bestanden nicht nur in der Diskriminierung der nicht-arabischen Sudanesen, sondern auch im Wiederaufleben der Sklaverei im Land. Gegen Ende der neunziger Jahre mehrten sich Meldungen, wonach Privatmilizen wie Regimetruppen in die Dörfer des Südens einfielen. Die bei diesen Aktionen gefangen genommenen Menschen, insbesondere Frauen und Jugendliche, verkaufte man anschließend als Sklaven und Zwangsarbeiter. Mitunter erstreckt sich dieses Vorgehen auch auf Nachbarländer wie etwa Uganda. Nach Schätzungen der Vereinten Nationen sollen von derartigen Formen der Versklavung bis zu 15.000 Menschen betroffen gewesen sein. Darüber hinaus ging das Regime repressiv gegen ethnische Minderheiten wie die Nuba vor. Offiziell distanziert sich das Regime um seines internationalen Ansehens willen zwar von diesem Vorgehen, tatsächlich gehen derartige Aktivitäten in hohem Maße von offiziellen Truppen aus.

Gegen Ende der neunziger Jahre nahm der Einfluss der Islamisten in der Koalition mit den Militärs ab, was allerdings weder mit der Abkehr von diktatorischer Herrschaft noch mit der Verbesserung der Menschenrechtssituation verbunden war. Der Alleinherrscher Bashir bootete lediglich seinen Machtkonkurrenten Turabi aus und enthob ihn 1999 seiner Ämter. Dafür gab es innen- wie außenpolitische Gründe: Die von den Islamisten geforderte rigide Sittenstrenge löste zunehmend Unmut aus. Darüber hinaus musste das Land aus wirtschaftlichen Gründen – seit 1999 ist es Erdölexporteur – auf sein Ansehen in der westlichen Welt achten. Politische Rücksichtnahmen führten bereits einige Jahre zuvor zur Ausweisung von islamistischen und anderen Terroristen. Die Anhänger von Turabi gingen dadurch in die Opposition, der Sudan blieb unter Bashir mit seinem Repressionsapparat aber eine Diktatur.

3.5.3. Taliban-Regime in Afghanistan

Die dritte islamistische Diktatur entstand in Afghanistan als Folge von Umbrüchen in einem Bürgerkrieg: Um die an die Macht geputschte kommunistische Regierung in dem Land zu verteidigen, schickte die Sowjetunion von 1979 bis 1989 Truppen nach Afghanistan. Gegen sie kämpfte eine Reihe unterschiedlicher Gruppen, die als islamistisch geprägte „Mudschahidin“ einen „Heiligen Krieg“ gegen die Besatzer führen wollten. Hierbei handelte es sich meist um die Anhänger von regionalen „Warlords“ (Kriegsherren), denen sich Angehörige bestimmter ethnischer Gruppen oder Anhänger spezifischer islamischer Religionsausprägungen anschlossen. Nach dem Abzug der sowjetischen Streitkräfte löste sich das einigende Band auf, und die unterschiedlichen Verbände begannen einen blutigen Bürgerkrieg um die Erlangung der Macht. Zwar kam 1992 eine Übergangsregierung zustande, sie konnte das Land aber nicht befrieden. In den fortwährenden Wirren dieser Auseinandersetzung gelang es einer bislang nicht bekannten Gruppierung schrittweise die Kontrolle über bis zu 90 Prozent des Territoriums zu erlangen und eine theokratisch geprägte Diktatur zu errichten: den Taliban.[51]

---

51 Vgl. u.a. William Maley (Hrsg.): Fundamentalism Reborn? Afghanistan under the Taliban, London 1997; Michael Pohly/Khalid Duran: Nach den Taliban. Afghanistan zwischen internationalen Machtinteressen und demokratischer Erneuerung, München 2002; Ahmed Rashid: Taliban. Afghanistans Gotteskrieger und der Dschihad, München 2001.

Die Bezeichnung steht sinngemäß für „Koranschüler" und erklärt sich durch die Entstehungsgeschichte der Bewegung: Mehrere Anrainer-Staaten Afghanistans förderten die unterschiedlichen Gruppierungen, um dadurch selbst in dem Land Kontrolle und Macht ausüben zu können. Hierzu gehörte Pakistan, an dessen Grenze bereits jahrelang zahlreiche Flüchtlinge lebten. In diesen Regionen bestanden viele islamische Schulen, einerseits zur religiösen Erziehung, andererseits zur militärischen Ausbildung. Auf Anregung und mit Unterstützung bestimmter Stellen der pakistanischen Regierung sowie des Geheimdienstes und Militärs bildeten sich aus deren Absolventen die späteren Taliban. Zu ihnen stießen Angehörige anderer islamistischer Gruppierungen und weitere Flüchtlinge aus den zahlreichen Lagern. Ausgestattet mit Waffen begannen sie von 1994 an mit einem innerafghanischen Eroberungsfeldzug, der bis ins Jahr 2000 immer größere Teile des Landes unter ihre Kontrolle brachte. Anfangs begrüßten große Teile der Bevölkerung diese Entwicklung, galten die Taliban doch in einem Zustand allgemeiner Rechtlosigkeit und Unsicherheit als Ordnungsfaktor.

Fortan errichteten die Taliban ein häufig als „Steinzeit-Islamismus" bezeichnetes Herrschaftssystem, das in bislang nicht gekannter Rigorosität die fundamentalistische Interpretation dieser Religionsform in die gesellschaftliche Realität umsetzen wollte. Besonders Frauen waren davon betroffen: Man verbot ihnen zu arbeiten, was zusätzlich zur Verelendung vieler Familien beitrug. Frauen durften nur in Ausnahmefällen und nur in männlicher Begleitung das Haus verlassen. Mädchen schloss man von jeder Bildung aus. Darüber hinaus verhängten die Taliban eine strenge Kleiderordnung, die eine Verschleierung von Kopf bis Fuß vorschrieb. Männer mussten sich einen längeren Bart stehen lassen. Dieben schlug man Hände und Füße ab, Ehebrecher wurden zu Tode gesteinigt, Alkoholkonsum bestrafte man mit Peitschenhieben. Außerdem kam es zum Verbot von Fernsehen, Musik und Spielen. Fußballstadien wurden nicht mehr für Spiele, sondern für öffentliche Hinrichtungen genutzt. Über die Einhaltung derartiger Vorgaben wachte eine Art Religionspolizei.

Die überwiegende Mehrheit der Bevölkerung akzeptierte eine derartige politische Interpretation des Islam und deren repressive Folgen für das Alltagsleben nicht. Beides widersprach einer eher toleranten Tradition des in Afghanistan üblichen Islamverständnisses und Umgangs mit Andersgläubigen. In dem vom jahrzehntelangen Bürgerkrieg ausgezehrten Land konnte sich indessen kein autonomer und breiter Widerstand entwickeln, lediglich im Norden bestand eine Allianz unterschiedlicher Taliban-Gegner. So blieb deren Macht zunächst nicht gefährdet. Der mit der Führung betraute Mullah Omar entwickelte eine Ein-Mann-Herrschaft und schaltete Konkurrenten aus. Mehrere Säuberungswellen bis zur Basis hin verstärkten seine Führungsmacht. Mullah Omar übte seine Macht über sein engstes Umfeld und dessen Einflüsse in den zentralen Ratsstrukturen aus. Die damit gemeinten Versammlungen bildeten das Kabinett und die Militärführung. Zur systematischen Herausbildung eines Regierungsapparates und der Regelung von Machtverteilungen kam es unter den Taliban allerdings nicht.

Ihre Herrschaft in Afghanistan konnte erst durch eine militärische Intervention von außen beendet werden. Im Land selbst hatte man dem islamistischen Terroristenführer Osama bin Laden gestattet, eine Ausbildungs- und Organisationsbasis mit der Bezeichnung „Al Quaida" zu entwickeln. Deren Angehörige verübten zahlreiche Anschläge auf militärische und zivile Einrichtungen der USA, wozu auch der Terroranschlag auf das New Yorker World Trade Center am 11. September 2001 gehörte. Die Recherchen der Sicherheitsbehörden ergaben, dass die Selbstmordattentäter zuvor enge Kontakte mit Zellen dieser Terrornetzwerke hatten und von diesen angeleitet worden waren. Da sich die Taliban weigerten, bin Laden auszuliefern und die Al-Quaida-Strukturen aufzulösen, begannen die USA damit, die oppositionelle Nordallianz massiv militärisch zu unterstützen. In der Folge dieser Entwicklung mussten die Taliban nach zahlreichen Niederlagen zurückweichen und verloren Region für Region die Macht in Afghanistan.

4. Analytische und vergleichende Betrachtungen

4.1. Entstehung von Diktaturen

Bei den vorgenannten Diktaturen handelte es sich überwiegend um politische Systeme, die erst im 20. Jahrhundert entstanden. Lediglich die erwähnten Monarchien verfügten meist über eine Jahrhunderte lange Tradition. Demnach erfolgte die Etablierung der Diktaturen in einer besonderen historisch-politischen Situation, jeweils nach der Ablösung vorheriger politischer Systeme. Dafür spielten entweder externe oder interne Ursachen eine herausragende Rolle. Der erstgenannte Gesichtspunkt bezieht sich auf Bedingungsfaktoren, die außerhalb der gesellschaftlichen Entwicklung in dem jeweiligen Land lagen. Besonders bei den kommunistischen Diktaturen, die nach dem Ende des Zweiten Weltkriegs aufkamen, lässt sich das beobachten. Auch wenn in den Staaten kommunistische Parteien mit einem gewissen politischen Einfluss bestanden, wären sie bis auf Ausnahmefälle wie in Jugoslawien[52] wohl kaum unabhängig von der sowjetischen Besatzung des Landes an die Macht gekommen. Erst die Unterstützung durch einen externen Faktor ermöglichte dort die Bildung der antidemokratischen Regime.

In den meisten Fällen kam bei der Herausbildung einer Diktatur den internen Faktoren größere Bedeutung zu. Damit gemeint sind die spezifischen kulturellen, politischen, sozialen und wirtschaftlichen Gegebenheiten sowie Veränderungen in einer Gesellschaft, die als Rahmenbedingungen für den Systemwechsel gelten können. Insbesondere die beiden letztgenannten Gesichtspunkte stellten einen herausragenden Bedingungsfaktor dar. Bei der überwiegenden Zahl der Diktaturen handelt es sich um Regime, die in einer Situation sozioökonomischer Krisen entstanden. Dabei spielte nicht nur die unterent-

52 Nach dem Ende des Zweiten Weltkriegs konnten die im Widerstandskampf gegen die deutsche Besatzung einflussreich gewordenen Kommunisten autonom die Macht übernehmen.

wickelte Wirtschaftsdynamik eine herausragende Rolle, sondern auch die unterschiedliche soziale Verteilung von Nutzen und Schaden. Gelang es politischen Systemen nicht, eine ausgewogene sozioökonomische Entwicklung voranzutreiben, schwand die Akzeptanz in der Bevölkerung. Diese Dynamik musste nicht notwendigerweise zu einem Stimmungsumschwung zugunsten einer Diktatur führen, allein das Bestehen einer Haltung breiter Unzufriedenheit schuf aber eine günstige Ausgangsposition für die Etablierung solcher Regime.

Als weiterer Gesichtspunkt kamen in den meisten Fällen politische Krisen hinzu, also das mangelnde Vermögen der Regierenden, die Folgewirkungen des Unmuts nicht zu einer Destabilisierung der Regelung des gesellschaftlichen Miteinanders werden zu lassen. Brachen massive politische Konflikte bis hin zu bürgerkriegsähnlichem Ausmaß auf, wuchs die Akzeptanz einer autoritären Ordnungsmacht zur Eindämmung solcher Auseinandersetzungen in der Bevölkerung. Gerade die scheinbare oder tatsächliche Gewährung von Ruhe und Sicherheit nach der Machtübernahme einer Diktatur trug entscheidend mit zur sozialen Akzeptanz der neuen Herrschaftsform bei. Allerdings führten politische und wirtschaftliche Krisen keineswegs notwendig zur Errichtung von Diktaturen, wie eine vergleichende Betrachtung mit anderen Ländern zeigt. Dabei ergibt sich vielmehr folgender Zusammenhang: Je stärker ein demokratisches Bewusstsein und ein demokratischer Rechtsstaat in der Gesellschaft verankert waren, desto geringer war die Gefahr des Umschlagens politischer und sozialer Krisen in die Etablierung eines diktatorischen Systems.

In einigen Fällen lässt sich ein radikaler Bruch konstatieren, in anderen Fällen gibt es gewisse Kontinuitäten. Für den erstgenannten Bereich stehen insbesondere die kommunistischen Diktaturen, die kaum Unterstützung von den Anhängern der vorherigen politischen Systeme erhielten. Dies hing mit dem ideologisch begründeten Anspruch zusammen, eine völlig neue Gesellschaftsordnung zu errichten. Dem gegenüber förderten sowohl im Fall der faschistischen wie der nationalsozialistischen Diktatur etablierte einflussreiche politische und wirtschaftliche Kreise den Weg hin zu einem Systemwechsel. Darüber hinaus konnte in der Regel auch der zuvor bestehende Repressionsapparat bei der Etablierung der Diktatur eingesetzt werden. Teilweise entstammten ihm die neuen Machthaber wie die nationalistischen Militärs selbst, teilweise übernahm man Militär und Polizei unter anderer personeller Führung und mit eigenen paramilitärischen Einheiten als Herrschaftsinstrumente.

Auch bei der Etablierung der jeweiligen Diktaturtypen lassen sich Unterschiede bezogen auf die Kontinuitäten zum vorherigen politischen System ausmachen. An die Macht konnten die italienischen Faschisten und deutschen Nationalsozialisten formal auf weitgehend legalem Wege kommen, d.h. die in den vorherigen politischen Systemen politische Verantwortung tragenden Institutionen bzw. Personen gaben die Regierungsgewalt in die Hände dieser politischen Kräfte. Demgegenüber führten alle anderen Diktaturen ihre Etablierung auf einen illegalen Gewaltakt in Gestalt einer Revolution oder eines

Staatsstreichs zurück. Und schließlich muss bezogen auf eine vergleichende Betrachtung zur Etablierung der Diktaturen noch auf die bereits angedeutete Einstellung der Bevölkerung verwiesen werden. In einigen Fällen konnten die späteren Diktaturen eine Massenbewegung hinter sich bringen, in anderen Fällen nutzten sie das Bestehen eines politischen Vakuums zur Etablierung ihrer Macht. Ersteres gilt für die beiden faschistischen und teilweise für die kommunistischen Diktaturen, während die nationalistischen Diktaturen meist auf den staatsstreichartigen Akt einer Minderheit zurückgingen.

4.2. Die entscheidenden Machtzentren in Diktaturen

Ein grundlegender Unterschied zwischen Diktaturen und Demokratien liegt in der Konzentration von Macht an einer bestimmten Stelle des Staates. Das Zentrum kann unterschiedliche Formen annehmen, etwa bei der quantitativen Dimension der herrschenden Spitze. Dabei lässt sich idealtypisch zwischen einer Ein-Mann- und einer kollektiven Herrschaft unterscheiden. Zum letztgenannten Typus gehören Diktaturen, an deren Spitze eine besondere Gruppe von Personen in Gestalt einer Machtelite steht. In den kommunistischen Systemen war dies in der Regel die Führung der Partei (Politbüro), die politische Fragen mitunter kontrovers diskutierte, aber dann die Resultate in einheitlicher Form zur rigorosen Umsetzung an untergeordnete Instanzen weitergab. Auch viele nationalistische Diktaturen wiesen eine kollektive Führung auf, wofür u.a. die Militärregime mit Vertretern unterschiedlicher Waffengattungen an der Staatsspitze stehen. Selbst wenn in derartigen politischen Systemen einer bestimmten Person besondere Bedeutung zukam, blieben sie durch deren Bindung und Einbettung in die Herrschaftselite kollektiv geführte Diktaturen.

Dem gegenüber steht die Ein-Mann-Herrschaft, also die Konzentration der Macht auf eine Person an der Spitze des Staates. Sie unterscheidet sich von der vorgenannten Kollektivform der Diktatur mit einem herausgehobenen Politiker nicht nur durch dessen Machtpotential, sondern auch durch den um ihn inszenierten Personenkult. Häufig werden solche politischen Systeme mit dem jeweils führenden Politiker identifiziert, wofür etwa der italienische Faschismus unter Mussolini und der deutsche Nationalsozialismus unter Hitler stehen. In diesen Regimen konnten sich die Diktatoren über die Auffassungen und den Willen der dort existierenden Herrschaftselite sehr weitgehend hinwegsetzen. Auch eine Reihe von nationalistischen Diktaturen gehört zum Typus der Ein-Mann-Herrschaft, besaßen doch mitunter einzelne Personen ebenfalls herausragende Bedeutung. Exemplarisch dafür stehen die Quaddafi-Diktatur in Libyen und die Husain-Diktatur im Irak[53], ebenso die Franco-Diktatur in Spanien und die Salazar-Diktatur in Portugal. Mit dem Abtritt oder Tod der letztgenannten beiden Personen löste sich nicht zufällig das jeweilige System auf.

53 Vgl. Arnold Hottinger: Ideologie und Personenkult. Der Drang zum „Starken Mann", in: Michael Lüders (Hrsg.): Der Islam im Aufbruch? Perspektiven der arabischen Welt, München 1992, S. 45–62.

Allerdings können nicht alle Diktaturtypen eindeutig einer Ein-Mann- oder kollektiven Herrschaftsform zugeordnet werden. Selbst in einzelnen Systemen lässt sich mitunter ein Schwanken ausmachen. So bestand etwa in der Sowjetunion der Stalin-Ära eine Ein-Mann-Diktatur, die nach dessen Tod durch die kollektive Führung der KP-Elite abgelöst wurde. Hier kam es sogar im Falle von Chruschtschow zur Absetzung eines Parteivorsitzenden an der Regierungsspitze, was unter Stalin unvorstellbar gewesen wäre. Gerade dieses Ereignis macht den Übergang von der Ein-Mann- zur kollektiven Herrschaft deutlich. Formal Ähnliches ließ sich im theokratischen Iran feststellen: Dort bestand zunächst eine weitgehende Ein-Personen-Herrschaft unter Khomeini, und nach dessen Tod erfolgte ein Übergang zur kollektiven Herrschaft der Mullahs. Es gibt sogar einen Fall in der Geschichte der Diktaturen des 20. Jahrhunderts, bei dem der Ein-Mann-Herrschaftsanspruch in Konfrontation mit dem Kollektivführungsanspruch einer Herrschaftselite zu einem bürgerkriegsähnlichen Konflikt führte: die Auseinandersetzungen Maos mit der kommunistischen Partei in China.

Neben dem quantitativen Aspekt ist bei der Betrachtung des Machtzentrums in einer Diktatur die institutionelle Dimension von Bedeutung. Angesprochen sind hier die besonderen Einrichtungen und Instanzen, die zur Bildung und Umsetzung von politischen Entscheidungen in einer Diktatur dienen. Idealtypisch lassen sich drei Formen unterscheiden: die Nutzung alter Strukturen unter neuer personeller Besetzung, die Erhebung der Organisationsstruktur der neuen Machthaber zum eigentlichen Herrschaftsgremium und die Schaffung von Parallelstrukturen zu diesen beiden Varianten eines Machtzentrums. Zur erstgenannten Form gehört ein großer Teil der nationalistischen Diktaturen, vor allem in Europa und Lateinamerika. Trotz der Gründung von Militärjuntas blieben die bisherigen Institutionen in der Regel bestehen und wurden durch den Austausch der Verantwortlichen und die Neuverteilung von Kompetenzen weiter genutzt. Damit sollten der Gesellschaft Kontinuität und Legitimität suggeriert werden. Dem gegenüber schufen die nationalistischen Diktaturen im Nahen Osten häufiger neue Herrschaftsstrukturen.

In den kommunistischen Diktaturen übernahm die Partei den Staat, d.h. sie besetzte nicht nur die wichtigsten staatlichen Stellen mit ihren Funktionsträgern, sondern machte ihre Führungsspitze auch zum eigentlichen Entscheidungszentrum. Formal ähnlich gestaltete sich die Konzentration von Herrschaft in den reinen theokratischen Diktaturen, wo die Gruppe der bestimmenden Religionsgelehrten oder die sich dafür haltenden Personen die Macht über den Staat als neu institutionalisierte Elite übernahm. Eine spezifische Form der Gestaltung des Machtzentrums stellt die Entwicklung und Etablierung von Parallelstrukturen dar, wofür exemplarisch die nationalsozialistische Diktatur steht. Zwar nutzte man hier ebenfalls bestehende Institutionen und Strukturen wie Kabinett und Parlament. Darüber hinaus erhielten ursprünglich aus der Partei heraus entstandene Einrichtungen durch einen Institutionalisierungsprozess staatlichen Charakter. Das entscheidende Machtzentrum bildete sich allerdings um den Diktator herum. Einflussmöglichkeiten und Entscheidungspotentiale in politischen Fragen waren nicht von bestimmten bürokratischen Einrichtungen, sondern vom Zugang zu Hitler abhängig.

4.3. Die Diktaturen im Lichte einer Typologie von Herrschaft

Bezogen auf die Legitimation unterschieden sich die Diktaturen nicht nur inhaltlich, sondern auch formal. Zur Erörterung des damit verbundenen Komplexes kann auf die 1922 aus dem Nachlass veröffentlichte Konzeption der Herrschaftstypologie von Max Weber[54] zurückgegriffen werden, welche allerdings von der Unterscheidung von Demokratie und Diktatur abstrahierte. Der Soziologe unterschied drei Typen: Hierzu gehörte für ihn als älteste Form die traditionelle Herrschaft, die sich aus dem Glauben an die Heiligkeit der seit jeher vorhandenen Ordnungen ableite. Von den vorgenannten Diktaturen können die monarchischen Systeme mit ihrer langjährigen Tradition diesem Herrschaftstypus zugeordnet werden. Dies schließt die genannten Monarchien mit einer religiösen Legitimationskomponente ein, entsprechen sie doch aufgrund der lange Zeit existenten Bezüge auf Religion ebenfalls den Merkmalen traditioneller Herrschaft. Etwas komplizierter verhält es sich mit den theokratischen Diktaturen im islamistischen Sinne. Hier könnte eher von einer politisch rekonstruierten traditionellen Herrschaft gesprochen werden.

Als weiteren Herrschaftstypus nannte Weber die charismatische Variante, die eine emotionale Hingabe an den jeweiligen Herrscher bedingt und in seiner Person die eigentliche Legitimation des politischen Systems sieht. Um dessen besonderer Qualitäten willen sollen die Untertanen gehorchen, nicht aufgrund einer spezifischen Funktion oder traditionellen Würde. Zu diesem Typus gehört eine große Zahl der Diktaturen, die unter der Rubrik Ein-Mann-Herrschaft zugeordnet wurden. Insbesondere der italienische Faschismus und der deutsche Nationalsozialismus bilden Varianten charismatischer Herrschaft, an ihrer Spitze stand ein herausgehobener Diktator. Darüber hinaus wies ihm der Personenkult eine charismatische Dimension zu. Ähnliches gilt für eine Reihe von nationalistischen Diktaturen wie die Nasser-Diktatur in Ägypten, die Husain-Herrschaft im Irak und das Quaddafi-Regime in Libyen, aber auch für die Stalin-Ära der kommunistischen Diktatur in der Sowjetunion und die Khomeini-Phase des theokratischen Systems im Iran. Die kollektiv geführten Diktaturen kennen eine charismatische Herrschaft demnach nicht.

Weber benannte als dritten Typus die legale Herrschaft kraft Satzung. Als reinste Form galt ihm die bürokratische Herrschaft, die durch formal korrekte Satzungen Recht schafft oder ändert. In ihr regierten Personen nicht durch Eigenrecht oder Tradition, sondern aufgrund festgelegter Regeln. Dieser Variante lässt sich eine parlamentarische und rechtsstaatliche Demokratie zuordnen. Gleichwohl können sich auch Diktaturen über formale Regeln legitimieren,

54 Vgl. Max Weber: Die drei reinen Typen der legitimen Herrschaft [1922], in: ders.: Soziologie. Universalgeschichtliche Analysen. Politik, Stuttgart 1973, S. 151–166.

handelt es sich hierbei doch um ein nicht an inhaltliche Grundprinzipien gebundenes Kriterium. Nicht zufällig versuchten Diktaturen sich immer wieder über Legitimations- und Regelungsvarianten in ihrer Machtstellung abzusichern, wozu etwa manipulierte Plebiszite und Verfassungsänderungen gehörten. Dies gilt in unterschiedlichem Ausmaß für alle vorgenannten Diktaturen, die selbst in den Phasen der Willkürherrschaft ein gewisses Maß von gesetzten Regeln um der Absicherung ihrer Existenz willen bedurften. Insofern lässt sich der Weberschen Typologie nur unter dem Vorbehalt ihrer idealtypischen Konstruktion zustimmen, häufig vermischte sich die letztgenannte Variante mit den ersten beiden Varianten.

Ähnlich verhält es sich bei einer Unterscheidung, die Ernst Fraenkel bereits 1938 bei seiner Analyse der nationalsozialistischen Diktatur vornahm. Er sprach von einem „Doppelstaat“[55], der aus einem „Normenstaat“ und einem „Maßnahmenstaat“ bestehe. Bei letzterem handelte es sich nach Fraenkel um ein Herrschaftssystem der unbeschränkten Gewalt und Willkür, das nicht durch rechtliche Garantien und Regelungen eingeschränkt sei. Den „Normenstaat“ definierte er als ein Regierungssystem, das mit weitgehenden Herrschaftsbefugnissen zwecks Aufrechterhaltung der Rechtsordnung ausgestattet sei, wie sie in Gesetzen, Gerichtsentscheidungen und Verwaltungsakten der Exekutive zum Ausdruck gelangten. Der Autor des „Doppelstaates“ sah in dem Nebeneinander beider Systeme eine Besonderheit des nationalsozialistischen Regimes, allerdings ohne eine vergleichende Analyse mit anderen diktatorischen Systemen vorzunehmen. Vergegenwärtigt man sich noch einmal die Ausführungen zu den beschriebenen Diktaturen, so stellt diese Parallelität von Maßnahmen- und Normenstaat ebenso ein typisches Merkmal anderer Diktaturen dar.

Zur Regelung des sozialen Miteinanders bedarf jede Gesellschaftsordnung bestimmter Normen, die aufgrund ihres Anspruchs auf Verbindlichkeit das Recht ausmachen. Je nach dessen Inhalten bilden sie damit die konstitutive Basis für eine Demokratie oder eine Diktatur. Insofern können Diktaturen auch nur so lange den Charakter eines Normenstaates annehmen, wie sich die dort Herrschenden an die von ihnen selbst erlassenen Gesetze und Rechtsprinzipien halten. In einen Maßnahmenstaat ging eine Diktatur in der Regel nur über, wenn sich ihr Herrschaftsanspruch gegenüber der Gesellschaft erhöhte oder sie sich gegenüber Widerständen in der Gesellschaft durchsetzen musste. Insofern lassen sich nicht die über die Ideologie unterschiedenen Diktaturtypen einheitlich den beiden Varianten zuordnen. Unter den kommunistischen Systemen bestanden Formen des Maßnahmenstaates stark ausgeprägt zur Zeit der Stalin-Herrschaft in der Sowjetunion und weitaus geringer in den letzten beiden Jahrzehnten der DDR. Gleichwohl verfügten eher im Sinne des Normenstaates ausgeprägte Diktaturen auch über die Potentiale eines Maßnahmenstaates.

---

55 Vgl. Ernst Fraenkel: Der Doppelstaat [1938], Hamburg 2001.

4.4. Die Bedeutung der Ideologie und die Intensität politischer Herrschaft

Die Diktaturen im 20. Jahrhundert wurden nach ihrer ideologischen Legitimation voneinander unterschieden und typologisch zugeordnet. Mit dem Verweis auf die inhaltlichen Besonderheiten lassen sich allerdings keine Aussagen über die Bedeutung der Ideologie für die politische Praxis diktatorischer Herrschaft formulieren. Die vergleichende Betrachtung zeigt, dass ihr in einigen Systemen herausragende Bedeutung zukam, in anderen eher eine pragmatische Handhabung erfolgte. Zur erstgenannten Kategorie gehören die kommunistischen und theokratischen Diktaturen sowie das nationalsozialistische Regime. Trotz inhaltlicher Unterschiede verfügten die von ihnen propagierten Ideologien über strukturelle Gemeinsamkeiten: Ihnen ist ein hohes Maß an Absolutheitsansprüchen und Dogmatismus eigen, unterstellen sie doch die alleinige Erkenntnis des Wesens der Dinge. Die Ideologien behaupten das Bestehen von fest gefügten Gesetzen der Geschichte, die man erkannt habe und in Politik umsetze. Mit diesem allseitigen und ganzheitlichen Wissen könne und müsse eine grundlegende und umfassende Änderung der Gesellschaftsordnung vorangetrieben werden.

Demgegenüber verfügten monarchische und nationalistische Diktaturen kaum über eine philosophisch ambitionierte Ausrichtung: Sie verwiesen entweder nur auf die historische Tradition der Königsherrschaft oder auf die nicht näher begründete Vertretung nationaler Interessen. Besonders deutlich zeigte sich der geringe Stellenwert von Ideologie bei manchen Militärdiktaturen, die lediglich die Gewährung der „nationalen Sicherheit“ auf ihre Fahnen schrieben. Andere Militärdiktaturen entwickelten erst später eine eigene Ideologie und Programmatik. Ähnlich verhielt es sich beim italienischen Faschismus. Darüber hinaus schwankten bestimmte diktatorische Systeme in unterschiedlichen Phasen zwischen dem Ausmaß von Dogmatismus und Pragmatismus, wofür das kommunistische China ein anschauliches Beispiel darstellt: Unter Mao folgte die Wirtschaftspolitik den rigiden Vorgaben der Ideologie mit der Folge von Millionen Hungertoten, nach dessen Tod ging man zu marktwirtschaftlichen Praktiken über, die der eigenen Ideologie widersprachen.

Die unterschiedliche Bedeutung der Ideologie für die Politik eines Regimes erklärt zu einem guten Teil die unterschiedliche Intensität politischer Herrschaft über die Gesellschaft. Die vergleichende Betrachtung der Diktaturen veranschaulicht folgenden Zusammenhang: Je höher der Stellenwert der Ideologie im politischen Selbstverständnis der Regierenden in einer Diktatur, umso höher ist der Anspruch zur Beherrschung und Kontrolle der Bevölkerung bis in die unpolitische Sphäre des Alltagslebens hinein. Hierzu gehörten in den faschistischen und kommunistischen Systemen bestimmte Anrede- und Grußformen, womit die Akzeptanz und Wertschätzung der Regime zum Ausdruck gebracht werden sollte. In theokratischen Diktaturen zählen die Einhaltung bestimmter Kleidungsvorschriften oder die Durchführung spezifischer religiöser Rituale zu den Praktiken, die als Ausweis für die Übereinstimmung mit dem politischen System dienen. Die nationalistischen Diktaturen in Europa und Lateinamerika kannten einen so weit gehenden Herrschaftsanspruch nicht und forderten lediglich die teilnahmslose Duldung ihrer Machtausübung durch die Bevölkerung.

Ein anderes Unterscheidungskriterium zur Intensität der Herrschaft in diktatorischen Systemen kann in dem unterschiedlichen Ausmaß von formal eigenständigen und unabhängigen gesellschaftlichen Bereichen oder Organisationen gesehen werden. In kommunistischen Diktaturen unterwarf man entsprechend der Doktrin die Wirtschaft der politischen Kontrolle, während in den faschistischen Diktaturen trotz staatlicher Reglementierung die Wirtschaft ein gewisses Eigenleben entfalten konnte. Der deutlich werdende Unterschied erklärt sich allerdings nicht nur durch die unterschiedliche Intensität der politischen Herrschaft, sondern auch durch die Übereinstimmung vieler Industrieller mit der Politik der Nationalsozialisten, während die Unternehmer das kommunistische Regime aufgrund seiner Verstaatlichungspolitik grundsätzlich ablehnen mussten. Ähnliche Unterschiede ergaben sich bei den nationalistischen Diktaturen je nach besonderer ideologischer Ausrichtung: Die reinen Militärregime ließen der Wirtschaft mitunter großen Freiraum, Entwicklungsdiktaturen stellten sie stärker unter die Kontrolle ihrer Politik.

Und schließlich muss bezogen auf die unterschiedliche Intensität der Herrschaft das Ausmaß des Terrors vergleichend berücksichtigt werden. Dessen Anwendung stieg in Diktaturen in der Etablierungsphase und bei politischen Krisen an. Darüber hinaus spielten das unterschiedliche Ausmaß der gesellschaftlichen Akzeptanz der Regime und das Vorhandensein bedeutsamer politischer Gegner dafür eine wichtige Rolle. Diese Faktoren erklären, warum die nationalsozialistische Diktatur keine breiter ausgerichtete Terrorherrschaft gegen den überwiegenden Teil der deutschen Bevölkerung ausübte.[56] Derartige Maßnahmen bezogen sich auf die Juden und andere Minderheiten – allerdings in besonderer Intensität. Demgegenüber ging die kommunistische Diktatur in der Sowjetunion in der Anfangsphase und in den Umbrüchen der Stalin-Ära weitaus stärker mit terroristischen Mitteln gegen die eigene Bevölkerung vor, was sich mit dem geringeren gesellschaftlichen Konsens für deren Herrschaft erklärt. Die unterschiedliche Intensität der Herrschaft hängt demnach nicht nur von den Besonderheiten der Ideologie, sondern auch von dem unterschiedlichen Ausmaß gesellschaftlicher Akzeptanz für Diktaturen ab.

4.5. Ursachen für den Niedergang von Diktaturen

Ebenso wie bei dem Aufkommen von Diktaturen zwischen externen und internen Faktoren unterschieden werden kann, lässt sich eine solche Differenzierung für den Niedergang derartiger politischer Systeme vornehmen. Mit dem

56 Vgl. u.a. Robert Gellately: Die Gestapo und die deutsche Gesellschaft. Die Durchsetzung der Rassenpolitik 1933–1945, Paderborn 1993; Eric A. Johnson: Der nationalsozialistische Terror. Gestapo, Juden und gewöhnliche Deutsche, Berlin 2001; Gerhard Paul/Klaus Mallmann (Hrsg.): Die Gestapo. Mythos und Realität, Darmstadt 1995.

erstgenannten Gesichtspunkt ist vor allem der Sturz einer Diktatur nach der militärischen Niederlage gegen einen anderen Staat gemeint. Hierfür stehen der Faschismus in Italien, der Nationalsozialismus in Deutschland, die Pol-Pot-Diktatur in Kambodscha[57] und das Taliban-Regime in Afghanistan. Allerdings ist eine Differenzierung notwendig, handelte es sich bei den beiden letztgenannten Fällen doch nicht um institutionell entwickelte Staatssysteme. Vielmehr herrschten erfolgreiche Warlords über große Regionen des Landes. Demgegenüber bestanden in Deutschland und Italien feste staatliche Herrschaftsstrukturen. Dadurch schien eine Ablösung dieser Systeme durch interne Faktoren, also durch Entwicklungen aus der Gesellschaft heraus, nicht möglich. Erst durch die Niederlage im Krieg erfolgte der Niedergang der Diktatur.

Weitaus bedeutsamer für die Auflösung solcher Systeme waren – in der vergleichenden Betrachtung – allerdings krisenhafte Entwicklungen innerhalb der Herrschaftsbereiche von Diktaturen. Hierbei bestand zwar ein enger Zusammenhang zwischen politischen und wirtschaftlichen Faktoren, letztere überwogen eindeutig. Diese Priorität ergibt sich aus der Betrachtung der Ursachen und des Verlaufs von Aufständen und Protesten in Diktaturen: An deren Beginn standen in der Regel soziale und wirtschaftliche Motive, die erst im Verlauf der Auseinandersetzung in politische Forderungen übergingen. In keinem Fall musste ein derartiges politisches System bei einer funktionierenden Ökonomie um seinen Bestand fürchten. Die Stabilität einer Diktatur hing eng mit deren Fähigkeit zusammen, scheinbare oder tatsächliche soziale und ökonomische Besserungen zu bewirken.

Im Umkehrschluss bedeutet der Hinweis auf den hohen Integrationsfaktor des wirtschaftlichen Fortschritts für ein diktatorisches System nicht, dass eine Krisenentwicklung in diesem Bereich automatisch mit einem Niedergang der Herrschaftsordnung verbunden sein musste. Gerade die Betrachtung der kommunistischen Diktaturen veranschaulicht, dass konsolidierte Systeme dieses Typs lange Zeit auch in Phasen des sozialen und wirtschaftlichen Niedergangs ihre Machtposition halten konnten. Das hing mit den Repressionsmöglichkeiten der Systeme und ihren Unterdrückungspotentialen gegenüber Oppositionellen zusammen. Konnten damit verbundene Maßnahmen nicht mehr erfolgreich umgesetzt werden, drohte eine Erosion derartiger politischer Systeme. Bei den kommunistischen Diktaturen zeigte sich dies etwa in den Fällen, wo neuere Entwicklungen in bestimmten Ländern nur noch durch deren militärische Niederschlagung mit Hilfe sowjetischer Truppen verhindert werden konnten.[58] Vermochten diktatorische Regime ihre Rolle als Ordnungsfaktor in einer Gesellschaft nicht mehr zu spielen, kam es zu einem inneren Auflösungsprozess solcher Systeme.

---

57 Der Einmarsch vietnamesischer Truppen beendete 1979 die Herrschaft des Pol-Pot-Regimes, das durch Massenhinrichtungen in Kambodscha mehr als eine Million Menschen umbringen ließ.

58 So 1953 in der DDR, 1956 in Ungarn und 1968 in der Tschechoslowakei.

Für den Fortbestand der Existenz einer Diktatur spielte nicht nur ein breit entwickelter Repressionsapparat eine wichtige Rolle. Hinzu kam die Reformfähigkeit der Führungselite eines Regimes zur Stabilisierung seiner Herrschaft. Eine Reihe von ökonomischen und sozialen Problemen ergab sich aus der rigiden Befolgung einer ideologisch geprägten Wirtschaftspolitik. Darauf konnten diktatorische Systeme entweder in Form der Bewahrung oder der Veränderung reagieren. Exemplarisch lässt sich dies am Beispiel von China und der Sowjetunion aufzeigen. Die Führungselite des letztgenannten politischen Systems verharrte weitgehend auf den ideologisch begründeten Prinzipien der Planwirtschaft, was nicht nur zu ökonomischen Krisen, sondern letztendlich auch zur Auflösung des Systems führte. In China gestattete die Parteispitze entgegen den Vorgaben ihrer Ideologie marktwirtschaftliche Praktiken, dies führte zu einem ökonomischen Aufblühen des Landes und zur Stabilisierung der kommunistischen Herrschaft.

Ein weiterer wichtiger Gesichtspunkt für die vergleichende Betrachtung des Niedergangs von Diktaturen bezieht sich auf die bereits erwähnte Unterscheidung zwischen einer Ein-Mann-Herrschaft und einer kollektiven Führung an der Spitze solcher Systeme. Zwar konnte eine Führungselite nicht Formen charismatischer Herrschaft in Gestalt des Personenkults zur Legitimation ihrer Herrschaft nutzen, längerfristig erwies sie sich für die Aufrechterhaltung einer diktatorischen Ordnung aber als wirkungsvoller als die Fixierung auf eine Person an der Spitze eines Regimes. Spielte sie durch Scheitern oder Tod keine Rolle mehr, bestand eine hohe Existenzgefährdung für das gesamte politische System. Demgegenüber konnten kollektiv geführte Diktaturen Wechsel an der Spitze in geregelter Form ohne die Gefahr eines Machtverlustes durchführen. Darüber hinaus reagierten solche diktatorischen Systeme auf politische Umbrüche weitaus flexibler als die Ein-Mann-Herrschaft an der Spitze eines Regimes. Sie hingegen ermöglichte mitunter, politische Fehler und Krisen der Vergangenheit allein auf das Wirken früherer Machthaber zurückzuführen, wofür die Politik in China nach Mao und in der Sowjetunion nach Stalin steht.

4.6. Angemessenheit der Unterscheidung von autoritären und totalitären Diktaturen

Lässt sich nach einer bilanzierenden Betrachtung der Diktaturen im 20. Jahrhundert die Unterscheidung von autoritären und totalitären Regimen aufrechterhalten? Können die politischen Systeme der einen und der anderen Diktaturform klar zugeordnet werden? Vor der Erörterung dieser Fragen muss der idealtypische Charakter der Unterscheidung hervorgehoben werden: Selbst für den Nationalsozialismus und Stalinismus in der Hochphase ihrer Terrorherrschaft lässt sich nicht von einer vollständigen Beherrschung und Durchdringung aller Lebensbereiche sprechen. Dies hätte eine Übertragung der Zustände in den Lagern mit der dortigen Disziplinierung, Entwürdigung und Kontrolle auf die Gesamtgesellschaft bedeutet.[59] Tatsächlich bestanden private,

59 Diese Auffassung vertritt Hannah Arendt: Elemente und Ursprünge totaler Herrschaft (Anm. 19), S. 907–943.

teilweise auch öffentliche Nischen. Deren Existenz spricht allerdings nicht gegen die Etikettierung von Nationalsozialismus und Stalinismus als totalitär, zielte deren ideologisch geprägter Herrschaftsanspruch doch auf die vollständige Reglementierung und Überwachung der Gesellschaft.

Berücksichtigt man somit die idealtypische Dimension der Unterscheidung von autoritären und totalitären Regimen, so wäre in der Intensität der Herrschaft über die Gesellschaft der zentrale Gesichtspunkt zu sehen. Zu deren Einschätzung bieten sich die bereits erwähnten drei Kriterien zur Anwendung auf die Diktaturen an: Hierzu gehörte zunächst die Gegenüberstellung eines monistischen Machtzentrums und eines begrenzten Pluralismus. Ersteren findet man in den kommunistischen, monarchistischen und theokratischen Diktaturen sowie im Nationalsozialismus. Da hier von einem monistischen und nicht von einem monolithischen Machtzentrum die Rede ist, schließt das Merkmal nicht Systeme mit Konflikten in der Führung aus. Der italienische Faschismus lässt sich nur schwer zuordnen; einerseits bestand ein Herrschaftszentrum in Mussolini, andererseits musste er Rücksicht auf andere Machtfaktoren nehmen. Gleiches gilt für die nationalistischen Diktaturen im Nahen Osten, während die nationalistischen Diktaturen in Europa und in Lateinamerika trotz des Verbotes von oppositionellen Kräften einen begrenzten Pluralismus zuließen.

Das zweite Kriterium ergibt sich aus dem Unterschied zwischen dem Bestehen eines ideologischen Glaubenssystems und dem Fehlen einer leitenden Ideologie. Eine ausgeprägte und exklusive Ideologie zur Legitimation von Herrschaft fand sich in den kommunistischen Diktaturen mit dem Marxismus-Leninismus, im nationalsozialistischen Regime mit der völkischen Rassenlehre und in den theokratischen Systemen mit einer fundamentalistischen Religionsauffassung. Hier bildet ebenfalls der italienische Faschismus einen nur schwer einzuschätzenden Fall, das Regime propagierte doch eine faschistische Lehre, ohne sie inhaltlich breiter zu entwickeln. Die nationalistischen Systeme können nicht eindeutig zugeordnet werden. In einzelnen Fällen bildeten sich nach der Machtübernahme eigenständige Ideologien heraus, wofür etwa der „Arabische Sozialismus" von Nasser in Ägypten oder die „Dritte-Weg"-Lehre von Quaddafi in Libyen stehen. Sie wiesen allerdings nicht die Geschlossenheit wie in den genannten Regimen auf. Bei den nationalistischen Diktaturen in Lateinamerika fehlte es nahezu völlig an einer eigenen Ideologie, sie beschränkten sich auf das Beschwören der „nationalen Sicherheit".

Und schließlich bestand das dritte Merkmal im Unterschied zwischen einer aktiven Mobilisierung der Massen und einem Verzicht auf die Schaffung entsprechender Einrichtungen. Zu letzteren gehörten etwa staatliche Jugendorganisationen, die Bevölkerungsteile schon frühzeitig an das politische System binden sollten. Solche Mobilisierungsformen fanden sich in den faschistischen und kommunistischen Diktaturen, ebenso in theokratischen Diktaturen gegenüber den Gläubigen. Auch in dieser Frage lässt sich hinsichtlich der nationalistischen Diktaturen keine eindeutige Zuordnung treffen. Insbesondere in den

Systemen dieses Typs im Nahen Osten und in Nordafrika entstanden pseudodemokratische Einrichtungen im kommunalen Bereich, die den Anschein von Mitbestimmungsmöglichkeiten erwecken sollten, tatsächlich aber der Anbindung an und Kontrolle durch das Regime dienten. Insofern handelte es sich um aktive Mobilisierungsbemühungen. Demgegenüber fehlten solche Einrichtungen in den nationalistischen Diktaturen in Europa und Lateinamerika, wo die Regime es meist bei einer Duldung ihrer Herrschaft durch die Bevölkerung beließen.

Die drei genannten Kriterien erweisen sich als brauchbar, um das Ausmaß der Intensität von Herrschaft autoritären oder totalitären Charakters zu unterscheiden. Gleichwohl lassen sich Einwände formulieren: Insgesamt bleiben die genannten Merkmale allgemein und stellen mitunter verschiedene Systeme auf die gleiche Ebene. Hier bedarf es noch einer gesonderten Aufschlüsselung der Kriterien nach Intensitätsstufen, kann doch etwa die Mobilisierung der Bevölkerung durch einen Staat unterschiedliche Grade annehmen. Darüber hinaus diente die Ausdifferenzierung der Herrschaftsintensität von Diktaturen auch dazu, Veränderungen von politischen Systemen in diesem Bereich besser zu erfassen. So ging etwa das Ausmaß der Herrschaft in einzelnen Diktaturen deutlich zurück, wie etwa das Beispiel der DDR zeigt.[60] Außerdem ließe sich als weiteres Kriterium das Ausmaß von politischer Repression und damit der Menschenrechtsverletzungen in den Katalog von Unterscheidungsmerkmalen zur Typologisierung von Diktaturen aufnehmen.

5. Schlussbetrachtung

Die politische Geschichte des 20. Jahrhunderts war einerseits durch die zunehmende Verbreitung der Demokratie und andererseits durch das Aufkommen neuer Varianten von Diktaturen geprägt. Zu letzteren gehörten kommunistische Systeme, die eine Egalisierung der Gesellschaft mit der Diktatur einer Partei verwirklichen wollten. Darüber hinaus entstanden faschistische Diktaturen, die eine Homogenisierung der Gesellschaft im ethnischen und mentalen Sinne unter der Herrschaft einer Führerfigur anstrebten. Die hohe Bedeutung der Ideologie für Selbstverständnis und Politik unterschied sie von bisherigen Diktaturen. Ähnliches gilt für die erst in den letzten beiden Jahrzehnten entstandenen theokratischen Regime, die sich zwar auf ein traditionalistisches Element in Gestalt des Islam bezogen, als politische Systeme der Herrschaft von Religionsgelehrten in dieser Form aber ein Novum darstellten. Bei den meist aus einem Militärputsch hervorgegangenen nationalistischen Diktaturen lässt sich eine so eindeutige Zuordnung nicht treffen: Während die Regime in Europa und Lateinamerika lediglich die „nationale Sicherheit" beschworen, entwickelten sich bei den Regimen im Nahen Osten und Nordafrika Legitimationsideologien heraus.

60 Vgl. Eckhard Jesse: War die DDR totalitär?, in: Aus Politik und Zeitgeschichte. Beilage zur Wochenzeitung „Das Parlament", B 40/1994, S. 12–23.

Alle autonom im 20. Jahrhundert entstandenen Diktaturen erwuchsen aus politischen, sozialen und wirtschaftlichen Krisen. Mit dem Versprechen als Ordnungsfaktor zu wirken und eine gegenteilige Entwicklung voranzubringen, legitimierten sich diese Regime gegenüber der Bevölkerung. Zu gewichtigen Teilen hing längerfristig ihre politische Existenz von der Einhaltung damit verbundener Erwartungen ab. Soziale Krisen führten häufig zu Erosion und Instabilität, aber nicht notwendigerweise zur Auflösung der Diktatur. Gerade das Bestehen eines entwickelten Repressionsapparates und der Mangel an bestehenden Alternativen ermöglichte in solchen Fällen die Fortexistenz derartiger Systeme. Mitunter lösten sie sich dann ohne bedeutenden gesellschaftlichen Druck durch Proteste oder Oppositionelle auf. Der Niedergang vieler politischer Systeme des „real existierenden Sozialismus“ steht exemplarisch für diese Entwicklung. Demgegenüber bedurfte es bei den faschistischen Diktaturen eines externen Faktors durch den verlorenen Krieg.

Neben der inhaltlichen Komponente der ideologischen Legitimation lassen sich die Diktaturen des 20. Jahrhunderts nach dem unterschiedlichen Intensitätsgrad von Herrschaft über die Gesellschaft unterscheiden: Die bedeutsame Differenzierung von autoritären und totalitären Diktaturen bezieht sich auf das Ausmaß der Konzentration von Macht, die Bedeutung der Ideologie und den Stellenwert der Massenmobilisierung. Da diese drei Faktoren bei den meisten faschistischen, kommunistischen und theokratischen Systemen relativ stark ausgeprägt waren, können sie dem totalitären Typus zugeordnet werden. Demgegenüber wiesen die monarchistischen und nationalistischen Diktaturen in der Regel nicht so hohe Herrschaftsansprüche gegenüber der Gesellschaft auf. Allerdings bestand eine Reihe von Diktaturen, die sowohl Merkmale des einen wie des anderen Typus aufwies oder einen internen Entwicklungsprozess im Sinne einer Mäßigung des Herrschaftsanspruchs erfuhr. Daher bedarf es einer weiteren Ausdifferenzierung bei der Unterscheidung von autoritären und totalitären Diktaturen.

Bilanziert man die Geschichte des 20. Jahrhunderts hinsichtlich der Verbreitung von diktatorischen Systemen, so lässt sich für den Zeitraum zwischen den zwanziger und den siebziger Jahren eine ansteigende Entwicklung konstatieren. In den folgenden Jahrzehnten entstanden nur wenige neue Diktaturen, während Diktaturen in Demokratien übergingen. Durch den Auflösungsprozess vieler kommunistischer Systeme Ende der achtziger, Anfang der neunziger Jahre nahm die Zahl von Diktaturen in der Welt weiter ab. Das Scheitern dieser politischen Regime deuteten Beobachter gar als Ende der Geschichte, schien es doch keine denkbaren Alternativen mehr zur liberalen Demokratie zu geben.[61] Auch wenn diese Auffassung pauschal und reduktionistisch sein mag, verfügt sie doch über einen „wahren Kern“: Der historische Rückblick veranschaulicht, dass menschliche Bedürfnisse nach Freiheit und Wohlstand am stärksten in Demokratien befriedigt werden konnten. Gerade diese Einsicht entzog dikta-

61 Vgl. Francis Fukuyama: Das Ende der Geschichte. Wo stehen wir?, München 1992.

torischen Systemen ihre Legitimation, sie erwiesen sich als unfähig zu ähnlichen Leistungen gegenüber der beherrschten Bevölkerung.

Aus dieser Erkenntnis lässt sich kein unmittelbar bevorstehendes Ende aller diktatorischen Systeme ableiten; gleichwohl geben Veränderungen in solchen Systemen Anlass zur Hoffnung. Wandlungen in gesellschaftlichen Teilbereichen müssen aber nicht notwendig zur Demokratisierung führen, wie die Parallelität von wirtschaftlichen Reformen und politischem Dogmatismus in China zeigt. Solche Tendenzen veranschaulichen Erosionserscheinungen in Diktaturen, die allerdings nicht die unmittelbare Auflösung dieser Regime bedingen. Die Betrachtung der untergegangenen Systeme des „real existierenden Sozialismus" veranschaulicht, dass ein solcher Prozess mitunter längere Zeit beanspruchen kann. Durch Reformen in Teilbereichen zum richtigen Zeitpunkt lässt er sich aufhalten, wie etwa die Folgen der Wirtschaftspolitik im kommunistischen China der achtziger und neunziger Jahre veranschaulichten. Allerdings erwecken solche Entwicklungen häufig den Wunsch nach mehr Veränderungen, zumal dadurch in den jeweiligen Gesellschaften eine widersprüchliche Situation mit erheblichen Spannungspotentialen aufkommt. Vor diesem Hintergrund stehen die Chancen für das Ende vieler Diktaturen nicht schlecht. Sie werden erhöht durch die Fähigkeit der Demokratien, ihren Bürgern individuelle Freiheit, rechtliche Garantien, soziale Sicherheit und materiellen Wohlstand zu gewähren. Die Leistungsfähigkeit demokratischer Systeme kann man in der Ära der Globalisierung den Menschen in diktatorischen Systemen nicht mehr verbergen.

Steffen Kailitz

Staatsformen im 20. Jahrhundert II: Demokratische Systeme

1. Einleitung

Wer die Geschichte der Staatsformen betrachtet, dem zeigt sich, dass die Demokratie erst im 20. Jahrhundert zum vorherrschenden Muster staatlicher Organisation wurde.[1] Noch am Anfang des 20. Jahrhunderts existierten lediglich rund dreißig Demokratien. Die Welt steckte nach den Worten des Politikwissenschaftlers Samuel P. Huntington noch mitten in der ersten großen Welle der Demokratisierung, die sich über fast hundert Jahre erstreckte. Sogar für die wenigen Demokratien jener Zeit sind im Rückblick insofern Abstriche zu machen, als das allgemeine Wahlrecht sich auch in diesen Staaten erst im Laufe des 20. Jahrhunderts etablierte. In der häufig als urdemokratisch angesehenen Schweiz konnte sich das allgemeine Frauenwahlrecht sogar erst 1971 auf Bundesebene durchsetzen. In den USA, die in vielerlei Hinsicht den Weg zur modernen Demokratie ebneten, gab es bis weit in die Mitte des Jahrhunderts hinein, vor allem in den Bundesstaaten des Südens, erhebliche Wahlrechtseinschränkungen für farbige Bürger.[2]

Im 20. Jahrhundert nahm nicht nur die demokratische Qualität jener Staaten zu, die sich als demokratisch bezeichneten, sondern vor allem die Zahl der demokratischen Systeme. Nach schweren Rückschlägen für die Welt der Demokratien in der Zeit zwischen dem Ersten und dem Zweiten Weltkrieg, u.a. durch die nationalsozialistische Diktatur in Deutschland, folgte zwischen 1943 und 1964 die zweite Welle der Demokratisierung, die vor allem ehemalige Rechtsdiktaturen betraf. Bereits ab 1974 setzte eine dritte Welle ein, die zunächst Südeuropa und Lateinamerika erfasste, sich Ende der achtziger Jahre auf die kommunistischen Staaten ausdehnte und schließlich auch Teile Asiens und Afrikas mit sich zog.[3] Diese Welle ließ zwischen 1974 und 1996 die Zahl der „elektoralen Demokratien"[4], d.h. jener Staaten, die auf nationaler Ebene freie, geheime und gleiche Wahlen durchführen, von 39 auf 118 anschwellen. Der prozentuale Anteil der Wahldemokratien an der Gesamtzahl

1 Vgl. Samuel E. Finer: The History of Government from the Earliest Time, 3. Bde., Oxford 1997.

2 Robert Dahl bezeichnete daher noch in den siebziger Jahren des 20. Jahrhunderts die Schweiz und die USA als „unvollständige Polyarchien". Vgl. ders.: Polyarchy: Participation and Opposition, New Haven 1971.

3 Vgl. Samuel P. Huntington: The Third Wave: Democratization in the Late Twentieth Century, Norman 1993, S. 16.

4 Der Begriff stammt von Larry Diamond: Is the Third Wave of Democratization Over?, in: Journal of Democracy, 7 (1996), Heft 3, S. 28 f.

der Staaten erhöhte sich von 27,5 auf 61,8 Prozent.[5] Auch die Zahl der demokratischen Verfassungsstaaten, die höhere demokratische Weihen verlangen als das bloße Abhalten von Wahlen, ist im Verlauf des 20. Jahrhunderts beträchtlich, wenn auch keineswegs in gleichem Maße, gestiegen.

Als Gradmesser können die Zahlen von „Freedom House" dienen. Am Ende des 20. Jahrhunderts stufte diese Organisation 86 Staaten der Welt als frei ein[6]; 59 wurden als teilweise frei und 47 als nicht frei bezeichnet.[7] Zwar lebt die Mehrheit der Weltbevölkerung noch immer in Staaten, die nicht oder zumindest nicht vollständig die Kriterien des demokratischen Verfassungsstaates erfüllen, gleichwohl war ihre Zahl in der Geschichte der Menschheit nie höher. Es ist keineswegs übertrieben, diesen Siegeszug der Demokratie als Staatsform wie Huntington als eine der spektakulärsten und wichtigsten politischen Veränderungen in der Geschichte zu bezeichnen.[8]

Dieser Beitrag beleuchtet die demokratischen Systeme von verschiedenen Seiten. Zunächst kläre ich das Verständnis des Begriffs „Demokratie" im 20. Jahrhundert. Im Mittelpunkt steht dabei die Herausarbeitung der Unterschiede zwischen der Identitäts- und der Konkurrenztheorie der Demokratie. Gegenstand dieser Studie ist jedoch nicht die Vielzahl der Demokratietheorien, sondern die der demokratischen Systeme. Der Schwerpunkt des Textes liegt auf einer Erörterung der Kernunterscheidungen der vergleichenden Demokratieforschung. Um Demokratien sinnvoll vergleichen zu können, ist ihre Typologisierung nach bestimmten Kriterien unabdingbar. Die Einordnungskriterien müssen dabei für die Gestalt und/oder die Funktionsfähigkeit demokratischer Systeme von zentraler Bedeutung sein. Die Typologisierung ermöglicht es, von den generellen Erfahrungen mit einem Typ auf die weitere Entwicklung eines bestimmten demokratischen Systems dieses Typs zu schließen.

In einem ersten Schritt erläutere ich, warum die Grundentscheidung der modernen Demokratien für die repräsentative Form der Demokratie keineswegs nur eine Notlösung gegenüber der plebiszitären Form ist. Je höher die Zahl der Demokratien, desto größer sind die Unterschiede zwischen ihnen. Manche funktionieren recht, manche schlecht. Teil vier ist daher der wesentlichen Unterscheidung in funktionierende und defekte Demokratien gewidmet. Anschließend wird auf die Staatsaufgaben der modernen Demokratien und ihre

5 Vgl. Wolfgang Merkel: Systemtransformation. Eine Einführung in die Theorie und Empirie der Transformationsforschung, Opladen 1999, S. 534. Zu einem ähnlichen Ergebnis kommt Doh Chull Shin. Seiner Berechnung nach hat sich die Zahl der Demokratien zwischen 1976 und 1994 von 44 auf 107 Staaten mehr als verdoppelt. Vgl. Doh Chull Shin: On the Third Wave of Democratization: A Synthesis and Evaluation of Recent Theory and Research, in: World Politics, 47 (1994), S. 136.

6 Von diesen Staaten wurden Ghana, Jugoslawien, Kroatien, Mexiko und Surinam erstmals als frei bewertet.

7 Vgl. Global Democracy Continues Forward March. Significant Link Found Between Political Freedom and Economic Growth, Online im Internet:
URL: http://www.freedomhouse.org/media/pressrel1/12900.htm (Stand: 5. Januar 2004).

8 Vgl. Samuel P. Huntington: After Twenty Years: The Future of the Third Wave, in: Journal of Democracy, 4 (1997), S. 4.

zunehmende Ausweitung eingegangen. Dabei richte ich auch einen vergleichenden Blick auf das unterschiedlich ausgeprägte Streben der modernen Demokratien nach der Erfüllung der Aufgaben Wohlfahrt und Umweltschutz.

Während der Neo-Institutionalismus von einer großen Vielfalt institutioneller Konstellationen unter den demokratischen Systemen ausgeht, konzentriert sich der klassische Institutionalismus auf die – überwiegend in den Verfassungen verankerten – Regierungsstrukturen.[9] Mit Blick auf den konstitutionellen Rahmen gibt es letztlich nur relativ wenige verschiedene institutionelle Grundformen der Demokratie. Der nächste Abschnitt des Beitrags ist der ältesten Unterscheidung der Demokratien gewidmet, jener in parlamentarische und präsidentielle Regierungsform. Die im folgenden Teil behandelte Differenzierung in Konkurrenz- und Konkordanzdemokratien hebt demgegenüber nicht auf die institutionelle Grundform der Demokratie, sondern auf den vorherrschenden Entscheidungsmechanismus ab. Der amerikanische Politikwissenschaftler Arend Lijphart knüpfte in seinen Werken an diese Unterscheidung an, modifizierte sie jedoch leicht. Die beiden Grundmuster der Demokratie sind für ihn Mehrheits- und Konsensusdemokratien. Am Ende des Beitrags stehen eine Zusammenfassung und ein Ausblick auf die künftige Entwicklung.

2. Demokratiebegriff

Der antike Begriff der Demokratie unterschied sich grundlegend vom heutigen. Die Organisation wie auch die Werte der Demokratie haben sich in bedeutender Weise gewandelt. Der Politikwissenschaftler Giovanni Sartori wies auf einen zentralen Unterschied hin, der gerade im Rahmen eines Bandes zu den Staatsformen von besonderer Bedeutung ist: „Hätten also die Griechen einen Staatsbegriff wie den unseren gehabt, so hätten sie den Begriff eines demokratischen Staates als einen Widerspruch in sich empfunden. Die antike Demokratie zeichnete sich gerade dadurch aus, dass sie *staatsfrei* war.“[10] Den Wesensgehalt der modernen Demokratie fasste demgegenüber Arthur Benz so zusammen: „Die institutionellen Strukturen der Demokratie konstituieren und regeln Machtverhältnisse und Entscheidungsstrukturen im Staat sowie die Beziehung zwischen Regierenden und Regierten bzw. Repräsentanten und Repräsentierten. Als solche definieren sie die Staatsform.“[11]

Erst gegen Ende des 18. Jahrhunderts wurde Demokratie dabei von einem Begriff der Gelehrten zu einem Allerweltswort. Im Laufe des 20. Jahrhunderts

9 Vgl. zur Abgrenzung des klassischen Institutionalismus von den Varianten des Neoinstitutionalismus André Kaiser: Die politische Theorie des Neoinstitutionalismus: James March und Johan Olsen, in: André Brodocz/Gary S. Schaal (Hrsg.): Politische Theorien der Gegenwart. Eine Einführung, Opladen 1999, S. 189–211; ders.: Types of Democracy. From Classical to New Instutionalism, in: Journal of Theoretical Politics, 9 (1997), S. 419–444.

10 Giovanni Sartori: Demokratietheorie, Darmstadt 1997, S. 275. (Hervorhebung im Original).

11 Arthur Benz: Der moderne Staat. Grundlagen der politologischen Analyse, München/Wien 2001, S. 128.

nannten dann nahezu alle Staaten ihre Staatsform „Demokratie". Weithin wurde nur noch die Demokratie als legitime politische Ordnung anerkannt. Der „klassische Konflikt zwischen konkurrierenden Legitimitätsideen" hatte sich in einen „Konflikt um Demokratiebegriffe verwandelt".[12] Seit Ende des 18. Jahrhunderts findet eine zunehmende Ausdifferenzierung des Begriffs „Demokratie" statt, die sich nicht zuletzt in Wortkombinationen wie „christliche Demokratie" und „Sozialdemokratie" ausdrückt. Im 20. Jahrhundert verlor das Wort „Demokratie" endgültig seine Konturen. Zu viele versuchten, die Begriffshülle mit teils entgegen gesetzten Inhalten zu füllen. So beanspruchten die Kommunisten als Gegner der „bürgerlichen Demokratien", „Volksdemokratien" errichtet zu haben. Die meisten der politisch bedeutsamen Demokratiedefinitionen lassen sich allerdings auf zwei Theoriestränge zurückführen: die Identitäts- und die Konkurrenztheorie der Demokratie.

Die Identitätstheorie der Demokratie ist eng mit dem Namen des politischen Theoretikers Jean-Jacques Rousseau verknüpft. Der Grundgedanke der Identitätstheorie der Demokratie ist eine Interessenidentität zwischen Regierenden und Regierten. Sein Ansatz verneint das Repräsentationsprinzip. Eine echte Demokratie war in seinen Augen nur eine direkte Demokratie, in der die Bürger alle politischen Entscheidungen selbst treffen. Aufgrund der Größe moderner Staatswesen akzeptierte Rousseau das Repräsentationsprinzip aber als notwendiges Übel. Gemäß der Identitätstheorie gehört es zur Aufgabe der gewählten Repräsentanten des Volkes, für die Umsetzung des feststehenden Volkswillens zu sorgen. Die Parlamentarier sind demnach nur die Ausführenden des Volkswillens. Wahlen dienen nur zur Umsetzung des homogenen Volkswillens. Da alle die gleichen Interessen haben, ist eine Auswahl zwischen verschiedenen politischen Richtungen in diesem Modell nicht vorgesehen. Während die liberale Demokratie den einzelnen Bürger in den Mittelpunkt des Denkens stellt, hat sich der Einzelne bei Rousseau der Gemeinschaft unterzuordnen: „Gemeinsam stellen wir alle, jeder von uns seine Person und seine ganze Kraft unter die oberste Richtschnur des Gemeinwillens; und wir nehmen als Körper jedes Glied als untrennbaren Teil des Ganzen auf."[13] Das demokratische Ideal Rousseaus war nicht Athen, sondern das autoritäre Sparta.

Historisch betrachtet ist es unbestreitbar, dass „der Idee der Identitätsdemokratie im Laufe des 19. und 20. Jahrhunderts entscheidende Impulse zur Entwicklung des allgemeinen und gleichen Wahlrechts, zur Abschaffung von Sklaverei und Privilegien, zur Förderung von Realbedingungen für die Freiheit"[14] zu verdanken sind. Die Identitätstheorie der Demokratie ist aber nicht nur Wegbereiter einer liberalen, sondern auch einer „totalitären Demokratie".[15] In der Tradition dieses Demokratieverständnisses standen nämlich die kommunistischen „Volksdemokratien". Lenin verkündete das Ideal einer „klassenge-

12 Peter Graf Kielmansegg: Vom Nutzen und Nachteil der Politikwissenschaft für das Leben, in: Stifterverband für die Deutsche Wissenschaft, Essen 1988, S. 29.

13 Jean-Jacques Rousseau: Der Gesellschaftsvertrag (1762), Frankfurt a.M. 1991, Kapitel I, 6.

14 Martin Kriele: Einführung in die Staatslehre. Die geschichtlichen Legitimitätsgrundlagen des demokratischen Verfassungsstaats, Hamburg 1975, S. 239.

15 Jacob L. Talmon: Die Ursprünge der totalitären Demokratie, Köln/Opladen 1961.

bundenen Demokratie".[16] Im „Wörterbuch der marxistisch-leninistischen Soziologie" hieß es, in der „sozialistischen Demokratie" werde „die Übereinstimmung zwischen den gesellschaftlichen Erfordernissen und den persönlichen Interessen der einzelnen Bürger verwirklicht".[17]

Die Neigung zur Identitätstheorie der Demokratie wird meist eher der extremen Linken zugeordnet, sie ist aber ebenso Allgemeingut der extremen Rechten. So definierte Carl Schmitt in seiner „Verfassungslehre": „Demokratie [...] ist Identität von Herrscher und Beherrschten, Regierenden und Regierten, Befehlenden und Gehorchenden [...] Demokratie setzt im Ganzen und in jeder Einzelheit ihrer politischen Existenz ein in sich gleichartiges Volk voraus."[18]

Ein wichtiger Vordenker der Konkurrenztheorie der Demokratie ist John Locke.[19] Bei ihm tauchen erstmals die beiden zentralen Punkte Gewaltenteilung und Repräsentation auf. In der Ahnenreihe dieser Konkurrenztheorie der Demokratie oder liberalen Demokratietheorie finden sich weiterhin John Stuart Mill und die amerikanischen „Federalists".[20] Die Kernannahme des Konkurrenzmodells ist, dass die Chancen zum Erreichen der besten politischen Lösung am größten sind, wenn eine offene und ungehinderte Konkurrenz um die beste politische Lösung stattfindet.

Im Unterschied zur Identitätstheorie gibt es nach der Ansicht der Konkurrenztheorie der Demokratie keinen feststehenden homogenen Volkswillen, sondern zahlreiche partikulare Interessen innerhalb einer Gesellschaft.[21] Der politische Willensbildungsprozess soll durch einen Prozess der Auseinandersetzung zwischen den verschiedenen Gruppeninteressen erfolgen. Die Wahl zwischen Parteien mit alternativen Programmen hat in diesem Modell eine Schlüsselfunktion.[22] Joseph Schumpeter ist historisch betrachtet ein weit jüngerer Vertreter der Konkurrenztheorie der Demokratie als Locke und Mill, dennoch wird sie heute nicht zuletzt mit seinem Namen in Verbindung gebracht.[23] Er spitzte die Definition des Demokratiebegriffs so zu: „Die demokratische

16 Vgl. Wladimir I. Lenin: Staat und Revolution, in: ders.: Ausgewählte Werke, Bd. II, Berlin 1970, S. 315–420.

17 Wörterbuch der marxistisch-leninistischen Soziologie, Opladen 1971, S. 94. Vgl. zur „sozialistischen Demokratie" auch Gerhard Haney: Die Demokratie. Wahrheit, Illusion und Verfälschungen, Berlin (Ost) 1970; Arno Winkler: Pluralismus. „Modell" der Konterrevolution, Berlin (Ost) 1982.

18 Carl Schmitt: Verfassungslehre, München/Leipzig 1928, S. 234 f.

19 Vgl. John Locke: Zwei Abhandlungen über die Regierung [1690], hrsg. und eingeleitet von Walter Euchner, Frankfurt a. M. 1989.

20 Vgl. Alexander Hamilton/James Madison/John Jay: Die Federalist-Artikel, Paderborn u.a. 1994 (Erstausgabe: The Federalist Papers, 1787/88); John Stuart Mill: Betrachtungen über die repräsentative Demokratie [1861], Paderborn 1971.

21 Vgl. statt vieler Ernst Fraenkel: Der Pluralismus als Strukturelement der freiheitlich-rechtsstaatlichen Demokratie, in: ders.: Deutschland und die westlichen Demokratien. Mit einem Nachwort über Leben und Werk Ernst Fraenkels, Frankfurt a. M. 1991, S. 300.

22 Vgl. u.a. Seymour Martin Lipset: The Indispensability of Political Parties, in: Journal of Democracy, 11 (2000), S. 48–55.

23 Vgl. u.a. Carl Böhret/Werner Jann/Eva Kronenwett: Innenpolitik und politische Theorie. Ein Studienbuch, 3. Aufl., Opladen 1988, S. 232.

Methode ist diejenige Ordnung der Institution zur Erreichung politischer Entscheidungen, bei welcher einzelne die Entscheidungsbefugnis vermittels eines Konkurrenzkampfes um die Stimmen des Volkes erwerben."[24] Ohne Schumpeters Zusatz, dass politische Freiheiten eine notwendige Voraussetzung einer freien Konkurrenz sind, wäre diese Definition, die Demokratie auf eine Methode zur Herrschaftsbestellung reduzierte, unzulänglich. Selbst wenn der Zusatz berücksichtigt wird, stellt sich die Frage, ob Schumpeters Abschied von einer normativen Seite des Demokratiebegriffs als einer guten, erstrebenswerten Ordnung nicht in mancher Hinsicht einen ideengeschichtlichen Rückschritt etwa gegenüber den Schriften von Ernst Fraenkel darstellt.[25]

Die Werte der modernen Demokratie wurzeln jedoch nicht durchweg in der Konkurrenztheorie der Demokratie.[26] Ein bedeutender Teil des Grundgerüsts entstammt der Geschichte des europäischen Konstitutionalismus. Die Grundidee ist eine Staatsform, in der die Bürger nicht Spielball der Herrschenden sind, sondern als aktive Mitspieler vor staatlicher Willkür geschützt sind. Während die Idee der – vorstaatlichen – Grund- und Menschenrechte aus der angelsächsischen Tradition (Virginia Bill of Rights, amerikanische Unabhängigkeitserklärung) stammt, liegen die theoretischen Wurzeln des Rechtsstaats in Deutschland, vor allem in den Schriften Immanuel Kants.[27] Die Vordenker der Demokratie und des Konstitutionalismus beäugten sich dabei skeptisch. Die Demokratie stieß bei Konstitutionalisten auf Vorbehalte, weil sie zu einer „Tyrannei der Mehrheit" (Alexis de Tocqueville) führe.[28]

Der Begriff des demokratischen Verfassungsstaats drückt aus, dass diese Staatsform das Mündungsdelta zweier unterschiedlicher Traditionslinien, der Demokratie und des Konstitutionalismus, ist. Während die Demokratie nichts über den Inhalt der Herrschaftsgewalt aussagt, schafft der Rechtsstaat einen inhaltlichen Rahmen, der die Reichweite der demokratischen Entscheidungen einschränkt.[29] Grundvoraussetzung für die Funktionsfähigkeit des Rechts- und Verfassungsstaats ist die Unabhängigkeit der Justiz von politischen Anweisungen. Der Justiz ist es dabei aufgegeben, die Herrschaft des Rechts („rule of law")[30] notfalls auch gegen den Willen der politischen Machthaber durch-

---

24 Joseph Schumpeter: Kapitalismus, Sozialismus und Demokratie (1950), 3. Aufl., München 1972, S. 428.

25 Vgl. Fraenkel: Deutschland (Anm. 21).

26 Vgl. u.a. Günther Maluschke: Philosophische Grundlagen des demokratischen Verfassungsstaats, Freiburg/München 1982.

27 Vgl. Peter Herde: Die Grundlagen des Demokratiebegriffs im 19. Jahrhundert, in: Lothar Bossle/Gerhard W. Goldberg (Hrsg.): Freiheit und Autorität als Grundlage der modernen Demokratie, Würzburg 1982, S. 271.

28 Vgl. Alexis de Tocqueville: Über die Demokratie in Amerika (1835/40), München 1976. Vgl. auch Immanuel Kant: Zum ewigen Frieden (1795), Stuttgart 1984, S. 14.

29 Vgl. Ernst-Wolfgang Böckenförde: Staat, Verfassung, Demokratie. Studien zur Verfassungstheorie und zum Verfassungsrecht, Frankfurt a.M. 1991, S. 365; Jon Elster: Introduction, in: ders./Rune Slagstad (Hrsg.): Constitutionalism and Democracy, Cambridge 1988, S. 2 f.

30 Vgl. John Reitz: Constitutionalism and the Rule of Law, in: Robert D. Grey (Hrsg.): Democratic Theory and Postcommunist Change, London 1997, S. 111–143.

Tabelle 1: Identitäts- und Konkurrenztheorie der Demokratie

	Identitätstheorie	**Konkurrenztheorie**
Grundsatz	Identität von Regierenden und Regierten	Konkurrierende Ideen werden im Parlament durch unterschiedliche Parteien vertreten
Gemeinwohl	steht von vornherein fest; Regierende erheben Anspruch, allein das Gemeinwohl vertreten zu können	soll a posteriori durch Interessenausgleich erreicht werden, kann allerdings bei Mehrheitsentscheiden nicht garantiert werden; keine politische Partei kann die Wahrheit für sich beanspruchen
Menschenbild	tugendhafter, allein am Gemeinwohl orientierter Bürger	vorrangig nach dem eigenen Wohl strebende Bürger mit gewisser Gemeinwohlorientierung
Gesellschaftliche Teilinteressen...	sind nicht statthaft	sind statthaft
Opposition gegen Regierende...	ist nicht legitim	ist legitim
Abgeordnete haben...	imperatives Mandat	freies Mandat
Umsetzung in Staatsformen	Totalitäre Demokratie: kommunistische „Volksdemokratien"; Führerstaat des Dritten Reiches (Stichwort: „Volksgemeinschaft")	demokratischer Verfassungsstaat
Vertreter	Rousseau, Marx, Lenin, Schmitt	Locke, Mill, „Federalists", Fraenkel, Schumpeter

Teils eigene Zusammenstellung, teils basierend auf Carl Böhret/Werner Jann/Eva Kronenwett: Innenpolitik und politische Theorie. Ein Studienbuch, 3. Aufl., Opladen 1988, S. 232.

zusetzen. Zu den fundamentalen Elementen des Verfassungsstaats gehören zudem die Gewährung der Freiheitsrechte der Bürger und deren wirksamer Schutz.[31]

31 Vgl. zum Begriff „Verfassungsstaat" u.a. Ernst-Wolfgang Böckenförde: Begriff und Probleme des Verfassungsstaats, in: ders. (Hrsg.): Staat, Nation, Europa: Studien zur Staatslehre, Verfassungstheorie und Rechtsphilosophie, Frankfurt a.M. 1999, S. 127–140; Hans Vorländer: Die Verfassung. Idee und Geschichte, München 1999.

Trotz mancher Spannungen besteht eine enge Bindung zwischen Demokratie und Rechtsstaat.[32] Die konstitutionelle Komponente des demokratischen Verfassungsstaats ist das Sicherheitsschloss, das den Weg der Demokratie in eine Tyrannei der Mehrheit versperrt.[33] In der Demokratie ist die Mehrheitsregel konstitutiv.[34] Die Entscheidung der Mehrheit ist keineswegs zwangsläufig richtig, aber nur die Anerkennung des Mehrheitsprinzips gewährleistet, dass Konflikte friedlich ausgetragen werden. Die Mehrheitsregel bedarf dazu zwingend neben der Möglichkeit, dass politische Minderheiten in demokratischen Wahlen zu Mehrheiten werden können, des rechtsstaatlichen Minderheitenschutzes. So wäre es demokratisch, aber keineswegs rechtsstaatlich, wenn eine politische Mehrheit des Volkes beschließen würde, eine bestimmte Minderheit zu vertreiben oder zu töten. Diese Ansicht ist freilich nur dem Anhänger der Konkurrenztheorie der Demokratie eigen. Stehen für diese Demokratie- und Verfassungsprinzip in einem fruchtbaren Spannungsverhältnis, so sehen sie Anhänger einer Identitätstheorie als miteinander unvereinbar an.[35] Nach dieser Ansicht darf es keinerlei Beschränkungen der demokratischen Mehrheit geben.

Abbé Sieyès formulierte in seiner Einleitung zur französischen Verfassung: „Die Wahl der Mittel allein ist der Mehrheit vorbehalten und alle, die ihre Stimme abzugeben haben, kommen von vornherein überein, die Entscheidung immer der Mehrheit zu überlassen."[36] Der demokratische Verfassungsstaat erscheint aus dieser Perspektive als eine demokratische Halbheit, als eine unvollkommene Demokratie, weil er den Willen der Mehrheit unzulässig beschränkt. Aus der Perspektive des demokratischen Verfassungsstaats kommt der Minderheitenschutz jedoch der gesamten Bevölkerung, sprich dem Gemeinwohl, zugute, weil die Meinung von Minderheiten helfen kann, die Mehrheitsmeinung in dem einen oder anderen Punkt zu verbessern.[37]

Zu den Kernelementen des demokratischen Verfassungsstaats wird in Anlehnung an Charles Montesquieu die Gewaltenteilung in Exekutive, Legislative

32 Vgl. Jürgen Habermas: Über den inneren Zusammenhang von Demokratie und Rechtsstaat, in: Ulrich K. Preuß (Hrsg.): Zum Begriff der Verfassung. Die Ordnung des Politischen, Frankfurt a.M. 1994, S. 83–95.

33 Vgl. u.a. Peter Graf Kielmansegg: Das Verfassungsparadox. Bemerkungen zum Spannungsverhältnis von Demokratieprinzip und Verfassungsprinzip, in: Ulrich Matz (Hrsg.): Politik, Philosophie, Praxis. Festschrift für Wilhelm Hennis, Stuttgart 1988, S. 397–411.

34 Vgl. u.a. Horst Dreier: Das Majoritätsprinzip im demokratischen Verfassungsstaat, in: Zeitschrift für Parlamentsfragen, 17 (1986), S. 94–118; Ulrich Scheuner: Das Mehrheitsprinzip in der Demokratie, Opladen 1973; Reinhold Zippelius: Zur Rechtfertigung des Mehrheitsprinzips in der Demokratie, in: Aus Politik und Zeitgeschichte, B 42/1987, S. 3–10.

35 Vgl. Rousseau: Gesellschaftsvertrag (Anm. 13). Vgl. die konkurrenztheoretische Kritik an der Position der Anhänger identitärer Demokratien: Werner Kägi: Rechtsstaat und Demokratie. Antinomie und Synthese, in: Ulrich Matz (Hrsg.): Grundprobleme der Demokratie, Darmstadt 1973, S. 107–146.

36 Emmanuel J. Sieyès: Einleitung zur Verfassung. Anerkennung und erklärende Darstellung der Menschen- und Bürgerrechte, in: ders.: Politische Schriften 1788-1790, hrsg. von Eberhard Schmitt/Rolf Reichardt, 2. Aufl., München u.a. 1981, S. 252.

37 Vgl. u.a. Stephen Holmes: Precommitment and the Paradox of Democracy, in: Jon Elster/Rune Slagstad (Hrsg.): Constitutionalism and Democracy, Cambridge 1988, S. 234.

und Judikative gezählt.[38] Die Regierungen und der Verwaltungsapparat gelten hierbei als Verkörperung der Exekutive, die Parlamente (auf den verschiedenen staatlichen Ebenen) als jene der Legislative, die Gerichte als jene der Judikative. Tatsächlich ist diese Teilung der Gewalt in den modernen Demokratien so nicht zu finden. In allen demokratischen Verfassungsstaaten sind Regierung *und* Parlament für die Rechtssetzung zuständig. Für die noch näher zu betrachtende parlamentarische Demokratieform ist sogar eine Verschränkung von Parlament(smehrheit) und Regierung konstitutiv.

Montesquieus Lehre der Gewaltenteilung ist mithin für moderne Demokratien nicht anwendbar. Sie war gemünzt auf die politische Situation der konstitutionellen Monarchie Großbritanniens, in der es einen „reellen und spannungsvollen Gegensatz zwischen dem Unterhaus auf der einen, dem König und seinem Ministerium auf der anderen Seite"[39] gab. Montesquieu favorisierte gegenüber dem Negativbild der absoluten Monarchie nämlich „nicht eine Demokratie, sondern eine konstitutionelle Monarchie [nach britischem Vorbild] mit aristokratischer Grundlage und demokratischem Beiwerk".[40]

3. Grundentscheidung der modernen Demokratie: repräsentative statt direkte Demokratie

Eine ideale direkte Demokratie beteiligt alle Bürger an allen politischen Entscheidungen. In einer repräsentativen Demokratie wählt dagegen das Volk Vertreter, die in seinem Namen politische Entscheidungen treffen. In der gegenwärtigen Staatenwelt gibt es keine Demokratie, die dem Idealtypus der direkten Demokratie nahe kommt. Auch die Schweiz ist trotz vielfältiger plebiszitärer Elemente keineswegs eine lupenreine direkte Demokratie. Sie verfügt nämlich – wie die anderen modernen Demokratien – über Parlament und Regierung, die zahlreiche wesentliche Entscheidungen treffen. Die Stadtstaaten der Antike werden vielfach im Kern als direkte Demokratien angesehen. In ihnen konnte jedoch nur eine Minderheit der Bürger für die Mehrheit entscheiden, da etwa Frauen und Sklaven nicht abstimmen durften.

Das Ideal der direkten Demokratie wird häufig als Baustein der Identitätstheorie der Demokratie angesehen. Das ist insofern nachvollziehbar, als Rousseau zu den nachhaltigsten Befürwortern einer plebiszitären Demokratie gehörte. Er glaubte, der direktdemokratische Weg drücke die Identität von Regierenden und Regierten am besten aus. Allerdings hielt er eine direkte Demokratie nur in überschaubaren Gebieten für möglich. Die Problematik der Identitätstheorie der Demokratie liegt jedoch nicht in der Fürsprache für eine plebiszitäre Demokratie begründet, sondern in ihrem Antipluralismus. Plebiszite auf nationaler wie subnationaler Ebene stehen in keinem Gegensatz

38 Vgl. Charles Montesquieu: Vom Geist der Gesetze (1748), Stuttgart 1965.
39 Dolf Sternberger: Lebende Verfassung, Meisenheim 1956, S. 138.
40 Manfred G. Schmidt: Demokratietheorien. Eine Einführung, 3. Aufl., Opladen 2000, S. 89.

zu den Grundideen des demokratischen Verfassungsstaats, „so lange dem Volkswillen Grenzen gesetzt sind und so lange er an die Wertordnung der Verfassung gebunden bleibt, diese also der Abstimmungsmehrheit nicht ausgeliefert ist“.[41]

Der Gedanke, dass die Herrschenden Repräsentanten des Volkes sind, ist älter als der demokratische Verfassungsstaat. Seine Wurzeln gehen zurück bis zu den ständischen Repräsentativverfassungen des späten Mittelalters. Der Gedanke demokratischer Repräsentation war im Werk John Lockes ein Teil des Konkurrenzmodells der Demokratie. Das demokratische Element in Lockes Theorie war, dass die Legislative aus dem Staatsvolk hervorgehen sollte und mithin – vermittelt über ihre Repräsentanten im Parlament – das Volk letztlich auch die Möglichkeit haben sollte, über die Staatsform zu entscheiden.[42] Gemessen am Ideal der direkten Demokratie erschien aber auch nach den Zeiten Lockes die repräsentative Demokratie vielen wie Thomas Jefferson als verunreinigte Form einer populären Regierung oder wie Robert Dahl als „blasses Abbild der wahren Demokratie“.[43]

Alle modernen Demokratien sind repräsentative Demokratien. Die Volkssouveränität gilt in den modernen Demokratien folglich nur als eine, wenn auch zentrale Quelle der Legitimation. Sie gibt allein jedoch kein tragfähiges Fundament für den demokratischen Verfassungsstaat ab.[44] In der repräsentativen Demokratie wird das Prinzip der Volkssouveränität so interpretiert: Jede staatliche Herrschaft muss durch das Volk legitimiert sein. Das grundlegende Repräsentativorgan ist das Parlament, das aus freien, gleichen und allgemeinen Wahlen hervorgeht. Die Parlamentarier sind dabei in repräsentativen Demokratien keinem imperativen Mandat unterworfen, sondern verfügen über ein freies Mandat. Sie sind nicht lediglich Exekutoren eines Volkswillens.

Die Regierenden sind dem Volk im Rahmen von Wahlen und gegenüber seinen Repräsentanten im Parlament verantwortlich und können aus ihrem Amt entfernt werden. Die repräsentative Demokratie gewährt den Amtsinhabern jedoch auch wesentliche Freiheiten. Sie ist eine „zugleich harmonische und spannungsreiche Synthese [...] des Demokratieprinzips und des Amtsprinzips“.[45] Gemäß dem Amtsprinzip hat ein Amtsinhaber im Rahmen der rechtlich abgegrenzten Amtsbefugnisse das Recht, allgemein verbindliche Ent-

41 Heinrich Oberreuter: Selbstregierung oder Stellvertretung. Zum Eigenwert repräsentativer Demokratie, in: Bürgerbegehren und Bürgerentscheid. Situation, Analysen, Erfordernisse, München 1998, S. 17.

42 Vgl. Locke: Regierung (Anm. 19).

43 Vgl. Thomas Jefferson paraphrasiert nach Edward Dumbauld (Hrsg.): The Political Writings of Thomas Jefferson, New York 1955, S. 87; Robert Dahl: Dilemmas of Pluralist Democracy, New Haven 1982, S. 13 (Übersetzung vom Verfasser).

44 Vgl. Peter Graf Kielmansegg: Volkssouveränität. Eine Untersuchung der Bedingungen demokratischer Legitimität, Stuttgart 1977, S. 255.

45 Ders.: „Die Quadratur des Zirkels“. Überlegungen zum Charakter der repräsentativen Demokratie, Köln 1985, S. 9 f. Vgl. auch Wilhelm Hennis: Amtsgedanke und Demokratiebegriff, in: Ulrich Matz (Hrsg.): Grundprobleme der Demokratie, Darmstadt 1973, S. 323–346.

Tabelle 2: Nationale Referenden und Volksinitiativen in ausgewählten demokratischen Systemen

Land	1945–1998	Land	1945–1998	Land	1945–1998
Albanien	3	Indien	0	Paraguay	0
Argentinien	1	Mauritius	0	Philippinen	2
Australien	24	Irland	21	Portugal	2
Barbados	0	Island	0	Salomonen	0
Belgien	1	Israel	0	Schweden	4
Bolivien	0	Italien	47	Schweiz	311
Botswana	1	Japan	0	Spanien	5
BR Deutschland	0	Kanada	1	Sri Lanka	1
Costa Rica	0	Kolumbien	2	Uruguay	9
Dänemark	15	Liechtenstein	>50	Taiwan	0
Ecuador	2	Luxemburg	0	Thailand	0
Finnland	1	Mexiko	0	Trinidad & Tobago	0
Frankreich	12	Neuseeland	26	Türkei	3[46]
Griechenland	3	Niederlande	0	USA	0
Großbritannien	1	Norwegen	2		
Guatemala	0	Österreich	2		

Quellen: David Butler/Austin Ranney (Hrsg.): Referendums Around the World, Washington 1994, S. 266-295; Manfred G. Schmidt: Demokratietheorien. Eine Einführung, 3. Aufl., Opladen 2000, S. 360. Die Zahlen weichen teilweise von diesen Quellen ab, weil ich in dieser Tabelle im Unterschied zu Butler/Ranney und Schmidt nur die Referenden während der demokratischen Phasen erfasse. Die Zahlen für Mexiko, die Philippinen, Uruguay umfassen nur den Zeitraum bis 1993.

scheidungen zu treffen. Demokratisch begrenzt ist das Amtsprinzip durch die Ausrichtung am Wohl aller Bürger wie durch die Verantwortung gegenüber den Bürgern.

Ganz eigenständige Gestalter der Politik sind zumindest die Volksrepräsentanten im Parlament bei ihrer Amtsführung nicht. Die Parteidisziplin beschränkt die Freiheit des Mandats, vor allem, aber nicht nur in den parlamentarischen Demokratien. Das in der repräsentativen Demokratie zentrale

46 Das Referendum über die Einführung einer neuen – demokratischen – Verfassung wurde gezählt, obgleich es in der Endphase der Militärherrschaft abgehalten wurde.

Amtsprinzip hat gegenüber der Herrschaft eines reinen Demokratieprinzips klare Vorteile. Die Amtsinhaber können in einer repräsentativen Demokratie für ihre Entscheidungen zur Rechenschaft gezogen werden. Wenn das Volk direkt entscheidet, sind – zumindest die Befürworter – alle verantwortlich. Es gibt somit keine klar identifizierbar Verantwortlichen für eine Entscheidung. Ein Kernargument für die repräsentative Demokratie gegenüber der plebiszitären ist mithin, dass nur sie eine klar zuordnungsfähige Verantwortlichkeit für politische Entscheidungen ermöglicht.

Bei allen politisch bedeutsamen Auseinandersetzungen der Gegenwart auf diesem Themenfeld geht es stets einzig um die Bedeutung plebiszitärer Elemente in einer grundsätzlich repräsentativ angelegten Demokratie. Repräsentative und plebiszitäre Elemente sind im demokratischen Verfassungsstaat keineswegs wie Feuer und Wasser. Alle modernen Demokratien sind repräsentative Demokratien, aber alle haben auch kleine bis recht große plebiszitäre Einsprengsel. Schon die Auswahl der Repräsentanten in der repräsentativen Demokratie ist ein plebiszitäres Element. Die folgende Tabelle verdeutlicht das unterschiedliche Ausmaß plebiszitärer Elemente in den etablierten Demokratien:

Die Tabelle 2 erfasst nur die nationale Ebene, nicht die Ebene der Bundesstaaten, der Länder und Kommunen in den Staaten. An der unteren Ende der Skala liegen Staaten, in denen nationale Volksabstimmungen stattfanden, weil diese in der Verfassung schlicht nicht oder nur in eng begrenzten Ausnahmefällen vorgesehen sind. Es handelt sich um Argentinien, die Bundesrepublik Deutschland, Indien, Island, Israel, Japan, Mexiko, die Niederlande und die USA.

Viele der Referenden in Demokratien hatten Verfassungsfragen zum Inhalt. So stimmte in Bangladesch 1991 eine Bevölkerungsmehrheit für die Ersetzung der präsidentiellen durch eine parlamentarische Regierungsform, während eine Mehrheit in Brasilien 1993 gegen diesen Wechsel votierte. In Neuseeland ging die Ablösung des relativen Mehrheitswahlsystems durch das (personalisierte) Verhältniswahlsystem ebenso auf eine Volksabstimmung (1993) zurück wie in Italien (1993/94) die – halbherzige – Reform des Wahlsystems in Richtung eines Mehrheitswahlsystems. In den westeuropäischen Staaten fanden Volksabstimmungen in zahlreichen Staaten im Zusammenhang mit der Europäischen Union statt. So ging es in beiden norwegischen Volksabstimmungen (1972, 1994) wie im einzigen britischen Referendum (1975) um die Frage, ob die Bevölkerung eine Mitgliedschaft in der Europäischen Union will. Mit Ausnahme Zyperns fanden 2003 in dieser Tradition bei allen Beitrittskandidaten für die Europäische Union – Estland, Lettland, Litauen, Malta, Polen, Slowakei, Slowenien, Tschechien, Ungarn – Volksabstimmungen über die EU-Mitgliedschaft statt.

Auf nationaler Ebene liegt die Zahl der Referenden für die Zeit nach 1945 nur in Dänemark, Frankreich, Irland, Italien, Liechtenstein und Neuseeland im zweistelligen Bereich. Auf den Philippinen fanden zwar nach 1945 elf Volksabstimmungen statt, aber neun davon zu Zeiten autokratischer Regierung.

Extrem weit über dem Durchschnitt liegt die Zahl der Referenden in der Schweiz. Dort ist die Tradition der plebiszitären Elemente lang. Das fakultative Gesetzesreferendum wurde bereits 1874 eingeführt. In der Schweiz hat der Bürger zudem seit 1891 im Unterschied zu den meisten anderen demokratischen Verfassungsstaaten die Möglichkeit der Volksinitiative. Um den Stein eines Gesetzgebungsprozesses ins Rollen zu bringen, sind 100.000 Unterschriften notwendig. Nachdem die politischen Vorstellungen in einen Gesetzesvorschlag gefasst wurden, soll dieser dem Volk zur Abstimmung vorgelegt werden. Bislang entfaltete dieses Instrument jedoch keine praktische Bedeutung.

Im 20. Jahrhundert erhöhte sich der direktdemokratische Anteil an der Schweizer Demokratie beträchtlich. So wurde 1921 das fakultative Staatsvertragsreferendum eingeführt. Seither entscheidet das Volk über unbefristete internationale Verträge. 1949 wurde die direktdemokratische Palette um das Instrument des obligatorischen Referendums ergänzt. Aufgrund der Anzahl und der politischen Bedeutsamkeit der plebiszitären Elemente lässt sich die Schweiz als „halbdirekte Demokratie"[47] bezeichnen. Die plebiszitären Elemente lassen sich folgendermaßen gemäß ihrer politischen Bedeutung ordnen:

Tabelle 3: Bedeutung plebiszitärer Elemente in der Schweiz

Gehalt der Entscheidung	**Rechtsform**	**Erlassendes Organ**	**Mitwirkung des Volkes**
sehr wichtig	Verfassung	Parlament	Volksinitiative; (obligatorisches) Referendum
wichtig	Gesetz	Parlament	– (fakultatives) Referendum
weniger wichtig	Beschluss Verordnung	Parlament Regierung	– –

Quelle: Wolf Linder: Integration und Partizipation im politischen System der Schweiz, in: Helga Michalsky (Hrsg.): Politischer Wandel in konkordanzdemokratischen Systemen, Vaduz, 1991, S. 67.

Weiterführend ist Gordon Smiths Unterscheidung in kontrollierte und unkontrollierte Referenden sowie solche mit prohegemonialem und solche mit antihegemonialem Effekt.[48] Als kontrolliert gilt ein von den Regierenden ausgehendes Referendum, als unkontrolliert ein von unten gestartetes. Der Grad der Kontrolle und der zu erwartende Effekt hängen dabei eng zusammen. So haben kontrollierte Referenden in der Regel einen hegemonialen Effekt, unkontrollierte einen antihegemonialen. Das Verfassungsreferendum in Frank-

47 Walter Haller: Das schweizerische System der halbdirekten Demokratie, in: Zeitschrift für Verwaltung, 6 (1994), S. 613–622.

48 Vgl. Gordon Smith: The Functional Properties of the Referendum, in: European Journal of Political Research, 4 (1976), S. 1–23.

reich erscheint aus dieser Perspektive als ein „Instrument in den Händen des Präsidenten“[49], als ein Referendum von oben. Es dient zur Festigung der hervorgehobenen Stellung des Präsidenten im politischen Prozess gegenüber Parlament und Parteien. Das abrogative Referendum in Italien entfaltet demgegenüber trotz der Einhegung durch die Verfassung und die Verfassungsgerichtsbarkeit große politische Bedeutung als Referendum von unten mit antihegemonialem Effekt. Das Referendum nutzen vorzugsweise politische Minderheiten, die im Parlament nicht oder nur schwach vertreten sind.[50] Neben der Schweiz und Italien gibt es die Möglichkeit der Initiative für ein Referendum durch die Bevölkerung auf nationalstaatlicher Ebene nur in Albanien, Liechtenstein und der Slowakei.

Bei den Reformprozessen der neunziger Jahre des 20. Jahrhunderts in Italien waren Referenden eher Gaspedal als Bremse.[51] Die direktdemokratischen Elemente in der Schweiz wirken dagegen (reform)bremsend. Vergleichende Betrachtungen demokratischer Systeme belegen, dass Staaten mit weitreichenden plebiszitären Elementen zurückhaltender beim Ausbau einer wohlfahrtsstaatlichen Politik sind als solche mit geringen plebiszitären Befugnissen der Bürger.[52] Ein Pluspunkt einer Vielzahl direktdemokratischer Entscheidungen ist, dass die Bevölkerung stärkere Anreize hat, sich mit dem politischen System zu identifizieren. So kann die Erweiterung plebiszitärer Elemente in der repräsentativen Demokratie ein Heilmittel gegen Politikverdrossenheit sein. Mit Blick auf die Qualität der Entscheidungen lässt sich kein Urteil zu Gunsten oder zu Ungunsten plebiszitärer Entscheidungen rechtfertigen. Plebiszitäre Entscheidungen können in einer Demokratie ebenso wie repräsentative zu guten oder schlechten Ergebnissen führen. Der Common Sense der Bevölkerung ist der Urteilskraft der politischen Elite ebenso wenig zwangsläufig unterlegen wie überlegen. Die verbreitete Ansicht, dass direktdemokratische Elemente Populisten eine größere politische Einwirkungschance einräume als repräsentative Demokratien und somit zur politischen Instabilität führe, bestätigten empirische Nachprüfungen nicht.[53] Ein nachgewiesener Nachteil plebiszitärer Elemente ist aber die erhebliche Verlängerung der Dauer des Willenbildungsprozesses.[54]

49 Adolf Kimmel: Plebiszitäre Elemente im französischen und italienischen Regierungssystem, in: Günther Rüther (Hrsg.): Repräsentative oder plebiszitäre Demokratie – eine Alternative? Grundlagen, Vergleiche, Perspektiven, Baden-Baden 1996, S. 125.

50 Vgl. ebd., S. 131.

51 Vgl. Walter Haller: Das abrogative Gesetzesreferendum in Italien – Bremse oder Gaspedal?, in: Piermarco Zen-Ruffinen/Andreas Auer (Hrsg.): De la constitution. Études en l'honneur de Jean-François Aubert, Basel/Frankfurt a. M. 1996, S. 231–240.

52 Vgl. Uwe Wagschal/Herbert Obinger: Der Einfluss der Direktdemokratie auf die Staatstätigkeit, Bremen 1999.

53 Vgl. Wolfgang Luthardt: Direkte Demokratie. Ein Vergleich in Westeuropa, Baden-Baden 1994.

54 Vgl. Kris W. Kobach: The Referendum: Direct Democracy in Switzerland, Aldershot u. a. 1993; Luthardt: Demokratie (Anm. 53).

4. Funktionierende und defekte Demokratien

Die Staatsformen der Gegenwart lassen sich auf einem Kontinuum zwischen demokratischem Verfassungsstaat über die verschiedenen Varianten der autoritären Diktatur hin zum Totalitarismus einordnen. Lange hielten es viele Forscher für einfach, die Grenze zwischen Demokratien und autoritären Diktaturen zu ziehen, während es als weit schwerer erachtet wurde, autoritäre und totalitäre Diktaturen voneinander zu trennen. Mit der Zahl der Demokratien nahm die Variationsbreite im Bereich der Staatsformen zu. Nicht alle Staaten, die sich demokratisch nannten, waren es. Zunehmend geriet auch in den Blick, dass es einen Graubereich zwischen demokratischen Verfassungsstaaten und Diktaturen gibt.[55] Wolfgang Merkel prägte für solche Staaten den Begriff „defekte Demokratien".[56] Sie erlauben zwar Wahlen und politischen Wettbewerb, weisen aber „signifikante Einschränkungen der Funktionslogik von Institutionen zur Sicherung grundlegender politischer und bürgerlicher Partizipations- und Freiheitsrechte, Einschränkungen der horizontalen Gewaltenkontrolle und -verschränkung und/oder Einschränkungen der effektiven Herrschaftsgewalt"[57] auf.

Die Politikwissenschaftler Aurel Croissant und Wolfgang Merkel unterscheiden drei Bereiche, in denen eine Demokratie Defekte aufweisen kann: 1) Allgemeinheit der Wahl; 2) Regierungsmonopol der demokratisch legitimierten Repräsentanten; 3) liberaler Rechts- und Verfassungsstaat.[58] Den Defektbereichen entsprechend unterscheiden sie die defekten Demokratien in drei Untertypen: 1) exklusive Demokratie; 2) Domänedemokratie (auch: Enklavendemokratie); 3) illiberale Demokratie.

Das Wesensmerkmal einer exklusiven Demokratie ist, dass die Allgemeinheit des Wahlrechts nicht gewährleistet ist. Meist fallen Demokratien in diese Kategorie, weil ein bedeutender Teil der Bürger auf Grund von Analphabetismus, Armut, ethnischer Zugehörigkeit, Geschlecht oder Religionszugehörigkeit von den Wahlen ausgeschlossen wird. Die Einschränkung, dass in allen Demokratien das aktive und passive Wahlrecht erst ab einem bestimmten Alter ausgeübt werden darf, ist demgegenüber kein Defekt. Die Teilnahme an demokratischen Wahlen setzt eine gewisse Reife der Persönlichkeit voraus. Die Schweiz vor der Einführung des allgemeinen Frauenwahlrechts auf Bundes-

55 Vgl. die Beiträge in Petra Bendel/Aurel Croissant/Friedbert W. Rüb (Hrsg.): Zwischen Demokratie und Diktatur. Zur Konzeption und Empire demokratischer Grauzonen, Opladen 2002; insbes. Peter Thiery: Demokratie und defekte Demokratie, in: ebd., S. 71–91.

56 Vgl. u.a. Wolfgang Merkel, Defekte Demokratien, in: ders./Andreas Busch (Hrsg.): Demokratie in Ost und West. Für Klaus von Beyme, Frankfurt a.M. 1999, S. 361–381. Zur Unterscheidung in funktionierende und defekte Demokratien gibt es einige Alternativvorschläge. Vgl. u.a. Gretchen Casper: Fragile Democracies, London 1995.

57 Aurel Croissant/Wolfgang Merkel: Formale Institutionen und informale Regeln in defekten Demokratien, in: Politische Vierteljahresschrift, 41 (2000), S. 4. Die Definition teilt Thiery: Demokratie (Anm. 55), S. 80.

58 Vgl. Croissant/Merkel: Institutiuonen (Anm. 57), S. 8.

ebene 1971 ist ein Beispiel für diesen Typus. Südafrika vor 1990 zählte wegen der Größe des Demokratiedefekts, sprich des Ausschlusses von 90 Prozent der Bevölkerung, zu den Diktaturen, nicht zu den exklusiven Demokratien. Bis 1998 fiel Lettland wegen des ethnisch begründeten Ausschlusses des russischen Teils der Bevölkerung in diese Kategorie. Zu diesem Untertyp defekter Demokratien gehören auch Staaten, in denen durch Manipulation der Wahlen oder durch eine systematische Behinderung bestimmter Parteien eine Wettbewerbsverzerrung stattfindet. Wenn die Verzerrung zugunsten einer Partei sehr weitreichend ist, handelt es sich nicht mehr um eine defekte Demokratie, sondern um eine verschleierte Diktatur.

In einer funktionierenden Demokratie liegt die politische Macht nahezu ausschließlich bei den demokratisch gewählten Repräsentanten in Exekutive und Legislative. In einer Domänedemokratie[59] existieren demgegenüber bedeutsame politische Akteure, die nicht demokratisch legitimiert sind. Beispiele für Institutionen, die eine solche Macht ausüben können, sind die Drogenmafia, Großgrundbesitzer, Guerillabewegungen, das Militär, nationale und multinationale Unternehmen. Als Domänedemokratien sind dabei nur solche Fälle zu sehen, in denen demokratisch nicht legitimierte Institutionen die politische Macht haben, bestimmte politische Entscheidungen unabhängig von den demokratischen Mehrheitsverhältnissen zu ihren Gunsten zu lenken. Häufig sichern sich ehemalige Diktatoren in Demokratisierungsprozessen eine gewisse Vetomacht. Ein Beispiel ist die politische Sonderstellung General Pinochets in Chiles Demokratisierungsprozess. Auch Paraguay und Thailand vor 1997 gehören in diese Kategorie. Sind die Domänen so groß, dass die effektive Regierungsgewalt wie im Iran grundsätzlich nicht von den demokratisch legitimierten Autoritäten ausgeht, handelt es sich um eine Diktatur, nicht um eine defekte Demokratie.

Der häufigste Typus der defekten Demokratie ist die illiberale Demokratie. Die mildere Variante ist die delegative Demokratie, die härtere die antiliberale Demokratie. In delegativen Demokratien überschreiten Verfassungsorgane zu Ungunsten anderer Verfassungsorgane ihre Kompetenzen, und die politische Machtbalance der Demokratie gerät aus dem Gleichgewicht. Dies ist etwa der Fall, wenn Regierungschefs an den Parlamenten mit Dekreten vorbeiregieren oder auf außerkonstitutionellem Weg auf Gerichte Einfluss nehmen.[60] Die Wurzel dieses Demokratiedefekts ist eine unzureichende Verankerung demokratischer Einstellungen bei der politischen Elite eines Staates. Diese Aushöhlung der Demokratie kann bis zu einem „leisen Putsch“ von Angehörigen der poli-

---

59 Alternativ kreisen unter Politikwissenschaftlern auch die Begriffe „protected democracy“ (Brian Loveman: „Protected Democracies“ and Military Guardianship: Political Transitions in Latin America, 1978–1993, in: Journal of Interamerican Studies and World Affairs, 36 [1994], S. 108–111) und „tutelary democracy“ (Adam Przeworski: Democracy as a Contingent Outcome of Conflicts, in: Jon Elster/Rune Slagstad [Hrsg.]: Constitutionalism and Democracy, Cambridge 1988, S. 60).

60 Vgl. zu diesem Demokratietyp Guillermo O'Donnell: Delegative Democracy, in: Journal of Democracy, 5 (1994), S. 55–69.

tischen Elite führen. Die defekte Demokratie wird dann wie in Weißrussland zu einer Autokratie mit pseudodemokratischem Anstrich.

In illiberalen Demokratien ist die Einhaltung der Bürgerrechte nicht in vollem Maße gewährleistet. Das kann, muss aber nicht an delegativen Praktiken liegen. Illiberale Zustände können ebenso wie aus einer Machtüberschreitung der demokratisch Gewählten aus deren teilweiser politischer Machtlosigkeit erwachsen. Als illiberaler Demokratiedefekt sind häufige gewaltsame Übergriffe der Staatsorgane auf Bürger anzusehen. Diese können entweder auf Anweisung der demokratischen Machthaber geschehen, oder diese sind unfähig, sich gegen die Sicherheitsorgane Polizei und Militär durchzusetzen, um solche Verhaltensweisen zu verhindern. Beschränkungen der Meinungsfreiheit, besonders jene der Medien durch demokratische Machthaber, gehören in diese Kategorie. Gibt es auf Befehl der politischen Machthaber systematische Übergriffe gegen bestimmte Bevölkerungsgruppen wie in Jugoslawien unter Milosević, so handelt es sich bei diesem Staat um eine Diktatur, nicht um eine defekte Demokratie.

Die Liste der illiberalen Demokratien ist lang.[61] Sie reicht von Argentinien (delegative Form) über die Türkei (illiberale Demokratie) bis hin zu Venezuela (delegative Form). Selbstverständlich gibt es auch Kombinationen von Demokratiedefekten. Einige Staaten wie Ghana und Senegal haben so zahlreiche Demokratiedefekte, dass eine klare Zuordnung kaum mehr möglich ist, wenn man sie überhaupt noch zu den defekten Demokratien und nicht zu den autoritären Diktaturen zählen will.[62] Staaten, deren Demokratisierungsprozess blockiert und im Kern schon fehlgeschlagen ist, wie Burundi, Kenia, Niger, Uganda[63], sind jedoch keine defekten Demokratien, sondern pseudodemokratische Autokratien.

Friedbert Rüb hat die bedenkenswerte Hypothese aufgestellt, dass Staaten im Graubereich zwischen Demokratie und Diktatur der Identitätstheorie der Demokratie anhängen und „von einem a priori existierenden Gemeinwohl aus[gehen], das Ausdruck des plebiszitär ermittelten Volkswillen ist und einen einstufigen Prozess der Delegation von politischer Macht an einen Machtträger vorsieht, in der Regel an den direkt gewählten Staatspräsidenten".[64] Diese These liegt nahe und sie ist es wert, anhand einer Analyse des Demokratieverständnisses der politischen Eliten in defekten Demokratien geprüft zu werden.

Die etablierten Demokratien funktionieren im Kern, auch wenn einige von ihnen wie Italien kleinere Defekte aufweisen. Sie sind aber nicht so groß, dass

61 Vgl. Fareed Zakaria: The Rise of Illiberal Democracy, in: Foreign Affairs, 76 (1997), S. 22–43.

62 Vgl. Christof Hartmann: Defekte, nicht-konsolidierte oder gar keine Demokratie? Systemwechsel und -wandel in Westafrika, in: Bendel/Croissant/Rüb (Hrsg.): Demokratie (Anm. 55), S. 316.

63 Vgl. Gunther Schubert/Rainer Tetzlaff (Hrsg.): Blockierte Demokratien in der Dritten Welt, Opladen 1998.

64 Friedbert W. Rüb: Hybride Regime – Politikwissenschaftliches Chamäleon oder neuer Regimetypus? Begriffliche und konzeptionelle Überlegungen zum neuen Pessimismus in der Transitologie, in: Bendel/Croissant/ders. (Hrsg.): Demokratie (Anm. 55), S. 107.

sie das Etikett „defekte Demokratie" rechtfertigen würden. Unter den jüngeren Demokratien überwiegt demgegenüber die Zahl der defekten Demokratien. Bei den beiden folgenden Tabellen nutze ich einen Indikator zur Einstufung der Demokratien als „funktionierend" oder „defekt". Alle Staaten, die die Minimalbedingungen einer Demokratie erfüllen, d. h. in denen freie, kompetitive Wahlen stattfinden, nenne ich funktionierende Demokratien, wenn sie von „Freedom House" in den Kategorien politische und bürgerliche Rechte, Werte von höchstens zwei erhielten. Alle Demokratien, die „Freedom House" schlechter einstufte, bezeichne ich als defekt.[65] Die Messlatte für eine funktionierende Demokratie liegt somit etwas höher als die Messlatte von „Freedom House" für die Kategorie „frei". Die leichte Verschiebung führt dazu, dass einige von „Freedom House" als „frei" eingestufte Staaten wie die Philippinen, Mali und die Mongolei in der folgenden Tabelle als „defekt" firmieren. Wer die Demokratiestrukturen in diesen Staaten einer näheren Überprüfung unterzieht, dürfte die Einschätzung dieser Demokratien als defekt für gerechtfertigt halten. Staaten, die zwischen Werten schwanken, die eine Einordnung als (gerade noch) funktionierend und (leicht) defekt mit sich bringen würden, bezeichne ich als Grenzfall.

Von den 24 seit 1950 stabilen, vergleichsweise „alten" Demokratien funktionieren 22 (91,7 Prozent), zwei (8,3 Prozent), Indien und Israel, sind als Grenzfälle anzusehen, und keine fällt in die Kategorie defekt. Von den gegenwärtigen 59 Demokratien, die nach 1950 erstmals oder erneut eine Demokratisierung erlebten, funktioniert dagegen nur eine Minderheit von 23 (38,3 Prozent).

Tabelle 4: Funktionierende und defekte Demokratiestrukturen in seit 1950 stabilen Demokratien

Funktionierend	Funktionierend	Funktionierend	Grenzfall
Australien (1901)	Irland (1921)	Niederlande (1870)	Indien (1947); 1975–77 und 1991–98 defekt
Belgien (1919)	Island (1944)	Norwegen (1885)	Israel (1949)
BR Deutschland (1949)	Italien (1946)	Österreich (1945)	
Costa Rica (1948)	Japan (1946)	Schweden (1918)	
Dänemark (1901)	Kanada (1920)	Schweiz	
Finnland (1944)	Liechtenstein	USA (1870)	
Frankreich (1875)	Luxemburg (1870)		
Großbritannien (1911)	Neuseeland (1970)		

65 Alternative Methoden zur Demokratiemessung finden sich in Hans-Joachim Lauth/Gert Pickel/Christian Welzel (Hrsg.): Empirische Demokratiemessung, Opladen 2000 und Hans-Joachim Lauth: Demokratie und Demokratiemessung. Eine konzeptionelle Grundlegung für den interkulturellen Vergleich, Wiesbaden 2004.

Tabelle 5: Funktionierende und defekte Demokratiestrukturen in neuen Demokratien

Funktionierend	Funktionierend	Grenzfall	Defekt	Defekt
Bahamas	Portugal	Barbados	Albanien	Moldawien
Belize	Rumänien (1990–97 defekt)	Benin	Argentinien (1984–90 funktionierend)	Nicaragua
Estland (1991–95 defekt)	Slowakei (1994–98 defekt)	Bolivien	Armenien	Paraguay
Griechenland	Slowenien (1991–98 defekt)	Botswana	Bangladesch	Philippinen
Guyana	Spanien	Bulgarien	Brasilien	Russland
Kap Verde	Taiwan (1991–96 defekt)	Chile	Guatemala	Senegal
Lettland (1991–97 Grenzfall)	Tschechien	Dom. Republik	Honduras	Sri Lanka
Litauen (1991–95 Grenzfall)	Ungarn	Ecuador	Kolumbien (1958–89 Grenzfall)	Südafrika
Malta (1981–87 defekt)	Uruguay	Jamaika	Malawi	Trinidad & Tobago (1976–82 Grenzfall; 1983–00 funkt.)
Mauritus (1976–82 Grenzfall)	Zypern	Mongolei	Mali	Türkei
Namibia		Papua-Neuginea (93–98 defekt)	Mazedonien	Ukraine
Panama (1994–99 Grenzfall)		Südkorea	Mexiko	Venezuela (1958–92 funktionierend)
Polen		Surinam		

Quelle: Eigene Zusammenstellung auf der Grundlage der Daten von Freedom House: Freedom in the World Country Ratings 1972–1973 to 2001–2002, New York 2002.

24 (40 Prozent) dieser Demokratien sind defekt, und dreizehn (22 Prozent) sind Grenzfälle. Es besteht somit ein klarer empirischer Zusammenhang zwischen Demokratiestabilität und Demokratiequalität.

Der Begriff „defekte Demokratie" ist analytisch fruchtbar. Er darf jedoch nicht überdehnt werden. So ist die Warnung von Juan Linz vor einer Verwischung der Grenzen zwischen Demokratie und Autokratie ernst zu nehmen. Für ihn handelt es sich bei den defekten Demokratien pauschal um „nichtdemokratische Regime".[66] Mit dieser Einordnung schüttet Linz das Kind mit dem Bade aus. Sein Vorschlag, eher Adjektive vor Autoritarismus als vor Demokratie zu setzen, verlagerte das Problem der Grenzziehung nur, löste es nicht. Gerade viele Demokratien Lateinamerikas, die manchen Defekt, aber eben auch eine sehr lange demokratische Tradition aufweisen, lassen sich nicht unter den Terminus „Autokratie" fassen.[67] Die Forscher sind allerdings dringend aufgefordert, sich auf eine plausible Grenzziehung zwischen defekten Demokratien und Autokratien mit pseudodemokratischem Anstrich zu einigen.[68] Auch Pseudodemokratien unterscheiden sich in mancher Hinsicht von den klassischen Diktaturen. Es gibt in ihnen wie in Ägypten, Ghana, Kenia, Turkmenistan, Usbekistan und Weißrussland durchaus Oppositionsparteien, aber keinen fairen Wettbewerb zwischen den politischen Parteien, der eine friedliche Entmachtung der regierenden Partei erlaubt.[69] Ein Musterbeispiel für den fließenden Übergang einer defekten Demokratie zu einer Autokratie mit pseudodemokratischem Anstrich stellt die zweite Amtszeit Fujimoris in Peru dar.[70] Von der Demokratie blieb kaum mehr als die Hülle.

Den meisten defekten Demokratien ist der Defekt angeboren. Die Unterscheidung der Demokratien in alt und neu ist jedoch nicht deckungsgleich mit jener in funktionstüchtig und defekt. Eine bedeutende Minderheit unter den defekten Demokratien stellen jene Demokratien dar, die stabil und funktionstüchtig waren und – schleichend oder eher plötzlich – in den Status einer defekten Demokratie zurückfallen. Ein Beispiel ist Venezuela, das neben Costa Rica lange Zeit das Paradebeispiel einer funktionierenden Demokratie in Lateinamerika war. Unter dem Präsidenten Hugo Chávez wurde Venezuela zu einer illiberalen Demokratie der delegativen Variante. Defekte wie Korruption und Ämterpatronage existierten allerdings bereits zuvor und hatten zu einer tiefen Entfremdung der Venezolaner vom demokratischen System geführt. Chávez schwemmte eine Welle politischer Unzufriedenheit ins Amt.

---

66 Juan J. Linz: Vorwort zur deutschen Ausgabe, in: ders.: Totalitäre und autoritäre Regime, Berlin 2000, S. XL.

67 Vgl. u.a. Dieter Nohlen/Bernhard Thibaut: Trotz allem Demokratie – zur politischen Entwicklung Lateinamerikas in den neunziger Jahren, in: Detlef Junker/Dieter Nohlen/Hartmut Sangmeister (Hrsg.): Lateinamerika am Ende des 20. Jahrhunderts, München 1994, S. 253–261.

68 Ein Schritt in diese Richtung ist: Philippe C. Schmitter/Terry L. Karl: What Democracy is...and is not, in: Journal of Democracy, 2 (1991), S. 75–88.

69 Vgl. zum Begriff "Pseudodemokratien" Diamond: Third Wave (Anm. 4), S. 25.

70 Vgl. Wolfgang Muno/Peter Thiery: Defekte Demokratien in Lateinamerika, in: Bendel/Croissant/Rüb (Hrsg.): Demokratie (Anm. 55), S. 293–296.

Ist eine defekte Demokratie besser als eine funktionierende Diktatur? Winston Churchills klassisches Diktum legt dies nahe: „Die Demokratie ist die schlimmste Regierungsform mit Ausnahme aller anderen Formen, die von Zeit zu Zeit ausprobiert wurden.“[71] Die meisten Demokratieforscher unterstützen wie Robert Dahl und Juan Linz die ins Positive gewendete Ansicht: „Eine zweitklassige Demokratie ist besser als die beste Nicht-Demokratie.“[72] In dieser Hinsicht ist Peter Thierys These bedenkenswert, dass in jungen Demokratien bestimmte „Defekte“ notwendig sein können, um den Rückfall in eine Diktatur zu verhindern.[73] So wäre etwa in Chile ohne den Demokratiedefekt der Vetomacht des Ex-Diktators Augusto Pinochet die (Wieder-)Einführung der Demokratie wohl nicht zu haben gewesen. Falsch wäre es aber zu glauben, Demokratiedefekte fänden sich nur während der schwierigen Transitionsphase junger Demokratien.[74]

Es gibt das Phänomen der etablierten defekten Demokratie. Zu dieser Kategorie zählt Kolumbien. Dem Land gelang es einerseits nie, seine Demokratiedefekte zu überwinden, andererseits blieb ihm im Unterschied zu den meisten anderen lateinamerikanischen Staaten ein Zusammenbruch der Demokratie erspart. Indien gelang es trotz schwierigster Rahmenbedingungen eine Demokratie zu etablieren, defektfrei lässt sie sich jedoch kaum nennen. Demokratiedefekte sollen durch die Hypothese keineswegs schön geredet werden. Empirisch betrachtet sind die defekten Demokratien den funktionierenden bei den Policy-Leistungen wie der Systemstabilität weit unterlegen. Das politische Streben sollte sich daher stets darauf richten, aus defekten Demokratien funktionierende zu machen.

Das Phänomen der Etablierung von Demokratiedefekten führte einige Forscher wie Friedbert Rüb zu dem Vorschlag, die Staatsformen im Graubereich zwischen Demokratie und Diktatur – also die defekten Demokratien und die autoritären Diktaturen mit pseudodemokratischem Anstrich – als Vertreter eines „Regimetypus sui generis“ der „hybride[n] Regime“[75] anzusehen. Für Gero Erdmann versucht das Konzept der hybriden Regime „all jenen politischen Systemen gerecht zu werden, in denen ohne institutionelle Veränderungen im vorgegebenen Verfassungsgefüge jederzeit die Demokratie ‚ausbrechen‘ kann, wenn nur die formalen Institutionen und ihre Verfahrensregeln hinreichend beachtet werden“.[76] Gerade weil sich die formalen Institutionen und

71 Winston Churchill: His Complete Speeches 1897–1963, Bd. VII: 1943-1949, hrsg. von Robert Rhodes James, New York/London 1974, S. 7566 (Übersetzung vom Verfasser).

72 Robert A. Dahl: On Democracy: New Haven/London 1998, S. 230 (Übersetzung vom Verfasser). Vgl. sinngemäß auch Juan Linz: Some Thoughts on the Victory and Future of Democracy, in: Axel Hadenius (Hrsg.): Democracy's Victory and Crisis, Cambridge 1997, S. 407 f.

73 Vgl. Thiery: Demokratie (Anm. 55), S. 87.

74 Diese These legt folgender Beitrag nahe: Adrian Karatnycky: The Decline of Illiberal Democracy, in: Journal of Democracy, 10 (1999), S. 112–123.

75 Rüb: Hybride Regime (Anm. 64), S. 94. Vgl. auch Terry L. Karl: The Hybrid Regimes of Central America, in: Journal of Democracy, 6 (1995), S. 72–86.

76 Gero Erdmann: Neopatrimoniale Herrschaft – oder: Warum es in Afrika so viele Hybridregime gibt, in: Bendel/Croissant/Rüb (Hrsg.): Demokratie (Anm. 55), S. 340.

Verfahrensregeln aber nicht unterscheiden, ist es besser unter dem Banner der demokratischen Systeme die Subtypen defekt und funktionierend zu bilden, als eine neue Kategorie hybrider Regime zwischen Demokratie und Diktatur.

5. Aufgaben des demokratischen Staates: Vom liberalen Verfassungsstaat zum demokratischen Wohlfahrtsstaat

Die Ausweitung der Staatstätigkeit ist ein wesentlicher Teil der Modernisierung.[77] Als Staatsaufgaben nannte John Locke den Schutz von Leben, Eigentum und Freiheit der Bürger[78] Ist die Gewährleistung der inneren und äußeren Sicherheit die elementarste Staatsaufgabe, so konnte sich die Freiheit der Bürger als Staatsaufgabe erst mit dem Aufkommen demokratischer Ideale durchsetzen. Ab der Französischen Revolution von 1789 wurde Freiheit die Legitimationsgrundlage der liberalen Verfassungsstaaten.[79]

Von größerer Bedeutung als die Französische Revolution war die Amerikanische Revolution für die Entwicklung der Demokratie. In der Präambel der amerikanischen Verfassung nannten die Verfassungsväter fünf Staatszwecke: Verwirklichung von Gerechtigkeit, Verteidigung nach außen, Sicherheit nach innen, Förderung des allgemeinen Wohls und Sicherung der Freiheit. Staatsziele sind in Demokratien im Unterschied zu Diktaturen mehr als das Papier wert, auf dem sie geschrieben stehen. Auch die Politiker, die nicht selbst an der Verfassungsgebung teilhatten, fühlen sich an ihre Inhalte gebunden. Während die Ziele der Verteidigung nach außen und der Sicherheit nach innen sowie die Förderung des allgemeinen Wohls auch von Diktaturen angestrebt werden, sind die Ziele Freiheit und Gerechtigkeit typisch für demokratische Verfassungsstaaten.[80]

Der Schritt vom liberalen Verfassungsstaat zum demokratischen Wohlfahrtsstaat bedeutete eine quantitative und qualitative Ausweitung der Rechte der Staatsbürger. Der Begriff „Wohlfahrtsstaat" bezeichnet jene Staaten, die einen beträchtlichen Teil ihrer Energie sozialpolitischen Zwecken widmen, mit dem Ziel einer größeren Gleichheit der Lebenschancen in den Bereichen Bildung, Einkommen, Gesundheit und Wohnen. Das Konzept des „Wohlfahrtsstaats" umfasst einerseits den staatlichen Willen zu einer gewissen Umverteilung materieller Mittel, um ein Mehr an sozialer Gleichheit zu erreichen, sowie andererseits, dass sich der Staat als verantwortlich für die Förderung von

---

77 Vgl. statt vieler Peter Flora: Modernisierungsforschung, Opladen 1974.
78 Vgl. Locke: Regierung (Anm. 19).
79 Vgl. statt vieler Winfried Steffani: Das Staatsverständnis der westlichen Demokratien, in: Franz Ronneberger u. a. (Hrsg.): Politische Herrschaft und politische Ordnung, Mainz 1983, S. 98.
80 Vgl. Kriele: Staatslehre (Anm. 14), S. 12 f.

Vollbeschäftigung und Wirtschaftswachstum ansieht.[81] Bedeutete die Etablierung des liberalen Verfassungsstaats die Beteiligung der Bürger an den Staatsgeschäften, so wurden mit der Demokratisierung die Arbeiterschaft und letztlich alle Gruppen der Bevölkerung in den politischen Prozess einbezogen. Nach vergleichsweise bescheidenen Anfängen im 19. Jahrhundert entwickelte sich die Wohlfahrtsstaatlichkeit im 20. Jahrhundert zu einem zentralen Merkmal der demokratischen Verfassungsstaaten. War Deutschland keineswegs ein Vorreiter der Demokratie, so stand das Land in Sachen Wohlfahrtsstaatlichkeit an der Spitze der Entwicklung. In rascher Folge führte das Deutsche Reich die Pflichtversicherung gegen Krankheit (1883), industrielle Unfälle (1884) und Invalidität wie Alter (1889) ein. Neben Deutschland zählten auch andere autoritäre und semiautoritäre Staaten wie das kaiserliche Österreich zu den Vorreitern der Sozialgesetzgebung. Das 20. Jahrhundert ist gekennzeichnet durch einen – allerdings von Land zu Land unterschiedlich – steilen Anstieg der Sozialausgaben. Das gilt nicht nur für die demokratischen Verfassungsstaaten, sondern im Kern für alle Staaten. Neben den Demokratien zeigten sich vor allem die kommunistischen Staaten Mittel- und Osteuropas aktiv auf dem Feld der Sozialpolitik. In defekten Demokratien ist der Grad der Wohlfahrtsstaatlichkeit in der Regel weit niedriger als in den funktionierenden. Auch unter den funktionierenden Demokratien gibt es jedoch beträchtliche Unterschiede. Mit Manfred G. Schmidt lassen sich für die etablierten Demokratien der OECD-Staaten die folgenden vier Gruppen unterscheiden:

1) Vergleichsweise schwach ist die Wohlfahrtsstaatlichkeit in den angelsächsischen Demokratien Australien, Großbritannien, Neuseeland und USA ausgeprägt. Aber auch Japan, Portugal und Spanien sind hinsichtlich des wohlfahrtsstaatlichen Engagements zurückhaltend.
2) Im Mittelfeld liegen Griechenland, Irland, Island und Kanada.
3) Groß ist das Ausmaß der Wohlfahrtsstaatlichkeit in Frankreich, Italien und der Schweiz.
4) Sehr groß ist das wohlfahrtsstaatliche Engagement in den Benelux-Staaten, in den nordischen Ländern, in Österreich und der Bundesrepublik Deutschland.[82]

Vor allem in den demokratischen Verfassungsstaaten etablierte sich im Laufe des 20. Jahrhunderts der Umweltschutz als weitere Staatsaufgabe. Insbesondere die Bürger demokratischer Verfassungsstaaten erwarten zunehmend, dass die Regierenden dem technischen Fortschritt korrigierend in das Lenkrad greifen. Dabei gibt es einen Zielkonflikt zwischen dem Streben nach einem möglichst hohen materiellen Wohlstand der Bürger und dem Umweltschutz. Bereits Anfang der siebziger Jahre brachte Graf Kielmansegg dieses Problem folgendermaßen auf den Punkt, ohne dass bislang eine Lösung in Sicht wäre: „Erst die Befreiung von der Herrschaft des Dogmas, wir alle hätten einen gleichsam

81 Vgl. Jens Albert/Christina Behrendt: Art. Wohlfahrtsstaat/Sozialstaat, in: Dieter Nohlen (Hrsg.): Kleines Lexikon der Politik, München 2001, S. 580 f.
82 Vgl. Schmidt: Demokratietheorien (Anm. 40), S. 387.

Tabelle 6: Modelle des Wohlfahrtsstaats

	Liberaler Wohlfahrtsstaat	**Konservativer Wohlfahrtsstaat**	**Sozialdemokratischer Wohlfahrtsstaat**
Länder	angelsächsische Länder	kontinental-europäische Länder	skandinavische Länder
arbeits- und sozialpolitische Lösungsstrategien	Flexibilisierung und Deregulierung der Arbeitsmärkte	Spaltung der Gesellschaft in Kern und misslichen Rand	Ausbau des öffentlichen Dienstes, kontrollierte Flexibilität
Grenzen und Widersprüche der Entwicklung	Armutsfalle, soziale Desintegration	soziale und wirtschaftliche Modernisierungsdefizite	Finanzierungsprobleme, Steuerproteste, Kapitalflucht

Quelle: Josef Schmid: Wohlfahrtsstaaten im Vergleich. Bestandsaufnahme und aktuelle Diskussion, unveröffentlichtes Manuskript, S. 14 und eigene Ergänzungen.

naturrechtlichen Anspruch darauf, Jahr für Jahr mehr zu verdienen, schafft [...] Handlungsspielraum für die Bewältigung der Spannung zwischen der Notwendigkeit, die Umwelt zu schützen, und der Notwendigkeit, den Anspruch eines jeden auf einen Arbeitsplatz zu befriedigen."[83]

Keine Auseinandersetzung ist für das Dilemma zwischen Ökonomie und Ökologie charakteristischer als die Debatte um die Nutzung der Atomenergie. Standen bei der Diskussion anfangs einseitig die wirtschaftlichen Interessen im Vordergrund, schlug die Waagschale im Laufe der Jahre immer stärker zu Gunsten der ökologischen Interessen aus. Mit Blick auf die ökologischen Herausforderungen werden die demokratischen Systeme vielfach noch immer als reformbedürftig angesehen.[84] Die Entwicklung zum heutigen Stand des demokratischen Verfassungsstaats war historisch betrachtet nicht sehr lang, und die gegenwärtige Stufe dürfte daher eher Zwischen- als Endstufe sein.

83 Peter Graf Kielmansegg: Die Kehrseite der Wettbewerbsdemokratie: Das Beispiel Umweltschutz, in: ders.: Nachdenken über Demokratie. Aufsätze aus einem unruhigen Jahrzehnt, 2. Aufl., Stuttgart 1981, S. 80 f.

84 Vgl. u.a. Tine Stein: Demokratie und Verfassung an den Grenzen des Wachstums. Zur ökologischen Kritik und Reform des demokratischen Verfassungsstaats, Wiesbaden 1998.

Tabelle 7: Stufen der Entwicklung des modernen Verfassungsstaats

	Kernforderung	dominanter „Rechtstypus“	Angst vor…	Sehnsucht nach…	institutionenpolitische Konsequenzen
I	„Frieden“	allgemeine Überlebens- und Sicherheitsrechte	gewaltsamem Tod, allgemeiner Unsicherheit, Bürgerkriegsterror, innerer Zerrissenheit	innerem Frieden, Sicherheit, Berechenbarkeit, klaren Herrschaftsverhältnissen	*Staat* Souveränität; Monopolisierung der legitimen physischen Gewaltmittel durch den Staat
II	„Freiheit“	persönliche Freiheitsrechte	Staatsterror, Gewissenszwang, obrigkeitsstaatlicher Gängelung	persönlicher Freiheit, Selbstbestimmung, Marktfreiheit, staatsfreien Autonomieräumen	*Verfassungsstaat* unveräußerliche Grund- und Menschenrechte, Gewaltenteilung, parlamentarisches Mehrheitsprinzip
III	„Gleichheit“	politische Teilhabe- und Mitwirkungsrechte	Sklaverei, Unrecht, Benachteiligung, Exklusivität der bürgerlichen Freiheiten	Gleichberechtigung, gleicher Freiheit aller, politischer Mitbestimmung	*Rechtsstaat/Demokratie* allgemeines, gleiches Wahlrecht, parlamentarische Repräsentationen, Volkssouveränität, Parteienmitwirkung
IV	„Brüderlichkeit“	soziale (Bürger-) Rechte	sozialer Benachteiligung, materiellem Elend	materieller Besserung, Sicherung allgemeiner Chancengleichheit	*Sozialstaat/moderner Wohlfahrtsstaat*
V	„Umwelt“/ ökologische Unversehrtheit, globaler Friedenszustand	ökologische und globale (Über-) Lebensrechte (Umwelt- und Nachweltrechte, Eigenrechte der Natur)	allgemeiner Lebens- und Naturzerstörung, atomaren Katastrophen, Ökokatastrophen Gefährdung der natürlichen Lebensbedingungen	befriedetem „Normal“-zustand, ökologischem Gleichgewicht, Allgemeinheit und Verbindlichkeit der Menschenrechte weltweit, globaler Abrüstung	*„Neue Weltordnung“* Systeme kollektiver Sicherheit, Arten-, Umwelt- und Lebensschutz als Verfassungsgrundrechte, Ethik-Kommissionen, TA-Institutionen, umweltpolitische Vetorechte, „ökologischer Rat“

Quelle: Fritz Vilmar: Artikel „Demokratie/Demokratietheorie“, in: Dieter Nohlen (Hrsg.): Wörterbuch Staat und Politik, München 1995, S. 84.

6. Präsidentielle, semipräsidentielle und parlamentarische Regierungsform

Die wichtigsten Institutionen der demokratischen Verfassungsstaaten sind Regierung und Parlament. Die älteste und bedeutendste Unterscheidung der vergleichenden Demokratieforschung ist mithin jene zwischen präsidentiellen und parlamentarischen Regierungssystemen. Winfried Steffani brachte die Differenz zwischen beiden Demokratieformen folgendermaßen auf den Punkt: „Ist die Regierung vom Parlament absetzbar, so haben wir es mit der Grundform ‚parlamentarisches Regierungssystem' zu tun, ist eine derartige Abberufbarkeit verfassungsrechtlich nicht möglich, mit der Grundform ‚präsidentielles Regierungssystem'."[85] Ein grundlegender Unterschied zwischen Parlamentarismus und Präsidentialismus ist auch, dass es im Parlamentarismus nur eine direktdemokratische Legitimationsschiene (Parlamentswahl) gibt, im Präsidentialismus aber in aller Regel zwei Wege existieren (Parlaments- und Präsidentschaftswahl).[86] Die einzige Ausnahme ist Surinam.

Mit Blick auf eine Gruppe von Staaten, insbesondere die V. Republik Frankreichs, wird trotz der Abberufbarkeit des Regierungschefs durch das Parlament

Schaubild 1: Parlamentarische Regierungsform am Beispiel Großbritanniens

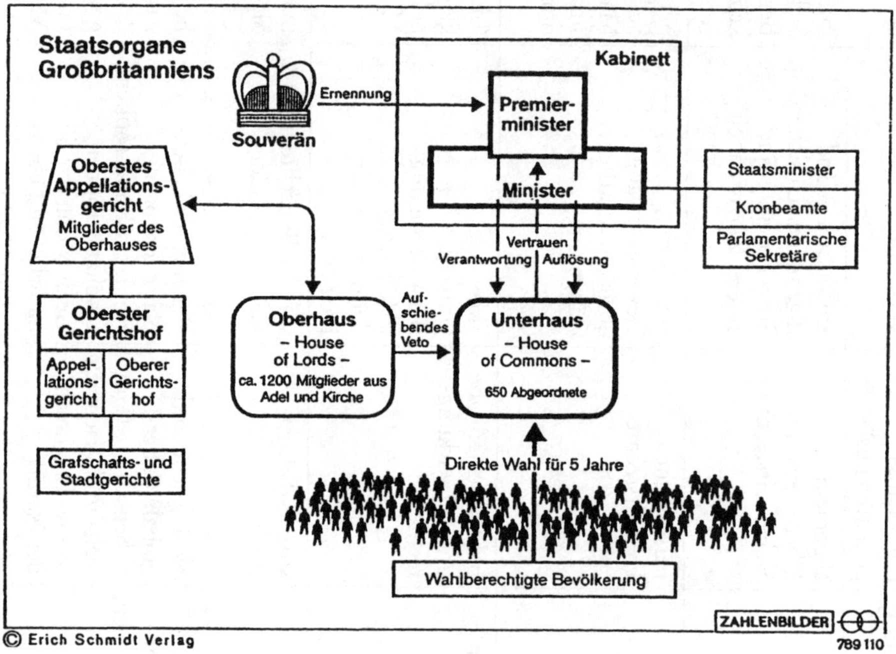

85 Winfried Steffani: Strukturtypen parlamentarischer und präsidentieller Regierungssysteme, in: ders.: Parlamentarische und präsidentielle Demokratie. Strukturelle Aspekte westlicher Demokratien, Opladen 1979, S. 39.

86 Vgl. Arend Lijphart: Introduction, in: ders. (Hrsg.): Parliamentary versus Presidential Government, Oxford 1992, S. 1–27.

Schaubild 2: Präsidentielle Regierungsform am Beispiel der USA

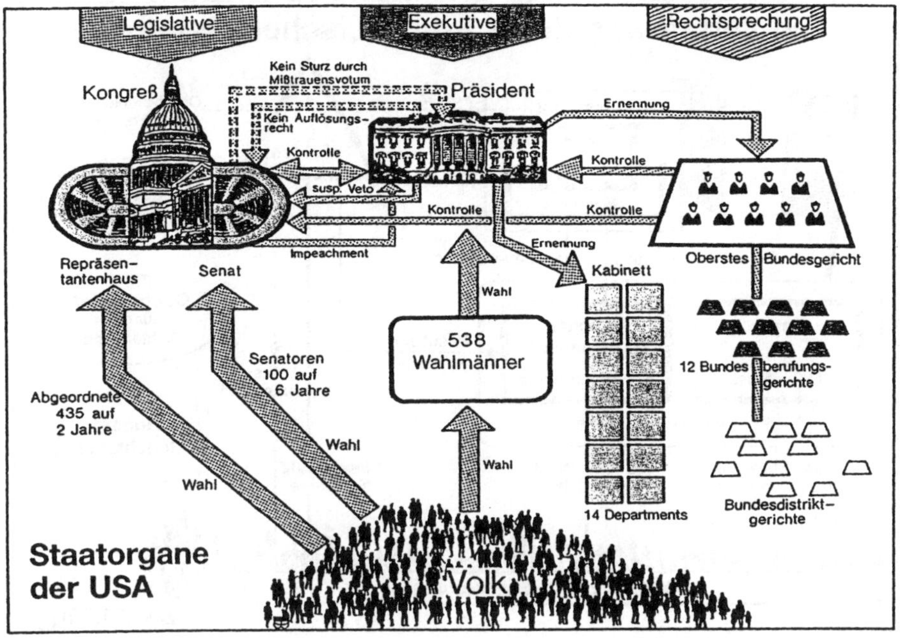

die Richtigkeit der Einordnung als parlamentarisches System bezweifelt. Der französische Politikwissenschaftler Maurice Duverger wollte politische Systeme wie jenes Frankreichs, das sich sowohl vom Parlamentarismus britischen Typs als auch vom Präsidentialismus des US-Typs unterscheidet, als Vertreter der eigenständigen Regierungsform Semipräsidentialismus verstanden wissen.[87] Kriterien für die Einordnung in diese Kategorie waren für ihn folgende drei Punkte: 1) Der Präsident wird unabhängig vom Parlament durch das Volk gewählt; 2) Der Präsident hat beachtliche exekutive Kompetenzen, vor allem auch bei der Berufung und Abberufung der Regierung; 3) Die Regierung ist vom Vertrauen der Parlamentsmehrheit abhängig. Als entscheidend ist das zweite Kriterium anzusehen. Das von Duverger geprägte Etikett „semipräsidentiell" ist nicht ideal gewählt, weil es die präsidentielle Komponente der Regierungsform über-, die parlamentarische unterbetont. Als Oberbegriff für diese Regierungsform ist es dennoch sinnvoll, am Begriff des Semipräsidentialismus festzuhalten, weil sich dann innerhalb der Regierungsform je nach der Betonung der parlamentarischen oder präsidentiellen Komponente zwischen parlamentarisch-präsidentiell[88] und präsidentiell-parlamentarisch unterscheiden lässt.

87 Vgl. Maurice Duverger: A New Political System Model: Semipresidential Government, in: European Journal of Political Research, 8 (1980), S. 165–178.

88 Der Begriff ist keine Neuschöpfung. Er wird u.a. in folgenden Werken benutzt: Georg Brunner: Vergleichende Regierungslehre. Ein Studienbuch, Bd. 1, Paderborn u.a. 1979, S. 100; Matthew Soberg Shugart/John M. Carey: Presidents and Assemblies: Constitutional Design and Electoral Dynamics, Cambridge 1992, S. 22.

Schaubild 3: Semipräsidentielle Regierungsform am Beispiel Frankreichs

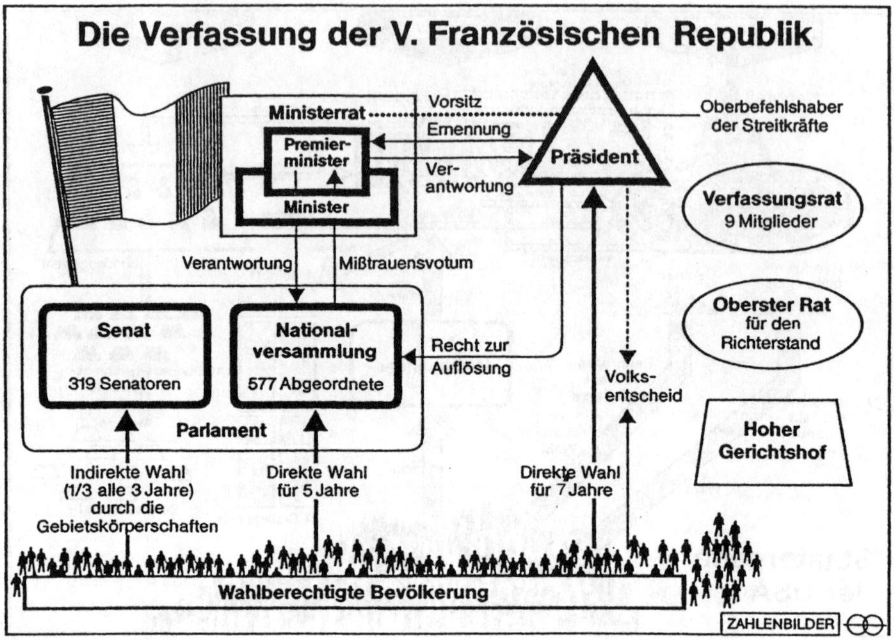

© Erich Schmidt Verlag 799 311

Steffani leistete gegen die Etablierung der Begriffe „semipräsidentiell" wie „parlamentarisch-präsidentiell" Widerstand.[89] Gerade aus seiner Fixierung auf das Schlüsselkriterium der Abberufbarkeit der Exekutive durch die Legislative lässt sich allerdings die Notwendigkeit einer eigenen Kategorie für politische Systeme vom Typ Frankreichs ableiten. In einem parlamentarischen System ist die Exekutive von der politischen Mehrheit im Parlament abhängig, in einem präsidentiellen System nicht. Das Charakteristische eines semipräsidentiellen Systems ist die Verteilung der Regierungsmacht auf Präsident und Premierminister. In einer semipräsidentiellen Demokratie ist demnach im Unterschied zur parlamentarischen Demokratie nur die „halbe" Exekutive, nämlich der Regierungschef, vom Parlament absetzbar, die andere „Hälfte", der Präsident, aber nicht. Entstammen Präsident und Premierminister der gleichen Partei, bestimmt in semipräsidentiellen Demokratien der Präsident die politischen Entscheidungsprozesse, der Regierungschef ordnet sich ihm unter.

Als ein Unterschied zwischen parlamentarischen und präsidentiellen Demokratien wird häufig auch angeführt, dass parlamentarische Demokratien über eine doppelköpfige Exekutive aus Premierminister und Präsident oder Monarch verfügen, die Ämter von Regierungschef und Staatsoberhaupt in präsidentiellen

89 Vgl. u.a. Winfried Steffani: Parlamentarisch-präsidentielle „Mischsysteme"? Bemerkungen zum Stand der Forschung in der Politikwissenschaft, in: Otto Luchterhandt (Hrsg.): Neue Regierungssysteme in Osteuropa und der GUS. Probleme der Ausbildung stabiler Machtinstitutionen, Berlin 1996, S. 11–62.

Demokratien aber vereint seien.[90] Wie die präsidentiellen Demokratien haben auch die parlamentarischen nur ein Zentrum in der Exekutive, nämlich den Premierminister. Das Staatsoberhaupt – ob Präsident oder Monarch – hat in parlamentarischen Demokratien dagegen kaum Einfluss auf das Geschäft des Regierens. Große Bedeutung erlangt dieses Unterscheidungskriterium aber dann, wenn semipräsidentielle von parlamentarischen und präsidentiellen Demokratien abzugrenzen sind. Nur semipräsidentielle Demokratien verfügen im Wortsinne über eine bipolare Exekutive. Werner Kaltefleiter nannte diese Demokratien aufgrund ihres zentralen Merkmals daher vor der Etablierung des Begriffs Semipräsidentialismus treffend „Systeme bipolarer Exekutive".[91]

Alle Demokratien der Welt – bis auf eine – lassen sich einer der drei Regierungsformen zuordnen. Israel mit seinem von der Verfassungsreform 1992 bis zur Reform der Reform 2001 vom Volk direkt gewählten Regierungschef fiel wegen dessen Abberufbarkeit durch das Parlament weiterhin in die Kategorie der parlamentarischen Demokratien.[92] Schwieriger liegt der Fall Schweiz. Nach Steffanis Kernkriterium gehört sie zu den präsidentiellen Demokratien, weil die Exekutive durch das Parlament nicht absetzbar ist.[93] Die Schweiz weicht aber letztlich in so vielen institutionellen Punkten von den präsidentiellen Demokratien ab, dass sie als ein Sonderfall unter den Regierungsformen anzusehen ist.[94]

Bei der Abgrenzung von parlamentarischen und semipräsidentiellen Demokratien ergeben sich Probleme bei der Zuordnung von Irland, Island und Österreich. Die Präsidenten nutzen ihre weitreichenden verfassungsmäßigen Rechte nicht. Hinsichtlich dieser Fälle räumte Duverger ein, die politische Praxis sei parlamentarisch.[95] Umgekehrt und bislang wenig beachtet, existierte auch ein Fall, in dem die Verfassung zwar parlamentarisch, die Verfassungspraxis aber semipräsidentiell war. In Albanien profilierte sich zwischen 1991 und 1998 der Präsident als eigenständiger Machtfaktor neben und gegebenenfalls auch gegen den Premierminister. Es gab faktisch ein System bipolarer Exekutive.[96] Die Verfassung von 1998 beendete den „Präsidentialismus der

90 Vgl. u.a. Aurel Croissant: Regierungssysteme und Demokratietypen, in: Hans-Joachim Lauth (Hrsg.): Vergleichende Regierungslehre. Eine Einführung, Wiesbaden 2002, S. 135.

91 Vgl. Werner Kaltefleiter: Die Funktionen des Staatsoberhauptes in der parlamentarischen Demokratie, Köln/Opladen 1970, S. 129–197.

92 Arend Lijpharts beiläufige Bezeichnung Israels als präsidentielles System für die Zeit nach der ersten Direktwahl des Regierungschefs 1996 ist nicht nachvollziehbar. Der Premierminister ist schließlich nicht zum Präsidenten geworden und das Amt eines politisch recht machtlosen Präsidenten existiert fort. Vgl. ders.: Patterns of Democracy. Government Forms and Performance in Thirty-Six Countries, Yale 1999, S. 119.

93 Vgl. u. a. Winfried Steffani: Zur Unterscheidung parlamentarischer und präsidentieller Regierungssysteme, in: Zeitschrift für Parlamentsfragen, 14 (1983), S. 395.

94 So u. a. Ivo Duchachek: Power Maps. Comparative Politics of Constitutions, Santa Barbara 1973, S. 175; Lijphart: Patterns (Anm. 92), S. 35; Theo Stammen: Regierungssysteme der Gegenwart, Stuttgart 1967, S. 117.

95 Vgl. Duverger: Model (Anm. 87), S. 126.

96 Vgl. etwa Timm Beichelt: Demokratische Konsolidierung im postsozialistischen Europa. Die Rolle der politische Institutionen, Opladen 2001, S. 130.

Tabelle 8: Regierungsformen im Vergleich

	Parlamentarisches System	**Semipräsidentielles System**	**Präsidentielles System**
Legitimationskette	Einfache Legitimationskette: Wahlvolk → Parlament →Regierungschef → Minister	Duale Legitimationskette: 1) Wahlvolk → Präsident 2) Wahlvolk → Parlament → Regierungschef → Minister	Duale Legitimationskette: 1) Wahlvolk → Präsident → Minister oder Staatssekretäre; 2) Wahlvolk → Parlament
Verhältnis von Exekutive und Legislative	Der Regierungschef geht aus dem Parlament hervor und ist ihm gegenüber verantwortlich. Das Parlament kann durch den Einfluss des Regierungschefs aufgelöst werden. Folge: Gewaltenverschränkung zwischen Regierung und den die Parlamentsmehrheit tellenden Regierungsparteien.	Der Regierungschef geht aus dem Parlament hervor, ist ihm gegenüber verantwortlich. Das Parlament kann aber kein Misstrauensvotum gegen den Präsidenten stellen. Der Präsident kann im Unterschied zum Regierungschef das Parlament auflösen. Folge: unterschiedlich ausgeprägte Gewaltenverschränkung je nachdem, ob Regierungschef und Präsident der gleichen Partei angehören.	Präsident/Regierung und Parlament sind unabhängig voneinander. Das Parlament kann kein Misstrauensvotum gegen den Präsidenten/die Regierung stellen, die Regierung das Parlament nicht auflösen. Folge: tendenziell stärkere Gewaltentrennung als in den anderen Regierungsformen.
Fraktionsdisziplin	Ausgeprägt	In parlamentarisch-präsidentiellen Demokratien wie Frankreich ausgeprägt; schwach in präsidentiell-parlamentarischen Demokratien wie Russland	Schwach (z.B. USA) bis ausgeprägt (z. B. Mexiko, Venezuela)
Bedeutung der Parteien	Hohe Bedeutung der politischen Parteien	Hohe Bedeutung politischer Parteien in parlamentarisch-präsidentiellen Demokratien wie Frankreich, eher geringe Bedeutung in präsidentiell-parlamentarischen Demokratien wie Russland	Politische Parteien haben unterschiedlich große Bedeutung. Die Skala reicht von einer relativ geringen Bedeutung (z. B. USA) bis zu hoher Bedeutung (z. B. Venezuela)
Gesetzesinitiativrecht der Regierung	Gesetzesinitiativen gehen überwiegend von der Regierung aus.	Gesetzesinitiativen gehen überwiegend von der Regierung (nicht vom Präsidenten) aus.	Unterschiedlich: In den USA kann der Präsident die Gesetzesinitiative nur indirekt über ihm nahe stehende Abgeordnete ausüben. Ansonsten hat der Präsident das Recht zur Gesetzesinitiative und nutzt es ausgiebig.

Berisha-Ära". Auch wenn es in der politischen Praxis bislang keineswegs zu einer „Reduzierung des Amtes auf reine Repräsentationsfunktionen"[97] kam, lässt sich dieser Einschnitt als ein Wechsel zur parlamentarischen Regierungsform interpretieren.

Eine bislang in der Regierungsformenlehre kaum beachtete Problematik ist jene der Abgrenzung zwischen präsidentiellen und semipräsidentiellen Demokratien. Wie in einer parlamentarischen Demokratie ein Premierminister und ein – machtloser – Präsident existieren können, so ist es in einer präsidentiellen Demokratie möglich, dass dem Präsidenten ein nahezu machtloser Premierminister bei seinen Amtsgeschäften assistiert. Bei der Auswertung der Verfassungen ordne ich von jenen Staaten, die neben dem Präsidenten das Amt eines Kabinettschefs oder Premierministers kennen, solche den präsidentiellen und nicht den semipräsidentiellen Demokratien zu, in denen dem Präsidenten ausdrücklich die Funktionen des Staatsoberhaupts wie Regierungschefs zugesprochen werden (Art. 99 Verf. Argentiniens von 1994). In Namibia sieht es faktisch genauso aus. Laut Verfassung ist der Premierminister lediglich Assistent und Berater des Präsidenten (Art. 36). Einfach liegt der Fall auch, wenn wie in Guyana und Südkorea zwar das Amt eines Premierministers existiert, das Parlament aber weder auf dessen Bestellung noch Abberufung Einfluss hat. Typisch ist dabei auch die Regelung, dass der Premierminister zugleich Vizepräsident ist (Art. 101 Verf. Guyanas von 1980).

In der Ukraine und Russland ist im politischen Alltag die Position des Präsidenten nicht geringer als in Argentinien, Guyana, Südkorea und Peru. Die Verfassungstexte führen jedoch zu einer Zuordnung Russlands zu den semipräsidentiellen Demokratien, weil die Ämter des Staatsoberhaupts (Präsident) und des Chefs der Regierung formal getrennt sind (Artikel 80 und 110 der Verfassung Russlands) und das Parlament – im Unterschied zu Argentinien und Peru – auf die Bestellung des Regierungschefs durch die Parlamentswahl formal Einfluss hat, auch wenn es diesen in der Praxis kaum nutzt.

97 Vgl. Michael Schmidt-Neke: Das politische System Albaniens, in: Wolfgang Ismayr (Hrsg.): Die politischen Systeme Osteuropas, Opladen 2002, S. 272.

Tabelle 9: Verteilung der Demokratien auf die Regierungsformen

Parlamentarisch (42)	Semipräsidentiell (19)	Präsidentiell (27)
Albanien (ab 1998)	Albanien (1991–98)	Argentinien (1946–56; 1958–62; 1963–66; 1973–76; ab 1983)
Australien (ab 1901)	Armenien (ab 1990)	Benin (ab 1991)
Bahamas (ab 1978)	Bulgarien (ab 1990)	Bolivien (1956–64; 1979–80; ab 1982)
Bangladesch (ab 1991)	Finnland (ab 1944)	Brasilien (1946–64; ab 1985)
Barbados (ab 1966)	Frankreich (ab 1959)	Chile (1932–73; ab 1990)
Belgien (ab 1919)	Griechenland (1974–86)	Costa Rica (ab 1949)
Belize (ab 1981)	Kap Verde (ab 1992)	Dominikanische Republik (ab 1966)
Botswana (ab 1965)	Litauen (ab 1991)	Ecuador (1948–62; 1968–70; ab 1979)
Dänemark (ab 1901)	Madagaskar (ab 1993)	El Salvador (ab 1984)
Deutschland (ab 1949)	Mali (ab 1992)	Guatemala (1946–54; 1958–63; 1966–82; ab 1986)
Estland (ab 1991)	Mazedonien (ab 1991)	Guyana (ab 1992)
Fidschi (1970–87; 1992–2000; ab 2001)	Moldawien (ab 1991)	Honduras (1954–63; 1971–72, ab 1982)
Frankreich (ab 1875–1958)	Mongolei (ab 1990)	Kolumbien (1953; ab 1958)
Griechenland (1945–67; ab 1986)	Polen (ab 1990)	Malawi (ab 1994)
Großbritannien (ab 1911)	Portugal (1976–82)	Mexiko (ab 1988)
Indien (ab 1952)	Rumänien (ab 1991)	Namibia (ab 1991)
Irland (ab 1921)	Russland (ab 1993)	Nicaragua (ab 1984)
Island (ab 1944)	Senegal (ab 1978)	Panama (1949–51; 1952–68; ab 1989)
Israel (ab 1948)	Slowakei (ab 1992)	Paraguay (1954, ab 1993)
Italien (ab 1946)	Sri Lanka (ab 1989)	Peru (1956–67; ab 1980)
Jamaika (ab 1962)	Taiwan (ab 1991)	Philippinen (1946–72; ab 1986)
Japan (ab 1952)	Ukraine (ab 1994)	Südkorea (ab 1988)
Kanada (ab 1920)		Surinam (1988–90; ab 1991)
Lettland (ab 1991)		Uruguay[98] (1945–73; ab 1985)
Luxemburg (ab 1870)		USA (ab 1870)
Malta (ab 1964)		Venezuela (1945–48; ab 1958)
Mauritius (ab 1976)		Zypern (ab 1960)
Neuseeland (ab 1907)		
Niederlande (ab 1870)		
Norwegen (ab 1885)		
Österreich (ab 1945)		
Papua–Neuguinea (ab 1975)		
Portugal (ab 1982)		
Salomonen (ab 1978)		
Schweden (ab 1918)		
Slowenien (ab 1992)		
Spanien (ab 1977)		
Sri Lanka (1948–77)[99]		
Südafrika (ab 1994)		
Thailand (1989/90, ab 92)		
Trinidad & Tobago (ab 1962)		
Tschechien (ab 1992)		
Türkei (1950–60; 1961–71; 1972–80; ab 1983)		
Ungarn (ab 1990)		

98 Für die Zeit des Colegiado (1952–1967) nimmt Uruguay eine Sonderstellung unter den präsidentiellen Demokratien ein.

99 Das Land hieß in dieser Zeit noch Ceylon. In der Tabelle nenne ich es vor wie nach 1972 Sri Lanka, um keine Verwirrung beim Leser zu stiften.

Die Vorlieben der Politikwissenschaftler gehören eher dem parlamentarischen Demokratietyp, während der präsidentielle skeptisch beäugt wird. So schrieb Carl Joachim Friedrich dem Präsidentialismus eine „Tendenz zur Diktatur“[100] ins Stammbuch. Für Karl Loewenstein kam das Funktionieren des Präsidentialismus in den USA fast einem Wunder gleich, und eine Übertragung des Systems in Länder mit weniger guten Rahmenbedingungen – wie in Lateinamerika – hielt er für überaus ungünstig.[101]

In dieser Tradition steht der von Juan Linz angeführte Chor neuerer Präsidentialismuskritiker.[102] Vor allem den folgenden Punkt machen Linz und andere Forscher für die Probleme präsidentieller Demokratien verantwortlich: Die zweigleisige Legitimationskette durch die Volkswahl von Parlament und Präsident bringe einen latenten Konflikt zwischen Exekutive und Legislative mit sich, der ab und an dramatisch eskaliere. Es sei kein Unfall, sondern systembedingt, wenn in solchen Situationen wie häufig in den präsidentiellen Demokratien Lateinamerikas das Militär eingreife.[103] Die institutionelle Anlage schade jedoch nicht nur der politischen Stabilität, sondern auch den Policy-Leistungen. Aus dieser Perspektive beklagen Giovanni Sartori und Waldino Suarez die große Gefahr einer gegenseitigen Blockade beider Institutionen, wenn der Präsident nicht die Mehrheit im Parlament hinter sich hat.[104] Die Wahl von Parlament und Präsident für einen festgelegten Zeitraum ohne die Möglichkeit des Präsidenten, das Parlament aufzulösen, und des Parlaments, dem Präsidenten das Misstrauen auszusprechen, führe zu einer politischen Erstarrung des Präsidentialismus.[105] Die Thesen der Präsidentialismuskritiker finden allerdings keineswegs einhellige Zustimmung.[106] Eine Minderheit unter den Politikwissenschaftlern sieht sogar Vorteile beim präsidentiellen

100 Carl Joachim Friedrich: Formen der Demokratie, in: ders.: Demokratie als Herrschafts- und Lebensform, 2. Aufl., Heidelberg 1966, S. 30.

101 Vgl. Karl Loewenstein: The Presidency Outside the United States, in: Journal of Politics, 11 (1949), S. 447–496.

102 Vgl. Juan J. Linz/Arturo Valenzuela (Hrsg.): The Failure of Presidential Democracy, Baltimore/London 1994.

103 Vgl. Juan Linz: Presidential or Parliamentary Democracy: Does it make a difference?, in: ebd., S. 6. So auch Mark P. Jones: Electoral Laws and the Survival of Presidential Democracies, Notre Dame 1995, S. 3; Schmidt: Demokratietheorien (Anm. 40), S. 321.

104 Vgl. Giovanni Sartori: Neither Presidentialism nor Parliamentarism, in: Linz/Valenzuela (Hrsg.): Failure (Anm. 102), S. 106-118; ders. u.a., Consideraciones sobre alternativas semipresidenciales y parlamentarias de gobierno, in: Estudios Públicos, 42 (1991), S. 10; Waldino Suarez: El poder ejecutivo en Améria Latina: Su capacidad operativa bajo regimenes presidencialistas de gobierno, in: Revista de Estudios Políticos 29, (1982), S. 137 f.

105 Vgl. Linz: Democracy (Anm. 103), S. 6 f.; Jean Blondel/Waldino Suarez: Las limitaciones institucionales del presidencialismo, in: Criterio (1981), S. 61.

106 Vgl. u. a. Klaus von Beyme: Die parlamentarische Demokratie. Entstehung und Funktionsweise 1789–1999, Opladen 1999, S. 56; Donald L. Horowitz: Comparing Democratic Systems, in: Journal of Democracy, 1 (1990), S. 73–79; Dieter Nohlen: Präsidentialismus versus Parlamentarismus in Lateinamerika, in: Lateinamerika Jahrbuch 1992, Frankfurt a.M. 1992, S. 86–99.

Regierungssystem.[107] Eine systematische und umfassende empirische Prüfung der Vor- und Nachteile der Regierungsformen steht noch aus.

7. Konkurrenz- und Konkordanzdemokratien

Wettbewerb zwischen politischen Alternativen gilt unter Demokratieforschern weithin als Kernmerkmal des demokratischen Verfassungsstaats. Im britischen Westminster-Modell der Demokratie kommt der Konkurrenzaspekt besonders stark zum Ausdruck. Lange Zeit herrschte die Ansicht vor, dieses Modell stelle das demokratische Ideal dar, zumal die angelsächsischen Demokratien erfolgreich den diktatorischen Versuchungen der Zwischenkriegszeit widerstanden hatten.[108] Zu den Charakteristika der Konkurrenzdemokratie gehört eine Einparteienregierung, der die Opposition eher konfrontativ gegenübersteht. Besonders wichtig ist bei diesem Demokratiemodell, dass die Opposition zur Regierung werden kann. Es gibt also einen relativ regelmäßigen Wechsel in der politischen Verantwortung. Das Kernmerkmal der Konkurrenzdemokratie ist die Anwendung des Mehrheitsprinzips als zentraler Entscheidungsmechanismus. Die Mehrheit fällt die Entscheidung ohne Beteiligung der Minderheit und auch gegen deren fundamentalen Widerspruch.

Staaten mit ethnischen, sprachlichen und religiösen Konfliktlinien mussten in ihrer Geschichte feststellen, dass dieser Weg, ohne eine dem Rechtsstaat ungemäße, dauerhafte Unterwerfung von Minderheiten für sie kaum zu beschreiten war. Die Schweiz, eine der ältesten Demokratien der Welt, wählte aufgrund der Fragmentierung ihrer Gesellschaft einen anderen Weg als die Westminster-Demokratien, ohne dass dieser in eine Sackgasse geführt hätte. Die Schweizer nannten die besondere Ausprägung ihres politischen Systems Konkordanzdemokratie.

Das Wort „Konkordanz“ stammt aus dem Lateinischen und bedeutet Übereinstimmung. Historisches Vorbild der konkordanzdemokratischen Entscheidungstechnik des gütlichen Einvernehmens sind die schweizerischen und deutschen Religionsfriedensschlüsse im 17. und 18. Jahrhundert. Die Wendung „gütliches Einvernehmen“ (animicabilis composito) stammt aus dem Westfälischen Friedensvertrag von 1648. Alternativ zum Begriff „Konkordanzdemokratie“ fanden auch die Ausdrücke „Proporzdemokratie“ und „Verhandlungsdemokratie“ zur Bezeichnung dieser Demokratieform Eingang in die Poli-

107 Vgl. Kurt von Mettenheim/Bert Rockman: Presidential Institutions, Democracy, and Comparative Politics, in: Kurt von Mettenheim (Hrsg.): Presidential Institutions and Democratic Politics: Comparing Regional and National Contexts, Baltimore 1997, S. 237–246; Kent Weaver: Are Parliamentary Systems Better?, in: Brookings Review, 3 (1985), S. 16–25.

108 Vgl. statt vieler Gabriel Almond/G. Bingham Powell: Comparative Politics. System, Process and Policy, Boston/Toronto 1978; Seymour Martin Lipset: Political Man: The Social Bases of Politics, New York 1959.

tikwissenschaft.[109] Im Englischen wird für den Typus der Konkordanzdemokratien der Begriff „consociational democracy" verwendet. Er geht auf das Lateinische „consociatio" zurück, der eine enge, feststehende Verbindung bezeichnet. Beim Blick auf die politische Welt hatte Johannes Althusius bereits 1610 ausgedrückt, dass jeder Staat aus verschiedenen sozialen Gruppen bestehe, die kontinuierlich an der Ausarbeitung eines Konsenses, des „consociatio", arbeiteten.[110]

In Konkordanzdemokratien gibt es kein klares Gegenüber von Regierung und Opposition, sondern es sind alle politisch bedeutsamen Gruppen am politischen Entscheidungsprozess beteiligt. Der politische Einfluss der verschiedenen Gruppen soll dabei dem Bevölkerungsanteil entsprechen (Proporzregel). An die Stelle des Entscheidungsmechanismus der Mehrheitsregel treten Verhandlungen mit dem Ziel eines gütlichen Einvernehmens. Die extreme Ausprägung der Konkordanz ist das Einstimmigkeitsprinzip. Minderheiten besitzen in Konkordanzdemokratien somit weitgehende Vetorechte. Typische Merkmale einer Konkordanzdemokratie sind Allparteienregierungen oder große Koalitionen, ein kooperativer Föderalismus und Sozialpartnerschaft. Nur selten sind die konkordanzdemokratischen Elemente verfassungsrechtlich verankert, wie etwa die Allparteienregierung in den meisten österreichischen Bundesländern und einigen Schweizer Kantonen.

Ihren mustergültigen Ausdruck fand die konkordanzdemokratische Politikform in der Schweiz. Von 1959 bis Dezember 2003 hatten sich die vier größten Schweizer Parteien, die Christliche Volkspartei (CVP), die Freisinnig-Demokratische Partei (FDP), die Sozialdemokratische Partei (SPS) und die Schweizerische Volkspartei (SVP) auf eine dauerhafte nationale Regierungskoalition mit festem Parteienproporz geeinigt. CVP, FDP und SPS erhielten unabhängig vom Entscheid der Bürger bei den Wahlen je zwei, die SVP gewann einen Sitz („Zauberformel"). Wegen der Einbindung aller großen Parteien in die Regierung gab es kaum eine Opposition im herkömmlichen Sinne.

Charakteristischer noch als der Parteienproporz ist für die Konkordanzdemokratie ein ausgehandelter ethnischer und religiöser Proporz. Die sieben Bundesratssitze werden proportional nach den Bevölkerungsanteilen der Schweizer Sprachgruppen und der beiden großen Konfessionen vergeben. Zudem darf stets pro Kanton höchstens ein Mitglied im Bundesrat vertreten sein, um das Übergewicht einer Region zu verhindern.

---

109 Vor allem die Schriften von Lehmbruch zeigen, dass alle drei Begriffe im Kern synonym gebraucht werden, auch wenn die Akzentsetzung sich leicht unterscheidet: Vgl. Gerhard Lehmbruch: Proporzdemokratie. Politisches System und politische Kultur in der Schweiz und Österreich, Tübingen 1968; ders.: Konkordanzdemokratie, in: Manfred G. Schmidt (Hrsg.): Die westlichen Länder, München 1992, S. 206–211; ders.: Verhandlungsdemokratie. Beiträge zur Vergleichenden Regierungslehre, Wiesbaden 2003.

110 Vgl. Johannes Althusius: The Politics of Johannes Althusius (1610), London 1965.

Als sich im Dezember 2003 der Rechtspopulist Christoph Blocher (SVP) im dritten Wahlgang gegen eine Kandidatin der CVP durchsetzte, besiegelte dies zumindest das Ende des parteipolitischen Teils der „Zauberformel". Dies dürfte wesentlich zu einer Entwicklung der Schweiz in Richtung einer Konkurrenzdemokratie beitragen.

Der Handlungsspielraum der Regierung ist in Konkordanzdemokratien kleiner als in Konkurrenzdemokratien. Beliebt ist in Konkordanzdemokratien das Schnüren von Paketlösungen, um Einigungen zu erzielen. Durch die Kopplung verschiedener Fragen tauscht eine Partei Zugeständnisse bei einer Frage gegen Zugeständnisse der anderen Parteien in anderen Fragen ein. Die Konkordanzdemokratie gilt unter internationalen Demokratieforschern der Konkurrenzdemokratie inzwischen als ebenbürtig. Nicht wenige sehen sogar wie Arend Lijphart die Schweiz als vorbildlich an. Gerade in der Schweiz findet dieser Demokratietyp aber heftige Kritiker, besonders im Zuge einer Reideologisierung der Schweizer Parteien, die den Interessenausgleich zunehmend schwierig macht.[111] Als Nachteile der Konkordanzdemokratie erscheinen vor allem die Langwierigkeit der Entscheidungsprozesse und das im Vergleich zur Konkurrenzdemokratie geringere Innovationspotential. Vor allem die Ängstlichkeit, notwendige politische Entscheidungen auch gegen Widerstände durchzusetzen, führt zu einem bremsenden Effekt konkordanzdemokratischer Elemente. In der Schweiz bringt die „Zauberformel" es zudem mit sich, dass die Stimmen der Bürger keinen Einfluss mehr auf die Regierungsbildung haben. Dies trägt erheblich dazu bei, dass die Schweiz im internationalen Vergleich eine sehr niedrige Wahlbeteiligung aufweist.

Reinformen der Konkordanzdemokratie sind nur die Schweiz, Luxemburg und Liechtenstein. Lange Zeit galten auch Österreich, vor allem unter der schwarzroten Koalition 1945 bis 1956, Belgien und die Niederlande als konkordanzdemokratisch. Typische Voraussetzung für die Entstehung einer Konkordanzdemokratie ist eine fragmentierte Gesellschaft. So weist die niederländische Gesellschaft eine „Versäulung"[112] auf, die noch auf die Religionskriege des 16. und 17. Jahrhunderts zurückgeht. Parteien, Schulen, Gewerkschaften, Unternehmerverbände usw. existierten jeweils in einer katholischen und einer protestantischen Variante. Eliten führten konkordanzdemokratische Elemente ein, um die stabilitätsbedrohenden Spannungen zwischen den Konfessionen zu bändigen. Im pacificatie von 1917 einigten sich die Führer der großen niederländischen Parteien auf eine politische Paketlösung, die allen Seiten zu Gute kam und ihren gesellschaftlichen Einfluss zementierte.[113] Seit den sechziger Jahren des 20. Jahrhunderts zerfallen diese „Säulen" langsam, damit geht ein Rückgang der konkordanzdemokratischen Elemente in den Niederlanden

111 Vgl. u.a. Max Imboden: Helvetische Malaise, Zürich 1964.
112 Der Begriff stammt von Jakob Pieter Kruijt (Verzuiling, Zaandijk 1959).
113 Vgl. Hans Daalder: On Building Consociational Nations: The Cases of the Netherlands and Switzerland, in: International Social Science Journal, 23 (1971), S. 355–370; Arend Lijphart: The Politics of Accommodation: Pluralism and Democracy in the Netherlands, Berkeley 1968.

einher.[114] Ähnliche Wandlungen waren in den letzten Jahrzehnten auch in Österreich und Belgien zu beobachten.[115]

Auch Zypern versuchte es 1960 mit einer konkordanzdemokratischen institutionellen Anlage, um Konflikte zwischen dem türkischen und griechischen Teil der Bevölkerung zu vermeiden. Die Verfassung sprach dem vom türkischen Bevölkerungsteil gewählten Vizepräsidenten einen Machtanteil zu, der kaum geringer war als jener des vom griechischen Bevölkerungsteil gewählten Präsidenten (Art. 47 Verfassung Zyperns von 1960). Bereits drei Jahre nach der Verabschiedung der Verfassung scheiterte die Konkordanzdemokratie aber. Die türkische Bevölkerung Zyperns scherte aus der gemeinsamen Staatsorganisation aus. Das Amt des Vizepräsidenten ist seither unbesetzt.[116]

Konkordanzdemokratische Experimente fanden nicht nur in Europa statt. So einigten sich in Kolumbien zwischen 1958 und 1974 die beiden größten Parteien, die Liberalen und die Konservativen, auf einen stetigen Wechsel im Präsidentenamt und eine Teilung der Ämter in der Exekutive (Frente-Nacional-System).[117] In Uruguay wurde zweimal – 1918 und 1952 – ein Kollegialsystem nach dem Schweizer Vorbild eingeführt, bei dem die Minderheit jeweils proportional zu ihrem Parlamentsstimmenanteil Regierungssitze erhielt.[118] Wie die Schweizer „Zauberformel" ist auch das Arrangement Kolumbiens aus demokratietheoretischer Sicht problematisch, weil eine Demokratie, in der die wesentlichen Ämter nicht durch Wahlen, sondern durch Verhandlungen unter politischen Eliten, vergeben werden, im Kern keine Demokratie mehr ist. Besser war in dieser Hinsicht die Regelung in Uruguay.

Eines der bedeutendsten Beispiele einer Konkordanzdemokratie außerhalb Europas war der Libanon. Nach dem Nationalpakt von 1943 gingen Regierungsämter wie Parlamentssitze nach einer festgelegten Verteilung an Christen, Muslims und Drusen. Bereits 1958 zeigte ein kurzer Bürgerkrieg die Brüchigkeit des Pakts. Die immer größer werdende Zuwanderung von Palästinensern, vor allem aber die Guerillaattacken von Palästinensern vom Boden des Libanon aus auf Israel, brachten das System zum Wanken. Die israelische Intervention im Libanon führte schließlich zum Demokratiezusammenbruch. Während der langen Phase des Bürgerkriegs (1975–1990) bestand das Parlament fort und es

114 Vgl. Norbert Lepszy: Das Ende der Konkordanzdemokratie (Niederlande)?, in: Jürgen W. Falter/Christian Fenner/Michael Th. Greven (Hrsg.): Politische Willensbildung und Interessenvermittlung, Opladen 1984, S. 153–162.

115 Vgl. Manfried Welan: Vom Proporz zum Konkurrenzmodell. Wandlungen der Opposition in Österreich, in: Heinrich Oberreuter (Hrsg.): Parlamentarische Opposition – ein internationaler Vergleich, Hamburg 1975, S. 151–176.

116 Vgl. Peter Zervakis: Das politische System Zyperns, in: Ismayr (Hrsg.): Osteuropa (Anm. 97), S. 854.

117 Vgl. Robert H. Dix: Consociational Democracy: The Case of Columbia, in: Comparative Politics, 12 (1980), S. 303–321.

118 Vgl. u. a. José Battle y Ordóñez: A Collegial Executive for Uruguay, in: Arend Lijphart (Hrsg.): Parliamentary versus Presidential Government, Oxford 1992, S. 175–177; Alexander Edelmann: The Rise and Demise of Uruguay's Second Plural Executive, in: Journal of Politics, 31 (1969), S. 119–139.

spielte eine bedeutende Rolle beim Aushandeln des neuen konkordanzdemokratischen Pakts der nationalen Verständigung (wathiquat al-wifaq al-watani al-lubani) für die Zeit nach dem Bürgerkrieg.[119] Nach dem Bürgerkrieg war der Boden für die Konkordanzdemokratie aber nicht mehr fruchtbar und so konnte die Demokratie bislang keine neuen Wurzeln schlagen. Auch die Pseudodemokratie Malaysia schreibt konkordanzdemokratische Elemente groß. Paradoxerweise praktiziert Malaysia die mit dem Konkordanzprinzip im Kern unvereinbare relative Mehrheitswahl in Einerwahlkreisen. Das Majorzprinzip wird aber dadurch ausgehebelt, dass bereits vor den Wahlen die wichtigsten Ethnien – Malayen, Chinesen und Inder – durch ihre Parteien eine proportionale Aufteilung der Mandate aushandeln. Die am Bündnis beteiligten Parteien erzielen rund zwei Drittel der Stimmen. In den Einerwahlkreisen tritt dabei in der Regel nur ein Kandidat aus den Reihen des Bündnisses an.[120]

Von den 90 berücksichtigten Demokratien sind drei Konkordanzdemokratien (3,3 Prozent) und 33 Konkurrenzdemokratien (36,7 Prozent). Die Zahl der Konkurrenzdemokratien ist elfmal größer als jene der Konkordanzdemokratien. Zu den Konkurrenzdemokratien zählen vor allem die parlamentarischen Westminster-Demokratien wie Großbritannien. Die föderalistische Organisation Indiens bringt eine derart große Abweichung vom Idealtypus einer Konkurrenzdemokratie, dass dieser Staat als Mischform anzusehen ist. Auch Neuseeland hat sich nach dem Wechsel im Jahr 1997 von einem relativen Mehrheitswahlsystem zu einem Verhältniswahlsystem stark in Richtung einer Mischform bewegt.[121] Einige präsidentielle Demokratien mit Neigung zu einem Zweiparteiensystem und Einparteienregierungen sowie einer zentralistischen Staatsorganisation sind wiederum als Konkurrenzdemokratien anzusehen.

Die große Mehrheit von 54 Staaten (60 Prozent) sind als Mischformen weder der einen noch der anderen Kategorie zuzuordnen. Zu den Vertretern einer Mischform zählt die Bundesrepublik Deutschland.[122] Als konkordanzdemokratisch gelten die Verhandlungspraktiken zwischen Bund und Ländern, die Besetzung der obersten Bundesgerichte, die zur Verfassungsänderung notwendige Zweidrittelmehrheit in Bundestag und Bundesrat, die Patronagepraxis in den öffentlichen Rundfunkanstalten sowie neokorporatistische Elemente im Interessenvermittlungsprozess. Als konkurrenzdemokratisch sind demgegenüber der lebendige Parteienwettbewerb und die weitreichende Geltungskraft

119 Vgl. Thomas Scheffler: Lebanon, in: Dieter Nohlen/Florian Grotz/Christof Hartmann (Hrsg.), Elections in Asia, Bd. 1: The Middle East, Central Asia, and South Asia, Oxford 2001, S. 169–172.

120 Vgl. Dieter Nohlen: Wahlrecht und Parteiensystem. Über die politischen Auswirkungen von Wahlsystemen, 3. Aufl., Opladen 2000, S. 150.

121 Vgl. u.a. Arend Lijphart: The Demise of the Last Westminster System? Comments on the Report of New Zealand's Royal Commission on the Electoral System, in: Electoral Studies, 6 (1987), S. 97-103.

122 Vgl. u.a. Heidrun Abromeit: Mehrheits- und konkordanzdemokratische Elemente im politischen System der Bundesrepublik Deutschland, in: Österreichische Zeitschrift für Politikwissenschaft, 18 (1989), S. 165–180; Everhard Holtmann/Helmut Voelzkow (Hrsg.): Zwischen Wettbewerbs- und Verhandlungsdemokratie. Analysen zum Regierungssystem der Bundesrepublik Deutschland, Wiesbaden 2000.

Tabelle 10: Konkurrenz- und Konkordanzdemokratien

Konkordanz	Mischform	Mischform	Konkurrenz
Liechtenstein	Belgien (bis 1970 Konkordanz)	Norwegen	Albanien (ab 1998 Neigung zur Mischform)
Luxemburg	Benin	Österreich (starke Konkordanztradition)	Argentinien
Schweiz (mit Tendenz zur Mischform)	Bolivien	Papua-Neuguinea	Armenien
	BR Deutschland	Panama	Australien (mit Neigung zur Mischform)
	Brasilien	Peru	Bahamas
	Bulgarien	Philippinen	Barbados
	Chile	Polen	Bangladesch
	Costa Rica	Portugal	Belize
	Dänemark	Rumänien	Botswana
	Ecuador	Russland	Dom. Republik
	Estland	Schweden	El Salvador
	Finnland	Slowakei	Fidschi (mit Neigung zur Mischform)
	Griechenland	Slowenien	Frankreich
	Indien	Spanien	Großbritannien
	Island	Sri Lanka	Guatemala
	Israel	Südafrika	Guyana
	Italien	Südkorea	Honduras
	Japan	Surinam	Irland (mit Neigung zur Mischform)
	Kolumbien (1957–78 Konkordanzdemokratie)	Taiwan	Jamaika
	Lettland	Tschechien	Kanada (mit Neigung zur Mischform)
	Litauen	Türkei	Kap Verde
	Madagaskar	Ungarn	Malawi
	Mazedonien	Uruguay (1952-67 Konkordanz-demokratie)	Mali
	Mexiko	Ukraine	Malta (mit Neigung zur Mischform)
	Moldawien	USA	Mauritius
	Namibia	Venezuela	Mongolei
	Niederlande (starke Konkordanz-tradition)	Republik Zypern (1960-63 Konkordanz-demokratie)	Neuseeland (seit 1997 starke Neigung zur Mischform)
			Nicaragua
			Paraguay
			Salomonen
			Senegal
			Thailand
			Trinidad und Tobago

Quelle: Eigene Zusammenstellung auf der Grundlage der Kriterien: Proportionalität des Wahlsystems; Existenz von Minderheitenvetos (z.B. bei Verfassungsänderungen); Zahl der Regierungsparteien (Einparteien- über Mehrparteien- bis hin zu Allparteienregierungen); Grad der Bundesstaatlichkeit (föderalistisch/semiföderalistisch/zentralistisch).

der Mehrheitsregel anzusehen. Der geringe Anteil der Reinformen und der hohe Anteil der Mischformen wirft die Frage auf, ob die polare Unterscheidung in Konkordanz- und Konkurrenzdemokratien nicht besser aufzugeben ist, zu Gunsten einer differenzierten Einordnung politischer Systeme nach einem Mehr oder Weniger an Konkordanz- und Konkurrenzelementen.

Ob für eine bestimmte Gesellschaft ein Mehr oder Weniger an konkordanzdemokratischen Elementen geeignet ist, hängt vor allem vom Grad ihrer Homogenität ab. Für ethnisch und/oder religiös gespaltene Gesellschaften sind konkordanzdemokratische Elemente von grundlegender Bedeutung für die Schaffung eines politischen Gemeinwesens. Kritiker des Konkordanzmodells sind aber der Ansicht, dass die Beilegung der Konflikte in einer heterogenen Gesellschaft bereits Voraussetzung, nicht Folge konkordanzdemokratischer Strukturen ist. Die Wahrheit liegt wohl in der Mitte.

Keine Bevölkerungsgruppe, die ohne Chance ist, je zur Mehrheit zu werden, lässt sich ohne Zwang auf Dauer darauf ein, stets per Mehrheitsprinzip überstimmt zu werden. Die Kosten der Aufrechterhaltung konkurrenzdemokratischer Strukturen gegen den Willen beträchtlicher Minderheiten sind hoch. Aus dieser Erfahrung heraus einigten sich die politischen Eliten rivalisierender ethnischer und/oder religiöser und/oder politischer Lager auf Alternativen zu Mehrheitsentscheidungen. In dem Maße, wie die Verhandlungen jedoch bei den beteiligten Gruppen Vertrauen zueinander schufen, wurde aus der zunächst pragmatisch fundierten Beilegung des Konflikts eine verinnerlichte. Das wiederholte Scheitern von Demokratien trotz konkordanzdemokratischer Pakte wie im Libanon stellt allerdings eine deutliche Warnung vor übertriebenen Erwartungen an dieses Demokratiemodell dar.

Die Grenzen zwischen Konkurrenz- und Konkordanzdemokratien verschwimmen immer stärker. In naher Zukunft wird es wohl nur noch Mischformen geben, die konkurrenz- wie konkordanzdemokratische Elemente aufweisen. Die Zahl der reinen Konkordanzdemokratien ging in den letzten Jahrzehnten zurück. Selbst in der Schweiz spielen konkurrenzdemokratische Elemente eine zunehmende Rolle.[123] Umgekehrt ist auch in klassischen Konkurrenzdemokratien eine Verlagerung wichtiger politischer Entscheidungen in den vorstaatlichen Raum zu beobachten. Verhandlungen zwischen den staatlichen Institutionen und Interessenverbänden gewinnen an Bedeutung.[124] Die Globalisierung bringt zudem einen Verlust nationalstaatlicher Entscheidungsbefugnisse mit sich. Internationale Abkommen, die das Ergebnis von Verhandlungen der Vertragspartner sind, treten an die Stelle von Entscheidungen der nationalen

123 Vgl. Raimund E. Germann: Staatsreform. Der Übergang zur Konkurrenzdemokratie, Bern 1994.

124 Vgl. Fritz Scharpf: Legitimationsprobleme der Globalisierung. Regieren in Verhandlungssystemen, in: Göttrik Wewer/Carl Böhret (Hrsg.): Regieren im 21. Jahrhundert – zwischen Globalisierung und Regionalisierung, Opladen 1993, S. 165–185; ders.: Versuch über Demokratie im verhandelnden Staat, in: Roland Czada/Manfred G. Schmidt (Hrsg.): Verhandlungsdemokratie, Interessenvermittlung, Regierbarkeit. Festschrift für Gerhard Lehmbruch, Wiesbaden 1993, S. 25–50.

Parlamente. In den Mitgliedsstaaten der Europäischen Union ist dieser Trend besonders ausgeprägt. Zentrale politische Entscheidungen sind zunehmend das Ergebnis von Verhandlungen der Europäischen Kommission und vor allem des aus den Regierungschefs der Mitgliedsstaaten bestehenden Europäischen Rats. Bei dieser konkordanzdemokratischen Entscheidungsform stellt sich auch das Problem der demokratischen Legitimation neu, weil die von den Bürgern in die nationalen Parlamente gewählten Repräsentanten immer mehr an Einfluss verlieren.[125] Die Verantwortlichen für die politischen Entscheidungen können in jenen Fällen, in denen die eigene nationale Regierung ihr Verhandlungsziel nicht erreichte, die Verantwortlichen nicht durch demokratische Wahlen zur Rechenschaft ziehen. Ein praktikabler Vorschlag zur Behebung dieses Legitimitätsdefizits wurde bislang nicht vorgelegt.

8. Mehrheits- und Konsensusdemokratien

Arend Lijpharts Unterscheidung der Demokratien in Mehrheits- und Konsensusdemokratien knüpft an jene in Konkurrenz- und Konkordanzdemokratien an, ist aber nicht identisch mit ihr. Der wesentliche Unterschied ist, dass die Konkordanzdemokratie aufgrund ethnischer, religiöser oder sonstiger Fragmentierungen der Gesellschaft zwingend eine politische Beteiligung aller wichtigen Gruppen vorschreibt, während die Konsensusdemokratie lediglich nach einer Machtteilung strebt, ohne dass ein Zwang in Form gesellschaftlicher Fragmentierung vorliegen muss.[126] Der Begriff „Konsensusdemokratie" ist somit weiter gefasst als jener der Konkordanzdemokratie.

Die Konkordanzdemokratie definierte Lijphart 1977 mittels vierer Merkmale: große Koalitionen, segmentierte Autonomie, Proportionalität und Minderheitenveto.[127] Unter dem etwas sperrigen Begriff „segmentierte Autonomie" verstand Lijphart dabei Einschränkungen der Autonomie einer nationalen Regierung etwa durch Föderalismus oder ein symmetrisches Zweikammersystem. Die Konsensusdemokratie ist nun laut Lijphart durch folgende Merkmale gekennzeichnet: 1) in der Regel Aufteilung der Exekutivmacht auf mehrere Koalitionsparteien; 2) Kräftegleichgewicht zwischen Exekutive und Legislative; 3) Vielparteiensystem; 4) Verhältniswahlrecht, 5) korporatistisches Interessengruppensystem; 6) föderalistischer Staatsaufbau; 7) Zweikammersystem mit gleich starken und unterschiedlich konstituierten Kammern; 8) eine nur mittels überwältigender Parlamentsmehrheiten zu verändernde geschriebene Verfassung; 9) richterliche Prüfung der Gesetzgebung; 10) autonome

125 Vgl. Arthur Benz: Postparlamentarische Demokratie? Demokratische Legitimation im kooperativen Staat, in: Michael Greven (Hrsg.): Demokratie – eine Kultur des Westens? 20. Wissenschaftlicher Kongress der Deutschen Vereinigung für Politische Wissenschaft, Opladen 1998, S. 201–222.

126 Vgl. Arend Lijphart: Art. Consociational Democracy, in: Joel Krieger (Hrsg.): The Oxford Companion of the World, Oxford 1993, S. 188 f.; ders.: Democratic Political Systems. Types, Cases, Causes, and Consequences, in: Journal of Theoretical Politics, 1 (1989), S. 41.

127 Vgl. ders.: Democracy in Plural Societies: A Comparative Exploration, New Haven/London 1977.

Zentralbank. Beziehen sich die ersten fünf Merkmale auf die Exekutive-Parteien-Dimension, die Mehrheits- von Konsensusdemokratien scheidet, so zielen die weiteren fünf Merkmale insbesondere auf die Föderalismus-Dimension, die Bundesstaaten von Einheitsstaaten abgrenzen soll.

Der Begriffsinhalt der Mehrheitsdemokratie unterscheidet sich im Kern nicht von jenem der Konkurrenzdemokratie. Empirischer Bezugspunkt ist in beiden Fällen das britische Westminster-Modell. Als wesentliche Merkmale einer Mehrheitsdemokratie nennt Lijphart somit: 1) Konzentration der Exekutivmacht bei einer Partei (Alleinregierung); 2) Dominanz der Exekutive über die Legislative; 3) Zweiparteiensystem oder nahe stehender Typ; 4) Mehrheitswahlsystem; 5) pluralistisches Interessengruppensystem; 6) Zentralstaat; 7) Einkammersystem; 8) eine mit einfacher Mehrheit veränderbare Verfassung oder keine geschriebene Verfassung; 9) Letztentscheidungsrecht der Legislative über die Verfassungsmäßigkeit der Gesetzgebung; 10) eine von der Exekutive abhängige Zentralbank.[128]

Aufgrund der Kombination der Ergebnisse in beiden Dimensionen unterscheidet Lijphart folgende vier Demokratietypen: a) einheitsstaatliche Mehrheitsdemokratie; b) föderale Mehrheitsdemokratie; c) einheitsstaatliche Konsensusdemokratie; d) föderale Konsensusdemokratien.

Während jene Demokratieforscher, die der Unterscheidung in Konkurrenz- und Konkordanzdemokratien zentrale Bedeutung beimessen, stets nur den Pol der Konkordanzdemokratien untersuchten, nahm Lijphart das gesamte Feld der Demokratien in sein Blickfeld. Sein Werk ist daher sehr zu loben. Durch die immer breitere Anlage seiner Vergleiche und die Erprobung neuer Methoden hat er die vergleichende Demokratieforschung weiterentwickelt.[129] Ein Mammutwerk wie das von Lijphart hat – vielleicht unvermeidlich – auch den einen oder anderen Makel. Mit Blick auf die Frage der Autonomie der Zentralbank oder den Grad der Parlamentssouveränität ist zu bezweifeln, dass Lijpharts Zuordnung zur Föderalismus-Dimension sinnvoll ist. Wenn es wirklich nur um die Achse Föderalismus-Unitarismus ginge, ließe sich auch fragen, ob die Nutzung von fünf Kriterien für eine Einordnung nicht weniger aussagekräftig ist als die Beschränkung auf die Erkundung der Varianten zwischen den Polen Föderalismus und Unitarismus. Der Exekutive-Parteien-Index wirkt etwas homogener als der Föderalismus-Index. Es lässt sich aber etwa darüber streiten, ob es legitim ist, den Grad des Korporatismus zur Klassifikation der Demokratiestrukturen zu nutzen.

Die folgende Tabelle beruht auf einer Auswertung von Lijpharts Ergebnissen zu 36 stabilen Demokratien auf beiden Dimensionen. Für sechs weitere asiatische Demokratien greife ich auf die an die nach dem Muster von Lijpharts Studie

128 Vgl. Lijphart: Patterns (Anm. 92), S. 3 f.
129 Vgl. Rein Taagepera: Arend Lijphart and Dimensions of Democracy, in: Markus Crepaz/Thomas Koelble/David Wilsford (Hrsg.): Democracy and Institutions. The Life Work of Arend Lijphart, Ann Arbor 2000, S. 75–90.

Tabelle 11: Strukturen der Demokratie nach Arend Lijphart

Land	Demokratietyp	Land	Demokratietyp
Australien	Föderale Mehrheitsdemokratie	Kolumbien	föderale Demokratie
Bahamas	Mehrheitsdemokratie	Luxemburg	Einheitsstaatliche Konsensusdemokratie
Bangladesch	Mehrheitsdemokratie	Malta	Einheitsstaatliche Demokratie
Barbados	Mehrheitsdemokratie	Mauritius	Grenzfall in beiden Dimensionen
Belgien	Konsensusdemokratie	Nepal	Mehrheitsdemokratie
Botswana	Einheitsstaatliche Mehrheitsdemokratie	Neuseeland	Einheitsstaatliche Mehrheitsdemokratie
Costa Rica	Grenzfall in beiden Dimensionen	Niederlande	Konsensusdemokratie
Deutschland	Föderale Konsensusdemokratie	Norwegen	Einheitsstaatliche Konsensusdemokratie
Dänemark	Konsensusdemokratie	Österreich	föderale Demokratie
Finnland	Einheitsstaatliche Konsensusdemokratie	Papua-Neuguinea	Konsensusdemokratie
Frankreich	Mehrheitsdemokratie	Philippinen	föderale Konsensusdemokratie
Griechenland	Einheitsstaatliche Mehrheitsdemokratie	Portugal	Einheitsstaatliche Demokratie
Großbritannien	Einheitsstaatliche Mehrheitsdemokratie	Schweden	Einheitsstaatliche Konsensusdemokratie
Indien	Föderale Demokratie	Schweiz	föderale Konsensusdemokratie
Irland	Grenzfall in beiden Dimensionen	Spanien	Mehrheitsdemokratie
Island	Einheitsstaatliche Konsensusdemokratie	Südkorea	Einheitsstaatliche Mehrheitsdemokratie
Israel	Einheitsstaatliche Konsensusdemokratie	Taiwan	Grenzfall in beiden Dimensionen
Italien	Konsensusdemokratie	Thailand	Konsensusdemokratie
Jamaika	Mehrheitsdemokratie	Trinidad & Tobago	Mehrheitsdemokratie
Japan	Konsensusdemokratie	USA	föderale Mehrheitsdemokratie[131]
Kanada	Föderale Mehrheitsdemokratie	Venezuela	Grenzfall in beiden Dimensionen

Quelle: Eigene Zusammenstellung auf der Basis von Arend Lijphart: Patterns of Democracy. Government Forms and Performance in Thirty-Six Countries, Yale 1999, S. 248 und Aurel Croissant: Electoral Systems in Asia as Elements of Consensus and Majoritarian Democracy: Comparing Seven Cases, unveröffentlichtes Manuskript (Heidelberg 2002), S. 9 f.

131 In Lijpharts Werk von 1984 firmierte die USA noch als Konsensusdemokratie. Vgl. ders.: Patterns of Majoritarian and Consensus Government in Twenty-One Countries, New Haven/London 1984, S. 219.

von 1984 gewonnenen Ergebnisse einer Studie Aurel Croissants zurück.[130] Länder, die auf der Exekutive-Parteien-Dimension und/oder der Föderalismus-Dimension nahe an dem von Lijphart definierten Nullpunkt siedeln, ordne ich als Grenzfälle auf dieser Dimension nicht zu. Das heißt, wenn die Bezeichnung föderal oder einheitsstaatlich fehlt, bedeutet dies, dass die Werte von Lijphart keine klare Zuordnung erlauben.

Die Verteilung der 42 Demokratien in die Kategorien Mehrheits- und Konsensusdemokratien ist recht ausgeglichen. 16 Staaten sind Mehrheitsdemokratien, 17 Konsensusdemokratien, 9 lassen sich keiner der beiden Kategorien klar zuordnen. In der Kategorie der Mehrheitsdemokratien dominieren mit 10 von 16 Fällen die Westminsterdemokratien. Im Feld der 17 Konsensusdemokratien sticht daher die Westminsterdemokratie Papua-Neuguinea hervor. Auch Indien ist keine Mehrheitsdemokratie. In beiden Staaten verhinderte wohl die ethnische Fragmentierung der Gesellschaft, dass die Strukturen einer Mehrheitsdemokratie durchsetzbar waren.

Lijphart hat in einem Beitrag zur Parlamentarismus-Präsidentialismus-Debatte folgende Ansicht vertreten: „Präsidentialismus bedeutet Majoritarismus“[132]. Der Präsidentialismus lasse sich im Unterschied zum Parlamentarismus nicht mit den Prinzipien einer Konsensusdemokratie vereinbaren. Demnach besteht ein Zusammenhang zwischen der Regierungsform und der Unterscheidung in Mehrheits- und Konsensusdemokratien. Die Ergebnisse der Studie Lijpharts von 1999 stützen diese These aber nicht. Keine der präsidentiellen Demokratien (Costa Rica, Kolumbien, Philippinen, Venezuela, USA) lässt sich auch nur annähernd als Paradebeispiel einer Mehrheitsdemokratie anführen. Die Regierungsform liegt demnach quer zur Unterscheidung in Mehrheits- und Konsensusdemokratien.[133]

Haben im Rennen um das bessere Leistungsprofil nun Mehrheits- oder Konsensusdemokratien die Nase vorn? Hinsichtlich der wirtschaftspolitischen Leistungskraft – gemessen an den Indikatoren Wirtschaftswachstum, Arbeitslosigkeit, Inflationsrate – kam Lijphart zu dem Ergebnis, dass Mehrheitsdemokratien nicht effizienter seien als Konsensusdemokratien.[134] Demgegenüber erfüllten Konsensusdemokratien die Erwartung an eine höhere Demokratiequalität (gemessen an Indikatoren der politischen Partizipation) im Vergleich zu den Mehrheitsdemokratien.[135] Der Demokratieforscher Manfred G. Schmidt wandte demgegenüber ein, es sei keineswegs ausgemacht, dass die

---

130 Vgl. Aurel Croissant: Electoral Systems in Asia as Elements of Consensus and Majoritarian Democracy: Comparing Seven Cases, unveröffentlichtes Manuskript (Heidelberg 2002). Die Daten sind allerdings nur eingeschränkt mit denen Lijpharts von 1999 vergleichbar.

132 Arend Lijphart: Presidentialism and Majoritarian Democracy: Theoretical Observations, in: Linz/Valenzuela (Hrsg.): Failure (Anm. 102), S. 101.

133 So auch Croissant: Regierungssysteme (Anm. 90), S. 146.

134 So auch Markus Crepaz: Consensus versus Majoritarian Democracy. Political Institutions and Their Impact on Macroeconomic Performance and Industrial Disputes, in: Comparative Political Studies, 29 (1996), S. 1491–1509.

135 Vgl. Lijphart: Patterns (Anm. 92), S. 301.

unterschiedlichen Leistungsprofile ihre Ursachen in der Konsensus- oder Mehrheitsdemokratie haben.[136]

Die neueren Versuche von Georg Tsebelis u. a.[137] Demokratien nach der Zahl der institutionellen Barrieren der Exekutive, der so genannten Vetospieler, zu unterscheiden, sind wesentlich inspiriert durch die Schriften Lijpharts.[138] Im Sinne der Vertreter des Vetospieleransatzes ist jeder ein Vetospieler, dessen Zustimmung für eine Abweichung vom gegenwärtigen Zustand notwendig ist.[139] Tsebelis unterscheidet dabei zwischen institutionellen Vetospielern (Zweite Kammern, Verfassungsgerichte, Staatsoberhäupter) und parteipolitischen Vetospielern (Regierungsparteien). In Deutschland sind somit die Regierungsparteien SPD und Grüne, der Bundesrat und das Bundesverfassungsgericht Vetospieler.

Vor allem die Föderalismus-Unitarismus-Dimension in Lijpharts Werk von 1999 ist im Grunde ein Vetospielerindex, der misst, wie viele potentielle Hürden es auf nationalstaatlicher Ebene zur Begrenzung der Exekutive gibt. Lijphart war dies natürlich nicht entgangen und er hatte in seinem Buch laut überlegt, ob denn vielleicht Machtteilungsdimension (divided-power-dimension) nicht eine zutreffendere Bezeichnung sei als Föderalismus-Unitarismus-Dimension.[140] Der Zusammenhang zwischen der Unterscheidung in Mehrheits- und Konsensusdemokratien und dem Vetospieleransatz lässt sich so auf den Punkt bringen: Je mehr Vetospieler eine Demokratie aufweist, desto stärker ihr konsensusdemokratischer Charakter.[141]

Als ein Vorteil des Vetospieleransatzes erscheint, dass er durch den Verzicht auf eine Kategorienbildung wie Mehrheits- und Konsensusdemokratien besser geeignet ist, die graduellen und häufig eben nicht kategorialen Unterschiede zwischen den Demokratien zu erfassen. Der Kern von Tsebelis' Vetospielertheorem ist folgende Annahme: Eine Veränderung des gegenwärtigen Zustands ist umso schwieriger, je mehr Vetospieler es gibt, je mehr sich die politischen Ziele der Vetospieler voneinander unterscheiden und je größer dabei die Übereinstimmung innerhalb der Reihen der einzelnen Vetospieler ist. Die ersten beiden Annahmen sind leicht zu verstehen, die dritte etwas weniger. Gemeint ist am Beispiel des deutschen Bundesrats, dass es umso schwieriger ist,

136 Vgl. Schmidt: Demokratietheorien (Anm. 40), S. 346.
137 Vgl. George Tsebelis: Veto Players: How Political Institutions Work, Princeton 2002. Weitere Ansätze bieten Josep Colomer: Introduction, in: ders. (Hrsg.): Political Institutions in Europe, London 1996, S. 1–17; André Kaiser: Vetopunkte der Demokratie. Eine Kritik neuerer Ansätze der Demokratietypologien und ein Alternativvorschlag, in: Zeitschrift für Parlamentsfragen, 29 (1998), S. 525–541; Schmidt: Demokratietheorien (Anm. 40), S. 352.
138 Vgl. dazu ebd., S. 351-354.
139 Vgl. u. a. George Tsebelis: Decision Making in Political Systems: Vetoplayers in Presidentialism, Parlamentarism, Multi-Cameralism and Multi-Partyism, in: British Journal of Political Science, 25 (1995), S. 305.
140 Vgl. Lijphart: Patterns (Anm. 92), S. 5.
141 Vgl. Kaiser: Types of Democracy (Anm. 9), S. 436.

eine Reform gegen dessen Willen zu beschließen, je größer die Mehrheit der Bundesratsmitglieder ist, die sich gegen diese stemmt. Während die erste Komponente (Zahl der Vetospieler) bereits durch Lijpharts Untersuchungen erfasst wurde, stellt die Berücksichtigung der unterschiedlichen Zielvorstellungen der Vetospieler und deren interner Übereinstimmung eine Neuerung dar.

9. Schlussbetrachtung

Die grundlegende Grenze verläuft in der Staatenwelt und damit auch in der Staatsformenlehre zwischen Demokratien und Diktaturen. Empirische Vergleiche belegen immer wieder, dass die Leistungen der Demokratien (durchschnittlich) jenen der Diktaturen deutlich überlegen sind.[142] Das gilt allerdings nicht für alle Demokratien in gleichem Maße. Auf dem Feld der demokratischen Systeme erweist sich die Unterscheidung in funktionierende und defekte Demokratien als die bedeutendste. Sind die konstitutionellen Grundlagen unsicher, gibt es meist auch Defizite bei den politischen Leistungen, vor allem auf den Politikfeldern Innere Sicherheit und wirtschaftliche Wohlfahrt. Nun hängt es allerdings wesentlich von den Rahmenbedingungen ab, ob ein demokratisches System funktioniert oder nicht. Eine Demokratie ohne Demokraten übersteht den ersten politischen Sturm nicht. Insofern ist es fraglich, ob beispielsweise die Weimarer Republik, wie dies die meisten Schöpfer des Grundgesetzes glaubten, vor allem an institutionellen Mängeln scheiterte. Wie groß die Stabilität einer Demokratie ist, hängt für Seymour M. Lipset wesentlich von drei Faktoren ab: dem wirtschaftlichen Entwicklungsstand, dem politischen Leistungsprofil und der Legitimität der Demokratie. Die Güte des Leistungsprofils bemisst sich danach, inwiefern es der Demokratie gelingt, die politischen Erwartungen der Bürger zu erfüllen. Das Maß der Legitimität richtet sich demgegenüber danach, inwiefern es der Demokratie gelingt, gesellschaftliche Konfliktlinien zu überbrücken und integrierend zu wirken.[143]

In der jüngeren Zeit messen Politikwissenschaftler der Regierungsform wieder zunehmende Bedeutung bei. Vergleiche der parlamentarischen, semipräsidentiellen und präsidentiellen Regierungsform legen dabei Vorteile der parlamentarischen Regierungsform nahe. Dieses Kernergebnis müsste verstärkt bei der politischen Beratung von entstehenden Demokratien vermittelt werden. Es fällt nämlich auf, dass die Mehrzahl der neuen Demokratien in den letzten beiden Jahrzehnten eine präsidentielle oder semipräsidentielle Regierungsform

---

142 Vgl. Dirk Berg-Schlosser/Norbert Kersting: Warum weltweite Demokratisierung? Zur Leistungsbilanz demokratischer und autoritärer Regime, in: Rolf Hanisch (Hrsg.): Demokratieexport in die Länder des Südens, Hamburg 1997, S. 93-144; Manfred G. Schmidt: Ist die Demokratie wirklich die beste Staatsverfassung?, in: Österreichische Zeitschrift für Politik, 28 (1999), S. 187–200.

143 Vgl. Seymour Martin Lipset: Some Social Requisites of Democracy: Economic Development and Political Legitimacy, in: American Political Science Review, 53 (1959), S. 69–105; ders.: Some Social Requisites of Democracy, in: American Sociological Review, 59 (1994), S. 122

wählte. Von jenen Staaten, die erst in den neunziger Jahren zu Demokratien wurden, haben in Osteuropa die funktionierenden wie Slowenien, Tschechien und Ungarn in der Regel eine parlamentarische Regierungsform gewählt, während die defekten meist wie Armenien, Russland und die Ukraine eine semipräsidentielle Regierungsform haben.

Direktdemokratische Elemente dürften künftig einen Aufschwung in den demokratischen Systemen – unabhängig von ihrer Regierungsform – erleben, ohne dass die repräsentative Grundform der Demokratien in Frage gestellt wird. Die Konkurrenz- und Konkordanzdemokratien treffen sich zunehmend auf mittlerem Grund. Auch die klassische Konkordanzdemokratie Schweiz greift zunehmend auf konkurrenzdemokratische Entscheidungsmechanismen zurück. Die Frage danach, ob mehrheits- oder konsensusdemokratische Strukturen für einen Staat besser sind, lässt sich kaum eindeutig beantworten. Ob etwa die Demokratiequalität von Lijpharts Modell einer Konsensusdemokratie, der Schweiz, wirklich besser ist als jene des Modells der Mehrheitsdemokratien, Großbritannien, ist zweifelhaft. Mit der Bestimmung ihrer ausgehandelten „Zauberformel" bei der Regierungsbesetzung bestimmten die Wähler der Schweiz über Jahrzehnte hinweg nicht mehr über die Machtverteilung im Staat.

Zweifel daran sind verfehlt, ob die Demokratie „im Netz der globalen Waren-, Dienstleistungs- und Kommunikationsströme überhaupt eine Zukunft hat".[144] Die wirtschaftliche Globalisierung stellt das demokratische Ordnungsmodell vor neue Herausforderungen, aber es gibt keinerlei Anzeichen dafür, dass es diesen nicht gewachsen wäre. Wie steht es aber um die Chancen einer weiteren Ausbreitung demokratischer Systeme? Um diese Frage beantworten zu können, muss zunächst ein Blick darauf geworfen werden, welche Faktoren bislang zur Ausbreitung der Demokratien beitrugen. Samuel Huntington machte 1984 die Beobachtung, dass in 33 der 52 Länder, die 1984 von „Freedom House" als frei bezeichnet wurden, die Etablierung der Demokratie auf amerikanische oder britische Einflüsse wie Besatzung, Besiedlung und Kolonialherrschaft zurückzuführen war.[145] Mithin gibt es eine Art demokratischen „Imperialismus". Besonders die USA leg(t)en, vor allem nach dem Zweiten Weltkrieg, einen missionarischen Eifer bei ihren Versuchen zur Verbreitung demokratischer Ideale an den Tag.[146] Die guten Seiten überwiegen bei diesen Bestrebungen langfristig deutlich die schlechten. Weit weniger Staaten der Erde wären heute ohne den demokratischen „Imperialismus" Großbritanniens und der USA demokratisch. Mit diesem Urteil soll keineswegs verschleiert werden,

144 So aber Richard Münch: Globale Dynamik, lokale Lebenswelten. Der schwierige Weg in die Weltgesellschaft, Frankfurt a.M. 1998, S. 363. Vgl. auch Yehezkel Dror: Demokratie und Globalisierungsdruck – Antworten auf die Herausforderung der Zukunft, in: Werner Weidenfeld (Hrsg.): Demokratie am Wendepunkt, Berlin 1996, S. 370–388.

145 Vgl. Samuel Huntington: Will More Countries Become Democratic?, in: Political Science Quarterly, 99 (1984), S. 216.

146 Vgl. u.a. Hans-Joachim Lauth: Demokratieförderung als ein Element der Außenpolitik der USA, in: Rolf Hanisch (Hrsg.): Demokratieexport in die Länder des Südens?, Hamburg 1996, S. 157–187; William I. Robinson: Promoting Polyarchy. Globalization, US Intervention and the Hegemony, Cambridge 1996.

dass die USA wie auch Großbritannien aus Gründen der Wahrung (tatsächlicher oder vermeintlicher) nationaler Interessen in ihrer Geschichte auch Diktatoren stützten wie Demokraten stürzten und in solchen Fällen die Ausbreitung der Demokratie behinderten. Letztlich waren sie jedoch stets eher die Motoren als die Bremsen demokratischer Entwicklung.

Der Anteil der Demokratien an den politischen Systemen der Welt dürfte im 21. Jahrhundert weiter ansteigen, auch wenn bei der Demokratisierung der Welt herbe Rückschläge zu erwarten sind. Die Demokratie hat inzwischen einen Status erlangt, der es für Diktaturen in allen Kulturkreisen unumgänglich macht, sich an ihr zu messen. Wie weit der Siegeszug der demokratischen Ideale geht, wird sich nicht zuletzt in den Staaten mit muslimischer Bevölkerungsmehrheit entscheiden. Die Türkei ist bislang das einzige Land aus diesem Kulturkreis, das eine – wenn auch defekte – Demokratie etablierte. Auch in Asien hat die Demokratie mit Problemen zu kämpfen. Japan ist ein Sonderfall, nicht die Regel. Aus europäischer Perspektive weicht die asiatische Variante der Demokratie – wie sie u. a. in Singapur und Malaysia zu finden ist – vom Ideal eines demokratischen Verfassungsstaats so weit ab, dass kaum noch von demokratischen Systemen gesprochen werden kann. Der bevölkerungsreichste Staat der Erde, China, hat sich von einer totalitären zu einer autoritären Diktatur gewandelt. Es bleibt indes höchst unwahrscheinlich, dass hier in absehbarer Zukunft demokratische Strukturen Fuß fassen können. Viele der politischen Systeme Afrikas, die sich demokratisch nennen, sind nur Pseudodemokratien. Eine bedeutende Minderheit der afrikanischen Staaten ist jedoch inzwischen aufrecht demokratisch. Botswana und Südafrika gehören sogar in die Kategorie der funktionierenden Demokratien.

Vielleicht ist letztlich die Frage der weltweiten Ausbreitung und Etablierung demokratischer Strukturen weniger entscheidend als jene rechtsstaatlicher. Gerade in den etablierten Demokratien sind die rechtsstaatlichen Strukturen häufig vor oder zumindest parallel zu den demokratischen Strukturen entstanden. In den neuen Demokratien sieht dies oft anders aus. Sie verfügen nicht selten über keine oder eine nur sehr schwach ausgeprägte konstitutionelle Tradition. Mehr Augenmerk als bisher sollte daher auf die Verankerung rechtsstaatlicher Strukturen gelegt werden.[147] Vielen Staaten Lateinamerikas fehlt es keineswegs an demokratischer, aber sehr wohl an rechtsstaatlicher Tradition. Vor allem in Afrika scheitern Demokratien regelmäßig daran, dass die demokratisch legitimierten Herrscher nicht bereit sind, sich innerhalb rechtsstaatlicher Grenzen zu bewegen. Wenn dies nicht zu paradox klänge, ließe sich von demokratischen Diktatoren sprechen. Mit Fred Zakaria lässt sich bedauernd sagen: „Die Demokratie blüht, nicht jedoch der konstitutionelle Liberalismus."[148]

147 Zu den wenigen Studien, die sich der Problematik widmen, zählt Niklas Luhmann: Gesellschaftliche und politische Bedingungen des Rechtsstaats, in: Mehdi Tohidipur (Hrsg.): Der bürgerliche Rechtsstaat, Band 1, Frankfurt a. M. 1978, S. 101–117.

148 Fred Zakaria: Ein beunruhigender Trend. Die Demokratie blüht, nicht jedoch der konstitutionelle Liberalismus, in: Frankfurter Allgemeine Zeitung vom 11. Dezember 1997.

Eckhard Jesse

Staatsformen und politische Systeme im Vergleich

1. Einleitung

Was ist der Staat? Die Zahl der Definitionen ist Legion. Heute versteht man unter ihm vielfach ein politisches Gemeinwesen, das Menschen auf einem abgegrenzten Territorium vereinigt und einer Herrschaftsgewalt unterwirft. Die Zahl der Wortverbindungen mit „Staat" fällt angesichts der verschiedenartigen Konnotationen wahrlich nicht gering aus, wobei die Begriffe sich keineswegs ausschließen müssen (z. B. Rechts-, Bundes-, Medien-, Wohlfahrts- und Parteienstaat), wohl aber ergänzen können. Sogar von einem „Staatenstaat" wird gesprochen. Dieser beschreibt das Verhältnis von einem (halbsouveränen) Unterstaat zu einem dominanten Oberstaat und umgekehrt. Der Unterstaat agiert meist in inneren Angelegenheiten, jedoch nicht in äußeren. Die bis Niccolò Machiavelli zurückgehende Lehre von der Staatsräson besagt, dass ein Staat sein „Wohl", dem sich andere Interessen unterordnen müssen, anzustreben hat. Allerdings wandelte sich die Staatsräson vielfältig. Es gibt bis heute keinen Konsens über sie, und sie ist von vielen Konstellationen abhängig. Die Staatsräson eines demokratischen Verfassungsstaates[1] unterscheidet sich grundlegend von der einer Diktatur. So verbietet sich im ersten Fall Machtausdehnung um jeden Preis.

Wer einen Vergleich zwischen den Staatsformen bzw. den politischen Systemen anstellt, muss sich Rechenschaft darüber ablegen, was er zu vergleichen beabsichtigt. Dem Verfasser geht es vornehmlich um einen Vergleich der politischen Systeme des 20. Jahrhunderts – mit Blick auf ihre demokratische Qualität. Denn das 20. Jahrhundert war beides zugleich: das Zeitalter der demokratischen Verfassungsstaaten (mithin von Ordnungen, die durch ihre Synthese von Volkssouveränität und Rechtsstaatlichkeit in einem bisher nicht gekannten Maße das Wohl der Menschen beförderten) wie das totalitärer Regime (also der wohl barbarischsten politischen Systeme in der Geschichte, die herkömmliche Diktaturen durch ihren Machtanspruch und ihre menschenverachtende Ideologie in den Schatten stellten). Innerhalb dieser Extreme gibt es ein breites Spektrum an unterschiedlich ausgeprägten Staatsformen, deren Charakteristika zur Sprache kommen. Die Kernfragen lauten: Welche Staaten waren (sind) demokratisch, welche nicht? Wodurch zeichnen sich Demokratien, wodurch Diktaturen aus? Da die Bezeichnung „Demokratie" längst ein Allerweltsbegriff

1 Wenn im Folgenden von „Demokratie" gesprochen wird, ist stets der demokratische Verfassungsstaat gemeint. Dieser bezieht seine Legitimitätsquellen nicht nur aus der Volkssouveränität, sondern auch aus konstitutionellen Elementen.

geworden ist, trägt die Frage nach der Eigenbezeichnung zur Beantwortung nichts Angemessenes bei. Sie führt geradezu in die Irre. Die Deutsche Demokratische Republik beispielsweise war bis auf das letzte halbe Jahr ihrer Geschichte nicht demokratisch.

Der Beitrag ist eher historisch ausgerichtet, was die Beschreibung des Wandels der Staatenwelt betrifft, und eher politikwissenschaftlich, wenn es um die Charakterisierung der demokratischen und der diktatorischen Qualität von Systemen geht.

Wie ist der Aufsatz aufgebaut? Am Anfang stehen eine knappe Geschichte der ehrwürdigen Staatsformenlehre und eine Geschichte der Staatsformen bzw. der politischen Systeme (Kapitel 2). Danach soll in Anlehnung und zugleich in Abwandlung einer Konzeption, die der amerikanische Politikwissenschaftler Samuel Huntington entwickelt hat[2], von drei Wellen der Demokratisierung gesprochen werden (und drei Gegenwellen). Dem Verfasser geht es, anders als Huntington, insbesondere um drei Scharnierjahre: 1918 – 1945 – 1989 (Kapitel 3). Die beiden ersten Jahre stehen für das Ende von Weltkriegen, in deren Gefolge die Staatenwelt erschüttert wurde, das dritte Jahr symbolisiert das Ende des Kalten Krieges. Alle drei Jahre bildeten den Ausgangspunkt für demokratische Entwicklungen, indirekt aber auch für solche gegenläufiger Art. Manche Staaten zeichnen sich durch ein hohes Maß an Kontinuität aus, manche durch zahlreiche Brüche. Großbritannien ist ein Prototyp des ersten, Deutschland einer des zweiten Falles (Kapitel 4). Die Herausbildung der Demokratie vollzog sich nach einem gänzlich unterschiedlichen, nahezu gegenläufigen Muster.

Demokratien lassen sich, wie erwähnt, grundsätzlich von Diktaturen unterscheiden. Diese Einteilung bedarf der Differenzierung. Diktatur ist nicht gleich Diktatur, Demokratie nicht gleich Demokratie, wie Vergleiche zeigen (Kapitel 5). Wie demokratisch sind Demokratien, wie diktatorisch Diktaturen? In diesem Fall spielt bei den Demokratien das Verhältnis zwischen Regierung und Parlament ebenso wenig eine Rolle (ob ein Staat eine parlamentarische oder eine präsidentielle Demokratie ist, tut nichts zur Sache)[3] wie bei den Diktaturen die Frage nach der Art des Herrschers (ob eine Diktatur nationalistisch, theokratisch oder kommunistisch ausgerichtet ist, bedarf keiner Erörterung)[4]. Die Unterscheidung zwischen einer totalitären und einer autoritären Diktatur ist für die Fragestellung hingegen ebenso weiterführend wie die zwischen einer defekten und einer funktionierenden Demokratie. Ein kurzer Blick auf die heutige Staatenwelt belegt, dass zwar die Zahl der freien Staaten zugenommen hat, jedoch noch in der Minderheit ist, wird ein strenger Maßstab zu Grunde gelegt (Kapitel 6). Freilich besteht Anlass zu Optimismus, sind doch die Verteidiger von Diktaturen in der Defensive. Der Schluss gibt zum einen eine

2 Vgl. Samuel P. Huntington: The Third Wave. Democratization in the Late Twentieth Century, Norman/London 1991.
3 Vgl. dazu den Beitrag von Steffen Kailitz in diesem Band.
4 Vgl. dazu den Beitrag von Armin Pfahl-Traughber in diesem Band.

Zusammenfassung der Ergebnisse, zum anderen einen Ausblick (Kapitel 7). Löst sich Staatlichkeit tatsächlich allmählich auf? Haben wir angesichts zahlreicher Herausforderungen einen Niedergang des Staates zu gewärtigen?

2. Geschichte der Staatsformenlehre und Geschichte der Staatsformen

Die Geschichte der Staatsformenlehre[5] steht in einem engen Zusammenhang mit der Geschichte der Staaten. Die wohl bekannteste Lehre stammt von Aristoteles, der einerseits nach der Zahl der Herrscher (einer, einige, viele) und andererseits nach dem Zweck der Herrschaft (Gemeinwohl oder Eigennutz) unterschied. Auf diese Weise gewann er eine doppelte Dreier-Typologie. Während diese überholt ist, spielt auch heute noch seine Idee der „gemischten Verfassung" im Sinne von Mäßigung eine Rolle.[6] Lange blieben die Staaten nicht bestehen. „Die Missstände häufen sich bis zum Augenblick des Zerfalls. In den Monarchien degenerieren die Herrscherhäuser. In den Oligarchien wirtschaftet der Adel in die eigene Tasche und bekämpft sich gegenseitig. In den Demokratien setzen sich Demagogen durch, radikale Forderungen zerreißen die Eintracht, Straßenkämpfe brechen aus. Grob gesprochen: Die Monarchien werden immer monarchischer und enden im Despotismus, die Demokratien werden immer demokratischer und enden in der Anarchie. Der Verfassungswandel vollzieht sich so, dass eines der tragenden Elemente des Staates unverhältnismäßig wächst, zu den bestehenden Grundsätzen in Gegensatz gerät und dann selbst die Herrschaft übernimmt."[7]

Wir sprechen der herkömmlichen Periodisierung nach von Altertum, Mittelalter und Neuzeit. Doch ist diese Einteilung mit Blick auf die Herausbildung des modernen Staates nicht sonderlich erhellend. Denn diese Entwicklung vollzog sich noch im Spätmittelalter.[8] „Um 1500 stand ein Staatstyp da, der mit allem, was in ihm lebendig und entwicklungsfähig war, vom ‚mittelalterlichen' Staat wesensverschieden, aller Zukunft des ‚modernen Staates' dagegen unmittelbar verbunden war. Der Staat steht jetzt anders in der Gesamtheit des menschlichen Daseins; seine Aufgaben sind gewachsen; er hat nicht nur ergriffen, was sich seiner Wirkenskraft aufdrängte, er hat vielmehr seiner Wirkenslust die Gegenstände häufig selbst geschaffen. Sein Lebensgefühl ist neu, ‚modern'; es drängt zu Organisation und Macht, zu organisierter Macht. Der Verwaltungs- und Machtstaat seit dem 16. Jahrhundert wird die diesem Willen dienstbare Form erst eindeutig erreichen."[9]

---

5 Vgl. dazu den Beitrag von Alexander Gallus in diesem Band.

6 Vgl. Dolf Sternberger: Drei Wurzeln der Politik (1978), Frankfurt a.M. 1984.

7 Alexander Demandt: Antike Staatsformen. Eine vergleichende Verfassungsgeschichte der Alten Welt, Berlin 1995, S. 656 f.

8 Vgl. Werner Näf: Frühformen des „modernen Staates" im Spätmittelalter, in: Hanns Hubert Hofmann (Hrsg.): Die Entstehung des modernen souveränen Staates, Köln/Berlin 1967, S. 101.

9 Ebd., S. 111.

Der Staat im Mittelalter hingegen existierte allenfalls als Lehens- und Feudalstaat. Der König verlieh an seine Vasallen, die ihm zu Dienste sein mussten, Grund und Boden. Diese wiederum konnten Gleiches gegenüber ihren Untergebenen tun. So entstand eine Lehenspyramide. Gleichwohl gab es immer wieder Versuche, etwa Georg von Belows[10], die mittelalterliche Königsherrschaft als eine Form des Staates zu interpretieren – eine Position, die in der Forschung über ein Außenseiterdasein kaum hinauskam. Ein zentralisierter Herrschaftsstaat mit dauerhaften Institutionen konnte sich seinerzeit nicht herausbilden. Das Fehlen übergreifender Staatsmodelle liegt angesichts dieser Entwicklung auf der Hand.

„Wenn wir die mittelalterlichen Verhältnisse verlassen und uns dem modernen Staat zuwenden, treten wir in eine andere Welt. Anstatt der Unklarheiten und Herrschaftsvielfalt, der Mühsal, einen verbindlichen politischen Willen zu bilden und ihn durchzusetzen, finden wir nunmehr eine einzige und einheitliche Staatsgewalt, die sich über ein klar begrenztes Staatsgebiet und einen bestimmten Personenkreis von Staatsangehörigen (Staatsbürgern oder Untertanen) erhebt, eine Staatsgewalt, die keine andere selbständige Macht neben sich duldet, sondern das Monopol legitimer Gewaltenteilung beansprucht, eine Gewalt, von der die Gesellschaften zentral gesteuert werden mit Gesetzen, d.h. mit allgemeinverbindlichen Regeln, die grundsätzlich für das gesamte Staatsgebiet und für alle Staatsangehörigen gelten und die damit eine auch rechtliche Einheit des Staates statuieren. Die sich abzeichnende Integrationsleistung wird bewirkt durch einen aus der privaten, gesellschaftlichen Sphäre herausgenommenen (ausdifferenzierten) Staatsapparat, der rational organisiert, nach bestimmten Funktionen gegliedert (binnendifferenziert) und hierarchisch strukturiert ist, so dass seine zentrale Leitung ‚von oben' möglich wird."[11] Diese Entwicklung mündete freilich zumeist nicht in ein monolithisches Staatsganzes, sondern produzierte indirekt auch Differenzierungen: So drängte das Bürgertum als innerstaatlicher Leistungsträger auch auf politische Partizipation. Diese Impulse verbanden sich vielfach mit noch bestehenden ständischen Relikten neben dem Absolutismus, gingen in den modernen Konstitutionalismus und schließlich auch Republikanismus ein.

Die Frage nach der Rechtfertigung des Staates kam vornehmlich erst in der Neuzeit auf. In der Antike spielte sie keine zentrale Rolle, auch wenn Philosophen wie Platon und Aristoteles einen „Idealstaat" zu konstruieren suchten. Im griechischen Stadtstaat waren Sklaven, Fremde und Frauen rechtlos. Aurelius Augustinus (354–430) entwickelte in seinem „Gottesstaat" die Vorstellung einer gottgegebenen Ordnung. Er unterschied zwischen gerechten und ungerechten Kriegen, wie ihm überhaupt ein manichäisches Weltbild eigen war; differenzierte er doch zwischen einem weltlichen und einem geistlichen Reich. Das letztere dominiert das erste. Dem Reich der Finsternis stellte er das Reich

10 Vgl. Georg von Below: Der deutsche Staat des Mittelalters, Bd. 1, Heidelberg 1914.

11 Hans Boldt: Deutsche Verfassungsgeschichte, Bd. 1: Von den Anfängen bis zum Ende des älteren deutschen Reiches 1806, 2. Aufl., München 1990, S. 149.

des Lichts gegenüber. Augustinus setzte die göttliche Weltordnung absolut, entwickelte also noch keine Vertragstheorie. Besonders drei Vertragstheorien spielten für die Rechtfertigung von Herrschaft eine große Rolle. Sie sind mit den Namen der Staatstheoretiker Thomas Hobbes (1588–1679), John Locke (1632–1704) und Jean-Jacques Rousseau (1712–1778) verbunden. Auch heute noch sind ihre Theorien aufschlussreich. Vielfach stellen sie eine Antwort auf die Herausforderungen der politischen Wirklichkeit dar. Mit „Vertragstheorien" ist gemeint, dass Herrscher und Individuen einen fiktiven Vertrag abschließen, um dem als unerträglich empfundenen „Naturzustand" zu entrinnen.

Hobbes sprach sich für eine Allmacht des Staates aus, weil nur so das gedeihliche Zusammenleben der Menschen zu sichern sei. Charakteristisch für Hobbes war sein pessimistisches Menschenbild: Der Mensch ist des Menschen Wolf. Deshalb hätten die Menschen alle Herrschaft auf den Staat übertragen, den „Leviathan". Er bürge für Sicherheit. Hobbes' Staatsverständnis lief auf eine Rechtfertigung des absolutistischen Herrschaftssystems hinaus, das keine Rechte an die Bürger abtreten müsse. Im Gegensatz zu Hobbes ging Locke davon aus, dass die staatliche Macht einer Begrenzung bedürfe. Den Individuen stünden unveräußerliche Rechte zu. Der Herrschaftsvertrag legitimiere nicht nur die Macht des Herrschers, sondern limitiere auch dessen Souveränität. Die Regierenden übten Macht nur im Auftrag aus. Lockes Staatsverständnis trug den Interessen des aufstrebenden Bürgertums Rechnung. Grundlage seiner Vertragstheorie war nicht der souveräne Staat, sondern der Schutz des Eigentums. Rousseau ging weiter als Hobbes und Locke. Wollte der eine die Sicherheit des Staates und der andere den Schutz des Eigentums, so strebte Rousseau mit seinem Gesellschaftsvertrag die Freiheit aller an. Seine Theorie ist radikaldemokratisch angelegt. Sie basiert auf einer Identität von Regierten und Regierenden. Der Gemeinwille („volonté générale") muss sich nicht mit dem Willen aller („volonté de tous") decken.

Die Theorien von Hobbes, Locke und Rousseau haben neben anderen Konzeptionen (etwa der Gewaltenteilungslehre von Charles de Montesquieu oder der Warnung vor einer unbegrenzten Mehrheitsherrschaft durch Alexis de Tocqueville) eine Grundlage für die Herausbildung des modernen Staates in mannigfachen Ausprägungen geschaffen, wenngleich die Theorien vielfältig miteinander verwoben sind. Manche Theorie kann sowohl von einer Demokratie als auch von einer Diktatur beansprucht werden. Das gilt etwa für die Konzeption des Genfer Staatsphilosophen Rousseau, die sich einerseits für den demokratischen Verfassungsstaat, andererseits für die Diktatur eignet.

Im 19. Jahrhundert gerieten absolutistische Systeme immer stärker in die Defensive, wurden sie in Europa vielfach von konstitutionellen Monarchien abgelöst.[12] Diese mussten auf die Bestrebungen nach mehr Teilhabe und nach mehr Rechtssicherheit reagieren. Die Amerikanische Revolution, mehr noch als

12 Vgl. dazu den Beitrag von Uwe Backes in diesem Band.

die Französische Revolution, legte den Grundstein für den Verfassungsstaat. Die Idee des Nationalstaates war dabei nicht durchweg Allgemeingut. „Dass ein Staat als Nationalstaat verfasst sein sollte, war zu Beginn des 19. Jahrhunderts noch keineswegs selbstverständlich. Die Staatsmänner, die auf dem Wiener Kongress daran gingen, Europa neu zu ordnen, besaßen noch ganz andere Vorstellungen von der künftigen Staatenwelt. Für den Fürsten Metternich (1773–1859), gemeinsam mit dem russischen Zaren Alexander I. (1777–1825) und dem britischen Außenminister Lord Castlereagh (1769–1822), Architekt des neuen Europas, war Italien lediglich ‚ein geographischer Begriff', die staatliche Einigung Italiens undenkbar, und Metternichs engster Berater Friedrich von Gentz (1764–1832) erklärte die nationalstaatliche Einheit Deutschlands zu einer gefährlichen Chimäre: ‚Die Vereinigung aller deutschen Stämme zu einem ungetheilten Staate' sei ‚ein durch tausendjährige Erfahrung widerlegter und endlich abgethaner Traum [...], dessen Erfüllung keine menschliche Kombination zu erschwingen, die blutigste Revolution nicht zu ertrotzen vermöchte, und den nur Wahnsinnige noch verfolgen können'."[13] Doch der Wunsch nach einem deutschen Nationalstaat war nicht der Wunsch von „Wahnsinnigen". Im Gegenteil: In der ersten Hälfte des 19. Jahrhunderts machte sich diese Forderung bei allen Schichten des Volkes breit, nachdem sich der Nationalstaat in anderen Regionen Europas gebildet und behauptet hatte.

In dem Moment, in dem der Siegeszug von Demokratien nach dem Ersten Weltkrieg nicht zu stoppen schien, traten ihre erbittertsten Gegner in Gestalt totalitärer Bewegungen von rechts und links auf den Plan. Schon vorher hatte im weithin absolutistischen Russland der Kommunismus mit einem Putsch die Macht errungen. Im 20. Jahrhundert dominierte eine typologische Zweiteilung, etwa im Sinne einer konstitutionellen und einer autokratischen Herrschaftsordnung. Diese dichotomische Typologie hat höchst verschiedene Unterformen angenommen, um der komplexen Realität gerecht zu werden.

Häufig ist bei Einschnitten von der „Stunde Null" die Rede. Das hängt mit der Verabsolutierung von Momentaufnahmen zusammen. Zeitgenossen sehen nur das Neuartige, weniger Elemente einer Verbindung zwischen der alten und der neuen Ordnung. „Die Geschichte kennt keinen totalen Neuanfang. Auch die radikalste Revolution kann immer nur einzelne Strukturen des Gemeinwesens verändern. Sie kann nicht das Staatsvolk und nicht das Staatsgebiet auswechseln. Es bleibt ihr nichts anderes übrig, als an die realen Gegebenheiten anzuknüpfen, die sie vorfindet: an das Machtpotential der Staaten, an die Leistungsfähigkeit und die Bedürfnisse der Bevölkerung, an Mentalität und Bildungsstand, Wirtschaftskraft und Lebensstandard. Das neue Regime hat das Erbe des alten anzutreten und abzuarbeiten, die Folgen seiner Leistungen und seines Versagens."[14]

13 So Hagen Schulze: Staat und Nation in der europäischen Geschichte, München 1994, S. 209.
14 Josef Isensee: Wechsel, Wandel und Dauer der Staatsformen im 19. und 20. Jahrhundert. Anmerkungen zu Geschichtlichkeit und Normativität von Verfassungen, in: Ulrich Lappenküper/Joachim Scholtyseck/Christoph Studt (Hrsg.): Masse und Macht im 19. und 20. Jahrhundert. Studien zu Schlüsselbegriffen unserer Zeit, München 2003, S. 98.

3. Wellen der Demokratie und Gegenwellen im 20. Jahrhundert

3.1. Modifizierung von Samuel Huntingtons Konzept

Der amerikanische Politikwissenschaftler Samuel Huntington legte 1991 ein Buch vor, das schnell Furore machte.[15] Die Studie spürt der weltweiten Ausbreitung der Demokratie nach. Sie geht von drei Demokratisierungswellen aus (1828–1926; 1943–1962; seit 1974). Diesen folgten Gegenwellen (1922–1942; 1958–1975). Die Frage, ob eine dritte Gegenwelle im Anmarsch sei, ließ Huntington offen.[16] Für den amerikanischen Wissenschaftler begann die erste – lange – Welle mit der Demokratie in den Vereinigten Staaten. Im Jahr 1828 sei erstmals die Hälfte der erwachsenen männlichen US-amerikanischen Bevölkerung wahlberechtigt gewesen. Sie konnte auf diese Weise die entscheidende Kraft im Staat, den Präsidenten, wählen. Finnland und Norwegen besaßen bereits vor dem Ersten Weltkrieg das allgemeine Männerwahlrecht, Deutschland zumindest für den Reichstag. Nach dem Ersten Weltkrieg wurde eine Reihe weiterer Staaten demokratisch. Dieser ersten Welle folgte eine Gegenwelle nach dem Ersten Weltkrieg. Manche der jungen Demokratien lösten autoritäre Regime ab. Die zweite „Demokratiewelle“ habe mit dem Ende des Zweiten Weltkrieges in Europa eingesetzt und sich später in Afrika im Zuge der Entkolonialisierung fortgesetzt. Zwischen 1958 und 1975 folgte eine „Gegenwelle“ (besonders in Südamerika und in Afrika). Die dritte Welle der Demokratie habe in Südeuropa begonnen (mit dem Ende der langjährigen Diktaturen in Spanien und Portugal sowie der griechischen Militärjunta), sich in Südamerika in den achtziger Jahren und dann in Osteuropa ab Ende jenes Jahrzehnts fortgesetzt.

Huntington erfuhr nicht nur Lob, sondern sah sich auch Einwänden ausgesetzt. So wurden etwa sein Wellenkonzept und sein Erklärungsanspruch mehr oder weniger plausibel kritisiert.[17] Vor allem seine Handlungsempfehlungen für die Demokratisierer (die alte Elite müsse von Schlüsselpositionen der Macht verdrängt werden; das alte System bedürfe der ständigen Delegitimierung usw.) gerieten in die Kritik. Huntington lasse in seinem „Kochbuch für Demokratisierer“[18] viele Rahmenbedingungen außer Acht. Diese Argumente sollen bei den folgenden Überlegungen indes nicht im Vordergrund stehen.

So anregend Huntingtons Konzept auch sein mag: Kritikwürdig ist nicht zuletzt, dass er die Wellen als eine Art Einheit sieht, wie das bei seiner Präsentation der dritten Welle zum Ausdruck kommt. „Overall, the movement toward

15 Vgl. Huntington: Third Wave (Anm. 2).
16 Vgl. ebd., S. 290-294.
17 Vgl. Ruth Zimmerling: Samuel Huntingtons demokratische Wellen – viel Lärm um Gischt?, in: Politische Vierteljahresschrift, 44 (2003), S. 196-216.
18 Manfred G. Schmidt: Demokratietheorien. Eine Einführung, 3. Aufl., Opladen 2000, S. 486.

democracy was a global one. In fifteen years the democratic wave moved across southern Europe, swept through Latin America, moved on to Asia, and decimated dictatorship in the Soviet bloc."[19] Tatsächlich ist die Demokratisierungswelle in Südeuropa, Asien, Lateinamerika und Osteuropa offenkundig jeweils von ganz anderen Faktoren ausgelöst worden. Auch die erste lange „Demokratiewelle", die bei Huntington aufgrund eines reduzierten Demokratiebegriffs nahezu ein Jahrhundert angedauert hat, fasst völlig unterschiedliche Entwicklungen zusammen. Huntingtons zweite Demokratisierungswelle (1943–1962) lässt unberücksichtigt, dass die osteuropäischen Staaten nach der Befreiung vom Nationalsozialismus bzw. von faschistischen Regimen innerhalb kürzester Zeit in eine andere Diktatur gerieten. Bei dem Autor kommen die kriegsbedingten Einschnitte 1918 und 1945 zu kurz. Es wäre sinnvoller, die erste Welle der Demokratie mit dem Ende des Ersten Weltkriegs beginnen zu lassen, die zweite mit dem Ende des Zweiten Weltkrieges, die dritte schließlich mit dem Ende des Kalten Krieges, zu datieren auf das Jahr 1989.

Wie Tabelle 1 zeigt, gab es bis zum Jahr 1945 nur wenige Demokratien, die allen Anfechtungen standhielten und diese Form der Herrschaftsausübung nicht aufkündigten (also in der Phase der ersten Demokratiewelle und der

Tabelle 1: Staaten mit erster Demokratiegründung bis 1945

Stabile Demokratien	Instabile Demokratien
Australien	Argentinien
Belgien	Chile
Dänemark	Costa Rica
Großbritannien	Deutschland
Irland	Dominikanische Republik
Island	Ecuador
Kanada	Estland
Luxemburg	Finnland
Neuseeland	Frankreich
Niederlande	Griechenland
Norwegen	Guatemala
Schweden	Honduras
Schweiz	Kolumbien
USA	Kuba
	Italien
	Österreich
	Panama
	Polen
	Portugal
	Spanien
	Tschechoslowakei
	Venezuela

19 Huntington: Third Wave (Anm. 2), S. 25.

ersten Gegenwelle). Als stabil erwiesen sich nur 13 Staaten (bis auf Australien, Neuseeland und die USA sämtlich aus Europa). Zu den instabilen Demokratien, also jenen Staaten, die zeitweilig diktatorisch regiert wurden, gehörten mit 22 deutlich mehr. Von den Staaten, die nach 1945 und bis zum Schlüsseljahr 1989 (wieder) eine Demokratie geworden sind, ist ebenso nur eine Minderheit demokratisch geblieben (Tabelle 2). So haben die meisten lateinamerikanischen Länder keine stabile demokratische Entwicklung zu verzeichnen. Die ab 1989 von Osteuropa aus einsetzende dritte Demokratiewelle hat bisher gute Erfolge verzeichnet, wenngleich eine Reihe von Staaten (wie Albanien, Kasachstan, Kirgistan, Nigeria, Russland, Sudan, Surinam, Turkmenistan und Weißrussland) in der kurzen Zeit einen „Demokratieabbruch" erfahren hat.

3.2. Erste Welle und Gegenwelle

Der Ausgang des Ersten Weltkrieges bedeutete für die Staatenwelt zumal Europas einen Einschnitt. Fast überall (freilich nicht in Russland, wo das Zarenregime nach einem kurzen demokratischen Intermezzo 1917 durch den Bolschewismus abgelöst wurde) bildeten sich zunächst Demokratien heraus, die sich als höchst anfällig erwiesen. Gemäß den Erklärungen des amerikanischen Präsidenten Wilson vom Selbstbestimmungsrecht der Nationen entstanden neue, als Demokratien konzipierte Staaten. Auch die wenigen Staaten, die schon zuvor bei großzügiger Auslegung als Demokratie gelten können, erfuhren eine Demokratisierung (z.B. durch die Ausweitung des Wahlrechts).

Noch während des Ersten Weltkrieges stürzte der Bolschewismus in Russland, der sich im Jahr 1903 von der dortigen Sozialdemokratie abgespalten hatte, die Kerenski-Regierung, die erst kurz zuvor Nachfolgerin des Zarenreiches geworden war. Mit der Sowjetunion betrat ein Staat die weltpolitische Bühne, dem an einer Expansion des kommunistischen Herrschaftssystems gelegen war. „Insgesamt brachte das erste Jahrzehnt des Kommunismus dessen Stabilisierung als Herrschaftssystem in der Sowjetunion und als politischer Bewegung, die mit unterschiedlicher Intensität in allen europäischen Ländern agierte. Allmählich festigte sich in der Sowjetunion die Machtposition Stalins, der sich die Partei- und Staatsführung unterstellte und den NEP-Kurs weiterverfolgte. In der Komintern konsolidierte sich die Dominanz der sowjetischen Partei, die von den anderen Parteien verlangte, sich den in Moskau bald so und anders interpretierten Interessen des ersten sozialistischen Staates, des ‚Vaterlands des Proletariats der ganzen Welt', unterzuordnen."[20] Allerdings gelang es dem sowjetischen Kommunismus nicht, in anderen Ländern an die Macht zu gelangen. Nur in der Mongolei glückte dies im Jahre 1922. So massiv die Sowjetunion Unruhen in den Demokratien zu schüren suchte, als so wenig erfolgreich erwiesen sich die jeweiligen kommunistischen Parteien, die von der Sowjet-

20 So Jerzy Holzer: Der Kommunismus in Europa. Politische Bewegung und Herrschaftssystem, Frankfurt a.M. 1998, S. 36 f.

Tabelle 2: Staaten mit erster bzw. erneuter Demokratiegründung zwischen 1946 und 1989

Stabile Demokratien	Instabile Demokratien
Bahamas	Argentinien
Barbados	Bangladesch
Belize	Bolivien
Botswana	Brasilien
Costa Rica	Burma
Deutschland	Chile
Finnland	Dschibuti
Indien	Ecuador
Israel	Fidschi
Italien	Ghana
Jamaika	Guatemala
Japan	Guyana
Kolumbien	Honduras
Malta	Indonesien
Mauritius	Kenia
Österreich	Kongo
Papua-Neuguinea	Laos
Spanien	Libanon
Salomonen	Madagaskar
Trinidad & Tobago	Malaysia
Venezuela	Nicaragua
	Nigeria
	Pakistan
	Panama
	Peru
	Philippinen
	Senegal
	Sierra Leone
	Somalia
	Sudan
	Südkorea
	Surinam
	Thailand
	Zypern

union gesteuert wurden. Der Antikommunismus in den betreffenden Ländern war aufgrund der Erfahrungen mit kommunistischen Gruppierungen und ihrem revolutionären Gestus zu stark. So hatte die Sowjetunion indirekt ihren Anteil an den strikt antikommunistisch ausgerichteten faschistischen Bewegungen und ihrem Erfolg.

Von der Schwäche der liberalen Demokratien profitierten vor allem faschistische Strömungen. Sie stellten eine Massenbewegung dar, die die Beseitigung der parlamentarischen Demokratie auf ihre Fahnen geschrieben hatte.[21] „In gewissem Sinne durchkreuzten die Faschismen die sozialen Klassengruppierungen und stellten eine besondere gesellschaftliche Mischung mit einer dominanten politischen Integrationsideologie dar."[22] Vor allem in den neuen Demokratien mit ihren vielfältigen Nationalitätenfragen und in den in ihrem Selbstverständnis erschütterten besiegten Staaten erwiesen sich derartige Strömungen als erfolgreich. Die zahlreichen Strukturprobleme wurden vielfach den ungefestigten Demokratien angelastet.

Die insbesondere als Folge der zusammengebrochenen österreichisch-ungarischen Monarchie und der Labilität Russlands neu entstandenen Länder Albanien, Polen, Tschechoslowakei sowie die drei baltischen Staaten Estland, Lettland und Litauen[23] blieben bis auf die Tschechoslowakei nicht lange Demokratien. Bulgarien, Griechenland, Jugoslawien, Österreich, Rumänien und Ungarn wurden ebenso autoritäre Diktaturen, nicht zuletzt dank der Intervention von Militärs. Mit dem „Marsch auf Rom" durch Mussolini setzte der Siegeszug der faschistischen Bewegungen ein. Der Sieg des Nationalsozialismus in Deutschland 1933 bedeutete zwar keinen Sieg des Faschismus im engeren Sinne, wohl aber einen Triumph einer rechtstotalitären Diktatur mit expansionistischem und rassistischem Charakter. Ihr sollten später weitere Länder – Demokratien wie Diktaturen und in mörderischer Form ganze Bevölkerungsgruppen – zum Opfer fallen.

Die meisten autoritären Regime nahmen die Form einer Präsidialdiktatur an. Ein „starker Mann" übte die Regierungsgeschäfte aus. „Das Ziel der Präsidialdiktatoren, die noch einer älteren Generation angehörten als Mussolini (1883) und Hitler (1889) – Piłsudski war 1867, Horthy 1868, Päts, Smetona und Ulmanis 1874 geboren – und die sich insbesondere auf Bürokratie, Armee, verschiedene Formen der Schutzkorps oder des Selbstschutzes sowie Teile des Unternehmertums stützten, war der ‚starke und effiziente nationale Staat', der durch gesellschaftliche Geschlossenheit erreicht werden sollte. Durch weitgehende Ausschaltung der Parteien wie in den drei baltischen Staaten bzw. deren Einbindung in das autoritäre Herrschaftssystem wie in Ungarn und teilweise in Polen und durch Bündelung der Kräfte unter einem charismatischen Führer sollte der Staat in die Lage versetzt werden, die inneren Krisen zu meistern und seine Selbstständigkeit in einem vor allem in den 30er Jahren zunehmend aggressiver werdenden internationalen Umfeld erfolgreich zu verteidigen."[24]

---

21 Vgl. Ernst Nolte: Der Faschismus in seiner Epoche. Action française – Italienischer Faschismus – Nationalsozialismus, 6. Aufl., München 1984.

22 So Theodor Schieder: Europa im Zeitalter der Weltmächte, in: ders. (Hrsg.): Handbuch der europäischen Geschichte, Bd. 7, Stuttgart 1979, S. 84.

23 Vgl. Lainová Radka: Zum Vergleich der Diktaturen in den baltischen Staaten in der Zwischenkriegszeit, in: Heiner Timmermann/Wolf D. Gruner (Hrsg.): Demokratie und Diktatur in Europa. Geschichte und Wechsel der politischen Systeme im 20. Jahrhundert, Berlin 2001, S. 109-117.

24 Erwin Oberländer: Die Präsidialdiktaturen in Ostmitteleuropa – „Gelenkte Demokratie"?, in: ders. (Hrsg.) in Zusammenarbeit mit Rolf Ahmann, Hans Lemberg und Holm Sundhausen: Autoritäre Regime in Ostmittel- und Südosteuropa 1919-1944, Paderborn u.a. 2001, S. 6 f.

Manche der Führungen eines Landes wollten ihre Legitimation dadurch steigern, dass sie sich auf die Notwendigkeit beriefen, gravierende innen- und außenpolitische Notlagen zu beseitigen.[25] Einige Länder nahmen zeitweilig die Form einer „Königsdiktatur" an, wie Albanien (1928–1939), Bulgarien (1935–1943), Jugoslawien (1929–1934) und Rumänien (1938–1940).[26] Dieser Integrationsmechanismus hielt jedoch nicht lange vor.

Viele der 16 Diktaturen bzw. autoritären Ordnungen (mit noch demokratischen Komponenten wie in Ungarn) wurden später durch stärkere Diktaturen besetzt: die baltischen Länder durch die Sowjetunion, Ungarn durch Deutschland, Polen durch ein Zusammenspiel beider Großtotalitarismen. Nirgendwo gelang bis Kriegsende die Rückkehr zu einer Form der Demokratie. Die Diktaturen stürzten in der Regel durch Einwirkungen von außen.

3.3. Zweite Welle und Gegenwelle

Der Zweite Weltkrieg bedeutete nicht nur für Europa einen tiefen Einschnitt, sondern auch für andere Erdteile. Mit dem Ende des Zweiten Weltkrieges (zum Teil schon davor) brachen die faschistischen Regime zusammen. Das Deutsche Reich, dessen Führung bis zuletzt kämpfte, versank in Schutt und Asche. Die andere große Achsenmacht, Japan, musste nach den Atombombenabwürfen auf Hiroshima und Nagasaki im August 1945 kapitulieren.

Das Jahr 1945 hatte für Europa eine ambivalente Wirkung. Während in Nord-, West- und auch Südeuropa (mit Ausnahme Spaniens und Portugals) stabile Demokratien entstanden, verhinderte dies die Sowjetunion im Osten. Zum einen markierte das Jahr 1945 den Kollaps rechtsdiktatorischer Regime, zum anderen begannen sich in jenem Jahr linksdiktatorische Regime allmählich zu etablieren. Die Übergangsphase, die Zeit politischen Pluralismus, ging unterschiedlich schnell vorbei. Gewiss hatte der sowjetische Kommunismus, um die Westmächte zu beruhigen, im Jahre 1943 die Komintern aufgelöst, doch insgesamt überdauerten die alten Strukturen. Georgi Dimitroff stand der neu ins Leben gerufenen „Abteilung für Internationale Information" vor. Die Sowjetunion zielte aus machtpolitischen Gründen auf eine Vergrößerung ihrer Einflusssphären. Ihre Strategie schwankte, kam es doch auf die spezifischen Konstellationen in den jeweiligen Ländern an (z. B. die Stärke der heimischen kommunistischen Partei). Die Art der Gleichschaltung hing wesentlich davon ab, ob es sich um Feindstaaten handelte oder um verbündete Staaten im Krieg. Im ersten Fall (wie in Bulgarien und Rumänien) konnte die Sowjetunion in der

25 Vgl. zu den einzelnen Ländern die Beiträge in dem Sammelband von Oberländer, ebd.; ferner zusammenfassend und weiterführend zugleich Juan J. Linz: Faschismus und nicht-demokratische Regime, in: Hans Maier (Hrsg.): Totalitarismus und Politische Religionen. Konzepte des Diktaturvergleichs. Bd. III: Deutungsgeschichte und Theorie, Paderborn u.a. 2003, S. 247–325.

26 Vgl. Holm Sundhausen: Die Königsdiktaturen in Südosteuropa: Umrisse einer Synthese, in: Oberländer (Hrsg.): Präsidialdiktaturen (Anm. 24), S. 337–348.

Regel rigoroser durchgreifen, im zweiten Fall (wie in Polen und der Tschechoslowakei) musste sie zunächst Zurückhaltung üben. Demokratische Wahlen gab es nicht mehr, nachdem in Ungarn die dortige kommunistische Partei im November 1945 nur 16,9 Prozent der Stimmen erreicht hatte.

Stets erfolgte die Sowjetisierung von außen mit unterschiedlich starker Unterstützung von innen. Am stärksten war der nationalkommunistische Einfluss in Jugoslawien, nicht zuletzt wegen der nahezu eigenständigen Befreiung des Landes durch den kommunistischen Führer Josip Broz Tito. Binnen kurzem vollzog sich eine „systematische Selbst-Sowjetisierung".[27] In Finnland und Österreich hingegen blieb eine Sowjetisierung aus. Geostrategisch waren diese Länder für die Sowjetunion weniger interessant. Außerdem leistete Finnland hinhaltenden Widerstand. Österreich war in seiner Osthälfte sowjetisch, im Westen und Süden durch die Westmächte besetzt. Die Sowjetunion gab sich mit einer neutralen Position der beiden Länder zufrieden.[28]

Zwar sind die Gründe für den abrupten Systemwechsel nach 1945 vornehmlich in externen Faktoren zu suchen, doch spielten bei der weiteren Entwicklung auch innenpolitische Gegebenheiten eine gewisse Rolle. So kündigten Jugoslawien und Albanien aus höchst unterschiedlichen Gründen die Gefolgschaft auf, und auch Rumänien ging auf Distanz zur Sowjetunion. Alle diese Länder praktizierten einen stärker national orientierten Kommunismus.

Versuche, den Kommunismus von innen heraus zu stürzen, scheiterten an der Hegemoniemacht der Sowjetunion. Sie intervenierte mit Gewalt 1953 in der DDR, 1956 in Ungarn und 1968 in der Tschechoslowakei. Eine militärische Intervention der Sowjetunion in Polen im Jahre 1981 blieb nur aus, weil die polnische Regierung den Ausnahmezustand verhängte. In der DDR erfolgte die Volkserhebung plötzlich und von unten (mit dem Ziel einer Abschaffung jeder Form des Sozialismus), in der Tschechoslowakei hingegen allmählich und von oben (mit dem Ziel, einen „Kommunismus mit menschlichem Antlitz" zu etablieren). Ungarn nahm eine Zwischenstellung ein.[29]

3.4. Dritte Welle (und Gegenwelle?)

Der Zusammenbruch des europäischen Kommunismus kam völlig überraschend. Selbst ein hellsichtiger Kopf wie Zbigniew Brzezinski wurde mit seinem

---

27 Stefan Creuzberger/Manfred Görtemaker: Das Problem der Gleichschaltung osteuropäischer Parteien im Vergleich. Eine Synthese, in: dies. (Hrsg.): Gleichschaltung unter Stalin Die Entwicklung der Parteien im östlichen Europa 1944-1949, Paderborn u.a. 2002, S. 425.

28 Vgl. Oliver Rathkolb: Sonderfall Österreich? Ein peripherer Kleinstaat in der sowjetischen Nachkriegsstrategie 1945–1947; Ruth Büttner: Volksdemokratie und Sowjetisierung. Der Sonderfall Finnland (1944–1948), jeweils in: Creuzberger/Görtemaker (Hrsg.): Gleichschaltung (Anm. 27), S. 353–373, S. 375–418.

29 Vgl. für Einzelheiten Eckhard Jesse: Die gescheiterten „Konterrevolutionen" 1953, 1956, 1968 und die friedliche Revolution 1989. DDR – Ungarn – Tschechoslowakei, in: Kirchliche Zeitgeschichte, 17 (2004), S. 22–43.

1989 publizierten Buch über das „Ende eines Experiments“[30] von der atemberaubend schnellen Entwicklung überrollt. So hatte Brzezinski aufgrund eines spezifischen Kriterienrasters für Bulgarien und die DDR keine Krise wahrgenommen. Der Autor sah nicht den Dominoeffekt voraus. In dem Moment, in dem die Sowjetunion die Breschnew-Doktrin aufgab bzw. aufgeben musste, stellte sich die „Systemfrage“.

„Der Zusammenbruch des realen Sozialismus wurde methodisch zu einem ‚schwarzen Freitag‘ der Sozialwissenschaften. Sie haben überwiegend nicht *‚vorhergesagt‘*, wie es ihr methodischer Anspruch ist, sondern *‚nachgesagt‘*.“[31] Diese Kritik Klaus von Beymes trifft ins Schwarze – und zielt doch vorbei. Richtig ist sie, weil sie den Sachverhalt treffend erfasst, dass die Sozialwissenschaft kein angemessenes Instrumentarium für eine Krisendiagnose bereithielt; in die Irre geht sie, weil sie den Eindruck erweckt, die unzutreffende Prognose sei der Stein des Anstoßes. Die Sozialwissenschaft ist angesichts zahlloser Imponderabilien bei Prognosen überfordert. Kritikwürdig ist vielmehr der Umstand, dass die fehlende Legitimität dieser Staaten häufig nicht mehr ausreichend zur Sprache kam.

Polen und Ungarn spielten beim Zusammenbruch des Kommunismus eine Vorreiterrolle. In Polen hatte sich in den achtziger Jahren des letzten Jahrhunderts – auch unter dem Einfluss von Papst Johannes Paul II. – eine allmähliche Abkehr vom Totalitarismus früherer Jahrzehnte vollzogen. Und Ungarn durchschnitt im Mai 1989 den „Eisernen Vorhang“ zu Österreich, öffnete im September desselben Jahres die Grenze für DDR-Flüchtlinge. Aber ohne die Rolle der Sowjetunion wären solche Bestrebungen in den beiden Ländern schwerlich möglich gewesen. Unter Parteichef Michail Gorbatschow hatte sich ein fundamentaler Wandel vollzogen. Dieser wollte mit Hilfe von „Glasnost“ (Transparenz) und „Perestroika“ (Umbau) die Sowjetunion leistungsfähiger gestalten. Doch die Reform, die Gorbatschow beabsichtigte[32], endete mit einem weitgehend friedlichen Systemwechsel.

Die als stabil geltende DDR spielte beim Zusammenbruch des Kommunismus eine entscheidende Rolle. Die Öffnung der Mauer symbolisierte das Ende der Spaltung des europäischen Kontinents. Die friedliche Revolution kam durch ein Zusammenspiel von „exit“ und „voice“ zustande, wie der deutsch-amerikanische Wirtschaftstheoretiker Albert O. Hirschmann zeigt.[33] Die Abwanderung in den Westen im Sommer 1989 begünstigte den Protest innerhalb des Systems, neutralisierte ihn also nicht.

30 Vgl. Zbigniew Brzezinski: Das gescheiterte Experiment. Der Untergang des kommunistischen Systems, Wien 1989.

31 So Klaus von Beyme: Systemwandel in Osteuropa, Frankfurt a.M. 1994, S. 35. (Hervorhebungen im Original).

32 Vgl. (nicht frei von apologetischen Tendenzen) Michail Gorbatschow: Erinnerungen, Berlin 1995.

33 Vgl. Albert O. Hirschmann: Abwanderung und Widerspruch und das Schicksal der Deutschen Demokratischen Repubik. Ein Essay zur konzeptionellen Geschichte, in: Leviathan, 20 (1992), S. 330–358.

Der Systemwechsel verlief in unterschiedlichen – friedlichen – Formen (bis auf Rumänien). Er war jeweils innenpolitisch verursacht, wenngleich erst durch die Aufgabe der Breschnew-Doktrin seitens der Sowjetunion möglich geworden. In Staaten wie Albanien, Bulgarien und Rumänien spielten die alten Eliten eine beträchtliche Rolle, in der Tschechoslowakei und der DDR war dies nicht oder kaum der Fall. In Polen beruhte der Systemwechsel auf einem Kompromiss zwischen den Kräften der Regierung und den Oppositionellen. In Ungarn leitete ihn die dortige kommunistische Partei ein. Staaten wie die Sowjetunion und Jugoslawien brachen im Gefolge der tektonischen Veränderungen auseinander.

Für manche Intellektuelle – im Osten wie im Westen – war der Zusammenbruch des Kommunismus das „Ende der Illusion“[34], der Illusion nämlich, es könne einen „demokratischen Kommunismus“ geben. Andere hingegen sehen erst jetzt, nach dem Scheitern des „real-existierenden Sozialismus“, so die Selbstbezeichnung, die unbefangene Möglichkeit, über einen Staat nachzudenken, dem keine „kapitalistische Ausbeutung“ anhafte. Allerdings sind marxistische Vorstellungen vom „Absterben des Staates“ vielfach als unrealistisch erkannt worden.

Die Aufgaben, die sich für die neuen demokratischen Staaten stell(t)en, waren und sind vielfältig: Etablierung des demokratischen Verfassungsstaates (statt der Einparteienherrschaft), eines privatwirtschaftlichen Ordnungsgefüges (statt der Planwirtschaft); Erneuerung der politischen Kultur im Sinne „zivilgesellschaftlicher“ Elemente (statt autoritärer); die Verwirklichung des Selbstbestimmungsrechts der Völker (statt seiner Unterdrückung). Die Probleme sind unterschiedlich gut gelöst worden.[35] In einer Reihe von Staaten konnten postkommunistische Parteien die Regierung übernehmen. Ein nahezu beständiger Regierungswechsel zeichnete die Situation in Ländern wie Ungarn aus. Das war einerseits ein Zeichen von Unzufriedenheit, andererseits ein Zeichen für schnell einsetzende demokratische Normalität.

Ob man für Osteuropa von einer „Gegenwelle“ sprechen kann, ist umstritten, eher zweifelhaft. Denn die meisten Staaten haben die Demokratie beibehalten. In anderen Staaten wie Russland zeigen sich beträchtliche „demokratische Defekte“.[36] Ein Land wie Weißrussland hat dagegen den Weg zurück in eine Autokratie eingeschlagen. Offenkundig sind dort bessere Voraussetzungen für den Transformationsprozess gegeben, wo früher bereits demokratische Strukturen bestanden (wie in Tschechien und der Slowakei).

34 So der Titel der faszinierenden Studie von François Furet: Das Ende der Illusion. Der Kommunismus im 20. Jahrhundert, München 1996.

35 Vgl. etwa die Länderanalysen in den folgenden Bänden: Werner Weidenfeld (Hrsg.): Demokratie und Marktwirtschaft in Osteuropa, 2. Aufl., Bonn 1996; Bundesinstitut für ostwissenschaftliche und internationale Studien (Hrsg.): Zwischen Krise und Konsolidierung. Gefährdeter Systemwechsel im Osten Europas, München/Wien 1995. Siehe vor allem auch Wolfgang Merkel: Systemtransformation. Eine Einführung in die Theorie und Empirie der Transformationsforschung, Opladen 1999, S. 443–532.

36 Zum Begriff siehe unten Kapitel 5.

3.5. Vergleich

„Osteuropa ist die einzige Region des europäischen Kontinents, die als Laboratorium und Versuchsobjekt für alle drei großen ideologischen Experimente des 20. Jahrhunderts diente: Nach dem Ersten Weltkrieg wurde das politische Schicksal dieses Raumes zunächst durch die liberaldemokratischen Siegermächte von 1918 geprägt – ein Intermezzo, das spätestens mit der Weltwirtschaftskrise der ausgehenden zwanziger und frühen dreißiger Jahre zu Ende ging. Im Zuge der sich seit 1938/39 immer deutlicher abzeichnenden nationalsozialistischen Expansionspolitik begannen die rassenpolitisch motivierten ideologischen Ordnungsvorstellungen Hitlers die Staatenwelt des östlichen Europa unheilvoll zu überschatten. Und als die Rote Armee im Verlauf des Zweiten Weltkrieges 1944/45 immer weiter nach Westen vorrückte, gerieten schließlich weite Teile Ost-, Südost- und Ostmitteleuropas in den Einflussbereich Josif V. Stalins – womit sich das dritte Experiment anbahnte: die Unterwerfung unter den diktatorischen Kommunismus sowjetischer Prägung."[37] Die osteuropäischen Völker haben damit innerhalb zweier Generationen ein wechselvolles Schicksal erlitten.

Die Systemwechsel in Osteuropa hin zur Demokratie 1918 und 1945 standen unter einem Unstern. Beim ersten Mal waren es insbesondere Nationalitätenkonflikte verbunden mit anderen Problemen, die den neuen Demokratien das Leben schwer machten und das demokratische Experiment scheitern ließen; nach 1945, teilweise schon vorher (mit der Einverleibung der baltischen Staaten) hingegen sorgte die Sowjetunion schnell für die Erstickung demokratischen Lebens. Beim dritten, im Jahre 1989 eingeleiteten Systemwechsel war dies anders. Der Sowjetblock brach vollständig zusammen; der Systemwechsel vollzog sich unblutig; und nahezu die gesamte Welt unterstützte diesen revolutionären Wandel.[38] Vor allem haben die Zeitgenossen die bitteren Erfahrungen ihrer Vorgänger vor Augen. Die Aussicht, dass die Demokratie sich nun etablieren kann, ist damit weitaus besser als nach den beiden Weltkriegen, obwohl die Systeme jahrzehntelang durch kommunistische Vorstellungen bestimmt wurden. Dies konnte nicht ohne Auswirkungen bleiben und ist eine Chance für postkommunistische Gruppierungen, zumal dann, wenn die hohen, an die Demokratie gerichteten Erwartungen nicht ausreichend erfüllt werden.

Die Idee des Nationalstaates spielt in den osteuropäischen Ländern eine große Rolle und bildet einen starken Faktor des Zusammengehörigkeitsgefühls und damit des Zusammenhalts – freilich mit der Gefahr nationalistischer Propaganda. Wo Nationalitätenkonflikte bestehen, können diese den Staat wegen des Fehlens sonstiger Ligaturen und einer ungenügend gefestigten politischen Kultur eher auseinander reißen als anderswo. Insofern sind die Perspektiven für ethnisch homogene Länder besser.

---

37 So Creuzberger/Görtemaker: Problem (Anm. 27), S. 419.
38 Vgl. von Beyme: Systemwandel (Anm. 31), S. 355.

Eine schnelle Integration dieser Staaten in supranationale Bündnisse fördert die demokratische Entwicklung. Seit dem 1. April 2004 gehören Polen, Tschechien und Ungarn der NATO an; mit dem 1. Mai 2004 schlossen sich neben Malta und Zypern die folgenden postkommunistischen Länder dem „Europa der 15" an: Estland, Lettland, Litauen, Polen, Tschechien, Slowakei, Slowenien, Ungarn. Diese Osterweiterung der Europäischen Union dürfte nicht die letzte gewesen sein. Die Rumänen und die Bulgaren etwa wollen ebenso in die EU. Der Annahme, rechtspopulistische Kreise in Osteuropa profitierten von der Osterweiterung[39], weil sie den Verlust der nationalen Souveränität geißeln können, steht die mindestens ebenso plausible Auffassung gegenüber, dass der Rechtspopulismus eine Schwächung erfährt, weil der EU-Beitritt solchen Ländern nützt.

4. Großbritannien und Deutschland im Vergleich

4.1. Kontinuität und Brüche

Diese beiden Länder stehen für grundsätzlich verschiedene Entwicklungen. Großbritannien, mit England, Wales, Schottland und Nordirland ein Viernationenland, war durch beständige Reformen und damit einen kontinuierlichen Ablauf gekennzeichnet, Deutschland dagegen zeigt sich als das Land revolutionärer Brüche, tiefer Einschnitte.

Der Parlamentarismus hat in England eine lange Tradition. Im Jahre 1215 musste der König in der „Magna Charta" versprechen, nur mit Zustimmung des „Großen Rates" Steuern zu erheben. Diese Bestimmung nahm den Grundsatz „no taxation without representation", der später in der nordamerikanischen Revolution eine wichtige Rolle spielen sollte, in gewisser Weise vorweg. Die königliche Herrschaftsbefugnis wurde allerdings noch nicht in Frage gestellt. Früh entwickelte sich das Repräsentativsystem. Die Mitglieder des Parlaments, das freilich nur eng begrenzte Kompetenzen besaß, sprachen nicht nur für sich. Im Laufe des 14. Jahrhunderts ging aus dem Gesamtparlament das Ober- und Unterhaus hervor. Die Dynastie der Stuarts (1603–1688) hegte absolutistische Ambitionen und wollte das Parlament ausschalten, doch endeten diese Bestrebungen tödlich. König Karl I. wurde 1649 hingerichtet. Ein Ergebnis der „Glorreichen Revolution" von 1689 gegen Jakob II. war die „Bill of Rights", die der neue König, Wilhelm von Oranien, annehmen musste. Von nun an war die Macht der Krone beschränkt. Im Jahre 1707 verweigerte die Krone das letzte Mal einem Parlamentsgesetz die Zustimmung.

Im 18. Jahrhundert stützten sich die ersten Kabinette auf eine Parlamentsmehrheit. Robert Walpole musste als Premierminister (1721–1742) die unterschiedlichen Strömungen im Parlament austarieren, um sich an der Macht halten zu

39 Vgl. Timm Beichelt: Die EU-Osterweiterung: eine Bürde für Repräsentation und Legitimation in den Beitrittsländern?, in: Zeitschrift für Parlamentsfragen, 34 (2003), S. 257–270.

können. Fraktionsdisziplin gehörte noch nicht zum Parlamentsalltag. Die einstige Frontstellung Krone versus Parlament wandelte sich allmählich zur Frontstellung Parlamentsmehrheit versus Parlamentsminderheit. Im Parlament dominierte eine exklusive Schicht Adliger bis weit in das 19. Jahrhundert hinein – im Oberhaus die „aristocracy“, im Unterhaus die „gentry“.

Der Umformungsprozess vom vordemokratischen Parlamentarismus zur parlamentarischen Massendemokratie vollzog sich im späten 19. und frühen 20. Jahrhundert. Wenn er auch nicht ohne Erschütterungen ablief, so blieb Großbritannien von revolutionären politischen Umwälzungen verschont (freilich nicht von sozialen Umbrüchen). Infolge der Industriellen Revolution verlangte das Bürgertum nach einer angemessenen Teilhabe an der Macht. Dieser Prozess verlief kontinuierlich. Erst 1911 wurde das Vetorecht des Oberhauses abgeschafft. Das britische Zweiparteiensystem, das sich im Laufe der Jahrhunderte herausgebildet hatte, trug zur Mäßigung im Innern bei, während der Staat nach außen hin lange Zeit eine imperialistische Großmachtpolitik betrieb.

Im Gegensatz zu anderen Ländern konnte der politische Extremismus in Großbritannien, das eine gefestigte politische Kultur aufwies, in der Zwischenkriegszeit nicht reüssieren. Weder die „British Union of Fascists“ noch die „Communist Party of Great Britain“ erreichte eine einflussreiche Stellung. Beide Parteien galten für die etablierten Kräfte als „unenglisch“. Die „Conservative Party“ machte keine Konzessionen gegenüber den Faschisten, die „Labour Party“ keine gegenüber den Kommunisten, galt doch der Parlamentarismus in der britischen Gesellschaft als fest verankert. „Sowohl bei den Konservativen als auch bei der Labour Party war die Ablehnung des Faschismus untrennbar mit der Argumentation gegen den Kommunismus verbunden, und so war es der Extremismus, sowohl von rechts als auch von links, der von beiden Parteien entschieden bekämpft wurde. Vor diesem Hintergrund konnte es zu einer ‚Koalition von Demokraten‘ kommen, die sich parteiübergreifend der Verteidigung englischer Traditionen wie Parlamentarismus, Individualismus und Freiheit verschrieben hatte und in Absetzung von den totalitären Regimen eine spezifisch ‚demokratische Doktrin’ für England entwickelte.“[40]

Die Geschichte Deutschlands zeichnete sich demgegenüber durch Brüche aus.[41] Die Entwicklung war von einem dreifachen Dualismus geprägt: zwischen der geistlichen Macht des Papstes und der weltlichen Macht des Kaisers, zwischen der römisch-katholischen und der evangelisch-lutherischen Konfession; zwischen Österreich und Preußen. Der 1815 gegründete Deutsche Bund war ein lockerer Staatenverbund von Fürsten und Städten. Er trat an die Stelle des Heiligen Römischen Reiches Deutscher Nation, das sich als Folge der napoleo-

40 Christina Bussfeld: „Democracy versus Dictatorship“: Die Herausforderung des Faschismus und Kommunismus in Großbritannien 1932-1937, Paderborn 2001, S. 312.

41 Vgl. beispielsweise Uwe Backes/Eckhard Jesse: 1918 – 1933 – 1945 – 1989. Ein Vergleich der Zäsuren und Phasen in extremismustheoretischer Perspektive, in: dies. (Hrsg.): Jahrbuch Extremismus & Demokratie, Bd. 16, Baden-Baden 2003, S. 13–31.

nischen Revolutionswirren 1806 aufgelöst hatte. Deutschland war in mancher Hinsicht eine „verspätete Nation“[42]. Nachdem im Anschluss an das Revolutionsjahr 1848 die Bildung eines Nationalstaates an der Macht der schnell wieder erstarkten Dynastien gescheitert war, kam im Jahre 1871 ein solcher in kleindeutscher Form zustande („von oben“ und als Folge dreier Kriege). Der vom Kaiser eingesetzte Reichskanzler Otto von Bismarck bestimmte lange Zeit (1871–1890) die Geschicke des Kaiserreiches.

Dieses war zwar keine Demokratie, wohl aber ein Rechtsstaat. Die Führungsschicht konnte keineswegs beliebig schalten und walten, musste sich vielmehr an die Gesetze halten. Auf der einen Seite ließ Bismarck ein „Sozialistengesetz“ (1878–1890) verhängen, auf der anderen Seite zeigte er sich durch die Einführung einer staatlichen Sozialversicherung (1883 Krankenversicherung, 1884 Unfallversicherung, 1889 Alters- und Invalidenversicherung) gegenüber den unteren sozialen Schichten aufgeschlossen. Allmählich wuchsen auch jene Kräfte in den Staat hinein, die ihn zunächst ablehnten und von ihm auch abgelehnt wurden. Als „Reichsfeinde“ galten nicht nur Sozialdemokraten, sondern zeitweilig auch Katholiken und Linksliberale.

Nach dem verlorenen Ersten Weltkrieg stürzte die Monarchie. Die ungefestigte Weimarer Republik, die Nationalversammlung trat 1919 nicht im von Unruhen erschütterten Berlin, sondern im beschaulichen Weimar zusammen, sah sich mit schwierigsten innen- und außenpolitischen Problemen konfrontiert. Sie bestand ganze 14 Jahre. Als Reichspräsident Paul von Hindenburg am 30. Januar 1933 Adolf Hitler, den Führer der Nationalsozialistischen Deutschen Arbeiterpartei, zum Reichskanzler ernannte, ahnte kaum einer die Dimensionen der künftigen nationalsozialistischen Verbrechen. Der Erfolg des Nationalsozialismus begann im Januar 1933 mit einer Art Machtübertragung. Zwar war die NSDAP die stärkste Partei bei den beiden Reichstagswahlen 1932 (zusammen mit den Kommunisten besaß sie eine absolute Mehrheit), aber ihre Durchsetzung war keineswegs zwangsläufig. Die Herrschaft des Nationalsozialismus war ein Zivilisationsbruch, gekennzeichnet durch Massenmorde und Genozide. Dieser löste später einen „Kulturschock“ aus.[43] Die Deutschen waren unweigerlich mit der Frage konfrontiert, wie ein derartiges „Erbe“ zu begreifen und zu verarbeiten wäre. Nach sechs Friedens- und sechs Kriegsjahren ging das Dritte Reich zugrunde.[44]

Das Jahr 1945 erwies sich als ein Scharnierjahr. Die Teilung Deutschlands vollzog sich als Folge des Kalten Krieges. Der eine Staat, die Bundesrepublik

---

42 Damit wird u.a die umstrittene These vom „deutschen Sonderweg“ begründet. Vgl. zur Kontroverse den vom Institut für Zeitgeschichte herausgegebenen Sammelband: Deutscher Sonderweg – Mythos oder Realität?, München 1982. Siehe auch Helga Grebing, unter Mitarbeit von Doris von der Brelie-Lewien und Hans-Joachim Franzen: Der „deutsche Sonderweg“ in Europa 1806–1945. Eine Kritik, Stuttgart 1986.

43 Peter Graf Kielmansegg hat sein Buch über die Geschichte Nachkriegsdeutschlands, um die Dimension der Nachwirkungen zu kennzeichnen, folgendermaßen genannt: Nach der Katastrophe. Eine Geschichte des geteilten Deutschland, Berlin 2000.

44 Der Begriff „Friedensjahre“ für die Jahre 1933 bis 1939 in Deutschland ist ein Euphemismus.

Deutschland, entwickelte sich zu einem prosperierenden, freiheitlichen und politisch stabilen Gemeinwesen, eingebettet in das westliche Bündnissystem; der andere Staat, die Deutsche Demokratische Republik, konnte im Wettkampf der Systeme nicht mithalten. Als die Sowjetunion nicht mehr bereit war, die ostdeutsche[45] Diktatur militärisch zu stützen, brach sie im Revolutionsjahr 1989 zusammen. Der Freiheit folgte schnell die Einheit. Das vereinigte Deutschland stellt in mannigfacher Hinsicht eine Erweiterung der Bundesrepublik der Jahre 1949 bis 1990 dar.

Im Vergleich zu Deutschland erwies sich Großbritannien als integrationsfähiger. Tradition und Neuerung wurden besser in Einklang gebracht. Zäsuren, wie sie mit den Jahren 1918, 1933, 1945 und 1989 umschrieben sind, blieben im Inselreich aus. Gleichwohl musste das britische Inselreich schwere Erschütterungen meistern.

4.2. Entwicklung zur Demokratie

Auch die Entwicklung zur Demokratie verlief in beiden Staaten grundsätzlich anders. Um einen Staat als parlamentarische Demokratie einstufen zu können, bedarf es zweier Voraussetzungen. Zum einen muss das Parlament demokratisch zusammengesetzt sein, mithin ein demokratisches Wahlverfahren bestehen; zum anderen steht es dem Parlament zu, die exekutive Spitze zu tragen bzw. auch abzulösen. In Großbritannien war die eine Voraussetzung (die Parlamentarisierung) früh erfolgt, in Deutschland die andere (das demokratische Wahlrecht) – freilich mit Einschränkungen. Allerdings übte in Großbritannien das Oberhaus bis in das 20. Jahrhundert ein nicht bloß aufschiebendes Vetorecht aus, und in Deutschland wurde das Frauenwahlrecht erst nach dem Ende des Ersten Weltkrieges eingeführt.

Im 18. Jahrhundert begannen sich in Großbritannien Kabinette herauszubilden, die sich auf eine Parlamentsmehrheit stützen konnten. „Zwischen 1839 und 1841 konnte die Krone letztmals einen Premier gegen den Willen der Unterhaus-Mehrheit im Amt halten, fortan hing die politische Färbung des Kabinetts vom parlamentarischen Kräftespiel ab, das sehr kompliziert war, da es zeitweilig bis zu fünf Gruppen gab.“[46] Insofern war früh ein parlamentarisches Regierungssystem verankert. Allerdings ließ die Art und Weise der Repräsentation zu wünschen übrig, war doch die Zusammensetzung des Parlaments in krassester Weise verzerrt.

45 Dieser Terminus ist umstritten, denn im Gegensatz zur ersten deutschen Diktatur war die zweite nicht deutschen Ursprungs. Ohne die Sowjetunion hätte die DDR weder ent- noch längere Zeit bestehen können.

46 Hans Fenske: Der moderne Verfassungsstaat. Eine vergleichende Geschichte von der Entstehung bis zum 20. Jahrhundert, Paderborn 2001, S. 510.

Die erste Wahlrechtsreform 1832 – sie wurde nur nach erbitterten Widerständen erreicht – erweiterte das Wahlrecht auf einen Teil der städtischen Mittelschichten. Zugleich beseitigte sie einige Disproportionen bei der Wahlkreiseinteilung. Zwar war die erste Reform nicht einschneidend, doch ebnete sie den Weg für eine weitere Demokratisierung, zumal der Chartismus, ein Vorläufer der sozialistischen Arbeiterbewegung, für das allgemeine Stimmrecht und für eine Parlamentsreform warb. Vergrößerte die erste Reform die Zahl der Wahlberechtigten etwa um eine halbe Million, so betrug der Zuwachs durch die zweite Reform (1867), von der vor allem bürgerliche Schichten, aber auch städtische Arbeiter profitierten, etwa eine Million. Damit verdoppelte sich die Zahl der Wahlberechtigten auf etwa 2,5 Millionen. Die dritte Reform des Jahres 1884 bescherte Handwerkern und vielen ländlichen Arbeitern das Stimmrecht, etwa zwei Millionen Briten.[47] Durch die Neuaufteilung der Wahlkreise entstand Chancengleichheit. Der Einmann-Wahlkreis setzte sich nun durch. Das Gesetz von 1918 sprach allen Männern das Wahlrecht zu sowie den über 30-jährigen Frauen, soweit sie Besitz aufwiesen. Frauen unter 30 Jahren erhielten erst 1928 das Wahlrecht. „Das allgemeine Wahlrecht, das die Oberschichten lange Zeit so gefürchtet hatten, gerade weil das Parlament von Westminster im Unterschied zu anderen Volksvertretungen das tatsächliche Machtzentrum im politischen System bildete, war nahezu hundert Jahre nach der ersten *Reform Bill* Wirklichkeit geworden.“[48] Erst nach dem Zweiten Weltkrieg entfielen die Privilegien für Akademiker und für Selbstständige. Sie hatten eine zweite Stimme.

In Deutschland verlief die Entwicklung umgekehrt. Es war Otto von Bismarck, der für die Verankerung des allgemeinen Männerwahlrechts in der Verfassung des Kaiserreiches gesorgt hatte.[49] Das vom Norddeutschen Bund (und letztlich von der Wahl zur Frankfurter Nationalversammlung 1848) übernommene Wahlrecht präferierte Bismarck allerdings nicht aufgrund von abstrakt-normativen Überlegungen, sondern aus politischem Kalkül. Er wollte das allgemeine Männerwahlrecht gegen das liberale Bürgertum instrumentalisieren, vertraute er doch auf die Obrigkeitstreue zumal der Landbevölkerung. Bismarcks Rechnung ging zum Teil auf. Das absolute Mehrheitswahlsystem, das erst im Oktober 1918 für einige großstädtische Wahlkreise geändert wurde, benachteiligte insbesondere die Sozialdemokraten: zum einen wegen der passiven Wahlkreisgeometrie (die Wahlkreise erfuhren trotz gravierender Bevölkerungsbewegungen – vom Land in die Stadt, von Ost nach West – keine Änderung), zum anderen wegen der häufig gegen den SPD-Kandidaten gerichteten Wahlbündnisse im zweiten Wahlgang. Die SPD war erst 1912 die

47 Vgl. zur exakten Zahl der Wahlberechtigen aufgrund der jeweiligen Reform Hans Setzer: Wahlsystem und Parteibildung in England, Frankfurt a.M. 1973, S. 271.

48 Hans-Christoph Schröder: Die Geschichte Englands. Ein Überblick, in: Hans Kastendiek/Karl Rohe/Angelika Volle (Hrsg.): Länderbericht Großbritannien. Geschichte – Politik – Wirtschaft – Gesellschaft, Frankfurt a.M. 1994, S. 44 (Hervorhebung im Original).

49 Hingegen blieb es in Preußen bis zum Jahre 1918 beim „Dreiklassenwahlrecht“, das zwar allgemein, aber nicht gleich war. Die Einteilung erfolgte nach drei Steuerklassen. Wer ein Drittel der Steuern aufbrachte (ca. vier Prozent), besaß ein Drittel der Stimmen. Das Wahlverfahren nützte schließlich mehr den vermögenden Teilen des Bürgertums als dem Adel.

mandatsstärkste Partei, die stimmenstärkste schon 1890, freilich auch deshalb, weil andere Parteien auf „Zählkandidaten“ verzichteten.[50]

Gewiss konnte der Reichstag den Reichskanzler weder wählen noch absetzen. Das sehen Anhänger einer Parlamentarisierung als einen schwer wiegenden Strukturdefekt, der erst mit den „Oktoberreformen“ 1918 behoben wurde. Doch ließ sich der Ausbruch der Revolution dadurch nicht aufhalten. Freilich sah die Verfassungswirklichkeit anders als die Theorie aus. Der Reichstag gewann zunehmend an Einfluss, und es war für die Kanzler ab dem Amtsinhaber Bernhard von Bülow (1900–1909) kaum mehr möglich, gegen die Mehrheit des Reichstages zu regieren. Zugleich konnte der Kanzler mit dem Hinweis auf Parlamentsmehrheiten auch die Rolle des Kaisers einschränken. Für manche Autoren war die Parlamentarisierung des Reiches unausweichlich.[51]

5. Demokratien und Diktaturen im Vergleich

Die früher wichtige Unterscheidung zwischen Monarchien (im Sinne von Alleinherrschaft) und Republiken (im Sinne von Mehrherrschaft) spielt keine Rolle bei der Beantwortung der zentralen Frage nach der Machtausübung. In einer Monarchie wird das Staatsoberhaupt durch Erbfolge bestimmt, in der Republik durch Wahl. Da das Staatsoberhaupt meistens keinen großen politischen Einfluss auf die politische Willensbildung nimmt, führt eine solche Klassifikation nicht weiter. Eine Monarchie kann ebenso demokratisch oder diktatorisch sein wie eine Republik. Von den 25 Staaten der Europäischen Union zählen sieben zu den Monarchien (Belgien, Dänemark, Großbritannien, Luxemburg, Niederlande, Schweden, Spanien), achtzehn zu den Republiken. Insgesamt kommt in der Welt auf drei Republiken eine Monarchie.

Entscheidend ist die Frage nach dem Einfluss des Bürgers auf die Regierung. Eine erste Überlegung führt zum Ergebnis, dass in einigen Staaten die Regierung (ab-)gewählt werden kann, in anderen nicht. Die erste Regierungsform ist eine Demokratie, die zweite eine Diktatur. In einer Demokratie wird die Macht kontrolliert, ist auf mehrere Träger verteilt, in einer Diktatur nicht. Demokratie heißt also nicht bloß Volkssouveränität, sondern umfasst auch ein konstitutionelles Element. Diese Definition gilt für alle Staaten. Wer kulturrelativistisch argumentiert, wird eine solch universelle Unterscheidung unter Hinweis auf spezifische Werte in den jeweiligen Kulturkreisen nicht bejahen.

Zu den Vorteilen der Demokratie zählt u. a. die größere und bessere Beteiligung der Bürger an der politischen Willensbildung. „Dazu gehört[e] die Chance, politische Führer abzuwählen, und zwar ohne Blutvergießen. Somit regelt in

50 Vgl. für Einzelheiten Hans Fenske: Wahlrecht und Parteiensystem. Ein Beitrag zur deutschen Parteiengeschichte, Frankfurt a.M. 1972, insbes. S. 106–145.

51 Vgl. Manfred Rauh: Die Parlamentarisierung des Deutschen Reiches, Düsseldorf 1977; Dieter Grosser: Vom monarchischen Konstitutionalismus zur parlamentarischen Demokratie, Den Haag 1970.

der Demokratie ein besonders bewahrenswerter Mechanismus die Nachfolgefrage. In autokratischen Regimen hingegen ist die Ablösung des politischen Führungspersonals meist institutionell nicht ausreichend gesichert und setzt brisante, schwer kalkulierbare Prozesse in Gang, die oft unter Einsatz von Gewalt ablaufen."[52] Häufig fallen solche Prozesse mit Krisen zusammen, brechen in Diktaturen Diadochenkämpfe aus.

Die idealtypische Unterscheidung zwischen Demokratie und Diktatur unterschlägt, dass es verschiedene Formen der Demokratie und der Diktatur gibt. Manche Demokratien funktionieren besser als andere, manche Diktaturen sind schlimmer als andere. Wir können funktionierende und defekte Demokratien ebenso voneinander unterscheiden wie autoritäre und totalitäre Diktaturen (vgl. Tabelle 3). Ist die letzte Dichotomie älteren Ursprungs, so stammt die erste aus der jüngsten Vergangenheit.

Eine funktionierende Demokratie zeichnet sich gegenüber einer defekten dadurch aus, dass die Legitimation nicht nur auf der Volkssouveränität basiert, sondern auch auf einem geregelten Verfahren. Im Herrschaftszugang, in der Herrschaftsarena, dem Herrschaftsmonopol, der Herrschaftsstruktur, dem Herrschaftsanspruch und der Herrschaftsweise zeigt die funktionierende Demokratie im Gegensatz zur defekten Demokratie (so gut wie) keine „Störungen". Man hat verschiedene Typen „defekter Demokratie" mehr oder weniger glücklich voneinander unterschieden.[53] Unter einer „exklusiven Demokratie" ist eine Demokratie zu verstehen, bei der das Wahlrecht nicht für alle Gruppen gilt oder die öffentliche Willensbildung nicht funktioniert (Störungen der Herrschaftslegitimation, des -zugangs und der -arena); unter einer „Enklavendemokratie" eine Demokratie, bei der „Vetomächte" sich der demokratischen Willensbildung entziehen können (keine ausreichende Diversifizierung im Bereich des Herrschaftsmonopols); unter einer „illiberalen Demokratie" (und sie kommt klar am häufigsten vor) eine Demokratie, die rechtsstaatliche Prinzipien missachtet (Störungen der Herrschaftsstruktur, des -anspruchs und der -weise). Zuweilen liegen die Defekte gebündelt vor. „Defizitäre Demokratien erfüllen die Eintrittskriterien in den Bereich der Demokratien, überschreiten jedoch nicht die Schwelle hin zu einer funktionierenden Demokratie. Die Defekte können die einzelnen Dimensionen in unterschiedlichem Maße betreffen, die Variationen in der konkreten Ausgestaltung sind groß, da ein breites Spektrum unterschiedlicher formaler und informeller Ausprägungen zur Verfügung steht. Eine funktionierende Demokratie liegt dann vor, wenn alle drei Dimensionen ‚Freiheit, Gleichheit und Kontrolle' befriedigend realisiert sind.

52 Schmidt: Demokratietheorien (Anm. 18), S. 524.

53 Vgl. u.a. Aurel Croissant/Peter Thiery: Defekte Demokratie. Konzept, Operationalisierung und Messung, in: Hans-Joachim Lauth/Gert Pickel/Christian Wetzel (Hrsg.): Demokratiemessung. Konzepte und Befunde im internationalen Vergleich, Wiesbaden 2000, S. 89-111; Peter Thiery: Demokratie und defekte Demokratien. Zur notwendigen Revision des Demokratiekonzepts in der Transformationsforschung, in: Petra Bendel/Aurel Croissant/Friedbert W. Rüb (Hrsg.): Zwischen Demokratie und Diktatur. Zur Konzeption und Empirie demokratischer Grauzonen, Opladen 2002, S. 71–91; Wolfgang Merkel u.a.: Defekte Demokratie, Bd. 1: Theorie, Opladen 2003.

Tabelle 3: Diktaturen (totalitäre, autoritäre) und Demokratien (defekte, funktionierende) im Vergleich

Herrschaftstyp / Herrschaftskriterium	**totalitäre Diktaturen**	**autoritäre Diktaturen**	**defekte Demokratien**	**funktionierende Demokratien**
Herrschaftslegitimation	geschlossene Ideologie	Mentalitäten/Leistung (Ordnung, Sicherheit)	Volkssouveränität	Volkssouveränität/ Verfahren
Herrschaftszugang	geschlossen	Selbstrekrutierung der Eliten/Kooptation	bedeutsames Wahlregime	vollständiges Wahlregime
Herrschaftsarena	gleichgeschaltete, manipulierte öffentliche Meinung	begrenzt plurale, restringierte öffentliche Meinung/ Dissens	gekappte bzw. dominierte öffentliche Arena kontrollierter Pluralismus	plurale öffentliche Arena
Herrschaftsmonopol	Führer/Partei	„Oligarchie"	Veto-Mächte und reservierte Domänen	vollständige Kontrolle der Agenda durch das Volk, keine reservierten Domänen
Herrschaftsstruktur	monistisch	hierarchisch	ausgehöhlte horizontale Verantwortlichkeit	pluralistisch
Herrschaftsanspruch	unbegrenzt („total")	umfangreich punktuelle Grenzen	ungleich verteilte bzw. verletzte Freiheitsrechte	definierte Grenzen: negative Freiheitsrechte
Herrschaftsweise	willkürlich systematisch repressiv staatsterroristisch	gezielt repressiv	„verstümmelte" Rechtsstaatlichkeit	Rechtsstaatlichkeit

Quelle: Peter Thiery: Demokratie und defekte Demokratie. Zur Präzisierung des Demokratiekonzepts in der Transformationsforschung, in: Petra Bendel/Aurel Croissant/Friedbert W. Rüb (Hrsg.): Zwischen Demokratie und Diktatur. Zur Konzeption und Empirie demokratischer Grauzonen, Opladen 2002, S. 84 (geringfügig geändert).

Ist bereits eine Dimension nicht befriedigend, aber ausreichend ausgebildet, so ist von einer defizitären Demokratie zu sprechen.“[54]

Eine totalitäre Diktatur unterscheidet sich von einer autoritären dadurch, dass sie eine umfassende Ideologie besitzt (im Gegensatz zu einer autoritären, die auf einer traditionellen, nicht fest gefügten Orientierung fußt), auf ein Machtzentrum ausgerichtet ist (im Gegensatz zu einer autoritären, die begrenzten Pluralismus aufweist) und die Massen zu mobilisieren sucht (im Gegensatz zu einer autoritären, die politischer Apathie das Wort redet). Diese Kriterien entstammen dem berühmten Typologisierungsversuch von Juan J. Linz, für den Autoritarismus ein Herrschaftstypus sui generis ist.[55] Eine solche Differenzierung ist idealtypisch. Nicht jedes in der Tabelle 1 genannte Unterscheidungselement muss gegeben sein. So hat Linz eigens die These vertreten, dass das Ausmaß der Verletzung der Menschenrechte kein Kriterium für die Unterscheidung von autoritär und totalitär darstellt. „Bestimmte [autoritäre] Regime könnten sogar Menschenrechte ebenso oder stärker verletzen als stabile totalitäre Systeme, würden deshalb aber nicht totalitär.“[56]

Lange Zeit war die scharfe Trennung zwischen Demokratien und Diktaturen unumstritten. Gestritten wurde hingegen über die Frage der Abgrenzung von autoritären zu totalitären Diktaturen. Doch mit der Entwicklung nach der weltweit dritten Demokratiewelle setzte ein Umdenken ein. Denn einige der jungen Demokratien zeichne(te)n sich durch beträchtliche Defizite aus. So entstand die Wortschöpfung „hybrides Regime“[57]. Gemeint ist ein eigenständiger Staatstypus, der weder als Demokratie noch als Diktatur zu bezeichnen ist. „Etliche neu entstandene politische Regimes entsprachen nicht mehr den – dem Allgemeinverständnis nach – althergebrachten Modellvorstellungen von Diktaturen und Demokratien, die geprägt waren von Militärregimen und Einparteiensystemen einerseits und oft beschönigten Zuständen gestandener westlicher Demokratien andererseits. Zahlreiche Diktaturen haben sich inzwischen geöffnet und versuchen, in Form von Mehrparteienwahlen ein liberales Antlitz anzunehmen, das die diktatorialen Wesenszüge des politischen Systems verdecken soll. Etliche junge Demokratien hingegen leiden noch unter ihrer autoritären Erblast, tragen illiberale Züge und haben unter schwierigen politischen, wirtschaftlichen und gesellschaftlichen Bedingungen gravierende Funktionsprobleme zu meistern, welche die Bedeutung demokratischer Institu-

54 Hans-Joachim Lauth: Demokratie und Demokratiemessung. Eine konzeptionelle Grundlegung für den interkulturellen Vergleich, Wiesbaden 2004, S. 116.

55 Vgl. Juan J. Linz: Totalitarian and Authoritarian Regimes, in: Fred I. Greenstein/Nelson W. Polsby (Hrsg.): Handbook of Political Science, Bd. 3: Macropolitical Theory, Reading/Mass. u.a. 1975, S. 175–411.

56 Juan J. Linz: Typen politischer Regime und die Achtung der Menschenrechte: historische und länderübergreifende Perspektiven, in: Eckhard Jesse (Hrsg.): Totalitarismus im 20. Jahrhundert. Eine Bilanz der internationalen Forschung, 2. Aufl., Baden-Baden 1999, S. 525.

57 Vgl. beispielsweise Friedbert W. Rüb: Hybride Regime: Politikwissenschaftliches Chamäleon oder neuer Regimetypus? Begriffliche und konzeptionelle Überlegungen zum neuen Pessimismus in der Transitologie, in: Bendel/Croissant/Rüb (Hrsg.): Zwischen Demokratie (Anm. 53), S. 99–118.

tionen einschränken. Autoritäre Regime mit liberalem Antlitz und Demokratien mit illiberalen Zügen stellen zwar keine historisch neuen Erscheinungsformen dar, doch noch nie waren sie so verbreitet wie heute. Sie sind gegenwärtig keine Randerscheinung mehr, sondern politische Wirklichkeit in vielen Teilen der Welt."[58]

Diese Beschreibung Michael Krennerichs trifft im Kern durchaus zu. Nur: Wer eine solche Kategorie einführt, sieht sich vor das Problem gestellt, diese „hybriden Regime" von einer autoritären Diktatur einer- und von einer defekten Demokratie andererseits abzugrenzen. Die Trennschärfe wird nicht gefördert. Außerdem: Es handelt sich meist um Momentaufnahmen, wenn Unklarheit besteht, ob der Staat demokratisch oder diktatorisch ausgerichtet ist. Die herkömmlichen Kriterien für die Unterscheidung, ob ein Staat „noch" eine (defekte) Demokratie oder schon eine (autoritäre) Diktatur darstellt, sind gut operationalisierbar. Insofern ist es besser, die konventionelle Unterscheidung zwischen Demokratien und Diktaturen nicht zu ergänzen, sondern Demokratien ebenso aufzufächern wie Diktaturen. Die Kategorie des „hybriden Staates" als Typusbegriff verwirrt.

Während die Frage der Vergleichbarkeit von Demokratien keine Emotionen hervorruft, sieht dies bei Diktaturen anders aus. Immer wieder ist leidenschaftlich die Frage der Vergleichbarkeit von Diktaturen erörtert worden.[59] Manche Autoren wittern die Gefahr der „Relativierung" einer Diktatur. Dabei gehört die vergleichende Methode zu einem wissenschaftlich weiterführenden Konzept, um Unterschiede und Parallelen herauszuarbeiten. Nur muss die Vergleichsebene stimmen. Wer die Ideologie in dem einen Staat mit der Praxis in dem anderen vergleicht, präjudiziert schiefe Ergebnisse. Ein integraler Vergleich bezieht sich auf das gesamte System, ein sektoraler Vergleich[60] lediglich auf ausgewählte Bereiche (etwa die Wirtschaftspolitik). Das eine Vorgehen muss das andere nicht ausschließen. Aus vielen sektoralen Vergleichen ergibt sich letztlich ein Gesamtvergleich.

Die Vergleichsfrage bezieht sich nicht nur auf strukturelle Themen[61] wie gesellschaftliche Verfasstheit, Wirtschaftsordnung und deren Leistungsfähigkeit, außenpolitisches Agieren und Verbindlichkeit von Ideologien. Es muss auch um die jeweiligen kriminellen, ja mörderischen Potenzen gehen. Das Aus-

---

58 So Michael Krennerich: Weder Fisch noch Fleisch? Klassifikationsprobleme zwischen Diktatur und Demokratie, in: ebd., S. 55.

59 Vgl. zusammenfassend die besonnene Sichtweise bei Detlef Schmiechen-Ackermann: Diktaturen im Vergleich, Darmstadt 2002.

60 Vgl. etwa die Beiträge von Günther Heydemann: Integraler und sektoraler Vergleich. Zur Methodologie der empirischen Diktaturforschung, in: ders./Eckhard Jesse (Hrsg.): Diktaturvergleich als Herausforderung. Theorie und Praxis, Berlin 1998, S. 227–234; ders./Heinrich Oberreuter (Hrsg.): Diktaturen in Deutschland. Vergleichsaspekte, Strukturen, Institutionen und Verhaltenweisen, Bonn 2003.

61 Dazu Hans Mommsen: Der Nationalsozialismus und die deutsche Gesellschaft. Ausgewählte Aufsätze, Reinbek bei Hamburg 1991; siehe auch ders.: Nationalsozialismus und Stalinismus. Diktaturen im Vergleich, in: Jesse (Hrsg.): Totalitarismus (Anm. 56), S. 505–515.

löschen jedes menschlichen Individuums, unter welchen Prämissen immer, wiegt im Hinblick auf das persönliche Schicksal gleich schwer.[62] Dahinter steht der Grundsatz von der Gleichwertigkeit menschlichen Lebens und menschlicher Integrität. Auf diesen Gesichtspunkt hebt das folgende Zitat Stéphane Courtois' ab; wie dieser zum Ausdruck bringt, ändert das nichts an den jeweiligen Spezifika krimineller Potenzen totalitärer Diktaturen. Im Falle des Kommunismus war es die weitgehende Vernichtung von sozialen Schichten und Funktionseliten. Der Nationalsozialismus hatte die singuläre Ambition zur vollständigen, industrialisierten Auslöschung ganzer religiös wie ethnisch bestimmten Menschengruppen. Stéphane Courtois, Autor des „Schwarzbuchs des Kommunismus", sieht für die Opfer keinen Unterschied: „Der Tod eines ukrainischen Kulakenkindes, das das stalinistische Regime gezielt der Hungersnot auslieferte, wiegt genauso schwer wie der Tod eines jüdischen Kindes im Warschauer Ghetto, das dem vom NS-Regime herbeigeführten Hunger zum Opfer fiel. Dieser Vergleich stellt die Einzigartigkeit von Auschwitz nicht in Frage – die Aufbietung modernster technischer Ressourcen, das In-Gang-Setzen eines regelrechten industriellen Prozesses, die Vernichtungsmaschinerie der Vergasung und Leichenverbrennung. Die Feststellung unterstreicht aber eine Besonderheit vieler kommunistischer Diktaturen: den systematischen Einsatz des Hungers als Waffe."[63] Lenin hatte nie einen Zweifel an seinem Machtwillen gelassen. „Über einen sofortigen Frieden und die Landverteilung an die Bauern [...] schaffen sich die Bolschewiki eine Macht, die niemand stürzen wird. Es wäre vergeblich, auf eine formale Mehrheit zugunsten der Bolschewiki zu warten. Darauf wartet keine Revolution. Die Geschichte wird es uns nie verzeihen, wenn wir jetzt nicht die Macht übernehmen."[64] Es ist daher unangemessen, den sowjetischen Staat erst unter Stalin als totalitär zu bezeichnen. Der Begriff „Stalinismus" suggeriert, dass er eine Perversion einer an sich guten Idee ist. Insofern wohnt selbst einer scharfen Kritik an der „stalinistischen Entartung" mitunter ein Element der Apologie inne. Kann die kommunistische Herrschaftsform, wie sie sich in der Sowjetunion herausgebildet hatte, wirklich den Anspruch erheben, den Weg in eine lichte Zukunft gewiesen zu haben? Die Frage stellen heißt, sie verneinend beantworten.

6. Die heutige Staatenwelt im Vergleich

Wer die heutigen Staaten vergleichend miteinander betrachtet, sieht deutliche Fortschritte gegenüber früher. Grundsätzlich gilt: Die Zahl der Demokratien ist gestiegen, die der Diktaturen zurückgegangen. Das ist eine Folge der Demokratiewelle seit Ende der achtziger Jahre. Denn der „wind of change" erfasste auch andere Erdteile. Die Entwicklung im Osten führte teilweise zu Konsequenzen

---

62 Vgl. dazu Clemens M. Hutter: Rassen-, Klassen-, Massenmord. Anatomie des Totalitarismus, München 2003.

63 Stéphane Courtois: Die Verbrechen des Kommunismus, in: ders. u.a.: Das Schwarzbuch des Kommunismus. Unterdrückung, Verbrechen und Terror, München/Zürich 1998, S. 21.

64 Zitiert nach Nicolaus Werth: Ein Staat gegen sein Volk. Gewalt, Unterdrückung und Terror in der Sowjetunion, in: ebd., S. 63 f.

Tabelle 4: Demokratien und Autokratien im 20. Jahrhundert – 1900, 1950, 2000

	Zahl der Staaten (Prozent)			Weltbevölkerung in Mio. (Prozent)		
	1900	1950	2000	1900	1950	2000
Demokratien	0 (0%)	22 (27,5%)	120 (63,1%)	0 (0%)	743,2 (35,8%)	3.439,4 (58,2%)
Autokratien	55 (100%)	58 (72,5%)	70 (36,9%)	1.138 (100%)	1.331,4 (64,1%)	2.465,4 (41,8%)

Quelle: Wolfgang Merkel: Demokratien in Asien. Ein Kontinent zwischen Diktatur und Demokratie, Bonn 2003, S. 17 (Die Angaben beruhen auf den Zahlen von Freedom House).

Tabelle 5: Demokratien und Autokratien im 20. Jahrhundert (1922, 1942, 1962, 1973, 1990)

	Zahl der Staaten (Prozent)				
	1922	1942	1962	1973	1990
Demokratien	29 (45,3%)	12 (19,7%)	36 (32,4%)	30 (24,6%)	59 (45,4%)
Autokratien	35 (54,7%)	49 (80,3%)	75 (67,6%)	59 (75,4%)	71 (54,6%)

Quelle: Samuel P. Huntington: The Third Wave. Democratization in the Late Twentieth Century, Norman/London 1991, S. 26.

im Süden, hin zum Wertesystem des Westens, verstanden im Sinne universell geltender Prinzipien. Dieser Verlauf verdeutlicht, wie problematisch der Kulturrelativismus ist.

Noch im Jahre 1900 (legt man den keineswegs unproblematischen Maßstab der „elektoralen Demokratie" zugrunde)[65] verdiente danach kein Staat der Welt die Bezeichnung „Demokratie". In der Mitte des letzten Jahrhunderts hingegen zählten 27,2 Prozent der Staaten zu den Demokratien in diesem Sinne, im Jahre 2000 sogar 63,1 Prozent (vgl. Tabelle 4). Nach den Kriterien von Samuel Huntington gehörten 1922 (kurz vor der antidemokratischen Gegenwelle) ebenso viele Staaten zu den Demokratien wie 1999 (nach einer erneuten De-

65 Dieser Maßstab, der nur auf den demokratischen Wahlablauf abstellt, führt nämlich dazu, dass die Zahl der Demokratien in früherer Zeit unterrepräsentiert ist (weil seinerzeit ein beträchtlicher Teil der Bevölkerung nicht an Wahlen teilnehmen konnte), in der heutigen hingegen überproportional hoch (wegen der Ausklammerung der rechtsstaatlichen Komponente).

Tabelle 6: Staaten der Welt 1973, 1983, 1993, 2003

Jahr	frei	halbfrei	nicht frei
1973	43	38	69
1983	54	47	64
1993	75	73	38
2003	89	55	48

Quelle: Adrian Karatnycky/Aili Piano/Arch Puddington (Hrsg): Freedom in the World. The Annual Survey of Political Rights & Civil Liberties 2003, Lanham 2003, S. 9.

mokratiewelle).[66] Aus Tabelle 5 lässt sich gut der Wandel von Demokratie und Autokratie erkennen, da die genannten Jahre jeweils den Höhepunkt der Demokratie- bzw. Gegenwellen erfassen.

Fächert man mit der amerikanischen Organisation „Freedom House" sämtliche Staaten der Welt in die drei Kategorien „frei", halbfrei" und „nicht frei" auf, so kommt man zu einem etwas differenzierteren Bild. Die Zahl der freien Staaten hat in den drei letzten Jahrzehnten beständig zugenommen (Tabelle 6). Diese Kategorie ist 1993 knapp und 2003 klar die größte. Zuvor war dies nicht der Fall. Allerdings sind die halbfreien und nicht freien Länder zusammengenommen auch heute noch zahlreicher als die freien.[67]

Freedom House liefert seit 1973 Ergebnisse, zunächst in einer Zeitschrift publiziert, seit 1978 in einem Jahresband. Wie kommt die Organisation zu ihren Ergebnissen? Sie unterscheidet zwischen einem „Index politischer Rechte" und einem „Index bürgerlicher Freiheiten". Die Indices weisen jeweils eine Skala von 1 bis 7 auf. Je geringer die Ziffer ist, um so besser ist die Demokratie entwickelt. Als „frei" gilt ein Staat, der bei beiden Indices den Wert 1 oder 2, als „unfrei" ein Staat, der bei beiden Indices den Wert 6 oder 7 aufweist. Als halbfrei oder teilweise frei firmieren die Staaten, die zwischen 3 und 5 rangieren. Ein Staat, der insgesamt auf einen Wert von 2,5 kommt (z. B. deshalb, weil er bei den politischen Rechten den Wert 2 besitzt, bei den Freiheitsrechten jedoch „nur" den Wert 3), zählt noch zu den freien Staaten. Ein Staat, der einen Durchschnittswert von 5,5 erreicht, gilt entweder als halbfrei oder als unfrei[68] – je nachdem, wie die Antworten auf die Fragenkomplexe ausfallen und welche

66 Staaten mit einer Einwohnerzahl von weniger als einer Million fanden keine Berücksichtigung.

67 Die neueste Auflistung von Freedom House (Stand: Anfang 2004) ändert daran nichts. Argentinien (von halbfrei nach frei) sowie Burundi und Jemen (jeweils von unfrei nach halbfrei) verbesserten ihre Position, Bolivien und Papua-Neuguinea (jeweils von frei nach halbfrei) sowie die Zentralafrikanische Republik, Mauretanien und Aserbaidschan (jeweils von halbfrei nach unfrei) verschlechterten sich. Für Einzelheiten vgl. www.freedomhouse.org (Stand: 1. Juli 2004).

68 Vgl. Adrian Karatnycky/Aili Piano/Arch Puddington (Hrsg.): Freedom in the World. The Annual Survey of Political Rights & Civil Liberties 2003, Lanham 2003, S. 693.

Tabelle 7: Freiheit in der Welt von 1973 bis 2003 (Angaben in Milliarden)

Jahr	frei	halb frei	nicht frei	Weltbevölkerung
1973	1.324,5 (35,05%)	666,9 (17,65%)	1.787,6 (47,30%)	3.779,0
1983	1.665,1 (36,32%)	918,8 (20,04%)	2.000,2 (43,64%)	4.584,1
1993	1.352,2 (24,83%)	2.403,3 (44,11%)	1.690,4 (31,06%)	5.445,0
1994	1.046,2 (19,00%)	2.224,4 (40,41%)	2.234,6 (40,59%)	5.505,2
1995	1.119,7 (19,97%)	2.243,4 (40,01%)	2.243,9 (40,02%)	5.607,0
1996	1.114,5 (19,55%)	2.365,8 (41,49%)	2.221,2 (38,96%)	5.701,6
1997	1.250,3 (21,67%)	2.260,1 (39,16%)	2.260,6 (39,17%)	5.771,0
1998	1.266,0 (21,71%)	2.281,9 (39,12%)	2.284,6 (39,17%)	5.832,5
1999	2.354,0 (39,84%)	1.570,6 (26,59%)	1.984,1 (33,58%)	5.908,7
2000	2.324,9 (38,90%)	1.529,0 (25,58%)	2.122,4 (35,51%)	5.978,3
2001	2.465,2 (40,59%)	1.435,8 (23,70%)	2.157,5 (35,81%)	6.058,5
2002	2.500,7 (40,79%)	1.462,9 (23,86%)	2.167,1 (35,35%)	6.130,7
2003	2.717,5 (43,85%)	1.283,1 (20,87%)	2.186,3 (35,28%)	6.197,0

Quelle: Adrian Karatnycky/Aili Piano/Arch Puddington (Hrsg.): Freedom in the World. The Annual Survey of Political Rights & Civil Liberties 2003, Lanham 2003, S. 8.

Gesamtpunktzahl sich ergibt. Der „Index politischer Rechte" – er betrifft den Wahlprozess, den politischen Pluralismus und die politische Partizipation – wird ermittelt aus einer Reihe von zehn Fragen, für die jeweils fünf Kategorien vorgesehen sind. Der „Index bürgerlicher Freiheiten" – er bezieht sich auf die Freiheit der Rede und des Glaubens, die Vereinigungsfreiheit, die „Rule of Law" und individuelle Rechte – ergibt sich aus insgesamt 15 Fragen, für die ebenfalls fünf Kategorien zur Verfügung stehen. Der erste Wert zeigt damit vor allem die Ausprägung der Volkssouveränität an, der zweite insbesondere den Grad der Rechtsstaatlichkeit. Im Laufe der Jahre wurde die Checkliste etwas verändert. Durch die Reduzierung der Fragen sind Überschneidungen verringert worden. Auch wenn die Transparenz zu wünschen übrig lässt, ist die Skala angesichts sonst fehlender systematischer Erhebungen über einen langen Zeitraum schon aus pragmatischen Gründen sinnvoll. Sie gibt einen guten und fortlaufenden Überblick zum Stand der Freiheit in der Welt.[69]

Weniger einleuchtend ist die von Freedom House vorgenommene Einteilung, wieviele Menschen in freien, halbfreien und in nicht freien Staaten leben (Tabelle 7). Zumindest können diese Ergebnisse verwirren. So lebten 1983 etwa 36 Prozent in freien Staaten, 1993, nach der großen Demokratiewelle also, nur knapp 25 Prozent. Der Grund für den Wandel ist im vorliegenden Fall ein

69 Vgl. auch Lauth: Demokratie (Anm. 54), S. 268–274.

Tabelle 8: Einordnung aller Staaten nach politischen Rechten und Freiheitsrechten für das Jahr 2003

Land	PR	FR	Freiheitsgrad
Afghanistan	6▲	6	unfrei
Albanien	3	3▲	teilweise frei
Algerien	6	5	unfrei
Andorra	1	1	frei
Angola	6	5▲	unfrei
Antigua und Barbuda	4	2	teilweise frei
⇓ Argentinien	3	3	teilweise frei
Armenien	4	4	teilweise frei
Aserbaidschan	6	5	teilweise frei
Australien	1	1	frei
Ägypten	6	6	unfrei
Äquatorialguinea	7▼	6	unfrei
Äthiopien	5	5	teilweise frei
Bahamas	1	1	frei
Bahrain	5▲	5	teilweise frei
Bangladesch	4▼	4	teilweise frei
Barbados	1	1	frei
Belgien	1	1▲	frei
Belize	1	2▼	frei
Benin	3	2	frei
Bhutan	6▲	5▲	unfrei
Bolivien	2▼	3	frei
Bosnien-Herzegowina	4▲	4	teilweise frei
Botswana	2	2	frei
Brasilien	2▲	3	frei
Brunei	6▲	5	unfrei
Bulgarien	1	2▲	frei
⇑ Burkina Faso	4	4	teilweise frei
⇑ Burma	7	7	unfrei
Burundi	6	5▲	unfrei
Chile	2	1	frei
China	7	6	unfrei
Costa Rica	1	2	frei
Dänemark	1	1	frei
Deutschland	1	1▲	frei

	Land	PR	FR	Freiheitsgrad
	Dominica	1	1	frei
	Dominikanische Republik	2	2	frei
	Dschibuti	4	5	teilweise frei
	Ecuador	3	3	teilweise frei
	Elfenbeinküste	6▼	6▼	unfrei
	El Salvador	2	3	frei
	Eritrea	7	6	unfrei
	Estland	1	2	frei
	Fidschi	4	3	teilweise frei
	Finnland	1	1	frei
	Frankreich	1	1▲	frei
	Gabun	5	4	teilweise frei
	Gambia	4▲	4▲	teilweise frei
	Georgien	4	4	teilweise frei
	Ghana	2	3	frei
	Grenada	1	2	frei
	Griechenland	1	2▲	frei
	Großbritannien (ohne Nordirland)	1	1▲	frei
	Guatemala	4▼	4	teilweise frei
⇑	Guinea	6	5	unfrei
	Guinea-Bissau	4	5	teilweise frei
	Guyana	2	2	frei
⇓	Haiti	6	6	unfrei
	Honduras	3	3	teilweise frei
⇓	Indien	2	3	frei
	Indonesien	3	4	teilweise frei
	Iran	6	6	unfrei
	Irak	7	7	unfrei
	Irland	1	1	frei
	Island	1	1	frei
	Israel	1	3	frei
	Italien	1	1▲	frei
	Jamaika	2	3	frei
	Japan	1	2	frei
	Jemen	6	5▲	unfrei
	Jordanien	6▼	5	teilweise frei

	Land	PR	FR	Freiheitsgrad
	Jugoslawien (Serbien und Montenegro)	3	2▲	frei
	Kambodscha	6	5	unfrei
⇑	Kamerun	6	6	unfrei
	Kanada	1	1	frei
	Kap Verde	1	2	frei
⇓	Kasachstan	6	5	unfrei
	Katar	6	6	unfrei
	Kenia	4▲	4▲	teilweise frei
	Kirgisistan	6	5	unfrei
	Kiribati	1	1	frei
	Kolumbien	4	4	teilweise frei
	Komoren	5▲	4	teilweise frei
	Kongo (Brazzaville)	6▼	4	teilweise frei
⇑	Kongo (Kinshasa)	6	6	unfrei
⇓	Kroatien	2	2	frei
⇑	Kuba	7	7	unfrei
	Kuwait	4	5	teilweise frei
	Laos	7	6	unfrei
	Lettland	1	2	frei
	Lesotho	2▲	3▲	frei
⇓	Libanon	6	5	unfrei
	Liberia	6	6	unfrei
	Libyen	7	7	unfrei
	Liechtenstein	1	1	frei
	Litauen	1	2	frei
	Luxemburg	1	1	frei
	Madagaskar	3▼	4	teilweise frei
	Malawi	4	4▼	teilweise frei
	Malaysia	5	5	teilweise frei
	Malediven	6	5	unfrei
	Mali	2	3	frei
	Malta	1	1	frei
	Marokko	5	5	teilweise frei
	Marshallinseln	1	1	frei
	Mauretanien	5	5	teilweise frei
	Mauritius	1	2	frei

	Land	PR	FR	Freiheitsgrad
	Mazedonien	3▲	3▲	teilweise frei
	Mexiko	2	2▲	frei
	Mikronesien	1	2	frei
	Moldawien	3▼	4	teilweise frei
	Monaco	2	1	frei
	Mongolei	2	2▲	frei
	Mosambik	3	4	teilweise frei
	Namibia	2	3	frei
	Nauru	1	2▲	frei
	Nepal	4▼	4	teilweise frei
	Neuseeland	1	1	frei
	Nicaragua	3	3	teilweise frei
	Niederlande	1	1	frei
⇓	Niger	4	4	teilweise frei
	Nigeria	4	5	teilweise frei
	Nordkorea	7	7	unfrei
	Norwegen	1	1	frei
	Oman	6	5	unfrei
	Österreich	1	1	frei
	Osttimor	3▲	3	teilweise frei
	Pakistan	6	5	unfrei
	Palau	1	2	frei
	Panama	1	2	frei
	Papua-Neuguinea	2	3	frei
⇓	Paraguay	4	3	teilweise frei
	Peru	2▼	3	frei
	Philippinen	2	3	frei
	Polen	1	2	frei
	Portugal	1	1	frei
	Ruanda	7	5	unfrei
	Rumänien	2	2	frei
	Russland	5	5	teilweise frei
	Salomonen	3▲	3▲	teilweise frei
	Sambia	4▲	4	teilweise frei
	Samoa	2	2	frei
	San Marino	1	1	frei
	Sao Tomé und Principe	1	2	frei

Land	PR	FR	Freiheitsgrad
Saudi-Arabien	7	7	unfrei
Senegal	2▲	3▲	frei
Seychellen	3	3	teilweise frei
Sierra Leone	4	4▲	teilweise frei
⇓ Simbabwe	6	6	unfrei
Singapur	5	4▲	teilweise frei
Slowakei	1	2	frei
Slowenien	1	1▲	frei
Somalia	6	7	unfrei
Spanien	1	14	frei
⇑ Sri Lanka	3	4	teilweise frei
St. Lucia	1	2	frei
St. Vincent und die Grenadinen	2	1	frei
Sudan	7	7	unfrei
Surinam	1	2	frei
Südafrika	1	2	frei
Südkorea	2	2	frei
Swasiland	6	5	unfrei
Schweden	1	1	frei
Schweiz	1	1	frei
Syrien	7	7	unfrei
Tadschikistan	6	5▲	unfrei
Taiwan (Republik China)	2▼	2	frei
Tansania	4	3▲	teilweise frei
⇓ Thailand	2	3	frei
Togo	6▼	5	unfrei
Tonga	5	3	teilweise frei
Trinidad und Tobago	3	3	teilweise frei
Tschad	6	5	unfrei
Tschechische Republik	1	2	frei
Tunesien	6	5	unfrei
Türkei	3▲	4▲	teilweise frei
Turkmenistan	7	7	unfrei
Tuvalu	1	1	frei
Uganda	6	4▲	teilweise frei
Ukraine	4	4	teilweise frei

Land	PR	FR	Freiheitsgrad
Vereinigte Arabische Emirate	6	5	unfrei
Vereinigte Staaten von Amerika	1	1	frei
Ungarn	1	2	frei
⇓ Uruguay	1	1	frei
Usbekistan	7	6	unfrei
Vanuatu	1	2▲	frei
Venezuela	3	4▲	teilweise frei
Vietnam	7	6	unfrei
Weißrussland	6	6	unfrei
Zentralafrikanische Republik	5	5	teilweise frei
Zypern (G)	1	1	frei

– PR steht für politische Rechte und FR für Freiheitsrechte. 1 repräsentiert die freieste, 7 die unfreieste Kategorie.
– ⇑ ⇓verweisen auf die generelle Freiheitsentwicklung.
– ▲▼ verweisen auf eine Veränderung bei den politischen Rechten und den Freiheitsrechten seit der letzten Befragung.

Quelle: Adrian Karatnycky/Aili Piano/Arch Puddington (Hrsg.): Freedom in the World. The Annual Survey of Political Rights & Civil Liberties 2003, Lanham 2003, S. 700 f.

doppelter – ein allgemeiner und ein spezieller: Die Fertilitätsquote ist in den Demokratien im Allgemeinen unterdurchschnittlich schwach entwickelt; Indien, ein Staat mit über einer Milliarde Einwohnern, wurde 1983 zu den freien, 1993 hingegen zu den halbfreien Staaten gezählt. Bei der neuesten Einstufung fällt das Land mit dem Wert von 2,5 noch knapp unter die Demokratien.

Wer die aktuelle Situation sichtet (Tabelle 8), kann aufschlussreiche Erkenntnisse gewinnen. Brasilien, Jugoslawien, Lesotho und Senegal avancierten gegenüber der letzten Einordnung von einem halbfreien zu einem freien Staat, Bahrain und Kenia von einem unfreien zu einem halbfreien. Zwei afrikanische Staaten wurden zurückgestuft, jeweils von halbfrei auf unfrei: die Elfenbeinküste und Togo. Von den 48 unfreien Staaten kommen neun jeweils auf den schlechtesten Wert 7 bei den politischen Rechten wie den Freiheitsrechten: Burma, Irak, Kuba, Nordkorea, Libyen, Saudi-Arabien, Sudan, Syrien, Turkmenistan. Zwei der Staaten sind kommunistische Diktaturen (Kuba und Nordkorea), ein Staat (Burma) ist eine Militärdiktatur; die anderen sind islamistische Regimes. Die 55 teilweise freien Staaten liegen in allen fünf Kontinenten, viele in Latein- und Mittelamerika.

Die Bundesrepublik Deutschland gehört zu den 33 „Musterdemokratien", die bei den politischen Rechten wie den Freiheitsrechten jeweils den Wert 1 besitzen (neben Andorra, Australien, Bahamas, Barbados, Belgien, Dänemark, Dominica, Finnland, Frankreich, Großbritannien – ohne Nordirland –, Irland, Island, Italien, Kanada, Kiribati, Liechtenstein, Luxemburg, Malta, Neuseeland, den Niederlanden, Norwegen, Österreich, Portugal, San Marino, Slowenien, Spanien, Schweden, Schweiz, Tuvalu, den Vereinigten Staaten von Amerika, Uruguay, Zypern). In der Vergangenheit war dies nicht immer so. Die Bundesrepublik zählt seit der Erhebung zwar stets zu den freien Staaten, aber zuweilen bekam sie bei den Freiheitsrechten „nur" den Wert 2. Wie ist es mit der Zukunftsfähigkeit der deutschen Demokratie bestellt? Nach dem Demokratieforscher Manfred G. Schmidt, der dafür Indikatoren gebildet hat (u.a. langfristige Rate des Wirtschaftswachstums, langfristige niedrige Arbeitslosigkeit, geringe Staatsschulden, Förderung von Bildung und Forschung, familienfreundliche Politik) führen Norwegen, Schweden und Österreich die Länderliste an. Die Bundesrepublik „liegt im oberen Mittelfeld, auf dem Rangplatz 7 von insgesamt 20 Rängen, und zwar mit einem Wert, der 76 Prozent des Maximums der Zukunftstauglichkeit im Kreis der demokratischen Länder beträgt. Hiermit liegt die Bundesrepublik nahezu gleichauf mit Frankreich, Dänemark und der Schweiz. Besonders stark zu Buche schlägt im deutschen Fall die erfolgreiche Inflationsbekämpfung. Bei der ‚Preisstabilitätspolitik' führt Deutschland mit der Schweiz nach wie vor die Rangliste der Nationen an. Weit überdurchschnittliche Werte erreicht die Bundesrepublik auch in der finanziellen Ausstattung des Umweltschutzes und des Forschungs- und Entwicklungswesens. Weit unterdurchschnittlich hingegen ist Deutschlands Bilanz beim Wirtschaftswachstum – mittlerweile eine ausgesprochene Schwachstelle der Wirtschaft und der Politik des Landes. Familienpolitisch, bildungspolitisch und im Hinblick auf die Arbeitslosenquote erreicht Deutschland im Wesentlichen mittlere Positionen."[70]

Auch wenn die Tendenz weltweit heute insgesamt positiver ist als früher, so gibt es doch gegenläufige Entwicklungen. Die Staaten mit einer mehrheitlich muslimischen Bevölkerung haben sich nicht in eine demokratische Richtung entwickelt. Waren vor dreißig Jahren zwei von ihnen frei, 11 halbfrei und 23 unfrei, so zählen heute wieder zwei zu den freien Staaten (Mali und Senegal), 18 zu den halbfreien und 27 zu den unfreien.[71] Hier scheint sich kein positiver Wandel abzuzeichnen. Der Erfolg der Islamischen Revolution im Iran 1979 hat in vielen anderen Ländern eine Islamisierungspolitik beschleunigt.

Die Entwicklung im Osten Europas lässt einerseits hoffen, andererseits nichts Gutes erwarten. In Weißrussland ist die Demokratisierung gescheitert. Der Staat, der Mitte der neunziger Jahre eine „defekte Demokratie" war, wird aufgrund der Manipulationsmechanismen der alten „Nomenklatura" nicht nur

---

70 Manfred G. Schmidt: Sind Demokratien zukunftsfähig? Befunde des internationalen Vergleichs, in: André Kaiser/Thomas Zittel (Hrsg.): Demokratietheorie und Demokratieentwicklung. Festschrift für Peter Graf Kielmansegg, Wiesbaden 2004, S. 382.

71 Vgl. Karatnycky/Piano/Puddington (Hrsg.): Freedom (Anm. 68), S. 12.

von Freedom House seit Jahren als unfrei eingestuft.[72] „Die Aussichten für die Verfestigung der Demokratie sind also unterschiedlich verteilt. In den GUS-Staaten bestehen außerordentlich ungünstige Kontextbedingungen für eine dauerhafte Demokratisierung. Derweil scheinen große Teile der Eliten eher mit Selbstbereicherung als mit dem Aufbau funktionierender demokratischer Institutionen beschäftigt [...]. Für die südosteuropäischen Eliten gewinnt das Modell des westeuropäischen Sozial- und Rechtsstaates hingegen zunehmend an Attraktivität und im Baltikum steht spätestens seit 1998 den ethnischen Minderheiten der Weg in die Staatsbürgerschaft offen. Eine ganze Reihe von Staaten hat also die vor zehn Jahren noch angezweifelte Entwicklung zu einem formal-demokratischen Regime vollziehen können."[73]

Die Entwicklung in Afrika ist angesichts des grassierenden Klientelsystems schwierig (die Menschen sind vielfach an Personen orientiert, nicht an politischen Programmen), auch wenn die Daten von „Freedom House" in den letzten fünfzehn Jahren Anlass zu Optimismus geben. Im Vergleich zur Zeit Ende der achtziger Jahre ist die Zahl der als unfrei klassifizierten Staaten halbiert, die Zahl der als frei apostrophierten verdoppelt worden.[74] Damit liegt sie aber noch deutlich unter der Zahl der unfreien Staaten. Die Mehrheit der afrikanischen Staaten südlich der Sahara fällt heute in die Rubrik „halbfrei". Kritische Auguren sprechen von Staatsversagen, ja Staatsverfall. „Unter den Bedingungen von Staatsversagen und Staatszerfall werden die demokratischen Verhältnisse in Afrika fragil bleiben. Die prekäre Staatlichkeit erweist sich damit zwar nicht als Hindernis für einen demokratischen Regimewechsel, aber als ein strukturelles Problem für die Konsolidierung demokratischer Verhältnisse."[75]

In Asien fällt die Entwicklung ebenso ambivalent aus.[76] Demokratien wie Südkorea sind die Ausnahme. Die Philippinen, Thailand und Indien, die heute zu den freien Staaten zählen, hatten noch in der ersten Hälfte der neunziger Jahre schlechtere Werte. Bei Pakistan ist es umgekehrt. Es zählt zu den unfreien Staaten, im Gegensatz zu Indonesien, das eine positive Entwicklung genommen hat und wie Malaysia als halbfrei firmiert. China, Nordkorea und Kambodscha besitzen eine lange antidemokratische Tradition. Insgesamt schneiden die Staaten Ost- und Südasiens besser ab als die islamisch geprägten des Nahen Ostens.

---

72 Vgl. Astrid Lorenz: Der Fall Belarus – eine gescheiterte Demokratisierung?, in: Bendel/Croissant/Rüb (Hrsg.): Zwischen Demokratie (Anm. 53), S. 199-215.

73 Timm Beichelt: Demokratie und Konsolidierung im postsozialistischen Europa, in: ebd., S. 194.

74 Vgl. auch Gero Erdmann: Neopatrimoniale Herrschaft – oder: Warum es in Afrika so viele Hybridregime gibt, in: ebd., S. 323-342.

75 Ders.: Apokalyptische Trias: Staatsversagen, Staatsverfall und Staatszerfall – strukturelle Probleme der Demokratie in Afrika, in: Petra Bendel/Axel Croissant/Friedbert W. Rüb (Hrsg.): Demokratie und Staatlichkeit. Systemwechsel zwischen Staatsreform und Staatskollaps, Opladen 2003, S. 288.

76 Vgl. etwa Wolfgang Merkel: Demokratie in Asien. Ein Kontinent zwischen Diktatur und Demokratie, Bonn 2003.

Die weitere Aussicht nimmt sich eher optimistisch aus, was die jungen Demokratien betrifft, ob nun funktionierender oder defekter Observanz. „In zahlreichen jungen Demokratien scheint tatsächlich unter den politischen Akteuren und der Mehrheit der Bürger ein relativ breiter Konsens darüber zu bestehen, dass eine Rückkehr zur autoritären Regimealternative unter den gegebenen Bedingungen nicht wünschenswert ist. Untersuchungen zu den jungen Demokratien in Lateinamerika, Ostasien, Osteuropa und teilweise auch in Afrika lassen vermuten, dass in der Mehrzahl der defekten Demokratien die allgemeine Zustimmung zur Demokratie weiterhin breit ist. Eine Zunahme System gefährdender Unzufriedenheit der Bürger mit dem demokratischen System ist nur in einigen Ländern zu erkennen. So hat etwa in Osteuropa und Ostasien offenbar ein Prozess der temporären Entkopplung zwischen der Zustimmung der Bürger zur Demokratie allgemein und der spezifischen, output-orientierten Legitimität des Systems stattgefunden."[77] Der Optimismus gilt nicht in gleicher Weise für etablierte Diktaturen.

7. Schlussbetrachtung

„Democracy is the worst form of government except all those other forms that have been tried from time to time."[78] Dieses berühmte Zitat von Winston Churchill aus dem Jahre 1947 – während des Kalten Krieges gefallen – besitzt viel Plausibilität, mag es noch so abgedroschen sein. Freilich legt sich manch einer darüber keine Rechenschaft ab. Die demokratische Regierungsform kann der hohen Erwartungshaltung vielfach nicht entsprechen. Insofern sind Enttäuschungen programmiert.

Im letzten Säkulum, dem „kurzem Jahrhundert"[79], sind die „besten" Demokratien wie die „schlimmsten" Diktaturen entstanden. Totalitäre Diktaturen waren auch, wenngleich nicht nur eine Reaktion auf den demokratischen Verfassungsstaat, den Volkssouveränität (demokratische Komponente) wie Rechtsstaatlichkeit (konstitutionelle Komponente) kennzeichnet. Osteuropa hat nach nationalistischen Präsidial- und kommunistischen Parteidiktaturen durch den Zusammenbruch der Sowjetunion zu demokratischen Ordnungsformen gefunden. Heute sind die Voraussetzungen für ihre Verwirklichung besser als nach dem Ersten Weltkrieg. Huntingtons Modell der drei Demokratiewellen und der Gegenwellen kann gut auf Osteuropa angewendet werden. War das 20. Jahrhundert das Zeitalter des Totalitarismus und seiner Überwindung, so wissen wir noch nicht, ob das 21. Jahrhundert ein „autoritäres Jahrhundert"[80] wird, wie der Liberale Ralf Dahrendorf befürchtet.

77 Ders. u. a.: Defekte Demokratie (Anm. 53) S. 299 (Hervorhebung im Original).
78 Winston Churchill zitiert nach Schmidt: Demokratietheorien (Anm. 18), S. 522.
79 So die Kernthese von Eric Hobsbawm: Das Zeitalter der Extreme. Weltgeschichte des 20. Jahrhunderts, München 1995.
80 Ralf Dahrendorf: An der Schwelle zum autoritären Jahrhundert. Die Globalisierung und ihre sozialen Folgen werden zu nächsten Herausforderungen einer Politik der Freiheit, in: Die Zeit v. 14. November 1997.

Die Stabilität politischer Systeme hängt von vielen – politischen, wirtschaftlichen, kulturellen – Faktoren ab. Systemwechsel verliefen teilweise abrupt, teilweise graduell. Großbritannien und Deutschland sind Prototypen für einen gänzlich unterschiedlichen Verlauf der Staatsbildung. Zeichnete sich Großbritannien durch ein hohes Maß an Kontinuität und Friedlichkeit aus, so war Deutschland durch eine Reihe massiver Brüche und schwerer Rückschläge gekennzeichnet. Auch die demokratische Entwicklung verlief unterschiedlich. In England folgte die Ausweitung der Wahlberechtigten der Parlamentarisierung, in Deutschland war es umgekehrt.

Autoritäre und totalitäre Diktaturen stehen funktionierenden und defekten Demokratien gegenüber. Wie die Daten von Freedom House zeigen, einer amerikanischen Organisation, die Jahr für Jahr die Staaten nach einem Index „politischer Rechte" und einem Index „bürgerlicher Freiheiten" einordnet, hat sich in den letzten drei Jahrzehnten die Entwicklung zum Positiven gewandelt. Gleichwohl ist die Mehrheit der Staatenwelt nicht demokratisch. Wer den Blick zu sehr auf Europa und Nordamerika richtet, übersieht diesen Sachverhalt leicht. Aber wer den Blick zurück lenkt, mag heute Parallelen erkennen: „Es hat schon im Altertum ‚Weltreiche' gegeben, die – wenngleich meist nur kurze Zeit – einen Großteil der den Herrschern damals bekannten Welt erfassten. Auch die Idee der ‚einen Welt' war in der abendländischen Antike präsent und erhielt durch den missionarischen Universalismus des Christentums eine dynamische Komponente."[81] Damit schließt sich der Kreis zur Gegenwart. Die USA sind der Staat, der gegenwärtig diesen Ambitionen am nächsten kommt, wie immer man ihre Rolle bewerten mag.

Ein Nicht-Historizist muss die Zukunft der Staatenwelt, des Staates[82] im Allgemeinen und des oft totgesagten Nationalstaates unmittelbar als offen ansehen, sich zugleich vor Krisendiagnosen hüten. „Welche Prozesse auch immer in jedem Land ablaufen, beinahe überall geht mit ihnen eine abnehmende Bereitschaft der Staaten einher, die Verantwortung für ihre Volkswirtschaft zu tragen, Sozialleistungen anzubieten, die jungen Menschen auszubilden und selbst die elementare Funktion des Schutzes ihrer Bürger vor Terrorismus und Kriminalität zu übernehmen."[83] Diese pessimistische Sicht Martin van Crevelds verallgemeinert bestimmte Züge, klammert dafür andere aus. Jedenfalls hat in einer globalisieren Welt der Staat seine Funktionen nicht verloren. Offenbar verwechselt der Autor die nachlassende Legitimität von Regierungen mit der nachlassenden Bedeutung von Staaten. Die Globalisierung ist ambivalent.

Wer direkt oder indirekt in einer globalisierten Welt das Gewaltmonopol des demokratischen Staates in Frage stellt, muss wissen, dass er auf diese Weise Formen nicht-staatlicher Gewalt auf den Plan ruft (vgl. Tabelle 9) – sei es parastaatliche, sei es mafiöse Gewalt. Die Konsequenz dieser weder legalen noch

81 Franz-Xaver Kaufmann/Wolf-Dieter Eberwein: Wandel der Gesellschaftsformen, in: Staatslexikon. Recht – Wirtschaft – Gesellschaft, 7. Aufl., Freiburg u.a. 1995, S. 14.
82 Vgl. dazu auch den Beitrag von Roland Sturm in diesem Band.
83 So Martin van Creveld: Aufstieg und Untergang des Staates, München 1999, S. 436.

Tabelle 9: Formen nicht-staatlicher Gewalt

	Gegen-staatliche Gewalt	Para-staatliche Gewalt	Mafiöse Gewalt	„Normale“ Gewalt	Extra-staatliche Gewalt
Den Staat	bekämpfend	ersetzend	unterminierend	ignorierend	ergänzend
Akteure, z. B.	Bürgerkriegs-armee, Guerilla, Terror-gruppen	Paramilitärs	hochgradig organisierte kriminelle Vereinigungen	Nicht politisch motivierte Jugend-banden	Selbstschutz-komitees, Bürgerwehren

Quelle: Petra Bendel/Michael Krennerich: Einleitung: Staat und Rechtsstaat in jungen Demokratien – eine Problemskizze, in: Petra Bendel/Aurel Croissant/Friedbert W. Rüb (Hrsg.): Demokratie und Staatlichkeit. Systemwechsel zwischen Staatsreform und Staatskollaps, Opladen 2003, S. 13.

legitimen Gewalt ist jeweils eine Schwächung des Staates. Umgekehrt provoziert ein schwacher Staat, der stark sein will, Gewalt. „Die Erfahrungen in vielen Teilen der Welt zeigen, dass gerade staatliche Streit- und Sicherheitskräfte maßgeblich für Gewalt und Terror verantwortlich waren oder sind. Und in nicht wenigen Ländern fungierte der Staat [...] weniger als eine Ordnungsmacht denn als eine Quelle politischer und sozialer Anomie, die selbst Regellosigkeit, Normlosigkeit und Normwiderspruch produziert. Dabei tritt ein nur auf den ersten Blick paradoxes Phänomen auf: Das Fehlen eines staatlichen Gewaltmonopols wird nicht selten durch staatlichen Machtmissbrauch zu kompensieren versucht. So zeigt uns die vergleichende Gewaltforschung, dass gerade schwache Staaten keine harmlosen Staaten sind.“[84] Wir brauchen starke Staaten, die von ihrem Gewaltmonopol entschlossen und besonnen Gebrauch machen.

84 Petra Bendel/Michael Kennerich, Einleitung: Staat und Rechtsstaat in jungen Demokratien – eine Problemskizze, in: Bendel/Croissant/Rüb (Hrsg.): Demokratie und Staatlichkeit (Anm. 75), S. 14 f.

Roland Sturm

Perspektiven des Staates im 21. Jahrhundert

1. Einleitung

Es ist in historischer Perspektive einigermaßen erstaunlich, dass die Zukunft des Staates heute in der Mehrzahl der einschlägigen wissenschaftlichen Beiträge skeptisch gesehen wird. Selten wird darauf verwiesen, dass die Formbestimmung des Staates schon immer einem Prozess des Wandels und der Anpassung unterworfen war, der eigentlich nur dann Anlass zur Sorge und Kritik bietet, wenn er die ideellen und materiellen Grundlagen eines Gemeinwesens bedroht. Zum einen erklärt sich diese negative Sichtweise der Zukunft des Staates daraus, dass der Staat auch im 21. Jahrhundert unverändert als Nationalstaat in der Tradition des 19. Jahrhunderts gedacht wird, zum anderen basieren die Analysen der Zukunft des Staates aber auch auf Beobachtungen des Wandels der Weltgesellschaft, die Besorgnis erregende Entwicklungen offenbaren, für die es keine historischen Parallelen gibt. Der Einwand, es liege nur an der „fixen Idee, der Nationalstaat sei eine natürliche Ordnung“[1], dass dem Staat im 21. Jahrhundert von einer Reihe von Autoren die Zukunftsfähigkeit abgesprochen wird, ist deshalb nur teilweise berechtigt. Aus unterschiedlichen Blickwinkeln wurden neue Zugänge zu den Perspektiven des Staates im 21. Jahrhundert gefunden. Diese reichen von der Relativierung staatlicher Souveränität im Kontext von Globalisierung und Europäisierung über die Neugestaltung des Verhältnisses Staat und Gesellschaft bis hin zur Untersuchung neuer Handlungsformen des Staates.[2] Schwierig ist es, eine übergreifende, allgemeinverbindliche Staatsidee auszumachen. Hier bieten bestenfalls die jeweils konkreten Kontexte des Diskurses über die Zukunft des Staates Anhaltspunkte.

Die größte Übereinstimmung in der wissenschaftlichen Literatur findet sich hinsichtlich der Defizitanalyse. Von politikwissenschaftlichen Spezialisten im Bereich Internationale Beziehungen wird die These vertreten, die Weltordnung der Nationalstaaten, die sich als nicht-intendierte Folge des Westfälischen Friedens von 1648 entwickelt habe, sei am Ende.[3] Der Staat, so wird argumen-

---

1 Peter Glotz: Der Irrweg des Nationalstaats. Europäische Reden an ein deutsches Publikum, Stuttgart 1990, S. 114.

2 Erstaunlich oberflächlich bleibt hier der Zwischenbericht der Enquete-Kommision des Deutschen Bundestages „Globalisierung der Weltwirtschaft – Herausforderungen und Antworten“ vom 13. September 2001 (Drucksache 14/6910).

3 Unter anderen Kimon Valaskakis: Langfristige Tendenzen in der globalen Governance: von „Westfalen“ nach „Seattle“, in: OECD: Governance im 21. Jahrhundert, Paris 2001, S. 68–72.

tiert, habe weitgehend die Fähigkeit zu souveränem Handeln eingebüßt, versage als Ort der Herstellung verbindlicher und verbindender Identität und werde der Aufgabe nicht mehr gerecht, Raum der Entscheidung über das konkrete Schicksal der Bürger zu sein. „Der traditionelle politische Raum ist leer geworden. Natürlich kann man weiterhin streiken und demonstrieren, aber die Aktionen gleichen eher Trauermärschen auf die Vergangenheit als Fanfaren für die Zukunft."[4] So beschreibt Warnfried Dettling das demokratische Defizit im staatlichen Raum. Zudem treten neben dem Staat neue relevante Akteure auf der internationalen Bühne auf, wie zum Beispiel globale Unternehmen, spezielle Interessengruppen und Nichtregierungsorganisationen.

Gesellschaftlich relevante Zusammenhänge werden konstituiert durch neue Grenzlinien bzw. konstituieren solche, die mit den geographischen Grenzlinien der heutigen Staatenwelt inkongruent sind. Aus dem Blickwinkel des Staates werden diese neuen Grenzlinien als Entgrenzung des politischen Raumes wahrgenommen, mit durchweg bedenklichen Konsequenzen für das Regieren. Aus der Beobachtung, dass „heute die Grenzen sozialer Handlungszusammenhänge in vielen Bereichen jenseits der politischen Grenzen des Nationalstaates" liegen, schließt Michael Zürn[5] auf vier Probleme, denen staatliches Handeln in Zeiten der „Denationalisierung" begegnet: 1) Effizienzproblem: Nationale Regelwerke erscheinen inadäquat für Problemhaushalte, die nicht national begrenzt sind. 2) Externalitätenproblem: Nationale Regelwerke können durch internationale Strategien konterkariert werden. 3) Problem des Politikwettbewerbs: Nationale Regelwerke müssen internationalen Gepflogenheiten angepasst werden, um die soziale und wirtschaftliche Konkurrenzfähigkeit einer Gesellschaft zu erhalten. 4) Demokratieproblem: Die Entkoppelung des nationalen Willensbildungsprozesses vom politischen Entscheiden führt Elemente der Fremdbestimmung ein, die es dem Staat erschweren, weiterhin als der legitime Rahmen gesellschaftlichen Interessenausgleichs zu gelten.

Es ist sicher richtig, dass sich die Entgrenzung des politischen Raumes und seine Konsequenzen im Kontext der „Globalisierung", also der weltweiten Vernetzung von Wirtschaft, Kultur und zum Teil auch der Politik, diskutieren lassen. Die Reichweite und Bewertung der Auswirkungen von Globalisierungsprozessen auf Staatlichkeit im 21. Jahrhundert bleibt aber umstritten[6]. Die Analyse von Globalisierungsprozessen alleine eröffnet nur in ungenügender Weise einen Zugang zu allen Facetten dessen, was die Realität des Staates im 21. Jahrhundert ausmacht.

4 Warnfried Dettling: Utopie und Katastrophe. Die Demokratie am Ende des 20. Jahrhunderts, in: Werner Weidenfeld (Hrsg.): Demokratie am Wendepunkt. Die demokratische Frage als Projekt des 21. Jahrhunderts, Berlin 1996, S. 111 f.

5 Michael Zürn: Regieren im Zeitalter der Denationalisierung, in: Claus Leggewie/Richard Münch (Hrsg.): Politik im 21. Jahrhundert, Frankfurt a.M. 2001, S. 431–433.

6 Vgl. Edward S. Cohen: Globalization and the Boundaries of Sovereignty. A Framework for Analyzing the Changing Practice of Sovereignty, in: Governance, 14 (2001), Heft 1, S. 75–97.

2. Forschungsstand

Die Zukunft des Staates im 21. Jahrhundert wird in einer Reihe unterschiedlicher Kontexte diskutiert, die im Folgenden ausführlicher zu betrachten sind. Vorauszuschicken ist, dass es bisher an Untersuchungen mangelt, die nicht nur im wörtlichen Sinne die Staatlichkeit des 21. Jahrhunderts auf einen neuen Begriff bringen möchten, sondern auch darum bemüht sind, die neuen Aspekte von Staatlichkeit im Kontext älterer Staatsideen zu diskutieren[7], vor allem im Kontext des ordnungssichernden „Polizeistaates" und des Rechtsstaates, deren Kernbereich trotz des Formen- und Funktionswandels des Staates im 21. Jahrhundert nicht einfach verschwindet, weder ideell als Staatsidee noch materiell als Zielbestimmung staatlichen Handelns.

Letzteres gilt nicht unbedingt für den Wohlfahrtsstaat. Dieser muss im 21. Jahrhundert nach Meinung der meisten Autoren zumindest neu interpretiert, wenn nicht sogar weitgehend relativiert werden. In der Literatur gibt es erhebliche Anstrengungen, die Zukunft des Wohlfahrtsstaates vor allem in Bezug auf die Herausforderungen der wirtschaftlichen Globalisierung neu zu bestimmen.[8] Meist geschieht dies mit kritischem Blick auf die Dynamik der weltweiten Wirtschaftsintegration. Abweichend von der Positionierung der Mehrheit der Analysen wurde aber auch positiv vermerkt: „Die durch die Freiheit des Welthandels und die europäische Binnenmarktstrategie erzwungene Deregulierung, aber auch die fiskalische Selbstdisziplinierung sind [...] eine große Chance für die Nationalstaaten, sich auf Kernaufgaben zu besinnen und entschlossen in den Wettbewerb der Staaten zu gehen."[9] Die Einbindung des Nationalstaats in internationale Entscheidungszusammenhänge, die seine Autonomie beschränken, wird in dieser Perspektive als neue Form der „vertikalen Gewaltenteilung" interpretiert, die die Freiheitsrechte des Bürgers als Weltbürger stärke.

7 Vgl. Franz Xaver Kaufmann: Diskurse über Staatsaufgaben, in: Dieter Grimm (Hrsg.): Staatsaufgaben, Baden-Baden 1994, S. 15–41.

8 Vgl. Stephan Leibfried: Nationale Wohlfahrtsstaaten, Europäische Integration und Globalisierung, in: Leggewie/Münch: Politik (Anm. 5), S. 197–210; Norbert Berthold: Der Sozialstaat im Zeitalter der Globalisierung, Tübingen 1998; Elmar Rieger/Stephan Leibfried: Grundlagen der Globalisierung. Perspektiven des Wohlfahrtsstaates, Frankfurt a.M. 2001. Dani Rodrik: Grenzen der Globalisierung. Ökonomische Integration und soziale Desintegration, Frankfurt a.M./New York 2000; Franz Pilz: Frisst die Globalisierung den Sozialstaat auf?, in: Heinrich Oberreuter/Michael Piazolo (Hrsg.): Global denken. Die Rolle des Staates in der internationalen Politik zwischen Kontinuität und Wandel, München 2001, S. 139–156; Ingo Pies: Globalisierung und Demokratie: Chancen und Risiken aus ökonomischer Sicht, in: Hauke Brunkhorst/Matthias Kettner (Hrsg.): Globalisierung und Demokratie. Wirtschaft, Recht, Medien, Frankfurt a.M. 2000, S. 53–89; Harald Trabold: Zum Verhältnis von Globalisierung und Sozialstaat, in: Aus Politik und Zeitgeschichte, B 48/2000, S. 23–30; Wilhelm Bürklin: Globalisierung als Chance für Wohlstand und Arbeitsplätze, in: Aus Politik und Zeitgeschichte, B 48/2000, S. 31–38; Otto G. Mayer: Globalisierung und wohlfahrtsstaatliche Aufgaben, in: Aus Politik und Zeitgeschichte, B 33–34/1997, S. 29–38; Walter Hanesch: Der Sozialstaat in der Globalisierung, in: Aus Politik und Zeitgeschichte, B 49/1999, S. 3–10; Fritz Franzmeyer: Kippt die Globalisierung den Sozialstaat, in: Aus Politik und Zeitgeschichte, B 49/1999, S. 25–31.

9 Udo Di Fabio: Der Verfassungsstaat in der Weltgesellschaft, Tübingen 2001, S. 36.

Ein häufig gewählter Ausgangspunkt für Überlegungen zur Staatlichkeit im 21. Jahrhundert sind gesellschaftliche Entwicklungen, die neue Profile des Staates erzwingen. Zu diesen Phänomenen gehören die zunehmende Individualisierung und Entideologisierung moderner Gesellschaften, die Anforderungen neuer Technologien und die Herausbildung von Informationsgesellschaften. Einen weiteren Ausgangspunkt bildet die Neubestimmung des Verhältnisses von Staat und Wirtschaft, nicht nur im Hinblick auf die Qualität steuernder Eingriffe des Staates in die Wirtschaft, sondern auch hinsichtlich neuer Grenzziehungen, die die Problemlösungsfähigkeit des Staates gegenüber Wirtschaft und Gesellschaft markieren. Breiten Raum nimmt in der Debatte um die Zukunft des Staates der Formenwandel des Staatshandelns ein – also die Frage, wie der Staat mit seiner gesellschaftlichen Umwelt in Austausch- und Kommunikationsbeziehungen tritt. Facettenreich wurden der Abschied vom autoritär-hierarchischen Staatshandeln zum Verhandeln des Staates mit seinen gesellschaftlichen Klienten untersucht sowie die unterschiedlich ausgebildeten Kooperationsformen des Staates mit gesellschaftlichen Entscheidungsträgern auf einzelnen Politikfeldern. Das theoretische Interesse verlagerte sich analog der Schwerpunktsetzungen der Staatsanalyse teilweise von historisch-philosophischen Begründungen von Staatsformen zu spieltheoretisch angeleiteten, meist ahistorischen Szenarien, die die Durchsetzung von Staatlichkeit quasi experimentell abzubilden versuchen.

Nicht nur, aber auch als Gegenpol zur Globalisierungsdebatte, die in extremen Fällen die fortschreitende Bedeutungslosigkeit des Nationalstaates im 21. Jahrhundert nachzuweisen sucht, ist die Diskussion um eine Europäisierung von Nationalstaaten zu verstehen. Hier finden sich Argumente, die darauf hindeuten, dass die traditionelle Staatlichkeit zu einem großen Teil auf der supranationalen Ebene der EU aufgehoben werden könnte. Nationaler Souveränitätsverzicht führt so zu einem Zugewinn bzw. zur Wiederherstellung von staatlicher Handlungsfähigkeit[10], auch wenn dies einhergeht mit einem Zugewinn der Handlungsfreiheit der politischen Exekutiven zu Ungunsten der Parlamente. Europäisierung wird in den Zusammenhang von weltweiten Prozessen der supranationalen Regionalisierung gestellt, die unter anderem von Globalisierungsprozessen hervorgerufen wird: „So wie die Unternehmen ihre regionale Position über die nationale hinaus im Zuge ihrer globalen Unternehmensstrategie ausbauen, so betreiben die Territorialstaaten, und zwar auch die großen, die Stärkung ihrer regionalen Position im Zuge ihrer geo-ökonomischen Strategie. Aus der Logik der Globalisierung und der ‚vernetzten' Welt folgt die Logik des politischen Regionalismus.[11]

Im Folgenden soll der Staat im 21. Jahrhundert zum einen im Hinblick auf konkurrierende bzw. parallel Bedeutung gewinnende Leitbilder und entsprechende Besonderheiten seiner Formbestimmung untersucht und zum anderen,

10 Vgl. unter anderem Jürgen Habermas: Die postnationale Konstellation, Frankfurt a.M. 1998, S. 135–156.

11 Werner Link: Globalisierung als Regionalisierung – die Regionen und die großen Mächte, in: Oberreuter/Piazolo (Hrsg.): Global denken (Anm. 8), S. 172 f.

Tabelle 1: Formen- und Leitbildwandel des Staates

Formen- und Leitbildwandel	*Restriktionen staatlichen Handelns*
– postmoderner Staat – Staat in der Informationsgesellschaft – europäisierter Staat	– regulatorischer Staat/ Wettbewerbsstaat – kooperativer Staat/Steuerungsstaat/ Netzwerkstaat – aktivierender Staat

orientiert an den Restriktionen politischen Handelns, die – gemessen am Modell des nach innen und außen souveränen Nationalstaats – im 21. Jahrhundert vorzufinden sind, beschrieben werden. Beide Aspekte von Staatlichkeit im 21. Jahrhundert haben zahlreiche Berührungspunkte. Der Blick auf Leitbilder ist die eher optimistische Perspektive, während die Restriktionsanalysen in erster Linie einen kritischen Blick in die Zukunft werfen.

3. Formen- und Leitbildwandel des Staates im 21. Jahrhundert

3.1. Der postmoderne Staat

Den Staat des 21. Jahrhunderts als postmodernen Staat zu bezeichnen, ist streng genommen eine Contradictio in adjecto. Wenn es zutrifft, dass die Postmoderne sich dadurch auszeichnet, dass aus ihrer Sicht „die Gesellschaft als Begriff abgedankt" hat und „die inneren Konturen der nationalen Gesellschaften"[12] verschwimmen, so lässt sich der Staat in der Postmoderne als eigenständige Kategorie kaum mehr denken, weil ihm der gesellschaftliche Bezugspunkt fehlt. Der postmoderne Staat ist nur noch ein Mechanismus, um „Handeln in den auseinander driftenden Teilsystemen"[13] der Gesellschaft zu koordinieren. Politische Gestaltung und gesellschaftlicher Wandel vollziehen sich am Staat vorbei. „Politische Modernisierung", so Ulrich Beck, „entmachtet, entgrenzt die Politik und politisiert die Gesellschaft."[14]

Die Sichtweise des Staates im 21. Jahrhundert als postmoderner definiert den Staat in Reaktion auf einen diagnostizierten bzw. erwarteten gesellschaftlichen Umbruch, der jegliche Verbindlichkeit gesellschaftlicher Normen und Werte, Institutionen und Verfahren in Frage stellt. Sie setzt eine radikale Enthierarchisierung und Individualisierung der Gesellschaft und einen Vertrauens-

12 Klaus von Beyme: Theorie der Politik im 20. Jahrhundert. Von der Moderne zur Postmoderne, Frankfurt a.M. 1991, S. 160 f.
13 Ebd., S. 143.
14 Ulrich Beck: Risikogesellschaft. Auf dem Weg in eine andere Moderne, Frankfurt a.M. 1986, S. 316.

verlust in traditionelle Institutionen[15] voraus, die es möglich machen, Staatsfunktionen entweder abzuschaffen, zu pluralisieren oder zu inhaltsleeren Ritualen werden zu lassen. Charles Taylor diagnostizierte: „Das Volk ist immer weniger in der Lage, einen gemeinsamen Zweck zu bestimmen und anzustreben. Fragmentarisierung entsteht, wenn die Menschen immer stärker einer atomistischen Sichtweise zuneigen, wenn sie sich immer weniger mit ihren Mitbürgern in gemeinsamen Vorhaben und Verpflichtungen verbunden fühlen. Sie können zwar mit anderen Menschen gemeinsame Projekte durchführen, doch handelt es sich dabei in zunehmendem Maße um kleinere Gruppierungen und nicht um die Gesamtgesellschaft, also beispielsweise um eine lokale Gemeinschaft, eine ethnische Minderheit, die Anhänger einer religiösen Bewegung oder Ideologie oder die Propagandisten bestimmter Sonderinteressen."[16]

Am besten kann noch die soziologische Sozialmilieuforschung auf der gesellschaftlichen Mikroebene die Ansatzpunkte für nationalstaatliche Verbindlichkeit in der Postmoderne ergründen. Empirische Arbeiten zu der Herausbildung von Mustern der sozialästhetischen gesellschaftlichen Segmentierung über die Grenzen des Nationalstaates in Europa hinweg kommen zu dem Schluss, dass der Nationalstaat eine Option der individuellen Zuordnung von vielen gleich gewichtigen und nicht mehr voraussehbaren Optionen geworden ist. „Die von den einen beklagte, von den anderen ersehnte Verflüssigung des Nationalstaats", so aufgrund empirischer Untersuchungen Ueltzhöffer, „entfaltet ihre Tiefenwirkung eher unauffällig und unspektakulär. Das transnationale Milieugefüge als gesellschaftliche Differenzierungsstruktur der Postmoderne erlaubt dabei die Übernahme multipler Identitäten, darunter auch die nationale, wenn sie als subjektiv sinnstiftend empfunden wird."[17]

Für die Postmoderne gilt auf der gesellschaftlichen Makroebene: Die Grenzlinie zwischen Politik und Nichtpolitik verschwimmt und der Staat wird zu einem Moderator in zufällig auftretenden, zeitlich befristeten Perioden der Thematisierung gesellschaftlicher Probleme. Staatliches Handeln ist damit situativ richtig oder falsch aus der Sicht der jeweils Beteiligten, kann aber an keiner Messlatte allgemeiner Art mehr ausgerichtet werden. Dies heißt aber nicht, dass staatliches Handeln mit gesellschaftlicher Beliebigkeit konfrontiert wird, wohl aber mit wechselnden in sich durchaus sinnerfüllten gesellschaftlichen Aggregatzuständen. Am ehesten wird noch die Chaostheorie der Anforderung gerecht, Staatlichkeit in der postmodernen Konstellation konkreter zu verorten, denn sie kann am besten nichtlinear sich entwickelnde Systembedingungen von Gesellschaft erfassen.[18]

---

15 Ronald Inglehart: Modernisierung und Postmodernisierung, Frankfurt a.M./New York 1997, S. 417.

16 Charles Taylor: Der Trend zur politischen Fragmentarisierung. Bedeutungsverlust demokratischer Entscheidungen, in: Weidenfeld (Hrsg.): Wendepunkt (Anm. 4), S. 268.

17 Jörg Ueltzhöffer: Europa auf dem Weg in die Postmoderne. Transnationale soziale Milieus und gesellschaftliche Spannungslinien in der Europäischen Union, in: Wolfgang Merkel/Klaus Busch (Hrsg.): Demokratie in Ost und West, Frankfurt a.M. 1999, S. 649.

18 Vgl. Stephan Meyer: Chaostheorie, Gesellschaft, Steuerung – Die Suche nach der Isomorphie, in: Hans-Peter Burth/Axel Görlitz (Hrsg.): Politische Steuerung in Theorie und Praxis, Baden-Baden 2001, S. 97.

Die mangelnde Fähigkeit des postmodernen Staates, sich einen Restbestand an Autonomie und Eigenbild zu erhalten, heißt nicht, dass er vollständig dysfunktional oder gar obsolet wird. Er stirbt nicht ab, sondern wird zur Reservefunktion gesellschaftlicher Konsensstiftung. Er ist erst dann wirksame gesellschaftliche Realität im Unterschied zur unangefochtenen formalen, wenn die Gesellschaft sich der staatlichen Ebene zur Realisierung oder Ratifizierung eines zeitweise im Vordergrund stehenden Interesses bedienen will.

3.2. Staat in der Informationsgesellschaft

Ist für Theoretiker des postmodernen Staates die zunehmende Individualisierung und gesellschaftliche Zerklüftung moderner Gesellschaften die entscheidende Herausforderung, so sind dies für die Theoretiker der Informationsgesellschaft der technische Wandel und seine gesellschaftlichen Folgen. Der weltweite dezentrale Zugang zum Rohstoff Information, so die gängige Vermutung, mache die Welt zum globalen Dorf. Geografische Entfernung verliert ihre politische Bedeutung ebenso wie Grenzlinien zwischen Staaten. Globalisierungsprozesse, die bereits begonnen haben, die Bedeutung von Staatlichkeit zu erodieren, werden beschleunigt: „In einer funktional differenzierten Weltgesellschaft entsteht mit dem Ausbau einer globalen Informations-Infrastruktur – mit der ‚Vernetzung der Welt' – ein globales Kommunikationssystem, das die Integration der entstehenden Welt-Gesellschaft garantiert."[19]

Dies ist eine der möglichen Erwartungen an die zukünftige Informationsgesellschaft.[20] Sie wird getragen von der radikalen Vision einer in ihren Grundzügen neuen Gesellschaft. Eine solche neue Gesellschaft wird aber nicht immer nur als Ort individueller Selbstverwirklichung und staatlicher Schwäche gesehen. Die Vision einer zukünftigen Informationsgesellschaft ist nicht selten verbunden mit der Dystopie einer von neuen Technologien beherrschten Welt. Diese Vision gibt Anlass zur Skepsis, weil sich Aldous Huxleys sozial kontrollierte „Schöne neue Welt" aufzutun scheint, oder doch zumindest ein Gemeinwesen droht, das Information mit Wissen verwechselt und die Privatsphäre des Bürgers beseitigen könnte. Gehen optimistische Vorstellungen einer vernetzten Weltgemeinschaft von der quasi-friedensstiftenden Rolle der neuen Medien in der Weltgesellschaft aus und einer Marginalisierung der Rolle des Staates, trifft dies für die pessimistischen Erwartungen gegenüber der Informationsgesellschaft nicht zu. Sie sehen einen Orwellschen Überwachungsstaat voraus, also ein mehr an Staatlichkeit durch Missbrauch der Möglichkeiten der Informationsgesellschaft.

---

19 Jörg Tauss/Johannes Kollbeck/Jan Mönikes: Wege in die Informationsgesellschaft, in: dies. (Hrsg.): Deutschlands Weg in die Informationsgesellschaft. Herausforderungen und Perspektiven für Wirtschaft, Wissenschaft, Recht und Politik, Baden-Baden 1996, S. 30.

20 Vgl. Roland Sturm: The Information Society and Its Regional Dimension: A View from the Social Sciences, in: ders./Georg Weinmann (Hrsg.): The Information Society and the Regions in Europe. A British-German Comparison, Baden-Baden 2000, S. 15.

Diese Kontroverse über das Zukunftsbild der Informationsgesellschaft und die Rolle, die der Staat in ihr spielen wird, erinnert uns daran, was schon immer für technischen Wandel galt – von der Kernspaltung bis zur Gentechnik. Die Technik ist ein Instrument, das in der einen oder anderen Weise eingesetzt werden kann. Sie selbst konstituiert weder Moral noch Staatlichkeit. Ebenso wie die Verwirklichung einer entstaatlichten Informationsweltgesellschaft vor allem eine politische und keine technologische Zielvorstellung darstellt, ebenso ist der Umbau des Staates unter Nutzung der neuen Technologien Ergebnis politischer Willensbildung.

Bisher sind mindestens fünf Varianten[21] der durch die Informationsgesellschaft neuen Möglichkeiten des Regierens in der Diskussion. Die optimistische Annahme geht in der Tradition der politischen Kybernetik davon aus, dass die neue Qualität von Information ein höheres Maß an politischer Kontrolle und damit an gesellschaftlicher Gestaltung ermöglicht. Der Staat handelt leichter aus einem Guss und kann sein Handeln besser planen. Allerdings verstärkt sich die Macht der politisch Planenden in der Informationsgesellschaft, also der Entscheidungsträger des Staates, zu Ungunsten der Autonomie der Gesellschaft. Die undemokratische Variante des Überwachungsstaates entsteht aus dem Missbrauch des Informationsmonopols der Exekutive. Integriertes staatliches Handeln wird so eher zu einer gesellschaftlichen Bedrohung als zum Ausweis von Effizienz.

Geht man davon aus, dass die Qualität von Politik auch durch den neuen Rohstoff Information weder verbessert noch grundlegend verändert werden kann, reduziert sich die Bedeutung der Informationsgesellschaft auf Verfahrensinno-

Tabelle 2: Formen der Informationsgesellschaft

	Intelligenter Staat	*Überwachungsstaat*	*Traditioneller Nationalstaat*	*Postmoderner Staat*	*e-democracy*
Information als:	zusätzliche Ressource zur Optimierung der Staatstätigkeit	zusätzliche Ressource zur Verbesserung der sozialen Kontrolle	als technisches Instrument	als Störfaktor für staatliche Zielfindung	als Instrument politischer Teilhabe
Konsequenzen für Staatlichkeit	Stärkung	Stärkung	keine	Schwächung	Neubegründung
Konsequenzen für politische Machtverhältnisse	Dominanz der politischen Exekutive	diktatorische Gewalt der Exekutive	keine	Stärkung der gesellschaftlichen Gegenmacht zur Staatlichkeit	Stärkung individueller Einflussmöglichkeiten

21 Vgl. Perri 6: Regieren durch Technik. Einschätzung und Aussichten der Gouvernanz von und mittels Technologie, in: OECD: Governance (Anm. 3), S. 121–125.

vationen in der öffentlichen Verwaltung. Diese Annahme tangiert die Zukunft des traditionellen Nationalstaats am wenigsten. Der Umgang mit neuen Medien hat allenfalls legitimatorischen und symbolischen Charakter, weil er den Anschein von Modernität staatlichen Handelns erweckt, ohne dass dieses in der Substanz tatsächlich innovativ zu sein braucht.

Die postmoderne Sichtweise zweifelt an der Fähigkeit des Staates die aus der Gesellschaft entstehenden Informationsflüsse so zu kanalisieren, dass eine verbesserte staatliche Handlungsfähigkeit das Ergebnis ist. Das Gegenteil sei vielmehr der Fall. Der Staat kapituliere angesichts der Kakophonie gesellschaftlicher Präferenzbekundungen, seine Steuerungsfähigkeit sei verloren gegangen. Die Informationsgesellschaft habe nicht nur wegen der durch sie entstandenen Entgrenzung des Staates, sondern auch aufgrund der abnehmenden Fähigkeit, mit dem sich artikulierenden gesellschaftlichen Pluralismus mit den traditionellen Instrumenten staatlichen Handelns umzugehen, einen Bedeutungsverlust des Staates zur Konsequenz.

Geht man jedoch unter anderen Prämissen davon aus, dass der durch die neuen technischen Mittel erleichterte Zugang zum Rohstoff Information dazu genutzt werden kann, die Teilhabe der Bürger an ihrem Gemeinwesen zu verbessern, so ist geradezu eine Neubegründung des Staates im 21. Jahrhundert zu erwarten. Mit der sich entwickelnden „e-democracy" ist die Vision verbunden, dass sie einen noch nie gekannten raschen, auf der Willensbildung der Staatsbürger basierenden und informationsgesättigten politischen Entscheidungsprozess ermöglicht.

Robert A. Dahl, einer der führenden amerikanischen Demokratietheoretiker, hat die Öffnungswirkung, die von dem Einsatz neuer Informationstechnologien für den demokratischen Prozess ausgehen kann, schon Ende der achtziger Jahre des 20. Jahrhunderts anschaulich beschrieben.[22] Durch die Telekommunikation, so Dahl, habe so gut wie jeder Bürger die Möglichkeit sich quasi sofort über alle politischen Themen zu informieren. Er könne dies sowohl in einer ihn interessierenden Form tun (gedruckt, als Debatte zwischen den Protagonisten oder beispielsweise als Zeichentrickfilm) als auch auf einem individuell angepassten intellektuellem Niveau. Mit Hilfe der Telekommunikation können die Bürger auch selbst Fragen auf die politische Tagesordnung des Gemeinwesens bringen. Die interaktiven Möglichkeiten der neuen Informationstechnologien erlauben zusätzlich, dass sich interessierte Bürger an Diskussionen mit Experten, Politikern und anderen Bürgern beteiligen.

Ob sich in der Informationsgesellschaft die Stärkung individueller Beteiligungsmöglichkeiten am politischen Prozess auch in einer Erweiterung des Kreises der Beteiligungswilligen niederschlägt, ist fraglich. Skeptische Stimmen überwiegen hier zur Zeit noch, auch aufgrund empirischer Erhebungen, insbesondere im Umfeld der politischen Parteien. So wurde festgestellt: „Es ist nicht gesagt, dass

22 Vgl. Robert A. Dahl: Democracy and its Critics, New Haven/London 1989, S. 339. Einführend zur aktuellen Diskussion Reinhard C. Meier-Walser/Thilo Harth (Hrsg.): Politikwelt Internet. Neue demokratische Beteiligungschancen mit dem Internet?, München 2001.

eine verbesserte Versorgung mit Informationen auch ein höheres politisches Engagement zur Folge hat. Die Differenz zwischen angebotener und aufgenommener Information dürfte eh bei 99 Prozent liegen."[23] Die Parteienforschung sieht die so genannte „Reinforcement-These" bestätigt: „Wer ohnehin politisch interessiert und vorgebildet ist, wer eine gute Ausbildung und eine hohe Medienkompetenz besitzt, der kann dieses Angebot am besten nutzen."[24]

3.3. Der europäisierte Staat

Mit der Vertiefung und der Erweiterung der EU wird die nationalstaatliche Form politischer Herrschaftsausübung in einer zunehmenden Zahl von europäischen Ländern relativiert. Ob sich eine und wenn ja, welche neue Form des Staates sich auf europäischer Ebene herausbildet, bleibt umstritten. Entsprechende Überlegungen reichen von der beschreibenden Charakterisierung der EU als „Mehrebenenstaat" bis hin zu analytischeren Kategorien, wie der Einordnung der EU als „fusioniertem Föderalstaat".[25]

Mit dem Begriff Mehrebenenstaat wird darauf verwiesen, dass heutiges und zukünftiges Regieren sich auf die Ebenen Europa, Nationalstaat, Region oder andere substaatliche Handlungskontexte erstreckt bzw. erstrecken wird. „Der Mehrebenenstaat wird durch mehrere Staatsbürgernationen gebildet. [...] Neben die territorial definierte Staatsbürgerschaft als Mitgliedschaftsnorm in den Mitgliedstaaten tritt nicht nur eine – auf der Basis der nationalen Staatsbürgerschaft definierte – transnationale Bürgerschaft im umfassenden Herrschaftsverband, sondern auch die Mitgliedschaft in sektoralen Strukturen. Diese ergeben sich entweder aus der Zugehörigkeit der Bürger zu den jeweils beteiligten staatlichen Einheiten, die einen spezifischen Kooperationsverbund bilden, oder durch ihre Beteiligung in Körperschaften oder Verbänden, die in Entscheidungsstrukturen beteiligt sind."[26]

Die Überlegungen zum „fusionierten Föderalstaat"[27] füllen die Erkenntnis, dass der Nationalstaat in der EU überlebt, sich aber in einem dynamisch-symbiotischen Prozess ständig formal und substantiell wandelt, mit Leben. Mit Fusion ist der Verschmelzungsprozess staatlicher Handlungs- und Steuerungsinstrumente, die teils in der Verfügungsgewalt der EU-Mitgliedstaaten (oder

23 Manfred Stegger: Partizipation und Demokratie im Cyberland. Politische Kommunikation im Zeitalter der elektronischen Netze, in: Tauss/Kollbeck/Mönikes (Hrsg.): Informationsgesellschaft (Anm. 19), S. 793 f.

24 Andrea Römmele: Parteien und das Internet: Neue Formen der politischen Partizipation?, in: Meier-Walser/Harth (Hrsg.): Politikwelt Internet (Anm. 22), S. 169.

25 Roland Sturm/Heinrich Pehle: Das neue deutsche Regierungssystem. Die Europäisierung von Institutionen, Entscheidungsprozessen und Politikfeldern in der Bundesrepublik Deutschland, Opladen 2001, S. 11–31.

26 Arthur Benz: Der moderne Staat. Grundlagen der politologischen Analyse, München/Wien 2001, S. 285.

27 Wolfgang Wessels: Staat und (westeuropäische) Integration. Die Fusionsthese, in: Michael Kreile (Hrsg.): Die Integration Europas, Opladen 1992, S. 41.

auch ihrer Regionen) und teils in derjenigen der EU-Organe liegen, gemeint. „Demnach sind staatliche Akteure mehrerer Ebenen gemeinsam, aber in variierenden Formen, an der Vorbereitung, Herstellung, Durchführung und Kontrolle allgemein verbindlicher Entscheidungen zum Einsatz legislativer und budgetärer Handlungs- und Steuerungsinstrumente der EU beteiligt."[28]

Aus der Sicht des Nationalstaates bedeutet dies nicht den Ausschluss von nationalen Entscheidungsträgern durch Prozesse der Europäisierung, sondern deren Mitwirkung an Entscheidungen im institutionellen Kontext der EU, dort aber unter den neuen Bedingungen europäischen Entscheidens. Es bedeutet auch, dass zu berücksichtigen ist, dass dieser Kontext einem ständigen, von der fortschreitenden Realität der europäischen Integration getriebenen Wandel unterliegt und sich politikfeldspezifisch unterschiedliche Realitäten sachlicher und institutioneller Europäisierung herausbilden. Nationales Regieren unter diesen Kontextbedingungen ist in zunehmendem Maße ausgerichtet auf das Management der Interdependenzbeziehungen, die sich aus der gemeinsamen Nutzung der Instrumente politischer Steuerung durch die verschiedenen politischen Ebenen ergeben. Ein zentrales Managementinstrument ist das Schnüren von Paketlösungen bei Verhandlungen, die Verluste bei der Wahrnehmung nationaler Interessen durch entsprechende Zugewinne ausgleichen.

Von der erreichten bzw. erreichbaren Formgebung der Staatlichkeit der EU im 21. Jahrhundert hängt es ab, ob strategische Erwartungen an die EU, die sich auf deren Staatscharakter beziehen, realisiert werden können. Hier ist in erster Linie die Vermutung zu nennen, dass die EU eher und erfolgreicher als die heutigen Nationalstaaten dem von Globalisierungstendenzen ausgehenden Prozessen der Entstaatlichung widerstehen kann und in der Lage ist, eine europäische kulturelle und gesellschaftspolitische Identität zu wahren: „Die EU soll im Zeichen der Wirtschafts- und Währungsunion die Rückgewinnung wirtschaftspolitischer Handlungsfähigkeit ermöglichen, das ‚europäische Gesellschaftsmodell' retten, den drohenden ‚race to the bottom' bei der Besteuerung von Kapitaleinkommen verhindern, soziale und ökologische Mindeststandards im Welthandel durchsetzen und als Währungsmacht von gleich zu gleich mit den USA verhandeln. Mit anderen Worten: Durch die europäische Integration soll Gestaltungsmacht zurückgewonnen werden, die im nationalen Rahmen – real oder vermeintlich – verlorengegangen ist."[29] Darüber hinaus soll sich die EU auf den Weg zu einem regionalpolitischen Ordnungsfaktor in der Weltpolitik[30] machen, also über eine eigenständige kohärente außenpolitische Identität verfügen. Peter Drucker[31] nimmt sogar an, dass mit der neuen Rolle der EU wie

28 Wolfgang Wessels: Die Europäische Union der Zukunft – immer enger, weiter und... komplexer? Die Fusionsthese, in: Thomas Jäger/Melanie Piepenschneider (Hrsg.): Europa 2020. Szenarien politischer Entwicklungen, Opladen 1997, S. 35.

29 Michael Kreile: Globalisierung und europäische Integration, in: Merkel/Busch (Hrsg.): Demokratie (Anm. 17), S. 607.

30 Vgl. Wolfgang Wessels: Die Europäische Union als Ordnungsfaktor, in: Karl Kaiser/Hans-Peter Schwarz (Hrsg.): Weltpolitik im neuen Jahrhundert, Bonn 2000, S. 575–590.

31 Vgl. Peter Drucker: The Next Society, in: The Economist, 3. Dezember 2001, S. 5.

auch der anderer Wirtschaftsblöcke international die Neigung wachse, in regionalen Bündnissen den eigenen Wirtschaftsraum gegen die Herausforderungen des Weltmarkts abzuschirmen. Theoretisch fundieren lässt sich eine solche Erwartung mit folgender Überlegung: „Zunächst mögen ökonomisch potente Staaten einen regionalen Koordinationszusammenhang errichten, in welchem sie ihr Kollektivgutproblem (sic !) meistern und einen Teilersatz für den entwerteten nationalen Handlungsrahmen finden. Sobald Kooperationsgewinne anfallen und die Allianz auch von Außenstehenden als Positivsummenspiel wahrgenommen wird, ist ihre Erweiterung möglich.“[32]

Globalisierungskritiker sehen die EU völlig anders. Für sie ist die EU alles andere als eine neue regionale Gegenmacht, denn als überstaatlicher Zusammenschluss, so das Argument, wachse ihr nicht automatisch eine größere Machtfülle gegenüber den dominanten Kräften auf dem Weltmarkt zu, sie verliere aber die Möglichkeit quasi „im Namen des eigenen Volkes“ zu sprechen und zu handeln: „gerade wenn sich mehrere Staaten zu Staatenregionen zusammentun, werden die staatlichen Funktionen noch deutlicher auf das ‚große Kapital‘ ausgerichtet. [...] Wo ‚der‘ Weltmarkt spricht, schweigt das ‚Volk‘ und steht diszipliniert stramm.“[33]

Fraglich ist, inwieweit die EU dem von Kenichi Ohmae entwickelten Konzept des „Region States“[34] entspricht. Für Ohmae ist ein solcher Regionalstaat nichts anderes als ein von der unsichtbaren Hand des Weltmarktes abgegrenzter Raum für den Austausch von Gütern und Dienstleistungen, dessen Existenz die traditionellen Grenzen von Nationalstaaten nicht berührt. Problematisch für die Einordnung der EU in diese Staatsvision ist allerdings, dass Ohmae annimmt, ein Regionalstaat dürfe nur zwischen fünf und zwanzig Millionen Einwohner haben, weil es ansonsten unwahrscheinlich sei, dass seine Bewohner gewisse Wirtschafts- und Verbraucherinteressen gemeinsam haben. Die Frage, weshalb solche Gemeinsamkeiten nicht auch in der EU auftreten können, bleibt unbeantwortet.

Regieren in der EU ist heute noch arbeitsteilig in Nationalstaaten organisiert, aber in immer stärkerem Maße durch die Konvergenz politischer Gestaltungsziele[35], die vertraglich fixiert werden, verflochten. Innerhalb einzelner Politikfelder bildeten sich Politiknetzwerke heraus, die nationale Akteure, zum Beispiel Verbände oder Regionen, im Prozess von europäisierten Problemlösun-

32 Helmut Wiesenthal: Globalisierung. Soziologische und politikwissenschaftliche Koordinaten im neuartigen Terrain, in: Hauke Brunkhorst/Matthias Kettner (Hrsg.): Globalisierung und Demokratie. Wirtschaft, Recht, Medien, Frankfurt a.M. 2000, S. 44.

33 Wolf-Dieter Narr/Alexander Schubert: Weltökonomie. Die Misere der Politik, Frankfurt a.M. 1994, S.172.

34 Kenichi Ohmae: The Rise of the Region State, in: Patrick O'Meara/Howard D. Mehlinger/Matthew Krain (Hrsg.): Globalization and the Challenges of a New Century, Bloomington/Indianapolis 2000, S. 93–100.

35 Vgl. Roland Sturm: Herrschaftspluralismus und Konvergenz der Gestaltungsziele. Zum arbeitsteiligen Regieren in der Europäischen Union, in: Ulrich Hilpert/Everhard Holtmann (Hrsg.): Regieren und intergouvernementale Beziehungen, Opladen 1998, S. 49–64.

gen zusammenbringen. Die faktische Interdependenz zwischen den Politikfeldern im europäisierten politischen Raum nimmt schneller zu als deren formaljuristische Europäisierung, was zur Folge hat, dass nationalstaatliches Handeln an Legitimation einbüßt oder als zunehmend ineffizient erscheint. Ähnliche Erosionskräfte hinsichtlich nationaler Institutionen entwickeln europäische Institutionen wie der Europäische Gerichtshof mit seiner integrationsfreundlichen Rechtsprechung oder die Europäische Kommission, die sich für ihre Aktivitäten auf eine weite Auslegung der Erfordernisse der Verwirklichung des Binnenmarktes berufen kann.

Alle Bereiche des Politischen von den Institutionen (polity) über die Willensbildung (politics) bis hin zu den Politikfeldern (policies) sind von Europäisierungstendenzen betroffen, wenn auch in unterschiedlichem Maße. Nirgendwo gibt es mehr nationalstaatliche Autonomie, aber selbst die am stärksten europäisierten Politikbereiche funktionieren noch nicht vollständig in der gleichen Weise wie dies in einem „Staat Europa“ zu erwarten wäre. Es fällt auf, dass in Deutschland bei zentralen politischen Institutionen wie der Bundesregierung, dem Bundestag oder dem Bundesrat die Europäisierung bisher am wenigsten weit fortgeschritten ist. Auch die Parteien agieren weiterhin vorwiegend im nationalen Kontext und sind gegenüber einem politischen Wettbewerb um europäische Themen sehr zurückhaltend.

Immer stärker europäisiert werden hingegen die Politikfelder. Die unterschiedlich starke Europäisierung der Polity und der Policy-Dimensionen hat weitreichende politische Folgen, wobei der Politics-Bereich eine Art „Zwischenbereich“ der Europäisierung darstellt, innerhalb dessen die den Institutionen näher stehenden Parteien weniger und die den Politikfeldern näher stehenden Interessengruppen stärker europäisiert sind. Die über Sachpolitik und Bereichsinteressen vermittelte Europäisierung vollzieht sich zumindest aus der Sicht der Öffentlichkeit hinter dem Rücken der Institutionen. Letztere reagieren einerseits auf Europäisierungsprozesse und zum anderen beklagen sie diese. Die Diskrepanz zwischen tatsächlichem und vermeintlichem Souveränitätstransfer nach Brüssel, die besonders deutlich wird an dem allgemeinen Wissensstand über die Rolle des Europäischen Gerichtshofes im Europäisierungsprozess, wird Politikern oft erst dann deutlich, wenn sie mit ihren Plänen in der EU an Grenzen stoßen. Dem kognitiven Defizit der Politik entspricht ein Desinteresse auf der Wählerebene, das sich nicht zuletzt aus dem technokratischen, output-orientierten Charakter der Europäisierung oder – anders ausgedrückt – dem Mangel an input-orientiertem emotionalen Engagement speist.

Der europäisierte Staat in seiner Zwischenstellung zwischen Nationalstaat und Glied einer europäischen Föderation hat ein dauerhaftes Legitimationsproblem. Die politische Logik der Kooperation auf Regierungsebene ist in diesem Zwischenstadium im nationalen Rahmen nur schwach parlamentarisch unterfütterbar. Weitreichende Entscheidungen der EU fallen in intergouvernementalen Abstimmungsprozessen. Der dadurch erzielte Effizienzgewinn wird mit Legitimationsdefiziten erkauft. Ziel des Europäisierungsprozesses blieb es aber immer, der europäischen Ebene, wenn auch zeitverzögert, eine angemessene Legitimationsbasis zu verschaffen. Soll im 21. Jahrhundert ein „europäisierter Staat" entstehen, der die Funktionen des Nationalstaates wahrt, ohne in allen seinen Erscheinungsformen mit ihm identisch zu sein, so muss dauerhaft die Lücke zwischen politischem Handeln für das Gemeinwesen und der Legitimation politischen Handelns durch das Gemeinwesen geschlossen werden.

Ob der „europäisierte Staat", also im Extremfall „der schnelle Schritt zum europäischen Bundesstaat, um ihn als neuen Nationalstaat, als Sozialstaat wieder aufleben zu lassen"[36], überhaupt auf der Tagungsordnung stehen sollte, ist nicht nur angesichts der angedeuteten Legitimationsdefizite umstritten. Di Fabio betont, „dass der moderne Staat eine vergleichsweise junge historische Errungenschaft ist, die ganz auf dem Denkfundament neuzeitlicher Unterscheidungen ruht" und meint, dass im 21. Jahrhundert mit „einem viel tiefer greifenden Gestaltwandel politischer Herrschaft und gesellschaftlicher Integration gerechnet werden [muss], als dass man einfach nach einer Verlagerung auf die höhere Ebene das alte Spiel fortsetzen könnte".[37]

4. Restriktionen staatlichen Handelns

4.1. Regulatorischer Staat / Wettbewerbsstaat

Der Blick auf Restriktionen staatlichen Handelns ist von der Staatszieldiskussion zu trennen. Es ist möglich, den Staat im 21. Jahrhundert getrennt von seiner möglichen Neuorientierung an der postmodernen Gesellschaft, der Informationsgesellschaft oder an Europa zu denken. Auch bei der Analyse staatlicher Handlungsmuster, die den Charakter von Staatlichkeit im 21. Jahrhundert bestimmen, handelt es sich wie bei den vorangegangenen Überlegungen nicht um sich ausschließende Konzepte, sondern um Mosaiksteine, deren Verwendung in einem Bauplan des Staates aus heutiger Sicht unverzichtbar ist, deren zukünftiges Gewicht aber nicht vorentschieden werden kann.

Das zentrale Thema der Globalisierungsdebatte ist die Einigung der Welt in einem Wirtschaftsraum ohne Grenzen. Welche Schlussfolgerungen hieraus für die Zukunft des Staates im 21. Jahrhundert gezogen werden müssen, ist umstritten. Eine gewisse Gefahr des Alarmismus wird durch interessengeleitete Diagnosen heraufbeschworen, die bereits heute das Ende des Nationalstaats gekommen sehen. Empirisch sind solche Befunde, wie en detail gezeigt wurde, nicht haltbar: „Auf aggregierter Ebene finden die meisten Studien keinen negativen Zusammenhang zwischen den verschiedenen Globalisierungsmaßen

36 Di Fabio: Verfassungsstaat (Anm. 9), S. 66.
37 Ebd.

und der Fähigkeit der Nationalstaaten, eine eigenständige Fiskalpolitik zu betreiben. Einen alarmierenden Rückgang der Staatsausgaben im allgemeinen oder des Sozialbudgets im besonderen lassen sich in den Daten bisher nicht finden."[38] Einigkeit besteht bei Beobachtern von Globalisierungsprozessen allerdings in der Feststellung, dass der Staat seine Handlungsoptionen und Eingriffsmuster in die Wirtschaft ändern muss. Die Globalisierungskritik befürchtet, dass in Zukunft Staaten machtpolitisch abdanken werden und „Regierungen zu Nebendarstellern in der neuen Ära"[39] werden.

Die Theoretiker des „regulatorischen Staates" sehen hingegen in der Globalisierung nur eine weitere Aufforderung an den Staat, die Effizienz seiner Rolle in der Gesellschaft zu verbessern. Ein schon vorhandenes Instrument des Staatshandelns, der regulierende Eingriff in Wirtschaft und Gesellschaft, muss institutionell und politikfeldspezifisch so angepasst werden, dass die von der Gesellschaft vorgegebenen ökonomischen und sozialen Ziele optimal erreicht werden. Da nicht alle Gesellschaften identisch sind, weder in ihren Staatsformen, noch in ihren politisch-kulturellen Traditionen oder in den ihre Politik bestimmenden Kräftekonstellationen, wird im Unterschied zu der Sichtweise der Globalisierungskritiker nicht erwartet, dass Globalisierung zur weltweiten Uniformität führt. Vielmehr wird angenommen, dass ganz unterschiedliche Wirtschafts- und Sozialmodelle[40] konkurrieren, was auch bedeutet, dass der Staat jeweils unterschiedliche Rollen übernimmt bzw. auch je nach Politikfeld variierend in unterschiedlicher Weise als gesellschaftlicher Moderator auftritt. Dies wird von den empirischen Ergebnissen der Globalisierungsforschung ausdrücklich bestätigt.[41]

Tabelle 3: Wettbewerbsstaat und regulatorischer Staat

	Wettbewerbsstaat	*Regulatorischer Staat*
Analyseperspektive	Herrschaft	Effizienz
Staat	als Gegenpol	als Korrektiv
Verhältnis Staat-Markt	hierarchisch	nicht-hierarchisch
Globalisierung	Zwang	Chance
Gesellschaftsmodelle	Uniformität	Vielfalt

38 Günther G. Schulze/Heinrich W. Ursprung: Globalisierung contra Nationalstaat? Ein Überblick über die empirische Evidenz, in: Andreas Busch/Thomas Plümper (Hrsg.): Nationaler Staat und internationale Wirtschaft. Anmerkungen zum Thema Globalisierung, Baden-Baden 1999, S. 83.

39 Kimon Valaskakis: Tendenzen (Anm. 3), S. 70.

40 Vgl. Stephen Wilks: Regulatory Compliance and Capitalist Diversity in Europe, in: Journal of European Public Policy, 4 (1996), S. 536–559.

41 Vgl. Marianne Beisheim/Sabine Dreher/Gregor Walter/Bernhard Zangl/Michael Zürn: Im Zeitalter der Globalisierung? Thesen und Daten zur gesellschaftlichen und politischen Denationalisierung, Baden-Baden 1999.

Aus der Beobachtung ökonomischer Grenzüberschreitung wird häufig die voreilige Schlussfolgerung gezogen, Staaten mit ihrer Orientierung an begrenzten Territorien und Ressourcen seien in die Defensive gedrängt worden und würden zur institutionellen Hülle ohne politische Schlagkraft. Vor allem den Zwängen des freien Welthandels, der Investitionsentscheidungen von Großunternehmen, die weltweit agieren, sowie der internationalen Finanzmärkte sei die nationale Politik relativ hilflos ausgeliefert. Dem Staat bleibe nur noch, den Imperativen zu folgen, die anderswo für ihn definiert werden, oder er müsse seine Form radikal ändern und, wie Rosecrance dies nennt, nach dem Vorbild Hongkongs zum „virtuellen Staat" werden[42]: „Der virtuelle Staat ist ein Wesen, dessen Wohlergehen vom Vertrauen auf andere abhängt. Er stützt sich nicht auf Bodenschätze und landwirtschaftliche Erzeugnisse oder auf seine Produktionskapazität, die zum Großteil ins Ausland verlegt wurde. Er konzentriert sich auf kreative Dienstleistungen und Managementfunktionen. Er entwickelt neue Produkte, die in den Fabriken anderer Länder hergestellt werden."[43]

Die Rolle des Staates in der Wirtschaft, so wird argumentiert, sei nicht nur aufgrund der Zwänge des Weltmarktes inzwischen bedeutungslos geworden, und nicht nur diese erforderten die Flucht nach vorne zur Inthronisierung des Marktes als ausschließlichem Regelungsprinzip gesellschaftlicher Steuerung. Der Staat wurde auch in der volkswirtschaftlichen Theoriebildung häufig diskreditiert. Staatliche Handlungsansprüche in der Wirtschaftspolitik gerieten in den Geruch eines überholten keynesianischen Interventionismus, dessen Gestaltungsansprüche ohne wirksame institutionelle Adressaten auf der Weltebene ins Leere laufen müssen.

Die linke Globalisierungskritik hält die Annahme der Alternativlosigkeit der Marktsteuerung für ein ideologisches Manöver zur Ausgrenzung staatlicher Handlungsoptionen. „Entgrenzter, globaler Wettbewerb gebiert für die bisherigen Volkswirtschaften das neue Leitbild eines agilen Turbokapitalismus. Der neu entdeckte Sachzwang Globalisierung dient", so Hickel, „letztlich nur dem Ziel, dem Marktterror bis in die letzten Maserungen der Politik und Gesellschaft hinein Platz zu schaffen."[44] Hinter diesem Manöver verberge sich der alte Wunsch der Umverteilung zugunsten der Kapitalbesitzer und der Durchsetzung wirtschaftlicher Interessen gegen die Interessen der wirtschaftlich Schwachen: „Eine Folge der Globalisierung, Modernisierung und Rationalisierung waren (und sind) ökonomische Krisen, soziale Not breiter Massen (heute in erster Linie in der Peripherie der Metropolen) und die ökologische Degradation von Lebenssphären des Planeten Erde."[45]

---

42 Richard Rosecrance: The Rise of the Virtual State, in: Foreign Affairs, 75 (1996), Heft 4, S. 45-61.

43 Ders.: Das globale Dorf. New Economy und das Ende des Nationalstaats, Düsseldorf 2001, S. 43.

44 Rudolf Hickel: Standort-Wahn und Euro-Angst. Die sieben Irrtümer der deutschen Wirtschaftspolitik, Reinbek 1998, S. 176 f.

45 Elmar Altvater: Die Zukunft des Marktes. Ein Essay über die Regulation von Geld und Natur nach dem Scheitern des „real existierenden Sozialismus", 2. Aufl., Münster 1992, S. 339.

Der Staat wird angesichts der vermeintlichen Zwänge der Globalisierung, so die linke Kritik, zum „Wettbewerbsstaat"[46] umgebaut. Dessen erste Priorität ist die Herstellung der internationalen Konkurrenzfähigkeit der Wirtschaft durch den Umbau der Sozialsysteme, Rückzugsstrategien des Staates aus der Wirtschaft und eine unternehmensfreundliche Steuerpolitik, sowie die Garantie der Bewegungsfreiheit des internationalen Kapitals. Der Staat „vermag die alte (nicht nur sozialdemokratische) Hoffnung nicht mehr zu erfüllen, den nationalökonomisch begrenzten Kapitalismus sozialpolitisch zu wattieren, jedenfalls mittelständisch erträglich zu machen. Er erweckt jedoch die neue Hoffnung, wenn er die weltweite Konkurrenzdynamik angemessen befördere und innenpolitisch vermittle, wenn er außerdem ‚die Nation' nach außen mit allen möglichen Mitteln gründlich abschotte, dass er dann die weltökonomisch gerupfte und umfunktionierte Wohlfahrt der eigenen Bevölkerung eher gewährleisten könne als andere Institutionen."[47]

Der Staat als Wettbewerbsstaat verliere, so lautet das Argument, die Fähigkeit zur Gegensteuerung. Dies habe weitreichende negative Konsequenzen: Entstaatlichung im 21. Jahrhundert bedeute die Kapitulation des Staates gegenüber den großen Unternehmen: „Die Unternehmen können alte, ihnen nicht genehme Entscheidungen überspringen und eine Regierung gegen die andere ausspielen. Außerdem deutet die relative Größe von Unternehmen (gemessen an ihrem Jahresumsatz oder Kapitalisierungsgrad, verglichen mit dem Staatshaushalt) klar auf eine Machtverschiebung. Angenommen, die 100 größten Wirtschaftseinheiten wären, sagen wir, in einer neuen OECD zusammengefasst, so wären 52 dieser Hauptmitspieler Unternehmen und 48 nationale Regierungen."[48] Das, so meinen die Theoretiker des Wettbewerbsstaates, heißt aber nicht, dass der Staat nach innen sein Repressionspotential verliere: „Die die Standortkonkurrenz vorantreibenden nationalen Wettbewerbsstaaten [...] sind zugleich ‚Sicherheitsstaaten', die mittels des Gewaltmonopols den Fortbestand der herrschenden Produktions- und Konsumnormen nötigenfalls garantieren."[49]

Jürgen Habermas sieht in der von ihm so genannten „postnationalen Konstellation" der Globalisierung gar den Endpunkt des historisch mit dem Nationalstaat verbundenen demokratischen Diskurses gekommen: „Weil die Idee, dass eine Gesellschaft demokratisch auf sich einwirken kann, bisher nur im nationalen Rahmen glaubwürdig implementiert worden ist, ruft die postnationale Konstellation jenen gebremsten Alarmismus aufgeklärter Ratlosigkeit hervor, den wir in unseren politischen Arenen beobachten. Die lähmende Aussicht, dass sich die nationale Politik in Zukunft auf das mehr oder weniger intelligente

46 Vgl. Joachim Hirsch: Der nationale Wettbewerbsstaat. Staat, Demokratie und Politik im globalen Kapitalismus, Berlin 1995; Noam Chomsky: Profit Over People. Neoliberalismus und globale Weltordnung, Hamburg/Wien 2000.
47 Narr/Schubert: Weltökonomie (Anm. 33), S. 157.
48 Valaskakis: Tendenzen (Anm. 3), S. 70.
49 Ulrich Brand/Achim Brunnengräber/Lutz Schrader/Christian Stock/Peter Wahl: Global Governance. Alternative zur neoliberalen Globalisierung, Münster 2000, S. 140. Vgl. auch Joachim Hirsch: Die Internationalisierung des Staates. Anmerkungen zu einigen aktuellen Fragen der Staatstheorie, in: Das Argument, 2000, Heft 236, S. 335.

Management einer erzwungenen Anpassung an Imperative der ‚Standortsicherung' reduziert, entzieht den politischen Auseinandersetzungen den letzten Rest an Substanz."[50]

Theoretiker des „regulatorischen Staates"[51] thematisieren nicht die gesellschaftliche Machtfrage, sondern fragen nach den Anpassungsleistungen des Staates in einem Zeitalter wirtschaftlicher Globalisierung. Anders als Habermas sehen sie zwar einen Formenwandel gesellschaftlicher Konsensbildungsprozesse, aber nicht das Ende demokratischer Willensbildung über wesentliche Elemente gemeinwohlorientierter Politik im Rahmen des Nationalstaats. Sie stellen fest, dass zunächst im anglo-amerikanischen Raum, dann aber seit den achtziger Jahren immer stärker auch in anderen Ländern die staatliche Regulierung mit einem neuen oder neu ausgebauten Instrumentarium einen Bedeutungszuwachs erlebt. Kern der Regulierung ist die Anerkennung der Vorzüge der Selbststeuerung und Selbstoptimierung des Marktes und damit eine Anpassung an Entscheidungsimperative, die den internationalisierten Austauschbeziehungen nicht zuwider laufen. Der Staat zieht sich aber trotz dieser prinzipiellen Entscheidung nicht aus seiner gesellschaftlichen Verantwortung zurück, sondern nimmt diese durch regulatorische Eingriffe wahr, die sich im Idealfall selbst der Marktlogik von Anreizen zur Verhaltenssteuerung der Marktteilnehmer und nicht der bürokratischen Vorschrift bedienen. Regulierung auf Augenhöhe mit dem Markt ist eine nicht-hierarchische Intervention.

Aufgaben des Wohlfahrtsstaates von der Wahrung sozialer und ökologischer Standards bis hin zur Sicherung ausreichender Infrastruktur und anderer Grundbedürfnisse der Daseinsvorsorge werden auf den regulatorischen Staat übertragen (und zum Teil auch auf von ihm beauftragte internationale Expertengremien[52], wie beispielsweise den Baseler Ausschuss im Falle der Regulierung von Finanzdienstleistungen[53]). Hinzu kommen Staatsaufgaben bei der Ordnungspolitik. Denn: Hat der Staat einmal akzeptiert, dass Marktmechanismen effizientere Steuerungsleistungen erbringen als staatliche Eingriffe, muss er sich nicht nur um den Erhalt, sondern auch um das Entstehen von Märkten bemühen, zum Beispiel, wenn staatliche Monopole in der Strom-, Wasser- und Gasversorgung oder im Bereich der Bahn und der Post privatisiert werden. Privatisierung ist insofern nicht mit Entstaatlichung gleichzusetzen, sondern mit einem Wandel der Rolle des Staates vom Eigentümer zum Regulierer. Die Ziele staatlichen Handelns können sich bei diesem Rollenwechsel

---

50 Habermas: Konstellation (Anm. 10) S. 95. Ausführlicher und früher: Jean-Marie Guéhenno: Das Ende der Demokratie, München 1996.

51 Markus M. Müller/ Roland Sturm: Ein neuer regulativer Staat in Deutschland? Die neuere Theory of the Regulatory State und ihre Anwendbarkeit in der deutschen Staatswissenschaft, in: Staatswissenschaften und Staatspraxis, 9 (1998), S. 507–534.

52 Vgl. Susanne Lütz: Der regulative Staat in Zeiten der Globalisierung, in: Gottfried Böttger/ Klaus Götz/Wolfgang Hesse/Markus Hug (Hrsg.): Politik und Weltgesellschaft. Globalisierung als Chance, München/Mehring 2000, S. 128.

53 Vgl. Roland Sturm/Markus M. Müller: Öffentliche Daseinsvorsorge im deutsch-britischen Vergleich. Konvergenz oder Divergenz, in: Schader-Stiftung (Hrsg.): Die Zukunft der Daseinsvorsorge. Öffentliche Unternehmen im Wettbewerb, Darmstadt 2001, S. 125–129.

ändern, müssen es aber nicht. Für die Staatenwelt des 21. Jahrhunderts wäre angesichts von fortschreitender Globalisierung der Wirtschaft konkret zu erheben, wie in den einzelnen Ländern das öffentliche Interesse bestimmt wird (hieraus ergeben sich die Regulierungsziele), wie der Staat die institutionelle Seite der Regulierung organisiert (lagert er sie aus in die Gesellschaft, gibt er sie in die Hände der Betroffenen oder ist er alleine involviert?) und welche Eingriffsmodi in welchen Entscheidungssituationen präferiert werden.

Das Ergebnis solcher Untersuchungen (und eine Reihe von Untersuchungen liegen bereits vor[54]) bestätigt die Erwartung, dass der regulatorische Staat bzw. das Verhältnis von Staat und Wirtschaft im Allgemeinen vielfältige Erscheinungsformen hat und dass es verfehlt wäre, im 21. Jahrhundert angesichts eines hoch integrierten Weltmarktes zumindest in den OECD-Ländern (aber auch darüber hinaus[55]) eine einförmige Ausprägung des Verhältnisses von Staat und Wirtschaft oder gar ein Ende von effizientem Staatshandeln zu erwarten. Die folgende Tabelle illustriert vier Modelle des Verhältnisses von Staat und Wirtschaft in OECD-Ländern.[56] Sie zeigt, dass sich zwar Parallelen zwischen den USA und Großbritannien sowie zwischen Japan und Deutschland bei der Positionierung des Staates in der Wirtschaft ergeben, verweist aber auch darauf, dass die Globalisierungsprozesse selbst bei strukturell ähnlich funktionierenden Wirtschaftssystemen weiterhin nationale Unterschiede zulassen oder sich mit den vorgefundenen nationalen Spezifika auseinander setzen müssen. Was auf der Ebene der Ökonomie schon deutlich aufscheint, wird verstärkt auf der Ebene gesellschaftlicher Normen und Werte, wenn man Japan und Deutschland oder Großbritannien und die USA vergleicht.

Die feministische Debatte zur Zukunft des Staates im 21. Jahrhunderts schließt sich den Thesen der Kritiker des Wettbewerbsstaats an und versucht darüber hinaus, die Analyse des „Turbokapitalismus" um eine Analyse des „Turbomaskulinismus" zu ergänzen, der sich aus feministischer Sicht mit dem Phänomen der Globalisierung verbindet. „Die Rede über Globalisierung", so die These von Birgit Sauer, „hat in der Tat mehr mit Maskulinismus zu tun, als dies üblicherweise angenommen wird. [...] In den Köpfen der Menschen scheint es ‚natürlich', dass nur Männer Vergewaltiger sein können, weil nur sie die vermeintlich biologisch-physischen Voraussetzungen für diesen Gewalt- und Herrschaftsakt besitzen. Eine ebensolche ‚Naturgewalt' entstand nun in jüngster Zeit im Glo-

54 Vgl. u.a. Roland Sturm/Gabriele Dautermann/Jürgen Dieringer/Markus M. Müller/Jana Voláková: Regulierung und Deregulierung im wirtschaftlichen Transformationsprozess. Zur Neugestaltung von ‚Staatlichkeit' am Beispiel der Verkehrspolitik in den Visegrád-Staaten, Opladen 2000; Thomas Bernauer: Staaten im Weltmarkt. Zur Handlungsfähigkeit von Staaten trotz wirtschaftlicher Globalisierung, Opladen 2000; Philipp Genschel: Der Wohlfahrtsstaat im Steuerwettbewerb, in: Zeitschrift für Internationale Beziehungen, 7 (2000), S. 267–296.

55 Vgl. Jon Pierre/B. Guy Peters: Governance, Politics and the State, Basingstoke 2000, S. 163–191.

56 Ein anderer analytischer Zugang, der zum gleichen Ergebnis („capitalist diversity") führt, findet sich bei Herbert Kitschelt/Peter Lange/Gary Marks/John D. Stephens (Hrsg.): Continuity and Change in Contemporary Capitalism, Cambridge 1999.

Tabelle 4: Verhältnis von Staat und Wirtschaft

	USA	*Japan*	*Deutschland*	*Großbritannien*
Rolle der Regierung	begrenzt, konfliktorientiert	weitreichend, kooperationsorientiert	umfassend	stark, konfliktorientiert
Orientierung gegenüber Freihandel	ziemlich offen	am wenigsten offen	ziemlich offen	offen
Rolle des Staates in der Industriepolitik	gering	groß	groß	keine
Staatlicher Zugriff durch Steuerpolitik	gering	gering	stark	mittel
Grundprinzip des Sozialstaats	Freiheit	Korporatimus	Korporatimus	Mischsystem
Tradition von öffentlichen Unternehmen	mittel	groß	groß	gering
Privatisierungspolitik	wichtig	wichtig	mittlere Bedeutung	wichtig

Quelle: Will Hutton: The State We're In, 2. Aufl., London 1996, S. 282.

balisierungsdiskurs. [...] Der liberalisierte Kapitalismus wird zum Vergewaltiger der Welt."[57] Der Staat verstärke, so die Annahme, mit seiner neoliberalen Politik geschlechtsspezifische Ungleichheiten. Militärische Aufrüstung führe zu einer Stärkung von Männlichkeitsmustern.[58]

Zur Problematik, den Charakter des Staates im 21. Jahrhundert zu erfassen, tragen solche biologistischen Analogieschlüsse allerdings nichts Neues bei, und strategisch führt die Analyse den Feminismus eher in die Ratlosigkeit: „Feministische Kritik und Politik geraten dadurch in eine gleichsam paradoxe dilemmatische Situation, werden sie doch zu Verteidigerinnen des Sozial- und Gleichberechtigungsstaats, der bisher einmütig als patriarchal kritisiert und in Frage gestellt wurde. Nun erscheint er angesichts globaler Marktbarbarei gleichsam als nationale feministische Ultima ratio."[59]

Erstaunlicherweise übersehen wird von der feministischen Kritik, dass die Globalisierungskritiker den Nationalstaat gerade im emanzipatorischen Sinne

57 Birgit Sauer: Die Asche des Souveräns. Staat und Demokratie in der Geschlechterdebatte, Frankfurt a.M./New York 2001, S. 288 f.

58 Vgl. Brand u.a.: Governance (Anm. 49), S. 68.

59 Sauer: Asche (Anm. 57), S. 287.

für überwindbar halten. So argumentiert beispielsweise Zürn, dass die „Zeit der souveränen und relativ autonomen Nationalstaaten“[60] zu Ende sei. Für ihn bedeutet dies aber einen Fortschritt, weil er dadurch die Chance sieht, die auf der Ebene der Weltgesellschaft bereits angesiedelten Regelungsmechanismen gesellschaftlichen Zusammenlebens durch eine Entwicklung einzuholen, durch die – unabhängig vom Nationalstaat – „sich die Gültigkeitsreichweite von politischen Regelungen und der sie tragenden politischen Organisationen entweder ausweitet oder sich ganz neue Regelungen und Organisationen ausbilden.“[61] Mit anderen Worten: Die Ungleichzeitigkeit von Verbindlichkeiten der Globalisierung und Verbindlichkeiten nationalstaatlicher Willensbildung erscheint aufhebbar und wird als Ziel des politischen Prozesses im 21. Jahrhundert vorgegeben.

4.2. Kooperativer Staat / Netzwerkstaat / Steuerungsstaat

Den Staat des 21. Jahrhunderts als „kooperativen Staat“ (Ritter[62], Voigt[63]) oder Steuerungsstaat (Kaufmann[64]) bezeichnen, bedeutet anerkennen, dass der Staat seine Aufgabenwahrnehmung und damit auch sein Verhältnis zur Gesellschaft in der Zukunft neu definiert. Er steuert die Gesellschaft und kooperiert mit ihr auf vielfältige Weise, die bunt und vielfältig in ihren Interessenkonstellationen und Machtressourcen geworden ist. Nicht-hierarchische Diskurse und das Management komplexer Netzwerke von Interessen und Entscheidungsstrukturen bilden den Kern der neuen Staatlichkeit. „Souveränes politisches Entscheidungshandeln, die Dezision eines obersten Staatsorgans oder einer politischen Verbandsführung, hat den ihr einst zugeschriebenen zentralen Stellenwert verloren. Dafür treten Vertretung und Verhandlung als elementare Erscheinungsformen politischen Handelns in den Vordergrund.“[65] Der Staat erfindet sich zudem im Kooperationsprozess mit bestimmten Gesellschaftssegmenten jedes Mal quasi neu: „Das Neuartige der Zumutung an die Art der staatlichen Aufgabenerfüllung besteht also darin, dass diese nicht einfach und allein von der ihr durch das traditionelle Staatsverständnis zugesprochenen hoheitlichen Position in die ‚gesellschaftlichen‘ Verhältnisse interveniert, sondern die spezifischen Eigenarten des jeweiligen Interventionsfeldes und die Interessen der betroffenen Akteure als notwendige Wirkungsbedingungen der eigenen Intervention reflektiert.“[66]

60 Michael Zürn: Regieren jenseits des Nationalstaats. Globalisierung und Denationalisierung als Chance, Frankfurt a.M. 1998, S. 295.

61 Ebd.

62 Ernst Hasso Ritter: Der kooperative Staat. Bemerkungen zum Verhältnis von Staat und Wirtschaft, in: Archiv des öffentlichen Rechts, 104 (1979), S. 389–413.

63 Rüdiger Voigt (Hrsg.): Der kooperative Staat. Krisenbewältigung durch Verhandlung?, Baden-Baden 1995.

64 Kaufmann: Diskurse (Anm. 7).

65 Roland Czada: Verhandeln und Inter-Organisationslernen in demokratischen Mehrebenenstrukturen, in: Hilpert/Holtmann (Hrsg.): Regieren (Anm. 35), S. 68.

66 Vgl. Kaufmann: Diskurse (Anm. 7), S. 31.

Die Herausbildung des kooperativen Staates ist Resultat der Suche des Staates nach effizienten Wegen der Durchsetzung dessen, was politisch als Gemeinwohl definiert wird. Politische Steuerung in diesem Sinne ist, wie Renate Mayntz kritisch anmerkte, allerdings von vornherein mit einem „Problemlösungsbias" versehen. Die Essenz des kooperativen Staates ist der problemlösungsfähige Staat: „Der Problemlösungsbias besteht im Kern darin, dass die Steuerungstheorie nicht fragt, ob politische Akteure primär an der Lösung gesellschaftlicher Probleme orientiert sind, sondern unterstellt, dass dieses ihr Ziel und gesellschaftliche Problemlösung die zentrale Aktivität von Politik und Verwaltung ist. ... Die Unterstellung, dass der Staat – auch der kooperative Staat auf seine Weise – tatsächlich auf gesellschaftliche Problemlösung bzw. die Förderung des Gemeinwohls aus ist, macht die Steuerungstheorie krypto-normativ."[67] Ebenso wie ein Problemlösungsbias könnte auch ein „Interessenvertretungsbias" in den Kooperationsbeziehungen unterstellt werden. Tut man dies, so thematisiert man die im Modell des kooperativen Staates als gering veranschlagten Möglichkeiten der Konfrontation und der Politikblockade. Kooperation wird selbst zum Problem[68] und nicht zur Problemlösung.

Die Debatte um den kooperativen Staat stellt die Alternativlosigkeit von Kooperation für zukünftiges Staatshandeln in den Vordergrund. Traditionelle Steuerungsmedien wie Recht (Gesetze), Geld (Angebote finanzieller Leistungen des Staates) und Wissen (Know how-Vorsprung der staatlichen Bürokratie) können aus der Sicht derjenigen, die den Staat des 21. Jahrhunderts als kooperativen Staat sehen, heute und in der Zukunft längst nicht mehr selbstverständlich als wirksam betrachtet werden. Wenn der staatliche Eingriff durch Zwang, Anreiz oder Beratung nicht mehr alle politischen Ziele verwirklichen kann, bleibt nur noch die Suche nach gesellschaftlichem Konsens. Die Logik der Konsensbildung impliziert aber auch die praktische und – wie sich in der zunehmenden Zahl der „public-private partnerships" zur Erfüllung von Staatsaufgaben zeigt – ebenso die rechtliche Aufhebung der klassischen Trennung von hoheitlicher und privatwirtschaftlicher Sphäre.

Das heißt aber zugleich, der Staat kooperiert nicht nur mit gesellschaftlichen Interessen, er verändert sich auch selbst in diesem Prozess. Verhandeln ist im kooperativen Staat wichtiger als Handeln. Das Aufrechterhalten des Kooperationsprozesses wird selbst zum politischen Erfolg. Die Interessenneutralität des Staates bei gesellschaftlichen Konflikten manifestiert sich nicht in normativer Offenheit von Entscheidungsprozessen in staatlichen Institutionen, sondern in der Aufrechterhaltung von den Entscheidungsprozesse erst ermöglichenden Kooperationsbeziehungen, in jedem Falle: „Das bedeutet, dass auch dort, wo ein direkter Steuerungsdurchgriff staatlicher Stellen (verfassungs-)rechtlich

67 Renate Mayntz: Zur Selektivität der steuerungstheoretischen Perspektive, in: Hans-Peter Burth/Axel Görlitz (Hrsg.): Politische Steuerung in Theorie und Praxis, Baden-Baden 2001, S. 18 f.

68 Vgl. Fritz W. Scharpf: Verhandlungssysteme, Verteilungskonflikte und Pathologien der politischen Steuerung, in: Manfred G. Schmidt (Hrsg.): Staatstätigkeit. International und historisch vergleichende Analysen, Opladen 1988, S. 75–77.

durchaus möglich und die Folgebereitschaft der Adressaten zumindest erzwingbar wäre, auf eine Ausübung dieses Rechts verzichtet und stattdessen für eine freiwillige Erfüllung der staatlichen 'Wünsche' – ggf. im Wege tauschförmiger Verhandlungen (,Bargaining') – geworben wird."[69] Für Voigt liegt als Schlussfolgerung aus diesen Überlegungen nahe: „Nicht mehr das Parlament als Repräsentant des Volkes entscheidet über die wichtigsten Angelegenheiten, sondern Planungsausschüsse, Kooperationsgremien und ,Runde Tische'."[70]

Staatshandeln stößt an Grenzen, weil Gesellschaften nicht mehr umfassend steuerbar sind oder weil der staatliche Eingriff, der gesellschaftliche Interessen nicht aufgreift, nichtintendierte Effekte haben kann, die die Kosten von Staatshandeln weit höher treiben als dessen Nutzen. Will der Staat sich nicht einfach aus seinen Gestaltungsaufgaben zurückziehen, muss er zumindest mit denjenigen gesellschaftlichen Kräften Kompromisse schließen, die selbst wieder in den Augen eines Teils der Gesellschaft legitimiert sind, für ihre Entscheidungen Unterstützung erwarten zu können.[71]

Die staatliche Realität beim Staatshandeln des kooperativen Staates trennt sich immer mehr in eine Normen setzende und potentiell zur Durchsetzung staatlich definierter Interessen konfliktfähige Ebene im Bereich der inneren und äußeren Sicherheit, also in gewisser Weise in den Bereich, den man als Minimalstaat bezeichnen könnte, und eine Ebene der Verflechtung mit gesellschaftlichen Netzwerkstrukturen. Netzwerke sind im Kern nichts anderes als auf Dauer gestellte und damit quasi institutionalisierte Kooperationsmuster, die sich politikfeldspezifisch und interessengeleitet konstituieren.[72] Netzwerkstrukturen beruhen auf dem Konsens der Orientierung von Staat und unterschiedlichen gesellschaftlichen Interessen vor allem am ökonomischen Erfolg. In der Sozial- und der Wirtschaftspolitik treten wegen des neuen Entscheidungsmodus der Kooperation Fragen der Umverteilung, die wegen unterschiedlicher Interessenlagen die Kohäsion der Netzwerke erodieren könnten, hinter Konsensbildungsprozesse zurück. Verteilungsfragen sind nicht länger solche, die normativ durch gesellschaftliche Kämpfe und politische Nullsummenspiele entschieden werden, sondern sie sind abhängig vom Erfolg der im Konsens von Teilgesellschaften in Netzwerken gefundenen Modernisierungsstrategien.[73]

Entsprechend dem Mischungsverhältnis von gesellschaftlicher Autonomie und staatlicher Intervention lassen sich vier Formen des kooperativen Staates

69 Rüdiger Voigt: Der kooperative Staat. Auf der Suche nach einem neuen Steuerungsmodus, in: ders. (Hrsg.): Der kooperative Staat (Anm. 63), S. 42.
70 Ebd., S. 76.
71 Vgl. Helmut Wiesenthal: „Kooperative Verfahren" oder innovative Konstellationen? Zur Komplexität politischer Verhandlungen, in: Siegfried Frick/Reinhard Penz/Jens Weiß (Hrsg.): Der freundliche Staat. Kooperative Politik im institutionellen Wettbewerb, Marburg 2001, S. 173.
72 Vgl. Voigt: Der kooperative Staat (Anm. 63), S. 57.
73 Vgl. Roland Sturm: Kooperative Steuerung auf dem Gebiet der Technologiepolitik, in: Voigt (Hrsg.): Der kooperative Staat (Anm. 63), S. 263.

Tabelle 5: Formen des kooperativen Staates

	Interventionsstaat	*Steuerungsstaat/ strategischer Staat*	*moderierender Staat*	*informierender und warnender Staat*
Steuerungstiefe	Primat der Politik	Delegation an Netzwerke	gesellschaftliche Selbstorganisation	Wissenssteuerung
Gesellschaftsbild	Korporatismus	Netzwerkgesellschaft	Marktgesellschaft	individualisierte Gesellschaft

Quellen: Modifizierte Darstellung nach den Ausführungen von Dietmar Braun: Diskurse zur staatlichen Steuerung. Übersicht und Bilanz, in: Hans-Peter Burth/Axel Görlitz (Hrsg.): Politische Steuerung in Theorie und Praxis, Baden-Baden 2001, S. 101–131; Peter Nahamowitz: Hierarchie und Kooperation als staatliche Handlungsmuster. Ein Plädoyer für Steuerungsrealismus und Rechtsstaatlichkeit, in: Rüdiger Voigt (Hrsg.): Der kooperative Staat, Krisenbewältigung durch Verhandlung?, Baden-Baden 1995, S. 130–138; Gilles Paquet: Die neue Gouvernanz, Subsidiarität und der strategische Staat, in: OECD (Hrsg.): Governance im 21. Jahrhundert, Paris 2001, S. 221–257.

unterscheiden: (1) der klassische Interventionsstaat, der makroökonomische Steuerungsanstrengungen unternimmt; (2) der Steuerungsstaat, der Aufgaben an gesellschaftliche Netzwerke delegiert und nur noch Handlungs- und Zielrahmen setzt bzw. als strategischer Staat Netzwerke gezielt einsetzt, um gesellschaftliches Lernen zu ermöglichen; (3) der moderierende Staat, der als Katalysator zum Ermöglichen gesellschaftlicher Selbststeuerung auftritt; und (4) der informierende und warnende Staat, der gesellschaftliche Kooperationsbeziehungen durch Wissensvermittlung begründet und stabilisiert.

In der wissenschaftlichen Debatte zur Zukunft des kooperativen Staates ist weiterhin umstritten, ob Kooperation weiterhin eine Strategie unter anderen Strategien oder Kooperation für staatliches Handeln tatsächlich alternativlos geworden ist. Rainer Prätorius beispielsweise bleibt ausgesprochen skeptisch hinsichtlich der neuen Qualität von Staatlichkeit, die sich mit dem kooperativen Staat verbinden soll: „Hinter dem verhandelnden Staat bleibt [...] der befehlende Staat in Reserve, nur deshalb ist der Staat als Verhandlungspartner überhaupt ernst zu nehmen. Übertriebene Hoffnungen auf eine Ablösung von Hierarchie und Autorität durch allseitige Konsenssuche sind also ebenso wenig am Platze wie Furchtszenarien einer Auflösung staatlicher Gesamtverantwortung in partikularistische Verhandlungsspiele, in die nur privilegierte Partizipanten Zugang finden.“[74]

74 Rainer Prätorius: Der verhandelnde und befehlende Staat, in: Irene Gerlach/Peter Nitschke (Hrsg.): Metamorphosen des Leviathan? Staatsaufgaben im Umbruch, Opladen 2000, S. 70.

Ebenso wenig ist die Frage endgültig beantwortet, ob – zumindest als ultima ratio – dem Staat nicht weiterhin, auch mit einer gewissen Effizienzvermutung, der hierarchische Eingriff zur Verfügung steht. Ungeklärt bleibt auch, ob dem Verlust an demokratischer Offenheit und teilweise auch Responsivität, ganz zu schweigen von der Missachtung der Institutionen parlamentarischer Demokratie im kooperativen Entscheidungsprozess, die nur noch die Randexistenz der „Ratifizierungsfunktion" führen, durch neue Formen postparlamentarischer Demokratie begegnet werden könnte. Diskutiert wird die Teilbereichsdemokratie, die entscheidungsspezifisch Teilhabe ermöglicht, die assoziative Demokratie, die auf einer indirekten demokratischen Repräsentation durch Verbände oder die deliberative Demokratie, die auf einer strengen Gemeinwohlbindung sachspezifischer Argumentationen beruht.[75]

4.3. Der aktivierende Staat

Wer den aktivierenden Staat als zukünftige Staatsform des 21. Jahrhunderts sieht, erwartet vom Nationalstaat, wie wir ihn heute kennen, nicht nur weniger, sondern auch anderes. Der aktivierende Staat ist ein Staat, der selbst immer weniger in der Gesellschaft tätig wird, der sich zurückzieht, wie Pessimisten sagen, weil er die Grenzen von Staatstätigkeit in einer globalisierten Welt anerkennt oder, wie Optimisten argumentieren würden, um den Bürgern neue Freiheitsspielräume zu eröffnen. Woher dieser Optimismus? Er speist sich aus der Grundüberzeugung der Kommunitaristen, dass jenseits von Markt und Staat ein „dritter Sektor" menschlichen Miteinanders nicht nur möglich ist, sondern sogar angesichts von Staats- und Marktversagen ständig wächst. Hier gelten menschliche Solidarität und Partnerschaft mehr als traditionelle staatliche Hierarchien und die Konkurrenz von Märkten.[76] Konkret wird der „dritte Sektor" in bürgerschaftlichem Engagement, in Formen der Bürgergesellschaft: „Die kommunitaristische Emphase liegt nicht in der unbedingten Entstaatlichung aller Bereiche, auch nicht in der unkonditionierten Privatisierung der Daseinsvorsorge. Kommunitaristen denken zuerst an die Wiederbelebung der Traditionen von Selbsthilfe und an die Bereitschaft der Bürger, sich lieber auf die Familie, die Nachbarschaft und die Gemeinde mit ihren Problemlösungskapazitäten zu verlassen als auf zentralisierte staatliche Verwaltungs- und Wohlfahrtsbehörden zu vertrauen."[77]

Die Effizienz des aktivierenden Staates hängt von seiner Fähigkeit ab, entsprechende Freiräume für bürgerschaftliches Engagement zu ermöglichen und die Bürger zur Mitarbeit in diesen Freiräumen zu aktivieren. Es ist nicht zu

75 Vgl. Arthur Benz: Postparlamentarische Demokratie und kooperativer Staat, in: Leggewie/Münch (Hrsg.): Politik (Anm. 5) , S. 270–277.

76 Vgl. Amitai Etzioni: Die faire Gesellschaft. Jenseits von Sozialismus und Kapitalismus, Frankfurt a.M. 1996.

77 Hans Vorländer: Dritter Weg und Kommunitarismus, in: Gerhard Hirscher/Roland Sturm (Hrsg.): Die Strategie des „Dritten Weges". Legitimation und Praxis sozialdemokratischer Regierungspolitik, München 2001, S. 25.

leugnen, dass es paradox klingt und in der Realität von Staatshandeln auch paradox ist, wenn freiheitliches Bürgerhandeln zumindest im Prinzip quasi vom Staat dekretiert wird. Bei einem politischen Praktiker liest sich das so: „Wir müssen Instrumente in die Hand nehmen, die Selbsthilfe, Eigeninitiative und Unternehmertum fördern. Nur der aktivierende Staat kann von seinen Bürgern neuen Gemeinsinn erwarten."[78] Der Staat soll zum „Partner" der Bürger werden. Aber die Partnerschaft, wird sie zur ideellen oder materiellen Förderung zivilgesellschaftlicher Strukturen, ist ständig der Gefahr der „Etatisierung" ausgesetzt, also zum Ausführungsorgan des Staates zu werden. Dabei büßen sie „gerade jene Vitalität und Innovationsfreude ein, die der Grund dafür waren, dass sich der Staat ursprünglich überhaupt an sie gewandt hat".[79]

Es bleibt schwierig, konkreten Gesellschaften den Gedanken der Partnerschaft des aktivierenden Staates zu vermitteln.[80] Das neue „Bürgerengagement" soll sich einerseits nicht in „Ehrenamtlichkeit" im bekanntem Sinne erschöpfen, andererseits aber durchaus auf diesem aufbauen. Gefördert wird in „Partnerschaft" nicht das mehr oder minder zufällige dem Gemeinwohl dienende Freizeitverhalten von Bürgern; der aktivierende Staat zählt vielmehr darauf, dass der „aktivierte Bürger" in Eigenverantwortung zum Träger der Aufgabenerfüllung von Staatsaufgaben – mit Ausnahme der äußeren Sicherheit – wird. „Ziel der Verantwortungsteilung ist eine stärkere Aufgabenwahrnehmung und ‚Gemeinwohlkonkretisierung', welche ‚die Bürger' mit eigenverantwortlichen Leistungen in den Produktionsprozess öffentlicher Leistungen einbindet."[81]

5. Schlussbetrachtung

Die gesellschaftlichen Umbrüche des 21. Jahrhunderts werden den klassischen Nationalstaat vor allem durch den utilitaristischen Umgang mit Staatsfunktionen aushöhlen. Die Nützlichkeit von Staatshandeln muss sich bewähren, will der Staat Anerkennung finden. Über den Anspruch von Staaten, gesellschaftliche Umbrüche steuern zu wollen (eine Zielsetzung, zu der sich Staaten immer weniger in der Lage sehen), setzen sich die individuellen Wahlentscheidungen der Bürger hinweg. Technische Neuerungen zwingen dem Staat neue Entwicklungspfade auf. Von zentraler Bedeutung für die Zukunft wird der Umgang mit dem neuen Rohstoff „Information" sein. Es muss aus heutiger Sicht offen bleiben, ob die Revolution der Informationstechnik den Staat, wie wir ihn heute kennen, im 21. Jahrhundert stabilisiert oder destabilisiert. Vorstellbar ist eine weltweite Informationsgesellschaft, deren Netze zu gesell-

78 Bodo Hombach: Aufbruch. Die Politik der neuen Mitte, 2. Aufl., München 1998, S. 12.

79 Peter L. Berger: Demokratie und geistige Orientierung. Sinnvermittlung in der Zivilgesellschaft, in: Weidenfeld (Hrsg.): Wendepunkt (Anm. 4) S. 464.

80 Vgl. Roland Sturm: Der „dritte Weg" – Demokratie im Zeitalter der Globalisierung, in: Uwe Backes/Eckhard Jesse (Hrsg.): Jahrbuch Extremismus & Demokratie, Bd. 12, Baden-Baden 2000, S. 60–62.

81 Bernhard Blanke: Verantwortungsstufung und Aktivierung im Sozialstaat – Steuerungsfragen der Modernisierung in: Burth/Görlitz (Hrsg.): Steuerung (Anm. 18), S. 148.

schaftlichen Lebensadern werden, die auf Staatlichkeit weitgehend verzichten können. Vorstellbar ist aber auch, dass der Staat durch den Einsatz von Informationstechniken seine Verwurzelung in der Gesellschaft neu begründet (e-democracy) bzw. zumindest seine Servicefunktionen für die Gesellschaft zum Nutzen (intelligenter Staat) oder auch in eher bedenklicher Weise (Überwachungsstaat) verbessert.

Dass die regionale Integration zu einem Jungbrunnen des Nationalstaats wird, der Staat also durch seine territoriale Ausdehnung, z.B. auf Europa, zu neuer Stärke gelangen kann, ist eher unwahrscheinlich. Gegen einen „Staat Europa" sprechen die bisher vorliegenden realpolitischen Zukunftsentwürfe für die EU, die europäische Staatlichkeit vor allem als Kooperation, sei sie supranational oder sei sie intergouvernemental, von weiterhin in Europa dominierenden Nationalstaaten sehen. Aus der mit dieser Kooperation verbundenen Interessenabwägung der Nationalstaaten ergibt sich de facto eine neuartige, heute in seiner endgültigen Gestalt noch nicht vorhersehbare Form von Staatlichkeit, die ihre Kohäsion eher ökonomisch als ideell definiert und deshalb auch mit Funktionsmängeln von Staatlichkeit, wie dem Demokratiedefizit, ohne existentielle Probleme überleben kann.

Aber selbst wenn es gelänge, wie die Anhänger eines europäischen Föderalismus hoffen, die ökonomische Dynamik der EU zur Verwirklichung einer politischen Union zu nutzen und die Vereinigten Staaten von Europa zu schaffen, welche Staatsidee wäre mit diesem Europa zu verbinden? Verfechter des geeinten Europa sehen weiterhin eine Antwort in Erfolgen der Integration, mit denen es gelingen soll, „die Zusammengehörigkeit der Europäer positiv erfahrbar zu machen".[82] Bei der Beantwortung der Frage nach der Identität Europas trifft man aber auch auf Ratlosigkeit, die sich beispielsweise so artikuliert: „Europa hat, trotz aller, aber auch auf Grund aller Leiden, die es sich selbst angetan hat, eine großartige Vergangenheit; es ist sozusagen als Ganzes ein Weltkulturerbe. Aber es scheint in Europa keine spezifisch europäischen Zukunftsvorstellungen mehr zu geben. [...] Politisch ist Europa längst keine die Menschen allgemein motivierende Idee mehr [...] die anrührende Erinnerung an das christliche Abendland ist pure Nostalgie."[83]

Europas Staatlichkeit mag ungewiss bleiben, gewiss ist, dass die Nationalstaaten, die in der EU zusammenarbeiten, sich verändern mussten. Souveräne nationale Alleingänge bei politischen Entscheidungen sind im 21. Jahrhundert für EU-Mitgliedstaaten nicht mehr möglich. In umfassender Weise sind Staatsaufgaben „europäisiert", d.h. einem Abstimmungs- und Entscheidungsprozess untergeordnet, in dem die europäische Ebene eine nach Politikfeldern unterschiedliche, aber nie zu vernachlässigende Rolle spielt. Inwieweit dadurch

82 Werner Weidenfeld: Europa – aber wo liegt es?, in: ders. (Hrsg.): Europa- Handbuch, Gütersloh 1999, S. 46.

83 Werner Schneiders: Europa zwischen Zukunfts- und Herkunftsorientierung, in: Reinhard C. Maier-Walser/Bernd Rill (Hrsg.): Der europäische Gedanke. Hintergrund und Finalität, München o.J., S. 238 f.

Besonderheiten europäischer Politik auch vor den uniformisierenden Tendenzen der Weltgesellschaft geschützt bleiben, ist umstritten.

Staatlichkeit im 21. Jahrhundert lässt sich nicht nur im Kontext der Veränderung der Sinnzuschreibung und der Formgebung von Staaten diskutieren, sondern auch hinsichtlich der Art und Weise, wie der Staat sich neuen Herausforderungen anpasst. Als zentrale Herausforderung in diesem Sinne wird in der Regel der Prozess der ökonomischen-kulturellen Globalisierung verstanden. Die kapitalismuskritische Globalisierungsliteratur sieht Staatlichkeit im 21. Jahrhundert vollkommen determiniert durch die Imperative des Weltmarkts. Aus ihrer Sicht bestätigt sich die Vorhersage des Kommunistischen Manifests: „Die nationalen Absonderungen und Gegensätze der Völker verschwinden mehr und mehr schon mit der Entwicklung der Bourgeoisie, mit der Handelsfreiheit, dem Weltmarkt, der Gleichförmigkeit der industriellen Produktion und der ihr entsprechenden Lebensverhältnisse." Diese Uniformität macht den nationalen Staat als politisches Konstrukt überflüssig oder in der Logik der Klassenherrschaft im Kapitalismus zum Instrument der Durchsetzung der Anforderungen des Weltmarkts im nationalen Rahmen. Die Rolle des Staates wird diejenige, sich nicht selbst abzuschaffen, sondern einen Umbau von Staatlichkeit voranzutreiben, der diese möglichst stromlinienförmig an die Zwänge des Weltmarkts anpasst, auch wenn dies zu sozialen Verwerfungen in den nationalen Gesellschaften führt.

Eine gegenteilige Interpretation verweist auf die vorfindbare Vielfalt kapitalistischer Gesellschaften und argumentiert, gerade dies belege, dass es nicht nur eine Antwort auf die Herausforderungen des Weltmarkts gibt. Der Staat im 21. Jahrhundert wird hier nicht zur fremdbestimmten Größe, sondern er behält die Möglichkeit, souverän Politik zu gestalten. Darüber hinaus gelingt es ihm durch den Formenwandel vom intervenierenden zum regulatorischen Staat, seine Eingriffsinstrumente zu flexibilisieren und so den Erfordernissen des Weltmarkts anzupassen. Durch diese flexiblen (regulatorischen) Eingriffsinstrumente vermag er es, auch im neuen Kontext der Weltökonomie im nationalen Rahmen definierte und dort für legitim befundene Staatsziele durchzusetzen.

Staatshandeln im 21. Jahrhundert verändert sich aber nicht nur hinsichtlich der Form staatlicher Eingriffsinstrumente, sondern auch hinsichtlich der Art und Weise, wie diesem Legitimation zukommt und wie diese effizient wird. Der Staat verabschiedet sich in weiten Teilen seiner Tätigkeit von hierarchischen Anweisungen. Stattdessen kooperiert er mit Segmenten der Gesellschaft, oft in Netzwerkstrukturen um Politikfelder gruppiert, auf gleicher Augenhöhe. Er verhandelt, delegiert, moderiert, informiert und warnt. Damit erkennt der Staat des 21. Jahrhunderts an, dass die Durchsetzung von politischen Projekten nur mit der Gesellschaft und mit den Betroffenen und zumindest nicht erfolgreich gegen sie möglich ist, denn ihm fehlen die ideellen, die materiellen, die Wissens- und die legitimatorischen Ressourcen, um aus sich heraus gesellschaftliche Entwicklungen auf Dauer beeinflussen zu können. Der Appell des aktivierenden Staates an die Selbstverantwortung der Bürger kann, was in der Praxis auch meistens den Kern des Appells ausmacht, als Entlastung der Politik von staatlicher Aufgabenerfüllung interpretiert werden. In optimistischer Sicht ist der aktivierende Staat aber auch als Staat in Partnerschaft mit den mündigen Bürgern interpretierbar, als Versuch, den „Bürgerzweck“ zum „Staatszweck“ zu machen.

Es fällt schwer, aus den vielen Facetten, die zusammen das Bild von Staatlichkeit im 21. Jahrhundert ergeben, eine konturenscharfe Vision der zukünftigen Staatsform herauszulösen. Sicher trifft zu, dass der Stellenwert des Staates für das gesellschaftliche Selbstverständnis, also die Staatsidee im weitesten Sinne, im 21. Jahrhundert zunehmend schwieriger zu vermitteln sein wird. Angesichts der Tatsache, dass die heutigen Gesellschaften immer größere Schwierigkeiten haben, für ihre Bürger allgemein verbindliche Wertehorizonte zu definieren, ist nicht mehr unmittelbar einsichtig, was Staatlichkeit an Wesensgehalt gesellschaftlicher Sinnstiftung bewahren soll. Andererseits ist gerade die Staatsform selbst durch ihre Präsenz auch ohne ideelle Überhöhung oder eine für alle Bürger überzeugende Funktionszuschreibung extrem überlebensfähig, denn sie definiert sich durch Ausübung von Herrschaft und durch Territorialität. Die Bedeutung von Herrschaft und Territorialität wird im 21. Jahrhundert zwar relativiert werden, aber diese konstitutiven Elemente von Staatlichkeit dürften nicht vollends verschwinden. Insofern bleibt der Staat im 21. Jahrhundert eine Art „Reservekategorie“ individueller Selbstzuschreibung, eine mindestens mechanische Möglichkeit der Abgrenzung von anderen und der Definition des erweiterten Selbst.

Der Staat im 21. Jahrhundert überlebt. Das bedeutet aber nicht, dass der traditionelle Nationalstaat noch eine Zukunft hat. Die Entwicklung von Wirtschaft und Gesellschaft hat dessen relative Autonomie, seine Fähigkeit zur hierarchischen Machtausübung, deutlich eingeschränkt. Staatsfunktionen verändern sich ebenso wie die Möglichkeiten von Staatshandeln. Ob der Staat legitimatorisch und in seiner Aufgabenwahrnehmung im 21. Jahrhundert erfolgreich sein kann, ist heute umstritten. Eines ist allerdings sicher: Zum Staat gibt es auch im 21. Jahrhundert keine Alternative – der „Weltstaat“ steht, trotz Globalisierung und zunehmend internationalisierter Gesellschaften, nicht vor der Tür. Die verglichen mit Weltstaatsvisionen wahrscheinlichere Zukunftsperspektive, das institutionalisierte Kooperieren von Staaten im Weltmaßstab (global governance), kann von der heutigen „archaischen Staatenwelt“ ohne eine grundlegende Neufundierung von Staatlichkeit im 21. Jahrhundert nicht verwirklicht werden.

Ausgewählte Literatur

Alföldy, Géza: Römische Sozialgeschichte, 3. Aufl., Wiesbaden 1984.

Anderson, Eugene N./Pauline R. Anderson: Political Institutions and Social Change in Continental Europe in the Nineteenth Century, Berkeley/Los Angeles 1967.

Arendt, Hannah: Elemente und Ursprünge totaler Herrschaft. Antisemitismus, Imperialismus, totale Herrschaft, 6. Aufl., München/Zürich 1998.

Aristoteles: Politik, übersetzt und hrsg. von Olof Gigon, Zürich/München 1955.

Asch, Ronald G./Heinz Duchhardt (Hrsg.): Der Absolutismus – ein Mythos? Strukturwandel monarchischer Herrschaft, Köln u.a. 1995.

Augustinus: Vom Gottesstaat. Bücher 1–22, übersetzt von Wilhelm Thimme, eingeleitet und kommentiert von Carl Andresen, 2 Bde., 2. Aufl., München 1978.

Backes, Uwe: Liberalismus und Demokratie – Antinomie und Synthese. Zum Wechselverhältnis zweier politischer Strömungen im Vormärz, Düsseldorf 2000.

Backes, Uwe: Politischer Extremismus in demokratischen Verfassungsstaaten. Elemente einer normativen Rahmentheorie, Opladen 1989.

Bandemer, Stephan von/Göttrik Wewer (Hrsg.): Regierungssystem und Regierungslehre. Fragestellungen, Analysekonzepte und Forschungsstand eines Kernbereichs der Politikwissenschaft, Opladen 1989.

Bendel, Petra/Aurel Croissant/Friedbert W. Rüb (Hrsg.): Zwischen Demokratie und Diktatur. Zur Konzeption und Empirie demokratischer Grauzonen, Opladen 2002.

Benz, Arthur: Der moderne Staat. Grundlagen der politologischen Analyse, München/Wien 2001.

Berber, Friedrich: Das Staatsideal im Wandel der Weltgeschichte, 2. Aufl., München 1978.

Berg-Schlosser, Dirk/Ferdinand Müller-Rommel (Hrsg.): Vergleichende Politikwissenschaft, 4. Aufl., Opladen 2003.

Berg-Schlosser, Dirk/Theo Stammen: Einführung in die Politikwissenschaft, 5. Aufl., München 1992.

Beyme, Klaus von: Die parlamentarische Demokratie. Entstehung und Funktionsweise 1789–1999, 3. Aufl., Opladen/Wiesbaden 1999.

Bleek, Wilhelm: Geschichte der Politikwissenschaft in Deutschland, München 2001.

Blickle, Peter: Deutsche Untertanen. Ein Widerspruch, München 1981.

Bluntschli, Johann Caspar: Deutsche Staatslehre und die heutige Staatenwelt. Ein Grundriss mit vorzüglicher Rücksicht auf die Verfassung von Deutschland und Österreich-Ungarn, Nördlingen 1880.

Bodin, Jean: Sechs Bücher über den Staat, übersetzt und mit Anmerkungen versehen von Bernd Wimmer, eingeleitet und hrsg. von Peter C. Mayer-Tasch, Buch I-III, München 1981; Buch IV-VI, München 1986.

Böckenförde, Ernst-Wolfgang: Die deutsche verfassungsgeschichtliche Forschung, Berlin 1961.

Boldt, Hans: Einführung in die Verfassungsgeschichte. Zwei Abhandlungen zu ihrer Methodik und Geschichte, Düsseldorf 1984.

Bose, Harald von: Republik und Mischverfassung – zur Staatsformenlehre der Federalist Papers, Frankfurt a. M. u. a. 1989.

Boshof, Egon: Königtum und Königsherrschaft im 10. und 11. Jahrhundert, 2. Aufl., München 1997.

Brinkmann, Karl: Verfassungslehre, 2. Aufl., München/Wien 1994.

Brunner, Georg: Vergleichende Regierungslehre. Ein Studienbuch, Bd. 1, Paderborn u. a. 1979.

Brunner, Otto: Land und Herrschaft. Grundfragen der territorialen Verfassungsgeschichte Österreichs im Mittelalter, 5. Aufl., Darmstadt 1965.

Burckhardt, Jacob: Griechische Kulturgeschichte, 4 Bde., Basel/München 1898/1957.

Burleigh, Michael: Die Zeit des Nationalsozialismus. Eine Gesamtdarstellung, Frankfurt a.M. 2000.

Carlyle, R.W./A.J. Carlyle: A History of Mediaeval Political Theory in the West, 6 Bde., Edinburgh/London 1950.

Cicero: Der Staat, lateinisch/deutsch, übersetzt und hrsg. von Karl Büchner, 5. Aufl., Düsseldorf 1993.

Courtois, Stéphane u. a.: Das Schwarzbuch des Kommunismus. Unterdrückung, Verbrechen und Terror, München 1998.

Creveld, Martin van: Aufstieg und Untergang des Staates, München 1999.

Crick, Bernard: Grundformen politischer Systeme. Eine historische Skizze und ein Modell, München 1975.

Dahl, Robert A.: Democracy and its Critics, New Haven 1989.

Dahl, Robert A.: On Democracy, New Haven/London 1998.

Dahlheim, Werner: Die Antike. Griechenland und Rom von den Anfängen bis zur Expansion des Islam, Paderborn u. a. 1994.

Dahlmann, Friedrich Christoph: Die Politik auf den Grund und das Maß der gegebenen Zustände zurückgeführt, hrsg. von Wilhelm Bleek, Frankfurt a. M. 1997.

Das Königtum. Seine geistigen und rechtlichen Grundlagen. Mainauvorträge 1954, Sigmaringen 1956.

Demandt, Alexander: Antike Staatsformen. Eine vergleichende Verfassungsgeschichte der Alten Welt, Berlin 1995.

Demandt, Alexander: Der Idealstaat. Die politischen Theorien der Antike, 3. Aufl., Köln 2000.

Dempf, Alois: Sacrum Imperium. Geschichts- und Staatsphilosophie des Mittelalters und der politischen Renaissance, München/Berlin 1929.

Dippel, Horst: Die amerikanische Revolution, 1763–1787, Frankfurt a.M. 1985.

Duggan, Anne J. (Hrsg.): Kings and Kingship in Medieval Europe, London 1993.

Dyson, Kenneth H.F.: The State Tradition in Western Europe. The Study of an Idea and Institution, Oxford 1980.

Fenske, Hans: Der moderne Verfassungsstaat. Eine vergleichende Geschichte von der Entstehung bis zum 20. Jahrhundert, Paderborn u.a. 2001.

Fenske, Hans u.a.: Geschichte der politischen Ideen. Von Homer bis zur Gegenwart, Frankfurt a.M. 2002.

Fetscher, Iring/Herfried Münkler (Hrsg.): Pipers Handbuch der politischen Ideen, Bd. 1: Frühe Hochkulturen und europäische Antike, München 1988; Bd. 2, Mittelalter: Von den Anfängen des Islams bis zur Reformation, München 1993; Bd. 3, Neuzeit: Von den Konfessionskriegen bis zur Aufklärung, München 1985; Bd. 4, Neuzeit: Von der Französischen Revolution bis zum europäischen Nationalismus, München 1986; Bd. 5, Neuzeit: Vom Zeitalter des Imperialismus bis zu den neuen sozialen Bewegungen, München 1987.

Finer, Samuel E.: The History of Government. From the Earliest Times, 3 Bde., Oxford 1997.

Friedrich, Carl J.: Der Verfassungsstaat der Neuzeit, Berlin u.a. 1953.

Friedrich, Carl J.: Totalitäre Diktatur. Unter Mitarbeit von Zbigniew K. Brzezinski, Stuttgart 1957.

Fröschl, Thomas: Die frühneuzeitliche Republik. Verfassungsform, Selbstverständnis und Selbstdarstellung der europäischen „Ausnahme“ vom 16. zum 18. Jahrhundert, (ungedruckte) Diss. Wien 1981.

Furet, François: Das Ende der Illusion. Der Kommunismus im 20. Jahrhundert, München 1996.

Gablentz, Otto H. von der: Einführung in die Politische Wissenschaft, Köln/Opladen 1965.

Gehrke, Hans-Joachim/Helmuth Schneider (Hrsg.): Geschichte der Antike, Stuttgart/Weimar 2000.

Goldstein, Robert J.: Political Repression in 19th Century Europe, London/Totowa 1983.

Hartmann, Jürgen: Geschichte der Politikwissenschaft. Grundzüge der Fachentwicklung in den USA und in Europa, Opladen 2003.

Hartmann, Jürgen: Westliche Regierungssysteme. Parlamentarismus, präsidentielles und semipräsidentielles Regierungssystem, Opladen 2000.

Hättich, Manfred: Lehrbuch der Politikwissenschaft, Bd. 2: Theorie der politischen Ordnung, Mainz 1969.

Heideking, Jürgen: Die Verfassung vor dem Richterstuhl. Vorgeschichte und Ratifizierung der amerikanischen Verfassung 1787–1791, Berlin 1988.

Held, David: Models of Democracy, 2. Aufl., Cambridge 1996.

Heller, Hermann: Staatslehre, 6. Aufl., Tübingen 1983.

Hellmann, Manfred (Hrsg.): Corona Regni. Studien über die Krone als Symbol des Staates im späteren Mittelalter, Darmstadt 1961.

Hildermeier, Manfred: Geschichte der Sowjetunion 1917–1991. Entstehung und Niedergang des ersten sozialistischen Staates, München 1998.

Hobbes, Thomas: Leviathan. Erster und zweiter Teil. Übersetzung von Jacob Peter Mayer. Nachwort von Malte Diesselhorst, Stuttgart 1990.

Hobsbawm, Eric J.: Das Zeitalter der Extreme. Weltgeschichte des 20. Jahrhunderts, München/Wien 1995.

Holzey, Helmut u.a. (Hrsg.): Die Philosophie des 17. Jahrhunderts, Bd. 4.1., Basel 2001.

Hoppe, Hans-Hermann: Demokratie. Der Gott, der keiner ist. Monarchie, Demokratie und natürliche Ordnung, Leipzig 2003.

Hornung, Klaus: Das totalitäre Zeitalter. Bilanz des 20. Jahrhunderts, Berlin u.a. 1993.

Huntington, Samuel P.: The Third Wave. Democratization in the Late Twentieth Century, Norman/OK 1991.

Imboden, Max: Politische Systeme – Staatsformen, zweiter unveränderter Nachdruck, Basel/Stuttgart 1974.

Isensee, Josef/Paul Kirchhof (Hrsg.): Handbuch des Staatsrechts der Bundesrepublik Deutschland, Bd. II: Verfassungsstaat, 3. Aufl., Heidelberg 2004.

Ismayr, Wolfgang (Hrsg.): Die politischen Systeme Osteuropas. Unter Mitarbeit von Markus Soldner und Ansgar Bovet, Opladen 2002.

Ismayr, Wolfgang (Hrsg.): Die politischen Systeme Westeuropas, 3. Aufl., Opladen 2003.

Jellinek, Georg: Allgemeine Staatslehre, 3. Aufl., Kronberg, Ts. 1976 (unveränderter Nachdruck des fünften Neudrucks der dritten Auflage, die von Walter Jellinek mit Verwertung des handschriftlichen Nachlasses durchgesehen und ergänzt wurde, Berlin 1929).

Jesse, Eckhard (Hrsg.): Totalitarismus im 20. Jahrhundert. Eine Bilanz der internationalen Forschung, 2. Aufl., Baden-Baden 1999.

Jesse, Eckhard/Roland Sturm (Hrsg.): Demokratien des 21. Jahrhunderts im Vergleich. Historische Zugänge, Gegenwartsprobleme, Reformperspektiven, Opladen 2003.

Jesse, Eckhard/Steffen Kailitz (Hrsg.): Prägekräfte des 20. Jahrhunderts. Demokratie, Extremismus, Totalitarismus, Baden-Baden 1997.

Kaiser, André/Thomas Zittel (Hrsg.): Demokratietheorie und Demokratieentwicklung. Festschrift für Peter Graf Kielmansegg, Wiesbaden 2004.

Kant, Imanuel: Zum ewigen Frieden. Ein philosophischer Entwurf, hrsg. von Rudolf Malter, Stuttgart 1996.

Kantorowicz, Ernst H.: Die zwei Körper des Königs. Eine Studie zur politischen Theologie des Mittelalters, 2. Aufl., München 1994.

Karatnycky, Adrian/Aili Piano/Arch Puddington (Hrsg.): Freedom in the World. The Annual Survey of Political Rights & Civil Liberties, New York u. a. 2003.

Kelsen, Hans: Allgemeine Staatslehre, Berlin u.a. 1925.

Kern, Fritz: Gottesgnadentum und Widerstandsrecht im früheren Mittelalter. Zur Entwicklungsgeschichte der Monarchie, hrsg. von Rudolf Buchner, Münster/Köln 1954.

Kirsch, Martin: Monarch und Parlament im 19. Jahrhundert. Der monarchische Konstitutionalismus als europäischer Verfassungstyp – Frankreich im Vergleich, Göttingen 1999.

Kloft, Hans: Die Wirtschaft der griechisch-römischen Welt. Eine Einführung, Darmstadt 1992.

Kluxen, Kurt: Englische Verfassungsgeschichte. Mittelalter, Darmstadt 1987.

Koenigsberger, Helmut G. (Hrsg.): Republiken und Republikanismus im Europa der frühen Neuzeit, München 1988.

Kolb, Frank: Die Stadt im Altertum, München 1984.

Küchenhoff, Erich: Möglichkeiten und Grenzen begrifflicher Klarheit in der Staatsformenlehre, 2 Bde., Berlin 1967.

Lauth, Hans-Joachim (Hrsg.): Vergleichende Regierungslehre. Eine Einführung, Wiesbaden 2002.

Lijphart, Arend: Patterns of Democracy. Government Forms and Performance in Thirty-Six Countries, Yale 1999.

Linz, Juan J.: Totalitäre und autoritäre Regime, Berlin 2000.

Loewenstein, Karl: Verfassungslehre, Tübingen 1959.

Machiavelli, Niccolò: Der Fürst. „Il Principe", übersetzt und hrsg. von Rudolf Zorn, 6. Aufl., Stuttgart 1978

Machiavelli, Niccolò: Discorsi. Gedanken über Politik und Staatsführung, übersetzt und eingeleitet von Rudolf Zorn, 2. Aufl., Stuttgart 1977.

Mager, Wolfgang: Zur Entstehung des modernen Staatsbegriffs, Mainz 1968.

Maier, Hans: Die ältere deutsche Staats- und Verwaltungslehre (Polizeiwissenschaft). Ein Beitrag zur Geschichte der politischen Wissenschaft in Deutschland, Neuwied/Berlin 1966.

Mantl, Wolfgang: Repräsentation und Identität. Demokratie im Konflikt. Ein Beitrag zur modernen Staatsformenlehre, Wien/New York 1975.

Merkel, Wolfgang: Systemtransformation. Eine Einführung in die Theorie und Empirie der Transformationsforschung, Opladen 1999.

Meyer, Ernst: Einführung in die antike Staatskunde, Darmstadt 1968.

Meyer, Thomas: Mediokratie. Die Kolonisierung der Politik durch das Mediensystem, Frankfurt a.M. 2001.

Mitteis, Heinrich: Der Staat des Hohen Mittelalters. Grundlinien einer vergleichenden Verfassungsgeschichte des Lehnszeitalters, 2. Aufl., Weimar 1944.

Montesquieu: Vom Geist der Gesetze, übersetzt und hrsg. von Ernst Forsthoff, 2 Bde., 2. Aufl., Tübingen 1992.

Neumann, Franz L.: Demokratischer und autoritärer Staat, Frankfurt a.M. 1986.

Nitschke, Peter: Einführung in die politische Theorie der Prämoderne, Darmstadt 2000.

Nolte, Ernst: Der europäische Bürgerkrieg 1917–1945. Nationalsozialismus und Bolschewismus, 5. überarb. und erw. Aufl., München 1997.

Oberndörfer, Dieter/Beate Rosenzweig (Hrsg.): Klassische Staatsphilosophie. Texte und Einführungen. Von Platon bis Rousseau, München 2000.

Palmer, Robert R.: The Age of Democratic Revolution. A political History of Europe and America, 1760–1800, 2 Bde., Princeton 1959–1964; Bd.1 dt.: Das Zeitalter der demokratischen Revolution. Eine vergleichende Geschichte Europas und Amerikas von 1760 bis zur Französischen Revolution, Frankfurt a.M. 1970.

Payne, Stanley: Geschichte des Faschismus. Aufstieg und Fall einer europäischen Bewegung, Berlin/München 2001.

Pettit, Philip: Republicanism: A Theory of Freedom in Government, Oxford 1997.

Platon: Der Staat (Politeia), übersetzt und hrsg. von Karl Vretska, Stuttgart 1991.

Pocock, John G.A.: The Machiavellian Moment. Florentine Political Thought and the Atlantic Republican Tradition, Princeton 1975.

Powell, Bingham G.: Contemporary Democracies. Participation, Stability and Violence, Cambridge/London 1982.

Przeworski, Adam u.a.: Democracy and Development. Political Institutions and Well-Being in the World, 1950–1990, Cambridge/New York 2000.

Reinhard, Wolfgang: Geschichte der Staatsgewalt. Eine vergleichende Verfassungsgeschichte Europas von den Anfängen bis zur Gegenwart, 3. Aufl., München 2002.

Roth, Klaus: Genealogie des Staates. Prämissen des neuzeitlichen Politikdenkens, Berlin 2003.

Roscher, Wilhelm: Politik. Geschichtliche Naturlehre der Monarchie, Aristokratie und Demokratie, Stuttgart 1892.

Rousseau, Jean-Jacques: Vom Gesellschaftsvertrag oder Grundsätze des Staatsrechts. In Zusammenarbeit mit Eva Pietzcker neu übersetzt und hrsg. von Hans Brockard, Stuttgart 1991.

Sartori, Giovanni: Comparative Constitutional Engineering: An Inquiry into Structures, Incentives and Outcomes, 2. Aufl., New York 1997.

Sartori, Giovanni: Demokratietheorie, Darmstadt 1997.

Schieder, Theodor (Hrsg.): Handbuch der europäischen Geschichte; Bd. 4: Europa im Zeitalter des Absolutismus und der Aufklärung, hrsg. von Fritz Wagner, Stuttgart 1968; Bd. 5: Europa von der Französischen Revolution zu den nationalstaatlichen Bewegungen des 19. Jahrhunderts, hrsg. von Walter Bussmann, Stuttgart 1981.

Schmidt, Manfred G.: Demokratietheorien. Eine Einführung, 3. Aufl., Opladen 2000.

Schmiechen-Ackermann, Detlef: Diktaturen im Vergleich, Darmstadt 2002.

Schramm, Gerhart: Das Problem der Staatsform in der deutschen Staatstheorie des 19. Jahrhunderts. Insbesondere in der Staatsphilosophie des Idealismus, Berlin 1938.

Schubert, Ernst: Fürstliche Herrschaft und Territorium im späten Mittelalter, München 1996.

Schulin, Ernst: Die Französische Revolution, München 1988.

Schweidler, Walter: „Der gute Staat". Politische Ethik von Platon zur Gegenwart, Stuttgart 2004.

Seidel, Bruno/Siegfried Jenkner (Hrsg.): Wege der Totalitarismus-Forschung, Darmstadt 1968.

Seignobos, Charles: Politische Geschichte des modernen Europa. Entwicklung der Parteien und Staatsformen 1814–1896, deutsch nach der 5. Aufl. des Originals, Leipzig 1910.

Siegel, Achim (Hrsg.): Totalitarismustheorien nach dem Ende des Kommunismus, Köln/Weimar 1998.

Söllner, Alfons/Ralf Walkenhaus/Karin Wieland (Hrsg.): Totalitarismus. Eine Ideengeschichte des 20. Jahrhunderts, Berlin 1997.

Sprandel, Rolf: Verfassung und Gesellschaft im Mittelalter, 3. Aufl., Paderborn u.a. 1988.

Stammen, Theo: Regierungssysteme der Gegenwart, 3. Aufl., Stuttgart 1972.

Stammen, Theo u.a.: Grundwissen Politik, 3. Aufl., Frankfurt a. M. 1997.

Stammen, Theo u.a. (Hrsg.): Hauptwerke der politischen Theorie, Stuttgart 1997.

Steffani, Winfried: Parlamentarische und präsidentielle Demokratie. Strukturelle Aspekte westlicher Demokratien, Opladen 1979.

Stolleis, Michael: Geschichte des öffentlichen Rechts in Deutschland, Bd. 2: Staatsrechtslehre und Verwaltungswissenschaft 1800–1914, München 1992.

Suerbaum, Werner: Vom antiken zum frühmittelalterlichen Staatsbegriff. Über Verwendung und Bedeutung von res publica, regnum, imperium und status von Cicero bis Jordanis, 3. Aufl., Münster 1977.

The New Cambridge Modern History, Bd. 8: The American and French Revolutions 1763–93, hrsg. von A. Goodwin; Bd. 9: War and Peace in an Age of Upheaval, hrsg. von C. W. Crawley, Cambridge 1965.

Thomas von Aquin: Über die Herrschaft der Fürsten. Übersetzung von Friedrich Schreyvogel, Nachwort von Ulrich Matz, Stuttgart 1994.

Waschkuhn, Arno: Demokratietheorien. Politiktheoretische und ideengeschichtliche Grundzüge, München 1998.

Weber-Fas, Rudolf: Über die Staatsgewalt. Von Platons Idealstaat bis zur Europäischen Union, München 2000.

Weinacht, Paul-Ludwig: Staat. Studien zur Bedeutungsgeschichte des Wortes von den Anfängen bis ins 19. Jahrhundert, Berlin 1968.

Zippelius, Reinhold: Allgemeine Staatslehre (Politikwissenschaft). Ein Studienbuch, 14. Aufl., München 2003.

Personenverzeichnis

Über die Autoren

Uwe Backes, Prof. Dr., stellvertretender Direktor des Hannah-Arendt-Instituts für Totalitarismusforschung an der Technischen Universität Dresden.

Alexander Demandt, Prof. Dr., Professor für Alte Geschichte an der Freien Universität Berlin.

Gerhard Dohrn-van Rossum, Prof. Dr., Professor für mittelalterliche Geschichte an der Technischen Universität Chemnitz.

Hans Fenske, Prof. Dr., Professor i.R. für Neuere Geschichte an der Universität Freiburg.

Alexander Gallus, Dr., Wissenschaftlicher Assistent im Fach Politikwissenschaft an der Technischen Universität Chemnitz.

Eckhard Jesse, Prof. Dr., Professor im Fach Politikwissenschaft an der Technischen Universität Chemnitz.

Steffen Kailitz, Dr., Wissenschaftlicher Mitarbeiter im Fach Politikwissenschaft an der Technischen Universität Chemnitz.

Armin Pfahl-Traughber, Prof. Dr., Professor für Politikwissenschaft (Abteilung öffentliche Sicherheit) an der Fachhochschule des Bundes in Brühl.

Luise Schorn-Schütte, Prof. Dr., Professorin für Geschichte der Frühen Neuzeit an der Universität Frankfurt am Main.

Roland Sturm, Prof. Dr., Professor im Fach Politikwissenschaft an der Universität Erlangen-Nürnberg.

15,-